철학에 관한 신앙적·신학적 성찰

정승태 지음

침례신학대학교출판부

머·리·말

철학은 놀이다. 정신활동의 영역에 속하는 놀이다. 사유할 수 있는 사람이라면 누구나 동참하여 향유할 수 있는 놀이다. 그러니깐 철학은 전문철학자의 전유물이 아니다. 놀이로서의 철학은 다른 지적 놀이들과는 달리 연령과 성별 그리고 문화를 초월하여 그것에 참여하는 사람들에게 주어지는 식탁과 같다. 고기 맛을 본 사람이 그 맛을 음미하듯이 철학의 놀이에 뛰어든 사람만이 맛의 진가를 음미할 수 있다. 그래서 철학은 신체의 놀이가 아니라 정신의 놀이다. 이런 연유였을까. 철학의 가치에 회의를 품은 사람들이 의외로 많다. 특히 이러한 회의를 품은 사람들은 신학생들과 목회자들 가운데서 훨씬 더 많이 발견된다는 사실이다. 성경의 해석과 설교의 테마와 아이디어를 위해 날마다 번민과 고통의 시간을 보내면서 강단의 정신적·영적인 식탁을 준비하는 그들이지만, 타고난 지적 재능이나 전문 철학자들이 가지고 노는 놀이라고 슬며시 단언하고 일체의 정신적 담론을 영적인 담론에서 삭제해 버리고 만다. 사정이 그러다 보니 강단의 설교나 메시지의 내용은 황량해지고 황폐해지기 십상이다.

강단의 풍성한 영성은 정신적 고갈의 상태에서 나오지 않는 법이기 때문이다. 나는 이런 것을 염두에 두고 이 책을 썼다. 그래서 철학과 신학 그리고 신앙과의 만남을 중재하고 그것이 기독교 신앙의 영역에 유익을 제공하면서 강단의 메시지의 구성에 도움이 되리라는 생각에서 썼다.

하지만 철학의 난숙한 개념들과 호응하면서 신학과 신앙의 물 꼴을 튼다는 생각은 왠지 거북스러운 결과물이 되고 말았다. 철학 안에서 신앙과 신학을 보는 관점을 생각했지만, 나는 그것보다는 거꾸로 신앙과 신학 안에서 철학을 보는 관점으로 생각을 전치시켰다. 우리는 신학을 공부하는 학생이면서도 신앙의 열정을 가지고 매 주일 주어진 믿음의 생활을 하는 존재이고, 그리고 우리의 궁극적인 삶은 하나님께 자신의 삶을 드린 사람들로서 주어진 목회사역의 영역에서 봉사하는 사명의 사람들이기 때문에 우리의 주어진 신앙과 신학의 근거에서 철학으로 진입하는 방식을 생각했던 것이다. 따라서 이 책은 우리의 관점에서 철학으로 들어가도록 구성해 보았다. 그런데 우리의 주변으로부터 들려오는 왜곡된 생각들 중의 하나는 철학이 여전히 어렵다는 것이다. 이러한 생각은 그들의 머릿속에 깊숙이 세뇌되어 있는 듯하다. 말하자면 그들은 철학을 공부하기 전에 이미 관념 속에 체념적 마인드 통제를 받고 있는 셈이다. 이런 생각을 극복하지 못하는 동안, 철학은 이와 같은 생각을 하는 사람들의 덕분에 학문의 권좌에 올라 그 영광을 누린다. 그래서 누구도 그것의 권좌를 흔들 용기나 엄두조차내지 못한다. 오히려 철학은 그것이 어렵다고 주눅 드는 사람들을 보고 더 기뻐하고 더 즐거워하는지 모른다. 하지만 철학의 놀이가 그런 것인가. 철학은 정말로 어려운가. 그렇지 않다. 앞서 말했듯이 철학은 놀이다. 누구나 참여할 수 있고 배울 수 있다. 괜스레 겁먹지 말길 당부한다.

이 책을 공부하기 전에 몇 가지 당부할 말이 있다. 놀이는 항상 그렇듯이 어떤 규칙이 있다. 철학이라는 놀이는 몇 가지 규칙을 배우면 그것을 향유하는 가치를 제공한다. 첫째, 철학의 어휘를 암기하라. 대개 철학에 대한 두려움과 회의는 어휘에서 비롯된다. 새로운 어휘들, 난해하고 관념적인 어휘들을 알아야 한다. 부모가 아이들의 어휘들을 알고 나면 그들에 대한 이해가 한결 수월해 지듯이 철학의 놀이는 어휘의 학습에서 시작된다는 점을 염두에 두었음 한다. 둘째, 철학자들과 그들의 주된 논쟁들은 그 시대의 배경과 역사적 맥락을 꼼꼼히 살펴보라. 아무리 뛰어난 생각이라 해도 그것은 그 시대적 상황에서 나온 것임을 대번에 알 수 있을 것이다. 셋째, 의문을 가져라. 우리는 살아가면서 수많은 의문에 봉착한다. 죽음, 영혼, 마음, 정신, 생각, 육체, 신, 운명, 결정, 믿음, 필연, 우연, 자유, 사랑, 도덕 등의 개념들을 떠올리면서 의문을 던지고 해답을 탐구하라. 그러는 동안에 저절로 우리의 의식이 깊어지고 그 의식이 깊어지면 철학의 주제들이 선명해 질 것이다. 마지막으로, 이성과 신앙을 분리하여 사고하려 들지 말라. 그건 좋지 않은 습성일 뿐만 아니라 매우 위험한 습성이다. 인식하는 사람과 인식의 대상을 분리하여 생각하는 것은 몸과 정신이 따로 노는 것과 같다. 신앙에서 철학을 읽어라. 조악하다고 욕할 사람 없다. 설사 조악하다고 해도 신경 쓰거나 머리 뚜껑 열 것까지 없지 않은가. 내 자신에게 도움이 되고, 그것이 나의 정신적 양식이 되면 그만이지 않는가. 어떻게 하든 철학의 읽기는 우리로 소양 있는 사람을 형성한다는 사실을 명심하라.

이 책의 모양새는 여러 해 동안 『철학의 이해』라는 과목을 강의하면서 형성되었다. 이전에 가졌던 자료들은 최근의 자료들로 많이 대체하려고 노력했다. 되풀이라는 것이 철학적 담론에서 피해야 할 악덕임에도 불구하고, 강의의 토대를 이루었던 것들로 구성되고 말았다. 그리고 우리가 생활하고, 삶의 궁극적 가치를 두고 있는 신앙적이고도 신학적 입장에서 이 책을 서술하려고 시도했지만, 나는 이 책을 마무리 하면서 왠지 찜찜한 마음을 떨쳐버릴 수 없었다. 하나는 철학과 신앙을 왠지 대충 버무려진 게 아닌가 하는 생각 때문이고, 다른 하나는 함량미달의 실력을 감추기 위해 서구의 이론과 철학자들을 전면배치해서 나의 철학적 사유의 얕음과 저속함을 은폐하려는 시도가 마음에 걸렸기 때문이다. 괜히 유명한 서구의 철학자들과 그들의 사상들을 나열함으로서 충분히 숙성되지도 않은 채 하나의 결과를 내 놓은 게 아닌가 하는 진솔한 자평은 한마디로 곤혹스럽다. 이해해 주기 바란다.

끝으로 이 책을 저술할 수 있도록 안식년의 소중한 시간을 허락해 준 침례신학대학당국에게 감사드린다. 안식년이란 기간이 아니었더라면, 이 작업은 엄두도 내지 못했을 것이다. 그리고 침례신학대학교 출판부의 장해선 선생과 안대룡 전도사에게도 감사드린다. 특별히 이 책의 마무리 작업을 위해 바쁜 학업의 일정 속에서 시간을 내어 원고를 꼼꼼히 읽어준 임형모 전도사님에게 마음의 큰 빚을 졌고, 그에게 고마운 마음을 전한다. 모쪼록 이 책이 신학대학의 영적이고 지적환경 속에 있는 모든 분들에게 도움이 되길 진심으로 바란다.

2008년 1월

뉴헤이븐에서 저자 **정 승 태**

C.O.N.T.E.N.T.S.

머리말 · 3

1장. 철학과 신학의 관계 ………………………… 13
철학의 기원 ………………………………………… 18
신학이란? …………………………………………… 22
인간다움을 지향하는 철학과 신학 ……………… 27
삶의 실천으로서의 철학과 신학 ………………… 34

2장. 철학의 유용성 ……………………………… 45
변증적 방법 ………………………………………… 50
비판적 기능 ………………………………………… 55
대화적 기술 ………………………………………… 61
반성적 성찰 ………………………………………… 65
논리적 방식 ………………………………………… 68
관점의 차이성과 다양성 …………………………… 73

3장. 이성과 신앙의 관계 ………………………… 81
신앙이란? …………………………………………… 82
이성이란? …………………………………………… 86
이성과 신앙의 관계 ………………………………… 90
이성과 신앙에 대한 극단의 위험성 ……………… 104

C.O.N.T.E.N.T.S.

4장. 믿음의 근거와 회의하는 신앙 ········· 113
  - 믿음의 구조 ········· 114
  - 믿음의 실용적 이유 ········· 119
  - 믿음의 경험적 이유 ········· 123
  - 믿음의 형이상학적 이유 ········· 126
  - 믿음의 역사적 이유 ········· 130
  - 믿음의 역동적인 이유 ········· 134
  - 회의하는 용기 ········· 139

5장. 지식이론과 신앙의 합리성 ········· 147
  - 지식이란? ········· 149
  - 객관주의와 상대주의 ········· 154
  - 합리론과 경험론 ········· 165
  - 실재론과 관념론 ········· 171
  - 실용주의와 신앙주의 ········· 175
  - 맹목적 신앙주의의 위험성 ········· 182

6장. 진리와 신념 ········· 191
  - 대응으로서의 진리 ········· 194
  - 정합성으로서의 진리 ········· 199
  - 실용성으로서의 진리 ········· 202
  - 의미성으로서의 진리 ········· 206
  - 진리와 신앙의 관계 ········· 212
  - 신념과 기독교 신앙 ········· 217

7장. 존재론과 기독교 세계관 · 225
- 일원론 · 227
- 이원론 · 230
- 다원론 · 235
- 숙명론 · 240
- 니힐리즘 · 244
- 기독교 세계관 · 250

8장. 논리학과 신앙의 변론 · 263
- 귀납추론과 연역추론 · 266
- 개연적 추론 · 269
- 아프리오리와 아포스테리오리 · 275
- 거짓말쟁이의 역설과 모순 · 277
- 가정과 가설 · 280
- 증거 · 285
- 신앙과 합리적 변론 · 287

9장. 우연성과 필연성 · 295
- 원인과 결과 · 297
- 인과론적 모델과 목적론적 모델 · 301
- 결정론과 자유론 · 307
- 미래를 믿는 신앙 · 313

C.O.N.T.E.N.T.S.

10장. 자유의지론과 결정론 그리고 기독교 신앙 ········· 321
자유의지론과 결정론의 양립가능성 ······················ 322
결정론의 세계 ·· 327
자유의지론의 세계 ··· 332
자유의지론과 예정론 ·· 336
의지는 자유로운가? ··· 344
자유의지론과 신앙 ··· 348

11장. 언어와 실재 ·································· 355
실재의 현상과 본질 ·· 357
분석철학 운동 ·· 361
비트겐슈타인의 언어철학 ······································ 365
말할 수 있는 것과 말할 수 없는 것 ······················ 369
언어와 기독교 신앙 ··· 374

12장. 해석과 윤리 ································· 381
해석학의 동향 ·· 386
끝나지 않은 해석의 객관주의와 상대주의 논쟁 ····· 393
해석의 구성요소들 ··· 397
해석의 윤리성 ·· 399

13장. 신 존재와 신에 대한 믿음 ····················· 407
신의 망상적-집단적 의식 ······································ 411
논쟁 속에 갇힌 하나님 ·· 421
신앙의 하나님 ·· 429

14장. 인간의 죽음과 죽음을 믿는 신앙 · · · · · · · · · · · · · · · 441
　회피할 수 없는 현상 · 443
　환생으로서의 죽음 · 447
　타인의 경험으로서의 죽음 · 451
　책의 끝맺음으로서의 죽음 · 455
　내세의 소망과 죽음을 믿는 신앙 · · · · · · · · · · · · · · · · · · 461
　죽음을 마주하는 용기 · 468

15장. 정의와 기독교 신앙 · 477
　정의란 무엇인가? · 479
　정의의 방식 · 482
　공정으로서의 정의 · 486
　자연의 권리로서의 정의 · 490
　사랑의 원리로서의 정의 · 493
　해방의 실천으로서의 정의 · 496
　정의에 대한 성서적 입장과 신학적 의미 · · · · · · · · · · · · 502

16장. 도덕과 신앙적 실천 · 511
　도덕이란 무엇인가? · 513
　왜 도덕적이어야 하는가? · 518
　도덕의 상대주의와 객관주의 · 526
　타자에 대한 책무로서의 윤리 · 530
　기독교의 도덕성 회복 · 534

C.O.N.T.E.N.T.S.

17장. 포스트모더니즘과 기독교 문화 ················543
    포스트모더니즘이란? ······································· 544
    포스트모더니즘의 특성들································· 549
    해체와 재구성·· 553
    포스트모던 신앙의 특징들 ······························· 556

참조문헌 · 569

찾아보기 · 581

:: 제1장 ::

철학과 신학의 관계

"철학과 신학의 관계에 대하여 논하라."

이 문제는 2003년도『철학이해』라는 봄 학기 수업에서 내가 중간시험으로 출제한 문제다. 주변을 돌아보니 열심히 답을 쓰려고 부단히 애쓰는 학부생들의 모습이 역력했다. 그런데 한 5분쯤 지났을까. 한 학생이 시험지를 제출하고 유유히 사라지지 않는가. 난 무얼 썼는지 궁금했다. 한 문장이었다.

"철학과 신학은 보통 사이가 아니다-끝."

한마디로 대박이다. 마치 도(道)를 체득한 후 어떤 경지에 오른 현인의 식견처럼 보였다. 그 답은 아주 명쾌하고도 간명했다. 아마도 난 그것을 내심 원하고 있었는지 모른다. 하지만 그의 문장은 어떠한 이유들이나 근거를 밝히지 않았다. 흔히 훌륭한 명제나 주장들이 글로 혹은 말로 표현될 때, 철학은 그것의 근거나 이유를 유심히 따지고 살핀다. 그리고 철학은 글과 말 속에 이성적 사유에 대한 고심한 흔적을 의도적으로 삽입하여 철학의 임무나 본연의 태도에 충실하려는 것 같다. 그러한 이유에서 그 학생은 중간시험에 실패했다. 그의 답변은 "보통 사이와 보통 사이가 아닌 것"을 구분하지 않았으며, 신학과 철학이 어떤 점에서 보통 사이가 아닌가의 근거나 이유를 대지 못했다.

말이 나왔으니 이 '사이'란 말은 흔히 연인의 연분관계를 연상시킨다. 사이큐러스 대학의 존 카푸토(John D. Caputo)가 『철학과 신학: 신학의 지평융해』에서 사이의 중요성을 언급한 적이 있다. 그에 의하면 사이는 관계를 의미하는데, 이 관계는 '그리고'(and)에 의존하는 개념이다. 어떤 x와 어떤 y는 하나의 관계 항에서 동일하고 동등할 수 있다. 하지만 그에 따르면, 마치 이 둘의 관계가 연인관계라고 할 때, 그들은 서로 좋을 수도 있거나 나쁠 수도 있듯이, 신학과 철학의 관계도 좋은 사이와 나쁜 사이로 이해될 수 있을 것이다. 그래서 여러 학자들은 철학과 신학의 관계를 좋게 보는 사람이 있는 반면에 그들의 관계를 좋지 않게 보는 사람도 있다.[1]

기독교 신학과 신앙을 옹호하는 기독교 철학자들은 대체로 이 두 관계를 좋게 보고 그 관계에 대해 우호적인 입장을 가지고 있다. 하지만 기독교 신앙을 가지지 않은 비유신론적 철학자들은 하나님을 믿는 기독교 신앙에 대해 비판적이기 때문에 철학과 신학을 좋은 관계에서 이해하려고 하지 않는다. 그럼에도 비유신론자의 비판에 대해 합리적인 기독교 철학자들은 기독교가 진리일 뿐만 아니라 타당한 근거를 가지고 있다고 주장하면서 철학을 배제하지 않고서도 신학의 논의가 가능하다고 보았다. 이런 맥락에서 기독교 철학자들은 철학적 요소에서 합리적인 신앙을 추구한다. 그들은 더 나아가 기독교 신앙이나 신학은 결코 비합리적으로 간주될 수 없음을 항변하면서 철학과 신학의 그 '사이'는 상호의존적인 관계가 된다고 주장한다.[2]

이와는 달리 반기독교적 사상에서 기독교 신앙이나 신학을 냉소적으로 비판하는 철학자들이 있다. 유신론적 철학자들과 마찬가지로 그들도 합리적인 근거를 가지고 기독교 신앙에 대해 비판한다. 그들은 무신론, 자연주의, 이성주의, 합리주의 및 경험주의를 신봉하는 철학자들이다. 하지만 그들의 비판 가운데 가장 중요하게 고려하는 것은 증거의 원칙이다. 이 증거가 사물을 비판하는 어떤 절대적 잣대로 작용된다. 이 비판의 중심에는 다양한 철학자들이 있는데, 그 중 우리가 떠올릴 수 있는 철학자들은 데이비드 흄, 버트런드 러셀, 윌리엄 클리포드, 존 L. 맥키 등이다. 그들은 이른바 강경한 증거주의자들로서 증거의 원리에서 진리를 탐구한다고 논쟁한다. 이는 모든 주장과 논증들이 증거에 근거하지 않으면 무의미하기 때문이다. 따라서 증거의 원칙에 근거하여 그들은 기독교와 기독교 신학의 모든 주장들이 비합리적일 뿐만 아니라 헛소리라고까지 말하고 있다.

그들이 증거의 원리를 강조하는 한 일화가 전해져 오는데, 그것은 영국의 철학자 버트런드 러셀에 관한 이야기다. 러셀은 기독교에 대한 적대적 비판으로 악명 높은 회의론자이면서 자연주의자다. 한 번은 러셀 자신이 죽어서 하나님과 대면하게 되었다고 한다. 그는 하나님으로부터 "너는 왜 불신앙(unbelief)을 믿었느냐?"고 질문을 받았다. 그는 냉정하고도 침착하게 이렇게 대답했다고 한다. "충분한 증거가 없어요, 하나님! 증거가 충분하지 않다고요."(Not enough evidence, God! Not enough evidence).[3] 러셀 자신이 직접 이 이야기를 했을까 만은 평소에 그가 불신앙이 증거의 불충분에서 파생된다는 것을 강조한 점에서 충분히 이해가 간다. 우리가 알듯이 러셀의 무신론적 열정은 그의 시대에 한정되지는 않았다. 21세기의 무신론자로 자청하는 옥스퍼드의 생물학자 리처드 도킨스(Richard Dawkins)와 같은 반기독교적 사상가들에 의해 다시 재생의 조짐을 보이고 있기 때문이다. 도킨스도 러셀처럼 기독교 신앙을 "증거가 결여한 맹목적 신뢰"[4]라고 맹렬히 비난한다. 그에 따르면, 신앙은 "비사유의 과정"이기 때문에 "악하며, 정당성을 제공하지 못하며 또 논쟁을 허용하지 않는다는 것이다."[5]

그렇다면 기독교의 합리성을 위해 증거를 요구하는 무신론자들의 입장은 정당한 걸까. 증거가 있다는 것이 과연 진리로 인정하는 방식을 의미하는 걸까. 그들에게 충분한 증거를 들이댄다고 해도 그들이 무신론적 신념을 버리고 기독교로 개종할까. 아마도 그렇게 되리라고 생각하는 것 자체가 안일한 일인지 모른다. 이는 그들이 요구하는 증거란 악의적이고도 나쁜 의도를 가지고 기독교의 비합리성을 폭로하기 위해 요구하는 증거들이기 때문이다. 노틀담대학의 철학자인 앨빈 플랜팅가(Alvin Plantinga, 1932~)가 적절히 지적하듯이 "그들[비유신론자들]이 하나님을 믿는 신앙이 비합리적이거나 비이성적이라고 주장하는 것"은 기독교 신앙에는 "충분한 증거"[6]가 불충분하거나 또는 증거가 없다고 주장하지만, 실상은 증거가 진리를 결정하는 중요한 단서나 조건이 아니라는 것이다. 플랜팅가에 따르면, 이것은 진리와 증거가 서로 다른 영역임에도 불구하고 그들이 그러한 요구를 통해서 기독교의 광기나 맹목성을 단순히 폭로하려는 전략에 지나지 않는다는 것을 말한다.[7]

우리 시대에 호전적인 변증가인 옥스퍼드의 기독교 철학자 리처드 스윈번(Richard Swinburne, 1934~)은 증거의 원리가 갖는 문제점을 지적했다. 그는 증거를 요구하는 무신론의 주장은 한마디로 터무니없다고 단정해 버렸다. 그들의 증거는 대체로 기독교를 흠을 내기 위한 전략이나 비난하려는 의도이지 어떤 것의 진실을 알고자 하는 의도에서 증거의 원리를 강조하지 않기 때문이다. 그런데 스윈번에 따르면 증거를 따지자면 무신론을 옹호하는 증거보다도 기독교의 진리를 옹호하는 증거가 훨씬 더 믿을 수 있다는 것이다. 따라서 그는 기독교야말로 "하나님에 대한 신앙은 좋은 증거에 근거하므로 매우 합리적이다"라고 주장한다.[8]

이처럼 철학과 신학의 관계는 어떤 입장이나 전통에 따라서 좋은 관계나 좋지 않은 관계로 나타나기도 한다. 하지만 한 가지 분명한 것은 철학과 신학은 어떤 긴장관계에 있다는 것은 사실이다. 그리고 이 둘의 관계는 학문적 성격에서 보면 상당히 논쟁적이다. 철학과 신학의 관계는 고대에서 현대에 이르기까지 논쟁으로 점철되었다고 해도 틀린 이야기는 아닐 것이다. 이 두 관계의 논쟁은 반복적이라는 점에서 앞으로도 여전히 이 둘의 관계에 대한 논쟁은 지속될 것으로 보인다.

철학의 기원

　일반적으로 철학은 '지혜의 사랑'(love of wisdom)으로 정의된다. 철학이란 원래 그리스어 필로스(philos)와 소피아(sophia)로 된 필로소피아(philosophia)에서 유래되었는데, 이 말은 '사랑하다'는 '필로스'와 '지혜'라는 '소피'의 합성어다. 이와 같은 의미를 보편화하는 데에는 철학자 플라톤(Plato, 기원전 427~347)이 크게 한몫했다. 과정 철학자 알프레드 N. 화이트헤드(Alfred N. Whitehead)가 언급했듯이, "모든 서구의 철학은 플라톤의 각주에 불과하다"[9]고 언급한 것을 보면, 플라톤은 서구철학에 지대한 지적토대를 세웠다. 그래서 철학에 관심을 가진 사람들은 그의 광범위한 지식체계를 무시하고는 서구철학을 이해할 수 없다. 이렇듯 그가 끼친 영향력은 철학의 새로운 장을 열었다고 해도 틀린 말은 아닐 것이다.

　그러면 플라톤은 누군가. 그는 기원전 428년에 아테네의 매우 부유한 귀족신분의 가정에서 태어났다. 정치적 야망을 가지고 정치에 입문했던 그는 아테네 민주주의의 부패한 정치를 목격하고 정치에 환멸감을 가지게 되었다. 정치에 환멸감을 느끼게 된 결정적인 계기는 소크라테스의 죽음이었다. 그 때 그의 나이는 28세의 젊은 청년이었다. 젊은 청년 플라톤은 소크라테스를 만나면서 삶의 의미와 행복이 무엇인지를 곰곰이 생각했다. 인생의 전환점은 한 사람의 만남에서 종종 이루어지는 경우가 있는데, 플라톤을 염두에 둔 것이 아닐까 싶다. 소크라테스와의 만남으로 인해 플라톤은 평생 그를 스승으로 모시고 철학에 매진하게 된다. 무엇보다도 플라톤은 자신의 스승인 소크라테스의 가르침을 통해서 전문화의 기술적 행동이 아니라 삶의 방식 자체를 철학으로 이해한다. 철학은 지적인 것뿐만 아니라 도덕적인 삶을 포함한 전인적인 삶을 추구함으로써 우리의 삶과는 분리할 수 없는 일종의 연분(緣分), 즉 연인관계와 같은 것이다.

하지만 철학은 그 근원을 추적해 보면 플라톤 이전으로 거슬러간다. 철학이 밀레토스의 탈레스(Thales, BC 624?~546?)에서 시작되었다는 것은 철학사의 통설로 받아들여지고 있다. 사람들은 왜 철학의 기원에서 탈레스를 중요하게 여기는 걸까. 이유는 간단하다. 그가 종교나 신화인 뮈토스(mythos)와 이성인 로고스(logos)를 구분했기 때문이다. 그래서 그는 서양의 전통에서 최초의 철학자로 알려지게 되었다. 탈레스는 "모든 사물은 물이다"라는 명제를 발표함으로 철학의 스타덤에 올랐던 인물이었다. 종종 말 한 마디에 유명세를 타는 경우가 흔히 있는데, 탈레스가 그런 사람이 아니었을까 싶다. 부연해서 설명하자면, 당시에 그는 자연에서 흔히 보는 물의 개념을 우주의 근원으로 이해하고 설명했다. 그가 어떤 의미에서 우주의 모든 것을 물로 구성된다고 설명하려는 것이었는지에 관해서는 분명하지 않았더라도 그는 모든 것을 단 하나의 존재인 물로 환원된다고는 주장했던 것 같다. 그는 운 좋게 여행을 많이 했던 사람이었기 때문에 자연이나 자연의 법칙 등을 관찰했을 것이다. 고대나 근대에 자연철학자들은 사물의 근원인 '아르케'를 찾으려고 노력했다고 볼 때 탈레스도 예외는 아니었다. 그래서 그는 사물의 아르케는 결국 물이고, 모든 사물이 물로 환원된다고 주장했던 것이다.

추측컨대 물이란 하나의 원리이고 법칙으로서 사물에는 어떤 원리나 법칙이 중요했다고 보인다. 탈레스 시대에 물을 연상하게 된 결정적인 이유는 홍수로 인한 '나일 강'의 범람이었을 것이다. 나일 강의 범람은 하나의 자연현상이었다. "주의 깊은 바빌로니아의 천체 관측자들이 각고의 노력으로 얻은 기록들을 접함으로써" 탈레스는 겨울에는 나일 강이 말라붙는데 반해서 여름에는 불어난 물로 홍수가 범람하는 것을 관찰하고 그 이유를 설명했다.[10] 그의 설명은 현대의 우리가 볼 때에는 당연히 코웃음 칠 일이고, 허접한 설명인지 모른다. 그런데 홍수에 대한 그의 설명이 매우 독특했다. 그는 일단 우리 시대의 사람이 아니었다. 과학자가 일생에 중대한 것을 발견하려는 것만큼 그는 삶에서 매우 진지하고도 신중했다. 그의 설명은 아주 명쾌했다. 그것은 홍수의 주된 원인이 사막에서 불어오는 바람이었다는 것이다.[11] 이 설명 또한 여러 설명들 중의 하나일 뿐이다.

우리는 이렇게 추론해 볼 수 있을 것이다. 만일 탈레스가 이 홍수의 원인을 "초자연적인 현상"이나 "창조주의 조화 및 뜻"으로 설명했더라면, 그것은 신화 및 종교의 영역이 되었을 것이다. 하지만 그는 그 전통적인 신화적 방식으로 우주를 설명하지 않았다. 그가 선택한 것은 나일강의 자연현상과 사막이나 바람의 자연현상과 연관하여 설명하였다는데 있었다. 이것이 종교나 신화로 설명하는 대신에 이성적으로 설명했기 때문이었다.[12] 간단히 말해, 한 사물과 다른 사물을 종합하거나 연결하는 인과성, 즉 인과법칙에 의해 어떤 필연성을 추론하고 그것을 설명할 수 있었다는 것이다. 즉 필연성이란 A가 발생하면, B가 수반된다는 것이다. 우리는 이와 같은 설명을 자연의 인과적인 설명이라고 부른다. 이 자연의 인과적 설명이 당시의 상황에 비추어 본다면 아주 독특하고 독창적인 설명이었다. 쾨니히스베르크의 철학자 임마누엘 칸트(Immanuel Kant, 1724~1804)는 이렇게 주장했다. "철학적 지식이란 관념들에서 이성을 통해 얻는 지식이다."[13] 만일 그렇다고 한다면, 자연현상에 대한 탈레스의 설명은 그런 점에서 적중했다. 이는 철학적 지식이 이성에 의해서 사물을 분석하고 해석하려는 시도였기 때문이다.

탈레스는 그의 후대 자연철학자들에게 지대한 영향을 미쳤다. 그의 제자 아낙시만드로스(Anaximandros, BC 610~540)에서 시작하여 아낙시만드로스의 친구인 아낙시메네스(Anaximenes, BC 570?~526)와 사모스라는 조그만 섬에서 살았던 피타고라스(Pythagoras, BC 570~497)에 이르기까지 자연에 관한 설명은 신화적인 설명과는 구분되었다. 그들은 자연과 세계의 현상을 인간의 이성에 근거한 어떤 법칙으로 설명하고자 했다. 특히 이성적 질서를 좋아했던 아낙시만드로스의 경우에는 창조와 파괴가 지속적으로 대체되는 세계를 관찰하여 세계의 이 순환과정을 '필연성'(necessity)으로 이해했다. 그의 설명은 탈레스와는 달리 세계 속에 영원한 운동에 의해서 사물이 생성되고 소멸된다는 것이었다. 그래서 그에게는 낮과 밤과 같은 규칙적인 법칙은 질서정연했고, 이것이 서로 대조적인 법칙들의 투쟁으로 진행되었다는 것이다. 이와는 달리 아낙시만드로스의 사상적 후계자였던 아낙시메네스는 탈레스와 아낙시만드로스의 개념들을 결합하여 자연을 설명하려고 했다. 그는 진일보한 설명을 덧붙이면서 만물의 아르케(근원)는 '공기'라고 주장했다. 공기는 호흡과 깊은 연관을 가지고 있다. 그래서 공기는 영혼과 원리로 설명될 수 있었다. 그가 그들과 차이를 보인 것은 두 가지인데, 하나는 공기의 팽창과 수축이라는 양적변화를 통해서 더 세부적인 가설을 설정하고 논증해 갔다는데 있었고, 다른 하나는 정신과 물질을 구분하려고 한 것이었다. 당시에는 정신과 물질이 명확히 구분되지 않았고, 영혼은 단지 생명체들을 가능하게 하는 물질 정도로 이해되었을 것이다. 하지만 아낙시메네스는 공기가 생명이나 영혼의 생존을 가능하게 하는 어떤 근거로 이해함으로써 사물의 존재는 이미 어떤 물질에서 출발하고 있다고 주장했다.

철학의 기원에서 우리는 한 사람을 더 언급할 필요가 있는데, 수학에 관심을 가지고 수학의 원리가 곧 만물의 원리라는 등식을 세웠던 피타고라스다. 수학 학파의 창시자이면서도 한 종파의 교조였던 피타고라스는 수학적 사유는 인간을 개별적인 사물에 대한 생각에서 해방시켜주는 방법이라고 생각했기 때문에 명확한 설명을 얻으려는 사유의 반성을 추구했다.[14] 따라서 철학은 세계 속에 있는 모든 사물이나 사건을 관찰하고 그것들을 인과적으로 해명하거나 자신의 사유와 반성을 통해 보다 명확한 의미를 얻고 탐구하려는 측면에서 신화나 종교와는 명백히 구분되었다.

신학이란?

철학과 신학의 관계를 규명하기 위해서 우선 우리는 신학이 무엇인지를 밝힐 필요가 있다. 신학도 다른 학문들과 마찬가지로 누가 어떤 방식으로 설명하고 이해하는가에 따라서 다르게 정의된다. 동시대의 역사에 따라 신학은 아주 다른 색깔로 채색되고 반응되었기 때문이다. 그럼에도 신학이 학문으로 간주되고 있는 것에는 동의하고 있는 듯하다. 독일의 실존주의 철학자 마틴 하이데거(Martin Heidegger, 1889~1976)는 "현상학과 신학"에서 현상학은 '존재론적 학문'이고 신학은 '존재에 관한 학문'이라고 정의했다. 그의 정의는 다소 모호한 면이 있다. 그가 말하는 존재론적 학문은 무엇이고, 존재에 관한 학문은 무엇인가. 그에게 현상학은 이미 존재론적 연구인 주어진 현상에 관한 것을 의미하고, 반면에 신학은 신과 궁극적 실재와 같은 것을 존재라는 독특한 영역을 의미한다. 그래서 신학은 존재에 관한 연구 또는 실재에 관한 연구였다.[15] 따라서 신학은 하나님에 관한 탐구이기 때문에, 그 하나님에 대한 탐구가 바로 신학의 주제가 된다.

신학에는 크게 두 가지 접근 방식이 있다. 신학에 관한 현존하는 통상적 정의가 그렇듯이 신학은 위로부터의 신학과 아래로부터의 신학으로 분류된다. 위로부터의 신학은 신으로부터 시작하는 이른바 '계시신학'(revelation theology)이라 부른다.[16] 계시신학은 스위스 바젤 출신의 신학자 칼 바르트(Karl Barth, 1886~1921)에서 찾는다. 계시신학은 자연신학에 저항하여 하나님을 "절대타자"로 이해한다. 바르트는 인간의 이성적 기능을 통하여 신적 절대를 인식할 수 있다는 자연신학을 매우 위험한 것으로 경고한다. 그래서 그는 자연신학을 "새끼손가락 하나를 양보해 줄지라도 필연적으로 따라오는 예수 그리스도 안에 나타난 하나님의 계시를 부정하는 것"이라고 단언했다.[17] 바르트에게 있어서 인간과는 다른 절대타자(absolute otherness)인 하나님은 인간의 경험, 언어, 전통에 의해서 인식될 수 없는 초월적이고 초역사적 실재다. 이 하나님을 인식하는 방식은 오로지 예수 그리스도를 통해서만 가능하다. 이는 예수 그리스도가 하나님의 계시이기 때문이다. 따라서 계시신학의 관점에서 바르트의 위로부터의 신학은 인간의 이성 및 철학이나 종교적 체험이 아니라 기록된 계시인 하나님의 말씀을 연구하는 학문이다.[18]

바르트의 열정에 고무되었던 후대의 많은 신학자들도 신학을 더욱더 철저하게 인간의 경험과 구별시키려고 시도했다. 신을 인식하는 방식에서 인간의 경험에 의존하는 것은 불완전하고 제한적일 수 있을 뿐만 아니라 인간의 경험적 틀에 속박시킬 위험이 있다. 이러한 생각이 바르트와 같은 위로부터의 신학자들에 의해서 표출되었다. 그들은 인간 이성 자체가 한정적이기 때문에 실재에 대한 진리는 왜곡되거나 오류 가능성이 있을 수밖에 없다는 것이다. 개혁주의 신앙의 관점에서 종교철학을 논하는 앨빈 플랜팅가와 니콜라스 워터스토프(Nicholas Wolterstorff)는 어느 누구보다 인간이성의 한계를 비판했는데, 그들은 바르트와 마찬가지로 자연신학에 반대하면서 신을 믿는 믿음이 가장 근본이라고 주장한다. 이러한 믿음에서 인간의 합리적인 탐구에 의해서 하나님을 믿는 믿음이 기본이라는 이 신념을 무효화하지 못했을 뿐만 아니라 할 수도 없었다고 논박한다. 그러므로 기독교 신앙은 바로 이와 같은 하나님에 대한 믿음에서 출발되어야 한다.[19]

반면에 아래로부터의 신학은 신학의 또 다른 접근 방식이다. 위로부터의 신학과는 달리 아래로부터의 신학은 대체로 두 유형의 형태로 나타난다. 하나의 형태는 자유주의 신학이고 다른 하나는 해방을 주제로 삼는 해방의 신학들(여기에서 라틴 아메리카의 해방신학을 포함하여 민중신학, 여성신학, 흑인신학 등을 편의상 '해방의 신학들'이라고 붙였다)이다. 자유주의 신학과 해방의 신학이 서로 다른 관점에서 출발하지만, 그들에게 공통된 점은 인간이나 인간의 삶의 경험으로부터 신학의 근거를 삼고 있다는 것이다. 위로부터의 신학은 인간 이성의 제한성을 인식하지만, 아래로부터의 신학은 신의 실재를 표상적으로 표현할 수는 없다고 해도 인간의 인식에 의하지 않고서는 불가능하다는 것이다. 그래서 아래로부터의 신학은 인간의 경험, 전통, 상황을 신학의 중요한 출발점으로 이해한다.[20]

최근에는 신학의 접근방식이 구체적으로 신학의 양태로 논의되고 있다. 구체적으로 이 신학의 양태들은 예일대학의 조지 린드벡(George Lindbeck)의 노력에 의해서 설명되었다. 린드벡이 제시하는 신학의 세 가지 양태는 다음과 같다. 첫 번째 양태는 인식-명제적 신학(cognitive-propositional theology)이다.[21] 이 양태는 신학이 신학으로서 정당성을 얻으려면 철학적이고 합리적인 탐구의 방식과 과학적 접근을 통해서 진리를 추구하는 것을 일차적인 목표로 삼아야 한다는 것이다. 실재에 대한 모든 진술들은 그것이 참인지 아닌지를 검증하고 입증할 중대한 의무가 있으며, 따라서 신학은 하나의 방법적으로 다양한 인식론적 방식을 받아들이고 그 양태에 의해 신학의 내용을 전개할 수 있다. 간단히 말해 인식-명제적 신학은 성경을 문자적으로 믿거나 복음주의를 지향하는 신학들을 대표하는 신학적 양태다.

두 번째 양태는 경험-표현적 양태의 신학(experiential-expressive theology)이다.[22] 이 방식은 인간의 경험에서 신학의 출발점을 삼고 있다. 신학은 신학 자체로서의 독립적 학문으로 성립될 수 없다. 신학은 철학과 문학과 같은 여타학문과 상호적으로 관계를 가지면서 발전한다. 즉 신학은 다른 학문들과의 연관적 관계 속에서 형성된 학문이라는 것이다. 그러기 때문에 신학이 독불장군처럼 독립된 영역으로 고집

할 수 없다. 신학은 다른 학문들과 연계하거나 의존한다. 이 신학의 양태에서 중요한 것은 인간경험이다. 인간이 살면서 그가 경험한 내용은 언어에 의해서 설명된다는 것이다. 우리가 배우는 신학은 인간경험의 산물이다. 그래서 경험이 일차적이고 언어가 이차적이다. 이와 같은 견해는 폴 리쾨르(Paul Tillich)로부터 데이비드 트레이시(David Tracy)에 이르는 신학적 전통 속에 발견된다. 그들의 신학적 방식은 이른바 "상관방식"(correlation method)으로 설명되었다. 간단히 말해 신학이 신학으로 잘 정립되려면 신학은 반드시 다른 학문과 연대해야만 한다.

세 번째의 양태는 문화-언어적 신학(cultural-linguistic theology)이다.[23] 린드벡은 이 세 번째 형태의 신학을 지지한다. 문화-언어적 신학은 인간의 경험이 신학을 전개하고 형성하는데 결정적이지 않다는 점을 밝힌다. 신학은 이미 문화와 언어 속에서 형성되고 결정되기 때문이다. 린드벡에 따르면, 문화와 언어는 인간의 현존재 이전에 선험적으로 존재하는 양태다. 이 신학의 양태에는 두 가지 것을 염두에 두어야 한다. 하나는 문화의 성격이고, 또 하나는 언어의 성격이다. 그런데 문화와 언어는 이미 공동체를 전제로 한다. 한 공동체는 사람의 성격이나 기질 그리고 사고를 결정한다. 한 사람이 어느 문화에 태어났는가 하는 것이 그 사람의 모든 것을 결정한다. 왜 그럴까. 그것은 이미 어떤 사람이 경험하는 모든 것이 어떤 특정한 공동체에서 출생했기 때문이다. 따라서 그가 경험하는 사유의 형태는 이미 이러한 언어적이고도 문화적인 것으로부터 초월할 수 없다.

인간다움을 지향하는 철학과 신학

철학과 신학은 넓은 의미에서 인문학의 범주에 속한다. 인문학의 범주로서 철학과 신학은 궁극적으로 무얼 지향하는 걸까. 간단히 말하자면 철학과 신학은 인간됨을 가르치는 학문들이다. 지혜를 사랑하는 학문인 철학과 하나님에 대한 탐구의 학문인 신학은 우리가 누구인지를 가르친다. 철학은 인간존재의 의미에 관한 탐구에 초점이 되어 있는 반면에 신학은 신의 피조물인 인간존재에 관한 탐구가 되어 있다. 그렇지만 철학과 신학은 인간에 대한 논의를 떠나서는 아무런 의미를 찾을 수 없다. 따라서 프린스턴 대학의 월터 카우프만(Walter Kaufmann, 1921~1980)이 말하듯이, 철학과 신학은 "인간의 궁극적인 목적"을 다룬다.[24]

역사적으로 인문학은 '인간다움'을 가리키는 라틴어 '후마니타스'(humanitas)의 기원을 가지고 있다. 기원전 55년에 수사학자 키케로(Marcus Tullius Cicero)가 마련한 웅변가 양성과정에서 처음 사용되었다. 그 후에 이 용어는 중세시대의 초기 성직자들이 이 말을 기독교의 교육과정에 '교양과목'(liberal art)을 도입하여 가르치게 되었다.

인문학은 15세기 이탈리아의 르네상스에서 만개(滿開)되었다. 이탈리아의 인문주의자들은 세속적인 문예와 학술 활동을 가리켜 인문학이라고 호칭했다. 르네상스의 발흥이 인문학의 중요성을 알리는 단초가 마련되었고, 그 결과 19세기에 이르러 자연과학과 인문과학이 명확히 구분되었다. 자연과학은 과학의 중요성을 가리키고 인문과학은 인간의 중요성을 가리킨다. 결국 현재까지 우리는 과학과 인간이라는 두 영역을 구분하려는 경향이 있는데, 이러한 흐름은 르네상스를 거쳐 19

세기에 시작된 학문의 발전에서 유래되지 않았나 싶다.[25] 특히 자연과학과 인문과학은 독일의 역사 철학자 빌헬름 딜타이(Wilhelm Dilthey, 1833~1911)에 의해서 명확히 구분되었다. 그에 의하면 자연과학은 '탐구하는 영역'이고, 인문과학은 '해명하는 영역'이었다. 이처럼 인문과학은 인간의 행위나 생각 등을 해명하기 위해서 시작된 것처럼 보인다. 결국에는 인문학의 중요성이 어느 시대에서도 가벼이 다루어진 적이 없었다고 보인다. 그렇다면 인간됨의 원래 의미를 지닌 인문학, 즉 후마니타스는 철학과 신학에서 가장 중요한 연구의 대상에서 제외된 적이 있었을까. 정확히 말해 그런 적이 없었다. 물론 후마니타스에 대한 철학적인 방법과 신학적인 방법에서 다양한 차이를 보인 것은 사실이지만, 인간에 대한 이해는 지속적으로 발전되어왔다.

    2007년 7월에 미국최초의 청교도 대학이었던 하버드대학은 하버드대학 역사상 최초의 여성 역사학자인 드류 길핀 파우스트(Drew Gilpin Faust, 1947~)를 여성총장으로 임명했다. 흥미로운 것은 파우스트가 총장 수락연설에서 이 고전적인 후마니타스의 용어를 선택했다는데 있었다. 뉴욕 타임스에 따르면 파우스트는 실용성을 앞세우고 있는 당시 부시 행정부의 교육방식에 대해 비판하면서 대학의 본질은 인간다움의 교육임을 언급했다. "교육은 사람을 목수로 만드는 것이 아니라 목수를 사람으로 만드는 것이다." 이보다 더 간결한 후마니타스의 의미가 있을까. 만일 우리가 이 말의 의미를 세심히 살펴본다면, 대학 본연의 학문적 가치란 사람을 길러내는 일이 주된 목적임을 쉽게 간과할 수 있다. 그렇다면 신학교육의 경우는 어떤가. 신학교육도 철학교육과 마찬가지로 이러한 후마니타스의 원래적 의미를 가지고 있다. 신학의 본래적 임무가 후마니타스를 수행하는 것이 아닐까. 파우스트의 말을 신학적으로 변용하자면, 신학의 주된 교육은 목사를 양성하는 일보다는 오히려 목사를 사람으로 만드는 일이다. 우리는 기억한다. 예수는 제자들에게 이렇게 말씀했다. "나를 따르라 사람을 낚는 어부가 되게 하리라." 사람을 낚는다는 것은 영혼구령(soul winning)이다. 영혼구령이 전도한다는 말이지만 본래의 의미로는 사람을 얻는다는 뜻이다. 이것은 제자들에게 사람을 건지는 것과 얻는 것이 그들의 소임임을 일깨운 말씀이다. 인간은 도구적 수단이나 기능적 존재가 아니다. 인간은 그 자체만으로도 숭고함과 존엄함을 가지고 있다.

신학은 어떤 관점을 가지는가에 따라서 그것의 의미와 가치가 다르게 이해되기는 해도, 전체적인 맥락에서 보면 신학은 다른 어떤 학문보다 인간과 인간다움을 강조하는 학문이다. 이를테면 기독교 신학에서 언급하고 있는 회개, 영생, 침례, 구원 등은 인간됨을 강조하는 내용들이다. 그럼에도 그리스도인들은 이 중요한 의미를 망각하는 경향이 있다. 그렇다면 독특한 기독교적 교리들이 갖는 궁극적인 목적은 무엇일까. 그것들은 궁극적으로 인간됨을 가르치는 것이다. 회개란 무엇인가. 그것은 새로운 사람으로 거듭남을 의미한다. 영생은 무엇인가. 영생은 새롭게 거듭난 피조물들이 사후에 보장받는 장소이다. 그래서 영생은 새사람이 되지 않고는 보장받을 수 없는 곳이다. 침례도 마찬가지다. 침례는 예수를 믿고 그리스도를 새로운 피조물이 되었다는 징표다. 이처럼 기독교 교리는 이전의 방탕하고 방황하던 삶에서 완전히 새사람이 되었다는 것을 명시적으로 말해준다. 이런 면에서 인간에 대한 의미가치를 배제하고 신학을 이해하려는 한다면 그것은 무의미하다. 그러므로 신학은 인간됨을 가르침으로써 삶의 궁극적인 목적과 존재이유가 무엇인지를 가르치는 것이다.

최근에 인간다움에 관한 철학적 생각은 프랑스의 현상학자인 엠마누엘 레비나스(Emmanuel Levinas)에서 발견된다. 레비나스는 인간됨의 중요성을 강조한다. 그는 신학을 실천의 일종으로 규정한다. 실천으로서의 신학은 "사랑의 섬김으로 행하는 사랑의 지혜."[26] 그에게는 신학이 실천이다. 구체적으로 말해, 신학의 윤리적으로 행하는 실천이다. 그렇지만 이 실천으로서의 신학은 삶 그 자체이지 삶에 대한 반성이나 이해를 의미하는 것은 아니다. 우리가 살아가는 현재의 삶 자체가 윤리적 근거여, 즉 타자의 윤리적 근거여야 한다. 레비나스는 "윤리학이 제일 신학이다"라고 단정한다. 간단히 말해 신학은 윤리학의 다른 이름이라는 것이다. 그는 이렇게 말한다. "우리는 신학을 책망하고 무시해 왔다. 또한 우리는 하나의 발견, 즉 적어도 이러한 주제를 발견하려는 어떠한 기회를 선택하는 필요성에 대해서는 논의하지 않으려 한다. 그렇지만 우리는 신학적 회복이 가장 우선적인 거룩함(holiness)을 일별한 후에 온다고 생각해야 한다."[27] 무얼 말하는가. 그것은 신학에서 가장 중요한 것이 거룩함이라는 것이다. 거룩함은 윤리적 개념으로서 행동을 요구하는 삶의 실천을 명시하는 것이다. 이러한 근거에서 그는 이렇게 표현한다. "하나님에 관한 물음은 하나님에 관해 물음을 물을 수 있는 사람의 선행적 물음이 제기되기 전에는 묻지 않는다. 신학은 인간학으로서 시작하고, 그래서 인간존재나 인격에 대한 반성은 이미 윤리적 기획 속에 내포되어야 한다."[28] 여기서 말하는 선행적 물음은 인간의 구체적인 삶과 연관된 것이다. 고난과 고통을 동반한 악의 현실 또는 구체적인 현실의 상황이 하나님을 묻는다. 그래서 그가 말한 인간학은 인간의 실존적인 삶으로부터 비로소 하나님에 관한 물음이 일어난다는 것이다.

나아가 레비나스는 타자의 중요성을 신학에 적용한다. 무엇보다도 레비나스는 "내 속의 타자"(other in me) 개념을 강조한다. "내 속의 타자"는 무언가. 그 개념은 다른 인간에 대한 책임감에 우리 모두가 개방하여야 한다는 것을 말한다. 그에 의하면, 우리들이 행하는 것과 사회의 일어난 사건들은 우리 자신 속에 있는 타자에 대한 책임을 생각하게 하고, 우리로 하여금 타자와 타자의 사건에 민감하여 무엇인가를 실천하도록 충동하는 어떤 동기이자 힘이 되어야 한다는 것이다. 그래서 레비나스는 신학을 고통과 악의 현실을 경험하는 "나에 대한 학문"으로 받아들여야 한다고 주장한다.[29]

철학의 경우는 어떤가. 철학의 본래적 임무도 결국 사람다움을 가르치는 학문이다. 철학의 본성을 이해하기 위해서는 고대 탈레스의 우스꽝스러운 이야기에서 철학의 의미를 암시적으로 엿볼 수 있다. 탈레스는 앞서 언급했듯이 고대 그리스의 최초의 철학자다. 다음의 일화는 그다지 신뢰가 가지는 않지만, 한번쯤 생각해 볼만 하다. 한 번은 탈레스가 길을 걷다말고 하늘의 별을 보며 별을 관찰하다가 뒤로 굴러 떨어져서 웅덩이에 그만 빠지고 말았다. 이 광경을 목격한 처녀가 그저 하늘만 쳐다보다가 땅위의 일을 잊어버린 사람이라고 비웃었다. 이 일화는 철학을 현실과는 동떨어진 삶으로 우회적으로 표현한 것이다. 소크라테스의 삶에서도 이와 유사한 일화가 전해지는데, 소크라테스의 부인 크산티페는 그가 현실에 무관심한 채로 일상을 사는 그의 삶에 대해 역정을 자주 내곤했다고 했다는 것이다. 소크라테스는 철학적 관심사에 골몰히 생각하다가 밤을 새기가 일쑤였다. 이런 태도를 못마땅하게 생각한 크산티페가 남편의 옷을 숨겨놓고 그가 밖에 나가지 못하도록 했다고 한다. 그럼에도 불구하고 소크라테스는 알몸으로 밖에 빠져나가서 골몰히 생각한 문제를 토론할 정도였고, 이를 눈치 챈 제자들은 그가 벌거벗고 나올 것을 대비하여 여분의 옷을 언제나 준비하였다고 한다.[30]

철학! 그것은 현실과는 동떨어진 사변 또는 궤변이 아닌가. 이것이 사람의 생각 속에 깊숙이 자리하고 있다. 하지만 다음의 재미나는 일화를 듣는다면, 결코 우스운 철학이 어떻게 만들어지는지 우연한 일이 아님을 알 수 있을 것이다. 왜냐하면 하늘을 바라보는 행위가 철학의 본성을 가장 간명하게 명시하기 때문이다. 하늘을 바라보는 생활! 얼마나 현대인들이 동경하고 그리운 말인가. 우리의 일상은 너무나 분주하다. 매너리즘에 빠진 우리는 하루의 일상을 반추할 생각의 여지를 허용하지 않는다. 우리는 식사하고 커피마시는 시간이 있을지는 몰라도 자신의 일과 행위에 대한 반성적 성찰의 시간에는 인색하다. 임마누엘 칸트가 간결하게 암시했듯이, 이 세상에서 우리를 가장 놀랍게 하고 두렵게 하는 두 가지는 "우리 머리 위의 하늘과 마음속의 도덕법칙"이라 했다. 하늘을 바라보는 행위는 우리의 불성실한 행위를 성찰하게 한다. 눈앞의 보이는 현실적인 삶과 동떨어진 것이라고 비난받고 있는 철학은 오늘의 현대인들에게 성찰하는 여유를 제공하는 것은 아닐까. 소크라테스는 이렇게 말했다. "반성하지 않는 삶은 살 가치가 없다." 그렇다. 자신의 삶을 돌아보는 행위, 그것은 하늘을 바라보는 행위다. 그래야 나를 발견할 수 있다. 자기성찰은 자기 검열이다. 자기 검열의 삶은 인문학의 핵심이다. 따라서 철학은 자신의 본성에 충실하게 하는 소양의 덕을 쌓는 학문일 것이다.

예수의 삶은 어떤가. 분주한 하루의 일상에서 그는 반드시 '홀로 있음'의 시간에 자신을 돌이켜보는 패턴을 유지했던 것 같다. 요한복음 7장 53절에서 8장 2절의 기록에서 요한은 이렇게 증언한다. "다 각각 집으로 돌아가고 예수는 감람산으로 가시니라 아침에 다시 성전으로 들어오시니 백성이 다 나아오는지라 앉으사 그들을 가르치시더니." 왜 청년 예수는 군중들과 제자들을 두고 홀로 감람산을 향했을까. 그건 기도하기 위함이었다. 기도는 하루의 삶에 일어난 일들과 사건들을 되돌아보고 반성하는 윤리적 거점이다. 기도는 하나님을 발견하는 시간이기도 하지만 자신을 발견하고 검열하는 시간이기도 하다. 자신을 발견하지 않는 기도는 하나님을 발견하지 못하고 따라서 그러한 기도는 진정 무의미하다. 자기의 성찰은 기도를 통해서 회개로 이어지는 과정이다. 회개는 자기성찰 후에 수반하는 자기 파괴의 행위다. 자신이 파괴되지 않고서는 회개는 없다. 자기 파괴의 행위는 반드시 자기성찰의 잘못된 뉘우침의 과정을 통과하게 한다. 그런 시간 이후에 그는 다음날 백성들을 만나 다시 가르친다. 다음날 그의 가르침의 성패는 전날의 홀로 있음의 시간에 의해 결정된다는 것이다. 이것이 예수의 삶이었다. 현실적 삶에 안주하라고 가르치는가. 아니다. 오히려 자신을 반성하라고 가르치는 것이다. 신학은 오히려 철학보다 더 강한 어조로 세상, 즉 현실적 삶에 안주하지 말라고 가르친다. 세상의 것은 오히려 일시적이다. 그래서 신학은 보이는 현실이나 일시적인 것보다 영원한 것에 더한 가치를 두고 그것을 사모하라고 가르치라고 말하는지 모른다.

삶의 실천으로서의 철학과 신학

일상에서 일어나는 상식을 철학적으로 규명하는 작업이 철학이다. 그래서인지 철학은 반성적 차원이나 해석적 차원에서만 머물러 있지 않다. 그것은 우리의 삶의 전반에 걸친 실천적 지식을 목표로 한다. 아무리 훌륭한 논증이나 사변적 이론들이 화려하다고 해도, 그것이 현실적 삶에 적용하여 실천할 수 없는 것이라면 아무런 소용이 없을 것이다. 이런 맥락에서 철학은 철학적 탐구를 문장과 글의 분석과 해석 정도로 생각하거나 추론하려는 경향에 사실상 반대한다. 만일 우리가 철학적 탐구를 통해서 단지 이해하거나 의미를 추구하는 것에 한정한다면, 그것은 우리가 철학의 궁극적인 목적을 상실하고 있는 것이다. 우리가 염두에 두어야 할 철학은 그 궁극적인 목적이 삶의 실천에 있음을 기억하는 일이다.

한 번은 미국의 신실용주의 철학자 리처드 로티(Richard Rorty, 1931~2007)가 『철학과 사회적 희망』에서 철학을 "가치와 선택의 용어"[31]라는 말로 표현한 적이 있다. 전통적으로 철학이 합리론과 경험론의 틈바구니에서 갈등해 왔고, 이 둘의 사상이 다른 철학을 억압해 왔다. 로티는 합리론과 경험론으로 철학을 억압하는 일은 지극히 잘못되었다고 주장한다. 로티에 의하면, 철학의 본성은 가치에 따라 움직이고 선택되어지는 어휘다. "철학의 임무가 헬라시대이후로 줄곧 우리의 실천적인 판단의 사례들보다는 선행적으로 실재(진리탐구)를 폭로하는 일에 매진해 왔고,"[32] 그리고 그러한 태도가 바로 "철학을 소외시키는 원인"[33]이 되었다. 여기서 로티가 말하고 있는 가치와 선택의 용어로서의 철학은 문장과 글에 대한 분석이 아니라 그것의 배후에 놓여 있는 구체적인 삶이고, 그 삶에서 마주하는 인간행위실천 전반을 염두에 둔 것이었다.

그럼에도 철학은 인간의 끊임없는 지식에 대한 탐구와 답을 찾으려는 본성으로 인해 우리의 구체적인 환경에서의 문제와는 거리가 먼 것처럼 보인다. 인간은 수시로 마주하고 부딪히는 삶에서 난감하고 곤혹스러운 문제 상황과 대면하고 있다. 철학은 정확히 그것이 무엇인지 알고 해결하기 위해 도움을 제공해야 한다. 그것이 균형 잡힌 철학이 갖는 궁극적인 목표일 것이다. 따라서 철학은 우리가 인식하거나 이해하는 영역을 포함하지만 동시에 그들을 초월하려는 본성에 의해서 정당화될 것이다.

유사한 방식으로 신학도 철학이 실천을 목표로 하듯이 실천을 궁극적인 목표로 한다. 통상적으로 정의해 온 "신에 관한 논리적 탐구"로서의 신학은 이성적 탐구나 해명을 근거로 하지만 그게 전부는 아니다. 신학의 대상인 신이 설명될 수 없는 신비스럽고도 초월적인 존재인 것은 옳다. 하지만 신에 대한 이해가 신앙의 실천과 만나면, 그 신은 깊은 의미를 끌어낼 수 있을 뿐만 아니라 생동감 넘치는 의미로 이해된다. 그런 이유인지는 모르나 중세파리 대학의 신학교수이면서 스콜라 철학을 집대성한 토마스 아퀴나스(Thomas Aquinas, 1224/5~1274)가 신의 이성적이고 논리적 설명은 제한되어 있을 뿐만 아니라 신의 목을 조르는 행위라고 비판했던 것도 그런 맥락에서 이해될 성 싶다.[34]

신학의 실천적 중요성은 블레즈 파스칼(Bleise Pacal)에서 더욱 두드러지게 나타났다. 프랑스의 철학자이며 수학자였던 파스칼은 1654년에 일어났던 신앙체험으로 신학의 의미를 신앙의 실천으로 한정하여 생각하기 시작했다. 우리가 들어왔던 것처럼, 중생의 체험을 가진 그는 생전에 주머니 속에 항상 종이쪽지 하나를 지니고 다녔다고 한다. 그 종이쪽지에는 이런 말이 적혀 있었다. "하나님은 철학자의 하나님이 아닌 아브라함의 하나님, 이삭의 하나님, 야곱의 하나님이시다." 이성의 신을 비유적으로 표현한 철학자의 하나님은 경배와 기도에 반응할 수 없는 신이고, 그에게 희생의 번제를 드릴 수 없는 사변적이고 추론의 신이다. 물론 파스칼은 그것만으로 하나님을 다 설명했다고 말하지 않는다. 그는 이렇게 말한다. "하나님을 직감할 수 있는 것은 이성이 아니라 마음이다. 이성이 아니라 마음에 직감되는 하나님, 그것이 바로 신앙이다. 신앙은 하나님이 주는 선물이다. … 신앙에 도달하기 위해서는 추론만으로 충분하다, 추론은 결코 거기까지 인도해 주지는 못한다."[35] 신학의 실천적 요소를 강조하는 존 카푸토 역시 『신학의 지평: 철학과 신학』에서 다음과 같이 표현했다.

"철학과 신학은 상처받은 영혼들을 치유하기 위해 존재한다. 정말로 '철학과 신학'은 … 우리를 끌어당기는 어떤 소중하고도 아름답고 깊고도 신비스러운 것에 의해서 마음에 파고들어오는 것들이다. 마치 의사들이 모든 것을 말하지 않기 때문에 상처받은 영혼들은 치유되지 않고, 회복되지 않을 것이다. 마치 우리가 아는 것처럼 말이다. 왜냐하면 우리는 사물의 의문들을 폭로되고, 사랑하는 자의 고통에 의해 상처받기 쉽고, 어마어마한 힘의 물음으로 그날 밤에 찾아오며, 조용하지 않을 소리로 삶의 중심을 붕괴시키는 우리의 삶의 전율 속에 살고 있고 호흡하고 있기 때문이다."36)

행함이 없는 믿음이 죽은 것처럼, 행함이 없는 철학적 사유나 신학적 배움은 죽은 것이나 다름없다. 살아 있는 사유나 배움은 밤하늘의 빛나는 별들처럼 상한 영혼들과 고단한 영혼들에게 빛을 비쳐주어야 한다. 철학과 신학의 궁극적인 이유는 누구를 곤경에 빠뜨리게 하거나 자신의 주장을 설득하여 승리의 축배를 들려는 것이 아니다. 오히려 철학과 신학은 곤경에 처한 인간들에게 행복을 위한 삶의 의미와 존재 이유를 제공할 수 있어야 한다. 만일 철학이나 신학이 그러한 일을 하지 않는다면, 그것은 공허한 사변의 울림에 불과할 것이다.

그러면 어떤 삶이 행복한 삶일까. 우리는 플라톤의 제자인 아리스토텔레스(Aristotle, BC 384~322)로부터 하나의 지혜를 배울 수 있는데, 그는 인간의 궁극적인 목적을 행복이라고 보았기 때문이다. 이 행복을 얻는 길은 '덕'을 실천하는 데 있다. 덕이란 우리가 어떠한 행위를 할 때 마땅히 지켜야하는 규범의 일종이다. 그런데 덕은 두 가지 종류가 있는데, 하나는 지적인 덕이고 다른 하나는 도덕적인 덕이다. 지적인 덕은 대체로 교육에 의해 생기고 발전하며, 많은 경험과 시간을 필요로 한다. 반면에 도덕적인 덕은 습관의 결과로 생긴다. 실제로 아리스토텔레스에 따르면, "에티케"라는 도덕은 습관이나 관습을 의미하는 "에토스"에서 유래한다. 덕이 본성에 의해서 저절로 생기는 것이 아니라는 의미에서 도덕적인 덕은 습관에 의해 완전하게 얻어진다는 것이다. 그래서 도덕적인 덕은 실천적인 덕목에 의해 균형이 잡힐 때에 완전하게 된다는 것이다.[37] 아무리 훌륭한 지식을 가진들 그것을 실천하기를 게을리 한다면 그게 무슨 소용이 있을까. 지식은 반드시 삶에서 실천함으로 그 진가가 드러나는 법이다.

이 장을 마치면서 아리스토텔레스의 구체적인 실천으로의 덕이 명시하는 의미를 언급하여야 할 것 같다. 아리스토텔레스는 인간의 행위가 구체적인 경우에 따라 서로의 차이가 드러나기 때문에 덕을 "중용"으로 보았다. 즉 그에게 있어서 "덕은 중용이다." 좀 더 상세히 설명하자면, 도덕적인 덕목으로서의 중용은 "지나침"과 "모자람"의 중간이다. 무엇보다 지나친 것도 선하지 못하고, 반면에 무엇보다 모자라는 것도 선하지 못하다. 그리고 그는 중용의 덕목들을 용기, 절제, 관대함, 긍지, 온유함, 진실함, 재치, 친절 등, 일곱 가지로 분류한다. 이를테면 일곱 가지의 덕목들은 다음과 같이 설명된다. 용기가 중용인 것은 무모함과 비겁함의 극단을 배격할 때이다. 그래서 용기는 그 용기의 행동이 너무 지나치면 무모함이 되고, 용기의 행동이 모자라게 되면 그것은 비겁함이 되는 것이다. 긍지는 어떤가. 긍지가 중용이 되려면, 긍지는 긍지가 너무 지나치면 오만함과 허영심이 되고, 반면에 긍지가 모자라게 되면 그것은 비굴함이 된다.[38]

그런데 중용은 어느 지점에서 중간에 위치하는 개념이라기보다는 진리 및 옳음에 따라 움직이는 개념이다. 어느 편에서든 중립적인 입장이란 개념은 그 가치가 중간적 입장이라는 말이 아니라 진리에서 중립적이란 말이다. 즉 우리와 다르기 때문에 상대를 싫어하는 것이 아니라 진리에서 멀어졌기 때문에 싫어하는 것이고, 그가 우리의 원수라고 해도, 그가 옳다면 우리는 그에게 편을 들어야 한다. 간단히 말해 그가 누구든 간에 진리에 따라 우리가 사람을 대우하고 응시해야 하는 것이다. 이것이 아리스토텔레스가 우리의 삶에 가장 중요한 철학적 실천이야말로 이 중용의 덕목에 근거해야 한다고 결론을 내리는 이유다.

주(註)

1) John D. Caputo, *Philosophy and Theology: Horizons in Theology* (Nashville: Abingdon Press, 2006), 3.

2) 기독교 철학자들은 앨빈 플랜팅가, 리처드 스윈번, 위터 스토르프, 스티븐 데이비스 등인데, 그들은 유신론적 기독교가 참이라는 명제에서 증명하려고 애쓰는 철학자들이다. 반면에 반기독교 철학자들은 대표적으로 버트런드 러셀, 브랜드 블랜샤드, 안토니 풀루, 마이클 스크리븐, J. L. 맥키 등이다. 일반적으로 이들은 이성주의와 증거주의에 의한 과학적 방식만이 진리에 근접할 수 있기 때문에 기독교의 명제나 주장은 비진리이거나 무의미하다고 논쟁한다.

3) 이 예화는 Keith M. Parsons, *God and the Burden of Proof: Plantinga, Swinburne and the Analytic Defence of Theism* (New York: Prometheus Books, 1989), 19; 그리고 Alvin Plantinga, "Reason and Belief in God," *Faith and Rationality: Reason and Belief in God*, eds. Alvin Plantinga and Nicholas Wolterstorff (Notre Dame: University of Notre Same Press, 1983), 17-8에서 인용.

4) Richard Dawkins, *The Selfish Gene* (Oxford: Oxford University Press, 1989), 198.

5) Richard Dawkins, *The God Delusion* (Boston: Houghton Mifflin Company, 2006), 308.

6) Plantinga, "Reason and Belief in God," *Faith and Rationality: Reason and Belief in God*, 16-7.

7) Alvin Plantinga, *Warranted Christian Belief* (Oxford: Oxford University Press, 2000), 40-2. 안 아브 미시간에서 출생한 플랜팅가는 John A O 'Brien 석좌교수로서 노틀담 대학교에서 철학과 종교철학을 강의하고 있으며, 종교철학연구소 소장으로 있다. 노틀담 대학교에 오기 전에 그는 칼빈 대학교에서 20년 동안 가르쳤다.

8) Kelly J. Clark, *Return to Reason: A Critique of Enlightenment Evidentalism and a Defence of Reason and Belief in God* (Grand Rapids: Wm. B. Eerdmans Publishing Company, 1990), 21. 월터스토프, 스윈번 그리고 플랜팅가가 기독교 신앙을 변호하면서 새삼 그들의 논증들이 주목을 받는 것은 인식론적으로 잘 무장하고 있기 때문이다. 그들의 전략은 비유신론의 철학자들이 제기해 왔던 문제들을 철저한 이론적 바탕 위에 조목조목 반증

하고 비판함으로써 기독교 신앙을 변론하는 것이다.

9) Alfred N. Whitehead, 『과정과 실재』, 오영환 옮김 (서울: 민음사, 1994), 110.

10) Anthony Gottlieb, 『서양철학의 파노라마, I』, 이정우 옮김 (서울: 산해, 2002), 21.

11) Ibid., 20-6을 보라.

12) Ibid., 21.

13) Immanuel Kant, *Critique of Pure Reason*, trans. Norman Kemp Smith (New York: St. Martin's, 1965), 577.

14) 탈레스, 아낙시만드로스, 아낙시메네스, 파타고라스는 소크라테스 이전의 철학자들이다. 소크라테스 이전의 철학자들에 관한 비판적 작품들로서는 거드리(W. K. C. Guthrie)의 *The Greek Philosophers: from Thales to Aristotle* (New York: Harper and Row, 1960)과 모우렐라토스(A. P. D. Mourelatos)의 *The Pressocratics* (Princeton: Princeton University Press, 1995)가 가장 많이 읽히고 있다.

15) Martin Heidegger, "Phenomenology and Theology," *Pathmarks*, ed. W. McNeill (New York: Cambridge University Press, 1998), 33-4.

16) 신학은 상관적 신학과 비상관적 신학으로 구분하는 학자들도 있다. 카푸토가 그 예인데, 그는 이 두 가지 흐름에서 신학을 분류한다. 그의 *Philosophy and Theology: Horizons in Theology*, 5-8을 참조하라.

17) Karl Barth, *Church Dogmatics*, selected by Helmut Gollwitzer (Louisville: John Knox Press, 1994), 173.

18) Ibid., 91-2.

19) Alvin Plantinga, Nicholas Wolterstorff, eds., *Faith and Rationality: Reason and Belief in God*를 보라.

20) 필요상, 나는 여기서 해방의 신학과 해방신학을 구분했다. 억압적 정황 속에서 인간의 자유와 사고의 해방을 주제로 하고 있기 때문에 제3세계의 신학과 여성신학 그리고 흑인신학을 해방의 신학으로 명명했음을 밝힌다.

21) George A. Lindbeck, *The Nature of Doctrine: Religion and Theology in a Postliberal Age* (Philadelphia: The Westminster Press, 1984), 67-9.

22) Ibid., 32-41을 참조하라.

23) Ibid., 31-2.

24) Walter Kaufmann, 『인문학의 미래』, 이은정 옮김 (서울: 동녘, 2011), 31.

25) *The Oxford Companion to Philosophy*, ed., Ted Honderich (Oxford: Oxford University Press, 2005), new edition, 401-2.

26) Michael Purcell, *Levinas and Theology* (Cambridge: Cambridge University Press, 2006), 3.

27) Emmanuel Levinas, *Of God who comes to Mind* (Standford: Standord University Press, 1998), ix.

28) Ibid., 2.

29) Bernhard H. F. Taureck, 『레비나스』, 변순용 옮김 (서울: 인간사랑, 2004), 76.

30) Donald Palmer, 『참을 수 없이 무거운 철학 가볍게 하기』, 이용대 옮김 (서울: 현실과 과학, 2002), 28-9.

31) Richard Rorty, *Philosophy and Social Hope* (New York: Penguin Books, 1999), 29. 리처드 로티는 미국의 실용주의의 최종 주자로 여긴다. 뉴욕에서 출생한 로티는 시카고 대학에서 찰스 하츠혼의 영향아래에서 과정철학을 공부했고, 한때는 화이트헤드의 과정과 실재에 심취해 있기도 했다. 그의 외할아버지는 침례교 목사이자 사회복음의 창시자인 월터 라우센부시(Walter Rauschenbusch)였다. 어쩌면 로티의 저작들의 내면에 암묵적으로 들춰지는 내용이 과정철학의 어휘와 사회의 공적담론들에 의해 영향을 받은 것은 아닐까 한다.

32) Ibid.

33) Ibid., 30.

34) Thomas Aquinas, 중세시대의 가장 뛰어난 신학자로 간주되었던 아퀴나스는 아리스토텔레스의 철학 개념들로부터 신학과 신앙의 문제를 논했다. 그의 신학적 체계는 철학적 근거에 지은 집과 같다. 따라서 그는 철학에 대한 불신을 가지고 있었던 당시의 신학자들과는 차별화함으로써 철학을 가지고 성경과 신학의 전제들을 체계화했다고 보인다.

35) Blaise Pascal, 『팡세』, 방곤 옮김 (서울: 신원문화사, 2003), 198-9. 위의 인용에서 번역자가 표현한 심정을 마음으로, 추리를 추론으로 고쳤음을 밝힌다.

36) John D. Caputo, *Horizons in Theology: Philosophy and Theology* (Nashville: Abingdon Press, 2006), 71.

37) Aristotle, 『니코마코스 윤리학』, 최명관 옮김 (서울: 서광사, 1984), 1부 2장 참조.

38) Ibid., 31-3. 중용이 무엇인지를 보다 정확히 이해하기 위해 아래의 도표를 참조하라.

관계	모자람	중용	지나침
1. 두려움과 태연함	비겁함	용기	무모함
2. 쾌락과 고통	무감각	절제	방종과 방탕
3. 돈	인색	관대함	낭비
4. 명예와 불명예	비굴함	긍지	오만함과 허영심
5. 노여움	무성미와 무기력	온유	성급함
6. 참	거짓과 겸손	진리	허풍
7. 유쾌함	무뚝뚝함	재치	익살
8. 유쾌함	심술궂음	친절	비굴과 아첨

　여기서 중용은 양극단의 중간에 대립적이다. 중간은 적은 것보다는 크고 큰 것보다는 작기 때문에 모자란 것에 비해서는 지나치며 지나친 것에 비해서는 모자란다. 그래서 중용은 비판적인 의미에서 상대적인 의미를 내포하고 있다. 용감한 사람은 비겁한 사람에 비하면 무모해 보일 것이고, 무모한 사람에 비하면 비겁해 보일 것이다. 관대한 사람의 경우에도 인색한 사람에 비하면 돈을 마구 쓰는 것처럼 보일 것이고, 돈을 마구 쓰는 사람에 비하면 인색해 보일 것이다. 이런 뜻에서 용감한 사람은 무모한 사람과 비겁한 사람 양자로부터, 그리고 관대한 사람도 낭비하는 사람과 인색한 사람 양자로부터 비판의 대상이 된다.

:: 제2장 ::

철학의 유용성

 철학은 생각하는 법을 가르친다. 생각한다는 것은 정신 속에 일어나는 모든 활동으로 규정하는 것이다 그 활동에는 변론하고, 비판하고, 논증하고, 반성하는 사고의 모든 것이 내포하고 있다. 프랑스 철학자 알랭(Alain)이 말했듯이, "생각한다는 것은 어떤 것을 반대하는 것이다." 즉 무엇을 골똘히 생각한다는 것은 더 이상 의심할 수 없는 기존의 진리나 전통을 받아들이는 것이 아니라 그러한 것에 저항하는 것이다. 왜 그럴까. 이는 생각이 어떤 것에 고정되어 있지 않은 자아 인식과 자아 해석에 이용되는 도구이기 때문이다. 결국에는 무엇을 생각한다는 것이 바로 인간이라는 말의 또 다른 동의어로 이해된다. 만일 우리가 생각하지 않는다면, 그는 더 이상 인간이기를 포기해야 한다. 그래서 프랑스의 철학자 블레즈 파스칼(Blaise Pascal)은 이렇게 말했는지 모른다. "나는 사고하지 않는 인간은 상상할 수 없다. 만약 있다면 그것은 인간이 아니라 돌이나 짐승일 것이다."[1]

더욱이 생각은 기독교 신앙을 국외자로 취급한다. 비록 이성의 속성을 가지고 있는 생각은 누구에 의해서도 통제되지 않을지라도 기독교 신앙은 생각을 위태로운 도구로 본다. 신앙이 무엇을 생각하게 되면, 믿음이 좋은 사람일지라도 그는 자신의 신앙을 되돌아보고 회의적인 사람으로 변하는 경우가 있다. 야고보서 1장 6-8절을 보면, 신앙이 있는 사람이 그가 믿고 있는 것을 의심한다면, 그는 마치 줏대 없는 사람과 같다고 말할 것이다. "오직 믿음으로 구하고 조금도 의심하지 말라 의심하는 자는 마치 바람에 밀려 요동하는 바다 물결 같으니 이런 사람은 무엇이든지 주께 얻기를 생각하지 말라 두 마음을 품어 모든 일에 정함이 없는 자로다."

의심이란 헬라어 '디아크리노'(diakrino) 또는 '딥사이코스'(dipsychos)로 사용되는 말로서 '분리하는 것' 또는 '서로 다투는 것'을 뜻한다. 다시 말해, 의심이란 어떤 대상에 대해 두 마음을 갖게 되면서 서로 다투게 되고 분리된다는 것이다. 이를테면 두 마음을 가지게 되면, 거기에는 망설임, 선택에 대한 혼란, 우유부단함 등이 나타나게 되고, 결국에는 어느 것도 선택하지 못하거나 아니면 어떤 것을 선택해야 할지 의심만 하게 된다는 것이다. 하지만 여기에서 의심이란 말이 불신앙과는 구별되고 있는 것에 주의할 필요가 있다. 우리는 의심을 신앙의 어떤 것을 회의하고 믿지 못하는 것으로 오해하는 경향이 있다. 이런 오해에서 무엇을 의심하는 것이 깊은 회의적인 생각에서 나오는 경우가 있기 때문에 신앙은 철학의 중요성을 배격하는 것처럼 보인다. 그렇다면 신앙은 그것이 사실이든 사실이 아니든 간에 무조건 의심해서는 안 되는 걸까. 그렇지 않다. 우리는 신앙을 의심하는 것과 신앙을 불신하는 것을 구분할 필요가 있다. 신앙을 의심하는 것과 신앙을 불신하는 일은 동일한 것이 아니다. 전자는 신앙에 대해 회의하는 것인 반면에 후자는 믿지 않는 것을 말한다.

사도바울은 그의 편지들에서 철학의 위험성을 말한 것처럼 보이는 구절들이 더러 있다. 그래서 우리 중 대부분은 바울이 언급한 그 명시적인 글들이 철학을 부정하거나 아니면 철학이 신앙을 부정한다고 믿는 것처럼 보인다. 특히 바울의 글들이 철학에 대한 부정적인 시각을 드러내는데, 다음과 같다.

"누가 철학과 헛된 속임수로 너희를 노략할까 주의하라 이것이 사람의 유전과 세상의 초등 학문을 쫓음이요 그리스도를 쫓음이 아니니라"(골 2:8).

"너희가 세상의 초등학문에서 그리스도와 함께 죽었거든 어찌하여 세상에 사는 것과 같이 의문에 순종하느냐 곧 붙잡지도 말고 맛보지도 말고 만지지도 말라"(골 2:20-21).

"지혜 있는 자가 어디 있느냐 선비가 어디 있느냐 이 세대에 변론가가 어디 있느냐 하나님께서 이 세상의 지혜를 미련케 하신 것이 아니냐 하나님의 지혜에 있어서는 이 세상이 자기 지혜로 하나님을 알지 못하므로 하나님께서 전도의 미련한 것으로 믿는 자들을 구원하시기를 기뻐하셨도다"(고전 1:20-1)

위의 글들에서 바울은 그의 편지를 통하여 그리스도인들에게 삶의 어떤 지혜를 권면하고 있다. 바울이 권면하고자 하는 것은 두 가지다. 하나는 그리스도인들에게 철학과 초등학문은 헛된 것으로 여겨야 한다는 것이고, 또 하나는 세상의 지혜가 하나님의 지혜를 인식하지 못한다는 것이다. 그렇다면 바울은 정말로 철학을 반대했을까. 실제로 그가 철학을 헛된 속임수와 동일시했을까. 바울의 의중이 세상의 지혜를 포기하라는 뜻이었을까. 그렇게 하여 우리 그리스도인들이 철학을 포기해야 하고, 철학에는 어떤 유익과 가치가 전혀 없는 것으로 여겨야 하는 것일까.

나중에 바울에 관해 더 언급하는 것이 좋겠지만, 여기서 그의 의도를 간단히 언급하고 가는 것이 좋을 듯하다. 바울의 의중은 철학의 절대성에 반대하려는 것이지 철학의 무용성을 주장하려는 것이 아니다. 알려진 대로 바울은 가말리엘 문하에서 교육을 받은 엘리트다. 가말리엘은 사도시대에 유명한 헬라-유대인 학자일 뿐만 아니라 힐렐학파의 대표적인 학자였다. 또한 가말리엘은 이혼이나 안식일과 같은 견해에서 대단히 자유로운 견해를 주장했던 인물이었다. 가말리엘로부터 학문적 소양을 배운 바울은 로마시민권을 가진 유대인이었고 그리고 실제로 로마에 유학을 한 사람이었다. 오늘날의 말로 표현하자면 바울은 로마에 박사학생으로 공부한 유학파였다. 그의 유려하고도 논리 정연한 문장들은 로마의 '파이데이아'(paideia), 즉 로마의 교육이나 훈육을 통해서 습득했으며, 무엇보다 로마의 수사학은 그의 삶에 지대한 영향을 미쳤다. 그의 글, 특히 고린도전서는 소피스트의 전통에서 그의 주장을 전개하고 있다고 볼 때 바울은 철학이나 논리학을 무시하지 않았다는 것을 쉽게 알 수 있다. 그럼에도 우리는 여전히 바울이 철학의 무용성을 주장하지 않았다는 것에 설득당하지 않을 태세다.

오늘의 상황도 그다지 달라지지 않았다. 우리 주변에는 철학을 부정적으로 여기는 사람들이 많다. 그들이 철학을 부정적으로 생각하는 근본적인 이유는 철학에는 진리가 없을 뿐만 아니라 정답도 없기 때문이라는 것이다. 마치 독일 철학자 칼 야스퍼스(Karl Jaspers)가 말했듯이, "철학에서는 질문이 해답보다 더 본질적이다." 철학은 언제나 질문하는 학문이었기 때문이다. 만일 철학의 본성에서 질문이 더 본질적이라면, 해답이 없는 철학은 무의미하고 밋밋하다. 하지만 철학은 여타 학문과는 성격이 조금 다르다. 철학에는 암기해야 할 날짜, 형식 혹은 규칙이 딱히 정해져 있지 않으며, 특정 학문의 영역이라는 것이 필요하지 않을 뿐만 아니라 기술적인 방식도 그다지 요구하지 않는 것처럼 보인다. 단지 철학의 전제조건은 탐구하려는 정신만을 요구한다. 인간의 고유한 특징으로서 탐구하려는 정신은 정신활동으로서 진리를 위한 탐구이다. 말하자면, 철학은 진리를 찾으려는 탐구 정신을 상징적으로 표현하고 있는 것이다. 그런 이유에서 철학이 진리를 소유하지 못한 채로 우리의 삶 속에 배회하고 있는지 모른다.

그러나 철학은 느슨하지만 어딘가 모르게 매력이 물씬 풍긴다. 그 매력이란 우리 모두에게 너무나도 익숙한 사유의 방식을 배우고 적용하게 하는 것이다. 사유란, 기술을 터득하듯이, 우리의 삶에서 일어나고 부딪히는 잡다한 일상의 문제들을 생각하도록 도움을 주는 산파역할과 같다. 우리가 어떤 일을 선택할 때, 그리고 어떤 판단이 옳은 것인지를 결정할 때, 우리는 옳은 판단이나 선택을 위해서 무엇인가 골똘히 생각하여야 한다. 그렇다면 우리의 주변 삶을 관찰하고 우리의 사유를 통해서 해명하려고 한다면, 철학은 분명 가치가 있어 보인다. 이 장에서 우리는 철학의 유용성에 관해서 살펴보고자 한다.

변증적 방법

철학은 무엇보다도 신앙을 위한 논쟁에 변론적인 방식을 제공한다. 철학은 성격상 논쟁적이다. 논쟁은 모든 것을 있는 그대로 혹은 맹목적으로 받아들이지 않기 때문에 발생한다. 과정 철학자 화이트헤드는 철학의 기능을 '이성의 기능'(function of reason)으로 이해했다. 이성적이란 열정과 감정에 반하는 개념으로서 확고한 논리와 지식으로 무장된 논쟁의 과정을 전제로 한다.[2] 어쩌면 기독교 신학의 역사는 변증의 역사인지 모른다. 기독교가 지성인에 의해서 저항을 받은 초기 기독교 시대에 변증은 일반적이었다. 특히 초대교부들은 서신이나 글로서 기독교가 참이라고 변론했다. 어느 집단이든 자신에게 유리하게 해석하고 좋은 점을 끌어다가 해명하고 부각시키기 마련이다. 기독교 신앙 공동체도 예외는 아니었다. 그들의 입장과 관점이 알려져야 한다. 이러한 시대적 요청에 따라 저스틴이나 터툴리안 등의 초대교부 변증가들은 기독교에 변증의 과목을 제공함으로써 공헌했다고 본다. 이 시대에 그들이 보여준 공헌은 기독교가 불합리하고 어리석은 종교의 비판에 당당히 반론을 제시하면서 저항했다는 데 있었다.

원래 "변증하다"는 동사는 법정에서 자신을 변호할 때 사용되는 말이다. 성경에서 몇 가지 예들을 찾아보자. 우선 베드로는 "너희 속에 있는 소망에 관한 이유를 묻는 자에게는 대답할 것을 항상 예비하되 온유와 두려움으로 하고…".(벧전 3:15)라고 말했다. 두 가지 점에 주의하라. 하나는 "소망에 관한 이유"에서 '이유' 즉 '이성'(reason)이라는 단어들이다. 이는 우리의 신앙이 합리적인 근거에 의해서 성립된다는 것을 암시한다. 다른 하나는 "온유와 두려움으로 하고"에서 논쟁 방식의 태도를 설명하는 부분이다. 베드로의 통찰은 대화가 이유나 이성에 근거되었다는 것이다. 흔히들 현대의 토론문화를 기(氣) 싸움이라고 한다. 하지만 논쟁은 기선을 제압하는 싸움이 아니며, 신체적인 싸움은 더욱 아니다. 논쟁이란 이성적인 토론이다. 진리는 '목소리 큰 사람'에 의해서 확증되는 것이 아니라 '합리적인 근거를 대는 사람'에 의해서 확증된다는 것이다. 하지만 기독교 변증에서 종종 대화의 목적은 온데간데없고, 오직 고성과 삿대질이 난무하다. 그것은 논쟁이 아니라 감정이나 몸싸움과 같은 것이다. 이런 면에서 '온유와 두려움으로 하라'는 베드로의 조언은 상대를 설득하는 토론의 태도문화를 제공하는 듯하다. 큰소리로 상대를 제압하여 얻어내는 변증은 유익하지 않을 뿐만 아니라 상대에게 깊은 상흔만을 남기기 때문이다. 따라서 우리는 오직 온유와 두려움으로 변증하는 자세, 즉 침착함과 냉정함을 잃지 않는 변론적 논쟁이 사람들을 설득한다는 것을 배워야 한다.

사도바울은 다른 제자들보다 훨씬 더 변론 혹은 논쟁에 익숙해 있는 사람이다. 헬라철학과 논쟁적 언어에 익숙한 그가 소크라테스와 플라톤 및 아리스토텔레스를 길러낸 철학의 메카인 아덴(Athen)에서 전도할 때, 바울은 "만나는 사람들과 변론하였다"(행 17:17). 만나는 사람들 중에는 어떤 에비구레오와 스도이고 철학자들이 있었다. 바울과 그 철학자들과 쟁론하였다(행 17:18). 에비구레오는 에피쿠로스학파를 그리고 스도이고는 스토아학파를 지칭한다. 바울이 에덴을 방문하였을 때에 "온 성에 우상이 가득한 것을 보고"라고 쓴 것은 스토아학파를 염두에 둔 듯하다. BC 3세기 이후에 생겨난 에피쿠로스학파도 기독교 신앙에 반대하는 인식론을 갖고 있었다. 우리의 눈을 끄는 것은 에피쿠로스가 인간의 불행한 원인을 "잘못된 믿음"에서 찾는다는 데 있다. 사람은 자신의 사회에서 그와 같은 잘못된 믿음, 즉 신에 대한 믿음이나 영혼의 운명에 대한 믿음 그리고 참으로 가치 있는 목적에 대한 믿음에서 불행해 진다. 에피쿠로스학파의 인식론은 크게 두 가지다. 하나는 "이성적 인식을 부정하고 감각적 지각에 의해서 사물을 이해한다"라는 것이고, 다른 하나는 "삶은 행복을 목표로 하고, 행복은 곧 쾌락이다"라는 것이다. "변론"(reasons)과 "쟁론"(dispute)은 무턱대고 믿는 맹신적이고 맹목적 신앙과는 차이가 있다. 그것은 철저히 이성적 근거에 의해서 타당한 진리를 밝힌 후에 믿을 수 있음을 암시한다.[3] 에피쿠로스는 이런 이유에서 철학을 삶의 방식으로 보아야 한다고 주장했다. "우리는 철학을 하는 척하기보다는 실제로 철학을 해야 한다. 우리에게 필요한 것은 건강해 보이는 것이 아니라 실제로 건강한 것이기 때문이다."[4]

  이에 반해 스토아학파는 헬레니즘 철학에서 전개된 철학 이론 중에서 가장 영향력 있는 학파였다. 약 4세기 동안 이어졌고 그리스와 로마의 지식인들 가운데 많이 받아들인 것을 보면 어느 정도 그 영향력이 얼마나 컸는지 알 수 있다. 더욱 놀라운 사실은 스토아학파의 이론들이 르네상스에서 근대에 이르기까지 유명한 철학자들의 논의에서 빠지지 않았다는 것이다. 특히 스피노자, 버틀러 그리고 칸트 등이 스토아 철학의 탁월함을 언급했다는 것이다.[5] 스토아학파는 논리학을 통한 이성적 논의와 토론을 강조했는데, 이는 우주의 구조가 지성으로 파악될 수 있을 뿐만 이성적으로 논리정연하게 설명될 수 있기 때문이었다. 그러나 스토아학파의 우주관은 유신론과 유물론을 결합한 "범신론"(pantheism)의 세계관을 받아들임으로써 사람들이 어느 신을 믿던 아무런 문제가 되지 않았다. 여기에서 한 가지 주목할 점은 바울이 에피쿠로스학파와 스토아학파와 쟁론하면서 두 학파를 동시에 비판했다는 것이다. 이 두 학파들은 서로 다른 입장으로 인해 논쟁적이고 적대적인 사상 관계를 가지고 있었다. 말하자면, 인식론에서 에피쿠로스학파는 감각을 중요시했고, 스토아학파는 이성을 중시했다. 그러나 바울이 감각과 이성을 각각 강조하는 이 두 학파를 동시에 배격할 수 있었다는 것은 매우 흥미롭다.

또한 바울은 빌립보 교회에 부치는 서신에서 "이들은 내가 복음을 변명하기 위하여 세우심을 받은 줄 알고 사랑으로 하나 저들은 나의 매임에 괴로움을 더하게 할 줄로 생각하여 순전치 못하게 다툼으로 그리스도를 전파하느니라"(빌 1:16-17)라고 말하고 있다. 여기에서 우리는 두 가지 낱말에 경청해 보자. 하나는 "복음을 변명하기 위하여"와 "다툼으로"라는 말이다. 이 차이는 사도바울이 복음을 위한 변명 즉 변론하는 일에 부르심을 받았던 반면에 빌립보 교인들은 "다툼"으로 그리스도를 전한다는 것이다. 그런데 바울은 이 다툼이 순전치 못하다는 것을 지적하고 있다. 쉽게 말해, 다툼은 변론의 방식과는 다르다는 것이다. 따라서 바울이 복음을 전파하기 위해 다툼이 아닌 변론의 형식을 빌어서 논쟁하는 것은 매우 유익하다는 것을 보여주는 듯하다.

성경은 변론의 방식이 주요하다는 것을 밝힌다. 특히 이사야 선지자는 이성의 사용에 동조하고 있는 것 같다. "오라 우리가 서로 변론하자 너희 죄가 주홍같이 붉을지라도 눈과 같이 희어질 것이요 진홍같이 붉을지라도 양털같이 되리라"(사 1:18). 여기서도 주목할 어휘는 "변론하자"다. 영어 성경에서는 'Let us reason'인데, 즉 "이유나 한번 들어보세"다. 하나님은 감정 섞인 기분으로 임의대로 판단하거나 그들에게 형량을 내리지 않으신다. 이유를 듣는 다는 것은 이런 말이다. "왜 그랬는가?" "그런 사정이 있었는가?" "다른 방법은 없었는가?" 이것은 마치 최후 형량을 결정하기 전, 법관이 마지막으로 범죄자를 배려하는 모습과 같다. 이 내용과는 무관하게 들리겠지만, 우리는 사법제도개혁을 놓고 설전을 벌인 한국 상황을 이해해 볼 만하다. "오라, 우리가 서로 변론하자"는 것은 재판제도의 문제를 생각해 볼 수 있겠다. 즉 사법제도가 검사의 수사에서 공판중심으로 가자고 해석해 보는 것이 어떨까 싶다. 이왕 말이 나온 김에 '변론'의 이야기를 한 번 짚고 넘어가자.

페리 메이슨은 미국 작가 E. S. 가드너의 소설에 나오는 형사 변호사이다. 가드너는 첫 작품『토라진 아가씨』에 페리 메이슨을 등장시켜 성공을 거두자 1970년 80세로 죽을 때까지 가드너는 시리즈 80권을 썼다. 이 소설들은 TV 시리즈로도 만들어져 수십 년 간 방영됐다. 변호사 메이슨이 인기를 끈 결정적인 이유는 긴박한 법정 장면 묘사 때문이다. 의뢰인은 대부분 누명을 뒤집어 쓴 억울한 사람들이었다. 무엇보다도 페리 메이슨은 그들의 목소리에 경청한다. 그래서 결정적인 순간에 의외의 증인이나 새로운 사실을 밝혀내 의뢰인의 누명을 벗겨 무죄 평결을 받아낸다. 비교적 간단한 줄거리인데도 긴 세월 동안 인기를 끈 것은 진실을 규명하려는 주인공의 노력이 공감을 불러일으키기 때문이다.

최근 한국에서도 검사를 소재로 하는 영화가 늘어났다. 하지만 대개는 그 내용이 검사의 수사다. 진실을 가리는 현장이 법정이지만 우리나라의 경우에는 검찰의 취조실이 진실의 현장이다. 간단히 말해, 공판중심주의와 조서재판의 차이라고나 할까. 하나님의 재판은 조서재판과는 차이가 있으니 그만큼 재미가 있을 수밖에 없지 않을까. "오라 우리가 서로 변론하자"는 이 구절만 보아도 하나님은 자기중심에서가 아니라 타자중심에서 경청하는 분임을 알 수 있다. 합리적인 변호나 변론은 여기에서 빛을 발하는 법이다. 그는 우리의 이야기에 경청하여 변론하고자 하신다. 우리의 억울한 사연을 그가 듣는다고 하지 않는가. 그래서 우리가 믿는 하나님의 신앙은 가치가 있으며, 절대 복종만을 강조하는 신앙이 아니다. 오히려 그것은 절대복종을 강요하고 그의 피조물들에게 목을 조르는 독재자의 이미지의 하나님에 저항한다. 이런 이유에서 철학의 가치는 변증적 논증을 합리적으로 배울 수 있는 가치를 제공하는 것이다.

비판적 기능

비판은 기존의 사유나 지배의 이론에 도전하는 지적도발의 성격을 말한다. 미리 정한 결론에 끼워 맞추는 식의 논리나 주장에 활발하게 고발하는 정신이 비판정신이다. 옥스퍼드 기독교 철학자 바질 미첼(Basil Mitchell, 1917~2011)이 지적하듯이, 비판은 "이성의 기능이다."[6] 이성의 기능으로서의 비판은 인간사유가 편재해 있는 구조다. 살아있는 사람은 정도의 차이는 보일지언정 대체로 비판적이다.

하지만 철학의 깊은 의미에서 보면 비판정신은 배타적 성질에 저항한다. 배타적 성질은 이성적 비판이라기보다 비난에 가깝다. 우리는 종종 글을 읽다가 비판의 논리에 근거된 것이라기보다는 비난의 수사학이 현란하게 사용되는 경우를 본다. 사실, 비판의 논리가 인간사유의 자유로운 속성이기 때문에 그릇된 해석을 제거하려는 노력보다는 부정을 위한 부정에 몰입하려는 경향이 짙다. 따라서 비판의 논리가 지극히 "양아치적인 방식"의 조잡한 논리가 될 수 있음을 염두에 둔다면, 우리는 비판적인 사유의 방식에 따라 전개되도록 해야 한다. 그래야만 억압하고 왜곡하는 글이나 주장이 진리에 편승하지 않을 수 있다.

일찍이 플라톤은 『국가론』 제7권에서 "동굴의 비유"를 통하여 철학의 비판적 기능을 제시한 바 있다. 이 비유에서 그는 이데아(또는 형상)의 세계와 변하는 현실 세계를 대조하면서 일상에서 길들여진 채로 살아가는 삶에 대한 비판적 의식을 보여주고자 했다. 간단히 그가 말하는 부분을 요약해 보자.

"동굴에는 많은 수의 죄수들이 벽면을 향해 묶인 채 앉아 있다. 죄수들은 횃불에 비추인 자신들의 그림자들만을 보고 살아간다. 그들이 보는 것을 실재라고 여기지만 사실은 벽에 비친 그림자 일뿐이다. 우리가 일상생활에서 보는 것도 실제로는 그림자들이다. 이때 우리가 보는 것이 비실재적이라는 것은 아니다.

그림자들도 실재하기는 한다. 다만 좀 더 실재적인 것들의 그림자들이라는 말이다."

"이들 죄수들 중에 한 명(철학자)이 족쇄에서 풀려나서 뒤로 돌아 동굴을 벗어났다고 가정해 보자. 그는 최초로 그림자를 만드는 진짜 사물들과 그러한 그림자를 가능하게 해주는 밝은 태양빛을 보게 될 것이다. 이때 그는 그가 여태까지 보아 왔고 믿었던 실재가 사실은 벽에 비친 이미지들이었다는 것을 깨닫고는 그가 이제보고 있는 사물들에 비해 얼마나 불완전한 것이었던가를 알게 된다. 하지만 그가 보아온 동굴 벽의 이미지가 모형의 그림자가 아니라 실재적인 것이라고 고집할 수 있다."[7]

이 비유를 통해서 플라톤이 보여주고자 한 것은 한 죄수가 실재적이라고 보아온 것이라고 지속적으로 고집 할 수도 있지만 그가 알고 있는 것이 실재가 아니라는 것을 가르치는 것이다. 우리가 배울 수 있는 것은 이것이다. 철학의 기능이란 "당연함"에 대한 저항이자 비판이다. 만일 당연함이 기존의 진리를 의심 없이 받아들이는 복종적 고백으로 생각한다면, 철학은 이제까지 믿어왔고 배워왔던 실재에 대해 비판적인 접근을 가능하게 한다. 그것이 철학의 매력이다. 철학은 그것이 글이든 사유이든 다시금 생각하고 접근하는 비판적 기능을 일깨움으로써 사유의 당연함을 새롭게 파헤치거나 조명하게 한다. 간단히 말해 철학은 정답이라고 믿었던 것이 오답이라고 선언하는 것이다.

근대철학의 아버지였던 르네 데카르트도 그의 사유기법을 비판정신에서 찾는다. 그는 비판을 "회의" 혹은 "의심"에서 출발한다고 지적한다. 전문적인 표현으로 하자면, 그의 비판은 "방법론적 회의"다. 방법론적 회의는 사물의 모든 것을 다 의심해 본다. 그러한 시도가 일차적이다. 아무리 사소하고 단순한 것일지라도 우리는 일단 의심으로 시작한다. 그것이 옳은 것인지 아닌지를 의심해 본다. 하지만 모든 것이 의심 가능하지만 의심할 수 없는 사실은 내가 내 자신이 의심하고 있다는 사실만은 너무나 자명하다. 이런 맥락에서 데카르트의 의심은 비판의 가장 중요한 기능을 하면서 이전의 신념이나 확신을 전복시키는 힘을 발휘한다.[8]

신앙의 경우에도 사유의 익숙함이 비판을 받지 않는 경우가 흔히 있다. 유태인 철학자 마이모니데스(Maimonides, 1135~1204)가 말한 것처럼, "인간은 본성상 그에게 익숙한 것을 갑자기 버릴 능력이 없다."[9] 신앙이란 원래 보수성이 강하다. 자신이 믿고 알고 있는 것을 바꾸거나 포기하는 법이란 좀처럼 없다. 이는 익숙함이 변화에 쉽게 적응하기가 어렵기 때문이다. 그런 까닭에 신앙은 종종 편협하고 왜곡된 주장으로 사람들에게 맞선다. 이런 면에서 하나님의 관한 학문인 신학(theology)이 그 내용과 주장에 있어서 다양한 것은 사실이지만, 정답의 신학이 있다고 말하는 것은 왠지 어색하다. 하나님은 불변하지만 그를 표현하는 방식이나 내용은 다양하다. 따라서 신학의 연구에 비판적 기능이 덧붙여져야 하지 않나 싶다. 물론 신학자들의 인식론에 따라서 진리의 주장이 변할 수 있다. 그러나 철학적 상황 속에서 우리는 당연시해 온 그들의 주장에 대해 비판적이어야 한다. 옛말에 "업은 아이 삼년 찾는다"는 말이 있다. 당연한 것은 눈에 잘 띄지 않는 법이다. 그로 인해 우리의 사고가 왜곡되기도 하고 잘못된 신념을 확신하기도 한다. 이는 너무나 익숙하기 때문이다. 따라서 신학은 철학의 비판적 기능을 통하여 도움을 받지 않을까 한다.

비판은 기독교 신앙에서 썩 좋은 이미지가 아닌 것 같다. 이유인즉, 성경에 "비판을 받지 않으려거든 비판하지 말라"(마 7:1)고 기록되어 있기 때문이다. 어느 누구도 예수가 한 말씀에 딴죽을 거는 것 자체가 왠지 불쾌하므로 당연히 비판하지 말라는 언명은 우리가 피하고 거부해야 할 덕목이라 여긴다는데 있다. 그러나 과연 그것이 그런 의미로 해석되는 걸까. 의문이 아닐 수 없다. 어떻게 해야 할까. 이 말은 비판하지 말라는 것이라기보다는 역설적으로 비판하라는 게 아닐까. 예수가 한 행위들을 종합해 본다면, 흥미로운 문장형식을 발견하게 되는데, 그것은 "형제를 보고 판단할 수 있는 자가 판단하라"는 말과 "죄 없는 자가 돌로 치라"는 말이다. 이것은 판단하는 자만이 판단할 수 있다는 말과 죄가 없는 자가 돌로 칠 수 있다는 말이다. 바꿔 말해, 이 말은 "비판받지 않을 자세가 된 사람이 비판하라"라는 문장으로 해석되어야 하지 않을까. 오히려 비판은 자기에게서 출발하는 용기를 말하는 것은 아닐까. 그래서 예수의 의도는 비판이란 타인의 흠을 까발리는 것이 아니라 자기의 흠을 까발리는 것이어야 한다.

사실 비판은 용기에서 비롯된다. 하지만 오늘날 우리가 행하는 비판은 용기가 아닌 비겁함에서 비롯되는 경우가 허다하다. 우리는 비판할 용기가 없기 때문에 우리는 서열주의와 패거리주의에 우리 자신을 숨긴다. 그렇게 되면, 비판의 자의식은 실종되고 무기력한 집단에 자신을 내맡겨버리는 꼴이 만다. 그래서 우리는 더 이상 비판할 용기가 없게 된다. 그렇다면 청년 예수가 산상에서 가르친 비판을 받지 않으려거든 비판하지 말라는 그의 가르침을 어떻게 이해해야 할까. 그는 당당히 나서야 하는 어떤 상황에서 자신을 회피하는 의미로 비판하지 말라고 했을까. 그건 아닐 것이다. "비판을 받지 않으려거든 비판하지 말라"는 주님의 명제는 자의식에 대한 비판을 말한다. 비판은 그 사람을 가장 잘 드러낸다. 그런 점에서 비판은 자기의 인격적 드러남의 행위다. 만일 그가 비판을 함으로써 비판의 대상이 되기 때문에 비판에 대한 자의식이 일차적이다. 나는 이러한 비판을 '존재론적 비판'이라 부른다. 존재론적 비판은 자의식의 인격적 비판이다.

철학은 자신을 비판하는데서 출발한다. 철학의 참된 매력은 타인에 대한 평가나 비판이 아니라 자신에 대한 평가나 비판에 있기에 더욱 매력적이다. 우리의 유혹은 언제나 남의 결점이나 흠집을 내는 것으로 훌륭한 사람이라 여기지만 실상은 자기를 돌아보는 덕목은 지니지 못한 것 같다. 소크라테스는 그런 면에서 위대한 철학자로 손색이 없다. "네 자신을 알라"는 명제는 자신을 의식적으로 반성하는 비판적 성찰을 강조하기 때문이다. 스피노자는 어떤가. 깐죽거리길 좋아하는 버트런드 러셀(Bertrand Russell, 1872~1970)조차도 스피노자에 대한 칭찬에는 넉넉했던 것을 기억한다. 그건 스피노자가 철학적인 면에서는 그를 능가할 사람들이 많이 있다고 할지라도 윤리적인 면에서는 그를 능가할 사람이 없었기 때문이다. 그러므로 절제, 은둔 그리고 성실의 대명사로 알려진 철학자 스피노자는 평생 동안 렌즈 깎는 일을 하면서도 자신의 비판에 게을리 하지 않았기 때문에 우리는 그를 합리적 철학자로 부르는 것을 주저하지 않는다.[10]

대화적 기술

철학의 유용성은 앞서 언급했듯이 진리를 탐구하는 정신에서 찾을 수 있다. 진리를 찾아가는 방식은 물음을 통해 답변을 얻고자 한다. 다시 말해, 철학은 사고의 양태로서 본연의 임무가 물음을 만드는 작업이다. 묻고 따지는 기능으로서의 철학은 신학의 내용을 풍성하게 하게 할 뿐만 아니라 통찰력을 제공하기도 한다. 그러기 위해서는 우리는 몇 가지 따라야 할 절차를 생각해 두어야 한다.

첫째로, 우리는 물음의 방식을 습득하여야 한다. 버트런드 러셀은 "철학의 물음들에 대한 어떤 명확한 답변도 일반적으로 진리임을 입증할 수 없기 때문에 철학은 어떤 명확한 답변을 얻기 위해서가 아니라 오히려 물음 그 자체를 탐구하는 것이다"라고 말했다.[11] 그러면 왜 묻는 걸까. 추측컨대 묻는 행위는 크게 두 가지다. 하나는 모른다는 것을 전제로 하고, 다른 하나는 대화를 전제로 한다. 모른다는 것은 부끄러운 일이 아니지만, 모르고 있는 것을 아는 것처럼 말하는 것이 더 부끄러운 일이다.

둘째로, 묻는다는 것은 대화를 목적으로 한다는 것을 전제로 한다. 대화는 물음의 매개에 의해서 가능하다. 강의는 일방적이다. 대화는 경청의 원리를 통해서 도달하는 일종의 기술이다. 이런 점에서 우린 칼 포퍼(Karl Popper, 1902~1994)의 진단은 적중했다고 본다. 포퍼는 그의 『열린사회와 그 적들』에서 열린사회와 닫힌사회를 극명하게 대조하는데,[12] 열린사회란 "이성의 오류가능성을 인정하고, 내가 틀리고 당신이 옳을 수 있다는 주장이 통용될 수 있으며, 진리의 독점과 절대적 진리를 거부하고, 개인의 자유와 권리가 보장되는 사회"[13]라고 규정한다. 반면에 그는 닫힌사회는 전체주의와 역사주의를 말하면서 개인의 자유를 규제하여 역사의 법칙과 운명을 인간에게 뒤집어씌우는 사회라고 규정한다. 만일 우리가 우리의 주장이나 논리가 오류 가능하다는 점을 인정한다면, 우리는 열린사회에 동참하게 될 것이다. 오늘날 열린사회의 적은 대화를 단절하는 지성인이나 종교인 누구든지 해당될 수 있을지 모른다. 따라서 다른 사회나 체계에 언제나 문을 개방하고 대화의 자세를 가져야 한다. 그것이 철학의 중요한 기능이다.

  사실, 성숙한 철학은 철학의 방법 외에도 그 자세를 보면 이해된다. 성숙한 철학인가 아닌가는 그 자세에서 알 수 있는데, 그 철학이 대화적인가 하는 것이다. 대화의 가장 근본적인 구조는 들음과 말함이다. 들음은 경청이다. 대화의 기본구조에서 가장 중요한 것이 경청에서 출발하는 것을 가벼이 취급되어서는 안 된다. 듣지 못하면 대답하지 못하기 때문이다. 하지만 오늘날의 철학은 듣지 못한 채 말하고 있다. 프랑스의 철학자였던 폴 리쾨르(Paul Ricoeur)는 이 사실을 잘 지적했다. 그는 철학에서 대화의 기법을 강조하면서 "경청의 의지"를 철학의 유용한 방식으로 받아들인다. 경청은 현대인들이 좋아하는 개념이 아니지만 난 왠지 그의 "경청의 의지"가 맘에 든다. 듣는다는 것만큼 훌륭한 것은 없기 때문이다. 기독교 신앙에서도 믿음은 들음에서 나온다고 하지 않았는가. 기독교 신앙에서 우리는 하나님께 순종해야 한다고 배운다. 그런데 이 순종은 두 가지 뜻이 있다. 하나는 순종이란 먼저 들어야 한다. 무슨 말인지 알아들어야만 우리는 순종할 수 있다. 무엇인가를 순종하기 위해서 우리는 말이나 언어의 이해가 선행되어야 한다. 그렇지 않고서는 결코 순종은 수반되지 않는다. 즉 순종은 반드시 그 말이 무엇인지를 이해한 다음에 일어나는 행위다. 우리의 대화에서 종종 실패하는 이유는 그의 말을 듣지 않음으로서 온다. 대화의 거부는 진실을 확인할 길을 가로막는 장애물이며, 그로 인해 서로 간에 심한 상처를 남긴다.

또 하나는 순종은 겸허함이다. 하지만 순종은 누구에게나 견디기 힘든 형벌과 같다. 신학자 라인홀드 니버(Reinhold Niebuhr, 1892~1971)는 죄의 결과가 교만을 만들어 낸다고 했다. 그리고 그는 교만을 "자존심"이라고 했다.[14] 폴 틸리히(Paul Tillich, 1886~1965)도 교만을 "하이브리스"라 했는데, 이는 "스스로를 높이는 것"이라 했다. 순종은 왠지 체제에 순응하는 인간을 만드는 것 같아서 현대인들이 싫어하는지 모른다. 무엇인가 "아니다!"라고 단호하게 말하는 용맹이 있어야 하는데, 무언가 주어진 체계에 그저 자유로운 의지를 행사하지 못하게 하는 것 같다. 마치 자유의지를 행사하지 못하게 하는 것이 순종의 미덕과 동일시하는 것처럼 말이다. 기독교에 대한 니체의 오래된 비난도 여기에서 시작한다. 니체는 『차라투스트라는 이렇게 말했다』에서 기독교를 일종의 낙타에다 비유했다. 겸손, 고통, 질병의 감수, 처벌하는 자에 대한 인내 등을 어깨에 메고 사막처럼 힘겨운 현실에 순종하는 사람들의 집단이라고 비난했던 것도 이런 의미였을 것이다. 하지만 순종이 정치적인 의미가 아니라 존재론적인 의미라는 것을 기억할 필요가 있다. 따라서 순종은 존재론적으로 유익함을 제공하는데, 그것이 바로 겸허함이다.

하지만 문제는 우리가 순종하기보다는 순종이 강요된다는데 있다. 즉 우리가 강제에 의해 순종한다는 것이다. 하지만 우린 순종함으로써 우리가 얼마나 겸손에 도달해야 하는지를 배우게 된다는 사실은 쉽게 잊어버리는 경우가 허다하다. 따라서 듣기보단 말하길 좋아하는 자세는 아무런 설득적 힘을 발휘하지 못한다. 물론 그게 원래 천성적으로 맞는지 모르지만, 자기 긍정의 길보다는 자기 겸손의 길을 택하는 것이 신앙의 기본인지 모른다. 만일 우리가 누구의 말을 따르기로 결정한다면, 그건 굉장한 자기 초월적 겸손을 보이는 것이다. 그런데 그러한 행동에서 오해를 부른다. 단순히 자기주장이 없는 사람이 아닌가. 그렇게 살아온 삶도 억울한데 무슨 순종이란 말인가. 좀 큰 소리 치고 저항하면 안 되는 건가. 하지만 대화는 이러한 순종의 원리에 전개된다면 우리는 우리의 자존심, 아집, 편견을 내려놓고 경청의 의지에 자신을 순종시켜야 하지 않을까. 그것이 대화가 아닐까 싶다.

　우리는 예수의 대화에서 이런 중요한 점을 발견한다. 요한복음 4장의 일화에서는 이러한 심오한 의미가 담겨있는 듯하다. 요한복음 4장에는 예수님과 사마리아 여인과의 대화를 다루고 있다. 예수는 사마리아 여인에게 다짜고짜 "네 남편을 불러오라"고 말한다. 누구나 자신의 가장 큰 약점을 가지고 묻는 질문은 사람을 놀라게 하는 법이다. 예수의 질문은 아마도 그녀의 가슴을 놀라게 했는지 모른다. 이에 여인은 간명하게 대답한다. "난 남편이 없습니다." 이 이야기에서 이미 이 여인은 남편이 다섯이 있었다는 것을 언급했음에도 여인은 남편이 없다고 발뺌하지 않는가. 이 때 예수의 말은 우리를 짠하게 한다. 예수는 그녀의 대답에 "네가 남편이 없다고 한 말이 맞다"고 응수하지 않는가. 우리는 이 이야기에서 예수가 "네 말이 맞다"고 말함으로써 대화를 이어가는 예수의 대화기법을 엿볼 수 있다. 말하자면, 예수는 그녀의 말에 맞장구쳤다는 것이다. 이렇듯 상대의 말에 경청하는 대화는 사람의 마음을 열게 하고 그를 얻는다. 대화는 진정 그의 삶의 정황을 이해하는 데서 시작한다. 바로 이 이야기에서 예수는 우리에게 대화의 중요성을 강조하듯이, 비난이나 흠집 찾기에 혈안이 된다면 대화는 중단될 것이다. 하지만 상대의 현실적 삶에 공감하면서 맞는다고 맞장구쳐 준다면, 깊고도 진정한 대화는 지속될 것이다. 즉 대화란 상대의 이야기에 경청하고 공감하면서 인정해 주는 것이다. 맞장구치기 싫거든 만나지 말라. 괜스레 만나서 싸움만 일어날 테니깐.

반성적 성찰

우리는 철학으로부터 자신을 검열하고 검토하는 삶을 배운다. 고대 철학자 소크라테스(Socrates)는 "검토되지 않는 삶은 살 가치가 없다"고 했다. 철학은 본성상 '자기-검열'을 요구한다.[15] 인간은 자신의 삶을 반성할 때에 진정 자신을 발견한다. 자신의 발견은 자신이 무지하다는 사실, 자신이 모르고 있다는 것을 안다는 것이다. 그것이 인간이 가지고 있는 반성적인 기능이다. 여기에서 인간은 자신이 무지하다는 사실을 알게 되고, 염치를 배운다. 이것이 철학이 지향하는 궁극적인 목적이다. 철학은 지식을 전수하는 학문이 아니다. 철학은 배우기를 열망하는 사람들에게 그들 자신의 편견을 없애도록 도움을 주고, 그리하여 자기 통찰을 비판적으로 배우게 되는 것이다. 결국 철학은 우리로 하여금 프로네시스(pronesis), 곧 실천적 지식을 궁극적으로 추구하게 한다. 그리고 실천적 지식이란 지식의 인식적 상황에 갇혀 있는 것이 아니라 그것을 실제로 자신의 정신적 삶을 위해 실천할 때 그것이 무엇인지를 알도록 하는 것이다.

어쩌면 신학과 철학은 반성적 사유를 가르치는 학문이 아닌가 한다. 신학은 하나님에 대한 연구이지만 그것의 내용은 인간의 삶을 실천하는 것이다. 이런 점에서 신학은 철학으로부터 보다 폭넓은 교양을 배울 수 있다. 신학은 교회를 위한 신학에서 일상의 삶을 위한 신학으로 변화되어야 한다. 그러기 위해서는 철학의 핵심인 교양(liberal art)을 배우는 일은 신학생들과 목회자들에게 아무리 강조해도 지나치지 않다. 나는 철학하는 마음이 삶에 크나큰 변화를 가져다 준다는 사실을 "희망의 철학자"라 불리는 얼 쇼리스(Earl Shorris)로부터 배웠다.

미국의 언론인이자 작가인 얼 쇼리스가 글을 쓰기 위해 처음으로 한 교도소를 방문했다. 그리고 21년 동안 교도소에서 지내야 하는 한 여성을 만났다. 그는 그녀와의 짧은 대화에서 충격적인 대답을 듣는다. 얼 쇼리스는 그녀에게 물었다. "왜 사람들이 가난할까요?" 그녀는 단호히 대답했다. "우리에게는 시내 중심가 사람들의 정신적인 삶이 별로 없기 때문이죠." 이 이야기는 노숙자와 실업자, 마약 중독자 등 사회계층을 대상으로 1995년부터 시작된 클레멘트 코스의 창시자 얼 쇼리스의 이야기다. 45퍼센트 정도의 사람들이 이 과정을 마친다. 하지만 이 과정을 마친 사람들은 대부분 이전의 암울한 상태인 교도소로 다시 돌아오지 않는다는 사실이다. 말하자면 노숙자는 다시 노숙자로, 교도소에 있었던 사람은 다시 교도소로 돌아가지 않는다는 것을 알게 되었다. 왜 그럴까. 정신적인 삶을 배웠기 때문이다. 정신적인 삶은 교양이다. 교양은 인간에게 염치를 가르치고, 마음의 감동을 불러일으키며, 무엇인가 삶을 재정비하게 하는 어떤 힘이다. 그리고 사람들은 자신을 스스로 말하는 능력을 가지게 하는 어떤 힘을 배우게 된다. 그러므로 철학하는 마음을 가진 사람은 그가 누구든지 자기 자신 속에 잘못된 편견이나 생각 혹은 절망적인 사고가 없는가를 검토하게 하는 기능을 가지고 있는 것이다.

　냉혹한 현실과 생존의 인생에서 허덕이는 사람들에게 교양 곧 인문학이 웬 말인가 하고 반문할지 모른다. 하지만 정신적 삶이 우리가 추구해야 하는 일이다. 얼 쇼리스의 말처럼, 인문학이 희망인지 모른다. 예수님은 우리에게 "사람이 떡으로만 살 수 없다"고 하지 않았는가. 사람은 하나님의 말씀으로 살 것을 권했다. 말씀은 글이다. 글은 정신적 삶의 본거지다. 글을 통해서 우린 지혜를 얻고 지식을 습득한다. 하지만 무엇보다도 글을 읽음으로써 우리 자신의 삶이 변화된다. 이 자신의 변화를 체험하는 것이 교화다. 신실용주의 철학자 리처드 로티는 그렇게 주장함으로서 교양의 근본적인 목적이 인간의 교화에 있다고 했다. 자신을 변화시키고, 삶이 변화되는 그 자체가 진리다. 우리가 무수히 많은 철학의 개념들을 암기하는 것보다는 우리 자신의 삶을 검열하고 반성하여 우리 자신이 변화되는 일이 철학의 가장 큰 유익이자 가치라는 것을 알게 되는 것이다.

　어쩌면 우리 시대는 정신적인 사유를 잃어버린 시대인지 모른다. 생각을 불편해 하는 현대인들이 감정과 기분에 따라 결정하고 행동한다. 아무런 책임을 느끼지 않는다. 이는 생각을 불편해하기 때문이다. 생각이 없는 사람은 자신을 돌아볼 기회를 주지 않는다. 하지만 우리가 자기 자신의 내면을 성찰함으로써 우리의 정신은 깊어지고 교화될 것이다. 앞 장에서 언급했듯이, 신학의 역할도 인간으로 되돌아오는 일이다. 그러기 위해서는 철학을 받아들여야 한다. 철학과 동반적 자세를 가짐으로서 얻어야 할 것이 많다. 싫다고 그냥 버리는 자세가 아니다. 대화의 태도를 가지고 시작하여야 한다. 그래야만 신학이 풍부하게 된다. 누가 그랬던가. "자유롭고 싶으면, 공부하라"고. 공부는 우리에게 자유를 제공한다. 학문은 우리의 편향된 생각이나 외골수적 생각을 평탄하게 하는 게 아닐까 한다.

논리적 방식

복음주의 신학자 클라크 H. 피녹(Clark H. Pinnock)은 "논리적 사고란 이미 우리가 소유하고 있는 진리와 관찰 사이에 존재하는 연관성을 명확히 보려는 예술이자 실천이다"라고 지적한다.[16] 논리는 사물의 연관성을 면밀히 검토하여 증명하는 작업으로써 진리에 대한 다양한 주장들의 논쟁들에 관해서 판단하고 평가하는 속성이다. 간단히 말하자면, 논리적 사고는 진리의 관찰을 논쟁으로 말하거나 표현하는 능력이라는 것이다. 그런데 이 논리가 세계를 이해하는 가장 중요한 도구다. 루드비히 비트겐슈타인은 『논리철학논고』에서 "논리는 세계를 가득 채우고 있다; 세계의 한계들은 또한 논리의 한계들이기도 하다"라고 했다. 세계는 단순히 존재하지만, 세계는 우리의 논리에 의해서 드러난다는 것이다. 논리가 제한적이면, 세계도 역시 제한적이다. 이런 점에서 흔히 우리는 논리적 사고가 없을 때에 설득력이 없을 뿐만 아니라 세계를 잘 드러내지 못할 것이다. 그렇다면 훌륭한 논쟁을 위해 논리적 방식은 어떻게 전개되어야 할까? 모어랜드와 크레이그는 『기독교

세계관을 위한 철학적 근거들』에서 세 가지를 열거하고 있다.[17]

첫째, 훌륭한 논리는 형식적으로 유용한 것이어야 한다. 일반적으로 전제와 결론은 서로 논리적 상관성을 지니고 있다. 아무리 훌륭한 결론이라고 해도 그것은 논리의 규칙들과 일치하여 한다. 그럴 때만이 우리의 논쟁은 논리적으로 수용될 수 있다. 그런 의미에서 논리란 "추론의 규칙들에 대한 연구다."[18] 따라서 전제와 결론을 연결하는 논리적 연관성을 자세히 관찰하고 그것의 비약이 있는지를 살피고, 그런 다음에 수행되어야 하는 논쟁이 훌륭한 논쟁이 된다. 그런 점에서 논리적 비일치성은 어떠한 논쟁에서 제외된다. 다음과 같은 문장들은 논리적 연관성이 없는 경우다.

(1) 만일 합리적 사유가 없으면서 노력하지 않는 철수는 철학에서 A학점을 받았다.
(2) 철수는 자신의 노력과 합리적 사유를 자랑스럽게 여긴다.
(3) 그러므로 철수는 철학에서 A학점을 받았다.

위의 예문은 훌륭한 논쟁이 될 수 없는데, 그릇된 전제들에서 출발하기 때문이다. (1)의 전제에서 "철수는 합리적 사유가 없으면서도 노력하지도 않는다"는 단서조항이 "그는 철학에서 A학점을 받았다"는 것과는 논리적 연관성이 전혀 없다. 즉 그가 노력도 하지 않고, 합리적인 사유를 요구하는 철학과목에서 A를 받았다는 것은 논리적으로 예측할 수 없는 귀결이라는 것이다. (2)의 전제에서는 "철수는 자신의 노력과 합리적인 사유를 자랑스럽게 여긴다"라는 (1)의 전제를 뒷받침하지 않는다. 여기서 (1)과 (2)의 전제들은 논리적인 비약이다. 철수는 합리적 사유가 없고 또한 노력도 하지 않는다는 전제는 자신의 노력과 합리적인 사유를 자랑스럽게 여긴다는 전제와 불화하고 모순을 일으키는 것이다. 그러므로 전제와 결론의 연관성은 논리적이지 않으면, 타당한 논쟁이 될 수 없다.

둘째, 훌륭한 논쟁은 단지 형식적으로 유용하여야할 뿐만 아니라 상식적으로도 유용하여야 한다.[19] 상식적으로 유용한 논증은 비형식적 논증에서 발견된다. 비형식적 논증이란 부당한 형식에 기인하였다는 것이 아니라 사용하는 문장이나 언어가 모호하여 발생하는 것이다. 말하자면 논쟁은 상식적으로 납득될 수 있어야 한다는 것이다. 비형식적 논쟁에는 두 가지 오류, 즉 '애매성의 오류'(fallacy of ambiguity)와 '내용성의 오류'(material fallacy)로 나타난다. 비형식적 논쟁은 연역적 형식에 맞지 않기 때문에 한마디로 상식적으로 용납하기가 어렵다는 뜻이다. 특히 내용성의 오류는 상식의 기준에 따르면 특정 단체나 사람을 전제로 하여 주장하는 것들이다. 비형식적 논쟁의 오류는 다음과 같은 논쟁에서 발견된다.

(1) L 대통령은 성공한 대통령이다.
(2) 그는 기독교 장로다.
(3) 그러므로 L 대통령은 성공한 대통령이다.

이 논쟁은 굳이 따지자면 논리적으로 틀리지 않는다. 하지만 이 논쟁이 타당하려면, 우선 기독교나 기독교 장로에 대한 충분한 증거가 선행되어야 한다. 하지만 기독교나 기독교 장로는 이미 세상의 빛과 소금의 기능을 상실했고 사람들은 기독교나 기독교 장로를 윤리적으로 또는 도덕적으로 탁월하다고 믿는 사람이 적다. 따라서 한 논쟁이 상식적으로 맞지 않을 뿐만 아니라 특정 집단이나 사람에 호소하는 오류를 범하고 있다면, 그것은 적합한 논쟁이 아니다.

셋째, 논쟁에서 전제들은 참이어야 한다.[20] 어떤 논쟁이 형식적으로든 혹은 비형식적(상식적)으로든 유용하려면 논쟁하는 그 전제들이 거짓이어서는 안 된다. 다음과 같은 논법을 고려하자.

(1) 헤겔을 제대로 공부하지 못한 상태에서 X 교수에 대해 함부로 말하지 말라.
(2) X 교수는 다른 어떤 학자들보다 헤겔에 정통하다.
(3) 그러므로 당신은 X 교수를 함부로 평가할 수 없다.

전제 (1)와 전제 (2)는 잘못된 전제에서 출발한다. 이러한 전제들의 불분명한 표현에서 시작하여 결론에 이르는 논쟁은 훌륭한 논쟁이라고 보기가 어렵다. '헤겔을 제대로 공부하지 못한 상태에서 X 교수에 대해 함부로 평가할 수 없다'는 식의 논쟁은 전형적으로 원천봉쇄의 방식이다. 이 주장은 상대의 주장을 원천봉쇄하려는 의도로 사용되기 때문에 그것은 오류다. 다시 말하자면 (1)와 (2)의 전제는 이미 당신의 평가는 어쭙잖다는 식으로 공격하여 말을 막자는 뜻이다.

그러면 논리적 방식을 전개하기 위한 하나의 방법으로서 철학은 질문으로 다시 되묻는 방식을 가르친다. 어떤 전제들은 이미 논쟁하는 사람의 숨은 동기가 있다. 따라서 우리는 어떤 동기로 우리에게 설득하고자 하는 그 문장을 관찰하여 다시 묻게 되면 논쟁에서 좋은 결과를 얻게 된다. 이러한 질문의 방식은 디오게네스의 일화에 잘 나타나 있는데, 알렉산드로스 대왕과 디오게네스의 대화에서 질문이 얼마나 전제들을 전복시키는지를 보여주는 하나의 예이다.

> 알렉산드로스 대왕: 그대는 내가 두렵지 않은가?
> 디오게네스: 당신은 누구신가? 선한 자인가? 악한 자인가?
> 알렉산드로스 대왕: 선한 자다.
> 디오게네스: 그런데 왜 두려워해야 하지?

이 두 사람의 대화는 참으로 흥미롭다. 아무리 대왕이라고 해도, 그의 전제는 사람들이 자신을 두려워할 것이라는 것을 전제로 하고 묻는다. 이 상황에서 그 전제를 전복하는 것은 두려워할 이유가 없다는 것을 끌어내기 위해서 그대는 선한 자인지 아닌지를 되묻는다. 대왕이 악하다는 것은 상상할 수 없다. 따라서 선하다는 말에 디오게네스는 두려워할 이유가 어디에 있겠느냐고 결론을 짓는다.

요약하자면, 타당하고도 적절한 논쟁은 전제들의 모순들이나 부정보다 더욱 있음직한 전제들을 가져야 한다. 그러한 논쟁을 전개하기 위해서 우리는 흠이 없고 완전한 전제들을 설정하는 것은 어쩌면 불가능한지 모른다. 그러기 때문에 그러한 전제들이 참으로 여길 수 있거나 있음직한 것들을 선택하여야 한다. 그리고 우리가 전제된 문장을 다시 되묻는 방식을 갖게 되면 우리는 더 나은 결론으로 전제를 전복시킬 수 있게 된다.

관점의 차이성과 다양성

철학만큼 다양한 관점들이 부각되는 학문은 없을 듯하다. 철학은 탁월한 비평가들을 포함하여 탁월한 논평자에 이르기까지 철학적 논쟁과 현실적 상황에 대한 혜안과 성찰을 통하여 다각적인 관점들이 선보이는 공간적 담론이다. 간단히 말해, 철학적 공간이야말로 시각작용을 가장 생생하게 볼 수 있는 공간이다.

예수는 "건축자의 버린 돌이 모퉁이의 돌이 되었다"라고 비유적으로 표현했다. 건축자란 전문가를 말한다. 누구도 자신의 영역을 넘볼 수 없는 전문가의 눈에 비춰진 하나의 돌이 그 전문가에 의해 건물의 요긴한 재료로 취급되지 못한 채 거절당했다. 그래서 그 돌은 버려졌다. 건축자의 눈에서 벗어났고 철저히 외면되었다는 것이다. 그런데 그런 돌이 모퉁이의 돌이 되었다는 것은 다른 눈, 즉 다른 시각을 통해서만 모퉁이의 돌이 된다는 사실이다. 여기서 우리가 배울 수 있는 한 가지는 이것이다. 시각작용은 주변이 중심이 되기도 하고, 중심이 주변이 되기도 한다는 것이다. 그러나 우리의 주변과 중심이 결코 바뀌지 않는 것은 시각작용이 없을 때에만 가능하다. 고정된 틀이나 패러다임에서 기존의 것을 반복한다면, 새로운 시각은 생성되지 않는다.

구약성경은 기묘한 구석이 있지만 그 기묘한 부분이 제대로 이해되지 못한 책이다. 그 중 이해하기 어려운 기묘한 이야기는 창세기 11장 1-9절에 언급된 바벨탑 이야기다. 이 간략한 이야기는 다음과 같다.

"온 땅의 언어가 하나요 말이 하나였더라 이에 그들이 동방으로 옮기다가 시날 평지를 만나 거기 거류하며 서로 말하되 자, 벽돌을 만들어 견고히 굽자 하고 이에 벽돌로 돌을 대신하며 역청으로 진흙을 대신하고 또 말하되 자, 성읍과 탑을 건설하여 그 탑 꼭대기를 하늘에 닿게 하여 우리 이름을 내고 온 지면에 흩어짐을 면하자 하였더니 여호와께서 이르시되 이 무리가 한 족속이요 언어도 하나이므로 이같이 시작하였으니 이 후로는 그 하고자 하는 일을 막을 수 없으리로다 자, 우리가 내려가서 거기에 그들의 언어를 혼잡하게 하여 그들이 서로 알아듣지 못하게 하자 하시고 여호와께서 거기서 그들을 온 지면에 흩으셨으므로 그들이 그 도시를 건설하기를 그쳤더라 그러므로 그 이름을 바벨이라 하니 이는 여호와께서 거기서 온 땅의 언어를 혼잡하게 하셨음이니라 여호와께서 그들을 온 지면에 흩으셨더라."

이 이야기에는 여러 해석이 가능하다. 하나의 해석은 인간이 하나님과 같아지거나 맞먹는 힘을 가질 수 있다는 것에 대한 하나님의 분노라는 것이다. 시날 사람들은 새로운 기술을 익혔다. 그들은 진흙을 말려 벽돌을 굽는 법을 배웠다. 문명이 업그레이드되는 순간이었다. 하나둘씩 기술을 익혀서 그들의 신인 여호와와 맞먹는 힘을 가지게 되었다. 그래서 이 해석은 그들이 더 이상 자연에 굴복하지 않고 자연의 주인이 되고자 했다는 관점에서 이해한다.

또 다른 해석은 차이성을 강조하는 하나님의 명령에서 이해한다. 하나님은 사람들에게 차이를 용인해야 한다는 것을 가르치는 분이다.

언어가 하나이고 말이 하나인 민족은 동일성의 민족이다. 동일성의 민족은 대단히 배타적이다. 동일한 민족에 대해서는 모든 것이 용인되지만, 그렇지 않은 민족에 대해서는 배타적이다. 그런데 여기서 흥미로운 것이 언어와 말이다. 문화의 주요한 요소가 언어이고 말이다. 그렇다면 하나님이 이 언어와 말을 흩으셨다는 것은 동질성의 문화를 지상의 다양한 문화들로 흩으셨다는 것으로 이해된다. 그러므로 우리가 이 바벨탑의 이야기에서 만난 하나님은 "이 무리가 한 족속이요 언어도 하나이므로" 동일성과 배타성을 가진 사람들에게 차이성과 다양성을 인정하는 사람들이 되라고 명령하셨다.

구약성경을 읽다보면, 우리는 독특한 어휘를 하나 발견하는데 그것이 '이방인'이다. 이방인이란 우리와 닮지 않은 사람이다. 그들은 다르다. 그들은 전적으로 타자다. 어느 시대 어느 사회나 이방인에게는 대체로 관대하지 않았고 의심을 품고 적대적이었다. 하나님이 최초로 타자의 차이성과 다양성을 인정하라고 명령한 분이라는 것이 바로 이 명령, 즉 "이방인을 사랑하라"고 여러 번에 걸쳐서 명령한 부분이다. 출애굽기 23장 9은 이렇게 적고 있다. "너는 이방 나그네를 압제하지 말라 너희가 애굽 땅에서 나그네가 되었은즉 나그네의 사정을 아느니라." 레위기 19장 33-34절도 유사하게 기록하고 있다. "거류민(이방인)이 너희의 땅에 거류하여 함께 있거든 너희는 그를 학대하지 말고 너희와 함께 있는 거류민(이방인)을 너희 중에서 낳은 자 같이 여기며 자기 같이 사랑하라 너희도 애굽 땅에서 거류민(이방인)이 되었었느니라 나는 너희의 하나님 여호와이니라." 이처럼 성경은 닮지 않은 자들을 사랑하고 다른 사람을 인정하라는 것이 하나님의 명령이라는 것을 가르치고 있다. 만일 우리가 다른 관점이나 타자를 인정하지 않는다면 거기에는 어떤 비극이 일어날 수 있다. 따라서 바벨탑의 이야기는 언어가 다르고 말이 다른 타자나 다른 문화의 차이성과 다양성을 인정하라고 가르치는 것이다.

다시 돌아와서 고대 소크라테스 이래 서구철학자들을 논의해 보자. 서구철학자들은 문제제기와 해결의 끊임없는 반복 속에서 학문의 논리를 개발해왔다. 그 개발된 논리가 또 다시 문제제기에 의해서 비판의 대상이 된다. 어느 학문이나 주장은 신성불가침의 것이란 존재하지 않는 법이다. 어느 것이든 비판의 대상이 되며, 그래서 그것이 수정을 거쳐서 보다 온전한 내용과 주장으로 근접해 가는 것이다. 그래서 우리는 이런 문제제기를 두려워하지 말아야 한다. 하지만 우리가 경계해야 할 한 가지는 질문보다는 대답을 우선시해서는 안 된다. 질문을 준비단계로 치부하지 않아야 한다. 이유는 두 가지다. 첫째로, 질문은 관점을 이해하는 지름길이기 때문이다. 질문은 그 내용의 속살을 헤집는 과정이다. 둘째로, 질문은 비판의 정당성을 제공하기 때문이다. 비판을 하려면 우선 우리는 그 내용에 질문을 가지고 접근하는 길이 급선무다. 하지만 오늘날 우리는 성급하기 짝이 없다. 내용에 대한 충분한 질문이나 다각적인 질문을 던지지 않은 채 답변만을 하려고 시도하는 경향이 많기 때문이다. 전문철학자들의 서적들을 유심히 살펴보면 그들로부터 발견할 수 있는 것이 하나 있는데, 그것은 내용과는 상관없이 답을 제공하려는 글들을 많이 볼 수 있다. 이건 명백한 오류다.

남아프리카의 민중교육학자인 파울로 프레이리(Paulo Freire, 1921~1997)는 철학에서 이 사실을 끄집어 낸 교육학자다. 그는 몽매한 민중들을 일깨우는 일에 대해 고민을 거듭한 교육자다. 그는 교육을 통해 억압적 현실을 자각하고, 세계 변혁에 동참하고 걱정하면서 그의 저서『페다고지』(Pedagogy of the Oppressed)를 저술했다. 이 책에서 그는 세 가지의 메시지를 전달하는데, "은행 적금방식"의 교육을 폐기하고 "문제의식"의 교육을 세우자는 게 그의 첫 번째 주장이고, 교육의 구체적 방법으로서의 대화가 두 번째 주장이며 그리고 "이론적 실천으로서의 프락시스"(praxis)가 세 번째 주장이다. 여기에서 우리가 눈여겨 볼 내용은 그의 첫 번째 주장이다. 지금껏 교사가 은행에 예금하듯 학생들에게 일방적으로 지식을 맡겨 왔다고 비판하고, 만일 그렇게 될 경우에 배우는 사람의 의식과 정신은 순응적이 된다는 것이다.[21] 그러므로 문제제기는 우리로 하여금 주체적이고 적극적인 사유를 이끌어낼 수 있기 때문에 어느 관점에서 그러한 주장을 하고 있는가를 이해할 수 있게 한다. 그러므로 그가 질문을 통해 문제를 제기하는 것은 기존의 답이 정답이 아니라 오답이었음을 밝히려는 것이다.

이젠 우리는 관점의 유익함을 보고 진리에 도전하는 자세를 가질 필요가 있어 보인다. 철학적 관점에서 보면 철학자들이 함량미달을 숨기기 위해 서구의 이론들을 전면에 배치한다. 그래야만 그들은 그들의 잘못된 관점의 결함을 은폐할 수 있다. 우리가 잘 관찰하지 않는다면, 철학자들의 옳지 않은 관점을 변별하기란 그다지 쉬워보이지는 않는다. 그리고 실제로 그들이 철학의 전문적인 이론들을 가지고 그들의 유식함을 앞세우는 일이 비일비재하다. 만일 그렇게 되면, 철학적 관점들에 대한 자의식은 실종되고, 우리는 단순히 철학자들에 대해 무한한 존경을 보내게 된다. 그 결과 자의식이 상실된 우리는 무기력한 복종이나 과잉칭찬으로 떨어져 철학의 주된 임무에 충실하지 못하게 될 것이다. 그러므로 우리는 우리의 자의식으로 철학자들이나 그들의 이론들의 본질적 관점을 들추어내고 폭로하여야 하고, 그것이 곧 철학으로부터 배우는 길이다.

주(註)

1) Blaise Pascal, 『팡세』, 방곤 옮김 (서울: 신원문화사, 2003), 236.

2) Alfred North Whitehead, *The Function of Reason* (Boston: Beacon Press, 1929), 3-5.

3) 이오니아의 사모섬 출신이었던 에피쿠로스(Epicuros, BC 341~271)는 쾌락을 삶의 목적으로 규정했다. 이 쾌락은 우리에게 알려진 것과는 달리 방탕한 생활이나 제멋대로의 삶과 같은 쾌락을 말하는 것이 아니다. 그가 말하는 쾌락은 육체적인 고통과 정신적인 동요로부터의 자유를 뜻한다. 다시 말해, 쾌락은 자기 행복을 추구하는 것이고, 그 철학을 지향하는 것이 에피쿠로스의 목적이었다. Anthony Gottlieb, 『서양철학의 파노라마, II』, 이정우 옮김 (서울: 산해, 2002), 129-57; 그리고 Anthony A. Long, 『헬레니즘 철학』, 이경직 옮김 (서울: 서광사, 2000), 54-65를 보라.

4) Hermann Usener, *Epicurea* (Cambridge: Cambridge University Press, 2010), 220에서 인용. 헬레니즘 시기에 에피쿠로스학파와 스토아학파는 철학의 양대 산맥이었다. 에피쿠로스학파는 에피쿠로스와 루크레티우스로 대표되는 학파이고 이른바 쾌락주의를 표방한 것으로 알려졌다. 당대의 사상은 개인이나 개체의 중요성보다 국가라는 공동체를 중시했는데, 에피쿠로스학파는 이 생각을 바꾸어놓았다. 그렇다고 에피쿠로스학파는 쾌락만을 추구하는 극단적 이기주의와도 거리가 멀었다. 우리가 흔히 쾌락이라고 번역이 되지만, 이것은 성적 쾌락을 의미하는 것이 아니라 기쁨이나 유쾌함을 체험하는 개념이다. 이 학파의 기본 모티브는 "현재 이루어지는 단독적인 삶을 향유하라"라는 것이다. 이와는 반대로 스토아학파는

5) Long, 『헬레니즘 철학』, 205-8을 보라.

6) Basil Mitchell, *Faith and Criticism* (Oxford: Clarendon Press, 1994), 10.

7) Plato, 『국가론』, 조우현 옮김 (서울: 삼성출판사, 1979), 250-1.

8) Rene Descartes, *Discourse on Method and the Meditations*, trans. F. E. Sutchiffe (New York: Penguin Books, 1968), 41-4.

9) Maimonides, Guide for the Perplexed, III, 32.

10) 한 인물을 평가하는 일은 아주 조심스러운 일 가운데 하나이지만, 스피노자에 대한 평가는 자유, 은둔, 윤리로 말하는 것에 대체로 동의하는 듯하다. 그가 죽은 후의 100년 동안도 유태교로부터 이단의 꼬리표가 따라다녔고, 자신의 자유로운 생활을 위해 포기할 정도로 '자기 원인적' 삶을 원했을 뿐만 아니라 윤리적인 면에서도 항상 성실하게 주어진 삶을 살았다고 전해진다.

11) Bertrand Russell, *The Problems of Philosophy* (New York: Oxford University Press, 1975), 161.

12) 칼 포퍼는 1938년 3월 히틀러의 오스트리아 침공 소식을 듣고 이 『열린사회와 그 적들』을 서술하기 시작했다. 이 책에서 그는 나치즘과 마르크시즘의 이념을 통렬히 비판하고, 자유주의 이념을 옹호하는데, 개인의 자유를 누구도 방해해서는 안 된다는 입장이 가장 잘 드러나 있다.

13) Ibid., 240.

14) Reinhold Niebuhr, *The Nature and Destiny of Man: A Christian Interpretation*, vol. 1 (New York: Charles Scribner's Sons, 1964), 186-203을 보라.

15) Plato, "소크라테스의 변명," 『플라톤의 대화』, 최명관 옮김 (서울: 종로서적, 1991)을 보라.

16) Clark H. Pinnock, *Reason Enough: A Case for the Christian Faith* (Downers Grove: InterVarsity Press, 1980), 17.

17) J. P. Moreland & William Lane Craig, *Philosophical Foundations for a Christian Worldview* (Downers Grove, Illinois: InterVarsity Press, 2003), 28-30에서 요약한 것임.

18) Ibid., 29.

19) Ibid.

20) Ibid., 30.

21) Paulo Freire, 『페다고지』, 남경태 옮김 (서울: 그린비, 2002)을 보라. 원래 이 책의 원제는 "피억압자의 교육학"(Pedagogy of the Oppressed)인데, 의식적 교육만이 몽매한 민중을 일깨울 수 있다는 것이 그의 주된 관심사다.

제3장

이성과 신앙의 관계

철학과 신학의 관계에 대한 구체적인 내용은 이성과 신앙의 관계로 집약된다. 철학은 이성을 대표하고, 신학은 이성을 대표한다. 이 둘의 관계는 중세시대에서 시작하여 오늘날에 이르기까지 매우 중요한 주제가 되고 있다. 이 둘의 관계가 주목을 받는 것은 이성과 신앙이 상호 배타적이거나 어떤 상충적 모순을 일으키고 있기 때문이다. 이러한 모순을 종합하려는 시도가 있었다. 하지만 왠지 그다지 만족할만한 대안들이 제시되지 않은 것처럼 보인다. 그런 연유인지는 모르지만 신앙이 이성을 매력적인 개념으로 보지 않은 것처럼, 이성도 신앙을 그다지 큰 매력으로 보지 않은 것 같다.

역사적으로 이성과 신앙의 전면적인 대립은 기원후 2세기 말엽 알렉산드리아에서 그리스 철학과 기독교가 처음으로 만나면서 시작되었다. 이 시기에 그리스의 헬레니즘과 히브리의 헤브라이즘의 대립이 극명하게 나타났다. 물론 이 둘의 만남이 중세문명이라는 거대한 하나의 강물을 만들어서 서양문명이 태동되는 계기를 형성시켰지만, 그리스와 기독교의 대립은 하나의 물결을 타고 현재까지 전해 내려오고 있다.[1] 그리고 정직히 말해, 기독교는 철학과 불화하고, 철학은 기독교와 불화한다. 우리 시대의 많은 기독교인들이 이 문제를 가지고 고민하고 있으며, 이 둘의 관계는 미해결된 채로 미궁의 문제로 여전히 남겨져 있다. 따라서 이 장에서 우리는 이성과 신앙의 관계에 대해서 좀 더 부연적인 설명을 제공하고자 한다.

신앙이란?

신앙(faith)은 크게 두 가지로 이해된다. 하나는 인식적 이해이고, 다른 하는 실천적 이해이다. 인식적 이해는 앎 또는 지식을 포함한다는 것이고, 반면 실천적 이해는 알고 있는 것을 행동한다는 것이다. 흔히 신앙을 떠올리게 되면, 단순히 무엇을 믿는다는 것에 한정하여 생각하기가 쉽다. 하지만 우리가 무엇을 믿을 때에 그것이 무엇인지를 알고 믿는 것이라는 전제에서 신앙은 출발한다. 이렇게 볼 때 신앙이란 앎의 문제이면서도 동시에 행위의 문제다. 우선 신앙을 정의해 보면 다음의 두 가지로 정의될 수 있을 것이다.

첫째, 신앙은 "잠재적이면서 관찰되지 않는 어떤 성향"(disposition)으로 정의된다.[2] 잠재적이고 관찰되지 않은 것은 내적이고 심적인 것으로서 보이지 않는 것을 말한다. 그리고 여기서 성향이란 일종의 기질을 말한다. 기질이란 "인간 행동에 무의식적으로 영향을 주는 천성적인 특성의 복합체"다. 즉 이것은 우리가 행동하게 하는 근원적인 영향이라는 것이다. 그 영향이 부모이든, 집단이든 또는 교회이든, 기질은 그러한 요인들에 의해 영향을 받아 행동으로 나타나는 것이다. 그래서 신앙은 그것이 행동으로 옮기게 하는 영향을 분석하거나 합리적으로 이해되지 않는 것이다. 이유는 그것이 보이지 않는 내적이고 심적인 요인이기 때문이다. 하지만 성향성의 개념은 기질의 의미를 초월한다. 성향성은 "능동적이며 존재론적 의미를 가지는 힘"이다.[3] 성향성은 어떤 행동이 기계적으로 수행하도록 하거나 지각을 배제하는 그러한 것이 아니라 합리적이고 도덕적인 행동을 가능하게 하는 어떤 힘을 의미한다. 다시 말해 성향성이 잠재적이고 관찰되지 않는 것이라고 해서 그것이 비합리적이라는 말은 아니라는 것이다. 그래서 신앙에 관해서 우리가 주의해야 할 것은 보이지 않는 것이라고 해서 신앙이 비합리적이라고 단정해서는 안 되는 것이다.

우선 우리가 무엇을 믿는다고 할 때, 그것이 실제로 이성적인 탐구에 의해서 인식되지 않는다는 것은 옳다. 이성적 탐구에 의해서 인식되는 것은 합리적 근거를 요구하기 때문이다. 그렇지만 이와 동시에 우리가 알아야 할 것은 보이는 것이 전부는 아니라는 것이다. 보이는 것이 사물의 참된 모습이 아니기 때문이다. 이를테면 만일 우리가 자주 다니는 식당의 음식이 맛있다고 믿고 있다고 하자. 그는 실제로 음식의 이성적인 탐구의 절차를 거친 것일까. 그렇지 않다. 그 식당의 음식의 맛을 결정할 수 있는 어떠한 절차가 없었다. 단지 그 식당의 맛은 자신의 입맛에 맞았을 것이다. 이런 이유에서 보면, 신앙이 일종의 사람의 기질적 성향에 의해서 좌우될 수 있는 개념이기 때문에 신앙은 합리적 판단에 의해서 보이지 않는 것의 참된 모습을 이해하려고 한다면 반드시 실패할지 모른다.

신앙은 어원적으로 '피뎀'(fidem) 또는 '크레데르'(credere)라는 말로서 '믿는다' 또는 '신뢰한다'의 라틴어 동사에서 유래했다. 믿는다는 말은 '사랑하다'거나 '때리다'와 같은 동사처럼 타동사로서 목적어를 필요로 하는 말이다. 즉 그것은 무조건 믿는 것이 아니라 어떤 대상에 대해 믿고 신뢰한다는 것을 뜻한다. 그 대상이 절대자나 하나님일 수 있고, 우리가 인식하지 못하는 다른 어떤 것일 수 있다. 그런데 그 대상에 대한 믿음은 무엇에 대한 참을 믿는다는 것이 전제되어 있다. 말하자면, 우리가 무엇을 믿는다는 것은 그것이 참이라는 것을 믿는다는 것이다.[4] 만일 우리가 그 식당의 음식이 맛이 좋다고 믿는다면, 그것은 그 말이 참이라는 뜻이 내포되어 있다. 이는 신앙이 단순히 기질적이거나 성향적일지라도 믿음의 내용은 참의 내용을 포함하고 있기 때문이다. 예를 들어 우리가 예수를 믿는다는 것은 그분이 그러한 믿을 만한 삶을 살았다는 것을 믿는 것이다. 예수에 대한 믿음은 그의 삶이 그러한 삶으로 살아왔기 때문에 그가 청중들에게 전한 말이나 행위는 그것을 믿는 신앙인에게 절대적이고 참이 된다. 따라서 신앙은 우리가 믿는 것이 참이라는 내용을 가지고 있을 때에 온전한 믿음이 된다.

그럼에도 불구하고 성향으로서의 신앙에 대한 정의는 갈등적 상황을 야기한다. 하나의 대상을 가지고 서로 다른 믿음을 가지게 된다면, 그것에 대한 신앙은 서로 갈등하고 상충할 것이 분명하다. 그러기 때문에 기질 혹은 성향으로서의 신앙은 이러한 문제에 대해 자기중심적인 신앙이나 주관적인 믿음에 빠져들거나 아니면 단순히 실용주의적 성향에 빠져들 수 있을지 모른다. 만일 신앙이 너무 주관적이고 실용주의적이라면, 신앙은 진리의 내용을 희석시키고 만다. 그래서 신앙은 사람의 기질로 이해하지만 반드시 기질로만 국한하지 않는다는 것이다. 우리는 세종대왕이 존재했다는 것을 믿는다. 우리는 실제로 그를 만난 적도 없고 그의 시대에 살았던 사람도 아니다. 그러나 우리는 그가 역사 속에 살았다고 믿는다. 이유는 단순하다. 전해 내려온 역사 교과서와 지금 현재 우리가 사용하는 한글이 그가 살았다는 것을 확인시켜준다. 따라서 신앙이란 단지 기질적 성향을 넘어서 합리적 근거를 가지게 될 때 더욱 우리의 신앙을 확고하게 해 주는 것이다.

둘째, 신앙은 행위로 정의된다. 행동이란 실천적 활동을 의미한다. 따라서 행동으로서의 신앙은 무엇을 믿는다는 것이 그 믿음을 실천하는 행위에 의해서 온전하게 된다. 이런 점에서 무엇을 믿는다는 것과 무엇을 행한다는 것은 밀접하게 연관되어 있다. 옥스퍼드 대학교의 기독교 철학자 리처드 스윈번(Richard Swinburne)은 신앙을 행동의 근원으로 보았다. 우리가 무엇을 믿는다는 것은 믿음에 대한 앎의 차원을 넘어서 그것을 행동하게 한다는 것이다.[5] 이것은 믿음이 단순히 그것을 이해하는 단계에만 머물지 않고, 그것을 넘어서 우리의 행위에 충동하고 도전하는 성격을 가지고 있음을 가리킨다. 지난 몇 년간 우리의 사회는 테러들의 행위를 면밀히 조사해 본 결과 그 사건의 배후에 그것을 충동질하는 일종의 종교나 신앙에 대한 확고한 믿음이 있었다. 미국 뉴욕의 무역센터를 붕괴시킨 911사건의 잔인함도 신앙의 행위에 의해서 시작되었고, 오클라호마의 정부기관 건물을 폭파한 사람도 신앙의 행위에 따라 시작되었다. 낙태를 반대하여 낙태시술을 한 미국의 산부인과 의사를 권총으로 살해한 사람도 그가 믿는 근본주의 신앙에 대한 확신에서 행해졌다. 이처럼 무엇을 믿는다는 것과 무엇을 행한다는 것은 별개의 것이 아니라, 신앙은 행동을 필연적으로 수반한다는 것이다.

구체적으로 말하자면, 인식과 실천은 개별적 영역이 아니라 분리할 수 없는 필연적 관계라는 것이다. 이것은 만일 누군가가 무엇을 실천했다고 하면, 그는 이미 그 실천의 내용을 인식했다는 것을 전제로 한다. 이를테면 우리가 예수를 믿는다면, 우리는 교회에 출석한다든지, 교회에 봉사한다든지 하는 행위를 수반하게 된다. 이는 믿는다는 것이 단순히 인식적 차원에 머무르지 않을 뿐만 아니라 인식적 차원과 실천적 차원이 쉽사리 분리될 수 없기 때문이다. 따라서 윌리엄 제임스가 적절히 표현했듯이, 신앙이란 "우리가 인식하는 궁극적 사실이 감성이 아니라 행위"임을 보여주는 것이다.

이성이란?

근대철학의 아버지로 간주되는 프랑스 철학자 르네 데카르트(Rene Descartes)는 그의 『방법 서설』에서 부재를 "이성을 통해 모든 학문의 진리를 찾는 방법"으로 명명했다. 이 부재를 뒤집어 보면, 모든 학문의 진리를 찾는 방법이 이성을 통해서만 가능하다는 것을 암시한다. 그러면 그가 말하는 이성은 무얼까. 그것은 아마도 사유의 속성을 의미하는 것이다. 따라서 이성의 기능은 합리적 탐구와 함께 철학의 적합한 기능과 동일시하고 있다. 이성의 범주에는, 데카르트가 적고 있듯이, 이해, 의지, 상상, 감각, 의심과 같은 인간의 의식 등이 포함되어 있다.

그래서 데카르트는 『철학의 원리』에서 이렇게 말한다. "나는 사유라는 말로써 우리가 의식하는 한에 있어서 우리 안에서 일어나는 모든 것을 의미한다."[6] 이처럼 이성은 우리 인간의 내면 안에 일어나는 모든 것, 즉 이해, 인식, 생각, 의심 등의 모든 속성을 가리키기 때문에 단순히 무엇을 믿는다는 것과는 구별되는 개념이다. 그런데 흥미로운 것은 대부분의 사람들은 믿음보다는 이성에 더 후한 점수를 준다. 그 이유는 아마도 두 가지 이유에서 그렇지 않을까를 추론해 본다.

첫째, 이성은 정신적인 활동에 의해서 특징짓기 때문이다. 사전적 의미로서 이성은 "객관적 실재의 총체성을 파악하려는 인간의 정신적 활동을 의미한다." 이성은 라틴어 '인텔렉투스'(intellectus)로서 '라티오'(ratio)인 오성(understanding)이다. '인텔렉투스'는 원래 근대에서 요긴하게 사용된 개념이었다. 이성은 근대에 들어서면서 서구의 봉건사회의 제도와 억압적 상황에 맞서 투쟁할 때 형성되고 강화된 개념으로 활성화되었다. 그 이후에 이성의 범위가 더 확대되면서 단순한 비판적 사유를 초월하는 영역이 되었다. 어쩌면 서구철학은 이런 점에서 이성과 더불어 발전되었다고 해도 틀린 말은 아닐 것이다.

일찍이 아리스토텔레스가 인간을 이성적 동물이라고 규정했을 때 이성은 이미 사회와 자연의 합리성을 추구해 왔다고 보인다. 이성적 동물로서의 인간은 생각, 개념, 숙고, 반성과 같은 정신적인 속성을 가지고 활동하기 때문이다. 그래서 이성이 없다는 거나 이성적이지 않다는 것은 인간과는 다른 존재로 간주된다. 만일 그가 인간이라고 한다면, 그는 분명 이성적일 것이다. 즉 이 이성이 아리스토텔레스에게는 인간을 근거 짖는 궁극적인 요소라는 것이다. 칸트는 이성을 인식적인 측면에서 정의했다. 그에 의하면 이성은 "일반적인 것으로부터 특수한 것을 도출하고 특수한 것을 모든 원리에 따라 필연적인 것으로 표상하는 능력"으로 규정된다.[7]

이성의 개념은, 앞서 언급했듯이, 고대이래로 논의의 중심에 있었지만 더 활발하게 논의된 시기는 근대였다. 이성은 모든 사물을 판단하고 해석하는 절대적 잣대로 인식된다. 누구도 이성을 무시하고 올바른 인식을 갖지 못한다. 근대에서는 이성이 길이자 생명이다. 이성이 없는 정신은 광기(madness)이다. 문제는 이 이성이 스스로 모순에 빠지게 한다는 것이다. 말하자면 이러한 근대의 사유가 이성을 절대자로 숭배하게 만들었다는 것이다. 프랑스 철학자 미셸 푸코(Michael Foucault, 1926~1984)는 이와 같은 이성의 이름으로 행해진 모순적인 문제점을 잘 지적했다.

그에 따르면 이성의 등장으로 인해 전통적인 서구철학은 정상과 비정상, 이성적 정신과 광기, 의식과 무의식, 건강한 사람과 병든 사람과 같은 이항대립의 사유체계가 되었다.[8] 생각해 보면, 이성의 등장이 바로 광기의 비정상적이고도 비합리적인 인간을 명백히 구분시킨 장본인인지 모른다. 따라서 아리스토텔레스 이후 서구의 근대철학은 인간을 이성적이고도 합리적인 존재로 이해함으로써 이성의 역할을 한층 더 엄격하게 적용시켰다고 보인다.

둘째, 이성이 해석의 정당성과 합리성을 제공하기 때문이다. 대체로 사람들은 사물의 인과적 관계와 그것의 패턴을 분석하고 발견하려는 경향을 갖는다. 알려진 인과성의 패턴을 분석하고 발견하는데 이성이 사용된다. 따라서 이성은 감성과 같은 다른 어떤 속성보다 사물을 합리적으로 이해하는 적합한 도구나 수단으로 여기는 것처럼 보인다. 이미 합리주의의 철학적 전통은 이를 뒷받침해 왔다. 그들은 이성을 통해서 보편적 개념들을 분류하고 그들의 의미를 명료화했다. 르네 데카르트(Rene Descartes, 1596~1650)는 사물의 인과적 관계를 정립하는데 이성이란 도구를 즐겨 사용했다. 특히 그는 "의심하는 방법"을 구축하기 위해서 이 이성의 기능을 사용했다. 의심이란 단순히 의심이 많은 사람들처럼 의심하는 것은 아니다. 그것은 보다 확실한 것을 찾으려는 것 때문이다. 따라서 데카르트는 편견과 성급한 결론에 이르지 않기 위해 "명석하고도 판명한 것" 이외에는 어떠한 해석이나 판단을 내리지 말라고 주장했다.[9] 이성은 그 어떤 것이든 해석의 가장 중요한 도구이다. 그것이 없이는 타당한 해석이라고 말할 수 없다. 이성은 "한 신념이 어떤 특정한 시간 t에 있는 어떤 사람 S에게 합리적이라고 말하는 것은 그 신념이 t에 있는 S에게 정당성 및 보증이 된다는 것을 제공한다."[10]

원래 합리주의는 이성을 지식의 근원으로 보기 때문에 감각적 속성을 비판적으로 검토한다. 감각적 속성은 이성의 "평결"에 의해서 설명된다. 이런 맥락에서 신앙에 가장 거침돌이 되는 이성은 철학적 기능으로서 보았기 때문에 이성과 신앙은 양분되고 말았다. 다시 말해, 이성이 신앙을 방해하는 일종의 걸림돌이었다. 근대시대의 이성은 절대적 진리의 성격이었다. 모든 확실성은 이성에 의해서 판독되었기 때문에 이성이 사물을 판단하거나 판결하는 절대적 진리이자 잣대였다. 이성의 개념을 가지고 아무 것이나 사고해도 괜찮은가. 사고에도 어떤 절차가 있는가. 데카르트는 보다 합리적인 사유의 방식에 이르는 몇 가지 절차를 제공했다. (1) 명석하고 판명한 것만을 주장하고, 그 외의 것에는 어떠한 판단을 유보하라. (2) 어렵고 복잡한 문제를 가능한 작은 부분으로 나누라. 사고에는 일종의 순서가 존재한다. 어려운 것에서 쉬운 것으로 오는 게 아니라, 쉬운 것에서 어려운 것으로 차근차근 단계적으로 올라가는 것이어야 한다. (3) 모든 개념들을 빠뜨리지 말고 완벽하게 나열하고 전반적으로 검토하라. 우리가 사물이나 대상을 바라볼 때, 대상이나 사물 그 자체를 보는 것이 아니라 그것의 개념들을 보는 것이다.[11] 이를테면 우리는 책상을 보는 것이 아니라 책상의 개념을 지각한다. 그러기 때문에 우리는 모든 개념들을 검토하는 데 이성이라는 도구가 필수적임을 알 수 있다.

이성과 신앙의 관계

신앙과 이성의 관계를 해결하기 위해서 일반적으로 다섯 가지 방식들이 있었다.[12] 간략하게 소개하자면 다음과 같다. 첫 번째로는 신앙과 이성의 관계가 서로 상충하는 방식이다. 이 방식은 하나가 다른 하나를 배타하는 방식인데, 이성은 신앙을 배타하고, 신앙은 이성을 배타한다. 이 방식은 문화적 배경에 따라서 사물을 인식하는 방식의 차이에서 온다. 그래서 이성과 신앙은 그 자체의 본성에서 보면 자연스러운 현상인지 모른다. 하지만 이러한 차이를 깡그리 무시하는 신학자가 있었는데, 그가 다름 아닌 교부 신학자로 알려진 테르툴리아누스 (Tertullianus, 197~430 C. E)였다.[13] 그의 설교 스타일은 훈계조인데다가 직설적 화법까지 너무나 단호한 구석이 있다. 그에게 있어서 그야말로 철학의 이성은 신앙에 백해무익하다. 철학과 신앙은 마치 건널 수 없는 심연이 가로놓여 있는 것과 같다. 철학에 대한 고심의 흔적이란 찾아 볼 수 없었던 테르툴리아누스의 설교들은 온정주의적 태도나 좋은 게 좋다는 식의 해석은 매우 게으르다고 경계했다. 잘 알려진 그의 『이단에 대한 규정』, 7장에서 철학(이교도 철학)에 대한 신랄한 비판에서 이 사실을 엿볼 수 있다. "이것들(이교도 철학과 이단)은 이 세상 지혜의 영의 귀를 가렵게 만드는 인간과 마귀의 교리들이며, 주님은 이것을 어리석다고 불렀고 … 철학은 뒤죽박죽 하게 만드는 세상의 어리석은 것을 선택했다."[14] 그러면서 "아테네와 예루살렘이 진정 무슨 관계가 있는가? 아카데미와 교회 사이에 무슨 조화가 있는가? 이단과 그리스도인 사이에 무슨 일치가 있는가?"라고 덧붙여 말했다.[15] 그에게는 이루어지지 않는 사랑의 안타까움과 같은 헐렁한 심적 여유란 어느 곳에서도 찾아 볼 수가 없었다.

예루살렘은 신앙의 진원지요 아덴은 철학의 진원지다. 그들은 아무런 상관이 없으며, 만나서는 안 될 사이다. 마치 이 논리는 물과 불의 관계다. 테르툴리아누스의 신앙은 교회를 위한 신학과 복음을 위한 내용 외에는 다른 어떤 것도 인정해서는 안 되는 덕목이다. 유일하게 그리스도 예수 그리스도의 복음만이 교회의 전통과 권위를 가질 수 있다는 근거에서만이 이단과 철학이 호리는 유혹에 저항할 수 있다고 보았다. 한마디로 테르툴리아누스는 이단과 이단자들을 경계한다는 정황에서 아덴의 무익성, 즉 철학의 무익성을 주장했다.

실제로 우리는 그의 신앙을 위한 변론에 주목하는 편이다. 인간의 이성이 기독교 신앙을 타락하는 원동력이 될 수 있다는 것과 기독교인의 세속에 흡수될 수 있다는 것을 염려하는 순수한 열정에서 그의 논변은 시작된다. 그의 변증적 논변은 두루뭉수리하게 넘어가는 법이 없고 똑 부러지게 경계를 짓는다. 이러한 논변에서 순수한 신앙, 그것만을 지키려는 것이 테르툴리아누스의 내밀한 욕망인지 모른다. 그런데 이러한 변증적 수사학이 다원화된 사회와 현대에 몸담고 있는 우리로서는 다소 지나치다고 느낀다. 그런 이유일까. 우리는 극단적인 형태의 진리 주장이 사람들에게 오히려 반감을 가지는 원인이라 여긴다. 그럼에도 불구하고 그는 이러한 우리의 생각과는 전혀 개의치 않은 듯하다. 실제로 그의 성격이 과장하는 습성이 있다고 전해지긴 해도, 철학이 신앙을 위태롭게 할뿐만 아니라 완전히 무익한 것이어서 증오하게끔 설득하는 매력을 지닌 듯하다.

테르툴리아누스의 생각은 아우구스티누스와 안셀무스의 생각 속에 반영되었다. "문학적 관점에서나 신학적 관점에서 교부들 가운데서 가장 위대한 교부였던"[16] 아우구스티누스(Augustinus, 354~430)는 호전적 어투로 한 치도 양보할 수 없는 이성에 항거했다. 통상적으로 신학에 몰두하다보면 넉넉하고 인자한 모습을 찾기가 어렵다. 때론 넓은 가슴으로 두루뭉술하게 만나기도 해야 사람의 감성을 자극하여 복음의 길로 들어서게 하는 방법도 있는데, 아우구스티누스로부터 우리는 그러한 모습을 찾아볼 수 없는 것 같다. 아울러 그의 신앙적 열정이 너무 개인적이고도 내면적이라서 타인의 생각에는 별다른 관심을 드러내지 않는 듯하다. 실제로 그가 싸운 것은 이성의 역할을 어느 정도 인정은 하지만 그것을 신앙 아래에 무릎을 꿇게 하여 복종시키는 일이었다. 그에 의하면, 하나님을 믿는 믿음이 모든 지식의 근본이자 출발점이었다. 하나님을 믿는 믿음이 없이는 세상의 모든 학문들은 헛된 것이다. 하나님을 만나고 그를 사랑하는 일이 최고의 지식이자 신앙이었다.

켄터베리 성당의 주교였던 안셀무스(Anselmus, 1033~1109)는 교부들의 사상을 그대로 자신의 설교에 적용했다. 그의 시대에 가장 뛰어난 신학자로 평가를 받았다. 신학과 철학의 관계에 대해 남다른 관심을 보였던 안셀무스는 스콜라 철학의 전통을 이은 대표적인 신학자다. 그런데 그가 제시하는 특징 중 하나는 신학은 기독교 신앙의 핵심이고, 따라서 믿음을 매우 중요한 주제로 취급했다. 그는 "우리의 기독교 믿음은 이해를 추구하는 믿음이다"(fides quaerens intellectum)라고 지적함으로 아우구스티누스처럼 이해의 영역에서 완전히 배제하지 않았다. 이 개념은 예수 그리스도를 믿는 믿음의 관문을 통과해야 보다 넓은 철학을 종합할 수 있다는 전략이다. 그러기 위해서, 믿어야 하고, 믿지 않으면 알 수 없다는 것이다. 그는 이렇게 말한다. "믿으면서 최고 본질로 향한다…. 왜냐하면 만일 어떤 이가 그것을 믿는다고 말한다면, 그는 자신이 고백하는 믿음을 통해 최고 본질로 향하는 것 또는 이 지향에 속하는 것들을 믿는다는 사실을 충분히 표현하는 것처럼 보이기 때문이다."[17] 안셀무스와 아우구스티누스에서는 테르툴리아누스에게 나타난 단호함은 찾아볼 수 없지만, 신앙을 옹호하는 호전성은 포기하지 않는 듯하다. 따라서 그들은 이성과 신앙의 관계에서 신앙만을 주장하기 위해 이성을 배제하는 방식을 옹호했다고 보인다.

둘째, 신앙은 이성에 선행한다. 아리스토텔레스에 의해서 시작된 이성의 그리스 철학은 서서히 쇠퇴하면서 회의주의와 신비주의와 같은 것들과 혼합적 만남을 통해서 새로운 형태의 철학과 종교가 나타나기 시작했다.[18] 가장 대표적인 혼합적 만남이 이른바 신플라톤주의다. 오리게네스(Origenes, 185~254), 아우구스티누스 그리고 플로티노스(Plotinos, 204~270)는 신플라톤주의의 형성에 크게 공헌한 사상가들이다. 여기에서는 오리게네스와 플로티누스를 중점적으로 살펴보는게 좋을 것 같다. 오리게네스는 초기의 혼합적 사유를 시도한 인물로서 기독교에 플라톤과 스토아학파의 사유체계를 소개했다. 오리게네스는 알렉산드리아를 대표하는 기독교 교부와 신학자이었지만 스토아학파의 금욕주의에 따라 자신의 고환을 스스로 자른 것으로 유명하다. 클레멘트 학파에서 훈련을 받은 그는 사상적으로 플라톤주의를 받아들여 기독교 신앙을 변론했다. 플라톤주의에 따라서 그는 물질적인 사물은 일시적이고 불충분하기 때문에 영원한 것은 이데아 속에 포함된 것밖에 없다고 믿었다. 그러면서도 오리게네스는 신적 실재의 숨겨진 깊이를 찾을 수 있는 "신적 로고스"에 의해 조명되는 "이성"을 지식의 근원으로 여겼다. 간단히 말해, 계시에 근거된 기독교 신앙을 설명하기 위해서는 이성의 역할을 축소하지 않았지만, 그것만으로는 불충분한 것으로 이해했다. 신앙의 역할이 우선적으로 강조되지 않는다면, 신적 실재에 대한 믿음은 충분하지 않을 것이라는 것이다.

오리게네스 이후에 신플라톤주의는 플로티누스라는 새로운 도전적 신학자에 의해서 수면 위에 떠오르게 되었지만, 그다지 두각을 드러내지는 못했다. 이는 그의 복잡하고도 애매한 개념들 때문이었다. 스토아 철학, 플라톤과 아리스토텔레스 철학, 에피쿠로스 철학을 받아들였던 플로티누스는 플라톤 철학을 가장 신뢰하고 그것의 구조에 따라서 기독교 사상을 접목하고자 노력했다. 잘 알려진 그의 "일자"(the One)나

"일자에 의한 유출"(Emanation by the One)의 개념들은 물질적인 세계나 사물들이 항상 변하기 때문에 참된 실재가 아님을 말한다. 불변하는 것만이 참된 실재이고, 그것만이 영원하다는 플라톤의 이데아 개념으로부터 플로티누스는 사물의 모든 유출은 일자인 신으로부터 유래된다고 믿었다. 특히 그는 신에 대한 믿음은 인간 이성의 한계 내에서 한정시키지 않았다. 왜냐하면 절대적 통일체로서의 일자인 신은 이성과 사유를 초월하기 때문이다.[19] 이러한 혼합적 사유의 흐름은 아우구스티누스의 신학적 체계를 이어주는 중요한 역할을 했다. 앞서 간략히 언급했듯이 다른 교부들과는 달리 기독교과 플라톤의 철학을 조화롭게 결합시켰던 아우구스티누스도 그의 초기에서는 이성을 신앙에서 배제했지만 그의 후기에 이르러서는 신앙을 이성 위에 위치시킴으로서 이성적 역할을 어느 정도 인정하게 되었다. 그는 우리가 믿으면 신의 존재를 알 수 있다고 보았다. 따라서 그는 이성을 배제시키지 않았다고 보인다. 인식의 기능인 이성은 믿은 다음에 그것에 대한 설명이 수반된다는 것이다. 따라서 아우구스티누스는 이성과 신앙의 대립적 관계를 어느 정도 완화시켰다고 보인다.

셋째, 이성이 신앙에 선행한다. 안셀무스에 의해서 체계화 된 스콜라 철학은 초기에는 아벨라르(Peter Abilard, 1079~1142)에서 그리고 중기에는 토마스 아퀴나스에서 제각기 절정의 학문으로 자리매김하게 된다. 아벨라르는 신앙에 "계몽"이란 측면을 강조하는데, 저명한 사상가의 권위나 교회의 교리에 복종하는 대신, 오히려 자신의 이성, 자신의 경험, 자신의 양심에만 따라야 한다고 주장한 신학자다. 무엇보다도 그는 신앙에서 통찰이 나오는 것이 아니라 비판적 통찰을 통해서 신앙이 형성된다고 주장했다. 그래서 그가 보여주었던 핵심은 철학이 신학을 이끌어주는 버팀목이라고 여겼던 것 같다. 토마스 아퀴나스라는 거대한 신학자의 그늘에 가려져 아벨라르의 생애와 신학적 사유는 상대적으로 위축되었던 게 사실이다. 그의 생애에 관한 이야기는 종종 문학의 소재로 이용될 정도다.[20]

이런 까닭에서 우리는 본 논제에서 잠시 벗어나 그의 삶을 엿보고자 한다. 아벨라르는 1079년 낭트 부근의 르팔레에서 기사 가문의 아들로 태어났다. 거의 30세가 되었을 당시 파리로 돌아와서 자신의 철학교실을 연다. 1115년 아벨라르는 노트르담 대성당학교의 교장이 되어 커다란 명성과 성공을 거둔다. 이 시기에 그의 여제자 엘로이즈 사이에 비극적인 사랑이 시작된다. 아벨라르는 신학자로 그녀와 결혼을 하지만 비밀에 부쳤다. 이는 자신의 인생행로를 망가뜨리지 않기 위함이었는데, 이로 인해 변방의 수도원으로 쫓겨나게 되고, 이곳에서 『나의 불행한 이야기』와 『엘로이즈와의 편지 교환 집』을 통해 세계문학사상 가장 유명한 연인 중 하나로 인정받는다.[21] 자신의 신학에서 철학과 신앙의 조화를 이루려는 노력은 베르나르에 의해 최초로 이단의 죄목으로 단죄되는 살생명부에 등재된다. 아무튼 그는 스콜라 철학 방법론을 제시한 유능한 신학자임에 틀림없다. 원래 이단정죄는 신앙의 문제라기보다는 상대자에게 깊은 상처를 입히게 되면 그것을 극복하는 한 방안으로 신학적 색깔 논쟁이 등장하는 법인데, 아벨라르의 경우도 예외가 아니었던 것 같다.

다시 본 주제로 돌아와서, 신앙을 이해하기 위해서는 이성이 필연적인 수단이다. 이러한 견해는 중세시대에 이르러서는 보다 더 확고하고도 완숙한 체계가 되었다. 우리가 알듯이 중세시대는 이른바 스콜라 철학의 전성기를 맞은 시기다. 이 전성기의 흐름은 이른바 토마스 아퀴나스(Thomas Aquinas, 1224/5~1274)에 의해서 주도되었다. 알랜 G. 패제트가 지적하듯이, 이 모델은 중세시대의 가장 위대한 정신적 역할을 감당했던 아퀴나스에 의해서 정점이 되었다. 근대철학의 아버지라 일컫는 르네 데카르트조차도 여행을 할 경우에 성경과 아퀴나스의 전집을 가지고 다녔을 정도로 그의 학문적 영향력은 대단했던 것으로 보인다.

하지만 그에게 아벨라르와 같은 깨끗한 외모의 모습은 어디에도 찾아 볼 수 없으며, 오히려 음식을 즐겨 탐닉하여 몸이 비대하기까지 하여 집필이 끝나면 언제나 책상을 반원형으로 톱질해 잘라내야만 했다고 한다. 또한 오늘날 우리가 생각하는 만큼의 신앙의 진전성이나 진지성은 그에게 기대할 수 있을지도 의문이다. 하지만 그는 철학과 관련해서는 많은 이야기를 남겼다. 특히 "철학은 신학의 시녀"로 불릴 만큼 신학적 사유의 독특성을 발전시켰다는 데서는 의문의 여지가 없다. 아퀴나스의 신학은 철학과 철저히 교유하고 있다. 그래서 그는 신앙과 이성의 관계에서 철학과 신학의 중요성을 논의했다. 철학은 이성을 대표하고, 신학은 신앙을 대표한다. 잘 알려진 바로는 그의 인식론은 아리스토텔레스에 의존하고 있다. 그의 유명한 『신학대전』(Summa Theologiae)에서 아퀴나스는 모든 사물이 하나님에서 시작하고 하나님으로 돌아가는 것이라고 주장한다. 대략적으로 철학에 대한 그의 모습은 신학을 좀 더 논리적으로 해명하고 증명하기 위해서는 필요한 체계였다.[22]

흔히 '세상의 초등학문'으로 무시되었던 철학은 아퀴나스의 신학에 와서는 예외적이 된다. 그는 철학의 난숙한 개념들과 호응하면서 신학의 물꼬를 만들어낸다. 그는 "지성을 추구하는 신앙" 혹은 "이해하는 신앙"(intellectus fides)에 강한 악센트를 둠으로서 철학에 겨눠진 비판적 화살을 다른 곳으로 돌려놓았다고나 할까. 그에게 있어서 '세상의 초등학문'이란 하나님의 존재를 부정하고 사람을 속이는 인본주의 학문을 뜻하지, 결코 철학 자체를 부정하는 의미로 생각진 않았다. 게다가 그는 철학을 하나님이 인간에서 주신 일반은총의 선물로 이해했다. 하나님께서는 모든 인간에게 이성을 선물로 주셨기 때문에 철학은 바로 이성적 탐구의 결과물이었다. 간단히 말하자면, 철학은 신앙에 반하지 않는다는 것이다. 오히려 철학은 진리로 이끄는 스승과 같다고 보았다.[23]

매우 특이하게도 중세시대이기는 해도 토마스 아퀴나스의 이러한 노력이 지금도 가톨릭교회 안에서는 이성과 신앙의 관계를 연구하고 실천하고 있다는 사실이다. 교황 존 폴 2세는 1998년 교황 회칙(回勅)에서 "신학에서 지식의 새로운 근거로서의 계시로부터 신앙의 원리를 이끌어내는 이 관점은 신앙과 형이상학적 추론 사이에서 존재하는 친밀한 관계에 의해서 확증된다"[24]라고 선포했다. 이런 글을 보면, 대부분의 가톨릭의 신앙 행위가 이성적임을 알 수 있다. 잭 A. 본조(Jack A. Bonsor)는 다음과 같이 말한다.

"인간은 이성으로부터 하나님의 계시가 성경과 교회 교리에 나타나있다는 것을 증명할 수 있다. 하나님의 계시를 믿는 신앙은 성령의 신적 선물이다. 그러나 신앙의 행위는 여전히 이성적인 행위로 남는다. 이성은 하나님의 존재를 알게 하며, 신적 섭리는 계시를 가리키는 징표와 더불어 우리에게 제공한다. … 따라서 신앙의 선물에 이성적으로 개방한다면 이성은 계시에 우리를 이끌어갈 갈 수 있다."[25]

철학과 신학의 기본 확신은 다 같이 인간으로 하여금 진리에 도달할 수 있다는 것을 보여주기 위함일 것이다. 철학은 실재의 본성과 인간존재의 의미를 이해하는 이성의 노력이다. 따라서 폭넓게 운신하는 아퀴나스의 철학적 사유는 분명 이성을 신앙적 본의에 가까운 존재로 인정함으로서 철학과 신앙 혹은 신학이 만나 빚어지는 복음의 깊이를 형성했던 것 같다.

넷째, 신앙과 이성은 독립적이다. 이 독립적인 관계는 의존적인 관계라기보다는 서로 다른 목적과 가치를 가지고 추구하는 탐구영역이다. 그래서 신앙의 영역은 이성의 영역으로부터 분리시킨다. 그렇다고 해서 그들의 관계가 적대적인 것은 아니다. 단지 그들은 서로 다른 탐구의 영역을 가지고 있음을 인정한다. 이것은 마치 루드비히 비트겐슈타인(Ludwig Wittgenstein, 1889~1951)의 "언어놀이"(language game)와 같다. 놀이의 가장 큰 특징은 규칙(rule)이나 문법(grammar)에 의해서 특징짓는다. 여기에서 말하는 규칙이나 문법은 논리형식에서 말하는 것이 아니라 일상 언어에서 말하는 놀이다. 비트겐슈타인은 이렇게 말한다. "당신은 언어놀이란 미리 볼 수 없는 어떤 것이라는 것을 명심해야 한다. 그것은 근거지워져 있지 않다는 것이다. 즉 이성적이지 않다는 것이다. 그것은 거기에 있다─우리의 삶과 같이."[26]

농구경기를 예로 들어보자. 농구의 규칙은 5명의 선수들이 코트에서 시합을 할 수 있고, 10분씩 4쿼터제로 하며, 또 슈터는 심판이 볼을 던져준 이후 10초 이내에 던져야 한다는 등이다. 그런데 이 농구의 규칙은 축구의 규칙에 적용할 수 없다. 왜 그런가. 그건 서로 다른 놀이이니까. 또 하나 더 예를 들어보자. 요한복음 11장 35절에 "예수께서 눈물을 흘리시더라" 라고 기록되어 있다. 눈물을 과학적 의미와 신앙적 의미로 구분한다면, 예수의 눈물은 애정, 친밀감, 사랑, 아끼심과 같은 가치와 의미의 신앙적 접근이고, 과학적 눈물은 물의 성분과 소금의 성분으로 분석하거나 수소와 산소의 화학기호로 이해하는 방식으로 설명될 수 있다. 분명히 과학적 방식과 종교적 방식은 서로 다른 의미를 갖는다. 이렇게 서로 다른 접근을 가지고 있는 것처럼 철학과 신학의 관계에서도 두 개의 서로 다른 놀이들이 존재한다.

어느 목회자가 "죄의 무게가 너무나 무겁다"는 표현으로 청중들에게 빈번히 설교를 했다고 한다. 이 표현의 황당함을 가진 한 과학도가 물었다. "목사님, 도대체 죄의 무게가 얼마나 됩니까? 20파운드 인가요? 아니면 100파운드 인가요?" 이러한 질문 속에는 두 가지 양태의 언어놀이가 있다. 물리적 양을 측정하려는 과학도의 언어놀이와 삶의 변화와 교화를 시도하려는 목회자의 언어놀이인데, 이 두 놀이는 서로 다르다. 따라서 그들의 놀이들은 서로 다른 "삶의 양식"에 근거되어 있다.

삶의 양식이란 살아가는 삶의 방식을 말한다. 따라서 그들의 언어놀이는 서로 다른 삶의 차이에서 기인한다. 비록 두 학문이 서로 의존적이지만, 그들의 관심사는 완전히 다르다. 철학은, 카푸토가 지적하듯이, 하나는 "이성의 철학적 삶"에 관심을 나타내고, 다른 하나는 "신앙의 신학적 삶"에 관심을 나타낸다. 그러면 철학적 삶은 무엇이고 신학적 삶은 서로 다른 관심인가? 철학의 삶은 "대답할 수 없는 물음"(unanswerable questions)인 반면에 신학의 삶은 "물을 수 없는 대답"(unquestionable answer)이다.[27] 하지만 이것은 매우 단정적으로 들릴 수 있다.

스테픈 T. 데이비스(Stephen T. Davis)는 신앙과 이성의 관계를 영적인 관심과 지적인 관심으로 구분한다.[28] 지적인 관심으로서 철학은 배우면 된다. 즉 이성과 경험의 근거를 통하여 배움에 의하여 획득될 수 있다. 하지만 영적인 관심으로서 신학은 배움만을 통해서 하나님을 알 수 있다고 말하지 않는다. 그것은 믿음이라는 통로를 통하지 않고서는 하나님을 믿을 수 없다. 파스칼의 말을 빌리자면, 믿음은 정신의 문제가 아니라 마음의 문제다.

이런 이유에서 철학의 삶은 인간적인 삶에 강조를 두고 있는 반면에 신학적 삶은 하나님에 강조를 두고 있다. 이것은 서로 다른 삶의 관심이다. 그러나 카푸토는 한 가지 공통된 것이 있다고 했다. 그것은 다름 아닌 "삶의 열정"이다. 삶의 열정은 누가 옳은가 그른가의 논의를 하지 않는다. 포스트모더니티와 대비되는 모더니티의 이상은 이성에 의해서 모든 사물을 판단하려 했다. 그래서 모더니티는 편견이나 오류를 밝히고 올바른 진리에 도달하여 노력하여야 한다는 대단한 열정을 보였다. 결과는 어떠했는가. 비참하리만큼 패배했다. 모더니티의 패배는 결국 이성에 의해서 감금됨으로서 종말을 고했다.

왜 이성은 실패했는가. 편견을 배제한 채 진리를 발견할 수 있다는 열정을 상징하는 이성은 독립된 개념이 아니라 상호의존적 개념이기 때문이다. 상호의존적 개념이란 이성이 단독으로 판결을 하거나 기능을 하지 않는다. 이성은 하나의 매개다. 따라서 이성의 판결은 무오한 권좌에 앉은 위치가 결코 아니다. 이성은 편견을 만든다. 그것은 진리를 왜곡시킨다. 왜 그런가. 이성이 인간의 삶의 총체적인 경험에서 분리될 수 없기 때문이다. 누가 그것을 가지는가에 따라서 이성의 판단도 달라진다. 마치 우리가 대법원의 법관들을 예를 들어보자. 그들은 한 특정한 쟁점으로 논의를 할 때, 서로 다른 의견을 주고받는다. 그런데 결과는 획일적이지 않다. 그들이 사용하는 가장 중요한 기능이 이성이요 합리성이다. 합리성이 무너지면 그 땐 판결자체가 무너지기 때문이다. 그래서 "법관은 헌법과 법률에 의하여 그 양심에 따라 독립하여 심판한다"는 사법권의 독립에 서로 다른 독립성을 주장함으로써 서로 다른 견해를 갖는다. 이것은 이성적 판단이 절대적이지 않음을 암시한다. 이런 맥락에서 신학이 비이성적이고 철학이 이성적이라는 논의의 설정을 먼저 세워두고 시작하는 것은 옳지 않다고 본다.

다섯째, 이성과 신앙은 의존적이다. 비트겐슈타인은 그의 『확실성에 대하여』에서 "과학적 주장들의 끝에는 종교적인 믿음을 받아들인다"[29] 라고 말했다. 이어서 그는 "근거가 제시된 믿음들의 바탕에는 근거가 제시되지 않은 믿음이 놓여 있다"라고 했다. 그가 말한 이 의미는 합리적이고 이성적인 논의도 결국에는 믿음에 의해서 마무리 짓는다는 뜻으로 받아들일 수 있을 것 같다. 아무리 이성적이라고 해도 종국에는 믿음의 역할에로 돌아올 수밖에 없는 것이 이성의 현실이다. 옥스퍼드의 롤로스 석좌교수였던 기독교 철학자 바질 미첼(Basil Mitchell, 1917~2011)도 신앙이 기독교에서만 포함시켜야 하는 덕목으로 생각해서는 안 되고, 과학에서도 반드시 필요한 중요한 덕목이라고 지적했다. 이는 훌륭한 과학자라도 그가 제시하고자 하는 추론적 이론은 자신의 믿음에 따라 설정되고 움직이는 경향이 있기 때문이다.[30]

이러한 동반적인 관계를 설명하는 수많은 예들은 우리 주변에 늘려 있다. 하나의 예를 선택한다면, 주사위의 역할이다. 냉전 중 원자무기를 실은 미국의 잠수함이 대양 아래로 가로지를 때 그 잠수함에 상주하는 지휘관들의 중요한 소지품 중의 하나는 주사위였다고 한다. 이는 주사위로 잠수함이 어느 방향으로 나아갈 것인가를 결정했고, 그래서 소련의 공격을 잘 피해 다닐 수 있다고 한다. 물론 이 이야기는 정확한 길을 예측하고 그것에 대응하는 일은 매우 위험할 수 있다고 생각할 수 있을지 모르지만, 어떤 경우에는 우발적인 행위가 아무도 예측하지 못한다는 생각에서 실제로 이 방법을 선택했다고 한다. 어쩌면 우리가 그렇게 존중하고 신봉하는 이성의 합리성과 탐구 자체도 절대적이라고 말하기가 어려울 것이다.

신앙과 이성은 세계를 보는 통전적인 시각이다. 세계는 우리가 생각하는 만큼 신비롭다. 신앙은 이성을 필요로 하고, 이성은 신앙을 필요로 하는 세계다. 이 둘의 관계는 서로 분리할 수 없고, 독립적으로 서로 잘난 맛에 사는 것도 아니다. 겸허하게 서로의 필요를 채워주고 배우는 협력적이고도 동반적인 관계다. 이것을 부정한다면, 우리의 삶은 매우 건조해지기 쉽다. 카푸토가 말하듯이, 철학이 "근거를 찾아 내려가는 이성" 혹은 "제일원리를 찾아 올라가는 이성"으로 이해하는 반면에, 신학은 "신앙 공동체"에 속한 내용을 "사유하고, 검토하고, 명시하고, 개념화한다."[31] 우리는 종종 철학자들이 신앙을 철학의 요소에서 배제하려는 오만과 오기를 보이기도 한다. 이해할 만하다. 그들은 신앙이 계시적 의미에서 세계를 결정하고 판단하는 절대적 기준이기 때문에 이성적 논의에서 불충분하다고 인식한다. 그러나 과연 그런가.

진정 신학은 이성적 사유나 근거를 찾지 않는가. 신학도 철학의 도구인 이성을 배제하는가. '무엇'과 '왜'의 이성적 물음은 신앙에도 여전히 유효하고 받아들여야 할 덕목이다.

우리가 익히 들어왔지만, 현대 자연과학의 아버지라고 불리는 아이작 뉴턴은 과학적 탐구에만 매달리지 않았다. 끊임없이 자신의 연구를 위해서 초자연적인 것에 개방하여 새로운 견해들을 받아드리려고 노력했다. 이는 그가 뉴턴의 서가에 연금술, 카발라학, 마술을 주제로 한 책들이 꽂혀 있었던 점을 미루어 추정할 수 있다. 이 말은 뉴턴이 물리학의 법칙뿐만이 아니라 하나님의 뜻을 알고자 하였음을 말해준다.[32] 만일 이것이 사실이라면, 우리의 경우도 예외일 수 없다. 과학적 탐구를 목적으로 하지 않는 목회자나 신학자들은 이성의 영역이라는 정반대의 입장에서 신앙과 신학의 탐구에 개방되면, 그들이 설교집이나 영성과 관련된 서적만을 탈피함으로써 삶의 보다 통전적 이해로 개방되지 않을까 싶다. 만일 우리가 다른 유의 책을 읽는다면, 우리는 다른 사람의 사유와 경험을 공유하게 된다. 다른 사람의 체취가 묻어 있는 글을 읽는 행위가 곧 다른 삶을 공유하는 것이며, 그로 인해 세계가 나만의 고집된 세계나 신앙이 아니라 매우 넓은 세계임을 인식될 수 있기 때문이다. 따라서 철학서적을 포함한 교양일반 서적을 탐독하는 설교자는 목회의 질과 설교의 영감을 폭넓게 이해하게 되는 건 아닐까.

이성과 신앙에 대한 극단의 위험성

이성과 신앙의 관계에서 우리가 어느 한쪽에 치우치는 것은 위험천

만한 일이다. 여기에서 우리가 피하는 지혜는 극단이다. 이성이 극단으로 치우치면, 신앙은 광신이 되고, 신앙이 극단으로 치우치면, 이성은 오만이 된다. 그리고 그 반대로 이성이 배제된 신앙은 광신이 되고, 신앙이 배제된 이성은 오만이 된다. 그래서 이성과 신앙은 조화를 이루어야 한다.

여기서 우리가 짚고 넘어가야 할 부분이 두 가지가 있다. 하나는 왜 이성과 신앙이 필요한가 하는 것이고, 다른 하나는 이성이 배제된 신앙이 왜 위험한 일인가 하는 것이다. 우선 우리는 이성과 신앙에 대한 논의에서 실천적 행동의 중요성을 지적하는 일이다. 즉 실천적 행동을 위해 이성과 신앙이 필요하고 그것에 의해서 조화를 이루게 된다.

이런 이야기가 있다. 먼 옛날 한 고고한 지식인이 강을 건너면서 사공에게 물었다고 한다. "여보게, 철학이 무엇인지 아는가?" 이 뜻밖의 질문에 뱃사공은 "철학이라뇨? 저는 처음 들어보는 말입니다"라고 대답했다. "허허, 그러면 자네는 인생의 3분의 1을 헛산 것이네." 한참을 가다가 그 지식인은 다시 물었다. "그러면 문학은 아는가?" "그런 말도 처음 들어봅니다." "허허 그러면 자네는 인생의 3분의 2를 헛산 것이네." 그리고 나서 한참을 가다 갑자기 배 밑창이 벌어지면서 배가 가라앉기 시작했다. 뱃사공은 "학자님, 헤엄칠 줄 아십니까?"라고 물었다. "헤엄이라니? 나는 그런 것 할 줄 모른다네." "그래요? 그러면 학자님은 인생의 전부를 헛사셨습니다."

이 이야기는 삶의 두 가지 관심을 드러낸 이야기다. 삶의 한편에는 문학과 철학에 관심을 갖는 부류가 있는가 하면, 삶의 다른 한편에서는 실제적인 일을 위해 배우는 것에 관심을 갖는 부류의 사람이 있다.

고고한 지식인은 실천적인 것보다는 사유적인 것에 삶의 무게를 둔다. 반면에 뱃사공은 사유적인 것보다는 실천적인 것에 삶의 무게를 둔다. 하지만 우리는 실천하기 위해서는 생각해야 한다. 신앙과 이성에 대한 해명은 아는 것에만 치우친 현상이 아닐까 싶다. 우리가 알기 위해서 노력하는 것은 단지 아는 것 자체에 만족하기 위함이 아니다. 아는 것은 실천을 위해 알아야 하는 것이다.

우선 우리는 극단을 피하기 위해서 신앙에서 이성을 배제해서는 안 된다. 우리의 신앙에서 이성이 배제된다면, 신앙은 광신이 될 수 있다. 우리가 이성과 신앙의 관계에서 배울 수 있는 한 가지는 이 둘의 관계가 진리 그 자체의 성격을 규정하는 것이 아니라 진리에 이르는 방식이라는 것을 아는 일이다. 부분적인 이해에도 불구하고, 오래도록 서구의 역사는 한편만의 진리 방식을 고집함으로써 서로에 대한 오해와 서로 다른 입장을 견제해 왔다. 자신의 입장을 주장하기 위해 다른 편의 입장을 호도하고 진리가 아니라고 단언하는 것은 매우 진부한 방식이다. 그러나 그러한 방식이 모든 곳에 다 통용되는 것은 아니다. 이성과 신앙은 삶을 선택하는 방식들 중의 하나이지, 그것들이 절대적인 진리를 내포하고 있다고 단언하는 일은 매우 위험하다. 앞서 언급되었듯이 변증적 열정과 순수한 복음을 보존하려는 사람들은 테르툴리아누스의 카리스마적 단호함에서 안심하는 듯하다. 왜냐하면 철학을 백해무익한 것으로 여기기 때문이다. 고고한 지식인처럼, 철학은 위기와 곤경에 처한 인생을 위안하거나 구원할 아무런 능력이 없는지 모른다. 철학에는 추상적 정신이 난무해 능산적 신앙을 위축시키는 요소들이 너무 많은 것도 사실이다. 인간의 지혜가 헛된 철학에 맹종하여 없는 진리를 찾는 것이라고 이성을 매도할 수도 있다. 테르툴리아누스의 유령은 지금도 이성과 신앙의 관계에서 떠나지 않고 삶의 주변에 맴돈다. 하지만 이성을 제거하면 남는 것은 무얼까. 그것은 맹신적이고 미신적인 요소로 빠져들게 하는 광신적 신앙이 될지 모른다. 이 위험성은 중세에서 현재에 이르기까지 줄 곧 강조되어 온 듯하다.

존 로크(John Locke)는 『인간지성론』에서 신앙의 광신을 경계하라고 가르쳤다. "광신은 명제가 신으로부터라고 하는 증명이 빠져 있다."[33] 신앙의 광신은 증명의 기능, 즉 이성의 역할이 배제될 때 드리운다. 광신은 어떤 근거 없는 주장이든 그가 강하게 집착하는 신앙이 신적 권위를 띠는 것처럼 보이고 또 하늘이 내린 사명으로 여긴다고 해도 증거나 증언에 의해 그 진리를 보증하지 못하기 때문이다.[34] 로크와 마찬가지로 파스칼도 신앙의 광신적 요소를 경고하고 있다. "신앙을 미신에 이르도록 고집하는 것은 신앙 자체를 파괴하는 것이다."[35] 따라서 파스칼은 이성이 절대적이거나 진리의 최후 결정이 아니지만 합리적 신앙에 이르기 위해 이성의 역할을 축소해서는 안 된다고 강조했다. "이성의 최후의 한 걸음에 가서는, 이성을 초월하는 것이 얼마든지 많다는 것을 인정해야 한다. 그것을 인정하는 경지에까지 도달하지 못한다면, 이성은 더없이 미약한 존재에 불과하다. 자연적인 사물까지도 이성을 초월하는데, 어찌 초자연적인 사물이 이성을 초월하지 못하겠는가?"[36] 그러면서 파스칼은 다음과 같이 주장한다. "이성에 근거한 복종과 이성의 행사 속에서 참된 기독교가 성립한다."[37] 아마도 그는 인간의 사유를 신앙의 한 부분으로 이해하는 듯하다. 우리에게 너무나 잘 알려진 그의 말을 더 인용해 보자.

"인간은 자연 중에서 가장 연약한 하나의 갈대에 불과하다. 자연 중에서 가장 약한 존재다. 그러나 그것은 생각하는 갈대이다. 그를 파괴하기 위해서는 우주가 무장할 필요가 없다. 한 줄기의 증기, 한 방울의 물을 가지고도 그를 죽이기에 충분하다. 그러나 우주가 그를 무찌른다 해도 인간은 자기를 죽이는 자보다 한층 더 고귀하다. 왜냐하면 인간은 자기가 반드시 죽는다는 사실과 우주가 자기보다 우월하다는 사실을 알고 있지만, 우주는 그것을 전혀 모르고 있기 때문이다.

그러므로 인간의 모든 존엄성은 그의 사고에 있는 것이다. 우리는 사고에 의해서 스스로를 높여야 한다. 우리가 모두 채울 수 없는 공간이나 시간에 의해서가 아니다. 그러므로 인간은 끊임없이 사고하는데 힘써야 한다."[38]

이런 점에서 파스칼은 이성을 배격하는 것과 이성만을 인정하는 것을 다 같이 인정하려 들지 않았다. 이 둘을 선택하는 것은 현저히 극단적이기 때문이다. 따라서 그는 이렇게 결론을 내린다. "만일 인간이 만사를 이성에 의해서만 처리해 버린다면, 우리가 믿는 종교에는 신비스럽고 초자연적인 것이란 하나도 없게 될 것이다. 만일 인간이 이성의 모든 원리에 어긋난다면, 우리의 종교는 불합리하고 우스운 것이 되고 말 것이다."[39] 과정철학자 화이트헤드의 표현을 빌리면 이성은 "합리적 건전성을 위한 강력한 예방약"[40]이다. 때문에 신앙은 이러한 비판적 요소를 통해 보다 나은 합리적 신앙에 도달할 수 있을 것이다.

성경에서도 우리는 이성의 중요성을 어느 정도 배울 수 있는데, 특히 마태복음의 저자는 다음과 같이 말하고 있다. "네 마음을 다하고 목숨을 다하고 뜻을 다하여 주 너의 하나님을 사랑하라 하셨으니"(마 22:37). 이것이 아퀴나스의 '이해하는 신앙'을 파악하는 일에 큰 도움을 준다. 이 구절은 하나님을 섬기고 사랑하는 조건이 "마음"과 "목숨"뿐만 아니라 "뜻"을 포함하고 있음을 명시한다. 즉 사랑은 우리의 감정적 요소나 열정뿐만 아니라 이성적 요소도 동시에 요구하고 있음을 알 수 있다는 것이다. 누스(nous)는 이성적이자 합리적인 차원이다. 이는 알아야 믿을 수 있고, 알아야 순종할 수 있기 때문이다. 무엇을 모르고 행동하는 것처럼 어리석은 일은 없다. 그것은 맹목이요 광신에 이르는 지름길인지 모른다. 행위는 언제나 인식 후에 결정해야 하는 근거다. 따라서 우린 실천에 앞서 먼저 이해하고 알아야 한다. 그것이 우리의 믿음을 확고하게 하는 방식일 것이다.

주(註)

1) Etinenne Gilson, *Reason and Revelation in the Middle Ages* (Eugene: Wipf and Stock Publishers, 1998), 5-11.

2) W. V. Quine & J. S. Ulian, 『인식론: 믿음의 거미줄』, 정대현 옮김 (서울: 종로서적, 1990), 10.

3) 이상현, 『조나단 에드워즈의 철학적 신학』, 노영상, 장경철 옮김 (서울: 한국장로교출판사, 1999), 36.

4) Richard Swinburne, *Faith and Reason* (Oxford: Clarendon Press, 1983), 7.

5) Ibid., 8-13.

6) Rene Descartes, 『철학의 원리』, 원석영 옮김 (서울: 아카넷, 2002), 13.

7) Immanuel Kant,

8) Michael Foucault, 『광기의 역사』, 김부용 옮김 (서울: 인간사랑, 1991), 43.

9) Rene Descartes, *Discourse on Method and the Meditations*, trans. F. E. Sutchiffe (New York: Penguin Books, 1968), 40-4.

10) J. P. Moreland & William Lane Craig, *Philosophical Foundations for a Christian* Worldview, 85.

11) Descartes, 『철학의 원리』, 9, 12-4.

12) 역사로부터 이 모델을 간략하게 전개한 것을 보려면, Alan G. Padgett, "The Relationship between Theology and Philosophy," *For Faith and Clarity: Philosophical Contributions to Christian Theology*, ed. James K. Beily (Michigan, Grand Rapids: Baker Academic, 2006), 31-5를 보라.

13) 라틴이란 호칭은 라틴어로 설교하고 가르친다는 의미에서 라틴 교부신학자로 부르게 되었다.

14) Tertullian, *Prescription against Heretics*, 7장.

15) Ibid.

16) Frederick Copleston, 『중세철학사』, 박영도 옮김 (서울: 서광사, 1988), 66.

17) Anselmus, 『모놀로기온 & 프로슬로기온』, 박승찬 옮김 (서울: 아카넷, 2002), 158.

18) Samuel Enoch Stumpf and James Fisher, 『소크라테스에서 포스트모더니즘까지』, 이광래 옮김 (서울: 열린 책들, 2004), 192.

19) http://en.wikipedia.org/wiki/Plotinus을 보라.

20) *Philosophy in the Middle Ages: The Christianity, Islamic, and Jewish Traditions*, eds. Arthur Hyman & James J. Walsh (Cambridge: Hackett Publishing Company, 1973), 164-6.

21) 아벨라르에 관해서는 루이제 린저의 『아벨라르의 사랑』, 장혜경 옮김 (서울: 프레스 21, 1997)과 가톨릭 철학자이자 신학자인 에티엔느 질송의 『중세 철학사』, 김기찬 옮김 (서울: 현대지성사, 1997)을 보라.

22) Padgett, "The Relationship between Theology and Philosophy," 31. 아퀴나스의 주요작품들은 『신학대전』과 『이교도 대전』인데, 『신학대전』은 로마에서 강의한 경험을 바탕으로 시작한 논쟁적 작품이다. 반면에 『이교도 대전』은 유대교인과 무슬림을 위한 설교집이다. 특히 이 작품은 논쟁적 성격이 아니라 한편의 논문으로 구성된 형식을 갖는다. 이 작품은 4권의 책으로 묶여져 있는데, 1권은 계시의 도움을 받지 않은 이성에 의해 신을 인식하는 문제, 2권에서는 피조물과 신의 창조에 관한 문제, 3권은 이성적인 피조물이 신앙에서 행복을 찾는 방식, 그리고 4권은 삼위일체, 성육신, 예수 그리스도의 능력 등과 같은 기독교 교리를 다루고 있다.

23) 정승태, 『종교철학담론』 (대전: 침례신학대학교출판부, 2004), 416-9를 보라.

24) John Pall II, *Fides et Ratio*, para. 97, in Michael Miller, ed., *The Encyclicals of John Paul II* (Huntington: Our Sunday Visitor, 2001), 907; 이 글은 John F. X. Knasas, Being: Some *Twentieth-Century Thomists* (New York: Fordham University Press, 2003), xix에서 재인용.

25) Jack A. Bonsor, *Athens and Jerusalem: The Role of Philosophy in Theology* (Oregon, Eugene: Wipf & Stock Publishers, 1993), 12.

26) Ludwig Wittgenstein, 『확실성에 관하여』, 이영철 옮김 (서울: 서광사, 1990), 559.

27) John D. Caputo, *Philosophy and Theology*, 8.

28) Stephen T. Davis, *Christian Philosophical Theology* (Oxford; Oxford University Press, 2006), 10.

29) Wittgenstein, 『확실성에 관하여』, 103.

30) Basil Mitchell, *Faith and Criticism* (Oxford: Clarendon Press, 1994), 10.

31) John D. Caputo, *Philosophy and Theology: Horizons in Theology* (Nashville: Abingdon Press, 2006), 4-5.

32) 『이기적 유전자』로 유명한 리처드 도킨스는 『만들어진 신』(The God Delusion)에서 19세기가 되기 전까지는 대부분의 사람들이 신앙을 가질 수밖에 없었기 때문에 아이작 뉴턴도 당연히 종교적인 사람이 될 수밖에 없었다고 말한다. 신앙적이면서도 참으로 유명한 과학자를 찾으려는 이러한 노력은 "빈 통을 긁어대는 공허한 소리"에 지나지 않는다는 것이다. Richard Dawkins, *The God Delusion* (Boston: Houghton Mifflin Company, 2006), 97-103; 『만들어진 신』, 이한음 옮김 (서울: 김영사, 2007), 155-63.

33) John Locke, 『인간지성론』, 추영현 옮김 (서울: 동서문화사, 2011), 887.

34) Ibid., 884-6.

35) Blaise Pascal, 『팡세』, 방곤 옮김 (서울: 신원문화사, 2003), 188.

36) Ibid., 194-5.

37) Ibid., 195.

38) Ibid., 239.

39) Ibid., 196.

40) Alfred North Whitehead, 『과정과 실재』, 오영환 옮김 (서울: 민음사, 1991), 54.

:: 제4장 ::

믿음의 근거와 회의하는 신앙

"왜 내가 예수를 믿지?" "내가 예수를 믿는 근거가 뭐지?" 그리고 "왜 나는 믿음을 의심할까?"라고 스스로 물어본 적이 있는가? 이 물음들에 어떤 대답이 주어질 수 있을까? 이 질문에 딱히 어떤 타당한 이유를 댈 수 없어 주저한 적은 없었는가? 하나님과 예수를 믿는다고 했을 때에 그 믿음은 어떤 의미를 갖는 걸까? 가끔은 믿음에 대해 회의가 들 때가 있는데, 왜 그럴까? 사도바울의 표현대로, 믿음은 소망과 사랑과 함께 기독교인의 3대 신앙 덕목들 중 하나다. 히브리서의 저자는 이렇게 말한다. "믿음이 없이는 하나님을 기쁘시게 하지 못하나니 하나님께 나아가는 자는 반드시 그가 계신 것과 또한 그가 자기를 찾는 자들에게 상주시는 이심을 믿어야 할지니라"(히 11:6). 하나님을 기쁘게 하려면 믿음이 우선적이라는 것이다. 이 말에는 믿음의 가치 및 중요성이 있다는 것을 암시적으로 보여준다. 이처럼 믿음은 신앙의 가장 기본에 속하는 데도 불구하고 마땅히 그 이유 및 근거를 제시하지 못하는 경우가 허다하다.

그러면 믿음이란 무슨 뜻인가? 성서적 측면에서 보자면 믿음은 세

가지 용어들-노티티아'(notitia), 피두시아(fiducia), 그리고 '어센수스' (assensus)-과 함께 사용되고 있다. '노티티아'란 일반적으로 믿음의 내용을 표현할 때 사용된다. 이것은 우리가 무엇일 믿는가에 대한 것으로서 하나님, 예수 그리스도, 교리 등을 믿는 것을 뜻한다. '피두시아'는 단순히 누군가를 신뢰하거나 의지할 때에 사용되는 동사다. 그리고 '어센수스'는 어떤 명제나 진술이 참인지를 지성적으로 평가할 때 사용된다. 거칠게 말하자면 믿음은 진리에 대한 내용과 행위 그리고 지적 평가를 포함한다. 이런 이유에서 믿음을 단순히 이성적 차원과는 달리 행동적 차원에서 이해하고 생각하는 것은 옳지 않은 듯하다. 실제로 믿음이 진리에 대한 내용이나 지적 의미를 포함하지 않고서는 작용하지 않기 때문이다. 따라서 믿음은 항상 진리에 근거를 두고 있다. 그럼에도 불구하고 우리는 왜 믿는가에 대한 확신이 없을 때가 있다. 어떤 연유인지는 모르나 우리는 믿음에 대한 이해가 부족하고 확신하지 못한다. 이러한 생각에서 이 장에서 우리는 왜 믿는지에 대한 당위적 해명을 생각해 보려고 한다.

믿음의 구조

믿음의 구조를 이해하기 위해서 우리는 두 가지 측면을 고려해야 한다. 하나는 현재 우리가 믿고 있는 믿음이 어디서 왔고 영향을 받았는가 하는 것이고, 또 하나는 어떻게 우리가 믿게 되었는가 하는 것이다. 전자는 역사적인 측면이고, 후자는 분석적 측면이다. 우선 어떻게 우리의 믿음이 왔는지를 이해해 보자.

역사적으로 기독교 신앙은 아우구스티누스, 아퀴나스, 루터, 칼빈에 이르기까지 수많은 신학자들에 의해서 직접적으로 영향을 받아왔을 뿐만 아니라 체계화되었다. 마르틴 루터가 구원은 "믿음만으로" 그리고 믿음의 권위는 "오직 성서만으로"라는 슬로건들을 내세웠을 때 기독교의 핵심적인 믿음은 성경의 내용에 의해 구체화되었다. 더욱이 루터가 제시한 성경에 근거된 믿음의 의미는 현대에 살고 있는 우리의 마음속에 은연중에 자리 잡고 있다. 그러다보니 우리의 생각은 자연스럽게 이성에 대한 거부감 또는 적대감으로 표출된다. 사람은 자신이 좋아하는 사람의 말을 아무런 의심 없이 받아들이는 편견적 속성이 있기 때문에 우리의 신앙 근거로서 그러한 사람들의 주장을 오늘 우리의 신앙 속에 접목하고자 하는 노력이 있었을 것이다. 그렇다고 본다면, 믿음과 이성은 당연히 갈등적 관계로 이해된다. 그래서 루터는 믿음을 신앙에 반대하는 어떤 갈등 관계로 간주했던 것이다. 그에 따르면, "하나님이 그의 말씀 속에서 우리에게 계시하셨던 기독교 신앙의 모든 조항들은 이성의 현존에서는 전적으로 불가능하고도 부조리하고 그리고 거짓이다." 나아가 그는 "이성은 신앙이 가지고 있는 가장 큰 원수다"고 단언했다. 왜 그는 이성을 이토록 경멸조에 가깝게 취급했을까. 종교개혁의 원동력이 이성에 근거된 사유의 결과와는 아무런 관련이 없는 걸까. 만일 그가 무지몽매한 신학자였다면, 그러한 종교의 부패성을 비판적으로 검토했을까. 그렇지 않았을 것이다. 여기에서 우리는 한 가지 주의해야 할 부분이 있다. 이성에 대한 거부는 이성의 전체에 대한 거부로 오해되지 않아야 할 것 같다. 이성을 배격해야 한다는 그의 주장은 "스콜라 신학"(scholar theology)을 대변하기 때문이다. 다시 말해, 그것은 이성 전체에 대한 불신이나 저항이 아니라 당시의 스콜라주의에 영향을 받은 신학 일반에 대한 거부라는 것이다. 따라서 이성의 가치를 부인하는 믿음의 맹목성을 의미하는 말은 아닐 것이다. 오히려 미국 복음주의 신학자 클라크 피녹(Clark Pinnock)이 지적하듯이, 믿음은 기독교 신앙의 사례를 위해 이성의 기능에 근거되어 있는 것이다.[1]

그러면 어떻게 우리가 믿음을 가지게 되었을까? 이제 우리의 믿음의 구조에 대해 분석해 보기로 한다. 흔히 사람들은 믿음을 비이성적인 것과 동일시하려고 한다. 이성은 합리적인데 반해 믿음은 비합리적이라는 생각이 사람들 속에 팽배해 있다. 하지만 믿음은 비이성적인 요소가 있기는 하지만 반드시 그렇다고 볼 수 없다. 분석철학자인 알빈 플랜팅가(Alvin Plantinga)는 우리의 믿음을 "인지적 구조"(noetic structure)로 이해한다. 인지적 구조라고 하는 것은 믿음이 신념의 체계라는 것이다. 그런데 다른 신념은 어떤 합리적인 근거에 의해서 만들어진 것은 아니라는 것이다. 바로 이 부분이 중요한데, 믿음은 다른 어떤 신념들이나 근거의 보증이나 지지가 없이 얻어진다. 그래서 플랜팅가는 단언적으로 이렇게 말한다. "당신이 가진 신념들 가운데서 어떤 것들은 직접적으로, 즉 다른 신념들의 지지 없이 얻어진 것들이다."[2]

그렇다면 신념들은 어떻게 형성되었는가? 여기에는 두 가지 이유들이 있다. 첫째로는 신념이 감각에 의해서 형성된다. 즉 우리가 나무를 본다든지, 비가 오고 있는 것을 보고 있다든지와 같은 직접적인 감각은 무엇을 믿게 하는 신념을 만들어내는 것이다. 둘째로는 신념이 선험적 자명성에 의해서 형성된다. 선험적 자명성은 인간의 경험을 초월하여 어떤 지식이 분명히 존재하고 있다는 것을 말한다. 이를테면, 우리는 수학공식인 '2+2=4'라고 확신하고 믿는 것과 같다. 왜 우리는 '2+2=4'라고 믿는가? 이것은 경험적으로 이해될 수도 없고 추론하여 받아들인 것도 아니다. 그것은 단순히 그냥 믿어야 한다. 우리가 수학의 공리를 믿지 않으면 그것의 의미가 무엇인지 모르는 것이다.

이런 근거에서 이렇게 도달하여 얻어진 신념이 믿음을 가능하게 한다. 즉 믿음은 다양한 증거들을 검토한 후에 그것이 믿음이라는 결론에 도달하는 것은 아니다. 하지만 여기서 우리가 주의해야 할 것이 하나 있다. 그건 믿음의 명제다. 명제(proposition)란 옳고 그름의 문장이다. 그렇다면 믿음의 명제는 참인 진술과 거짓 진술을 구별할 수 있어야 한다. 문제는 어떤 것이 참이고, 어떤 것이 거짓인가 하는 것이다. 참과 거짓의 문장을 구별하는 것은 가능한 것인가? 이 문제에 대해서는 두 가지 원리로 간단히 설명될 수 있을 듯하다. 첫째로 '사실적 반론'의 원리에 비추어서 검토하는 방법이다. 즉 이 방법은 우리가 사용하는 문장이 사실인가 아닌가에 따라서 그것이 참인지 거짓인지를 구별하는 원리이다. 따라서 만일 우리가 사용하는 문장이 참이라고 한다면, 그것은 반드시 사실이어야 한다는 것이다. 둘째로 '상식적 반론'의 원리에 비추어서 검토하는 방법이다. '상식적 반론'은 18세기의 스코틀랜드 철학자 토마스 리드(Thomas Reid, 1710~1796)에 의해서 개발되었다. 리드의 철학은 알빈 플랜팅가에게 지대한 영향을 주었다. 이는 그의 철학이 인식론에서 그만한 유익함을 제공하기 때문이다. 무엇보다도 리드는 데카르트에서 흄에 이르기까지 당대의 토대주의나 회의주의의 인식론을 비판했다. 리드에 따르면 근대의 철학자들이 확실하게 증명해 낸 것은 없다는 것이다. 따라서 믿음이 어떤 증거나 확실성에 의해서 증명되거나 정당화되어야 한다는 주장은 옳지 않다고 다음과 같은 결론을 내렸다.

> "데카르트, 말블랑슈, 로크, 흄은 이 일에서 별로 큰 성과를 거두지 못했다. 가련한 별로 가르침을 받지 못한 사람들은 태양과 달과 별들과 우리가 살고 있는 지구가 있다는 것을 의심 없이 믿는다. 또한 우리나라와 친구들과 관계들이 있음도 의심 없이 받아들이고, 우리가 소유한 땅과 집들과 동산들이 있음을 믿는다. 그러나 철학자들은 일반인들의 쉽게 믿는 것을 가엾게 여기면서 이성과 추론에 근거하지 않은 것은 일체 믿지 않기로 작정하는 것이다."[3]

이처럼 리드는 철학자들이 주장하는 이성적 추론에 의해서만 참이라고 하는 주장은 거부되어야 한다고 보았다. 이런 근거에서 그가 제시하는 하나의 방식이 상식(common sense)이다. 감각은 추론만큼이나 인간을 구성하는 부분이다. 추론이 감각보다 높은 단계에 있지 않다. 상식은 외적인 세계가 분명히 존재한다는 것과 정신을 가지고 있다는 것, 그리고 다른 사람들이 존재하고 있다는 것을 인정하게 한다. 따라서 우리가 사용하는 그 문장이 상식적으로 옳은가 그른가를 판단할 때 우리는 그 문장의 옳고 그름을 이해할 수 있는 것이다.[4]

믿음의 실용적 이유

신앙을 갖는 이유 중 가장 근본적인 것은 실용적 이유에서 찾는다. 실제로 신앙은 인간의 궁극적인 필요를 충족해야 한다. 만일 그렇지 않다면, 신앙은 울리는 꽹과리에 불과하다. 복음주의 신학자 피녹이 적절히 말하듯이, "의미를 추구하는 굶주림은 인간의 마음속에 있는 심오한 실존에 대한 충동이다."[5] 우리가 살아있다는 것은 삶에 대한 의미를 추구하려는 것이다. 그런데 의미를 추구하는 인간의 궁극적 관심사는 무엇일까. 그것은 아마도 행복일 것이다. 궁극적인 의미와 행복은 평행선으로 놓인 철로처럼 인생의 두 축과 같다. 미국의 실용주의자 윌리엄 제임스(William James, 1842~1916)는 인생의 행복은 믿음 또는 종교를 통해서 우리가 얻게 되는 방식 중 하나라고 했다. "종교를 경험하는 더 복잡한 방법들이 바로 행복을 산출하는 방법, 즉 일종의 초자연적인 행복으로 이끄는 경이로운 내적 길이라는 것을 인정해야 한다."[6] 믿음은 이런 점에서 우리에게 삶의 행복으로서 궁극적인 의미를 제공한다고 본다. 기독교 신앙은 복음을 무의미하고 쓸모없는 인생에 궁극적인 의미를 제공하는 기쁜 소식이라고 믿는다. 삶에서 의미를 찾는 일이야 말로 인간이 필요로 하는 궁극적인 것이 아닌가. 죽어가는 영혼, 아무런 희망이 없는 삶이 그리스도 예수를 만남으로 그가 믿게 되고, 예수를 개인의 구주로 영접하는 그 일이야 말로 인생의 참된 의미를 부여하는 길이 아닌가. 따라서 믿음이 인간의 필요를 채워주는 근거이기 때문에 그것은 어느 것과도 바꿀 수 없다.

믿음은 대상을 갖는다. 믿음의 대상은 하나님이다. 하나님은 초월적이고 영적인 존재다. 그는 인간의 육안으로 볼 수 없다. 마치 우리가 전기나 산소를 보지 못하는 것처럼, 신은 인간에 의해서 포착되지 못하는 존재다. 하지만 전기나 산소가 보이지는 않지만 실제로 존재하는 것처럼 신도 보이지 않지만 우리의 삶에 영향을 미치고 있다. 이처럼 하나님을 믿는 것이 우리의 삶에 아무런 영향을 미치지 않는다면, 그러한 신앙은 가치 없는 것으로 간주된다. 이런 이유에서 우리는 하나님에 대한 신앙이 우리의 삶에 질적으로 실제적인 차이를 만들게 된다는 것을 안다.

제임스는 그의 탁월한 저서인 『종교적 경험의 다양성』에서 이렇게 표현했다. "신은 실제효과를 가져오기 때문에 실재한다."[7] 마치 우리가 빛을 볼 수 없지만, 그것의 효과가 실재한다는 것은 부인하지 못한다. 이처럼 신은 실제적으로 효과가 있다. 우리가 신을 믿음으로써 삶이 행복하고 변화된다면 그것이 실제효과다. 이미 신은 우리의 내적인 삶에 영향을 미치고 있다는 증거다.[8] 다르게 표현하자면, 신이 인간에게 행복을 준다면, 그 믿음은 진실한 것이다. 그래서 제임스는 이렇게 표현하고 있다.

"신의 영이 가까이 임재하고 있다는 것은 실제로 경험될 수 있다. 정말 단지 경험될 뿐이다. 아미 영의 존재와 임재를 경험한 사람들에게 반박할 수 없이 명백한 표시는…어떤 것과도 비교될 수 없는 행복한 느낌이다. 그러므로 그 느낌은 우리가 이 지상에서 누릴 수 있는 가능한 그리고 매우 적절한 느낌일 뿐만 아니라, 신의 실재에 대한 가장 훌륭한 최상의 불가결한 증거이다. 다른 어떤 증거도 이보다 설득력이 있지 않으며, 그러기에 행복은 모든 유효한 새로운 신학이 시작되는 출발점이 된다."[9]

이처럼 이 믿음이 하나님은 우리에게 도덕적으로나 경제적으로나 절대적으로 영향을 끼치며, 우리의 삶에서 행복을 제공하는 어떤 절대적인 근원이라는 것을 보여준다.[10] 제임스에 따르면, 인간의 궁극적인 목적은 행복에 있고, 이 행복은 믿음으로서 성취된다는 것이다. 다윗은 시편37편 4-6절에서 다음과 같이 노래했다.

"여호와를 기뻐하라 저가 네 마음의 소원을 이루어 주시리로다 너의 길을 여호와께 맡기라 저를 의지하면 저가 이루어주시고 네 의를 빛 같이 나타내시며 네 공의를 정오의 빛 같이 하시리로다."

다윗은 하나님에 대한 믿음의 이유를 인간의 소원과 그것을 이루는 실제적이고도 현실적인 과정으로 보았다. 만일 우리의 소원이 성취되지 않는다면, 인생은 허무하다. 우리는 인생을 통해서 그것이 크든 작든 어떤 소원이나 욕구를 가지고 신앙생활을 하고, 그것이 자연스럽다. 우리가 기도하고 바라는 소원이 궁극적으로 이루어지길 원하지 않는 사람이 어디 있을까. 하나님은 이러한 우리의 욕구와 바람이 저급하다거나 유치하다고 말씀하지 않으신다. 오히려 그러한 소원을 두고 하나님을 의지하고 신뢰하라고 말씀하시지 않는가. 사람이 그 사람의 가치를 평가할 때 그가 추구하는 질을 보고 평가하는 경우가 흔히 있다. 만일 그의 가치가 물질적인 것이라고 한다면, 그의 가치를 매우 낮고도 저급한 것으로 평가할지 모른다. 반면에 그의 가치가 정신적인 것이라고 한다면, 우리는 쉽게 그의 가치가 매우 고상하고도 높은 것이라고 평가한다. 하지만 그러한 정신과 물질의 욕구에 대한 이분법적 구분이 반드시 옳은 생각인지 모르겠다. 인간이 살면서 그가 갖고자 하는 물질적 욕구와 바람이 잘못되었다고 누가 판단할 것인가. 그것이 물질적이든 정신적이든 하나님의 생각은 우리의 기대에 부응하시는 존재이시다. 이 얼마나 우리가 신앙을 갖는 이유가 명백한 증거가 되는가.

이런 맥락에서 만일 우리의 믿음이 삶에 어떠한 의미나 도움을 제공하지 않는다면, 믿음은 헛된 것일 것이다. 아우구스티누스는 신에 대한 믿음을 궁극적 행복으로 이끄는 길이라고 생각했다. 그가 그렇게 말하는 이유는 간단하다. 믿음을 아는 지식이란 어떤 사람이 무언가를 변함없이 소유하고 있는 것이 아니라 하나님에 대해서 점점 더 큰 관계를 맺어감으로써 인간이 궁극적 행복을 얻는다는 것을 말한다. 하나님은 진리를 찾는 모든 사람을 차별 없이 도와주신다. 그리고 아우구스티누스는 그에 대한 믿음만으로도 이미 인간은 충분히 행복하다고 믿었다. 그는 이렇게 고백하고 있다. "하나님을 누린다는 것은 결코 다함없는 만족감이다."[11] 현대신학의 아버지였던 프리드리히 슐라이어마허(Friedrich Schleiermacher, 1768~1834)는 어떤가. 그도 궁극적으로 믿음을 삶의 실제적인 행복에 두고 있다. "절대의존의 감정"으로 하나님에 대한 믿음을 그가 강조하는 것은 인간으로부터는 어떠한 행복도 찾을 수 없다는 것을 암시한다.[12] 그러므로 우리가 택할 것은 한 가지다. 그것은 실제적이고도 실용적인 이유에서 믿음을 가질 수밖에 없다는 것이다.

믿음의 경험적 이유

하버드대학교의 철학교수였던 H. D. 루이스는 "종교의 핵심은 종교 경험이다."[13]라고 했다. 경험되지 않은 신앙은 사변적이라서 앎의 차원에만 머문다. 이 앎의 차원은 배움의 차원이면서도 인식의 차원으로서 신앙의 생동감을 불어넣어주지 못한다. 하지만 종교경험은 믿음의 의미를 몸 전체로 아는 것을 말한다. 윌리엄 제임스가 표현한 것처럼, "만일 종교가 신의 대의명분 또는 인간의 대의명분을 정말 향상시킬 수 있는 기능이라면, 종교적 삶을 실제로 사는 사람은 그 삶이 아무리 편협하더라도 종교에 관해 단지 많이 아는 사람보다 훨씬 훌륭한 사람이다."[14] 이처럼 우리의 믿음은 실제의 삶에서 경험되기 때문에 흔들리지 않는다. 말하자면 우리가 우리의 구체적인 경험이라는 관문에 들어서지 않고서는 믿음의 내면에 펼쳐진 황홀함과 전율을 전혀 느끼지 못하는 것이다.

스윈번의 정의에 따르면, 믿음의 경험이란 "인간에게 공통적이고 공적인 감각대상을 통해 전해진 신이나 다른 어떤 초월적 존재에 대한 체험이다."[15] 믿음은 절대자와의 개인적인 만남을 통해서 믿음생활에 근거를 제공할 뿐만 아니라 삶의 모든 행위와 가치관의 변화를 야기하는 결정적인 사건이다. 만일 우리가 이러한 절대자와의 만남을 경험했다면, 절대자에 대한 믿음은 결코 흔들리지 않을 것이다. 이처럼 믿음은 이러한 체험적 신앙에 의해서 삶을 확증하는 일련의 변화다. 이러한 체험을 한 철학자들 중에 파스칼이 가장 두드러진 경험을 보고하고 있다. 39세의 짧은 나이로 유명을 달리한 파스칼은 "철학의 하나님과 성경의 하나님을 날카롭게 구분했다." 철학의 하나님은 이성의 하나님인 반면에 성경의 하나님은 아브라함의 하나님, 야곱의 하나님, 이삭의 하나님이자 믿음의 대상으로서의 하나님이다. 이것은 그가 죽기 전에 자신의 호주머니 속에 들어있던 한 장의 메모에서 발견된 글귀이다. 파스칼이 철학의 하나님과 성경의 하나님을 구분할 수 있었던 근거는 바로 믿음의 경험이었다. 1653년 11월 23일에 그는 생생하게 철학의 하나님이 아닌 신앙의 하나님을 경험한다. 발견한 메모는 이렇게 적혀있었다. "그날 저녁 10시 반에서 12시 반까지 뜨거움을 체험했다!"[16] 파스칼을 떠올리면, 우리는 그가 훌륭한 철학자도 훌륭한 신앙인이 될 수 있다는 가능성을 엿본다. 이성만이 유일한 삶의 구성적 요소가 아니라 감정과 느낌을 갖는 요소 또한 삶을 구성하는 중요한 요소임을 말한다. 이런 점에서 믿음은 단순히 의식이나 의례에 참여하는 행위 그 이상이다. 믿음은 체험을 통해서 확신한다. 왜냐하면 체험이란 신적 존재에 대면하여 어떤 엄청난 힘에 압도되어 벗어나려고 해도 벗어날 수 없는 매혹을 느끼는 경험이기 때문이다. 비록 믿음의 체험이 주관적이고 비합리적이라고 해도 절대자인 신과의 압도하는 전율이나 힘을 느낀 체험이 믿음을 유지하게 한다. 따라서 체험적 믿음이 믿음의 근거를 제공하는 열쇠다.

그런데 믿음의 경험이란 그러면 도대체 무엇을 말할까? 제임스는 믿음의 경험을 보다 넓은 의미에서 종교의 경험에서 취급해야 한다고 보았다. 믿음의 경험은 일종의 종교적 경험이기 때문이다. 그에 의하면 종교경험은 기존의 종교전통에 참여하는 종교인들에게만 일어나는 현상이 아니라 비종교인들의 삶 속에서도 일어난다고 주장한다. 이는 종교경험이 특별하고도 독특한 경험이기보다는 아주 일상적이고도 보편적인 경험이기 때문이다. 그럼에도 불구하고, 종교를 절대의존의 감정을 주장했던 프리드리히 슐라이어마허와 누멘적 감정(또는 누미노제 경험)을 주장했던 루돌프 오토처럼 윌리엄 제임스도 감성적인 질적 요소로 이해했다.[17] 이것은 종교경험이 지적이고 의식적인 요소가 아니라 감성적인 느낌의 요소라는 것이다. 그러면서 제임스는 종교를 안과 밖의 세계로 구성되었다고 주장한다. 안의 종교는 내향적인 종교인 반면, 밖의 종교는 외향적인 종교다. 외향적인 종교는 신학, 의례행위, 교회조직, 예배, 상징체계, 교리체계 등과 같은 종교의 외면적이고 의식적인 측면을 객관적으로 인식할 수 있는 것이고, 반면에 내향적인 종교는 종교인들의 마음속에 일어나는 다양한 감정들의 체험이나 성향과 같은 내적인 체험을 주관적으로 인식할 수 있는 것이다. 이를테면 내향적인 종교는 죄로 인한 고난과 인간의 연약함 그리고 은총의 신비에 대한 체험 등과 같은 주관적인 특성을 말한다.[18]

이 주관적이고 개인적인 특성으로 인해, 종교적 체험이 보편적이지 않다고 비판을 받아왔다. 그러나 종교체험은 보편성에 대한 비판에 그다지 관심의 눈을 돌리지 않는다. 이는 종교적 성격 자체가 이미 심리적이고 감성적인 요소가 내포하고 있기 때문이다. 인간의 내면에 잠재되어 있는 궁극적인 불안과 두려움은 무엇으로 극복하는가? 그것에 대한 해결은 믿음에서 찾는다. 우리가 믿음을 가지게 되면 인간의 영속적인 불안과 두려움에서 해방과 자유를 경험하게 되고, 나아가 어떤 절대자와의 조우를 통해서 자신의 믿음이 확증하게 된다. 만일 이 믿음이 우리의 삶에 실제로 경험되어진다면, 우리는 아무리 훌륭한 합리적인 논쟁과 어떤 증거를 들이댄다고 해도 믿음에 대한 그 토대는 흔들리지 않을 뿐만 아니라 결코 다른 어떤 것과도 타협하지 않을 것이다. 그러므로 우리의 믿음이 바로 이 신앙적 체험에 의해서 확증되기 때문에 우리는 우리의 믿음을 포기하지 않게 되는 것이다.

믿음의 형이상학적 이유

　형이상학이란 일반적으로 물리적 현상이나 세계를 초월한 개념이다. 하지만 여기서 형이상학적 이유라고 했을 때, 그 말은 세계나 우주의 아름다운 미적 이유를 명시한다. 우리가 살고 있는 세계나 우주는 너무나 아름답다. 이 우주는 단순히 우발적으로 만들어졌다기보다는 어떤 위대한 초월자의 의도에 따라 계획되거나 설계되었다는 것을 보여준다. 말하자면 이 세계나 우주는 하나님의 존재를 느끼게 할 아름다운 요소들이 너무나 많다. 성경은 이런 사실을 증거하고 있다. 다윗은 시편에서 이렇게 노래했다.

　　"하늘이 하나님의 영광을 선포하고 궁창이 그 손으로 하신 일을 나타내시는도다
　　날은 날에게 말하고 밤은 밤에게 지식을 전하니
　　언어가 없고 들리는 소리도 없으나
　　그 소리가 온 땅에 통하고 그 말씀이 하늘에 장막을 베푸셨도다."[19]

우주의 신비 그 자체는 우리에게 신앙의 가능성을 제시하는 일종의 자연 학습장이다. 자연은 누구에게나 신비로움에 젖게 한다. 그것은 하나님의 솜씨요 하나님의 창조의 섭리다. 신앙은 이러한 모습에 자신의 연약함을 통해 창조자 하나님을 경배한다.

또한 이 우주는 사람이 거하기에 가장 적합한 장소이다. 근대 철학의 합리주의자인 라이프니츠가 이 우주를 "가장 가능한 세계들 중의 세계"라고 했을 때, 그는 이 세계가 가장 최상의 세계(the best world of all possible worlds)였음을 의미했다. 라이프니츠의 자연은 하나의 광대한 유기체이며, 그 안에서 생명, 성장, 그리고 노력으로 충만해져 가는 지속적인 단계를 형성한다.[20] 그래서 그는 이 자연을 신적 예정조화, 즉 현실로 나타난 것이 가장 아름답다는 것 이외에 달리 설명할 길이 없다고 보았다. 다시 말하자면, 다른 가능한 세계들이 존재한다고 생각할 수 있지만, 그래도 현재의 세계가 가장 적합하고 조화로운 세계였다는 것이다. 이 조화로운 세계에 대해 하나님의 존재를 부정하거나 의심하는 비유신론자나 무신론자들은 이렇게 논증한다. 만일 하나님이 이 세계를 가장 적합하게 창조했더라면, 왜 이 세계에 악이나 부조리가 있는가. 결국 이것은 하나님이 선하지도 완전하지 않은 존재이거나 아니면 악을 방조하는 신이 아닌가. 하나님의 창조 섭리는 악이나 부조리가 존재하지만 그래도 이 세계가 인간이 살기에 가장 적합한 공간이라는 사실은 이사야의 기록에서 잘 언급하고 있다. 이사야는 "여호와는 하늘을 창조하신 하나님이시며 땅도 창조하시고 견고케 하시되 헛되이 창조치 아니하시고 사람으로 거하게 지으신 자시니라"[21]라고 선포하고 있다.

이 우주가 하나님에 대한 믿음을 제공한다는 것은 18세기의 고전적 변론가였던 윌리엄 페일리(William Paley, 1743-1805)에 의해서 주장되었다. 캠브리지 대학의 페일리는 1803년에 출고한 『자연 신학』(Natural Theology)에서 시계공(Watchmaker)의 비유를 통해 하나님의 존재를 증명하고자 했다.[22] 하나님에 대한 믿음을 갖게 되는 전략은 다음과 같이 간략히 요약될 수 있다.

만일 누군가가 빈들이나 사막을 걷다가 우연히 시계를 발견했다면, 그는 시계를 우연의 일치나 자연의 우연성으로 설명하기보다는 초침과 분침 그리고 정교한 모양 등의 정교한 설계를 자연스레 추정할 것이다. 결과적으로 그는 이 시계를 고안한 설계자를 추론하고 생각한다. 이렇듯, 우리는 시계보다 더욱더 정교하면서도 복잡한 이 우주를 유추하지 않을 수 없을 것이다. 게다가 우주 속에 있는 신비스러운 모든 사물들이 우연적으로 존재한다고는 상상하기에는 왠지 자신을 속이는 것처럼 느껴질지도 모르는 일이다. 이렇듯 우리는 이 우주의 배후에 한 합리적이고 지성적 하나님이 존재한다는 사실이다. 만일 하나님이 지성적이지 않다면, 이러한 우주는 탄생되지 않을지 모른다는 것이다.

옥스퍼드의 기독교 철학자인 리처드 스윈번도 자연신학의 중요성을 지적하는 몇 안 되는 사람 가운데 하나다. 그는 이 우주가 하나님의 존재를 근거 짓는 결정적인 이유라고 주장한다. 파스칼의 개연적 논증의 방식을 따르는 그는 이 우주야말로 하나님의 분명한 목적들과 의도가 깃들어 있다고 주장한다. 그에 따르면 아무리 봐도 지금 우리가 살고 있는 우주나 세계는 하나님의 오묘하고도 지성적인 솜씨나 노력들이 없다고 말하기에는 문제가 있다고 생각한다. 그러한 우주의 섬세함과 복잡함 그리고 의도함이 우리의 관찰에 의해서 엿볼 수 있다고 스윈번은 생각했다.[23] 자연에서부터 우리는 아주 미세한 생명체들을 눈여겨보았는가. 그들 속에 생명이 숨 쉬는 것 자체가 하나님의 창조적 섭리가 아니라면 누가 그러한 것들을 설명할 수 있겠는가. 그가 적절히 지적하듯이, "우리는 자연스럽게 우주가 혼돈한 것처럼 생각하지만, 실제로는 그렇지 않다. 그것은 대단히 질서정연하게 놓여 있다."[24]

그런데 스윈번은 질서에는 두 가지 질서 간의 구분이 있다고 밝힌다. 하나는 공간적 질서(spacial order)이고, 다른 하나는 시간적 질서(temporal order)이다. 공간적 질서는 '공존의 규칙성'(regularities of co-presence)을 말하고, 시간적 질서는 '연계의 규칙성'(regularities of succession)을 말한다. 집이나 대학의 도서관과 같은 것은 공존의 규칙성으로 설명될 수 있는 실례들이다. 한 도시는 임의대로 있는 것처럼 보이지만 여러 가지 의도와 목적을 가지고 도로와 신호등 다양한 형태가 세워진 것이고, 도서관의 책들도 단순히 있는 것이 아니라 가나다순이나 알파벳순으로 질서정연하게 배열되어있다. 이처럼 우주나 세계는 공존의 규칙들에 의해 구성되어있다. 이러한 공존의 규칙들은 단순히 주어진 것이라기보다는 지성과 의지를 가진 어떤 창조주와 같은 존재에 의해서 시작되었다는 것을 쉽게 추정 가능하게 한다.[25]

반면에 '연계의 규칙성'은 사물의 행위들에 관한 단순한 패턴에서 그 예를 찾는다. 가령 인간의 행동들은 뉴턴의 법칙에서 언급된 것처럼 임의대로 행위자의 자유에 의해서 되는 것처럼 보이지만 어떤 자연의 법칙에 따라서 움직인다. 자연의 법칙은 그저 우리에게 주어진 우

발적 법칙이라고 생각하기에는 너무나 이 우주가 정교하다는 것을 보여준다.[26]

게다가 이러한 우주의 관찰은 두 가지 설명에 의해서 하나님에 대한 믿음을 근거 짓는다. 하나의 경우에는 과학적 설명(scientific explanation)이고, 다른 하나의 경우에는 인격적 설명(personal explanation)이다.[27] 과학적 설명은 자연과 세계에 관한 설명을 과학적 법칙들에 의해서 가능한 것인 반면에 인격적인 설명은 한 인격적 존재이신 하나님이 세계의 질서를 유지하고 있다는 사실에 의해서 설명가능하다. 그러므로 우주에 대한 관찰은 일어난 사건의 결과에 대한 과학적 설명에 인격적인 설명을 덧붙임으로써 우리의 신앙에 대한 근거를 제공한다는 것이다.[28] 히브리서의 저자도 이런 맥락에서 "믿음으로 모든 세계가 하나님의 말씀으로 지어진 줄을 우리가 아나니"(히11:3)라고 밝힘으로서 우주와 세계가 신앙의 이유나 근거를 제공한다고 보인다.

믿음의 역사적 이유

만일 우리가 믿는 것이 사실(fact)이 아니라면, 어떤 결과가 초래될까. 그것이 일종의 맹목성에 의한 믿음이었다면, 그 믿음은 어떨까. 아마 그것은 인생의 모든 것을 잃어버린 것과 같은 느낌일 것이다. 사람들은 신앙이 맹목적 믿음을 강요하는 것처럼 여긴다. 하지만 기독교 신앙은 맹목적 믿음을 강요하지 않는다. 왜냐하면 기독교 신앙이 역사적 사실에 대한 근거를 제공하기 때문이다. 바울은 이 사실을 잘 설명하고 있다. 그는 부활이 없다면 우리의 신앙은 아무것도 아니라고 말했다. 부활은 단지 우리가 믿는 교리가 아니라 역사적 사실이다. 예수 그리스도는 십자가에 달려 돌아가셨고 그리고 죽음에서 부활하셨다. 그것은 엄연한 역사적 사실이다. 성서신학자이고 『예수 세미나』(Jesus Seminar)의 창립자인 로버트 W. 펑크(Robert W. Funk)는 역사적 예수의 중요성을 강조하면서 "의미의 역사"에서 "사본에 근거된 사실로서의 역사"를 구분했다.[29] 그의 공헌은 컸다. 왜냐하면 예수란 인물에 대한 연구가 사실에 근거된 역사에서 찾았기 때문이다. 옥스퍼드 대학의 신학과 교수였던 존 맥커리(John Macquarrie)도 펑크와 유사하게 예수의 "객관적 역사"와 "실존적 역사"를 구분했다.[30] 우리가 믿는 예수는 의미로서의 역사일 뿐만 아니라 객관적 사실로서의 역사이다.

역사적 사실은 위력이 있다. 이는 그것이 증거에 근거해 있기 때문이다. 이런 점에서 기독교 변증가인 오스 기니스(Os Guinness)는 다음과 같이 적고 있다. "믿음은 무에서 생기지 않고 사실을 먹고 자란다. 믿음의 본능은 진리에 뿌리내리고 실체에 근거하는 것이며, 그것이 믿음과 공상을, 믿음의 대상과 사상의 허구를 구별해 준다. 확인이 지체되는 곳에는 믿음이 장시간 역사의 법정에서 기다리며 준비하고 있다. 그러나 믿음이 찾는 판결은 언제나 진리의 판정, 실체에서 나오는 판결이다."[31] 기독교 신앙의 핵심인 부활 사건은 역사적 증거다. 신약학자 조지 E. 래드(George Eldon Ladd)는 『나는 예수 그리스도의 부활을 믿는다』에서 이 사실을 주장한다. "확실하게 알려진 '역사적' 사실들이 있다. … 예수의 죽음과 장사, 제자들의 실망과 환멸, 그들이 갑작스럽게 변해서 예수의 부활을 증언하는 증인이 된 사실, 빈 무덤, 기독교회의 발흥, 사물의 회심이 그러한 사실이다."[32] 이처럼 역사적 증거는 사람들을 설득하는 방식 중에 가장 으뜸의 방식일 것이다. 무조건 믿으라고 말하는 것이 능사는 아니다. 그것이 역사적 증명에 의해 설득될 때에 말보다 훨씬 더 효과적임을 알 수 있다. 따라서 기독교 신앙이란 맹목적인 신앙이 아니라 사실적 사건 위에서 근거된 신앙이다.

바울은 사도행전 26장 26절에서 이미 이런 효과를 이미 알고 있는 듯했다. "왕께서 이 일을 아시기로 내가 왕께 담대히 말하노니 이 일에 하나라도 아시지 못함이 없는 줄 믿나이다. 이 일은 한편 구석에서 행한 것이 아니로소이다." 특히 "한편구석에서 행한 것이 아니다"라는 것은 부활의 이야기가 몰래 작당을 해서 꾸며낸 이야기가 아니고, 분명히 입증되고 모든 이들에게 알려진 역사적 사실이라는 것이다. 이에 앞서 바울은 사도행전 17장 31절에서도 더욱 강한 어조로 이 사실을 언급하고 있다. "이는 정하신 사람으로 하여금 천하를 공의로 심판할 날을 작정하시고 이에 저를 죽은 자 가운데서 다시 살리신 것으로 모든 사람에게 믿을 만한 증거를 주셨음이니라." 여기에서는 믿을 만한 증거(proof)가 신앙의 타당한 근거를 제공하는 힘으로 추정할 수 있다. 그래서 바울은 그리스도인이 되려는 결정은 예수 그리스도의 인격과 역사에 대한 결정임을 알게 된다.[33] 복음주의 신학자 피녹이 다음과 같이 적절히 지적한다.

> "본질상 복음서는 뉴스방송과 같다. 복음서는 인류의 구원을 위해 역사 속에 나타난 하나님의 활동에 대한 주의에 온 힘을 기울인다. … 복음서는 성경이 자연과 세계에서의 계시에 비추어서 하나님을 믿는 믿음의 의미를 해석하려는 진지한 노력에 대항하는 것이 아니라, 인간 역사 속에서 하나님의 계시에 대한

많은 관심을 보이는 것을 말한다. 진리의 충만은 히브리적 사고에 따르면 그것이 무엇인가 하는 것보다는 무엇이 일어나는가에 의해 드러나며, 그리고 이것이 그러한 강조를 설명한다."[34]

이처럼 하나님의 계시는 역사적 사건에 의해서 드러나는 일종의 진실한 의사소통과 같다. 스윈번에 따르면, 우리가 신앙하는 근본적인 이유는 성경에 기록된 모든 내용이 사실에 근거되었기 때문이라는 것이다. 그래서 그는 우리가 믿는 성경의 모든 내용들이 명제적이라고 주장한다. 명제적 문장은 진위 문장(옳고 그름)을 지시하는 내용들이다. 즉 예수의 부활, 십자가의 사건, 신적 계시 등의 모든 기록들은 하나님의 본래적 계시에 의해서 전달된 역사적 기록물이라는 것이다.[35] 그래서 스윈번은 초대교회가 예수의 부활을 포함하여 기록된 성경의 내용들을 사건의 증언에 의해서 형성되었으며, "그들의 신앙의 중심적인 정당성"[36]을 부여한다고 보았다. 사도행전의 기록은 믿음의 역사성을 부정하지 않는다. 오히려 우리의 믿음은 역사적 사실에 근거하고 있음을 강조한다.

"데오빌로여 내가 먼저 쓴 글에는 무릇 예수의 행하시며 가르치시기를 시작하심부터 그의 택하신 사도들에게 성령으로 명하시고 승천하신 날까지의 일을 기록하였노라 해 받으신 후에 또한 저희에게 확실한 많은 증거로 친히 사심을 나타내사 사십 일 동안 저희에게 보이시며 하나님 나라의 일을 말씀하시니라" (행 1:1-3).

클레어몬트의 종교철학자 스테픈 T. 데이비스에 따르면, 우리의 믿음은 역사적 사건 속에 사실적으로 나타난 하나님의 계시의 사건으로 이해함으로서 보다 확고한 믿음을 소유하게 된다. 특히 데이비스는 하나님의 계시를 최초의 계시(original revelation), 기록된 계시(recorded revelation) 그리고 전유적 계시(appropriated revelation)로 구분한다. 최초의 계시(또는 원계시)는 역사 속에 나타난 하나님의 활동을 의미하고, 기록된 계시는 성경에 기록된 내용을 의미하며 그리고 전유적 계시는 성령의 증거와 성령의 조명을 통해 하나님이 우리에게 말씀하는 지침을 의미한다.[37] 그런데 이러한 계시의 유형들은 역사적 삶 속에 분명히 증거하고 있고, 그것이 우리의 믿음을 확증하는 중요한 열쇠다. 정리하자면, 우리가 믿는 신앙은 역사적 사건에 근거된 것임을 명시하고 있기 때문에 신비적이거나 맹목적으로 무뇌아적 믿음과 맹신적 믿음을 배격하는 것이다.

믿음의 역동적인 이유

마크 A. 놀과 개롤린 나이스트롬이 쓴 『종교개혁은 끝났는가?』라는 작품은 가톨릭 신앙에 대한 복음주의적 평가를 내린 책이다. 이 책에서 주목하는 하나의 사실은 "미국사와 가톨릭교회"라는 8장에서 최근 일어나는 가톨릭교회의 성추문 사건, 주교들의 권력독점화, 이혼문제 및 가정해체 그리고 인간생명의 경시현상과 관련된 것이다. 현재 일어나고 있는 교회 안팎에서 말로 표현할 수 없는 도덕적 불감증과 타락은 자기기만과 무감각의 극치를 보여준다.[38] 이런 현상이 비단 미국의 가톨릭교회에서만 한정되지 않는다. 이러한 현상은 최근 한국교회에서도 자행되고 있다. 넓게 보면, 이러한 현상은 기독교 신앙을 믿는 사람들에 대한 비판의 부메랑으로 돌아와서는 심지어 교회해체까지 거론되고 있을 정도다. 그리스도인들이 세상의 모든 사람들에게 보여주어야 하는 것은 무엇일까?

우리가 그리스도인으로서 가야할 길을 잃었을 때 할 수 있는 일은 무얼까. 그것은 왔던 길을 되돌아가는 일이다. 말하자면 근원으로 돌아가는 것이다. 기독교 신앙은 새로운 그리스도의 신앙 공동체 운동에서 시작되었다. 초대기독교에서 보여준 기독교 신앙은 예수 그리스도에 대한 믿음 위에 세워졌고, 이 새로운 공동체에게 정당성을 부여했다. 신앙을 시작한 초대교회의 신앙공동체로 되돌아가보는 것이다. 초대교회의 신앙공동체는 무엇을 강조했을까. 이 공동체의 특징적 요인은 형제와 이웃에 대한 사랑이었다. 따라서 이 새로운 공동체의 본질적 요소가 신실한 그리스도인의 형제애를 통해 유대교와 같은 이전의 공동체와 극명하게 분리하게 만들었다.

사랑! 그것은 새로운 공동체의 본질적 내용이자 메시지이다. 이 사랑에 의해서 자신의 목숨을 바치기까지 희생을 감내했다. 따라서 기독교 신앙의 공동체는 사랑의 공동체다. 지금의 현실은 초대교회의 신앙공동체와는 이질감이 들지 않는가.

이 사랑의 본질에서 기독교 신앙은 "세상의 소금"과 "세상의 빛"의 역할을 능동적으로 실천하도록 요구받았다. 행함이 없는 믿음은 이미 죽은 것으로 간주하는 기독교 신앙은 그리스도를 본받고 그것을 이 세상 속에서 실천하며 살아 있는 역동성을 보여준다. 믿음은 단순히 그것의 깨달음이나 인식이 아니라 그 이상이다. 안다는 것은 그것을 이

해하는 인식적 차원에 머물지만, 그것을 행하는 것은 이미 실천적 차원에 있다.[39]

믿음에 대한 기독교적 이해에는 두 가지 그릇된 연관성을 가지고 있는 것 같다. 하나는 믿음이 우리의 행위와는 무관하다고 보는 견해이고, 다른 하나는 믿음이란 그것을 행하지 않으면 아무런 유익이 없다고 보는 견해이다. 이 두 견해에서 종종 우리는 혼란스러워하지는 않지만 갸우뚱하는 태도를 보일 수 있다. 한편에서는 행함이 없는 믿음의 가치성을 말하고, 다른 한편에서는 행함이 없는 믿음의 무가치성을 말하기 때문이다. 이 둘의 관계가 상반적인가. 그렇지 않다. 하나는 구원의 조건이고 다른 하나는 구원의 실천이다. 이 둘의 관계가 가장 극명하게 대립되었던 시대가 종교개혁 시대일 것이다. 믿음의 행함이 종교개혁 시대에 면죄부를 포함하여 로마 가톨릭 교회의 부패성과 밀접한 관련이 있었기 때문에 믿음의 본질에 대한 근원적인 가치는 우리의 행함이 아니라 구원의 은총을 받아들임으로써 알게 되는 것이다. 그때나 지금이나 교회의 부패는 항상 금전적인 것과 연관되어 있고, 그것을 우리의 믿음과 연관시킬 때 부패의 속도가 빠르게 나타나는 법이다. 그런데 다른 한편으로 생각해 보자면, 믿음이 있다고 하고 우리의 이웃에 대한 무관심한 태도와 이기적이고도 인색적인 태도 역시 불신앙과 다를 바 없다. 종교개혁시대에는 바울과 야고보의 차이에 대해 지나칠 정도로 해석을 한 경향이 있었다.

바울은 "오직 믿음으로만 의롭다 하심을 받는다"라고 말한 반면에, 야고보는 "이를 보건데 사람이 행함으로 의롭다 하심을 받고 믿음으로만 아니니라"라고 말한다. 그래서 종교개혁시대에는 믿음에 대한 바울과 야고보의 주장이 상반되었다고 보았다. 하지만 마틴 루터와 같은 종교개혁자는 야고보의 주장보다는 바울의 주장을 신뢰했던 것 같다. 이는 루터가 야고보서를 성경으로 인정하지 않은 것을 보면 쉽게 알 수 있을 것이다. 하지만 바울과 야고보의 차이는 용어의 차이이지 의미의 차이라고 보기 어렵다. 프린스턴 신학교와 웨스트민스터 신학교의 신약학자 존 그레스함 메이첸(John Gresham Machen, 1881~1937)에 따르면, 바울은 "율법(law)의 행위"를 의미하는 것이고, 야고보는 "그리스도인의 삶에 대한 교육"을 의미하는 것이다.[40] 말하자면 바울은 사람이 자신의 공로나 행위로 구원을 받는 것이 아니라 하나님의 은혜로 구원받는 것을 강조하기 위해서다. 하나님의 율법에서 어느 누구도 의로운 사람이 없기 때문이다. 반면에 야고보는 그리스인의 합당한 생활을 염두에 둔 것이다. 즉 그리스도인이 구원받았다고 말은 하지만 행동으로는 세상의 빛과 소금의 역할을 하지 못하는 것을 한탄한 것이다. 야고보가 비꼬는 말 속에 이 사실을 증명하고 있다. "네가 하나님은 한분이신 줄을 믿느냐 잘하는도다 귀신들도 믿고 떠느니라"(약 2:19). 즉 하나님이 한 분이라는 것은 사람이 아닌 마귀조차도 안다는 것이다. 이것은 믿음이 역동적이어야 한다는 것을 염두에 둔 것이다. 믿음의 역동성은 바울의 믿음보다는 야고보의 행함에 더 근접하다고 보인다.

좀 더 부연해 보자면, 믿음은 공적으로 고백되어야 한다. 행함이 없는 믿음은 사적이고도 개인적이다. 하지만 행함이 있는 믿음은 공적이고도 공동체적이며 실천적이다. 행함이 있는 믿음은 믿음의 공동체나 사회를 위해 존재한다. 우리가 무엇을 믿는다고 할 때, 그것은 믿음이 행위로 구체화되어지는 것이다. 따라서 이 개인적인 믿음이 사랑으로 구체화될 때에 믿음은 역동적이게 된다.[41] 요약하자면, 우리의 믿음은 신앙공동체에서 물려받은 전통을 세상이라는 사회적 공동체에 능동적으로 동참하여 그리스도의 사랑을 실천하는 것이다. 그러므로 믿음의 공동체는 개인적이고 사회적 변혁에 대한 예수의 약속에 주의를 기울여야 한다. 신약성경의 누가복음에 따르면 주님은 이 땅에서 행하는 사역의 분명한 목적을 제시하고 있다. "주의 성령이 내게 임하셨으니 이는 가난한 자에게 복음을 전하게 하시려고 내게 기름을 부으시고 나를 보내어서 포로 된 자에게 자유를, 눈먼 자에게 다시 보게 함을 전파하여 눌린 자를 자유하게 하고 주의 은혜의 해를 전파하게 하려 하심이라 하였더라."[42]

교회의 존재이유는 세상을 변화시키기 위해서 존재한다. 만일 우리가 세계를 변화시키지 않는다면, 우리의 신앙은 아무런 의미가 없을 것이다. 신앙이란 실천의 다른 이름이다. 만일 우리가 예수 그리스도의 사역의 목적을 믿는다면, 우리는 세계의 가난한 자들, 포로된 자들, 눈먼 자들 그리고 눌린 자들과 같은 비인간적인 대우를 받는 그들을 위해 기독교의 가치를 전하도록 요청받고 있다. 기독교의 본질은 이러한 일을 실천함으로 믿음의 본질적인 의미를 인식한다. 비록 그리스도인의 주장들에서 흠이 없을 수는 없겠지만, 거기에는 훌륭한 증거가 있고, 또 복음이 새로운 공동체를 창조한다. 거기에는 항상 약속과 실재가 존재한다. 하나님의 백성에 속하기를 원하는 사람들은 그의 증거에 의해서 살아가는 사람들이다.[43]

회의하는 용기

이 장에서 우리는 믿음에 대한 근거와 이유를 다섯 가지로 설명했다. 즉 우리는 실용적인 이유, 경험적 이유, 형이상학적 이유, 역사적 이유, 그리고 역동적 이유에서 믿음의 근거를 삼는 듯하다. 이 다섯 가지 이유 외에도 사람에 따라 믿음을 갖는 이유가 더 있을 것이다. 하지만 믿음에 대한 근거를 제시한다고 해도 사람들이 하나님의 존재를 믿을지는 의심스럽다. 이는 믿음을 갖는다는 것이 반드시 근거가 있어야 믿어지는 것은 아니기 때문이다.

요즘 젊은 대학생들을 만나게 되면, 그들이 믿으려고 해도 믿어지지가 않는다고 말한다. 믿음을 가지려고 할 때, 방해하는 것들이 있는데, 그 중 가장 큰 방해꾼이 아마도 회의(懷疑)일 것이다. 젊은 대학생들은 과학적인 눈으로 세상을 회의(to doubt)하도록 교육을 받고 있다. 대학교육을 받았다고 하는 식자층들은 있는 그대로 받아들이는 일이야말로 무모한 짓이라고 확신하는 듯하다. 그래서 그들이 무엇을 믿기 전에 의심의 단계를 거쳐야 하는 것처럼 보인다. 이른바 그들이 교회를 다니건, 모태신앙인이건, 회의는 시나브로 일어나는 마음의 생각이다. 그런데 회의하는 것이 믿음과 상치되거나 믿음을 상실하는 것으로 오해되곤 하지만, 사실은 정반대다. 회의는 믿음의 상실이나 믿음과 상치되는 개념이 아니다. 혹 어떤 사람들이 회의를 불신앙(unbelief)과 같다고 생각하는 경향이 있지만, 그것 또한 사실이 아니다. 회의는, 기니스가 잘 지적하듯이, "믿음과 불신 사이에 낀 마음의 상태이다."[44]

특히 그리스도인들은 회의를 의심의 일종으로서 믿음과 반대되는 것으로 받아들이고 있다. 그들이 회의가 믿음과 반대되는 근거를 예수의 제자인 도마에서 찾는다. 요한복음 20장 14-29절에 나오는 도마의 이야기는 의심과 관련되어 있는 잘 알려진 주제다. "의심 많은 도마"는 기독교 역사에서 즐겨 사용된 말이지만, 그만큼 잘못 알려진 말이기도 했다. 이 이야기를 다시 재구성해 보자. 부활하신 직후 제자들이 한 자리에 모였다. 그 때에 예수께서 나타났다. 그 자리에 도마는 함께 있지 않았다. 마침 예수가 온 그 자리에 도마가 참석하지 않았기 때문에 도마는 예수를 직접 대면하지 못했다. 후에 제자들이 도마에게 부활하신 예수를 만났다는 전했다. 하지만 들려온 도마의 대답은 회의론자처럼 의심스러운 것이었다. "내가 그 손의 못자국을 보며 내 손가락을 그 못자국에 넣으며 내 손을 그 옆구리에 넣어 보지 않고는 믿지 않겠노라." 이 질문은 함께 동참하지 못하는 사람이 흔히 물을 수 있는 질문이다. 이 때 예수께서 도마에게 찾아와서 다음과 같이 말씀하셨다. "네 손가락을 이리 내밀어 내 손을 보고 네 손을 내밀어 내 옆구리에 넣어보아라 그리하여 믿음이 없는 자가 되지 말고 믿는 자가 되라." 이어 예수께서는 그에게 한마디 더 덧붙이셨다. "너는 나를 본고로 믿느냐 보지 못하고 믿는 자들은 복되도다."

우리가 이 구절에서 오해하는 것은 맹목적 신앙을 강조하는 것이다. 도마의 이야기에서 우리는 아무런 증거가 없이 단순히 믿으면 된다는 것으로 오해한다는 것이다. 하지만 예수가 도마를 책망한 것은 도마가 의심했기 때문이 아니라 분명한 증거들을 망각했기 때문이다. 도마는 이미 예수와 지난 3년 동안 함께 생활했고, 여러 차례 예수의 이적과 기적 그리고 예언의 말씀을 들었다. 무엇보다도 도마는 예수가 자신의 죽으심과 부활에 대해 예언하고 주장했던 것을 들었다. 하지만 이러한 분명한 증거들이 그에게 주어졌음에도 도마는 기억하지 못하고 있었다. 그러므로 우리는 예수의 죽으심과 부활이 아무런 증거나 예시적 언급이 없이 일어난 사건으로 오해하지 말아야 한다.

우리는 믿음의 반대가 의심이 아니라 불신이라는 것을 언급하면서 이 장을 마치려 한다. 회의는 반드시 믿음의 종말을 야기하지 않는다. 회의란 두 마음의 믿음 때문에 일어나는 의심이다. 한편에서는 그것이 맞는 것 같기도 하지만, 다른 한편에서는 다른 것이 더 맞을 것 같기도 한다. 믿지 않는다면, 의심할 이유가 없다. 하지만 상황이 그렇게 확고하게 믿도록 허락하지 않는다. 옥스퍼드대학의 복음주의 신학자인 알리스터 맥그래스(Alister McGrath)는 다음과 같이 잘 표현했다. "회의는 그리스도인의 삶에서 계속 나타날 것이다. 그것은 영적인 성장통과도 같다. 회의는 때로는 뒷전으로 물러나기도 하고 때로는 자신의 존재를 부각시키며 전면으로 나오기도 한다. … 신앙생활도 의심과 싸우는 끊임없는 전쟁이라는 면에서 이와 비슷하다. 따라서 회의를 인간의 연약함과 하나님 신뢰하기를 망설이는 마음을 보여주는 하나님의 증상으로 생각하면 도움이 된다."[45]

이처럼 회의하는 믿음은 본래부터 있어왔지만, 의도적으로 좋은 신앙을 위해 우리가 회피했는지 모른다. 하지만 우리는 신앙생활을 하면서 회의하는 믿음을 학습하고 배워야한다. 어떤 확신을 얻기 위해서는 회의하는 것은 자연스럽다. 믿음이 회의를 통과하지 않는다면 그 믿음은 토대나 지반이 연약한 믿음인지 모른다. 실제로 우리가 두려워해야 하는 것은 회의하는 마음이 아니라 불신앙으로 인도하는 불순종의 마음이다. 그러므로 회의는 믿음을 허무는 생각이 아니라 믿음을 확고하기 위한 용기 있는 생각인 것이다.

주(註)

1) Clark H. Pinnock, *Reason Enough: A Case for the Christian Faith* (Eugene: Wipf and Stock Publishers, 1997), 17.

2) Alvin Plantinga, *Warranted Christian Belief* (Oxford: Oxford University Press, 2000), 200-1.

3) Thomas Reid, *Inquiry and Essays* (indianapolis: Hackett, 1983), 5.

4) 개혁주의 철학적 신학자인 니콜라스 월터스토프(Nicolas Wolterstorff)는 토마스 리드의 원리에 따라서 합리성의 기준에 적용시켰다. 월터스토프에 따르면, 어떤 명제가 합리적으로 정당한 것은 그 명제를 주장하는 사람이 '믿지 않을 이유를 가지지 않은 한'에서 그 문장은 여전히 합리적이라는 것이다.

5) Pinnock, *Reason Enough*, 13.

6) William James, 『종교적 경험의 다양성』, 김재영 옮김 (서울: 한길사, 2011), 604.

7) Ibid.

8) Ibid., 604-5.

9) Ibid., 141.

10) Ibid., 389; 188-9.

11) Henry Chadwick, 『아우구스티누스』, 김승철 옮김 (서울: 시공사, 2001), 91에서 인용.

12) Friedrich Schleiermacher, *The Christian Faith* (Edinburgh: T. & T. Clark, 1928), 17.

13) H. D. Lewis, *Our Experience of God* (London: Allen and Unwin, 1959), 65.

14) James, 『종교적 경험의 다양성』, 579.

15) Richard Swinburne, *The Existence of God* (Oxford: Clarendon Press, 1991), 250.

16) Clark H. Pinnock, *Reason Enough* 에서 재인용. "From about half past ten in the evening to about half an hour after midnight, fire!"

17) 슐라이어마허의 절대의존의 감정은 개인적인 부족감이나 무력감 또는 좌절감과 같은 것을 말하지 않는다. 이 절대의존의 감정은 경건한 의존의 감정이고 피조물의 감정이다. 이것은 창세기 18장 27절에서 아브라함이 고백하는 것과 같다. "먼지와 잿더미와 같은 제가 감히 당신께 말하려 하나이다." 즉 절대의존의 감정은 가기 고백적인 의존을 말하는 것이다. 그리고 오토의 누멘적인 경험은 거룩(The Holy)에 대한 경험이다. 오토의 누멘적인 경험은 거룩에 대한 경험으로서 두려움의 요소, 압도성의 요소, 활력성의 요소, 신비의 요소를 포함하고 있다.

18) William James, *Varieties of Religious Experience*, 46-8을 참조하라.

19) 시편 19: 1-4.

20) Robin George Collingwood, 『자연이라는 개념』, 유원기 옮김 (서울: 서광사, 2002), 163-4.

21) 이사야 45장 18절.

22) William Paley, *Natural Theology* (Charlottesville, Virginia: Ibis Publication, 1986)를 보라. 페일리의 『자연신학』은 찰스 다윈에게 지대한 영향을 미쳤고, 다윈의 『종의 기원』을 출판하게 된 결정적인 계기가 되었다.

23) Swinburne, *The Existence of God*, 133-9.

24) Ibid., 136.

25) Ibid., 133.

26) Ibid., 140-2.

27) Ibid. 그리고 세계에 대한 스윈번의 과학적 설명과 개인적 설명에 관해서는 정승태, 『종교철학담론』 (대전: 침례신학대학교출판부, 2004), 205-11을 참조하라.

28) Swinburne, *The Existence of God*, 32.

29) Robert W. Funk, "Criteria for Determining the Authentic Sayings of Jesus," *Finding the Historical Jesus: Rules of Evidence*, ed. Bernard B. Scott (Santa Rosa: Polebridge Press, 2008): 19-24를 보라.

30) John Macquarrie, *An Existentialist Theology* (New York: Harper Torchbooks, 1965), 171.

31) Os Guinness, 『회의하는 용기』, 윤종석 옮김 (서울: 복 있는 사람, 2009), 115.

32) George E. Ladd, *I Believe in the Resurrection of Jesus* (Grand Rapids: Eerdmans, 1975), 12-3.

33) Pinnock, *Reason Enough*, 15.

34) Ibid., 74.

35) Richard Swinburne, *Revelation: From Metaphor to Analogy* (Oxford: Clarendon Press, 1992), 9-11, 101, 164-67을 보라. 철학에서는 일반적으로 "문장이 의미하는 내용"을 명제라고 부른다. 이 명제는 의미의 내용이 옳은가 그른가를 판단하는 것을 일차적인 목적이다. 그래서 명제문과 평서문은 구분된다. 만일 우리가 "나는 배가 고프다"는 문장을 종이 위에 씌어있는 것을 보았다고 가정해 보자. 그러면 이 문장은 문법적으로는 전혀 하자가 없는 문장이다. 하지만 글을 쓴 사람은 독립적으로 존재한다. 이 문장은 참 또는 거짓으로 구분하기가 사실상 불가능하다. 그런데 스윈번은 성경의 기록된 문장들은 참과 거짓을 구분할 수 있는 문장이기 때문에 명제적 문장 혹은, 전문적인 표현으로 하자면 "표상문장"(token sentence)이 된다고 주장한다.

36) Ibid., 113.

37) Stephen T. Davis, *Christian Philosophical Theology* (Oxford: University Press, 2006), 52-4. 뮌헨 대학교의 볼프하르트 판넨베르크(Wolfhart Pannenberg, 1928~) 역시 계시를 역사적 사건으로 이해하기 때문에 우리의 믿음은 어떤 증거의 원칙을 따르고 있다고 믿는다. 부활사건과 같은 것은 명백히 역사적 사건으로서 어느 누구도 부인하기가 어렵다는 것이다. 과학자들이 실제로 부활의 사건은 이 세계에서 일어날 수 없는 것이라고 비판하고 있음에도 그는 당당히 아직까지 그것이 틀렸다고 증명되지 않았기 때문에 부활을 믿는 신앙은 여전히 유효하다고 강하게 주장한다. 그의 『역사로서의 계시』를 참조하라.

38) Mark A. Noll & Carolyn Nystrom, 『종교개혁은 끝났는가? 현대 로마 가톨릭 신앙에 대한 복음주의의 평가』, 이재근 옮김 (서울: 기독교문서선교회, 2012), 349-78을 보라.

39) Pinnock, *Reason Enough*, 15.

40) Johm Gresham Machen, 『믿음이란 무엇인가』, 심명석 역 (서울: 도서출판 대서, 2011), 176-208을 보라.

41) J. N. D. Anderson, *Christianity and Comparative Religion* (Downers Grove: InterVasity Press, 1970), 91-111을 보라.

42) 누가복음 4장 18-9절.

43) Pinnock, *Reason Enough*, 15-6.

44) Guinness, 『회의하는 용기』, 31.

45) Alister McGrath, 『회의에서 확신으로』, 김일우 옮김 (서울: 한국기독교학생회, 2009), 20-1.

:: 제5장 ::

지식이론과 신앙의 합리성

　사람들이 철학을 불편해 하는 이유 중 하나가 흔히 어휘의 난해함 때문이라 한다. 철학자들은 그들이 사용하는 비일상적이고도 독특한 용어들과 개념들로 구성된 어휘들을 사용한다. 그래서 보통사람들은 철학적 어휘가 너무 어렵다고 푸념한다. 즉 철학의 어휘들은 서로 알아들을 수 없거나 해독할 수 없는 고유한 암호와 같다는 것이다. 사정이 이러다보니 이렇게 난무하는 철학자들의 암호와 같은 어휘들이 철학을 일상으로부터 격리시킨다. 하지만 우리는 그들이 주장하는 어휘들을 넘어서 그들의 인식적 체계를 이해한다면 보다 효과적으로 그들의 암호와 같은 어휘들을 해독할 수 없는 것은 아니다. 마치 우리가 산을 등반할 때 우리는 등산화나 필요한 옷차림이나 등산용 지팡이와 같은 최소한의 사전준비를 해야 하는 것처럼, 거대한 철학의 산맥을 등반하고자 하는 자에게 사전준비는 필수적이다. 그렇다면 철학의 산맥을 등반하기 위해서 해야 할 것은 무엇인가? 그것은 다름 아닌 철학적 어휘들을 이해하는 것이다. 그런 다음에 우리는 지식의 총체적인 의미를 알고 분석하는 방식을 터득해야 한다. 그래서 철학에 익숙해지려는 사람들은 지식이론을 배우는 일이 매우 중요하다.

지식이론은 무엇인가? 그것을 인식론(epistemology)이라고 부른다. 철학에는 다양한 지식이론들이 있다. 하지만 결론적으로 말해 지식이론들은 철학의 준비단계에서 배워야할 과제이지만, 그러나 반드시 지식이론들이 진리와 동등하다고 여겨서는 안 된다. 지식이론들은 진리를 이해하기 위해 필요한 수단들이다. 그럼에도 사람들은 지식이론들이 마치 진리에 도달하는 용이한 목적인 것처럼 여긴다. 이것은 잘못된 것이다. 그래서 우리가 고민하는 부분은 철학의 지식이론들과 신앙과는 어떤 연관성을 밝히는 것이다.

이 장에서 우리는 이중적인 문제에 한정하여 생각해 보려고 한다. 하나는 서구사상에서 전개되어 온 지식이론들을 배우는 일이고, 다른 하나는 그 지식이론들이 어떻게 기독교 신앙에 도움을 제공하는지를 배우는 일이다. 기독교 신앙은 대체로 철학의 지식이론들에 대해 긍정적이기보다는 부정적이다. 하나님을 아는 지식은 인간의 지식으로 인식할 수 없다고 단언하기 때문이다. 그래서 철학의 지식이론들은 기독교 신앙에 그다지 도움이 되지 않는다고 보는 것 같다. 하지만 이 장은 철학의 지식이론들이 기독교 신앙에 도움을 제공한다고 확신한다. 이는 지식이 상실된 채로 열정의 감정만을 주장하게 되면, 기독교 신앙의 토대는 흔들릴 수 있기 때문이다. 지식이론들은 일종의 사고의 토대를 구성하는데, 기독교 신앙이 튼튼해지려면 지식이론들을 알아야 한다. 우리가 읽고 있듯이, 잠언 19장 2절은 이렇게 기록한다. "지식이 없는 소원은 선치 못하고." 우리의 욕구나 욕망이 아무리 선하다고 해도, 지식이 없다면 그건 소용없다. 이처럼 우리의 욕구와 희망이 아무리 높다한들 지식으로 채워지지 않는다면, 우리 자신의 뜻은 이룰 수 없다. 삶의 냉혹한 현실은 우리에게 가르친다. 지식이 선행되어야 삶이 풍요롭다고 말이다. 이를테면 아무리 열정적인 선수들로 구성된 야구팀이 있다고 해도, 우승은 선수들의 열정만으로 이루지 못한다. 우승을 위해 선수들은 체력훈련과 같은 혹독한 기본은 당연하다. 하지만 기본훈련은 이미 지식이라는 유용한 방식, 즉 어떻게 운동을 해야 하는지의 지침서에 따른 학습이 선행되어야 한다. 따라서 철학의 지식이론들을 아는 일은 중요하고, 그것을 아무리 강조해도 과하지 않다.

지식이란?

지식에 관한 이론은 인식론이라고 했다. 지식에 관해 통례적으로 사용된 네 가지 개념들이 있다. 첫째로는 독사(doxa)가 있다. 독사는 상식적인 견해나 속견을 말한다. 이것은 지식의 영역에서 아직까지 추측하는 단계이지 완전한 지식의 단계에 이르지 못한 개념이다. 그래서 독사란 정확한 사실 관계를 파악한 후에 사용하는 말이 아니다. 둘째로는 에피스테메(episteme)가 있다. 에피스테메는 주관-대상에 대한 앎을 의미한다. 이 에피스테메라는 말에서 인식론이란 말이 파생되었다. 이것이 지식으로 간주되는 말이다. 셋째로는 프로네시스(pronesis)가 있다. 프로네시스는 양식 내지 사려 깊은 행동과 밀접하게 관련이 있다. 우리가 성급하게 행동하지 않고 심사숙고한 후에 행동하게 될 때 프로네시스란 말을 사용하게 된다. 아리스토텔레스는 이 프로네시스를 실천적 지식(또는 실천지)이라고 불렀다. 넷째로는 소피아(sophia)가 있다. 소피아는 근원적 진리를 파악하는 지혜(wisdom)를 가리킨다. 지식이론의 영역에서 최고의 단계로 간주되는 소피아는 단지 에피스테메나 프로네시스 개념들로부터 분리되지 않는다. 왜냐하면 앎과 행동은 지혜라는 소피아에 의해서 분별되기 때문이다.

그러면 다시 인식론의 문제로 돌아와서 그 의미를 논의해 보자. 인식론은 '에피스테메'(episteme)와 '로고스'(logos)의 합성어다. 쉽게 말하면, 인식론의 근원은 안다는 동사와 논리라는 명사가 결합하여 생성된 말이다. 무엇을 안다는 것은 무엇을 인식하고 있다는 것의 또 다른 표현이다. 무엇을 인식한다는 것은 그것이 무엇인지 알고 싶다는 의미가 내포되어 있다. 일찍이 플라톤은 『국가』에서 '선분의 비유'를 통하여 진정한 지식이 무엇인지를 다루었다. 이 때 그는 인식론이란 말을 사용했다. 여기서 플라톤은 지식에서 속견을 구분했다. 흔히 지식은 믿을 수 있는 것을 가리키고, 속견을 추측이나 추정하는 어떤 견해, 즉 확신할 수 없는 의견이나 견해를 가리킨다. 만일 우리가 '내 생각에는' 라는 말과 함께 자신의 견해를 밝힌다면, 그것은 속견에 해당한다. 반면에 '내가 아는 바로는'라는 말과 함께 자신의 주장을 펼친다면, 그것은 지식에 해당한다. 이렇듯 지식은 신뢰할 수 있는 근거가 되는 반면에, 속견은 근거가 없는 사견에 가깝다고 보면 된다. 그리고 지식과 속견을 변별하는 방식으로는 사람들이 인지하는 대상이 무엇인가에 따라 의존되기도 한다. 플라톤이 적절히 언급하듯이, 만일 사람들이 현실세계의 사물들을 인지한다면, 그것은 속견이라고 말하고, 만일 그가

형상(Form) 혹은 이데아(Idea)를 인식하게 되면 그는 그것을 지식이라고 부른다.[1]

플라톤은 인식 체계에서 지식을 설명하기 위해 무지라는 개념을 대비했다. 무지는 지식도 아니고 속견도 아닌 상태다. 사람들은 무엇인가 존재한다고 생각하지만, 사실 아무것도 존재하지 않는 경우가 있다. 이때 사람들이 인식한 대상은 아무 것도 없는 것, 즉 비존재(non-being)의 상태다. 따라서 속견은 지식과 무지의 중간 상태에 두고, 그 인식 대상이 존재와 비존재의 혼합된 개념으로 이해된다는 것이다.[2]

고대의 지식이론은 근대를 거치면서 학문의 토대로서 지식이 활용되기 시작했다. 학문으로서의 지식은 과학적 방식에 종속됨으로써 자연 속에 숨겨진 여러 활동에 대한 근본적인 원리들로 활용되었다. 이 시기에 프란시스 베이컨(Francis Bacon, 1561~1626)이 지식의 효용성과 적합성을 강조했다. 그는 매우 간명하게 표현했다. "아는 것이 힘이다"(scientia est potentia). 이전에 생각하지 못했던 지식은 일종의 힘이고 산업으로 정형화되기 시작했다. 전통적인 지식의 방식을 수정하려고 했던 베이컨은 관찰이라는 새로운 형식의 과학적 지식을 습득하기 위해 활용했다. 즉 자연에 대한 관찰을 통해서 지식은 새로운 것을 탐구하는 수단이 된 것이다. 따라서 관찰하여 수집된 지식의 양을 소유한 사람은 탐구의 결과에 영향을 미치게 됨으로써 지식이 곧 권력이 되어버렸던 것이다.[3]

그러면 지식이론에는 어떠한 오류도 없을까? 이러한 지식의 중요성에도 불구하고, 지식이론에 대한 몇 가지 오류들이 분명히 있다. 첫째로는 일반적으로 지식이 많으면 많을수록 더욱 지혜가 있거나 믿을 수 있다고 생각하는 오류가 있다. 우리 주변에 지식을 맹신하거나 과신하는 경향을 가진 사람들이 있다. 우리는 그들과 빈번히 마주친다. 그들과의 대화에서 우리는 다른 어떤 사람들보다 합리적이고 이성적이라고 과신하는 태도를 엿보게 되는데, 이는 그들이 다른 사람들보다 지식에 관해서 매우 현학적이라고 믿기 때문이다. 현학이란 종종 지식을 습득하는 과정에서 흔히 앓는 병이지만, 식자층의 사람들은 그 병을 좀 심하게 앓는다. 그런데 지식을 찬찬히 들여다본다면, 지식은 우리가 살아가는 삶에서 필요한 것 그 이상은 아니다. 지식이 없으면 마치 나침반이 없이 항해하는 인생과도 같다고 여기는 사람들이 의외로 많은데, 반드시 그렇다고는 볼 수 없다. 지식이 사고의 기초를 세우는 역할을 하는 것은 사실이지만, 그렇다고 지식을 맹신할 이유까지는 없다. 오히려 성경은 지식이 많으면 많을수록 인간에게 고통이나 번민을 더한다고 말하지 않는가. 전도서 1장 18절에서는 이렇게 기록되어 있다. "지식이 많으면 번뇌도 많다." 이 간결한 문장은 철학적 지혜를 우리에게 제공하는 것 같다. 전도자는 지식과 지혜를 대립함으로써 진정 삶에 가치를 말하려고 한 것이 아니라 삶에서 더 근본적인 것이 오히려 지혜라고 가르친다. 우리 시대는 지식의 홍수 속에 살아간다. 말하자면 지식이 넘쳐난다. 이러한 상황에 우리는 지식의 양이 지혜를 만든다는 오류에 빠지지 않아야 할 것이다.

둘째로는 지식이 진리라는 등식을 주장하는 오류가 있다. 지식은 오류를 범하는가. 지식은 진리를 만들어내는가. 실질적으로 너무 많은 양의 지식정보가 오히려 선택과 결정을 방해하고 하나의 걸림돌이 되기도 한다. 때로는 적은 양의 지식이나 단순한 지식이 더 좋을 때가 있다. 오해하지 않길 바란다. 지식이 불필요하다는 말이 아니다. 만일 그렇게 느꼈다면 그건 오해다. 지식은 우리의 삶에 필요하다. 없어서는 안 될 소중한 부분이다. 하지만 너무 과신하거나 맹신하지 말아야 한다. 지식이 반드시 진리에 이르는 길이 아니라는 사실을 알아야 한다. 어느 지식이 옳고 어느 지식이 그른지에 대한 것은 논의의 중요한 주제다. 그래서 사람들은 저마다 많은 양의 지식들을 진리로 선택하거나 결정하기 위해서 나름의 잣대를 들이댄다. 예컨대, 어떤 이는 성서가 절대적 잣대로 여기고, 그래서 성서에 근거하지 않는 것은 전부다 오류로 판단하는 사람이 더러 있다. 어떤 이는 인간을 절대적 잣대로 여기는 사람이 있다. "인간은 만물의 척도"라고 한 프로타고라스의 명제처럼, 사물에 대해 얻을 수 있는 모든 지식은 인간의 능력들에 의해 획득된다고 확신하는 사람이 더러 있다. 하지만 인간의 지식에는 여전히 한계가 있다. 혹 어떤 사람은 지식을 결정하는 절대적 잣대가 경험으로 본다. 이는 경험이 우리의 지식을 보장하는 지식으로 여기기 때문이다. 그러므로 지식이란 부분적이지 그것이 진리라고 확신할 수 없다.

셋째로는 지식이 실천으로부터 분리되어야 한다는 주장하는 오류가 있다. 지행합일(知行合一)이라는 말이 있다. 지식과 행동은 같다는 뜻이다. 지식과 행동을 별개로 또는 독립적으로 여기는 경향이 있다. 하지만 지식과 행동은 분리되는 것이 아니라 상호의존적이다. 만일 우리가 어떤 대상이나 사물을 안다고 한다면, 지식은 필히 행동을 수반할 뿐만 아니라 지식은 행동에 영향을 미치기도 한다. 기독교 신앙은 여호와를 경외하는 것이 지혜의 가장 근본으로 받아들임으로써 출발한다. 이는 지혜가 세상의 모든 지식 가운데 가장 근본이라는 것을 의미한다. 이 말은 옳다. 왜냐하면 세상의 모든 지식은 이미 편파적일 수 있고, 제한적일 수 있기 때문이다. 이런 이유에서 인간의 지식으로 세계의 모든 신비를 다 설명하고 이해할 수 있다고 주장한다면 그것은 오만이다. 다시 말해 인간의 지식이 절대적이지 않고 오류가 있다는 것을 인정해야 한다. 따라서 그 지식의 한계를 넘어서 하나님을 경외하게 되면, 그 지식은, 플라톤이 말하는, 소피아, 즉 지혜를 만나서 온전하게 된다.

이런 면에서 기독교 신앙은 지식을 등한히 하지 않는다. 지식은 지혜에 의해서 보완되고 완성되어 가는 것이다. 참된 지식은 여호와를 경외함으로 얻어진다. 하나님을 경외한다는 것은 하나님으로부터 지혜를 배운다는 것이다. 여기서 우리가 주의해야 할 것이 하나있다. 그것은 다름 아닌 인간의 지식이 절대적으로 믿을 수 있는 것이 아니라고 해서 세상 학문과 같은 지식을 포기해서는 안 된다는 것이다. 사실 기독교 신앙은 세상의 지식을 수용해야 하지만 그것이 절대적으로 신봉하지 않는다는 것을 강조한다. 인간의 모든 지식이 제한적이기 때문에 더 온전하고 완전한 하나님의 지혜로 덧입혀져야 하는 것이다. 그러므로 우리가 하나님으로부터 지혜를 배운다면, 우리의 지식이 더 온전하게 되고 그 지식이 지혜에 근본인 실천적인 지식으로 거듭날 것이다.

객관주의와 상대주의

다양한 철학의 전통들을 자세히 들여다 본 사람이라면, 세계를 인식하는 두 가지 지평들에서 해석할 것이다. 그 두 지평은 상대주의와 객관주의다. 상대주의와 객관주의에 관한 논쟁은 여전히 서양철학에서 유효한 논쟁이고 아직 끝나지 않은 논쟁이다. 최근에 블룸스버그 대학의 스티븐 할레스(Steven D. Hales)가 『상대주의와 철학의 토대』에서 간결한 말로 이렇게 말했다. "철학적 명제들은 어떤 관점에서는 참이지만, 다른 관점에서는 거짓이다."[4] 즉 사물에 관한 관점에서 만들어진 명제들은 그 대상과 입장에 따라서 객관주의가 되기도 하고, 상대주의가 되기도 한다. 특히 할레스는 객관주의와 상대주의를 "어떤 확실한 명제들에 대한 신념들을 획득하기 위해서 전개할 수 있는 인식의 방식"[5]으로 간주했다. 그가 설정하는 이 두 인식론적 방식은 넓은 의미에서 "정초주의"와 "반·비정초주의"로 축소하여 생각해 볼 수 있을 것이다.[6] 따라서 여기에서는 우리가 어떻게 세계를 아는가에 대한 물음에서 출발하는 인식론에 대한 유형들을 나열하면서 객관주의와 상대주의의 문제를 언급하고자 한다.

우선 인식론을 정의하자면, 그것은 "사물을 이해하는 방식 및 세계관이다." 한 가지 주목할 일은 세계를 바라는 방식이 획일적이지 않다는 데 있다. 어떤 사람은 세계가 아름답다고 보는 반면에, 어떤 사람은 세계가 추하다고 본다. 어떤 사람은 세계가 질서정연하다고 본 반면에, 어떤 사람은 그렇지 않다고 본다. 어떤 사람은 신은 존재한다고 보지만, 어떤 사람은 신이 존재하지 않는다고 본다. 그렇다면 이러한 차이는 어디서 연유된 것일까. 자신의 신념이나 주장은 자신에게서는 그것이 참이고 진리로 볼 수 있지만, 다른 사람의 견해에서 보자면 그것은 거짓이고 오류다. 결국 우리는 이렇게 말할 수 있겠다. 그 차이는 절대적 진리에 근거된 차이라기보다는 세계를 바라보고 이해하는 방식에서의 차이다. 말하자면 세계 자체가 우리의 인식에 영향을 주기보다는 우리의 인식에서 차이를 드러내는 것이다. 이러한 차이들은 철학적 논의에서 쉽게 찾을 수 있는데, 이를테면 아인슈타인의 주사위와 파스칼의 주사위의 예에서 찾아볼 수 있다. 아인슈타인은 "하나님은 세계에 주사위 놀이를 하지 않는다"라고 인식했고, 반면에 파스칼은 "하나님은 세계에 주사위 놀이를 하신다"[7]라고 인식했다. 아인슈타인과 파스칼의 차이는 명백하다. 그들은 사물을 보는 인식의 차이에 따라서 신에 대한 이해가 극명하게 차이를 드러냈다.

편의상 나는 객관주의와 상대주의를 네 종류로 분류하고자 한다. 그 종류들이란 약한 객관주의, 강한 객관주의, 약한 상대주의, 강한 상대주의다. 그러면 우선 객관주의와 상대주의를 해석하는 조건들은 다음과 같다. 객관주의는 "엄밀성," "정확성" "확실성" 혹은 "명증성"이라는 조건들에 의해서 특징짓는다. 이와는 달리 상대주의는 "의미", "가치," 혹은 "해석"이라는 조건들에 의해서 특징짓는다. 쉽게 말하자면, 상대주의의 인식적 조건들은 사물을 이해하는 관찰자의 행위가 결과에 직접적으로 영향을 미친다고 본 반면에, 객관주의는 관찰자의 인식적 행위가 영향을 미쳐서는 안 된다고 보는 것이다.

첫째로는 객관주의적 객관주의(objectivistic-objectivism)가 있다. 이는 강한 객관주의(strong objectivism)를 말한다. 대개가 엄격한 경험주의자나 합리주의자에게서 나타나는 사유의 틀로서 그들은 한편에서는 경험의 텍스트에 의존하고 있는 반면에, 다른 한편에서는 이성의 텍스트에 의존하고 있다. 이러한 텍스트에 의존성은 다른 어떤 것을 인정하여 판단의 유보를 허용하려 들지 않는다. 경험과 이성에 전적인 확신을 보내는 그들은 자신의 판단을 봉쇄해 버리는 잘못을 범하지만 엄격한 객관주의를 표방함으로서 진리에 가장 근접하다는 인식적 승자의 입장을 떠벌린다. 분석철학의 전통과 합리론과 경험론의 인식론들이 여기에 속할 수 있을 것이고, 과학에서는 논리실증주의와 과학적 실재론이 강한 객관주의를 표방한다. 그리고 신학에서는 문자주의나 신정통주의가 강한 객관주의의 유형에 속한다.[8] 그들은 자신의 잣대로 여타 학문들에 대한 견해들을 무의미한 것으로 판정해 버림으로써 더 이상 진리의 상대성을 허용하지 않는다.

강한 객관주의의 인식적 틀은 보편성과 독립성에 입각하기 때문에 매우 엄중함을 드러내는 것이 큰 특징이다. 기독교 신학의 예를 들어 보면, 이 문제가 한결 쉬워 보일 것이다. 강한 객관주의의 대표적 인물은 스위스 바젤의 신학자였던 칼 바르트(Karl Barth)일 것이다. 그는 자연신학을 거부하고 계시신학을 받아들였다. 인간의 이성적 역할은 단지 하나님의 계시를 인식하는 도구에 불과했다. 계시신학을 더 전개하기 위해서 그는 신정통주의(neoorthodox)라는 신학의 유형을 주장했다. 그에 따르면 신은 자연 속에서 인간에 의해서 찾아지는 것이 아니라 하나님이 인간을 찾아오신 것이다. 인간의 언어나 문화에 의해서 찾아지는 신은 자의적 신일 것이고 문화적 신이다. 따라서 인간에 의해 찾아지는 신은 이미 객관주의의 이해와는 거리가 있는 것이다. 그러나 바르트가 고백하듯이, 우리의 문화나 관심에서 하나님을 발견하는 일은 매우 쉽지 않다. 왜냐하면 신은 "절대 타자"(wholly other)이기 때문이다. 그러므로 신은 우리의 문화, 언어 그리고 사유를 초월해 있는 객관적 실재다. 바르트에게서 우리가 배울 수 있는 것은 인간의 인식이란 것 자체가 제한성을 포함하고 있기 때문에 아무리 우리가 실재를 잘 인식했다고 해도 그가 절대 실재가 아닐 수 있다. 그런 점에서는 실재를 이해하는 그의 판단을 매우 높이 평가할 수 있을지 모른다. 하지만 강한 객관주의가 학문의 엄격성을 제공할지는 모르지만 너무 과한 것을 요구한다고 보인다. 강한 객관주의가 상대 인식론을 대항하기 위해 어떤 과격함을 표출하는 것은 좋으나 그것이 오히려 학문의 엄격성을 훼손하는 것처럼 보인다. 이 엄격성이 자칫 세계를 해석하는 방식에서 고담준론(高談峻論)으로 비쳐질 가능성이 있기 때문이다.

둘째로는 상대주의적 객관주의(relativistic-objectivism)가 있다. 이것은 약한 객관주의(soft objectivism)로 표현된다. 약한 객관주의는 엄밀성과 보편적 원칙과 같은 일관적 주장에 따른 객관주의를 고수하지만 그렇다고 상대주의적 강조점들을 배제하지 않는다. 말하자면 약한 객관주의는 상대주의가 강조하는 조건들인 의미와 가치, 삶의 양식과 해석과 같은 입장을 고려하고 받아들이는 것이다. 하지만 상대주의적 객관주의는 세계를 해석하는 전략이 상대주의가 주관주의나 임의적 해석에 빠지지 않도록 경계하는데 있다. 약한 객관주의는 강한 객관주의처럼 엄격하고도 엄밀한 잣대에서 사물을 해석하는 것을 거부한다는 점에서 다소 유화적이다. 이는 상대주의로부터 무언가를 배울 수 있다는 자세를 취함으로써 그것의 인식적 태도를 포용하기 때문이다. 강한 객관주의가 너무 극단적인 태도를 취함으로써 세계를 이해하는 틀이 너무 좁아서 보다 넓은 세계의 다양성을 보지 못한 약점들이 인식의 걸림돌이 된다는 것을 깨닫는 상대주의적 객관주의자들은 이런 면에서 세계의 다른 인식론에 개방하여 대화를 시도함으로써 다소 약한 객관주의로 옮겨가고 있는 것처럼 보인다.

약한 객관주의는 개혁주의 인식론자인 리처드 스윈번, 앨빈 플랜팅가, 니콜라스 워터스토프 등의 이름들이 떠오른다.[9] 개혁주의 인식론자들은 대체로 칼빈주의의 신앙에 근거하여 신학과 철학을 연구하는 사람들이다. 그들은 엄격한 객관주의의 입장을 고수하지만, 상대주의의 입장을 무조건 거부하지 않는다. 철학과 인식론에 의해 훈련받은 그들은 대부분 기독교 철학자들로서 객관주의자들이다. 다만 강한 객관주의에 대한 비판에서 그들은 학문에서 발생할 수 있는 모든 편견, 선입견, 부당한 추측들을 제거하기를 서슴지 않는다. 그들이 말하는 객관주의란 어떤 신념들이 다른 신념들의 증거적 지지가 없어도 올바르게 유지될 수 있을 뿐만 아니라 믿을 수 있다는 입장이다. 그들이 생각하기에는 강한 객관주의는 증거주의의 원칙이 너무 강하다고 보았고, 이것이 오히려 객관주의의 걸림돌로 작용하여 그들이 믿는 신 존재에 대한 명제들을 무효화할 위험이 있다고 진단한다.

그들의 논지는 신의 존재나 신에 대한 믿음을 옹호하고자 강한 객관주의를 버리고 상대주의의 입장을 유연하게 받아들여 그들의 정당성을 유지하는 것이다. 강한 객관주의는 증거주의의 원칙에 근거하여 다음과 같이 주장한다.

(1) 신에 대한 믿음은 그것을 정당화하기 위해 충분한 증거를 가지고 있어야 한다.
(2) 신의 존재에 대한 믿음은 충분한 증거를 제공할 수 없다.
(3) 따라서 신에 대한 믿음은 거짓이거나 오류다.[10]

결과적으로 강한 객관주의자들은 신 존재나 믿음이 자명하지도 않고 그렇다고 경험적으로 옳은 것이 아니기 때문에 객관적이지 않다고 반론한다. 이러한 비판에 대해 약한 객관주의자들은 합리적인 신앙이 되기 위해 증거가 반드시 요청하는 것인지를 묻는다. 합리적인 신앙은 반드시 증거를 요구하지 않는다. 왜냐하면 믿음은 증거에 근거된 논증을 필요로 하지 않기 때문이다. 이 주장은 다소 억측같이 들릴 수 있지만, 그들은 인식론적으로 매우 중요하다고 본다. 강한 객관주의는 이미 "정당화된 신념들을 부정한다." 하지만 우리의 인식구조는 수정될 수 없는 단호한 신념들을 이미 포함하고 시작한다. 이를테면, "오늘 아침에 식사를 했다," "늦가을의 하늘은 너무 청명하다," "자연은 온통 노랗게 채색되었다"와 같은 감각적 신념들이나 "5 더하기 5는 10이다," "총각은 결혼하지 않은 남자다," "삼각형은 세 변을 갖는다"와 같은 이성적 신념들은 이미 정당화된 신념들인데, 이러한 신념들은 논증을 위해 증거를 필요로 하지 않는다.[11] 따라서 약한 객관주의는 신념을 형성하고 정당화하는 기능으로서 객관주의를 상정하지만 그것이 유일한 신념을 형성하는 기능은 될 수 없다.

셋째로는 객관주의적 상대주의(objectivistic-relativism)가 있다. 이것은 약한 상대주의(soft relativism)이다. 이 약한 상대주의는 상대주의의 주장을 정당화하기 위해서 객관주의적 조건에 의해 검증하려는 입장이다. 이들의 입장은 과정철학과 후기비트겐슈타인의 철학에서 발견된다. 이들의 철학들이 약한 상대주의에 대해 취하는 입장은 하나같이 다원성과 다양성과 밀접하게 연결되어 있다. 실재는 하나가 아니라 여럿이며 다양하다. 알프레드 화이트헤드(Alfred N. Whitehead, 1861~1947)와 찰스 하츠혼(Charles Hartshorne, 1897~2000)에 근거한 과정철학은 자연을 살아 있는 유기체로 이해하는 철학이다. 근대의 기계론적 세계관을 반대하는 과정철학은 사물을 과학에서 배제되거나 무시되어 온 도덕적인 것들을 포함하여 모든 미적인 것들로 이해한다. 이는 "자연이 아름다움과 자유의 향유를 생산하는 거대한 조직"[12]이기 때문이다. 따라서 자연은 느낌의 주체들과 대상들이 한데 어울려 거대한 조직을 통일하여 전진하는 일종의 과정이다.

과정철학을 좀 더 구체적으로 설명해 보자. 과정철학은 자연의 실재를 현실적 존재(actual entity)로 파악했고, 이 현실적 존재를 느낌이나 경험의 개념으로 이해한다. 그런데 흥미로운 것은 느낌의 주체이면서도 대상인 현실적 존재는 하나이면서 다수다. 무엇이 존재한다는 것은 이 경험적이다. 그런데 존재하고 있는 모든 것은 다양한 '경험의 물방울'(a drop of experience)을 포함하고 있다. 근대에서 언급한 존재는 다른 어떤 것과 완전히 독립된 것이 아니라 모든 것에 의존한다. 그러기 때문에 현실적 존재는 수없이 많은 경험들과 연결되어 있는 관계적 존재다.

약한 상대주의는 화이트헤드와 마찬가지로 찰스 하츠혼(Charles Hartshorne, 1897~2000)의 철학에서도 발견되는데, 그는 현실적 존재를 대조와 양극성의 원리에서 이해한다. 모든 관념들은 대조를 필요로 할뿐만 아니라 양극적인 원리를 가지고 있다는 것이다. 보편성과 개별성, 구체성과 추상성, 일원론과 다원론, 통일성과 다양성을 동시에 포함한다. 이런 이유에서 하츠혼은 순전한 객관주의와 상대주의를 극복한다. 하지만 그가 말하는 상대주의는 모든 대상에 상대적이지만 결코 주관적인 형식은 아니다. 이것이 하츠혼이 우리에게 설명하려는 이유다.

특히 그는 인식론의 '중용의 원리'를 논하고 있는데, 이는 양극단을 배격하고 자신의 새로운 형식을 가지는 모델을 옹호하기 때문이다.[13]

언어의 본질을 파악하려는 일체의 노력을 포기하는 후기비트겐슈타인도 상대주의적 인식론적 입장이다. 후기비트겐슈타인의 철학은 비트겐슈타인이라는 철학자가 자신이 가르치고 강조한 처음 철학적 견해에 반대하면서 생겨난 철학이다. 그가 강조하고자 한 것은 한 개인의 독립적이고 독창적인 생각으로 세계가 이해되지 않는다는 것이다. 무엇을 말하는가. 우리가 이해한 세계는 이미 우리가 배운 문화나 공동체 또는 언어에 의해서 세계가 이해되기 때문에 독립적이거나 독창적으로 세계가 이해된 것이 아니다. 즉 이것은 우리의 인식이 결코 주관주의가 되지 않는다는 것을 말하려는 것이다. 그래서 그는 주관주의에 빠지지 않는 인식론을 강조했다. 후기비트겐슈타인의 언어철학은 '삶의 양식,' '언어놀이,' '가족성'의 고유한 개념들을 통해서 본질주의, 표상주의 혹은 정초주의에 비판적일 뿐만 아니라 세계의 인식은 그러한 것들을 포기할 때 해방감을 느낀다고까지 말한다. 그러므로 객관주의적 상대주의는 주관성과 임의성에 빠지지 않기 위해 엄밀성과 정확성과 같은 객관주의적 원리로 균형을 이루고자 한다.

넷째로는 상대주의적 상대주의(relativistic-relativism)가 있다. 이것은 강한 상대주의(strong relativism)다. 강한 상대주의는 판단의 주관성과 임의성을 다른 인식적 구조보다는 상대적으로 더 강조한다. 이 견해는 합리성, 엄밀성, 정확성과 같은 기준에 따라서 실재를 표상하거나 그것의 본질을 드러낼 수 있다는 객관주의의 입장에 전면적으로 부정한다. 그러면서 강한 상대주의는 사물을 인식하는 토대는 이미 사라졌다고 단언한다. 어느 것이 옳고 그른지를 판정하는 어떠한 기준은 존재하지 않는다. 이 견해는 이른바 비정초주의 철학에 의해서 제안된 견해다.

우리 시대에 상대주의적 상대주의자는 아마도 리처드 로티(Richard Rorty, 1931~2007)와 폴 페이어아벤트(Paul Feyerabend, 1924~1994)를 호명할 수 있을 것이다. 철저하고도 단호한 상대주의자들인 그들은 플라톤이후 그러한 진리의 본질을 찾아 떠나는 인식론적 여행을 종식시켜야 한다고 강하게 주장한다. 그렇다면 그들이 추구하는 인식론적 목표는 어딘가. 그것은 다름 아닌 '인류를 위한 연대'와 '자유로운 사회'다. 그들에게 있어서 상대주의란 결국 진리가 상대적이거나 아니면 존재하지 않는다는 것인데, 이미 진리가 없어진 상황에서 철학이 영원하고도 보편적인 만고의 진리를 탐구해야 한다는 설정 자체가 왠지 어리석다는 것이다.

로티는 보편적 진리의 토대 구축작업을 해체시키는 근본적인 이유는 언어 사용 때문이라고 했다. 우리가 무엇인가를 기술하고 주장하려면 우리는 반드시 언어의 수단을 통해야만 하지만, 우리가 언어의 내용을 자세히 분석한다면, 언어의 발생과 형성은 우연적이지 필연적이지 않다는 것을 알게 된다는 것이다. 그리고 언어는 합리적으로 기술되지 않는다. 결국 우리가 알 수 있는 한 가지는 바로 언어의 사용과 그것의 선택이 합리적 근거나 타당성에 의해서라기보다는 경험에서 학습된 일종의 우연에서 가능하다는 것이다. 그래서 언어의 발생과 형성이 아이러니하다. 그런 의미에서 로티는 세계가 필연적이라기보다는 우연적이기 때문에 상대적일 수밖에 없다고 단언했던 것이다.[14]

칼 포퍼의 '비판적 합리주의'(critical rationalism)에 대해 신랄하게 비평하는 페이어아벤트는 로티보다 위험한 경계에 더 나아간 인물이다. 그는 과학의 모든 합리성 자체를 일절 부정한다. 페이어아벤트가 꿈꾸는 것은 자유로운 사회에서의 과학이다. 어떠한 이념이나 문화적 제국주의의 통제를 받지 않는, 말 그대로 '자유로운 사회'(free society)에서 과학을 행하는 것이다. 그럴 때만이 진정한 과학은 인류에 공헌하게 된다는 것이다.[15] 이와 같은 목표 위에서 그는 서구 문화에 나타난 지적인 모습이야말로 가공할만하게 독단적이면서도 이데올로기적 제국주의에 물들어 있고, 과학의 모든 실행이 인식론적 획일성에 질식하는 상태로부터 치유될 수 있다고 진단했다. 이것에서 해방되는 길은 진정 "문화적 다양성"을 수용하는 일이다.[16] 말하자면, 로티와 페이어아벤트로부터 배울 수 있는 것은 인간을 향한 사랑과 자유로운 사회 속에서 인류와 서로 연대하는 것이다. 동료인간에 대한 사랑은 아무리 강조해도 지나치지 않다. 인식론의 범주에서 논의하는 과학이나 철학 혹은 인문학이 가야할 궁극적인 방향이자 목표는 결국 인간에 대한 사랑이기 때문이다. 2007년 6월 8일에 타계한 리처드 로티는 인식론의 정당성은 늘 "승자들의 관점"에서 시작한다고 주장했는데, 그의 말이 옳다. 인류가 인식론의 관점이나 잣대보다 더 숭고하고 고귀한 것들이 분명 존재한다는 것을 용인할 때에, 사회는 인류를 향한 사랑과 함께 연대하면서 자유로운 사회 속에서 살게 될 것이다.[17] 하지만 강한 상대주의는 이런 문제를 야기할 수 있다. 즉 이 강한 상대주의는 어느 사회가 개인을 간섭하거나 통제할 수 없다는 아나키스트적 사회가 될 위험이 다분히 있을 수 있다는 것이다.

합리론과 경험론

서구전통은 대체로 합리론과 경험론으로 양분되었다. 합리론이 대륙을 중심으로 발전한 반면에, 경험론은 영국을 중심으로 발전했다. 대륙의 기질은 합리적 방식으로서 이성을 지식의 근원으로 보았다. 이와는 달리 영국의 기질은 경험적 사유로서 경험을 지식의 근원으로 보았다. 영국의 사유는 이미 『학문의 진보』와 『새로운 오르가논』이라는 놀라운 작품을 쓴 프란시스 베이컨을 통해 과학적 관찰의 근저로서 경험을 지식의 중요한 개념으로 이해했다. 그래서 서구철학에서 이성과 경험이 지식을 근거 짓는 기본 개념으로 작동되었다.

합리론의 진영에는 르네 데카르트, 바루흐 스피노자, 고트프리트 빌헬름 라이프니츠 등과 같은 세 명의 유명한 철학자들이 포진해 있었다. 그들은 이성의 일차적인 사유방식을 가지고 세계를 이해하고 해석하려고 했다. 반면 경험론의 진영에서는 존 로크, 조지 버클리, 데이비드 흄과 같은 유명한 철학자들이 포진하고 있었다. 이 두 유형의 인식론은 서구의 사상사에서 제각기 다른 강조와 가치를 주장함으로써 서로 화해할 수 없는 분위기가 조성되고 있었고, 또 서로에 대한 논쟁거리가 되기도 했다.[18]

우선 합리론을 살펴보자. 합리론이 역사적으로 그리스인과 더불어 시작하면서 지식의 근원으로서 이성을 받아들인 것은 매우 놀라운 일이었다. 이성이란 사유하는 속성이고, 그리고 그것이 생각에서 제일 중요한 속성이다. 일반적으로 합리주의는 세 가지 중요한 특징으로 설명된다. 첫째로는 실재가 논리적 구조를 가지고 있다는 것이다. 세계가 존재하는 것은 우리가 볼 때 그냥 단순히 있는 것처럼 보인다. 어떠한 합리적인 설명을 할 수 없는 것처럼 말이다. 하지만 합리주의 철학자들은 이 세계가 막연히 혹은 우연히 존재하는 것이 아니라고 가르친다. 세상은 상당히 논리적인 구조를 가지고 진행되어 왔다는 것이다. 이런 열정으로 합리주의자들은 세계를 논리적으로 설명할 수 있다고 보았다.

둘째로는 합리주의자들이 선험적으로 어떤 본유적 관념(innate idea)이 있다고 믿는다는 것이다. 본유적 관념으로서의 지식은 전통적으로 감각, 느낌, 자각, 욕망 등의 속성과는 구별한다. 이것은 지식을 경험과는 구분하기 위해서다. 합리주의자들에 있어서 경험은 인간에게 오류를 가져다준다. 하지만 이성은 논리적 합리성을 수반하기 때문에 세계는 이미 논리적 필연성이나 자명성이 존재한다. 이를테면 우리는 2+3=5라는 수학적 지식과 같은 믿음을 예로 들 수 있다. 2+3=5라는 수학적 지식은 자명하다. 누구도 부인하지 못한다. 그런데 이것이 자명한 이유는 뭔가. 그것이 경험에서 얻었기 때문일까. 아니면 어디서 그것이 자명하다는 것을 알 수 있을까. 그것이 자명한 지식이라고 믿는 것은 경험으로 얻을 수 있는 지식이 아니라 그것이 진리라고 받아들임으로써 아는 지식이기 때문이다. 이러한 지식은 마치 어떤 믿음의 단계에 속한 지식과 같다. 믿음이란 인간의 경험이나 인식을 초월해 있는 어떤 지식이 존재한다는 것을 받아들이는 것이다. 합리주의자들은 이런 지식을 아프리오리 지식(a priori knowledge)이라 부른다. 아프리오리는 선험적 혹은 경험을 초월한 지식이나 경험 이전의 지식을 가리킨다.

셋째로는 합리론에서 이성은 사물을 판단하는 절대적 잣대라는 것으로 작용되었다. 역사적으로 이성은 근대시대의 산물이다. 중세시대의 큰 몰락의 원인 중 하나가 이성의 등장이었다. 이성은 세계와 사물을 판단하는 절대적인 기준으로 승격되었다. 이전시대, 즉 중세시대에서는 하나님의 관점에서 세계가 해석되지만 근대가 등장하면서 세계가 이성으로 재해석되었다. 이성의 역할은 인간의 활동과 밀접히 관련하면서 중세시대에 역량을 펼쳤던 하나님의 통치를 상대적으로 약화시켰다. 새로운 시대의 흐름은 이전의 시대를 과하다 싶을 정도로 혹독하게 평가하는 경향이 있는데, 중세시대에 앉아있었던 신의 권좌에 이성이 그 자리를 대체하게 되었다. 기독교 신앙을 이해하기 위해서도 이런 시대적 배경을 이해하는 것은 중요하다. 결국 합리주의는 계몽주의라는 거대한 산맥을 형성하는 출발점이 되었다. 상대적으로 이 시기에 종교나 신앙이 왜소해졌거나 무용해졌다고 보인다.

그러면 합리론을 근거로 삼는 이성은 현실적 사회에서 어떤 유익성을 제공할까? 그것은 아마도 합리적 사고일 것이다. 합리적 사고는 비판적 사고를 전제로 한다. 한 특정한 사회에서 이성의 합리적 사고를 수용하게 되면, 기존의 닫힌사회나 전체주의적 사회는 발을 딛지 못할 것이다. 즉 영국의 철학자 칼 포퍼(Karl Popper)가 말했듯이, 합리적 사고는 "열린사회"(open society)다. 한 특정한 사회에서 구성원들은 그들 각자가 결단을 내리고 판단한다. 이 때 각 구성원들은 자유로운 비판과 합리적 이성으로 억압하는 사회를 저지한다. 포퍼는 독재적 인물이나 위대한 인물에 대한 맹목적 숭배를 따르지 않는 것은 열린 정신, 즉 이성의 역할이라고 주장한다. 『열린사회와 적들』 1권 서문에서 그는 다음과 같이 적고 있다.

"이 책 속에서 인류의 지적 지도자 가운데서 가장 위대한 몇 사람에 관해 비난하는 말이 있다 하더라도 독자들은 나의 의도가 그들을 헐뜯고자 함이 아니라는 것을 이해하기 바란다. 오히려 그것은 우리의 문명이 살아남으려면 위대한 인물에 맹종하는 습관을 타파해야 한다는 나의 확신에서 나온 것이다. 위대한 인물들은 엄청난 큰 실수를 저지를 수 있다. 그리고 … 과거의 몇몇 위대한 지도자들은 자유와 이성에 대해 끊임없이 가해지는 공격을 지지했다. 거의 도전받은 적 없는 그들의 영향력은 문명의 성쇠를 걸머진 자들을 계속 오도하고 또 그들을 분열시켜 왔다. 우리가 명백히 우리의 지적 유산의 중요한 부분인 이것들에 대한 솔직한 비판을 주저한다면 이런 비극적이고 거의 치명적인 분열은 우리가 책임져야 한다."[19]

이처럼 열린사회는 이성을 통해 자유롭게 비판적 기능을 중요시해야 한다. 그럴 때에 개개인이 개인적인 결단과 선택을 내릴 수 있는 '열린사회'가 될 것이다.

이성을 중시하는 합리론과는 달리 경험론은 지식을 선험적이라고 용인하지 않는다. 합리론의 경쟁적 인식론인 합리론은 경험 그 자체를 지식의 일차적이고도 근본적인 근원으로 믿는다. 존 로크는 인간 최초의 단계에서 아무런 지식을 가지고 있지 않다고 해서 '타불라 라사' (Tabular rasa), 즉 '빈 서판' 또는 '흰 백지 상태'의 개념이라고 불렀다. '타불라 라사'는 정신이란 아무런 특성이나 관념을 가지고 있지 않은 텅 빈 백지와 같은 상태를 말한다. 이 백지상태에서 인간의 정신은 육체와 더불어 성장하면서 여러 가지 관념들을 알거나 습득하게 된다. 그것이 우연이나 필연이든지 정확히 말하기는 어려워도 경험이란 한 인간의 정신 속에 진입한다.

제일 처음에 정신 속으로 들어오는 것은 "단순 관념"(simple idea)이다. 그러면 단순관념들은 무엇을 말하는가. 그것들은 '차가움'이나 '빨강' 또는 '향기'와 같은 최초의 관념들이다. 아직 다양한 것들과 조합되거나 연결되지 않은 상태의 관념들인데, 그 관념들이 인간의 감각 기관을 통해서 진입한다. 하지만 여기서 '단순' (simple)이라고 부른 것은 관념들이 '단 하나'의 감각기관을 통해서 사람의 마음에 들어오기 때문이다. 이를테면 장미의 '향기'의 관념은 단 하나의 감각기관, 즉 '후각'을 통해서 들어오고, 얼음의 '차가움'은 단 하나의 감각기관, 즉 '촉각'을 통해서 들어온다는 것이다.

마음에 단순관념들이 들어오면 경험은 하나의 재료로 누적된다. 그런 다음에 그 관념들은 능동적으로 서로 결합하게 된다. 이 때 결합된 그 관념들이 '복합 관념'(complex idea)으로 형성된다. 이를테면, 사람이 설탕의 한 조각의 복합 관념을 형성하기 위해서 흰색, 달콤함 그리고 딱딱함이라는 단순 관념들을 결합하여 하나의 설탕을 만들어내는 것이다. 이처럼 경험을 지식의 근원으로 믿었던 경험주의 철학자들은 이 복합 관념이 경험들을 이끌어내고 만들어내는 역할을 한다고 주장했는데, 크게 세 가지로 요약될 수 있다. 첫째, 단순 관념들의 복합체로서 아름다움, 감사, 사람, 군대, 우주 등은 복합 관념이다. 둘째로, 두 개념들을 나란히 비교하여 생성되는 복합 개념으로서는 더 크다거나 더 작다 등으로 만들어지는 것도 복합 관념이다. 셋째로, 우리의 일상에 추상적으로 생각하는 개념이 형성되는데, 이것을 추상개념이라 한다. 예컨대 '푸름'과 같은 추상개념도 복합개념이라 부른다.

경험주의자들은 단순 관념과 복합 관념 속에 그것들을 서로 연관시켜 주는 구조가 있다고 믿었다. 그들은 이 둘의 관념들을 연관하는 것을 일종의 성질들이라고 설명하였고, 그것들은 제1성질과 제2성질이 있다. 제1성질은 외부에 존재하는 것이고, 제2성질은 내부에 존재한다. 제1성질은 연장, 크기, 위치, 운동, 정지 및 모양과 같은 것들이다. 제2성질은 색깔, 소리, 맛, 냄새, 촉감 등이다. 앞서 언급했듯이, 제2성질을 통해서 단순 관념이 지식으로 진입한다. 그것은 인간의 정신 속에 있는 것과 바깥에 존재하는 것이 결합되면서 이른바 인간의 경험이 시작된다는 이론이다.[20]

그러면 경험론이 근거를 삼는 경험이 현실적 사회에서 제공하는 유익성은 무엇일까? 그것은 아마도 관계적 사고일 것이다. 사물들의 연관성에서 경험을 이해하기 때문에 경험론은 인과율의 개념을 극대화한다. 만일 A가 주어지면 B가 뒤따르고, A가 주어지지 않으면 B가 발생하지 않고, A가 하나의 조건으로 주어질 때에 비로소 B가 인과적으로 발생한다. 이 규칙적인 관계가 원인과 결과를 추론하게 되는데, A는 원인이라고 하고, B를 결과라고 한다. 비록 이 인과율이 필연적인 연결이 아니라고 해도, 경험론은 인과적인 사고를 제공한다. 따라서 경험론의 유익성은 인과적 사고가 경험에 의해 보장되고 옹호되는 것이기 때문에 지식의 구성에 있어서 과학적 방법, 즉 경험적이고 실험적인 개념과 세계에 대한 사실적인 지식을 제공하는 것이다.

실재론과 관념론

외부세계에 관한 지식이 실제로 존재하는가? 아니면 그것은 단지 관념인가? 이 문제는 철학사에서 오래도록 논쟁거리다. 전자는 실재론이라고 부르고, 후자는 관념론이라고 부른다. 실재론은 시각, 청각, 촉각, 후각 그리고 미각이라는 오감에 의해 직접 인식할 수 있는 대상들이 실제로 존재한다고 믿는 견해다. 이를테면, 나무, 의자, 책상, 분필, 책 등과 같은 물리적인 대상들은 그것을 바라보거나 인식하는 사람과는 상관없이 실제로 존재한다. 비록 우리가 그것을 지각하지 않을 수 있고 또 그것의 존재를 의식하지 않더라도 그러한 물리적 대상들은 있는 그대로 놓여있다. 인간의 의식과 인식과 무관하게 실재가 거기에 존재하고 있다는 점에서 실재론이라고 명명한다. 이와는 달리 관념론은 존재하는 것이 물질이 아니라 궁극적으로 정신적인 것이라고 믿는 견해다. 이를테면 감각자료가 정신적인 것이기 때문에 오직 우리가 알 수 있는 것은 관념 외에 다른 것이 아니다.

스텐포드 철학 백과사전에 따르면, 실재론의 문제는 "현대의 형이상학에서 가장 뜨겁게 논쟁화된 쟁점들 중 하나다."[21] 이는 외부의 대상이 우리의 감각과 사유와는 무관하게 존재하고 있는가에 대한 논의 때문이다. 실재론에 대한 일반적인 측면은 주로 두 가지다. 첫째로는 현존하는 실재와 그것의 속성들이 존재한다고 보는 측면이다. 이것은 육안으로 보이는 거시적인 일상세계에 그대로 나타난다는 것이다. 하늘의 달, 지구, 천체, 돌멩이들은 실제로 현존하고 있고, 또 그것의 속성들이 존재한다. 그래서 실재론자들은 눈, 귀, 혀, 코, 피부의 감각기관들이 외부세계의 존재를 믿을 수 있고 또 변별하도록 도움을 제공한다는 것을 주장한다. 흔히 이런 현존의 실재를 '소박한 실재론' 혹은 '상식적 실재론'이라 부른다.

둘째로는 실재가 독립적으로 존재한다는 측면이다. 존재하는 모든 것은 인간의 사유와 감각과는 완전히 분리하여 존재한다.[22] 외부 세계에 현실세계가 실제로 존재한다는 것은 정신이나 관념이 실재에 접근하기 때문에 존재하는 것이 아니라 이미 존재하고 있는 것이 정신이나 관념에 나타난다는 것이다. 그래서 우리는 이 실재론을 '표상적 실재론'(representative realism)이라고 부른다. 표상적 실재론은 마치 사진이 세계의 실재를 정확히 묘사하듯이, 세계의 물리적 대상을 정신이나 관념을 통해서 정확히 재현하거나 표상된다는 것이다.[23]

구체적으로 말하자면, 실재는 정신과 관련하지만 그것과는 독립적으로 존재한다. 그런 의미에서 실재는 "본질적인 특성"을 가지고 있다.[24] 즉 실재론이 제공하는 가치와 의미는 그것의 정확한 사실과 독립적 실재가 분명히 존재한다는 것이다. 특히 신학의 경우에 신 존재는 인간의 감각이나 관점과는 독립적으로 존재한다는 의미에서 실재론의 한 유형이다. 대부분 신의 존재는 인간의 정황이나 관점에 따라서 다르게 해석되거나 의미를 부여하지만, 신은 인간의 사유와 감각을 초월하여 독립적으로 존재하는 것이다.

관념론은 실재론과는 정반대의 견해다. 관념론이 서구철학에서 두각을 드러낸 것은 버클리와 헤겔의 노력이었다. 그들에 따르면, 세계는 정신에 의해서 시작되고, 정신만이 유일하게 존재한다. 영국 성공회의 주교였던 버클리(George Berkeley, 1685~1753)는 물질이나 그것의 속성들을 부정한다. 그는 "존재하는 것은 지각된다"(esse est percipi)고 믿었다. 이것은 물리적 대상이 지각되지 않는다면, 그것의 존재는 없다는 뜻이다. 우리가 '어떤 물리적 대상 z가 존재한다'고 말했다고 하자. 물리적 대상 z가 존재한다고 말하는 것은 '자아'다. 자아는 내가 그것을 보고 느낀 물리적 대상이 존재한다고 말하는 자아다. 이것은 '존재한다'라는 관념이 물리적 대상 이전에 주어졌다는 뜻이다. 예를 들어 만일 누군가가 공부하다 책상 모서리에 다리가 부딪쳤다면, 그는 아프다고 소리칠 것이다. 이때 '아프다'라는 관념이 존재하고 있기 때문에 물리적 대상을 지각하게 되는 것이다. 버클리의 관념론을 다소 간소화하면 다음과 같이 표현할 수 있다. 물리적 대상 z보다 선행하는 '존재한다'라는 관념 외에 다른 어떤 직접적인 대상을 가지고 있지 않기 때문에 z에 대한 지식은 '존재한다'와 같은 관념에 의해서만 지각되어진다. 따라서 지각되지 않는다는 것은 존재하지 않는다는 결론에 이르게 된다. 역으로 말하면, 존재하는 모든 것은 지각된다는 것이다.

헤겔의 관념론은 버클리와는 다른 관점이다. 버클리는 경험주의적 전통을 그대로 유지하지만, 헤겔은 합리주의적 전통을 유지한다. 헤겔의 철학적 중심에는 우주가 오직 정신적인 것으로 구성되어 있다. 그래서 그는 잘 알려진 명제, "이성적인 것은 현실적이고, 현실적인 것은 이성적이다"라는 명제를 주장했다. 정신은 모든 지식의 근원이자 내용이다. 정신을 떠나서 우주에 대한 인식은 불가능하다. 오직 정신을 이해할 때에야 비로소 우리는 우주와 그 곳에 있는 모든 것을 이해하게 된다. 어떻게 이것이 가능할까. 그의 설명은 아주 명쾌하다. 우주가 존재한다는 것은 이미 관념이 선행되기 때문에 가능하다는 것이다. 만일 우리가 책상을 바라본다면, 책상은 그 속에 포함된 어떤 정신이라는 관념을 바라보고 있는 것과 같다. 이를테면 책상은 그냥 존재한 것이 아니다. 그것은 이미 목수의 정신이나 관념 속에 있었고, 그 관념이 현재의 책상의 모습으로 나타난 것이다. 우주라는 것도 마찬가지다. 우주가 하나의 물리적 존재이기 때문에 어느 절대자의 정신 속에 있었다. 그 절대자의 정신이나 관념이 현재의 우주를 탄생시켰다.

이런 맥락에서 헤겔은 우주에는 무수히 많은 보편적 관념들이 존재한다고 확신했다. 보편적 관념들이 사물을 생성시키고 만든다. 그러므로 물리적 대상을 인식한 것은 그것에 관해 인식한 것이 되고, 그것이 바로 보편적 관념이나 관념들의 총체들이라는 이른바 '정신철학'을 토대화한다. 헤겔의 정신철학이 우리에게 주는 유익성은 정반합이라는 변증법적 체계를 내세워 역사의 목적론적 운동으로 전개시켰다는데 있다. 주관적 정신을 정립(thesis)으로, 객관적 정신을 반정립(antithesis)으로, 그리고 절대정신을 종합(synthesis)으로 이해함으로써 헤겔은 우주의 점진적인 발전과 자유로운 사유의 정신적 영역을 구체화하여 실재나 세계가 정신의 목적을 향해 변화되고 발전되어가는 능동적인 정신 활동으로 간주했던 것이다.[25]

실재론과 관념론의 문제들은 그들의 지나친 입장의 강조에서 드러난다. 실재론은 우리가 경험할 수 있는 현실세계가 실제로 알 수 있는가 하는 문제다. 우리의 경험이란 기껏해야 일종의 정신적인 표상일 수 있기 때문이다. 따라서 실재론이 독립적으로 존재하는 물리적 대상은 인간의 정신에 의해서 드러나는 경우가 부지기수다. 반면에 관념론도 그것의 지나친 정신을 강조함으로써 또 다른 문제가 드러나는데,

그것은 물리적 대상들을 구성하는 세계를 인정하지 않는 유아론적 사유로 빠지기 쉽다. 유아론적 사유란 물리적 사물을 인정하지 않고 오로지 존재하는 것은 정신 또는 자아뿐이라는 것이다. 그 때문에 세계는 결국 자신이 만든 사유에 속박될 밖에 없다. 이러한 비판에도 불구하고 실재론과 관념론은 시카고대학의 과정철학자 찰스 하츠혼이 제시하듯이, 인식은 둘 다를 부정하는 것보다 서로에 대한 인식적 관점의 차이를 인정한다. 따라서 실재론과 관념론은 상호의존적이고 인식의 종합을 위한 두 가지 조건들이다.[26]

실용주의와 신앙주의

지식이론에서 또 다른 정반대의 성격을 가진 지식이론들이 있다. 하나는 실용주의이고, 또 하나는 신앙주의다. 실용주의와 신앙주의는 유사하면서도 서로 상반된 견해를 가지고 있다. 우선 실용주의가 무엇인지를 보자. 실용주의는 학문적 성격에 따라서 다양하게 발전되었다. 찰스 퍼스의 실용주의는 과학에, 윌리엄 제임스의 실용주의는 종교철학에, 그리고 존 듀이의 실용주의는 교육학에 접목되어 각기 발전되었다. 후에 이러한 실용주의는 신실용주의(neo-pragmatism)라는 유형이 나타나면서 실용주의의 논의가 한층 세련되어졌다. 신실용주의는 미국의 철학자 리처드 로티(Richard Rorty)에 의해서 새롭게 재구성되었다.[27] 실용주의는 몇 가지 두드러진 특징을 가지고 있다.

첫째로는 실용주의가 철학을 신조가 아니라 하나의 방법을 강조한다는 것이다. 실용주의자 제임스는 실용주의를 원리와 범주로 이해하는 대신에 그것의 결과나 용이함으로 이해한다.[28] 제임스에 따르면, 실용주의란 일상적인 삶의 경험들과 사실들을 실재로서 받아들인다. 왜냐하면 실재는 존재의 구체적인 결과로서 경험되기 때문이다. 부연하면 현존하는 실재는 부분적으로 분리되고 부분적으로 결합하는 속성을 가지고 있으며, 더욱이 실재는 변화를 전제로 하여 언제나 유동적이다. 따라서 실재 그 자체는 추상적이고도 선험적인 실재를 거부한다.[29]

원래 실용주의란 용어는 '행동'과 '실천'의 의미를 가지는 그리스어 '프라그마'(pragma)에서 유래되었다. 제임스의 견해에 따르면, 실용주의는 새로운 이론이 아니라 이미 소크라테스, 아리스토텔레스, 칸트, 로크 그리고 버클리와 같은 철학자들에게서 발견되는 용어다. 그들로부터 발견한 것은 세계의 외부에 대상화할 수 있는 보편적 형식으로 실재를 이해하는 것이 무의미하다는 것이다. 따라서 행동을 위한 규칙들을 설정하는 실용주의의 철학적 임무는 어떻게 사고하는가의 문제가 아니라 어떻게 행동하는가의 문제를 제공한다.[30]

둘째로는 실용주의가 보편적 진리의 견해를 배격하고 적용할 수 있는 것을 진리로 받아들인다는 것이다. 진리는 탐구하는 문제가 아니라 그것을 사용하는 문제다. 제임스는 이 사실을 세 가지 기준으로 설명한다. 그 기준들이란 입증성(verifiability), 적용성(workability) 그리고 만족성(satisfactoriness)이다. 부연하여 설명하자면, 입증성은 실험에 의해서 획득되는 기준을 말하고, 적용성은 한 신념의 진리가 써먹을 수 있는가에 의해서 결정되며, 그리고 만족성은 한 신념의 진리가 만족스러운 결과를 가져다주는가에 의해서 결정된다. 이런 근거에서 어떤 신념이나 믿음이 적용될 수 있거나 만족스러운 결과를 갖게 된다면, 그것은 진리다.[31]

셋째로는 실용주의가 선택의 효용성에 의해서 특징짓는다는 것이다. 여기서 효용성이란 진리를 결정하는 기준과 같다. 예를 들어 사물을 이해하는 방식에서 서로 다른 지식이론들이 상충할 수 있다. 어떤 신념들은 이것이 옳다고 말하고, 어떤 신념들은 그것이 틀렸다고 말한다. 이 둘의 관계에 대해 선택할 수 있는 이론은 무엇일까? 그리고 어느 이론이 참된 것인가? 이런 경우에 실용주의는 효용성의 원리에 따라서 선택해야 한다고 교훈한다.

만일 여러 신념들과 세계관들 중에 우리가 선택한 것이 우리에게 결과적으로 어떤 명백한 차이를 보인다면, 그것이 명백한 진리다. 즉 우리가 어떠한 신념이나 세계관을 받아들이거나 믿어서 좋고 또한 어떤 효과를 본다면, 그것은 진리가 된다.[32] 이런 효용성의 원리에서 실용주의는 신학을 부정하지 않는다. 신학적 관념이 무엇이든지 간에 그것이 구체적인 생활에 유익할 뿐만 아니라 삶을 위한 어떤 의미를 가치 있게 한다면, 그 신학은 진리로 인정된다. 그 신학이 합리적 탐구에 의해서 진리인가 아닌가는 더 이상 의미가 없다. 요약하면, 제임스는 이 진리가 그것을 믿어서 유용하고 구체적인 결과에 의해 삶을 변화시키고 차이를 만들어내기 때문에 일종의 선이다. 그런 이유였을까. 실용주의는 어떠한 철학적 논증이나 추상적 관념을 무의미한 것으로 판단하고, 그리고 우리가 믿어서 좋고 또 그것이 이끌어 가야할 더 좋은 삶이나 행복한 삶으로 이끌어간다면, 다른 것보다 바로 그것을 믿는 게 선이고 진리다.

이런 논의에서 보면, 실용주의는 신앙주의와 다를바 없다. 실용주의가 실천과 행위에 근거된 진리를 주장한다는 점에서 신앙주의에 동조하는 것처럼 보이기 때문이다. 하지만 신앙주의는 과학의 영역에서 실험을 통한 결과를 얻는 방식에 동조하지 않는다. 덴마크의 실존주의 철학자 쇠렌 키에르케고르와 프랑스의 철학자 블레즈 파스칼은 두드러진 신앙주의자들이다. 그들은 실천과 행위를 과학적 영역에서보다는 인간의 영역에 한정하여 논한다. 이 두 철학자들의 사상에서 신앙주의는 몇 가지 특징들을 제공한다.

첫째로는 신앙주의가 믿음의 개인적이고 주관적인 성향을 강조한다는 것이다. 그들은 사변적이고 논쟁적인 신 존재 증명과 같은 것들은 논의할 일고의 가치가 없다고 예단한다. 키에르케고르가 단정적으로 말하듯이, "앉아서 거짓 증명이나 기록하는 그 모든 불성실한 인간들에게 화가 있어라." 그에게 있어서 사변이나 논쟁을 일삼는 것은 신앙의 본질이 아니기 때문이다. 키에르케고르는 신앙을 "불합리의 범주"에서 설명한다. 불합리는 지식이 객관적이어야 한다는 명제가 이미 부조리한 것을 함축하고 있음을 뜻한다. 『철학적 단편』에서 키에르케고르는 존재하고 갈망하고 결정하는 인간에게는 객관적인 진리가 존재하지 않으며, 오직 객관적 불확실성만이 존재한다고 밝히고 있다. 그렇다면 신앙은 객관적 정당성을 요구하지 않는가? 그는 그렇다고 답한다. 신앙은 합리적으로 이해되지 않으며 오직 주관적이고도 개인적이다.[33]

같은 맥락에서 근대시대의 파스칼도 이성에 반기를 들었다. 이성주의에 실망한 청년이었던 그는 이성의 눈으로 신앙을 갖는다고 생각하는 것이 왠지 찜찜했었다. 당대의 천재 철학자로 알려진 파스칼은 온갖 실험은 혼자 도맡아 했다. 그가 손에 잡힌 것이라면 다 실험을 하는 과학자이기도 했다. 그의 손을 거치기만 하면 계산기가 만들어지는가 하면, 또는 그의 손을 거쳐 확률이라는 '내기'(betting) 도박의 정체도 파악되기도 했다. 도박사는 그의 집 앞에서 유명한 연예인을 기다리듯 줄을 서서 기다리는 유명세를 탔다고 한다. 그런 그가 이성에 의해 진리에 도달하지 않으며, 신앙에 의해서 절대적 진리에 도달한다고 단언했던 것이다.

둘째로는 신앙주의가 사유의 끝나는 시점을 신앙의 출발점으로 시작한다는 것이다. 죄렌 키에르케고르는 다음과 같이 간결하게 표현한다. "신앙은 인간의 사유가 끝나는 바로 그 시점에서 시작된다."[34] 이 이야기는 아브라함의 이야기다. 하나님은 아브라함에게 아들 이삭을 바치라고 말한다. 고대에서도 없는 명령, 즉 아들을 산채로 죽이라는 명령은 피에 굶주린 신이 아니고서는 명령할 수 없는 명령이다. 윤리적으로 옳지 않는 것을 하나님은 명령하시는가? 아버지가 아들을 결박하여 죽인다는 것은 윤리적 단계에서 번민하게 하는 상황이다. 이 상황이 이른바 '한계상황'이다. 즉 인간의 사유나 이성으로서는 이해되지 않는 상황인 것이다. 사실, 그의 주장은 매우 설득력을 갖고 있다. 아무리 훌륭한 사유를 한다고 해도, 한 개인의 이와 같은 '한계상황'에 맞닥뜨리게 될 때, 인간의 사유는 그 상황에서 얻을 수 있는 대답이 없을 뿐만 아니라 적합하고도 타당한 대답이 회피될 것이다.[35] 이러한 신앙주의적 열정은 키에르케고르처럼 파스칼에게서도 쉽게 발견된다. 그는 이성의 우상을 다음과 같이 날카롭게 비판했다. "오만한 자여, 그들은 자신에 대하여 얼마나 역설적인지를 깨닫거라! 무력한 이성이여, 머리를 숙여라! 어리석은 자연이여, 침묵하라! 인간이 무한히 인간을 뛰어넘는다는 것을 배워라! 그리하여 그대들이 모르는 자신의 참된 상태를 그대들의 하나님에게서 배워라! 하나님의 말씀을 들어라!"[36] 이처럼 신앙주의는 인간의 사유는 신앙에 백해무익하다. 왜냐하면 신앙은 사유로서 이해되는 것이 아니라 그것을 초월해야 이해되는 단계이기 때문이다. 그러므로 신앙은 우리의 사유가 끝나는 바로 그 지점에서 신앙이 시작된다는 것이다.

셋째로는 신앙주의가 실천적 행위에 의해서 이해된다는 것이다. 누군가가 사유나 이성의 무용성을 주장한다면, 거기에는 실천적 행동밖에는 없다. 신앙주의의 유익성은 기독교 신앙에 큰 도움을 준다. 기독교 신앙에서 가장 중요한 신앙 실천을 들라면, 아마도 기도일 것이다. 그런데 기도는 사유의 이성에 의해서 인식되지 않는다. 기도는 삶의 한계선상에서 대변하는 내면의 자연스럽게 갖게 되는 희망의 어휘다. 한계선상에 맞닥뜨려 본적이 있는가. 그곳에서 번민하며 불안해 해 본 적이 있는가. 그 누구도 우릴 대신해 줄 수 없다는 절박함과 불안함으로 잠을 뒤척거린 적이 있는가. 이런 상황은 우리의 인생을 매우 불길하고도 불안한 예측을 만들고 연상하게 한다. 하지만 이 상황이 바로 신앙을 갖게 하고 절대자를 찾는 유일한 시간이다. 우리가 배운 학문, 우리가 알고 있는 인생, 우리가 조언을 구하는 후배, 이 모든 것은 한낱 무용한 낱말이자 허망한 헛소리에 지나지 않음을 처절하게 깨닫게 한다. 이 상황에서 우린 절대자와 대면한다. 이 상황에서 우린 당당하고도 뻔뻔스럽다. 잘못한 우리의 행위는 간곳없고 그에게 구걸한다. 너무나 절박하다. 하나님만이 이 절박한 상황을 도울 수 있다는 기도가 우리의 입가에 서성거린다. 이러한 절박한 처지는 다윗을 연상시킨다.

"하나님이여, 내게 굽히사 응답하소서. 내가 근심으로 편치 못하여 탄식하오니. … 내 마음이 내 속에서 심히 아파하며 … 두려움과 떨림이 내게 이르고 황공함이 나를 덮었도다!"(시 55:2, 4, 5). 합리적이고 이성적 판단은 온데간데없다. 합당한 이유를 제시할 수 있는 방식으로 우리를 강요하지 못하니, 오로지 그분만이 보인다. 이것이 신앙주의가 추구하려는 시도가 아닐까 싶다.

넷째로는 신앙주의가 신앙적 단계를 인생의 가장 고유한 가치로 파악한다는 것이다. 널리 알려진 키에르케고르의 신앙주의는 인생을 세 가지 단계에서 찾는다. 첫 번째 단계는 심미적 단계다. 이 단계에서 인간은 충동과 감정에 의해 살아간다. 심미적 인간은 보편적이고도 도덕적인 기준들을 등한히 하고 특별한 신앙적 믿음을 가지고 살지 않는다. 삶의 주된 관심은 쾌락을 향유하는 삶이다. 두 번째 단계는 윤리적 단계다. 윤리적 인간은 이성이 만들어 내는 행동의 규칙들을 깨닫고 받아들인다. 이 도덕적 규율들은 형식과 일관성을 인간에게 강요한다. 말하자면, 이 단계의 인간은 책임에 의해서 구속적인 삶을 산다. 마지막 단계는 종교적 단계다. 이 단계는 이른바 "신앙의 도약"(leap of faith)의 단계다. 신앙의 도약은 역설이다. 이 단계에서는 인식할 수 있는 어떠한 것도 드러나지 않는다. 신앙적 양심은 객관적 방식으로 하나님을 인식할 수 없다. 왜냐하면 하나님은 오직 주관적으로 알려질 수 있는 주체이기 때문이다.[37] 하나님에 대한 객관적 지식을 얻으려는 시도들은 일종의 근사치적 과정이다. 절망과 가책은 어느 순간에 삶을 결단하는 신앙의 길을 선택하도록 이끈다. 따라서 한 개인이 진리를 찾고 본래적인 존재를 깨닫게 되는 것이 믿음이다.

맹목적 신앙주의의 위험성

　기독교 세계관에서 신앙은 기본 토대로서 아주 중요한 핵심적 가치다. 신앙의 눈으로 세계를 보는 것이 기독교 세계관이다. 이러한 것을 강조하기 위해서 우리는 신앙주의의 중요성을 언급했다. 그래서 우리는 신앙주의가 신앙을 전면에 내세운다고 해서 엄격한 종교성이나 율법적 신앙을 강요하지 않아야 한다는 것도 알게 되었다. 파스칼이 적고 있듯이, "만일 인간이 만사를 이성에 의해서만 처리해 버린다면, 우리가 믿는 종교에는 신비스럽고 초자연적인 것이란 하나도 없게 될 것이다. 만일 인간이 이성의 모든 원리에 어긋난다면, 우리의 종교는 불합리하고 우스운 것이 되고 말 것이다."[38] 이성의 잣대에 의한 신앙은 도마 위에 올려놓은 생선과 같이 살아서 움직이는 것 같아도 실상은 죽은 것이나 다름없다. 어쩌면 신앙은 절망과 해답이 없는 암울한 현실에 어떤 역설적인 희망을 불러올 수 있다. 그래서 키에르케고르가 다음과 같이 말한 것을 충분히 이해할 수 있다. "나는 믿음이 하찮은 것이라고는 생각하지 않는다. 오히려 반대로 믿음은 최고의 것이고, 한 걸음 더 나아가서 철학이 믿음 대신 그 자리에 다른 것을 앉히고 믿음을 깔본다는 것은 철학의 성실하지 못한 점이라고 생각한다."[39] 그럼에도 불구하고 신앙주의는 자신도 모르게 이성을 배제하려는 오류를 범하는 경우가 엿보인다. 이런 오류에서 신앙주의는 자칫 율법적이고 맹목적인 신앙이 될 위험성이 언제나 내재해 있다는 사실이다.

　신앙주의로부터 받을 수 있는 오해 중 하나가 청교도적 신앙이나 금욕적 신앙이다. 신앙주의는 청교도 신앙이나 금욕적 신앙과 동의어다. 하지만 청교도 신앙은 극단적이고도 금욕적인 신앙주의와는 그 반대다. 청교도 신앙은 자유롭지 못한 억압 속에서 신앙의 자유를 위해 저항했던 일종의 자유정신이다. 간단히 말해 청교도 사상은 신앙이 국가에 대한 충성심의 주된 요소로 작용해서는 안 된다는 것이었다. 그러한 사상이 큰 장점이었다. 그로 인해 그들은 국가를 위해 신앙을 억압하는 어떠한 비자유의 형태를 용납하지 않으려고 했다. 그래서 청교도 신앙은 곧 신앙의 자유의 또 다른 이름이었다.

그럼에도 청교도 신앙은 옛 신앙의 형식적인 교리를 회복하려다보니 금욕적이고 엄격한 외양의 형식을 따르는데 더 신경을 쓰게 되었다. 이것이 오늘날 청교도 신앙을 말하게 될 때 떠올리는 자연스러운 이미지가 되었다. 당시 스코틀랜드를 중심으로 한 청교도 신앙의 극단적인 한 예를 들어보자. 이 이야기는 『글라스고의 초상화』에서 발견된다.

> "1847년 1월 눈이 몹시 내리는 어느 날 밤에 아일랜드의 한 궁핍한 가족이 거리에 내 던져졌다. 일곱 자녀 중 하나는 얼어 죽어 있었다. 어머니도 폐병으로 죽어가고 있었다. 이들은 가난한 사람들을 위하여 죽을 만들어 제공하는 교회가 안식일에 급식소를 열면 하나님께 죄를 범할까 두려워 급식소를 열지 않았기 때문에 희생당한 사람들이다."[40]

윌리엄 제임스도 『종교적 경험의 다양성』에서 신앙주의의 맹목성을 적절히 지적했다. 신앙주의의 맹목성은 자칫하면 지성을 희생하면서 생겨난다. 따라서 제임스는 지성을 희생하는 신앙주의가 광신의 형태로 전락할 수 있다고 경고했다. "광신은 그 특성이 오만하고 공격적인 곳에서만 발견된다. 헌신하려는 마음은 강렬하고 지성은 약하고 온화한 성품에서 우리는 모든 실천적인 인간적 관심은 배제된 채 신의 사랑 안으로 흡수되어감을 발견한다. 이런 성품은 비록 충분히 순수하다 할지라도 칭찬하기엔 너무 외골수적이다. 지나치게 편협한 마음은 오직 한 종류의 애정에 대한 자리만 남는다."[41] 이렇듯, 신앙주의가 헌신하려는 마음은 강렬하지만 지성이 너무나 약해서 맹목적이고 편협한 사고에로 떨어질 위험이 항상 도사리고 있다. 따라서 우리는 생명력이 없고 신앙적 형식만 남은 밋밋한 신앙주의를 피하여야 한다.

정리하자면 실용주의와 신앙주의는 복잡하고 바쁜 현대인들에게 깔끔한 답변을 제공하는 것처럼 느낄 것이다. "뭐 복잡한 논쟁이나 증명이 그런 따위 다 필요 없다고!" "내가 믿어서 유익이 되고 좋으면 되는 거지 뭐!" 이처럼 실용주의와 신앙주의는 논쟁과 사유의 공간을 제공하지 않는다. 신앙의 잣대는 "유용성"과 "신뢰성"이다. 이 두 잣대만이 참된 신앙을 회복할 수 있다고 보았다. 그런데 문제는 믿음에 대한 광신이나 광기다. 사람들은 저마다 자신의 종교를 믿으며, 그것이 절대적 진리라고 주장하는 데서 문제가 발생하기 때문이다. 이것이 우리의 신앙을 맹목적 신앙으로 이끄는 길이 될 수 있다. 과정철학자 알프레드 화이트헤드의 주장은 어쩌면 신앙주의의 허점을 예리하게 파헤친 것이 아닐까 싶다. "맹목성의 길은 퇴보를 의미한다. 이 퇴보는 현존하는 복합적인 삶의 상태로 상승하는 수단을 구성해 왔던 신선한 요구의 번뜩임을 제거한다…. 그 번뜩임은 향유의 생동감 넘치는 새로움을 폐기하고 만다."[42] 따라서 우리는 신앙이 이성이나 지성에서 떼어

내려고 할 때에 신앙주의의 맹목성이 반드시 일어날 수 있음을 기억해야 할 것이다.

주(註)

1) Samuel Enoch Stumph and James Fiesher, 『소크라테스에서 포스트모더니즘까지』, 이광래 옮김 (서울: 열린책들, 2004), 89-92를 보라.

2) Ibid., 92-9.

3) Ibid., 327-9.

4) Steven D. Hales, *Relativism and the Foundations of Philosophy* (Cambridge, Massachusetts: The MIT Press, 2006), 1.

5) Ibid., 14.

6) 인식론의 두 유형에 관하여서는 필자의 졸저, 『합리적인 신앙을 위한 종교철학담론』, 78-90에서 논의되었다. 하지만 당시에 이 글은 보다 구체적인 유형들을 찾지 못했다. 단순히 정초주의와 비/반정초주의의 맥락에서 객관주의와 상대주의를 이해했었다. 여기에서는 객관주의와 상대주의의 유형을 강한 객관주의와 약한 객관주의를 그리고 강한 상대주의와 약한 상대주의를 구분하여 설명했음을 밝힌다.

7) William A. Corner, *Pascal's Wager: The Man who Played dice with God* (2006)를 참조하라.

8) Richard Rorty, *Philosophy and Social Hope* (New York: Penguin Books, 1999), 156-7.

9) *Faith and Rationality: Reason and Belief in God*, eds. Alvin Plantinga & Nicholas Wolterstorff (Notre Dame: University of Notre Dame, 1983); *God and the Ethics of Belief: New Essays in Philosophy of Religion*, Andrew Dole and Andrew Chignell (Cambridge: Cambridge University Press, 2005); 그리고 D. Z. Phillips, *Faith after Foundationalism: Critiques and Alternatives* (Oxford: Westview Press, 1988)를 참조하라. 물론 스윈번을 개혁주의적 전통에 포함시킬 수 있는지는 잘 모르겠다. 하지만 그는 철저한 신앙적 전통에 근거하여 변증론을 전개한다는 점에서 편의상 포함시켰음을 밝힌다.

10) Plantinga, "Reason and Belief in God," *Faith and Rationality: Reason and Belief in God*, 61-2.

11) Phillips, *Faith after Foundationalism*, 94-7. 필립스는 개혁적 인식론자들을 "부정의 변증"의 기법이라고 비판했다.

12) Charles Hartshorne, *Hartshorne: A New World View*, ed. Herbert F. Vetter (Cambridge: Harvard Square Library, 2007), 94. 이 책은 찰스 하츠혼의 글들 중에서 발췌하여 새로운 세계관이란 이름으로 허버트 베터(Herbert F. Better)에 의해서 묶은 책이다. 이 책은 하츠혼의 글들 중에 가장 읽기 편한 책 중의 하나다.

13) Charles Hartshorne, *Wisdom as Moderation: A Philosophy of the Middle Way* (Albany: State University of New York Press, 1987), 6-8.

14) Richard Rorty, *Consequence of Pragmatism*, 79-80.

15) Paul Feyerabend, *Science in a Free Society* (London: Verso, 1982)를 참조하라. 페이어아벤트는 비엔나 대학에서 과학을 공부했으며 후에 미국의 버클리에서 가르쳤다. 칼 포퍼의 비평가일 뿐만 아니라 그의 과학철학의 해설가로 알려져 있다. 그가 추구하는 궁극적인 목적은 자유로운 사회에서의 과학인데, 과학의 모든 방법론에 대항함으로써 상대주의의 문화와 인식론에 도달하고자 한다.

16) Paul Feyderaband, Farewell to Reason (London: Verson, 1987)을 보라. 이 책의 주된 메시지는 상대주의가 갈등하는 신념들과 갈등하는 삶의 방식의 문제에 열쇠라는 것이다.

17) Rorty, *Philosophy and Social Hope*, 27.

18) W. T. Jones, *A History of Western Philosophy: Kant and the Nineteenth Century* (New York: Jarcourt Brace Jovanovich, Publishers, 1975), 297-9.

19) Karl Popper, 『열린사회와 적들 I』, 이한구 옮김 (서울: 민음사, 2011), xv.

20) 종종 연장(*res extensa*)란 말의 의미에 대해 혼란스러워 하는 사람들이 많다. 연장이란 "물리적인 양"이라고 한다. 물리적인 양은 정신적인 양과 대비해서 생각하면 한결 쉽게 생각될 수 있다. 이를테면, 책상이 있다고 생각해 보자. 책상에는 냄새가 있다거나 모양이 흉측하다고 해도 책상은 여전히 책상이다. 책상의 길이, 너비, 깊이와 같은 공간적인 양이 있다. 우리는 이 공간적인 양을 물리적인 양이라고 말하고, 그것이 흔히 연장이라고 부른다.

21) http://plato.stanford.edu/entries/realism을 보라.

22) Ibid.

23) Donald D. Palmer, *Does the Center Hold?* (New York: The McGraw-Hill Companies, 1998); 『참을 수 없이 무거운 철학 가볍기 하기: 중심은 유지되는가, II』, 이용대 옮김 (서울: 현실과 과학, 2002), 91. Representative Realism은 '재현적 실재론'을 '표상적 실재론'으로 바꾸어 사용했음.

24) Richard Rorty, *Philosophy and Social Hope*, 151.

25) 헤겔의 관념론은 철학사에서 하나의 획을 그었다. 칸트의 비판철학 이후와 계몽주의시대와 직접적인 연관이 있는 헤겔은 그러한 철학을 실제적으로 정립시킨 최초의 철학자다. 실제로 계몽주의의 정확한 의미가 확립되지 않았고 또 미성숙한 상태에서 벗어나는 것을 계몽주의로 본 칸트의 경우에도 어떻게 그것이 확립되고 적용되는지가 애매한 상태였던 것을 헤겔은 개인이 가지고 있는 절대정신을 절대적으로 자유하다고 주장함으로써 세계사 전체에서 인간 개인이 갖는 의식의 가치와 중요성을 부각시켰다.

26) Charles Hartshorne, *Reality as Social Process: Studies in Metaphysics and Religion* (Boston: Beacon Press, 1953), 69-84를 참조하라. 하츠혼에 따르면, 실재론과 관념론은 존재론적 문제와 인식론적 문제를 지적하면서 그들의 문제는 실제로 존재론적 문제가 아니라 인식론적 문제 혹은 방법론적 문제라고 밝힌다. 따라서 만일 존재론적 문제가 아니라면, 그들은 서로 의존적이기 때문에 인식의 창조적 종합을 필요로 한다는 것이다.

27) 지면 관계상, 신실용주의에 관해서는 다음에 언급하고 여기서는 언급하지 않겠다.

28) William James, *Pragmatism: A New Name for Some Old Ways of Thinking*, introduction by A. J. Ayer (Cambridge, Massachusetts: Harvard University Press, 1975), 32.

29) William James, *The Meaning of Truth: A Sequel to 'Pragmatism'* (Cambridge: Harvard University Press, 1978), 289-91.

30) James, *Pragmatism*, 11.

31) James, *The Meaning of Truth*, 170-2.

32) James, *Pragmatism*, 44.

33) Soren Kierkegaard, *Philosophical Fragments*, trans. David Swenson (Princeton: Princeton University Press, 1936)을 보라.

34) Soren Kierkegaard, 『공포와 전율』, 임춘갑 옮김 (서울: 도서출판 치우, 2011), 107.

35) James Collins, *The Mind of Kierkegaard* (Princeton: Princeton University Press, 1983), 145-50.

36) Baise Pascal, 『광세』, 방곤 옮김 (서울: 신원문화사, 2003), 266-7. 파스칼의 신앙주의는 이성만을 인정하는 것과 이성만을 배격하는 양극단을 부정하기 때문에 이성을 배타적으로 여기지 않는다. 신앙의 우선을 강조하기 위해 이성을 이차적인 것으로 간주하는 것뿐이다. 그래서 그는 이렇게 표현한다. "우리는 마음에 의해서뿐만 아

니라 이성에 의해서도 진리를 인식한다. 그런데 이 마음을 통해서 우리는 기본 진리를 알게 된다." Ibid., 199.

37) Collins, *The Mind of Kierkegaard*. 150.

38) Ibid., 196.

39) Soren Kierkegard, 『공포와 전율』, 임춘갑 옮김 (서울: 도서출판치우, 2011), 63.

40) William Barclay, 『오늘을 위한 십계명』, 이희숙 옮김 (서울; 콘콜디아사, 1993), 39.

41) William James, 『종교적 경험의 다양성』, 김재영 옮김 (서울: 한길사, 2011), 420.

42) Alfred N. Whitehead, *The Function of Reason* (Boston: Beacon Press, 1929), 20-1.

:: 제6장 ::

진리와 신념

　고대 그리스의 철학자 소크라테스는 국가가 숭배하는 신을 섬기지 않았다는 불경의 죄목과 젊은 사람들을 오염시켰다는 사상범으로 법정에 섰다. 그는 아테네의 법정 안에 있는 약 500명이나 되는 배심원들 앞에서 자신의 무죄를 논박했다. 플라톤의『변명』에서 보여준 소크라테스의 당당한 태도는 진리와 사실에 기초한 진술과 이성적 판단에 대한 요청이 오히려 배심원의 무지함과 오만함을 지적하는 결과가 되었고, 이에 분개한 배심원들은 그에게 사형을 선고했다.
　소크라테스처럼 예수도 당시의 낮은 계층의 일반 민초들을 선동했다는 사상적 이유로 빌라도의 법정에 섰다. 배후에는 대제사장과 바리새인과 같은 직급이 매우 높으신 어른들의 비위를 거슬렸다는 또 다른 죄목이 더해졌다. 이런 난간을 헤쳐 나가는 가장 지혜롭고 슬기로운 방법은 비굴함을 선택하면 된다. 말하자면 자신이 비굴해지기만 하면, 죽음의 막다른 골목에서 헤어나갈 수 있다. 그렇게 본다면, 예수에게도 방법이 영 없었던 것은 아닌 것 같다. 하지만 예수는 옳지 않은 일에 대해 추호도 그럴 마음이나 생각이 눈곱만큼 없었다. 이 사실은 그가 이 세상에 온 삶의 목적을 "진리에 대하여 증거하러 왔노라"라는 그의 답변에서 그가 굴종적인 비굴함의 방식을 선택하지 않았음을 알게 되었다. 그런 까닭에 청년 예수는 빌라도의 법정에 당당히 섰다. 법정의 판례대로 빌라도의 심문은 죄수의 신분을 확인함으로 시작한다.

"당신이 유대인의 왕인가?"
"당신의 말이 옳다. 내가 왕이니라. 그리고 진리에 대하여 증거하러 왔노라."

청년 예수는 자신이 유대인의 왕이고, 그 왕이라는 것이 진리라고 대답했다. 이에 대해 빌라도는 다짜고짜 그에게 이렇게 묻는다.

"진리가 무엇이냐?"
"……"

예수는 진리에 대한 물음에 묵비권을 행사했을까. 그는 그 질문에 대답하지 않았다. 진리에 대해 아무 대답을 듣지 못한 빌라도는 다음과 같은 사실을 사람들에게 선포한다.

"나는 그에게서 아무런 죄를 발견하지 못했노라."

이야기가 다소 비약적이긴 하다. 하지만 이것은 요한복음 18장 37절과 38절에 나오는 빌라도와 예수와의 만남에서 오간 짤막한 대화의 한 장면이다. 그리고 이 이야기는 매우 평이하고도 단순해 보이지만, 재판에서 가장 중요한 문제가 등장한다. 그것은 바로 진리에 관한 문제다. 진리란 위험한 말이기도 하지만 힘 있는 말이기도 하다. 어떤 사람은 자신이 처한 형편에 따라서 진리를 선이나 악으로 둔갑시키고, 또는 거짓 증언으로 사실을 왜곡시키기도 한다. 아니면 하지도 않은 말을 한두 마디 말들로 첨가함으로써 마치 말을 한 것처럼 하여 사실과는 다르게 나타나기도 하거나, 전혀 다른 의미로 희석시키거나 바꾸어버리기도 한다. 그래서 진리란 언제나 가변적이고 상대적이라고 말하기도 한다. 고대의 소크라테스는 객관적 진리를 주장했지만, 소피스트들은 만물의 척도가 인간이기 때문에 감정적 변화의 인간이 상대적 진리를 말할 수밖에 없다고 주장했다. 이처럼 진리는 서로 다른 관점에서 양분하는 것처럼 느껴진다.

그런데 진리란 여전히 우리 시대에 유효한 권력이다. 진리란 사람들에게 두려움과 불안을 주기도 하지만 사람이 추구해야 할 마지막 희망이기도 하다. 또한 진리는 사람에게 상처를 주기도 하고 세상을 전복키기도 한다. '사필귀정'(事必歸正)이니 하는 따위의 말은 진리를 믿는 믿음이다. 예수가 빌라도의 물음에 묵비권을 행사한 것은 형사상 불리하게 작용될 수 있으므로 심문(審問)에 대답하지 않을 권리를 익히 알고 있었다기보다는 아마도 그가 이미 '진리를 알지니 진리가 너희를 자유롭게 하리라'(요 8:32)고 답변했기 때문이었을 것이다. 이처럼 진리라는 이 두 글자는 매우 냉혹하면서도 해방하는 힘이다.

본래 진리란 말은 영어로는 '피델러티'(fidelity), 라틴어로는 '베리타스'(veritas) 그리고 그리스어로는 '알레데이아'(aletheia)이다. 그럼 도대체 진리가 뭔가. 너희가 진리를 알면 그 진리가 해방한다는데 무엇을 그리고 무엇으로부터 해방하고 어디서 해방한다는 말인가. 사전적인 의미에서는 진리가 '성실하다', '믿는다' 또는 '참이다'라는 뜻이다. 우선 철학에서 논의된 철학자들의 진리에 대한 견해부터 살펴보자. 그리고 난 후에 우리의 신앙에서 진리가 어떤 의미를 가지는지에 대해 논의해 보기로 하자.

대응으로서의 진리

아리스토텔레스의 형이상학 중에 가장 중요한 문제가 존재론이다. 진리는 사실을 사실 그대로 말하는 것이다. 그가 말했듯이, "있는 것을 없다고 말하거나 없는 것을 있다고 말하는 것은 거짓이요, 있는 것을 있다고 말하거나 없는 것을 없다고 말하는 것은 참이자 진리이다."[1] 아리스토텔레스의 명제는 아주 평이해 보인다. 하지만 그 명제가 뜻하는 바는 매우 심오한 의미가 담겨있다. 무엇보다도 아리스토텔레스는 있는 것과 없는 것을 구분함으로서 진리의 문제에 접근하고 있다. 그에게 있어서 진리는 아무것도 없는 것이 아니라 거기에 무엇이 존재하고 있다는 것이다. 그래서 진리는 존재다. 존재하지 않는 것, 즉 비존재(non-being)는 진리가 아니며 억측과 사견이며, 그리고 이 억측과 사견이 사실을 왜곡한다는 것이다.

역사적으로 서양철학의 인식론적 범주는 존재와 비존재의 끊임없는 대립적 관계를 설정하면서 발전되어왔다. 존재냐 비존재냐의 흑백의 대립은 서구의 진리탐구에 근원적인 문제였다. 간단히 말해 서구철학을 형성해 온 존재와 비존재간의 싸움은 결국 진리를 알고자 하는 인식적 싸움이라 본다. 그들에게 진리 판단의 근거는 존재다. 만일 그것이 존재하지 않는다면, 그것은 거짓이고 오류다. 존재를 알려는 정신이 진리의 현주소다. "진리란 사물과 정신의 일치다." 이것이 진리 대응설(correspondence theory)이라고 부른다.

진리 대응설의 역사는 꽤나 오래되었다. 이 이론은 고대의 아리스토텔레스, 전기 비트겐슈타인 그리고 알프레드 타르키(Alfred Tarki)에 의해서 주장되었다. 그들에 의하면 진리는 존재하기 때문에 참이자 사실이다. 그것이 부재하는 모든 진술, 명제, 문장은 무의미하고 헛되다. 말하자면, 진리는 비존재가 아니라 존재다. 이러한 진리를 간단히 표현하자면, "p라고 서술하는 문장이 참인 경우는 p라는 사실이 존재할 때이고, 거짓인 경우는 그러한 사실이 존재하지 않을 때이다." 어떤 사람이 "잠적한 유명한 트로트 가수 N은 현재 한국에 있지 않고 미국에 있다"라고 말하는 것을 한 실례로 들어보자. 중병에 시달리고 있다는 이야기, 부산의 집에 칩거하고 있다는 이야기, 야쿠자로부터의 폭행당했다는 이야기, 절에 은거하고 있다는 이야기 등 무성한 소문으로 여기저기서 회자된다고 해도 그것만으로 그러한 이야기들이 참이라고 하진 않는다. 우리는 실제로 가수 N을 미국에서 만난다면, 또는 그러한 사실이 존재하는 경우가 증명되거나 아니면 연말에 대중들을 위한 콘서트를 선보이는 경우에만 그러한 이야기의 소문은 거짓으로 밝혀진다.

진리 대응설은 사실이 가장 큰 무기다. 비트겐슈타인에게서 아주 강한 힘이었던 것은 사물과 사실적으로 대응하기 때문이다. 버트런드 러셀의 논리기호학으로 학문적 훈련을 받은 캠브리지 대학의 루드비히 비트겐슈타인은 논리적 명제들을 집요하게 옹호하면서 철학의 무대에 등단한다. 그의 등단은 논리실증주의자들과 같은 논리학을 연구하는 철학자와 과학자들에게 흥분을 자아내고 그들로부터 팬클럽이 조직되었을 정도였다. 이 펜클럽이 이른바 '비엔나 서클'이었다. 그들은 정규적으로 비엔나 대학에서 만나 비트겐슈타인의 『논리철학-논고』(Tractatus-Philosophicus)를 교과서로 선정하고 정독할 정도였다.[2] 나중에 비트겐슈타인의 철학은 전기와 후기로 구분되었다. 진리 대응설은 전기비트겐슈타인에 의해 지지되었다. 전기 비트겐슈타인의 특징은 '원자적 사실'에 따라서 문장, 진술 및 명제들의 진리를 판단한다. 비트겐슈타인의 유명한 명제, "세계는 사실들의 총체이지 사물들의 총체가 아니다"[3]라는 명제는 사실에 비추어 본 다음 문장의 대응관계를 통해 진리와 거짓을 판단할 수 있다는 것이다. 그가 본 세계는 의자, 나무, 달, 하늘 등의 사물들로 구성된 것으로 나열된 세계가 아니라 그것을 관찰하는 사람에 의해 밝혀진 사실로 구성된 세계라는 것이다. 그러므로 그는 "세계는 사례인 모든 것의 총체이다"[4]라고 단정했다. 비트겐슈타인의 전기철학에 비추어 본다면, 무성하게 난무하는 말들, 명제, 진술 및 문장들은 단순히 낱말들의 나열이 아니라 그 말 배후에 놓여 있는 사실이 존재하기 때문에 우리가 읽고 들은 것들을 사실인지 확인할 필요가 있음을 제시하는 것이다. 이는 비트겐슈타인이 적고 있듯이, 언어가 사실을 왜곡할 수 있기 때문이다.

언어의 관점에서 세계와 언어의 상관적 관계에 대한 탐구가 일반화될 무렵에 알프레드 타르스키(Alfred Tarski, 1901~1983)에 이르러서는 진리 대응설에 대한 해석이 한 층 복잡한 논리철학으로 철학의 무게를 가중시켰다. 폴란드에서 태어난 타르스키가 논리학에서 명성을 얻게 된 것은 영국의 과학철학자인 칼 포퍼(Karl Popper, 1902~1994) 인데, 포퍼가 타르키로부터 가장 많은 영향을 받은 사람이라고 고백했기 때문이었다.[5] 다른 사람들과는 달리 언어의 구조에만 관심을 가진 타르스키는 두 가지를 구분한다. 하나는 "언어"이고, 다른 하나는 "언어의 대상"이다. 만일 우리가 '철쭉'이라는 낱말을 예를 들어보자. 철쭉은 한편에서는 언어이고, 다른 한편에서는 언어의 대상이다. 타르스키가 이 둘을 구분하는 것은 언어의 세계와 식물의 세계가 서로 다르기 때문이다. 이처럼 언어의 세계와 언어 밖의 세계에 대한 명확한 구분은 그것의 진리를 결정하는 단서다. 이 구분에서 타르스키가 관찰하는 것은 "자기 언급"(self-reference)의 문장이다. '자기-언급'의 문장이란 말이 생소하게 들릴 수 있다. 쉬운 예를 들어보자. 만일 "존이 미국에 있다는 것은 참이다"라고 했을 때, 언어와 그것의 대상을 판단하는 자기 언급인 '참이다'라는 역설의 문제를 일으키는, 즉 사실이 아닌 것이나 모순을 일으키는 것으로 유도될 수 있다는 것이다.[6] 여기에서 복잡한 타르스키의 이론을 소개하고자 한 것은 아니다. 다만 그가 이러한 문장이나 명제를 분석함으로서 그것이 사실이 아닌지를 구분하는데 도움을 주기 때문이다.

진리 대응설을 간략히 요약하자면, 우리는 존재하는 것이 힘이자 진리이고, 그것은 사실에 의해서 진리의 성격이 결정된다는 것을 보여준다. 말이 나온 김에 한 가지를 덧붙이면, 대응설의 유익성은 존재론에 있다. 존재론이란 사물의 보편자가 실재한다는 것이다. 어떤 것이 없지 않고 있다는 이 존재 개념은 우리의 일상에서 가르치는 바가 실제로 크다. 첫째의 유용성은 언어적으로 표현하자면, 우리가 사용하는 문장이나 주장은 반드시 그것의 사실과의 관계에서 정립할 필요가 있다는 것이다. 사실 관계의 확인이 없이 언급된 문장이나 주장은 참이 아니라는 것이다. 둘째의 유용성은 존재론적으로 말하면 실제로 무엇이 존재하는 것은 존재하지 않는 것보다 유익하고 소중하다는 것이다. 사람들은 없는 것을 선택하고 있는 것을 소중히 하지 않으려는 경향이 있다. 존재론적 의미에서 없는 것보다 있는 것이 소중하다는 이 가르침은 우리의 일상에서 흔히 발견하는 것들이다. 현재 있는 나의 가족, 아내, 가정, 친구들은 비존재가 아닌 존재들이다. 존재론적 의미에서 그들은 존재물이나 존재대상이 아니라 존재 그 자체이기 때문에 가치가 있고 귀하다.

말이 나온 김에 기독교 신앙에 대해 한 가지 더 짚고 넘어가자. 기독교 신앙은 존재론의 중요성을 강조한다. 이를테면 십계명의 제일원리인 "여호와 외에 다른 신을 섬기지 말라"라는 명령에서 존재에 대한 가치를 배울 수 있다. 다른 신과 여호와를 변별하는 일에 "살아계신"이라는 형용어가 따른다. 다른 신은 죽은 신이고 비존재의 신이지만, 여호와는 살아있고 존재하는 신이다. 간단히 말하면 십계명의 제일명령은 존재와 존재물을 구분하라는 하나님의 절대적인 명령이다. 우상숭배를 금지하는 이유는 그것이 비존재이고 존재물이기 때문이다. 역으로 표현하면 존재물은 존재가 아니다. 만일 우리가 하나님을 존재물로 여긴다면, 우리는 또한 존재로 하나님을 믿는 것이 아니라 존재물로 그를 사랑하기 때문에 그것은 일종의 우상숭배가 된다. 궁극적으로 다른 신을 섬기는 우상숭배를 금지하는 일은 존재물로부터의 자유를 천명하는 계명인 것이다. "거짓 증거하지 말라"는 또 다른 십계명 중의 하나도 마찬가지다. 거짓 증거는 비존재다. 없는 증거다. 즉 참된 증거는 사실이지만, 없는 말은 비존재다. 이처럼 이런 존재론적 맥락에서 우리의 일상에서 가족, 자녀, 이웃, 직장 등 존재하고 있다는 것을 사랑함으로써 우리의 신앙은 아름답고도 감사한 신앙이 될 수 있다.

정합성으로서의 진리

사람들은 진리의 기준이 지식 체계에 정합적이어야 한다고 생각한다. 정합적이란 말은 논리적 의미다. 문장과 문장에는 서로 논리적으로 연관되어야 하고, 그럴 때에 그들은 그러한 말을 참으로 받아들인다. 또한 정합적이란 말은 '모순이 없음'을 전제로 하기 때문에 한 문장에 나타난 주장이나 내용은 상호 모순을 일으키지 않아야 한다. 그래서 철학자들은 이 이론을 진리 정합설(coherence view of truth)이라고 부른다.

간략히 말해, 진리 대응설은 관념과 대상의 일치를 말하고, 진리 정합설은 기존의 지식체계와 일치할 때 진리로 용인되는 것을 말한다.[7] 그러면 다른 기존의 지식체계와 일치한다는 것은 무엇을 뜻하는가? 물론 비모순성이 신념들의 일관성의 한 측면이 되어야 하지만 정합주의자들은 신념들의 일치가 단순히 다양한 주장들이 서로에게 모순을 일으키지 않아야 한다고 제안하고 있다. 게다가 신념들의 체계가 어떤 방식으로든 상호 연계되어야만 그것이 진리의 성격을 짓는다는 것이다. 다시 말하면, 신념들의 체계는 통합적 전체성을 구성해야 하고, 또한 이 신념의 전체성이 해명하는 어떤 힘이나 메시지를 전달함으로써 진리로 인식된다는 것이다.

    진리 정합설은 브랜드 블랜샤드(Percy Brand Blandshard, 1892~1987)가 그의 『사고의 성격』(The Nature of Thought)에서 주장했다.[8] 브랜샤드 이전에는 이러한 진리관이 없었는가. 그런 것은 아니다. 우리는 진리 정합설을 설명하기 위해 스피노자와 헤겔과 같은 다양한 철학자들을 끌어들일 수 있다. 그리고 합리주의자들은 대부분 이 정합적 진리에서 사유의 출발점을 삼았다. 하지만 블랜샤드에 이르면서 정합적 진리에 대한 해명이 보다 명확하게 정교해 졌다고 보인다. 미시간대학과 옥스퍼드에서 공부한 후에 은퇴하기까지 예일대학에서 가르친 블랜샤드는 "만일 오랫동안 지속되어온 나의 철학에 어떤 것이 있다면, 그것이 독창적이지는 않을지라도 합리적인 삶은 삶의 가장 가치 있으면서도 가장 유익한 것이라는 중요한 이론일 것이다"[9]라고 고백했다. 그에 따르면 사고와 대상 간의 관계가 자기 발생적이다. 자기 발생적이라 함은 내적인 관계에서 필연적이어야 한다. 내적인 것에서 아무런 모순을 일으키지 않을 때에 우리는 합리성에 도달하고 그것의 결과를 진리로 인정한다. 간단히 말해 진리 정합설은 우리의 주장이나 신념이 내적으로 아무런 모순을 일으키지 않아야 한다는 것이다. 만일 진리가 논리적인 조건에서 충족되지 않는다면, 그것은 진리로 받아들일 수 없다고 보고 있기 때문에 블랜샤드는 사유의 기능은 이해를 목표로 하고, 이 이해는 필연적으로 안다는 것을 의미했다. 이런 이유에서 그는 정합성(coherence) 개념을 진리의 가장 중요한 "필연적 조건"으로 제시했다.[10] 이 조건이 충족되지 않음으로써 혼란이 발생하게 된다. 그래서 블랜샤드는 이성의 변론을 위해 살아온 헌신된 삶을 살았다. 전통 기독교인은 아니지만, 기독교 신앙의 신념이 정당화되려면 그것이 합리적 근거에 의해서 변론되어야 한다고 주장하기까지 했다.[11]

우선 진리 대응설과 진리 정합설의 결정적인 차이는 단지 존재론과 인식론의 차이다. 진리 대응설은 존재론인 반면에 진리 정합설은 인식론이다. 그리고 진리 대응설은 감각적 검증을 전제로 접근하지만, 진리 정합설은 감각적 검증을 불가능하거나 불필요한 것으로 간주한다. 간단히 말하자면 '진리가 있다'와 '진리를 알 수 있다'의 차이다. 이를테면 '지구는 둥글다'라는 진술을 검증하는 일은 진리 대응설의 임무인데 반해, '인간은 죽는다'라는 진술을 검증하는 일은 진리 정합설의 임무이다. 또한 진리대응설과 진리 정합설의 차이는 과학과 논리학의 차이다. 진리 대응설은 현상이나 실재의 사실적 관찰을 목적으로 탐구하고 있고, 진리 정합설은 내적인 모순을 밝히려는 목적으로 탐구하고 있다. 그러므로 진리 정합설은 명제의 모순을 밝히면서 진리에 도달하려는 것이다.[12]

기독교 신앙과의 관계에서 한 가지 덧붙이자면, 진리 정합설은 인식론에 근거된 논리성을 목표로 하기 때문에 이 세계와 이 세계 속에서 발생하는 사건들과 그것의 주장들은 이해를 필요로 하고, 그것이 합리적 설명이나 해명일 때에 보다 진리에 근접해 간다는 장점을 가지고 있다. 만일 우리가 우리의 주장에서 모순이나 논리적 결함을 갖게 되면, 우리는 설득력을 상실하게 되며, 그리고 그것이 기독교 신앙의 중요한 주장이나 신념과 관련되어 있을 경우에서는 신앙의 맹목성과 우매성에서 보호하는 수단으로 간주될 수 있다. 사도바울은 "누구든지 헛된 말로 너희를 속이지 못하게 하라"(엡 5:6)고 말하고, 그리고 "그러므로 어리석은 자가 되지 말로 오직 주의 뜻이 무엇인가 이해하라"(엡 5:17)고 가르쳤다. 또한 바울은 빌립보 교회에게 보내는 서신에서 "내가 기도하노라 너희 사랑을 지식과 모든 총명으로 점점 더 풍성하게 하사 너희로 지극히 선한 것을 분별하며 또 진실하여 허물없이 그리스도의 날까지 이르고"(빌 1: 9-10)라고 말함으로써 지식과 식견으로 하나님을 사랑하고, 선한 것과 그렇지 않은 것을 분별 혹은 증명(approve)하라고 권고하고 있다. 말하자면 헛되고 공허한 말들이 난무할 뿐만 아니라 주의 뜻에 대한 이야기와 주장들이 기독교 신앙을 오염시키고 비틀며 왜곡하는 이 세계에서 우리는 살고 있다. 그래서일까. 바울은 그러한 세계에서 속임을 당하지 않아야 하고, 또 그것이 무엇인지 변별하고 이해하는 것이어야 한다고 권면하고 있는 것이다. 무엇보다 바울의 그 같은 권고들은 기독교 신앙이 맹목적이지 않아야 한다는 점을 암시하고 있다. 따라서 우리는 속지 않도록 합리적 신앙이어야 할 것이다.

실용성으로서의 진리

5장에서 실용주의의 지식이론을 설명한 것처럼, 실용성은 실천적 행동에 의해 특징짓는다. 그래서 진리는 실천이자 활동이다. 진리는 사변적 논쟁이나 철학적 이론이 아니라 그것을 실천함으로서 얻을 수 있는 개념이다. 이러한 생각은 19세기 미국에서 시작된 철학의 한 사조로서 실용주의로 발전되었다.[13] 실용주의는 '옛 사고방식을 위한 새로운 이름'(a new name for an old way of thinking)이다. 특히 실용주의는 미국의 삶의 특징들을 아주 강하게 반영하는 철학이다. 실용주의적 진리관은 찰스 퍼스(Charles Sanders Peirce, 1839~1914), 윌리엄 제임스(William James, 1842~1910) 그리고 존 듀이(John Dewey, 1859~1952)에 의해서 전개되었는데, 그들은 인간의 실천과 경험에 직접적으로 시도하는 개념을 창안함으로써 철학의 한 사조를 형성했다. 퍼스는 과학철학에서, 제임스는 종교철학에서 그리고 듀이는 교육학에서 서로 다른 진리의 성격을 실용주의적 관점에서 논의했다. 이러한 진리관은 현사유의 방식에서 무시할 수 없는 이론이며, 나아가 우리의 생활 전반에 암암리에 흐르고 있다.

도구주의(instrumentalism)와 실험주의(experimentalism)의 형태라고 부르는 실용주의는 진리와 가치를 결정하는 기준으로서 신념들과 개념들의 실제적인 결과들을 사용하는 하나의 태도나 방법을 말한다. 윌리엄 제임스가 언급하듯이, 실용주의의 철학은 "가정된 필연성들, 범주들, 원칙들로부터 바라보지 않고, 결과들, 열매들 그리고 사실들의 최종적인 것들을 바라보는 철학이다."[14] 존 듀이도 유사한 방식으로 이렇게 표현하고 있다. "철학은 살면서 만나게 되는 어려움에 대한 깊고 넓은 대응 방식에서 출발해야 한다."[15] 이것은 철학이 일상의 삶에서 실천적으로 반응하면서 성장한다는 것이다. 따라서 실용주의는 체계적 철학 교리들이나 관념들에 대한 강조보다는 철학의 방법이나 태도들에 대한 강조를 놓는다.

특히 듀이의 경우에는 경험이 실용주의의 가치를 판단하는데 가장 절대적인 잣대다. 여기에서 그가 말하는 경험은 경험론의 개념이 아니라 유기체와 유기체의 환경의 반응의 결과를 뜻한다. 이런 근거에서 실용주의적 진리는 사변적인 관념의 놀이가 아니라 구체적인 인간의 삶에 적용할 수 있는 어떤 것을 가리킨다. 듀이가 적절히 지적하듯이, "행동은 지성적이고 동시에 반성적이어야 하고 … 사유하는 것이 반드시 삶의 중심이 되어야만 한다."[16]

듀이와 같은 맥락에서 윌리엄 제임스는 진리를 현금가치(cash value)에다 비유했다. 특히 제임스는 비교적 선명하게 진리는 어떤 생각이나 믿음이 참이 되는 경우가 구체적인 생활에서 어떤 차이를 드러내는가에 따라 결정된다고 주장한다. 거듭 말하지만 철학의 가치는 주어진 대상이나 관념을 인식하고 파악함으로써 알 수 있는 것이 아니라 그것의 실용성(또한 효과성)에 있음을 주지시킨다. 그러므로 실용주의적 진리는 신조나 실재의 문제가 아닌 일종의 방법 내지 도구이어야 한다는 것이다.

미국의 신실용주의자인 리처드 로티(Richard Rorty)는 이러한 실천을 "실재에 상응하지 않는 진리"[17]라고 규정한다. 우리의 신념들이 세계에 의해서 진리가 되고, 따라서 사물이 존재하는 방식에 상응한다는 실재론은 진리와 세계를 표상적으로 이해하는 것이지 인과적으로 이해하는 것은 아니다. 만일 우리가 진리와 세계를 표상적으로 이해할 경우에 세계는 진리를 드러내고, 우리는 진리를 탐구하는 것에 일차적으로 관심을 가져야 한다. 하지만 로티가 지적하듯이, "실재는 가치나 선택의 용어다."[18] 세계가 진리를 표상하는 것이 아니라 우리가 실재를 이용하는 것이다. 현재 우리가 진리라고 인식하는 것은 그것이 본질적이고도 초역사적인 어떤 실체가 존재해서라기보다는 우리가 그것의 유용성을 인식하기 때문에 진리다. 하지만 전통적인 진리를 발견하려는 노력은 데카르트와 칸트에서 가장 극명하게 드러내었는데, 이러한 사유에서 비롯된 진리에 대한 이해가 지식의 근원이나 기원을 밝혀내려는 노력은 로티의 신실용주의적 주장에 의해서 더 이상 효력이 상실된 듯 했다. 데카르트와 칸트의 사유의 결과로서 진리에 대한 탐구가 "진리의 목표"가 되고 말았다. 따라서 로티가 적절히 주장하듯이, 탐구의 궁극적인 목표로서의 진리에 대한 지식은 실재를 밝혀낼 수 있다는 생각을 포기하여야 한다. 그리고 그러한 생각은 순진한 생각이기에 당연히 폐기처분되어야 할 논제다. 이렇게 폐기한 후에 실재를 이용하는 방식으로서 탐구는 의미가 없어지게 되었다.[19]

이런 근거에서 진리가 실천으로 특징짓는다는 것은 진리의 탐구나 그것의 정당성을 추구하는 일, 즉 지식의 근거와 토대를 찾으려는 노력은 우리에게 아무런 유익을 제공하지 않는다는 것을 명백히 제시한다. 이런 이유에서 로티는 실재에 대한 본질을 찾으려는 전통적 진리의 개념을 다음과 같이 부정한다.

"정당성과 진리사이에는 아무런 관계가 없다고 말하는 것이 이상하게 들릴지 모르겠다. 이것은 진리란 탐구의 목표라고 우리가 말하는 경향이 있기 때문이다. 그러나 나는 우리 실용주의자들이 그 같은 어려움을 파악해야 하고, 진리가 탐구의 목표라는 주장이 헛된 것이거나 잘못된 것이라고 말해야 한다고 생각한다. 탐구와 정당성은 서로 관계가 있는 목적들의 많은 부분을 가지고 있다. 그런데 탐구나 정당성은 진리라고 부르는 다리를 연결시키지는 못한다. 탐구와 정당성은 언어 사용자인 우리가 봉사하지 않을 수 없는 활동들이다. 우리는 우리를 그렇게 돕기 위해 진리라고 부르는 일종의 목표를 필요로 하지 않는다."[20]

결국 실용주의는 진리가 지식의 근원을 파헤칠 수도 없을 뿐만 아니라 그것을 찾으려는 노력은 무지개를 찾으려는 노력만큼이나 부질없고 어리석다고 가르친다. 진리란 더 이상 실재의 절대적인 본질에 대한 탐구를 궁극적인 목표로 삼지 않는다. 오히려 진리란 실재의 가치나 유익의 실용성을 추구하기 위해서 필요한 도구나 방법의 일종이라고 말한다.[21] 그러므로 진리란 본질적인 사유나 관념이 아니라 실재 속에 나타난 가치를 인식하고 그것의 실용성을 발견하기 위해 행해야 하는 실천이다.

의미성으로서의 진리

이 진리관은 앞의 실용적 진리, 대응적 진리, 정합적 진리와는 다르다. 이 진리관은 논증의 형식을 빌려 진리의 정당성을 주장하는 논리학의 유형이다. 간단히 말해 의미론적 진리는 논리적 형식 속에 있는 진리 이해다. 진리란 우리가 사용하는 문장을 분석함으로써 그 내용을 잘 이해할 수 있을 경우에 의미가 있다. 따라서 문장들의 의미 외에는 다른 어떤 것도 진리의 위치에 설 수 없고 또 대체되지 않는다. 우리는 이러한 진리관을 진리의 의미론(deflationism)이라고 부른다.

무엇보다도 진리의 의미론은 정합주의나 실용주의를 반대하는 의미에서 출발했다. 의미론을 주장하는 철학자들은 만일 정합주의나 실용주의의 진리관들이 부정된다면, 남는 것은 무엇일까를 묻는다. 그것은 진리에 관한 문제가 두 가지 사실관계를 구분하도록 요청한다는 것이다. 하나는 그것이 '사실에 근거한 진리'와 또 하나는 '의미에 근거한 진리'로 구분되어야 한다는 것이다. 이 두 관계를 명확히 하게 되면, 진리의 의미론이 무엇인지 알 수 있게 된다.

사실에 근거한 진리는 앞에서 언급한 실재에 상응하는 대응적 진리이론을 말하고, 반면에 의미에 관한 진리는 그것을 표현하거나 사용한 문장 속에서 그것의 진의나 참을 파악하려는 진리이론이다. 예컨대, 다음과 같은 두 문장이 있다고 치자.

(A) 박정희 대통령은 시해되었다.
(B) 박정희 대통령이 시해되었다는 것은 참이다.

위의 (A)와 (B)의 문장에서 우리는 두 가지 서로 다른 의미의 문장들을 본다. (A)의 문장은 사실에 관한 문장이다. (B)는 사실에 관한 주장이 참임을 증명하는 문장이다. 여기서 (A)의 문장은 대응적 진리를 말하고, (B)는 의미론적 진리를 말한다.

그런데 (A)와 (B)의 두 문장은 진리의미론에서는 중요하게 취급되는데, 이는 (A)가 없이는 (B)가 수반되지 않기 때문이다. 부연하자면, 진리의 의미성을 이해하기 위해서 우리는 사실적 관계와 사실적 관계에 대한 검증이 어떻게 단언적으로 참이라고 확신하는지를 우선 알아야 한다. 반복적 설명이지만, 우리는 다음과 같은 문장에서 이 사실을 확인해 볼 수 있다.

(A) 물고기는 물에서 산다.
(B) 물고기가 물에서 산다는 것은 참이다.

앞에서 '박정희 대통령은 시해되었다'와 '박정희 대통령이 시해되었다는 것은 참이다'의 문장과 같다. 위의 문장에서 (A)와 (B)는 동치다. 만일 (A)가 참이면 (B)도 참이다. 그리고 만일 (B)가 참이면 (A)도 참이다. 다시 말해 물고기는 물에 사는 것이 참이라는 것은 물고기가 물에 산다고 말하는 것과 같은 의미다. 이처럼 의미론은 참을 발견하려는 시도다.

이 진리관은 20세기 독일의 언어논리학자인 고트로프 프레게(Gottlob Frege, 1848~1925)에 의해서 처음으로 제안되었다. 프레게는 현대 논리학의 창시자로 인정되고 있다. 그의 잘 알려진 주장은 이것이다. "논리의 법칙은 진리의 법칙이다." 이러한 명제에서 프레게는 문장이나 다양한 개념을 분석하여 기호화한 형식 논리학에 맞춰 수의 이론을 정초화했다. 특히 그는 러셀과 더불어 수학은 논리학의 한 장에 지나지 않는다고 주장한 바 있다.[22] 프레게의 노력으로 의미이론의 진리이해는 프레게의 뒤를 이어 영국의 철학자이자 수학자로 명성을 얻고 있었던 프랭크 램지(Frank Ramsey, 1903~1930)가 1927년에 "의미이론"을 인용함으로서 사람들에게 이 이론의 중요성이 알려지게 되었다.

프레게와 램지 이후에 이 의미이론은 논리학의 주된 관심거리가 되었는데, 논리철학자들인 아이어, 스토로슨, 비트겐슈타인과 콰인에 이르기까지 진리 의미론이 확대되었다. 이 진리관을 옹호하는 철학자들은 더욱 문장의 의미에서 참된 의미를 발견하려고 분석했다.[23] 그들의 분석적 방식을 다시 간략히 언급하자면 아래와 같다. 의미론적 진리관에 따르면, 's'가 참이라고 주장하는 것은 s가 지니고 있는 내용과 동일한 내용을 주장하는 것이다' 이것은 진리가 주장적인 의미를 갖지 않는다는 것을 말한다. 's가 참이다'의 문장에서 's'와 '참이다'를 구분하여 생각하면 쉬울 것이다. 's'는 주어진 것이고, '참이다'는 기술된 것이다. 언어의 혼란은 's'에다 '참이다'를 덧붙임으로써 야기하고 있다는 것을 알 수 있다. 그러면 's'에다 '참이다'를 덧붙일 경우에 's는 참이다'의 문장이 구성된다. 이 완성된 문장인 's는 참이다'는 참과 거짓의 본성에 관한 문제가 아니라 결국 누군가가 이 말을 한 사람의 판단, 주장 및 진술의 본성에 관한 것으로 오해될 수 있다. 결국 이것은 진리란 's'의 진리를 말하고 있는 것이 아니라 누군가 진술하거나 주장한 문장의 의미를 분석하고 있는 것이다. 이것이 상대주의적 진리의 의미를 야기할 수 있다. 이런 문제에서 진리는 진리의 본성의 문제가 아닌 진술하는 사람이나 주장하는 사람이 제시하는 문장에 관한 의미를 파악하는 것이다. 하지만 의미이론은 여전히 객관적이고 참이라고 주장한다.

이런 맥락에서 이 의미론이 갖는 상대성의 문제를 어떻게 해결해야 할까? 사실, 논리학에서도 여전히 문제가 되는 것이 진리 또는 참에 대한 상대성 문제이기 때문이다. 왜 의미론이 논리학에서 중요했을까? 이 진리이론은 "모든 참은 상대적이다"라는 일종의 "신화"에 반대하기 위해서 고안되었다. 뭔가 말하거나 주장하는 경우에 우리는 어떤 것을 단언한다. 그리고 그 단언한 문장은 믿음의 형식으로 표현한다. 그래서 어떤 것을 믿는다고 말하면 그것은 참으로 받아들인다는 것이다.

그런데 두 문장 중 하나가 참이면 다른 하나도 참이지만, 반드시 그렇게 되지 않는 문장들이나 주장들이 있다. 우리는 다음과 같은 문장에서 서로 상반된 주장을 볼 수 있다.

(A) 철수: 철학은 어렵다.
(B) 영희: 철학은 쉽다

위의 (A)와 (B)의 문장들 사이에는 동치관계, 즉 (A)가 참이면, (B)도 참인 관계가 필연적으로 성립되지 않는다. 이것은 "너 생각이지!"라는 말이지, "내 생각은 아냐!"라고 말할 수 있다. 즉 철수에게는 철학이 어렵지만, 영희에게는 철학이 쉽다는 것이다. 철학이 어렵다는 것은 너 생각이지, 즉 철수의 생각이지, 상대의 생각, 즉 영희의 생각은 아니다. 여기서 우리가 눈여겨 볼 것은 어떤 주장이 참인지의 여부는 아는 것이다. 어떤 주장이 참인지의 여부는 그 주장을 제기한 사람, 그의 믿음, 문화적 배경, 언어사용과는 아무런 상관이 없다. 이것은 누가 그것을 말했는가, 그의 믿음이 무엇인가, 그의 문화적 배경이 무엇인가와는 진리나 참과는 거리가 있다는 것을 명시한다. 훌륭한 논증과 논리의 목적은 궁극적으로 참이 무엇인지 그것의 의미가 참인지를 밝히는 것이다. 그러기 때문에 그가 느끼는 감정이 무엇인지와 진리의 의미와는 전적으로 무관하다. 이것이 진리의 의미론이 추구하는 것이다. 뉴질랜드 와이카토대학의 트레이시 보웰(Tracy Bowell)은 『비판적 사고』에서 이 점을 잘 말해주고 있다.

"참은 상대적이지 않으며, 참은 객관적이다. 그리고 명제의 참은 우리가 그것이 참이기를 욕구하거나 믿는 것과 독립적이다. 우리의 생각이나 욕구로 달을 치즈로 만들어진 것으로 할 수 없다. 믿는 것은 어떤 것이 참임을 믿는 것이지만, 참이 믿는 것을 뜻하지는 않는다. 이것은 참이 우리 모두와 독립적임을 의미한다. 이것은 누구도, 그 어떤 전능한 존재도, 세상의 모든 참에 대한 열쇠를 쥐고 있지 않다는 식의 주장이 아니다…. 훌륭한 추리와 논증의 목적은 참이 무엇인지를 밝히고 세계의 실제 모습이 어떠한지에 다다르고자 하는 것이지, 사람들이 어떻게 생각하고 느끼는가 하는 것과는 상관이 없다."[24]

이처럼 진리의 의미론은 개인적인 선호나 감정적인 취향과는 독립적이고 참을 객관적으로 밝힌다는 점에서 진리이론에서 후한 점수를 받는다.

그럼에도 불구하고, 진리의 의미론자들과는 달리 대다수의 철학자들은 여전히 진리나 참에 대해 어느 정도 유보적인 입장을 취한다. 이것이 참 또는 진리에 대해서 간단히 말할 수 없다는 철학적 문제 때문이다. 진정 참은 없다고 주장하는 사람들도 있다. 예컨대, 한 사람이나 한 집단에 참인 것은 다른 사람과 다른 집단에 참이 아닌 경우가 있기 때문이다. 그러므로 진리의 의미론자들이 진리의 상대주의적 신화를 배제하고 객관주의의 진리를 추구한다고 해도, 여전히 진리의 상대주의가 완전히 해소되거나 해결될 수 있다는 것은 철학자들의 큰 고민거리로 남을 것이다.

진리와 신앙의 관계

　종교에 가해지는 비난 중 하나는 신앙의 맹목성에 관한 문제이다. 자신의 종교에 맞게끔 필요한 사람들을 강제적으로 교육하고 훈련시키기 위해서 종교는 그들에게 진리가 아닌 이념들을 주입한다는 것이다. 그 같은 비난은 옥스퍼드대학의 생물학자 리처드 도킨스(Richard Dawkins)에 의해서 최고로 고조되고 있다. 그가 신앙에 적대적인 이유가 많겠지만, 가장 두드러진 것이 신앙의 이런 맹목성에 있다고 보았다. "신앙은 그 어떤 정당화도 요구하지 않고 어떤 논증에도 견디지 못하기 때문에 악이다. 의문을 품지 않는 신앙이 미덕이라고 아이들에게 가르치는 것은 아이들을 … 미래의 성전이나 십자군 전쟁을 위한 치명적인 무기로 자라도록 준비시키는 것이다."[25] 그러면서 도킨스는 신앙이 어떤 우월한 가치를 지니고 있다고 가르치거나 또는 믿음에 대해 질문하고 생각하는 법을 가르친다면, 자살 테러범이나 비도덕적인 행위들이 사라질 것이라고 장담한다. 이는 의문을 품지 않는 믿음이 삶을 위태롭게 만들기 때문이다. 따라서 그는 다음과 같이 결론을 내린다. "신앙은 아주 위험하며, 그것을 순진한 아이의 취약한 정신에 계획적으로 주입하는 것은 몹시 잘못된 일이다."[26] 그가 전하고자 한 메시지는 간단하다. 그것은 다름 아닌 기독교가 거짓이고 비진리라는 말을 도킨스는 하고 싶었다. 그리고 그러한 명백한 메시지는 그의 2007년에 저술한 『만들어진 신』에서 잘 드러나고 있다.

　종교에 가해지는 또 다른 비난은 다소 잔인하고도 냉소적인 비난인데, 신앙이 비이성적이라는 것이다. 이러한 비난은 무신론자들에 의해서 야기된 내용들로서 신앙을 가지는 사람을 조금 상스러운 표현으로 하자면 "멍청한 사람들" 혹은 "정신 나간 사람들"이라는 것이다. 멍청하지 않고서야 어떻게 이성적으로 설득되지 않은 것을 믿을 수 있겠느냐는 것이다. 하지만 기독교인들은 뇌리 속에 박힌 생각이 비이성적인 믿음을 전수받고 있다는 것이다. 그래서 그리스도인들이 온전하지 못하는 것을 믿는다는 것이다. 무신론자 저널리스트인 크리스토퍼 히친스는 도킨스보다 더 호전적으로 말한다. 히친스는 암묵적으로 나약한 사람들이 가지는 일종의 의존수단이 믿음이라고 주장한다. 실제로 나약한 사람일수록 신앙에 매달려 자신의 나약한 부분을 극복하고자 하고, 현실의 복잡하고 힘든 상황을 신앙의 이름으로 안도감과 위로함을 받고자 하는 욕구를 보이는 것은 사실이다. 버트런드 러셀도 이렇게 적고 있다. "조각배를 타고 나가는 어부들이 동력어선을 타고 나가는 어부들보다 기도를 더 많이 한다." 이처럼 신앙에는 이러한 인간의 나약함을 호소하는 어떤 기능적 요소가 없지 않다. 그런 이유인지는 모르지만, 무신론자들은 신앙을 악으로 규정한다. 그들에게 신앙은 우리의 삶의 스트레스와 관련된 질병이나 절망한 상황에서 우리를 보호해 주는 수단으로밖에는 보이지 않는다.[27]

하지만 기독교가 비진리라는 비난에 대해 기독교 신앙은 그것을 우선 부정한다. 신명기 18장 22절에서 "만일 선지가가 있어서 여호와의 이름으로 말한 일에 증험(證驗)도 없고 성취함도 없으면 이는 여호와의 말씀하신 것이 아니요 그 선지자가 방자히 한 말이니 너는 그를 두려워 말지니라"라고 기록되어 있다. 여호와의 말은 그것이 문장, 진술 혹은 명제이든 그것의 진리는 두 가지다. 이것은 진리로 검증되어야 하고, 또 그가 한 말이 실제로 일어난다면 그것은 진리다. 하나는 인식적 입증의 원리와 행위의 원리다. 이 두 가지 조건이 기독교 신앙을 진리로 이끌어간다. 그런 점에서 기독교 신앙이 합리성이 결여되어 있다고 여겨서는 안 되며, 따라서 우리의 신앙은 진리로 받아들일 수 있다.

 행동의 원리에 대해 좀 더 부연해 보고자 한다. 기독교 신앙은 그것 자체로 끝나는 것이 아니라 그것을 믿는 것이 진리로 간주되기 때문에 행동에 영향을 크게 미친다. 왜냐하면 무엇을 믿는다는 것은 이미 그것을 진리로 받아들이고, 그 진리를 실천한다는 의미가 함의되어 있기 때문이다. 상식적으로 말해 어떤 행위에 영향을 미치는 신앙은 매우 조심스러워야 하고, 그것을 증험하는 원리에 기초해야 한다. 2001년 9월 11일, 일명 미국 뉴욕의 911사건은 우리에게 이 점을 잘 가르치고 있다. 미국 뉴욕의 세계무역센터에 여객기가 충돌해 쌍둥이 빌딩을 폭파하고, 동시에 국방부 건물에도 여객기가 충돌하는 등, 동시 다발적인 테러 사건이 발생했던 것을 우리는 생생히 기억한다. 그 사건으로 인한 사망 실종자의 수가 무려 4,763명이고 미국은 테러용의자로 빈 라덴과 알카에다를 지목하고 부시대통령은 테러와의 전쟁을 선포하기에 이른다. 많은 사람들이 그 사건으로 충격을 받아서 정신적 공황상태를 일으켰다. 유감스럽게도 이 사건에 대한 여러 가지 음모설이 제기되고 있음에도, 폭파범과 배후조종에는 이슬람을 믿는 극우들의 종교가 자리 잡고 있었다는 사실은 부인할 수 없는 것 같다. 종교를 믿는 것은 단순히 무엇을 믿는 것을 초월하여 그것이 진리라고 확신하는 데서 엄청난 행동을 수반하는 결과를 야기한다는 것은 가히 짐작하고도 남음이 있다.

말이 나온 김에 한 가지 더 덧붙이자면, 1995년 4월 19일 미국 중부 오클라호마 주의 수도인 오클라호마 시에 있는 알프레드 머리 빌딩에서 폭탄 테러사건이 있었다. 9층 건물로 된 이 빌딩은 마약 단속부서 등 미국 연방정부의 각 기관사무실이 들어 있는 건물이었다. 이 폭파의 단서는 2년 전 사교집단인 '다윗파'의 방화자살 사건과 일치한다는 단서였다. 폭파범은 맥베이라는 당시 20대 젊은 청년으로서 텍사스의 사교집단에 대한 불공정하고도 불만스러운 처리 때문이었다고 한다. 이 사건 역시 다양한 음모설이 제기되었음에도 불구하고, 맥베이는 사형을 선고 받았고 집행되었다. 신앙의 이 같은 신랄한 비난은 어제오늘의 이야기는 아니지만, 여전히 신앙은 사회에 나쁜 영향을 미친다.

이슬람이나 사교집단 외에 기독교 신앙의 행위는 어떤가. 우리는 1994년 낙태 시술의사를 살해한 혐의로 미국 플로리다 교도소에 수감되어 온 장로교 목사인 폴 힐(Paul Hill, 당시 49세)의 사형을 기억한다. 힐 목사는 당시 49세였고 열렬한 보수주의 진영의 신실한 주의 종이었다. 플로리다 루스타크의 주교도소측은 2004년 3월에 독극물을 주입해 힐을 처형했다는 발표를 했다. 힐은 1994년 9월 낙태시술을 했다는 이유로 69세였던 산부인과 의사 존 브리튼과 경호원을 총기로 살해했고, 주 대법원으로부터 사형선고를 받았다. 마지막 사형이 집행하기 직전에서, 힐은 다음과 같이 말했다. "만일 내가 그 일을 하지 않았다면, 나는 거울 속의 자신을 바라볼 수 없었을 것이다." 그리고 "내가 처형되는 순간 내 영혼은 영원히 하나님과 함께 할 것이다." 낙태에 관한 그의 이러한 믿음은 너무 확고한 것이었다. 낙태 살인에 대한 반대는 또 다른 살인으로 정당화하는 그러한 용맹은 도대체 어디서 연유하는 걸까. 모든 사람은 자신이 믿는 믿음에서 출발하여 그것을 확신하고 주장하지만, 힐의 주장과 견해에 관한 기준과 범위를 합리적이라고 규정하는 것이 진리라고 말할 수 있을까. 아마도 힐의 단편적인 사건은 극단주의자의 전형적인 생각을 어느 정도 대변한 것이라 본다.

여전히 우리의 마음을 아프게 하는 사건은 미국 뉴욕에서 발생한 911사건이다. 이 사건을 계기로 사람들의 마음은 이전에 생각했던 신앙에 대한 태도가 회의적이고도 냉소적으로 변했다. 하지만 신앙에 대한 대부분의 비난은 기독교 신앙과 타종교, 특히 이슬람 종교 간의 명확한 구분이 없이 사용하는 데서 야기되고 있다. 그들은 기독교 신앙이든 다른 종교의 신앙이든 종교의 범주에서 생각하기 때문에 별반 다르지 않다고 여기는 듯하다. 다른 종교에 대한 공부를 하지 않은 사람으로서 그들에 대해서 말하기는 곤란할 것이지만, 기독교 신앙에서는 그러한 비난에 매우 불쾌한 것은 사실이다. 왜냐하면 도킨스나 히친스가 정의하는 신앙이 우리가 믿는 신앙과는 상당히 다른 의미이기 때문이다. 그들이 비난하는 것처럼, 신앙은 우리의 삶에 위안을 제공한다는 것 또한 부인하기 어려운 사실이다. 그렇다고 그런 효과를 제공하는 신앙이 맹목적이고 또 비이성적이라는 비난도 불편하다. 이는 기독교 신앙이 합리적인 성격을 배제하지 않기 때문이다. 예수는 성경에서 "열매로 그 사람을 안다"고 하지 않았는가. 성경에서 야고보도 "행함이 없는 믿음은 죽었다"고 단언하지 않는가. 이처럼 기독교 신앙은 행동과 같은 실천적인 것을 강조한다. 사랑을 실천하는 가장 힘 있는 종교가 기독교 신앙이다. 즉 사랑이 실천과 만날 때에 그것은 진리의 기능을 충분히 하는 것이다. 그러므로 합리적이란 말의 의미가 진리와는 구분되지만, 우리는 기독교 신앙에서 행하는 사랑의 활동들을 통하여 기독교 신앙의 유익함을 전할 필요가 있을 것이다.

신념과 기독교 신앙

신념은 세계관처럼 지적구조(noetic structure)의 개념이다. 여기서 '지적'이란 말은 그리스어 동사 '노에오'(noeo)에서 유래된 말이다. 이 말은 '이해하다' 또는 '생각하다'의 뜻을 가지고 있다.[28] 어원적으로 말하면, 신념은 지성과 이해의 구조다. 모든 사람이 신념을 다 가지고 있다고 할 때, 그는 그가 생각하고 이해하는 것을 믿고 있는 모든 총체적인 뜻으로 사용한다. 그렇다면 지적구조의 개념으로서 신념은 어떤 기능을 하는가? 신념은 행동의 분명한 방향을 설정하는 이정표와 같은 기능을 한다. 무엇을 행한다고 할 때, 대체로 사람들은 그가 믿고 받아들인 신념들에 따라서 행동하기 때문이다. 신념은 그런 점에서 일종의 행동을 고무시키는 목표를 가지고 있다.

기독교 신앙은 그리스도인들에게 행동의 실천을 요구하고 있다고 볼 때, 행동의 방향을 향하게 하는 것이 신념이다. 하지만 기독교 신앙에서 신념은, 거칠게 말해, 교의, 교리, 신조와 같은 것들로 정형화된다. 신념은 악도 선도 아니다. 그것은 개념이다. 따라서 신념은 그 자체로 악이나 선을 만들어내는 것은 아니다. 다만 우리가 유의해야 할 것은 그 신념이 무엇이든지 간에 그것이 화석화하게 되면, 그 신념은 진리를 대체하는 자리에 앉게 된다는 것이다. 다르게 말해 신념은 진리가 아니라 진리를 표현하는 양태로서 행동을 위한 뼈대와 같다. 진리

자체는 거대한 이야기이고 매력적인 말이지만 있는 그대로 표현되지 않으며, 그렇게 표현하려는 시도 또한 무모하다. 그럼에도 사람들은 진리를 교의, 교리, 신조와 같은 지적구조와 같은 신념들에 의해서 표현하려고 하는 것이다.

문제는 과하면 해로운 법이다. 신념의 중요성은 교회의 신앙을 배우기 위한 보조적 역할이나 기능이어야 한다. 그런데 이것이 신앙의 기준이나 잣대로 기능하면서 교회의 부패가 가중되었다는 점이다. 하버드대학의 교수였던 하비 콕스(Harvey Cox)는 『종교의 미래』에서 기독교의 출발이 신앙에서 출발하여 신념으로 퇴화되었다고 주장한다. 그리고 신앙에서 신념으로의 퇴화는 교회의 타락을 부추겼다. 콕스가 명시하는 교회의 타락은 교의나 교조 또는 신조와 같은 신념의 조항들이 주된 원인이었다. 즉 기독교가 생동감을 상실하게 되었다는 것은 다름아닌 교조적 또는 교의적 조항을 지나치리만큼 강조함으로써 실제로 중요한 믿음을 버렸다는 것이다.

특히 콕스는 기독교의 역사를 세 시대, 즉 신앙의 시대(age of faith), 신념의 시대(age of belief) 그리고 성령의 시대(age of spirit)로 구분하면서, 그 중 신념의 시대가 기독교의 퇴화(devolution)를 가져왔다고 진단한다. 신념의 시대는 기독교 역사에서 대략 1,500년간 지속되었지만, 계몽주의, 프랑스 혁명, 유럽의 세속화, 20세기의 반식민지주의가 발흥함에 따라 기독교의 힘이 상실되었을 뿐만 아니라, 신념의 시대에서 기독교의 신앙을 진리와 비진리를 구분함으로써 급격하게 쇠퇴하게 되었다는 것이다.[29] 그 예로서 '성모 마리아의 승천' 교의, 니케아 신조, 성만찬과 연관된 임재설이나 화체설 교리, 기독론 등, 무수히 많은 이러한 교의, 신조, 교리들이 기독교 신념을 더욱 표준화하여 진리의 자리를 대체하려고 했지만, 아이러니하게도, 그것이 믿음을 도운 것이 아니라 진리를 더욱 고착화하고 화석화시킨 원인이 되었다는 것이다. 콕스의 주장은 상당히 설득력이 있는 것처럼 보인다. 왜냐하면 이단을 색출하려고 정통성을 강조하려는 교회의 움직임이 교리, 교의, 신조와 같은 신념의 기준에 따라서 실행되었기 때문이다. 신학의 과정에서 더욱 흥미로운 것은 신념을 더욱 확고히 하는 작업은 역사적으로 콘스탄티누스 황제의 기독교 합병에서 일어났다는 것이다. 콕스는 다음과 같이 의미심장한 글로 신념의 화석화가 신앙의 퇴화를 가져왔다고 강하게 주장한다.

"회고해보건대 [신앙의 퇴화]가 어떻게 일어났는지를 보는 것은 어렵지 않다. 우리는 그리스도교의 기본적인 가르침의 짧은 요약들이 3세기에 여기저기에 나타나기 시작했다는 사실을 주목했다. 이러한 것들은 주로 새로운 교인들을 교육하기 위하여 만들어진 것이었다. 그러나 점점 그리스도교 지도자들은 신조들을 의무사항으로 화석화시키기 시작했다. 오늘날 신조들의 역사를 연구하는 학자들은 그것들을 울타리로, 즉 누가 안에 있는 사람이고, 누가 밖에 있는 사람인지를 구분하는 경계 표시로 종종 설명한다. 그런데 좀 더 적적한 비유는 '칸막이들'일 것이다. 울타리라는 것은 소유물의 바깥 가장자리에 설치한다. 칸막이라는 것은 집 내부에 설치하는 어떤 것으로 그 안에 사는 사람들을 분리한다. 처음 신조들 가운데 어느 것에도 미트라나 제

우스 황제에 대한 문구는 단 한 마디도 없다. 예외 없이 신조들은 바깥사람들을 규제하기 위해서가 아니라 신학적 견해가 다른 동료 그리스도인들을 울타리로 막아내기 위하여 작문된 것이다. 하지만 이제 이러한 그리스도인들은 칸막이로 차단되어 있거나, 좀 더 정확하게 표현하자면, 퇴출이라는 지시를 받는 것이다 … 신조들의 씨앗은 그리스도교 운동을 아주 일찍부터 부패시키기 시작했다는 사실은 의심할 여지가 없다."[30]

이처럼 신념은 기독교 신앙에서 매우 중요하다. 그것이 있어야 우리가 가야할 방향과 무엇을 실천할 것인지의 목표를 예시한다. 그리고 그러한 방향과 목표가 있어야 그리스도인들이 걸어가야 할 삶의 길은 상실되지 않는다. 하지만 그것은 어디까지나 교육적 목표나 삶의 실천을 위해 도움을 주는 길라잡이로서의 기능으로 작용할 때만 가능하다. 여기서 신념에 대해 우리가 생각해야할 것이 분명해 진다. 그 생각은 이것이다. 즉 우리는 신념이 진리로 대용하게 되면 기독교 신앙은 위태롭게 될 뿐만 아니라 위험에 빠질 수 있다는 것을 기억해야 한다는 것이다.

주(註)

1) Aristotle, *Metaphysics*, IV, 7, 10, 26.

2) 비트겐슈타인의 『논리 철학-논고』는 일차세계 대전 중에 포로로 있으면서 생각나는 글들이 노트형식으로 만들어졌고, 나중에 수정하여 그의 지도 선생이었던 버트런드 러셀과 무어에게 박사학위논문으로 제출했다. 그리고 이 책의 분량이 오직 75페이지에 불과하며, 매우 집약적인 공리형식으로 기록되었다.

3) Ludwig Wittgenstein, *Tractatus*, 1.1.

4) Ibid., 1.

5) Colin Howson, "Tarski, Alfred," *The Oxford Companion to Philosophy*, ed. Ted Honderich (Oxford: Oxford University Press, 2005), 909. 칼 포퍼는 학문을 탐구의 논리라고 정의하고, "인간은 오류로부터 배울 수 있다"고 말함으로써 모든 학문은 추측과 반박의 이중적 조건에 의해서 발전된다고 주장했다.

6) Alfred Tarski, *Logic, Semantics, and Metamathematics: Papers from 1923 to 1935* (Bloomington: Indiana University Press, 1983)와 그의 *Introduction to Logic: and to the Methodology of Dectuctive Sciences* (New York: Dover, 2005)를 참조하라.

7) Jay Wood, *Epistemology: Becoming Intellectually Virtuous* (Downers Grove, ILL.: InterVarsity Press, 1998), 114.

8) Brand Blanshard, *The Nature of Thought* (London: Allen & Unwin, 1939)를 보라.

9) Brand Blanshard, "Autobiography," *The Philosophy of Brand Blanshard*, ed. P. A. Schilpp (La Salle, The Free Press, 1980), 97.

10) Charles Hartshorne, *Wisdom as Moderation: A Philosophy of the Middle Way* (Albany: State University of New York Press, 1987), 15.

11) Brand Blanshard, "Reason and Unreason in Religion," *Zygon* (June 1966): 200-4.

12) 정승태,『종교철학담론』, 93-5와 D. Q. McInerny, *Being Logical: A Guide to Good Thinking* (New York: Random House Trade Parerbacks, 2005), 19-22를 보라.

13) 신실용주의자인 리처드 로티는 실용주의를 미국철학이라고 부르는 것에 반대한다. 어느 사상이든 그것의 역사는 순수하게 미국적이라 할 수 없기 때문이다. 이미 어떠한 사상은 그것을 옹호하기 위해 반대하는 사상이나 사상가를 포함하고 있다. 그러므로 모든 철학은 이미 오염된 사유를 전수받는다. Richard Rorty, *Philosophy and Social Hope* (New York: Penguin Books, 1999), 23-5를 보라.

14) William James, *Pragmatism* (New York: Longmans, Green, 1907), 54-5.

15) John Dewey,『철학의 재구성』, 이유선 옮김 (서울: 아카넷, 2010), 95.

16) John Dewey, "The Development of American Philosophy," *Philosophy and Civilization*, 32-3.

17) Rorty, *Philosophy and Social Hope*, 23. 로티는 1931년에 뉴욕에서 태어나서 외아들로 성장했다. 그의 부모는 저널리스트였고, 외할아버지는 침례교 신학자였던 월터 라우센부시(Walter Rauschenbusch)였다. 시카고대학과 예일대학에서 철학을 공부한 로티는 분석철학과 과정철학을 배웠고 그 영향으로 교수의 자격을 얻었다. 하지만 그의 사상적 전환점은 실용주의를 만나면서 새로운 방향으로 돌아섰다. 그는 이른바 존 듀이의 실용주의를 받아들임으로써 자신의 철학적 사유의 방식이 완전히 달라졌다. 이는 그가 논리적 명제들과 언어분석에 만족하지 않았기 때문에 더 넓은 인류를 위한 철학을 배우기로 결심했기 때문이었다.

18) Ibid., 29.

19) Ibid., 36-7.

20) Ibid., 37-8.

21) 원래 도구란 말은 존 듀이가 사유와 정신의 관계를 정립할 때 사용한 용어다. 사유는 실용적인 여러 문제와 동떨어져 수행하는 개별 행위가 아니라 실재나 환경을 관찰하는 도구로서 작용한다. 따라서 사유는 인식행위에 필요한 도구이다. 그런 면에서 듀이의 실용주의는 도구주의의 또 다른 이름이다.

22) http://plato.stanford.edu/entries/frege에서 인용했음.

23) Rorty, *Philosophy and Social Hope*, 123.

24) Tracy Bowell,『비판적 사고, 논리를 잡아라』, 하상용, 한성일 옮김 (서울: 모티브, 2006), 335.

25) Richard Dawkins,『만들어진 신』, 이한음 옮김 (서울: 김영사, 2007), 470.

26) Ibid., 471.

27) Christopher Hitchens, *god is not Great: How Religion Poisons Everything* (New York: Twelve, 2007), 64-5. 히친스는 보통 대문자 G로 시작하는 God을 자신의 책의 제목에서 소문자 g로 시작하는 god로 바꾸고 있다. 우리는 이 저작에서 매우 의도적이고도 악의적으로 기독교 신앙을 공격하고 있음을 알 수 있다.

28) Ronald Nash, 『신앙과 이성』, 이경직 옮김 (서울: 살림, 2003), 26-31을 보라. 내쉬가 세계관을 지적구조개념으로 이해하고 있는 반면에 필자는 세계관을 신념의 형태로 이해하고 있다.

29) Harvey Cox, *The Future of Faith* (New York: HarperOne, 2009), 73-6을 보라.

30) Ibid., 83.

:: 제7장 ::
존재론과 기독교 세계관

　이 장에서는 철학의 존재론과 세계관의 문제를 살펴보고자 한다. 존재론은 서구 철학의 역사에서 한 번도 폐강된 적이 없는 장수한 강좌들 중 하나다. 비록 강좌명이 사람들에게 다가가기에 꺼림칙하고 주춤하게 만들게 하지만 말이다. 존재론은 '무엇이 존재하는가'에 관심을 갖는다. 무엇이 있다는 것에 관한 논의가 이른바 존재론이다. 그리고 존재론은 형이상학의 다른 이름이다. 형이상학은 메타피직스(metaphysics)다. 메타란 '넘어서,' '초월하다,' 혹은 '뒤에'라는 뜻과 피직스의 '자연' 혹은 '물리학'의 뜻으로 결합된 용어다. 따라서 형이상학은 문자적으로 말하면 '자연 뒤에 위치하는 것'이다.

　원래 이 형이상학은 아리스토텔레스가 쓴 논문들에 부친 말이었다. 아리스토텔레스는 이 형이상학을 제1철학이라고 말했는데, 이는 삶에서 가장 기본적이고도 근원적인 뜻으로 보았기 때문이었다. 이 형이상학이 오늘날의 의미로는 '존재의 본성에 관한 학문'으로 이해되고 있다. 그런 면에서 "실재에 관한 이론" 혹은 "존재에 관한 이론"[1]으로 정의된 존재론은 '존재하는 것이 무엇이며, 존재하는 세계를 어떻게 이해할 것인가' 하는 문제에 관심을 갖는 학문 분야라 할 수 있다. 하지만 존재론 혹은 형이상학에 대한 일반인들의 생각은 그다지 흥미를 느끼는 것 같지는 않다. 왠지 철학이나 형이상학이라는 말이 나오면 그것은 그들과 다른 사람들이 탐구하는 영역으로 치부해 버리고 말기 때문이다.

존재론은 일반인이 주저하는 철학적 담론이지만, 우리가 이 세계에 대한 본성을 연구하면서 덧붙여 기독교적 세계관의 의미를 찾아야 하는데, 그러기 위해서 우리는 이 존재론에 관한 주제를 연구해 보는 것이 필요한 듯하다. 한마디로 존재론은 세계를 이해하는 방식이고, 그것에 부응하여 기독교의 세계관을 통해서 비교 가능하게 한다. 따라서 우리가 세계를 어떻게 이해하고 있고, 어떻게 일반 형이상학의 이해와 다른 것인지를 살펴봄으로써 우리는 존재의 본성에서 무엇이 일차적이고 무엇이 이차적인 것인지를 논의할 것이다.

우리가 인식하고 있듯이, 서구 철학의 큰 흐름은 존재와 무의 변증법적 관계에서 정립된 사유의 패턴이다. 한 쪽에서는 실재가 존재한다는 것이고, 다른 한쪽에서는 실재가 존재하지 않고 다만 이름뿐이라고 주장한다. 이 흐름이 존재론이란 큰 학문적 틀을 제공하면서 발전되었다. 존재론의 흐름은 크게 일원론, 이원론, 다원론, 숙명론, 니힐리즘으로 일별될 수 있을 것이다. 유감스럽게도 철학적 사유 속에서는 존재론적 논의와 함께 기독교 세계관에 대한 논의가 없다. 따라서 여기에서는 존재론의 한 유형으로 기독교 세계관을 언급하고자 한다.

일원론

일원론이라는 용어는 철학의 근본방향을 나타내주는 것보다는 세계의 통일성에 관한 견해를 나타내기 위해서 사용되었다. 사전적 정의에 의하면, 일원론에 대한 일반적으로 수용하는 견해는 실재가 하나뿐이고 한 종류의 사물만이 존재한다는 것이다. 그런데 그 유일한 한 존재가 신일 수 있거나 궁극적 실재일 수 있다. 하지만 그 실재가 둘이 아니라 하나라는 것이다. 그렇다면 구체적으로 일원론의 견해는 무엇을 말하려고 했을까? 그것은 단순히 세계의 통일성을 보여주려고 했던 것이다. 그래서 일원론의 견해는 대립적이고 모순적인 관계를 배제하고 오히려 대립적이고 모순적인 관계가 양분된 것이 아니라 단일적 관계라고 주장한다.

일원론의 가장 고전적 형태는 고대 철학자 파르메니데스(Parmenides, BC 510~?)에서 찾는다. 그는 인간이 사유할 수 있는 가장 일반적이고도 보편적인 개념이 '존재'라고 주장했다.[2] 존재한다는 것이 무엇이든 간에 그것은 유일하고도 절대적인 존재로부터 파생되었다. 이유는 매우 단순하다. 그것은 한 사물이나 그것의 상태가 무존재나 비존재로부터 변화될 수 없기 때문이다. 이러한 그의 생각은 당시의 헤라클레이토스의 사상을 염두에 두고 있었던 같다. 파르메니데스의 주장은 모든 사물은 유동적이고, 따라서 모든 것은 생성되는 것이지 단순히 어떤 상태로 있는 존재가 아니라는 헤라클레이토스의 주장에 대한 반박이었다.[3] 그에 따르면, 헤라클레이토스의 주장은 논리적 모순이었다. 만일 존재자체가 본래적으로 존재하지 않고 생성된다면, 그것은 비존재나

무(nothingness)일 수밖에 없기 때문이라는 것이다. 그러나 비존재나 무란 아무 것도 없는 상태를 지칭하기 때문에 헤라클레이토스의 변하는 생성(becoming)의 개념이 바로 이러한 논리적 문제를 안고 있었다. 모든 사물은 일자(一者)에서 출발한다고 믿었다. 사실, 파르메니데스의 존재론은 단순하다. 그러나 그의 영향력은 크다. 이는 그가 제시하는 일자의 존재론 개념이 비존재를 부정하고 존재의 중요성을 드러내기 때문이다. 그의 중심적 명제는 "존재는 존재하는 것이고, 비존재는 존재하지 않는 것이다." 우리가 생각하는 것은 무엇에 관한 것이며, 따라서 그것은 존재하는 것에 대한 생각이다. 이런 면에서 그의 존재론은 존재하는 것은 진리요 힘이다. 존재하지 않는 것은 거짓이요 무능이며 비진리다.

파르메니데스 이후 일원론의 가장 큰 영향력은 합리주의 철학자 스피노자(Baruch Spinoza, 1632~1677)의 사상에서 찾을 수 있다. 스피노자의 잘 알려진 경구인 "신 즉 자연"(deus sive natura)은 일원론의 대표적인 명제로 이해된다. 영국의 분석철학자 버트런드 러셀로부터 "학문적으로 그를 능가할 사람은 많지만 윤리적으로는 스피노자를 능가할 사람은 없었다"[4]라고 찬사를 받았던 스피노자는 모든 것이 자연이고 모든 것이 신이며, 인간은 자연의 일부분이라고 했다. 인간은 자연 속에 신적 영원성과 무한성을 직관적으로 인식한다. 이 인식된 신은 무한하고도 영원한 실체이다. 사물의 모든 실체는 신으로부터 파생된다. 일반적으로 정신과 물체를 두 개의 실체로 이해되지만, 스피노자에게 있어서 이 정신과 물체는 신의 두 가지 본질적인 속성이 된다. 바로 여기서 스피노자는 실체를 무한실체와 유한실체로 구분한다.[5] 무한실체는 유일한 실체로서 만물의 원인인 신을 지칭하고, 유한실체는 이 무한실체로부터 생겨나는 양태로서 자연이나 인간을 가리킨다. 우리가 여기서 눈여겨보아야 할 부분은 신과 자연(양태)은 편의상 구분되어지지만 실제로는 구분되지 않는다는 것이다. 마치 파도와 바다가 편의상 구분이 되지만 실제적으로 구분되지 않는 것과 같다. 그럼에도 신과 인간은 다르다. 신이 영원한 반면에, 인간은 유한하다. 그럼에도 신은 인간을 떠나서는 존재할 수 없고, 인간은 신을 떠나서는 존재할 수 없다. 그래서 스피노자의 철학체계에서는 창조자와 창조물의 구분이 존재하지 않는다. 이 둘의 관계는 분리된 것이 아니라 필연적으로 하나다. 즉 신과 자연 또는 인간은 궁극적으로 하나이면서 통일성을 갖는다는 것이다.

이러한 철학체계에서 스피노자는 조르다노 브루노와 같은 스콜라 철학자들이 주로 쓰던 일원론에 의해서 영향을 받은 '능산적 자연'(natura naturans)과 '소산적 자연'(natura naturata)이라는 두 개의 술어를 통하여 세계를 이해하려고 했다. 능산적 자연은 자연의 원인으로서 신을 의미하고, 소산적 자연은 자연의 결과로서 필연성을 의미한다. 그런데 다시 말하지만, 이 둘의 관계는 서로 분리되는 실체가 아니라 분리되지 않는 실체(substance), 즉 하나다. 그가 표현하였듯이, "존재하는 모든 것은 무엇이나 신 안에 있으며, 신 없는 사물은 존재도 상상도 불가능하다."[6]

하지만 스피노자의 일원론은 두 가지 문제를 안고 있는 듯하다. 하나는 신에 의해서 사물이 결정되는 필연성의 문제를 안고 있다. 사유와 연장도 결국에는 신의 필연에 의해서 결정된다. 따라서 신이 자유로운 행위자나 원인자라는 것이 오히려 인간으로 하여금 수동적인 행위자로 제한할 위험이 있는 것처럼 보인다. 그의 일원론이 안고 있는 또 다른 문제는 자연이 하나로서 상호 연결되었다고 말하지만 실상은 그것의 관계방식에서는 독립적이기 때문에 논리적 모순을 드러낸다. 다시 말하자면, 자연은 신과 하나이고 관계하지만, 이 둘의 관계는 결코 상호작용하거나 서로 의존하지 않는 자기 원인적(causa sui)이다.[7] 그러기 때문에 스피노자의 일원론은 인격적이고도 창조적인 신과는 거리가 있어 보인다.

이원론

이원론은 일원론과는 달리 실재가 하나가 아니라 둘이다. 이원론의 가장 근본적인 체계는 수에 있어서 양극적이고 대립적이다. 만일 우리가 세계를 보다 더 잘 이해하려고 한다면, 이 세계를 양분해 보라. 그러면 세계는 훨씬 더 쉽게 이해되거나 설명될 수 있을 것이다. 어쩌면 서구의 존재론이 이원론과 동일시할 수 있다고 말해도 그다지 실수를 했다고 말할 수 없을 정도다. 그만큼 이원론은 서구철학에서 사유의 중심에 있으면서 동시에 일반인들의 생각 속에 깊숙이 스며든 개념이다.

세계를 이해하는 방식으로서 이원론적 체계는 세계를 대립하는 관계에서 파악한다. 물리적 세계와 비-물리적 세계, 선한 사람과 악한 사람, 신과 자연, 남자와 여자, 악과 선, 참과 거짓, 정신과 물질, 종교와 과학과 같은 이분법적 사유가 이원론적 체계다. 이러한 이원론적 체계는 서구의 일상에서 쉽게 발견되는 개념들이다.

철학사를 보면, 이원론의 체계가 다양한 철학자들, 이를테면, 아낙사고라스(Anaxagoras), 플라톤(Platon), 아리스토텔레스(Aristoteles), 데카르트

(Descartes) 등에 의해서 지지되었다. 그런데 서구의 철학을 통해서 우리가 배우는 것 중의 하나는 이러한 이원론적 사유가 비판의 대상이 되고 있다는 것이다. 서구철학의 논의, 특히 포스트모던 철학에서 이원론에 대한 비판이 빠지지 않는다는 것은 바로 서구의 사유가 얼마나 이원론적 체계에 깊숙이 박혀있는지를 보여준다. 서구의 이원론에 대한 비평가들로서는 프랑스의 철학자 미셸 푸코와 자크 데리다, 그리고 미국의 문화신학자 마크 테일러에 이르기까지 많은 포스트모던 사상가들을 떠올릴 수 있다. 그들은 하나같이 서구의 이러한 이원론적 사유체계에 대한 비판에서 그들의 사상적 논의를 시작한다. 어쩌면 그들의 비판은 부정적이고 적대적인지 모른다.[8] 이러한 비판에도 불구하고 여전히 서구철학은 이러한 체계를 버리지 않는 듯하다. 사실 이원론적 사유체계에서 세계를 바라본다면, 그것이 훨씬 용이할 뿐만 아니라 두 종류의 실재적 사물이 이 세계에는 엄연히 존재한다는 것이 마치 진리인 것처럼 느껴진다.

역사적으로 플라톤과 그의 후계자들의 철학에서 우리는 이원론적 체계를 쉽게 이해할 수 있다. 누구보다도 플라톤은 사물을 이원론적으로 사유했던 철학자였다. 플라톤은 그의 유명한 '동굴의 비유'에서 어두운 동굴의 세계와 밝은 빛의 세계로 구분했다. 이 두 개의 명백한 세계는 그의 '분리된 선분의 비유'에서 더욱더 명시적으로 표현되었다. 따라서 그는 감각 세계와 사유 세계 혹은 가시 세계와 비가시 세계로 구분하여 이원론적 세계를 보여주려고 했다. 이것은 결국 정신적인 것과 물리적인 것으로 나누어 인간을 영혼과 육체로 분리시키는 사유로 발전되는 계기가 되었다고 보인다.

인식론적 입장은 아니지만, 종교적 입장에서 이원론적 경향이 가장 잘 드러난 곳은 고대 짜라투스트라라고 부르기도 하는 조로아스터가 창시한 페르시아의 종교 아후라 마즈다(Ahura Mazda)에서다. 페르시아 (현재 이란)에 살았던 예언자 조로아스터는 선과 악은 동일한 존재의 원천에서 생겨났다고 주장했다. 아후라는 '주'를 의미하고, 마즈다는 '지혜'를 의미한다. 그래서 아후라 마즈다는 '지혜의 주'란 의미다. 재미나는 것은 마치 기독교의 절대적이고도 유일한 신관처럼 아후라 마즈다 외에 다른 신들은 모두 거짓으로 선언했다는 것이다. 마즈다로부터 두 명을 선택하는데, 하나는 선을 행하는 스펜타스 마이뉴이고 다른 하나는 악을 행하는 앙그라 마이뉴이다. 세상은 선과 악이 끊임없이 싸우는 투쟁의 현장이며, 인간은 타고난 이성과 자유 의지를 활용하여 이들 중 한 쪽을 선택해야 한다. 종국에 가서는 선한 신인 마즈다가 악한 신인 아리만에게 승리한다. 고대 후기에 플라톤적 사유 전통은 그노시스파에 의해 고대 동양의 사유 전통과 결합된다. 극단적 이원론은 교조적인 기독교 신학자들에 의해 철저히 배격되었다. 이 종교가 갖는 장점은 세계를 선과 악을 가장 편리하고도 쉽게 설명할 수 있다는 것이다. 선은 악이 없이는 이해되지 않고, 악 또한 선이 없이는 이해되지 않는다. 따라서 선은 악과 대칭적이며, 악은 선과 대칭적이란 측면에서 설명의 단순성을 제공한다.[9]

철학사에서 이원론의 정점은 단연 르네 데카르트(Rene Descartes, 1596~1650)에서 드러난다. 비록 극단적 이원론의 형태로 간주되곤 있지만, 그의 이원론은 가장 뚜렷하고도 명확한 두 영역의 실체를 제시한다. 데카르트는 18세기 독일의 철학자 요한 고트리프 피히테(Johann Gottlieb Fichte,

1762~1814)의 철학을 비판하는데, 이는 칸트 철학의 한계를 극복하기 위해 제시된 것이 이원론 때문이었다. 피히테가 절대적 자아의 개념을 도입하면서 이 세계를 자아와 비아로 구분하였기 때문에 데카르트가 보기에는 문제가 있는 것처럼 보였다. 자아(自我)와 비자아(非自我)는 결국 존재와 무의 관계에서만 파악되는 것이지 실제로 한 인간의 육체의 속성을 적절히 설명하지 못했다는 것이다. 이런 비판에서 데카르트는 더욱 용이한 방식으로 한 인간을 정신과 육체로 명확하게 구분했다. 정신은 "사유하는 사물"(res cogitans)로 이해되고, 육체는 "연장하는 사물"(res extensa)로 이해되었다. 사유하는 사물은 의심하고, 이해하고, 구상하고, 긍정하고, 부정하고, 희망하고, 거부하고, 상상하고 그리고 느끼는 사물이다. 반면에 육체는 연장, 크기, 형상, 위치, 분할 가능성, 운동, 정지와 같은 사물이다. 이처럼 데카르트는 세계가 정신적인 영역과 물리적인 영역으로 구성되어 있다고 믿었다. 그가 말하고 있듯이, "정확히 결론을 내리자면, 나의 본질은 오직 내가 생각하는 사물이라는데 있다. 그리고 비록 내가 육체와 긴밀하게 결합되어 있지만, 한편에서는 나는 내 자신에 대해 오직 연장되지 않는 사유하는 사물에 불과하다는 명석 판명한 관념을 가지고 있기 때문이고, 다른 한편에서는 나는 육체에 대해 그것이 연장된 사물, 즉 사유가 없는 사물에 불과하다는 판명한 관념을 지니고 있기 때문에 나는 전적으로 그리고 절대적으로 나의 육체와 구별되어 있으며, 육체 없이 존재할 수 있다는 것이 분명하고도 확실하다."[10]

　데카르트의 이원론은 크게 두 가지로 활용되었다. 특히 정신과 신체에 대한 논의에서 이원론은 "속성-이원론"(property dualism)과 "실체-이원론"(substance dualism)으로 양분되었다. 속성 이원론은 오직 물리적 속성들을 가지고 있는 여러 물리적 실체들이 존재한다고 믿는다. 거기에는 정신적인 실체들은 부정되고, 오직 물리적인 속성들과 정신적인 속성들을 가지고 있는 물리적인 실체만이 존재한다. 그 물리적인 실체는 다름 아닌 두뇌다. 두뇌는 모든 정신적인 속성들을 소유한다. 따라서 모든 경험은 바로 이 두뇌에 의해서 파생된다. 이와는 달리, 실체 이원론은 두뇌는 물리적인 속성들을 가지고 있는 물리적인 대상이고, 정신이나 영혼은 정신적인 속성들을 가지고 있는 정신적인 실체라는 견해이다.[11] 정신적인 영역과 물리적인 영역이 명확히 구분되기 때문에 만일 누군가가 고통을 당한다면, 두뇌는 물리적인 속성들에서 마음은 정신적 속성들에서 그것에 대해 반응한다. 이 두 속성들은 서로 상호작용을 하지만, 독립되어 있다.[12] 이처럼 정신과 몸을 설명하는 방식에서 이원론은 공헌을 해 왔다. 특히 이원론은 특정한 기준에 의해 대상을 둘로 구분하는 일에서 매우 쉽고도 용이한 방식을 제공하는 듯하다. 우리가 일상에서 이러한 이원론적 사고에 젖어 있는 것도 무관하지 않다. 남자/여자, 선/악, 진리/거짓, 신/세계, 상대주의/객관주의, 주관/객관, 본질/현상 등의 이분법적 사고 구조 틀은 세계를 이해하는 아주 중요한 수단이었다. 그리고 그러한 생각은 오래도록 사람들에게 호감을 갖게 했다. 게다가 그러한 이분법적 사고가 진리의 한 형식으로 이해하기에 이르렀다.

그럼에도 불구하고, 이러한 이분법적 사고는 두 가지 사물들을 너무 명확하게 구분시키는 데서 문제가 발생한다. 말하자면, 이러한 사고가 갖는 문제는 흑백논리에 근거한 양자택일의 진리체계로 이끌 개연성이 상당히 높다는 것이다. 현실적으로 우리 사회는 이러한 명확한 양자택일의 구분으로 이것이 진리이면 다른 것은 비진리가 되는 문제를 드러낸다. 그런 점에서 이분법적 사고는 인식의 중도적 선택을 하는 사람들을 불리하게 할뿐만 아니라 그들을 맹비난하기까지 한다. 이를테면, 여성 같은 남성이나 남성 같은 여성은 사회의 구성원으로서 적절치 못한 것으로 여기고, 상대주의의 입장에 서 있는 사람은 객관주의의 입장에 서 있는 사람을 맹비난하고, 반대로 객관주의의 입장에 있는 사람은 상대주의의 입장에 서 있는 사람을 맹비난할 것이다. 따라서 이분법적 사고 틀은 사회나 인식의 다양성과 다원성을 무차별적으로 배제시킬 위험이 있기 때문에 존재의 상호 독립된 이원론은 그다지 환영받을 것 같지는 않다.

다원론

앞서 우리는 존재의 원리가 한 가지만을 인정하는 것을 일원론이고, 두 가지의 독립된 것으로 이해하는 것을 이원론이라고 했다. 그리고 존재의 원리가 다양하거나 다수인 경우에는 그것을 다원론(pluralism)이라고 말한다. 다원론은 글자 그대로 실재가 하나가 아니라 여럿이라고 보는 견해이다. 실재가 많은 상이한 종류로 보는 이 견해는 인식론적 차이에서가 아니라 존재론적 차이에서 생겨난다. 즉 다원론은 인식적으로 차이가 있는 것이 아니라 실재 그 자체가 다원적이고 다수라는 것이다. 따라서 다원론은 단 한가지의 존재인 일원론과 두 가지의 존재인 이원론을 동시에 부정한다. 이 세계의 실재는 여러 존재들로 이루어졌다고 보기 때문에 다양성에 의해서 특징짓는다. 일원론이 통일성을 지향하는 반면에 다원론은 다양성을 지향한다. 통일성으로서의 일(一)과 다양성으로서의 다(多)는 철학의 오래된 주제 가운데 하나다.

아리스토텔레스는 다원론의 옹호자로 알려졌다. 그에 따르면, 실재는 개별적 실체들로 구성되었다. 모든 사물은 하나의 본질을 지니고 있는 물리적 대상들이다. 우리가 주지하다시피, 아리스토텔레스는 플라톤에 대한 비판에서 다원론을 주장한다. 즉 플라톤이 존재란 변하지 않는 것이어야 한다는 엘레아학파에 너무 성급히 다가갔다는 것이다. 그의 철학적 관심은 물리적인 것의 본성에 대한 것이었다. 그 본성을 그는 "실체"라고 했다. 실체는 '형상'과 '질료'로 구성되었다. 이것이 플라톤 철학과는 다른 점을 제공한다. 플라톤의 사상에서는 형상이 우리가 인식하는 사물과는 별개의 것이고 독립적으로 존재하는 것이다. 하지만 아리스토텔레스는 형상들 속에 여러 가지 종류를 가지고 있고, 그것들을 통해서 본질이 무엇인지를 알 수 있다고 주장했다. 다시 말해, 모든 물리적인 것은 형상(Form)을 지니고 있으며, 그래서 어떤 명령을 받는 즉시 하나의 개별적이고도 특정한 형식을 얻는다. 그리고 이 형식이 우리의 지각 속에서 의자, 책상, 개, 사람 등과 같은 관념에 상응하여 나타난다. 이런 방식으로 아리스토텔레스는 형상과 질료는 상호 작용하는 다원적 관계로 설정한다. 마치 이 둘의 관계는 사랑하는 두 연인과 같은 관계다. 그들은 서로를 갈구하고 더욱더 높고도 완전한 현실을 실현하고자 하는 욕구를 향해 움직인다. 더욱이 아리스토텔레스는 물리적인 세계에서 모든 존재는 변한다고 주장했다.

특히 이 변화는 네 가지로 설명되는데, 형상인, 질료인, 작용인 그리고 목적인이다. 사물이 무엇인가를 결정해 주는 것은 형상인, 사물을 구성하는 것은 질료인, 사물을 만들어 주는 것은 작용인 그리고 사물이 완성되어진 것은 목적인이라 했다. 이러한 변화들을 건축물에다 비유해 보자. 대리석과 목재와 같은 건축 재료는 질료인이다. 우리가 아무리 훌륭한 건축물을 설계하려고 해도 재료가 없다면, 아무런 소용이 없을 것이다. 훌륭한 학문을 하려고 한다면 질료인에 해당되는 철학과 같은 교양을 쌓아야 한다. 건축가는 훌륭한 건축물을 위해서 열심히 일을 하거나 활동을 한다. 이때 이 활동을 '작용인'이라고 부른다. 아무리 세상이 훌륭한 재료를 가지고 있다고 해도 그것은 스스로 만들어지지 않는다. 그런데 대부분의 건축가는 자신의 머릿속에 어떤 건축물을 설계할 것인지를 구상하고 있다. 이 구상을 우리는 '형상인'이라고 한다. 신은 가능한 여러 종류의 우주를 생각했을 것이다. 그러나 지금 이 우주는 그가 마지막으로 설계하고 생각해 낸 우주라는 점에서 신이 형상인을 통해서 행했다는 것이다. 마지막으로 건축가의 생각 속에서 만들어져가는 내용이 결과물로 나타난 것을 목적인이라 한다. 목적인은 건축을 하는 동안에 끊임없이 새로운 형식을 실현해 내려고 하고 그것을 완성한다. 이처럼 존재하는 모든 사물은 하나의 사물만이 존재하는 것이 아니라 변하는 다양한 형태의 사물들이 최종적인 모습으로 존재한다. 그런 점에서 아리스토텔레스는 존재하는 사물은 다양하고 상호 작용을 하는 것이라고 믿었다.[13]

이러한 다원주의적 사상은 알프레드 화이트헤드(Alfred N. Whitehead)의 사상에 의존하고 있는 찰스 하츠혼(Charles Hartshorne)의 과정철학을 규정짓는 개념이다. 하츠혼은 우주의 궁극적 원리를 창조성(creativity)으로 본다. 과정사상의 창조성 개념은 기독교의 신적 창조성 개념을 의미하지 않고, 그것은 오히려 경험의 구조에 근거된 일(一)과 다(多)의 종합을 의미한다. 마치 이것은 선불교의 핵심인 "불이"(不二)와도 유사한 개념인데, 하나이면서 곧 둘이고, 공이면서 색이고, 크면서 곧 작다는 일종의 "원"(圓)과 같다. 원이라는 것은 하나에서 둘로, 둘에서 하나로 변하는 순환하는 구조다. 찰스 하츠혼에 따르면, 이 생성(becoming)을 "경험의 물방울"에다 비유했다. 경험의 물방울은 전체적으로 본다면 하나이지만, 개별적으로 본다면 여럿이다. 하나는 전체적 통일성을 말하고, 여럿은 개별적 다양성을 말한다. 이 둘은 서로 분리할 수 없을 뿐만 아니라 상호의존적이다. 왜 다원론인가. 하츠혼은 크게 두 가지 이유를 든다.

첫째, 우주를 가치의 성취에 의해서 존재하게 되고 또 성취된 그 존재는 다시 사라져 가는 한 주어진 순간(a given moment) 속에 있는 경험-사건들(experience-events)의 집합으로 구성되어지기 때문이다. 우주는 경험들이 서로 경험한다. 이 경험은 단순히 기계적이거나 정적인 개념이 아니라 사물에 대해 반응하는 일종의 느낌들이다. 그런 연유에서 하츠혼은 우주를 심미적(aesthetic)이라고 말한다. 심리적이란 말은 가치의 또 다른 의미다.[14] 거기에는 절대적이거나 획일적이지 않고, 다양한 느낌들로 구성한다. 따라서 심미적 느낌을 가지고 있는 모든 사물들은 다양할 수밖에 없다.

둘째, 실재는 사회적 과정이기 때문이다. "사회과정"으로서의 실재는 공감적으로 서로와 관계하고 서로에게 참여하는 사회 과정들의 복합체다. 이 사회적 과정으로서의 실재란 유기체(organism)들을 전제로 한다. 부분들을 가지고 있는 전체들은 전체를 위한 기관들 혹은 도구들로서 섬기고, 그 유기체들은 다른 유기체들을 구성한다.[15] 유기체로서의 모든 개체적 실재는 영향을 주고받는 존재다. 이 실재 속에서 모든 사물들은 통합되고 목적적이고 지향적인 전체인 한 우주적 유기체를 형성한다. 따라서 하츠혼은 일원론과 이원론의 존재론을 극복하고 실재의 다원론을 주장했다.

현대인들은 존재를 다원적으로 이해하는 것이 대세다. 왜 그럴까. 추측컨대, 몇 가지 특징적인 이유들을 열거할 수 있을 것 같다. 하나는 실재가 통일성과 다양성의 상호 조화를 통해서 진행해 가는 창조적 과정이기 때문이다. 실재는 항상 통일성과 개별성의 종합이다. 이 종합이 다원성이자 다양성이다. 만일 우리가 이 세계가 하나가 모여 다수를 이루고 다수는 다시 보다 큰 하나를 형성해 가는 전진적인 과정으로 이해한다면, 우리는 '나의 개인'과 '타자의 개인'으로 구성되는 현실세계를 보다 잘 이해할 수 있다. 개인들로 구성되어 있으면서도 독립적으로 존재하지 않고 상호 의존하는 관계는 실재의 다양성 자체가 현상이 아니라 본질이라고 볼 수 있다.[16]

다른 하나는 다원론이 대조의 원리를 함축하고 있기 때문이다. 대조는 일원론과 이원론의 존재에서는 일어나지 않는다. 다수의 실재인 경우에 필연적으로 발생하는 것이 대조다. 이는 대조가 홀로 존재할 수 없는 실재이기 때문이다. 그러므로 세계는 서로 다른 존재들이 대조를 이루면서 형성된 유기적 사회로 인식되는 것이다. 또 다른 하나는 실재가 변화를 전제로 하기 때문이다. 존재한다는 것은 변한다는 것이다. 변하지 않는 사물은 존재하지 않는다. 이런 근거에서 다원론적 견해는 변하는 세계를 전제로 한다는 점에서 사람들에게 매력적이고 그 사상에 넉넉한 마음을 보이는 것 같다.

숙명론

2014년 1월 26일 제작된 『추적 60분』에는 "운명의 바코드"라는 주제로 방송이 방영되었다. 인생에서 운명이란 있는 것일까. 매우 흥미로운 주제다. 방송에서 보여준 실례로서는 두 가지 밖에 없었는데, 하나는 쌍둥이의 사주에 관한 자료이고 다른 하나는 교도소 장기수형자들을 대상으로 한 사주분석에 관한 논문이었다. 특히 이 프로그램에서 주목하게 만든 것은 첫 번째 실례인 쌍둥이의 운명에 관한 것이었다. 이야기를 재구성해 보자면, 1975년 1월 5일, 일란성 쌍둥이 자매가 태어났다. 이 중 한 명은 태어나자마자 미국으로 입양되어서 둘은 40년 동안 떨어져 지냈다. 같은 날 같은 시에 태어나서 똑같은 사주를 가졌지만, 다른 자매는 다른 공간에서 40년을 살아왔다. 그들은 과연 얼마나 비슷한 인생을 살고 있을까. 놀라운 결론은 이것이었다. 한국에 남은 동생 윤정 씨는 신내림을 받아 무당(무속인)이 되었고, 반면 미국에서 살게 된 언니 크리스티 씨는 심리학 교수가 되었다. 사주팔자가 같거나 유사한데도 불구하고 인생은 그들을 다르게 만들었다. 40년 후에 만난 그들은 이렇게 말했다. 동생 윤정씨는 "저는 이 길을 안 가려고 수많은 노력을 했거든요. 근데 내 자식을 앉은뱅이로 만든다는 애기를 듣는 순간은 이 길을 안 갈 수 없는 거 같더라고요." 이와는 달리 언니 크리스티씨는 "시작은 생물학이었지만 할아버지가 의사였고,

삼촌과 이모도 의사였기 때문에 저도 의학을 공부할까 했었죠. 하지만 전 피를 보기 싫어서 피와 관련된 일이라면 잘 할 자신이 없더라고요. 그래서 심리학이 좋은 대안이라고 판단했어요."

정말로 인생에는 정해진 운명이란 것이 있을까. 일반적으로 정해진 어떤 사주나 운명이 없다고 사람들은 믿는다. 사람들은 열려진 가능성들이나 운명이란 개척하기 나름이라는 것이다. 그럼에도 인생에서 선택과 기회의 가능성들이 열려져 있긴 해도 인생이란 이미 사람들의 의지와 노력과는 무관하게 일어나는 어떤 필연성이 존재하는 것처럼 보인다. 사람들은 인생에 어떤 운명이 있다고 믿기 때문이다. 따라서 그들은 인간의 노력과 환경에도 불구하고 정해진 것을 결정할 할 수밖에 없는 필연적 운명이 존재한다는 것을 인정해야 한다고 본다.[17]

형이상학적으로 말하면, 운명이 결정되었다고 해서 그것은 숙명론의 일종으로 간주된다. 숙명론은 다른 것과 마찬가지로 가치관이자 세계관이다. 하지만 흔히들 사람들은 숙명론을 잘못 오해하고 있는 듯하다. 로체스터 대학의 얼 코니(Earl Conne)가 지적하듯이, 숙명론은 운명론과는 구별되어야 한다. 숙명론은 확실한 사건들이 인간들에게 반드시 일어날 어떤 운명을 갖는다는 것을 함축하지 않기 때문이다. 숙명론과 운명론은 유사하지만, 철학적인 의미에서는 강조의 차이가 있는 듯하다. 여기에는 세 가지 관점을 지적할 수 있는데, 첫째로 숙명론은 인간의 노력이 아무런 쓸모가 없다는 것을 강조하지는 않는다. 둘째로는 숙명론은 운명에 자포자기나 복종으로 미래에 운명적이어야 한다는 것을 강조하지 않는다. 다섯 번째로 숙명론은 모든 사건의 필연성이 그들의 결과들을 산출하는 원인들의 필연성이 아님을 강조한다.[18]

이런 관점에서 유추해 보면, 숙명론은 형이상학에 가까운 반면에 운명론은 사주학(四柱學)에 가까운 것처럼 보인다.

그러면 세계관으로서의 숙명론은 어떤 것일까. 몇 가지 특징적으로 나열하자면 다음과 같다. 첫째, 숙명론은 모든 현실적인 것 속에 일종의 필연성이 존재한다고 주장한다. 그것은 이유나 목적이 아니라 비인격적인 필연에 관한 것이기 때문에 인간의 수고와 노력과는 무관하게 일어나는 일이나 사건이 반드시 있다는 것이다. 둘째, 숙명론은 미래에 무슨 일이 일어날 것인지를 인간이 미리 인식할 수 없다고 말한다. 즉 숙명론은 미래의 사건이 운명되거나 결정되었기 때문에 어떤 사건이 미래에 일어나는 것이 아니라 무엇이 일어날지 모른다는 것을 강조한다. 그래서 숙명론은 운명론보다는 회의론에 가깝다고 보는 것이 옳다. 셋째, 숙명론은, 코니가 표현하듯이, "즐겁고도 유쾌한 낙천주의"[19]의 삶의 태도로 이해한다. 인생의 사건은 인간의 결정과는 무관하게 일어날 가능성이 있다면 기분 좋게 있는 그것을 그대로 수용해야 한다는 것이다. 넷째, 숙명론은 모든 사물들이 물리적 법칙들이나 선행적 조건에 의해서 미리 결정된다는 것을 믿는다. 이것이 초인간적인 어떤 절대적인 힘에 의해 움직인다는 운명론(運命論)과 다르다. 태어난 해, 달, 날, 시에 의해 결정되었다는 것이 아니기 때문에 모든 사물이 선험적으로 운명되지는 않았다는 것이다. 이런 근거에서 숙명론은 인생의 결과는 이전의 원인이나 법칙에 의해서 결정된다는 인과적 법칙을 강조하는 것이다. 마치 우리가 물은 영하에서 얼고 영상에서 녹는다는 것을 상식적으로 아는 것처럼, 인생에는 정해진 법칙이 있고 그것에 의해서 인간은 영향을 받을 수 있다.

그러면 숙명론이 가치관으로 우리에게 제시하는 의미는 무엇인가? 여기에서는 세 가지 의미를 생각해 볼 수 있다. 하나는 숙명론이 미래에 대한 인간의 예측이 불가능할 뿐만 아니라 아무런 소용이 없음을 가르쳐준다. 비록 그들의 노력이 상대적으로 다른 세계관보다는 부정적이기는 해도, 인간의 무분별한 미래에 대한 앞선 인식은 오히려 인간으로 하여금 더욱더 복잡하고도 어려운 심적 부담을 제공할 수 있다. 하지만 우리가 숙명론을 가치관으로 받아들이게 되면 우리 인간의 마음을 속박하고 구속하는 모든 것에서 해방시키는 어떤 것을 받아들이는 것이다.

또 하나는 숙명론이 무엇이 일어나기로 되어 있다고 한다면, 그것은 필연적으로 일어날 것이기 때문에 인간은 현실의 정황을 자신의 임의대로 또는 마음대로 바꿀 수 없을 것이다. 따라서 숙명론이란 이미 주어진 세계가 합리적인 체계에 의해 설명되지 않다는 세계관이다.

또 다른 하나는 숙명론이 인과적 법칙의 중요성을 제공한다. 숙명론은 우리의 의지와 무관하게 미래에 필연적인 사건이나 일이 일어날 것이기 때문에 현재를 등한히 해야 한다고 말하지 않는다. 오히려 미래가 알려져 있지 않기 때문에 주어진 현재가 중요하다는 현실적 세계관을 가르친다. 인과적 법칙이란 사람이 무엇을 심든지 그대로 거두는 이치와 같다. 콩을 심으면 콩이 나고, 팥을 심으면 팥이 나는 것이다. 따라서 숙명론은 현실을 포기하게 하는 세계관을 오히려 배격하는 것이다.

그럼에도 불구하고, 여전히 숙명론은 염세주의에 빠져들 가능성이 많다. 특히 이러한 생각은 헤겔과 동시대의 철학자였던 아더 쇼펜하우어(Arthur Schopenhauer, 1788~1860)의 염세주의에서 발견된다. 쇼펜하우어는 숙명론의 또 다른 이름인 염세주의를 주장했다. 인생을 "불리한 흥정"[20]이라는 말을 즐겨 사용했던 쇼펜하우어는 인간이 아무리 노력을 해도 언제나 인간이 불리한 결과나 결론에 도달한다고 믿었다. 인간은 어떠한 노력을 힘껏 한다고 해도 아무런 가치 없는 것을 위해서 노력한 결과만이 그를 기다린다는 것이다. 그래서 그는 인생을 마치 불리한 사업과 같은 것이라고 했는지 모른다. 인생에 들인 비용을 보상받을 수 있는 것이 없기 때문에 사업은 불리하고 또 실패한다. 인간들은 마치 행복을 추구하면서 살아가지만 종국에는 어떠한 목적도 방향도 없는 헛된 투쟁과 같다.[21] 그러므로 숙명론은 모든 인간의 삶이 언제나 비극적이고 또 그것으로 종말을 고하는 염세주의를 탐닉하거나 아니면 호의적인 태도를 취하지 않을까 싶다.

니힐리즘

1969년 노벨문학상을 수상한 사무엘 베게트(Samuel Beckett, 1906~1989)는 『고도를 기다리며』(1952)에서 늙고 가난한 광대이자 방랑자인 에스트라공과 블라디미르의 모습을 그린다. 두 사람은 나무 한 그루기 서 있는 어느 곳에서 『고도』를 기다리고 있다.[22] 고도가 온다는 소식만 있고 계속 오지 않는다. 인생은 마치 미래의 고도를 기다리는 것과 같다. 고도가 온다는 약속은 있지만 그 약속은 지켜지지 않고, 앞으로도 지켜지지 않을 것이다. 마치 이 이야기에서 두 늙고 가난한 에스트라공과 블라디미르는 서로 껴않았다가 이내 밀치며, 상대의 악몽을 깨워주면서도 그 꿈 이야기만은 듣지 않으려 애쓴다. 그들은 이제 모든 것이 지긋지긋하니 그만 헤어지자고 말하지만, 서로가 고도를 기다리고 있다는 사실을 문득 일깨워준다. 하지만 고도는 끝내 오지 않는다. 결국 삶이란 인간의 욕망을 좌절시키고 불행하게 한다. 인간이 추구할 것이란 아무것도 없다. 인간을 기다리는 것은 오로지 허무만이다. 그래서 니힐리즘(Nihilism)이란 허무주의의 다른 이름이다.

니힐리즘이란 말은 러시아의 문학가인 이반 투르게네프(Ivan Sergeevich Turgenev, 1818~1833)에 의해서 처음 사용되었다. 니힐(nihil)이란 라틴어는 무(nothing)를 의미한다. 그래서 투르게네프가 니힐리즘을 "감각적으로 지각될 수 있는 존재, 즉 직접적으로 경험될 수 있는 존재자만이 존재하며 그 외의 어떠한 것도 존재하지 않는다고 주장할 때 사용했다."[23] 제임스 사이어(James W. Sire)는 『기독교 세계관과 현대사상』에서 니힐리즘을 "철학이라기보다는 하나의 감정"이라고 표현했다.[24] 이것은 모든 것과의 관계에서 오는 절망, 걱정, 권태의 느낌을 말하기 위해서다. 이런 감정에서 인간이 발견하는 것은 모든 것의 부정이다. 그것이 지식이든 윤리이든, 의미 있는 어떤 것이란 존재하지 않는다. 모든 것이 우연적이며 무의미하다. 이런 상황에서 니힐리즘은 현대의 모습을 가장 잘 묘사하고 있다. 진정 오늘의 시대는 니힐리즘의 시대다. 이는 인간의 삶에 의미와 방향을 부여하는 절대적 가치와 진리가 사라지고 남은 것은 무의미함과 공허함이 인간의 삶을 지배하고 있다. 그래서인지 니힐리즘을 떠올리면, 사람들은 대체로 허무주의를 떠올리는 것이다.

그렇지만 니힐리즘은 단순히 감정 그 이상이다. 이 니힐리즘을 철학적으로 해석한 사람이 있다. 그가 바로 프리드리히 니체(Friedrich

Nietzsche, 1844~1900)다. 신이 죽었다고 그가 선언함으로써 초월적이고 유신론적 절대 신은 실종되었다. 즉 그의 이 외마디 외침으로 서구는 초월적인 유신론의 신에 대한 믿음을 더 이상 가치와 규범으로서 수용하기를 꺼려했다. 니체의 이러한 생각은 어느 날 갑자기 나타난 것이 아니다. 어떤 사상이든 그것은 주어진 환경이 있다. 신 죽음의 개념도 그가 성장한 환경과 밀접한 관련이 있다. 잠시 그의 환경을 엿보자면, 니체는 프로이센 작센 지방 근교의 뢰켄(Rocken)에서 태어났다. 그의 아버지 칼 루드비히 니체는 작은 마을의 개신교 목사였고, 그의 어머니 프란치스카 윌러는 루터교회 목사의 딸이었다. 이는 그가 어린 시절로부터 개신교적 신앙에 의해서 영향을 받았음을 의미한다. 그의 삶에서 기독교 유신론의 하나님은 그가 고민하고 번민한 화두였기 때문이다. 따라서 당시 유럽을 지배했던 신이 인간의 모든 삶을 규정하는 절대적 힘이었기 때문에 니체는 그 같은 신이 모순된다는 것에 천착했을 것이다.

신은 당시 사람들을 구속하던 원죄의식으로 대변되는 기독교의 가치관이다. 그로인해 사람들은 신의 소명을 다하기 위해 목적의식을 갖고 살아야 한다는 생각이 강했다. 하지만 니체는 신의 죽음을 언급하면서 기존세계의 가치관을 단번에 파괴 또는 해체해 버림으로써 사람들이 신으로부터 자유로운 존재로 살아갈 수 있었을 것이라고 확신했다. 즉 그가 주장한 신의 죽음은 그동안 인간의 삶을 규정한 이와 같은 힘이 상실되었으므로 인간의 삶이 공허하고 불안할 수밖에 없었다는 것이다. 신의 절대적 가치가 상실되면, 남는 것은 무엇일까. 그것은 인간의 공허와 불안이다. 이것을 극복하기 위해서 니체는 세 가지 개념을 통해서 삶의 본질을 다시 생각해야 한다고 보았는데, 그 개념들이 우리에게 잘 알려진 "초인" 개념, "권력에의 의지" 개념 그리고 "영원회귀" 개념이다.

첫째로 초인 개념을 살펴보자. 초인의 개념은 기독교의 신과 교리와 밀접하게 연관되어 있다. 니체에 따르면 기독교와 그 교리는 겸손이나 순종 따위의 소극적인 미덕으로 인해 약하고 열등한 사람들의 기준에 맞추어 세상을 타락시켰다는 것이다. 강한 자가 약한 자에 의해서 희생과 나눔을 요구당하고, 약한 자들이 강한자의 권리를 박탈당한다는 것이다. 그러한 이유로 인해 니체는 기존 종교와 가르침에 대해서 반대했으며, 강한자로 하여금 기존 "노예의 도덕" 및 "가치"에서 벗어나 인간 본연의 모습으로 되돌아오는 초인, 즉 위버맨쉬(Übermensch)가 되어야 한다고 주장하게 되었다. 초인은 한계를 뛰어넘은 인간이라기보다는 끊임없는 자기초극으로 기존의 질서를 거부하고 자신의 잣대를 가지고 새로운 가치를 창조하는 존재였다.

이런 맥락에서 "신은 죽었다"라는 니체의 말은 니힐리즘을 가장 잘 대변해 주는 말이 되었다. 이것은 곧 신으로부터 자유를 뜻한다. 언뜻 들으면 좋은 말 같지만, 이 말은 당시 사람들에게 신의 소명을 다하는 목적을 없애 버린 것이나 다름없는 말이었다. 목적이 없으면 허무주의가 도래한다. 허무주의를 극복하려면 결국 다시 광야로 나가 자신의 새로운 목적을 찾아야하는 고통을 겪어야 한다. 지금 이 고통을 겪는 모습은 신이 부재한 현대사회의 모습이나 다름없다. 그런데 한 가지 주목해야 될 것이 신을 몰아내도 니체는 새로운 신이 도래할 것을 예상한 듯하다. 아무튼 이전의 가치는 또 다른 가치로 전도된다는 것이다.

둘째로 "권력에의 의지" 개념을 살펴보자. 권력에의 의지는 존재의 근본적인 성격이다. 하지만 이 의지는 권력의 본질이다. "권력에의 의지"(will to power)는 "어떤 작용을 일으키는 힘"이다. 이 의미가 종종 오해를 불러일으키기는 하지만, 이 의미는 유일한 가치의 최고 형태를 권력에의 가장 순수한 의지로서 초인을 가리키는 것이다. 말하자면, 초인이 목표라면, 새로운 질서나 가치를 확립하기 위해서는 인간의 의지가 가장 필수적이라는 것이다. 만일 신이 죽어버리면 누굴 의지할까. 그것은 인간 자신일 수밖에 없을 것이다. 니체가 간결하게 표현했듯이, "힘에의 의지가 결여된 곳에는 몰락만이 있다."[25] 그러므로 니체의 단정하는 것은 바로 이것이다. 기독교 가치관은 "힘에의 의지를 부정하고 관념적인 이상이나 이념만을 강조함으로써 성장이 아니라 퇴보, 힘이 아니라 허약함 그리고 상승이 아니라 몰락을 마치 최고의 가치인 양 가장한다."[26]

셋째로 "영원회귀" 개념을 살펴보자. 니체의 영원회귀 개념은 정확한 의미에 대한 해석이 분분하다. 하지만 통상적으로 영원회귀 개념은 동일한 것의 반복으로 이해된다. 반복이란 지난 시간의 회귀다. 니체가 니힐리즘을 하나의 역사운동이라고 규정할 때, 그가 정확히 의미하는 것이 영원회귀라는 지난 시간이 반복된다는 것을 의미했다. 그래서 영원회귀는 "만물의 무조건적이며 무한하고 반복된 순환운동이다."[27] 무엇이 시작되자마자, 그것은 이미 진부하게 되어버린다. 이것은 니체가 사물 자체의 세계를 부정하고 현상세계만을 인정했기 때문이다. 니체는 임마누엘 칸트(Immanuel Kant)의 사물 자체의 본성, 즉 우리가 아는 것 너머에 사물 자체가 존재한다는 것을 부정했다.[28] 니체는 사물 자체

또는 실체세계란 결코 존재하지 않는다고 『유고』에서 다음과 단정했다. "현상세계는 우리가 실재라고 받아들이는 정돈된 세계다. '실재성'은 동일하고 알려져 있으며 유사한 사물의 지속적인 회귀에, 그것들의 논리화된 성격에, 우리가 계산할 수 있고 산정할 수 있다는 믿음에 놓여 있다. … 사물이 존재한다는 것을 우리는 어떻게 알 수 있단 말인가? '사물성'이란 우리가 만들어 낸 것이다."[29] 이렇듯 사물 자체의 세계나 존재는 단지 현상세계에 대한 앎이며 인간의 인식에 의해 구조화되고 만들어진 추상적 형상에 지나지 않는다는 것이다.

요약하면, 니힐리즘은 기독교 유신론의 하나님과 같은 기존의 믿고 신뢰하던 가치나 개념 및 의미를 상실해 가는 "역사적 과정"이다. 이 역사적 과정은 하나의 과정인데, 최고의 가치들이 그 가치를 상실하고 무가치하게 되는 과정이라는 것이다. 니체는 이렇게 표현했다. "최고의 가치들이 무가치하게 된다는 것이다."[30] 무신론적 실존주의 철학자 마틴 하이데거는 니힐리즘에 대한 태도를 다음과 같이 기술하고 있다.

"… '니힐리즘'을 사유한다는 것은 또한 방관자로서 존재하면서 그에 대해 '단지 생각할' 뿐이며 행위를 해야 함에도 겁을 집어먹고 움츠리면서 현실에서 도피하는 것을 의미하지는 않는다. '니힐리즘'을 사유한다는 것은 오히려 이 시대의 모든 행위와 현실적인 모든 것들이 그것 안에 자신의 시간과 공간, 자신의 근거와 배후, 자신의 길과 목표, 자신의 질서와 정당성, 자신의 확실성과 불확실─ 한마디로─자신의 '진리'를 갖는 저 것 [존재의 진리] 안에 서는 것을 의미한다."[31]

그러므로 니힐리즘을 생각하는 것은 모든 가치들을 부정하면서 전환시키는 것이다. 즉 기존의 개념들과 주장들을 해체하는 것이다. 니힐리즘의 본질은 어떠한 목적도 없고 오직 우연만이 이 세계에 존재하는 것이다. 삶은 그렇게 왔다가 그렇게 흘러가는 것이다. 인간이 아무리 노력한들 무엇하겠는가. 그래서 삶에는 아무런 가치도 의미도 없다.

기독교 세계관

세계관이란 "우리가 어떻게 사유하고 또 어떻게 살아야 하는지에 영향을 미치는 실재에 대한 가정이나 신념체계."[32] 따라서 기독교 세계관은 기독교인이 실재에 대해 어떻게 생각하고 살아야 하는지를 이해하는 가정이나 신념체계다. 그런데 왜 사람들은 세계관을 탐구할까? 그것은 "보다 선한 삶에의 추구요, 공허가 아닌 충만한 삶의 목적에의 추구이고 실망보다는 희망을 가져다주는 약속에의 추구"이기 때문이다.[33] 즉 세계관을 추구하는 것은 사람들이 무엇을 생각하는가 하는 것보다는 삶의 의미를 추구하려는 것이다. 결국에는 세계관이 생각의 지침을 만들어서 그것을 따라서 행동하게 될 때, 사람들은 행복해지고 삶의 의미를 얻게 된다는 것을 가르쳐준다.

그렇다면 기독교 세계관은 무엇인가? 사람들은 저마다 생각의 지침이나 사고의 길라잡이를 가지고 있다. 사람들의 모든 생각과 사고는 그가 추구하는 세계관의 입장에서 출발한다. 그러기 때문에 '기독교'(Christian)라는 형용사는 사람들이 기독교적으로 생각하고 행동하게 한다는 것이다. 하지만 비/반기독교인들은 기독교적으로 사고하고 행동하게 하는 기독교 세계관에 의미를 그다지 부여하지 않는다. 이유는 크게 두 가지일 것이다. 하나의 이유는 지금 시대가 종교 및 신앙의 시대가 아니라 과학의 시대이기 때문이다. 다른 어느 시대보다 지금의 시대는 과학기술이 발달되고 과학적으로 사고하는 이 마당에 종교와 같은 미신적인 것을 믿고 행동한다는 것이 가당찮다는 것이다. 그래서 비/반기독교인들은 기독교 세계관을 배격할 뿐만 아니라 그것을 받아들이는 기독교인들을 비난한다.

또 하나의 이유는 교육의 세속성 때문이다. 즉 신앙 또는 종교의 전통을 배우고 그것에 가치를 부여한다는 것은 어리석은 일이라는 것이다. 비/반기독교인들은 기독교인들이 삶의 구조 틀로 받아들이는 신앙적 가치관이 세속적 교육과는 시대에 뒤떨어진 것이라고 매도할지 모른다. 하지만 기독교인들은 기독교 세계관이 시대에 뒤떨어졌거나 신앙이 미신적이라고 믿지 않는다. 기독교인들은 기독교 세계관이야말로 참된 가치를 가지고 있다고 주장한다. 그래서 이 장에서 우리는 기독교 세계관이 무엇이고 그 가치가 무엇인지를 살펴볼 것이다.

원래 기독교 세계관이란 말은 역사적으로 미국의 복음주의 철학자에 의해서 제시되었던 말이었는데, 칼빈 대학의 이반 러너(Evan Runner, 1916~2002)에 의해서 처음으로 소개되었다.[34] 그는 코넬리우스 반 틸(Cornelius Van Til, 1895~1987)에 의해 영향을 받았다. 특히 이반 러너는 반 틸의 "전제주의 변증론"(propositional apologetics)을 수용하면서 전제주의 변증론을 기독교 세계관과 동일시했다. 전제주의 변증론은 (1) 기독교 신앙을 위한 합리적인 근거를 제공하는 일, (2) 기독교 신앙에 저항하는 인식론에 기독교 신앙을 변론하는 일, 그리고 (3) 다른 세계관들의 인식된 오류들이나 그것들의 가능성들을 들추어내는 일을 주된 것으로 생각했다. 이반 러너 이전에도 기독교 세계관이란 용어 대신에 변증적 변론을 주된 임무로 생각했던 신학자들과 철학자들이 있었다. 그들은 골든 클라크(Gorden H. Clark, 1902~1985), 아브라함 카이퍼(Abraham Kuyper, 1837~1920) 그리고 칼 헨리(Carl F. H. Henry, 1913~2003) 등이다. 골든 클라크(Gorden H. Clark, 1902~1985)는 미국의 철학자이면서도 칼빈주의 신학자로서 경험론과 합리론의 모든 형식에 저항하는 "명제적 계시"를 강조했고, 아브라함 카이퍼(Abraham Kuyper, 1837~1920)는 도이치 정치인의 신분으로서 저널리스트와 신학자로서 "신-칼빈주의"(Noe-Calvinism)를 표방했다. 그리고 칼 헨리(Carl F. H. Henry, 1913~2003)는 미국 복음주의 신학자이면서 침례교 신학자로서 "현대 근본주의의 불편한 양심"을 언급했다.[35]

우리가 그들로부터 배울 수 있는 기독교 세계관은 세 가지다. 첫째, 기독교 세계관은 성경적이다. 기독교인들은 성경의 규범에 따라 세계를 이해하고 해석하며 그리고 행동해야 한다는 것이다. 만일 신앙의 실천과 행위가 성서적 원리에 어긋난다면, 그것은 기독교 세계관이 아니다. 성경의 절대 규범을 주장하는 근본적인 이유는 기존의 세계관과 다르다는 의미와 그것에 대항하는 하나의 경쟁자라는 뜻이기 때문이다. 옥스퍼드 대학의 역사 신학자인 알리스터 맥그래스는 다음과 같이 말한다. "성경에 나타난 하나님의 자기 계시 이외의 다른 것이나 다른 인물이 우리의 사상과 가치관을 좌우하도록 놓아둔다면, 신학이 아닌 이데올로기(이념)를 받아들인다. 그러면 곧 기독교 전통 바깥에 기원을 둔 사상과 가치관의 통제를 받게 되고, 그러다가 그러한 사상과 가치관의 노예가 될 수밖에 없다. … 그러한 사상과 가치관은 안일하고 무책임한 신학에 대한 강력한 교정 장치가 될 수 없다."[36] 말하자면, 세계관이 우리의 관점을 결정하는 일종의 가치관이기 때문에 우리가 무엇을 보는가에 따라서 그것의 사고와 생각의 방향이 달라지는 것이다. 따라서 성경에 근거를 둔 세계관은 성경에 근거를 두지 않은 세계관과는 전적으로 행동과 삶의 양식을 달리한다. 사도바울이 말하고 있듯이, "그런즉 누구든지 그리스도 안에 있으면 새로운 피조물이라 이전 것은 지나갔으니 보라 새것이 되었도다."[37] 비록 성경 해석에 관한 파열의 틈이 있고 또 해석의 다양성이 존재한다고 해도, 성경에 근거된 그리스도인으로서의 삶의 태도, 가치, 양식, 사고방식에는 그다지 큰 영향을 미치지 못할 뿐만 아니라 큰 차이가 없다. 또한 하나님의 뜻에 대한 이해가 서로 상충한다고 할지라도 우리의 삶의 실천에서 이웃을 사랑하라는 것과 인간을 존엄하게 여기는 근본적인 가치관에서도 차이가 없다. 이런 점에서 우리가 기독교 세계관을 성경적 규범으로 받아들임으로써 우리는 신앙적 실천 속에 그것을 반영하게 되고, 그리고 성경적 의미에서의 세계관이 많은 점에서 유용하다는 것을 배울 수 있을 것이다.

둘째, 기독교 세계관은 유신론적이다. 기독교 세계관은 신이 존재한다는 것을 믿는 세계관이다. "믿음이 없이는 기쁘시게 못하나니 하나님께 나아가는 자는 반드시 그가 계신 것과 또한 그가 자기를 찾는 자들에게 상주시는 이심을 믿어야 할지니라"(히 11:6). 기독교 세계관은 신의 존재에 대한 믿음에서 출발한다. 그렇다면 그 신은 어떤 신이어야 하는가? 기독교 세계관에서 유신론적 하나님은 두 가지 의미를 가지고 있다. 하나는 유신론적 하나님이 세계의 창조자가 되신다는 의미다. 창조는 모든 존재와 인간의 인식적 근거를 제공한다. 말하자면 기독교 유신론의 세계관은 창조에서 출발한다. 창조에 대한 믿음과 지식은 단지 만물의 기원을 말해주는 것이 아니라 세계의 존재이유나 목적에 관해서 말해준다. 요한복음 1장 2-3절에서는 이렇게 기록되어 있다. "그가 태초에 하나님과 함께 계셨고 만물이 그로 말미암아 지은바 되었으니 지은 것이 하나도 그가 없이는 된 것이 없느니라." 그래서 기독교 유신론적 세계관은 우주의 참된 최고의 실재가 창조주 하나님을 믿는 믿음에서 출발하는 것이다.

다른 하나는 유신론적 하나님이 세계를 통치하시는 절대주권의 존재라는 의미이다. 웨스트민스터 신앙고백서 2장 1항은 하나님의 존재에 관해 이렇게 말하고 있다. "하나님은 오직 한분이시오, 살아 계시고 참되시며 그 존재는 무한하시고 영원하시며 측량할 수 없으시고 전능하시다. 가장 지혜로우시고 가장 거룩하시며 가장 자유로우시고 가장 절대적인 그는 자신의 변함없고 가장 의로우신 뜻의 계획을 따라 그의 영광을 위하여 모든 일을 하신다. 가장 사랑이 많으시고 은혜로우시며 자비하시고 오래 참으시고 선과 진리가 풍성하신 그는 악과 허물과 죄를 사해 주시고 그를 부지런히 찾는 자들에게 상을 주시며, 동시에 그의 심판은 가장 공의롭고 두려우며 모든 죄를 미워하시고 죄인을 결코 면죄하지 않으시는 분이다." 이렇듯 하나님의 존재는 기독교적 세계관의 기본이고, 여기에서 세계를 이해하는 차이를 드러낸다. 최근에 옥스퍼드 기독교 철학자이자 현대 기독교 신앙의 변증가인 리처드 스윈번(Richard Swinburne, 1934~)도 지적했듯이, 기독교 신앙은 전지, 전능, 전선, 편재하신 하나님의 존재에 대한 믿음이 모든 인식적 근거가 된다. 만일 기독교 세계관이 이와 같은 하나님의 존재를 부정한다면, 그것은 기독교 세계관이라 말할 수 없을 것이다. 따라서 절대주권을 가지신 존재를 믿는 믿음이 다른 어떤 교리들보다 가장 근본이면서도 초석이다.[38]

셋째, 기독교 세계관은 사랑의 실천에서 특징짓는다. 흔히 기독교를 사랑의 종교라 한다. 하늘의 모든 영광을 버리고 이 땅에 친히 오신 예수 그리스도의 행위에서 기독교는 사랑을 신앙의 핵심가치로 받아들인다. "하나님이 세상을 이처럼 사랑하사 독생자를 주셨으니"라는 요한복음 3장 16절은 하나님은 가장 지고한 본성이 사랑에 근거된 것을 가르친다. 그의 사랑이 인류를 구원하려는 예수의 성육신적 행위를 결정하게 했다. 이 사랑 속에서 기독교 신앙은 이웃의 존엄성과 타인의 가치를 배운다. 이웃의 존엄성과 타인의 가치는 자기 상실의 행위로만 이해된다. 자기를 상실하지 않는 행위는 타인으로 눈을 향하지 못한다. 그래서 이웃의 존재는 언제나 사랑을 시험하는 타자다. 특히 기독교 세계관은 언제나 이웃과 관계하고 대면한다.

프랑스의 철학자이자 비평가이며 근대성의 조종을 울린 사제로 불리는 모리스 블랑쇼(Maurice Blanchot, 1907~2003)는 우리의 이웃은 "결백한자, 그 신음을 마치 '전대미문'의 추문처럼 울려 퍼지게 하는 아픈 자이다"[39]라고 표현했다. 이웃은 우리가 응답할 능력이 없음에도 불구하고, 우리로 하여금 이웃으로·내몰고 향하게 함으로써 우리의 논리와 사고를 초월하여 대면하는 존재이기 때문이다. 이웃에 대한 사랑은 기독교 세계관의 초석이다. 그래서 예수는 이렇게 말했다. "네 이웃을 네 몸과 같이 사랑하라."

휘튼대학의 기독교 철학자 아더 홈즈(Arthur Holmes)는 기독교 사랑을 이웃의 "관계적 존재"와 "책임적 존재" 그리고 "죄와 은총의 영향을 받는 관계와 책임"이라는 맥락에서 이해한다.[40] 우리의 이웃은 관계적 존재다. 어느 누구도 독립적인 존재란 없다. 기독교 사랑은 우리의 이웃과 관계하면서 그를 지키는 자가 되도록 요구한다. 그래서 이웃의 관계적 존재로서의 기독교인은 의존적이기 때문에 책임을 다하여야 한다. 1974년 7월에 스위스 로잔에서 세계복음화의 국제 대회에서 "로잔언약"이라는 선언문이 공포되었고, 이후 1989년 7월에 같은 목적으로 마닐라에서 마닐라 선언문이 발표되었다. 이 선언문은 인간 존엄이라는 기독교 세계관의 본질을 담고 있다. "인간은 남자나 여자 모두가 하나님을 알고 사랑하고 섬기도록 하나님의 형상대로 창조되었기 때문에, 모두 고유한 존엄성과 가치를 지니고 있다. … 인간 안에 있는 하나님의 형상이 부패되기는 하였지만, 아직도 인간에게는 이웃을 사랑하고 품위 있는 행동을 하며 아름다운 예술을 창조할 만한 능력이 있다." 이처럼 기독교 세계관은 우리의 이웃을 절대적인 타자로 받아들이고, 그들의 고유한 존엄성을 믿고 실천하도록 요구하는 것이다. 그러나 기독교 세계관은 사랑의 실천에서 죄와 은총의 영향을 받는 관계와 책임을 요구한다는 사실이다. 기독교에서의 인간은 합리적 존재 그 이상이다. 기독교적 인간은 인격적인 존재를 넘어서 영적인 존재를 강조한다. 그러므로 하나님의 피조물로서 인간은 죄로 인해 하나님에 대항하는 존재로 살아가고 있지만 하나님의 은총에 의해서 하나님과 화목하여 새로운 피조물로서 살아간다는 사실을 자각하여야 한다.[41]

우리는 두루뭉술한 세 가지 기독교 세계관의 특징들을 살펴보았다. 그럼에도 불구하고 세계관이 하나의 관점이고 그것을 실천하는 삶의 양식이기 때문에 사물의 독선적인 이데올로기적 요소가 포함될 가능성을 배제해서는 안 된다. 세계란 다른 곳이 아닌 바로 그곳에 존재하고, 누가 그것을 이해하는가에 따라서 다른 관점을 가짐으로써 다른 관점에 대한 배타적인 입장을 가질 수 있다. 이를테면 유물론적 관점에서 세계를 이해하면, 이상주의적 세계관은 배격될 수 있고, 무신론적 세계관에서 세계를 이해한다면, 유신론적 세계관을 부정할 것이다. 이처럼 세계관들의 다양성과 차이들로 "체계적으로 왜곡된 의사소통"인 "이데올로기" 또는 "이념"에 대한 문제가 발생할 수 있다. 하지만 기독교 세계관이 단순히 반과학적 사고를 조장하고 미신적인 신앙을 강조하는 세계관으로 치부되기는 어렵다. 따라서 기독교 세계관은 다른 어떤 세계관보다 더 인간의 존엄과 가치를 강조하고, 이웃과의 관계에서 사랑과 책임을 강조하는 세계관이다. 만일 기독교 세계관이 매우 평이하면서도 변증적인 요소를 그와 같은 특징으로 여길 수 있다면, 기독교 세계관은 이런 점에서 중요한 의미나 가치를 제공한다고 보인다. 그렇지만 세속주의 시대에 복음과 기독교 신앙을 변론하려는 책임이 막중하다고 해도, 우리는 다소 극단적인 기독교 세계관의 틀을 정형화하지 않아야 한다. 우리가 다른 세계관에 대해 열려진 마음과 사고로 동참하게 된다면, 기독교 세계관은 세상을 위한 하나의 대안적 세계관으로 이해되어야 하지 않을까 싶다.

주(註)

1) Earl Conee & Theodore Sider, *Riddles of Existence: A Guided Tour of Metaphysics* (Oxford: Oxford University Press, 2005), 154.
2) 파르메니데스는 그리스 고전 철학의 발전 시기에 엘레아에서 가장 존경받는 시민으로 살았다. 엘레아는 그리스의 망명자들이 세운 식민지였는데, 그곳에서 일반주민을 위해 법률의 기초를 제정하고 엘레아학파로 알려진 새로운 학파를 창설했다. 그는 남부 이탈리아에서 유행하던 피타고라스학파의 가르침을 배웠다. 하지만 그의 인생에서 가장 큰 영향을 준 사람은 크세노파네스였다고 한다. 모든 존재의 근원을 추구하면서 살았던 크세노파네스의 영향으로 파르메니데스도 존재의 근원에 관심을 가졌다.
3) 헤라클레이토스(Herakleitos, BC 540~BC 480)는 에베소서의 귀족이었고, 과정철학의 가장 오래된 사유자로 간주되기도 한다. 왜냐하면 그는 변화의 문제에 관심을 가지고 있었기 때문이다. 그에 의하면, "만물은 유동한다"는 그의 유명한 명제는 우주의 기본적인 변화를 전제로 하고 있다. 게다가 이 변화를 논의하면서 그는 다양성 속의 통일성을 주장한다. 이러한 사고는 후대에 알프레드 N. 화이트헤드와 찰스 하츠혼의 사상에 간접적인 영향을 준 것으로 보인다.
4) Bertrand Russell, 『서양철학사, 하』, 최민홍 역 (서울: 집문당, 1890), 799.
5) 과정철학은 실체(substance)의 개념에 대해 비판적으로 검토한다. 이는 실체란 다른 어느 누구로부터 강요되지 않는 독립적이고 자기 원인적 개념이기 때문이다. 이런 비판에서 과정철학자들은 실체가 존재의 가장 근본적인 개념이라고 규정하고, 대신에 우주의 새로운 견해가 생성(becoming)의 개념으로 대체해야 한다고 주장한다.
6) Samuel Enoch Stumph & James Fiser, 『소크라테스에서 포스트모더니즘까지』, 이광래 옮김 (서울: 열린 책들, 2004), 367에서 재인용.
7) 과정 철학자 찰스 하츠혼은 일원론도 이원론과 마찬가지로 존재론의 또 다른 극단으로 이해한다. 전통적인 일원론은 상호의존적이지 않다고 비판했다. Charles Hartshorne, *Wisdom as Moderation: A Philosophy of the Middle Way* (Albany: State University of New York, 1987), 5-6을 보라.

8) 정승태, 『그까이꺼 해석학! 폼나게 풀어보자!』 (대전: 침례신학대학교출판부, 2005), 339-44를 보라.

9) Eric Rust, 『종교, 계시 그리고 이성』, 정승태 옮김 (서울: 한들 출판사, 2003), 2장을 참조하라.

10) Rene Descartes, *Meditations on First Philosophy; The Essential Descartes*, ed. Margaret D. Wilson, trans. Elizabeth S. Haldane and G. R. T. Ross (New York: New American Library, 1969), 213-4.

11) 실체 이원론은 Richard Swinburne, *The Evolution of the Soul* (Oxford: Clarendon Press, 2005)에서 신체와 정신의 문제를 다루고 있다. Swinburne은 실체 이원론을 일관되게 주장하고 있다.

12) J. P. Moreland & William Lane Craig, *Philosophical Foundations for a Christian Worldview* (Downers Grove: InterVarsity Press, 2003), 232.

13) Samuel Enoch Stumph & James Fiser, 『소크라테스에서 포스트모더니즘까지』, 143-9를 보라.

14) Charles Hartshorne, *Creative Synthesis and Philosophic Method* (LaSalle: Open Court, 1970), 75-6과 그의 *Reality as Social Process: Studies in Metaphysics and Religion* (Boston: Beacon Press, 1953), 69-84를 참조하라.

15) Charles Hartshorne, *Logic of Perfection: and Other Essays in Neoclassical Metaphysics* (LaSalle,: Open Court, 1962), 191, 196.

16) Charles Hartshorne, *Wisdom as Moderation* (Albany: State University of New York Press, 1987), 6-8.

17) Earl Conne & Theodore Sider, *Riddles of Existence: A Guided Tour of Metaphysics* (Oxford: Oxford University Press, 2005), 22-3.

18) Ibid., 22-4.

19) Ibid., 23.

20) Samuel Enoch Stumpf and James Fieser, 『소크라테스에서 포스트모더니즘까지』, 497에서 옮김.

21) Ibid. 아더 쇼펜하우어(Arthur Schopenhauer, 1788~1860)는 철학사에서 매우 독특하고 독한 철학자로 이해된다. 이는 그가 자신의 출생을 설명할 때 다음과 같이 독특한 방법으로 소개한 사람은 없었다. "스피노자는 1677년 2월 21일에 죽었다. 나는 1788

년 2월 22일, 그러니까 그가 죽은 지 정확히 111년 후, 즉 100+11의 1/10년+100의 1/10의 1/10년 후에 태어났다. 또한 그가 죽은 날짜에 1을 더하면 나의 생일이 된다. 피타고라스라면 '그것 참 이상하군' 이라 말했을 것이다." 그가 독특한 철학자임에도 그를 좋아했던 사람들이 있었는데 그 중 러시아의 문학가 레오 톨스토이였다. 톨스토이가 그의 서재에 오직 쇼펜하우어의 초상화만 걸어 놓고 "언젠가 생각을 바꾸게 될지는 모르지만 나는 지금으로서는 쇼펜하우어가 가장 천재적인 인간이라고 생각한다"라고 말한 것도 흥미롭다. Ralph Wiener,『유쾌하고 독한 쇼펜하우어의 철학 읽기: 쇼펜하우어의 재발견』, 최홍주 옮김 (서울: 시아출판사, 2009), 13에서 인용.

22) 대체로 고도(Godot)는 영어의 God와 프랑스어의 Dieu를 하나로 압축한 합성어의 약자로 이해한다. 이 말은 관객이 어떤 대상을 생각하는 것이 무엇이든지 그것이 일종의 고도인데, 그것이 기쁨, 희망, 자유, 사랑 등이다.

23) Martin Heidegger,『니체와 니힐리즘』, 박찬국 옮김 (서울: 지성의 샘, 1996), 23.

24) James W. Sire,『기독교 세계관과 현대사상』, 김헌수 옮김 (서울: 한국기독학생회출판부, 1995), 108.

25) 강영계,『니체, 해체의 모험』(서울: 고려원. 2000), 97에서 재인용.

26) Ibid.

27) '영원회귀'란 말은 '영겁회귀'로 말하기도 한다. 영원회귀의 개념은 헬라클레이토스의 만물유동이나 유전의 사상, 불교의 재행무아나 제법무아의 사상 그리고 노자의 무위자연 사상과도 동일시한다고 볼 수 있다.

28) 칸트는 현상세계와 실체세계를 구분했다. 현상세계는 현실적 대상의 세계이고, 실체세계는 초월적인 대상의 세계다. 칸트에게 있어서 "인식이 대상을 따르는 것이 아니라 대상이 인식을 따른다." 이것이 칸트가 자신의 철학을 "코페르니쿠스적 혁명" 또는 "코페르니쿠스적 전회"에 비유했던 이유다. 즉 지구가 태양을 돌고 있는 것이지, 태양이 지구를 돌고 있는 것이 아닌 것처럼, 인간의 인식이 보는 세계가 중심이 아니라 인간의 인식을 넘어서 있는 실체의 세계가 있다는 것이다.

29) Friedrich Nietzsche,『유고』, 1887년 가을~1888년 3월을 보라.

30) Friedrich Nietzsche,『차라투스트라는 이렇게 말했다』, 장희창 옮김 (서울: 민음사, 2004), 243.

31) Heidegger,『니체와 니힐리즘』, 37.

32) Mark P. Cosgrove, *Foundations of Christian Thought: Faith, Learning, and the Christian*

Worldview (Grand Rapids: Kregel Publications, 2006), 19.

33) Arthur Holmes, 『기독교 세계관』, 이승구 옮김 (서울: 도서출판 엠마오, 2000), 14.

34) http://en.wikipeda.org/wiki/christian-worldview을 보라.

35) Evan Runner, *The Relation of the Bible to Learning* (Toronto: Wedge Press, 1974); Gordon H. Clark, *A Christian View of Men and Things: An Introduction to Philosophy* (Grand Rapids: Baker, 1981); Carl Henry, *God, Revelation, and Authority* (Waco: Word, 1976); 그리고 Abraham Kuyper, *Lectures on Calvinism* (Grand Rapids: Eerdmans, 1931)을 보라.

36) Alister McGrath, 『복음주의와 기독교적 지성』, 김선일 옮김 (서울: 한국기독학생회 출판부, 2002), 70.

37) 고린도후서 5장 17절.

38) Richard Swinburne, *The Existence of God* (Oxford: Clarendon Press, 1979), 3-5.

39) Maurice Blanchot and Jean-Luc Nancy, 『밝힐 수 없는 공동체, 마주한 공동체』, 박준상 옮김 (서울: 문학과 지성사, 2005), 57. 블랑쇼는 1907년 9월 22일, 프랑스 손-에-르와르 지방의 작은 마을인 켕(Quain)에서 출생했다. 부친이 개인 교습을 하는 교수였던 관계로 파리에서 엘비프로, 라 사르트에서 샬롱 등지로 자주 이사를 하곤 했다. 그의 전공은 철학과 독문학이었고, 이것이 그로 하여금 평생 저널리스트로 활동한 직접적인 계기가 되기도 했다. 스트라스부르 대학에서 그는 임마누엘 레비나스를 만났고, 평생 그의 변함없는 우정을 간직하고, 작품의 많은 부분이 레비나스와 비슷한 통찰을 가지고 있다.

40) Holmes, 『기독교 세계관』, 155-82를 참조하라.

41) Ibid.

:: 제8장 ::

논리학과 신앙의 변론

중세유럽의 대학은 이탈리아의 볼로냐 대학과 프랑스의 파리 대학에서 출발한다.[1] 볼로냐 대학과 파리 대학이 시작된 시기가 대략 12세기 후반쯤으로 추정된다. 오늘날 대학을 의미하는 '유니버시티'(university)는 같은 목적을 추구하는 집단이나 조합이라는 말에서 유래되었다. 당시 대학에서는 7과목을 중심으로 가르쳤는데, 문법, 수사학, 논리학 3과목을 수료하면 지금의 대학 졸업장에 해당하는 학사학위를 주고, 나머지 4과목인 산수, 기하학, 천문학, 음악에 대한 강의를 듣고 나면 지금의 대학원에 해당하는 석사학위를 받게 된다. 그런 다음에 법률, 의학, 신학 중에 하나를 택해 박사학위를 받게 되는데, 중세 학문의 대표적인 신학이 가장 어려웠다. 우리가 눈여겨 볼 부분은 대학의 기초학문으로서 문법, 수사학, 논리학 3과목이다. 그리고 문법, 수사학, 논리학은 '유니버시티'의 선택과목이 아니라 필수과목이었다. 중세시대의 학문적 환경이나 분위기는 오늘날과 별반 다르지 않은 것 같다. 논리적 사유는 대학의 필수과목뿐만 아니라 기본 소양으로도 매우 중요한 것으로 간주되고 있기 때문이다. 논리적 사고의 틀을 세워나가는 학문으로 이해하는 논리학은 신학에서 없어서는 안 될 필수과목이다. 당시 대학은 논리학을 전공한 후에 최종의 학문으로 신학을 전공하도록 했던 것을 보면 논리학이 얼마나 중요하게 취급되었는지를 엿보게 하는 대목이다. 그런데 오늘날과 다른 한 가지 점은 중세대학에서 마지막 관문인 신학박사학위 과정을 위해 신학을 반드시 마쳐야 신학교 교수나 고위 성직자가 될 수 있었다는 것이다. 잔인하게 들릴지는 모르지만, 성직자가 되고자 하는 사람은 신학만 공부해서 되는 것이 아니라 당시 대학이 요구하는 7과목을 모두 이수해야만 했던 것이다. 오늘날 우리 시대의 성직자와는 얼마나 다른가. 성직자의 길은 마음만 가지고 되는 길이 아니라 논리적 사고와 더불어 학문적 소양을 두루 갖추어야 하는 험난한 여정의 길이다. 그러므로 우리는 신학을 위해 논리학이 기초학문으로 매우 중요하다는 것을 인식해야 한다.

우리네 속담에 이런 말이 있다. "구슬이 서 말이라도 꿰어야 보배다." 아무리 훌륭한 구슬이 있다고 해도 그것을 연결하지 못한다면, 그것은 보배로서 구실을 하지 못한다. 구슬을 꿰는 그 기능이 어쩌면 논리학인지 모른다. 논리학은 논증을 목표로 한다. 논증은 어떤 결론을 지지하기 위해 논증하는 사람이 제시한 하나 이상의 전제들과 결론 하나로 구성된 명제(命題)들의 집합 또는 체계다. 논리학이 요구하는 것은 타당한 논증이다. 즉 논리학은 타당함과 합당함과 같은 것을 평가한다. 하지만 우리가 염두에 두어야 할 것이 하나있다. 그것은 결론적으로 말하자면 논리학과 진리는 엄연히 구분된다는 것이다.

한국의 대표적 소설가 조세희(1942~)가 쓴 『난장이가 쏘아올린 작은 공』에는 다음과 같은 흥미로운 이야기가 나온다. 마지막 수업에 한 교사가 학생들에게 물었다. "두 아이가 굴뚝 청소를 했다. 한 아이는 얼굴이 새까맣게 되어 내려 왔고, 또 한 아이는 그을음을 전혀 묻히지 않은 얼굴로 내려왔다. 제군은 어느 쪽의 아이가 얼굴을 씻을 것이라 생각하는가?" 이 물음에 한 학생이 대답을 했다. "얼굴이 더러운 아이가 얼굴을 씻을 것입니다." 그런데 교사는 "그렇지 않다"고 말했다. "한 아이는 깨끗한 얼굴, 한 아이는 더러운 얼굴을 하고 굴뚝에서 내려왔다. 얼굴이 더러운 아이는 깨끗한 얼굴의 아이를 보고 자기도 깨끗하다고 생각한다. 이와 반대로, 깨끗한 얼굴의 아이는 상대방의 더러운 얼굴을 보고 자기도 더럽다고 생각할 것이다." 그리고 교사는 한 번 더 학생들에게 질문을 했다. "두 아이가 굴뚝청소를 했다. 한 아이는 얼굴이 새까맣게 되어 내려왔고, 또 한 아이는 그을음을 전혀 묻히지 않은 얼굴로 내려왔다. 제군은 어느 쪽의 아이가 얼굴을 씻을 것이라 생각하는가?" 교사의 질문은 앞의 것과 똑 같은 질문이었다. 이번에는 다른 한 학생이 얼른 일어나 대답했다. "저희들은 답을 알고 있습니다. 얼굴이 깨끗한 아이가 얼굴을 씻을 것입니다." 학생들은 교사의 대답을 기다렸고, 교사는 이윽고 이렇게 말했다. "그 답은 틀렸다." "왜냐하면 두 아이는 함께 똑 같이 굴뚝을 청소했고, 따라서 한 아이의 얼굴이 더럽다는 일은 있을 수가 없기 때문이야."[2]

다소 엉뚱하고도 궤변적인 이야기로 흘러 넘길 수 있다. 하지만 이 이야기 속에는 인간의 지식이 터무니없이 간사한 역할을 맡을 때가 많다는 것을 지적하고 있다. 때로는 조세희는 우리의 지식이 이익에 따라 사람들의 입에 맞추어 쓰여지는 일이 빈번히 있음을 상기시키고 그러한 것에 봉사해서는 안 된다는 것을 보여주려고 한다. 그럼에도 불구하고, 우리의 지식은 여러 가지로 자신의 입장에서 해석하고 논리의 장을 편다. 이는 우리가 논리적 속성을 가지고 있기 때문이다. 그런데 우리가 논리적 생각을 한다고 해도 우리는 논리적인 사람이 되지 못한다. 그렇다면 우리는 논리적 사고를 배우기 위해서 논리학의 본성과 그것의 방식을 이해할 필요가 있고, 그리고 이러한 논리적 문제들을 명확히 이해할 필요가 있으며, 어떤 원리와 절차에 따라서 진리로 승인을 받고 있는지를 살펴볼 필요가 있다. 따라서 이 장에서 우리는 논리학의 가장 기본적인 개념들을 간결하게 생각해 보면서 신학을 위해 논리적 형식의 필요성과 상관성을 살펴보려고 한다.

귀납추론과 연역추론

가장 널리 알려진 논리학의 기본 추론들은 귀납(induction)과 연역(deduction)이다. 이 두 가지 개념들은 논리학의 어떠한 방법들을 전개함에 있어서 명확한 결론에 도달하기 위한 추리논증으로 사용되고 있다. 귀납은 개별적이고 특수한 몇 개의 사례를 통해 어떤 사실을 일반화하는 방식과 그것들을 통해서 유추하는 방식을 말한다. 말하자면, 귀납추리는 증명이 가능하고 관찰 가능한 사실에서 일반성이라는 결론을 도출하는 것이다. 반면에 연역은 일반적인 사실이나 명제에서 출발하여 특수한 사례나 구체적인 법칙을 이끌어내는 논리적 전개 방식이다. 따라서 이 논증은 증명이 불가능한 일반원리에서 시작한다. 이 둘의 추리 방식을 더 구체적으로 설명해 보자.

귀납은 과학의 방식에서 즐겨 활용되거나 사용되고 있는 개념이고, 또 귀납의 방식에서는 경험과 관찰이 주요한 요소이다. 경험주의의 근거를 형성하고 있는 귀납은 사물의 현상을 관찰하고 그것의 경험을 통해서 보편적 진리에 도달하고자 하는 원리이다. 이와는 달리 연역은 논술에서 가장 많이 사용되는 논리 전개방법으로서 철학적인 논제를 다루기에 유리한 방식이다. "연역 논증의 경우 '옳은 논증'과 '옳지 않은 논증'이란 말 대신 '타당한 논증'과 '부당한 논증'이란 용어로 사용된다. 어느 논증이든 그것은 논리적 관계를 점검하는 것이기 때문에 옳은 논증과 옳지 않은 논증보다는 타당한 혹은 부당한 논증으로 표현하는 것 같다. 만일 어린아이가 하나님이 살아계신다는 것을 믿는 이유가 밤하늘의 반짝이는 별빛 때문이라고 말한다면, 이 논증은 옳지 않은 논증이라기보다는 타당하지 않은 논증일 수 있다. 이는 아이의 생각이 틀렸다고 말할 수 없기 때문이다. 따라서 논증은 그것을 설명하는 전제와 결론의 논리적 관계를 자세히 살피는 추론방식이다. 연역은 전제들의 설정으로 시작하고, 전제에도 대전제와 소전제들을 세울 수 있다. 우리는 어느 명제나 주장이든 그것은 항상 전제를 설정하고 있음을 알아야 한다. 전제들이 타당한지 부당한지를 논리적으로 검증할 필요가 있다. 대부분의 경우에 연역의 형식이 전제가 타당하다면 그것의 결과는 논리적으로 타당한 결론에 도달한다. 반대로 전제가 부당하다면, 그것의 결과는 논리적으로 부당한 결론에 도달한다.

하지만 연역추리와 귀납추리가 가지고 있는 한계는 '순환 논법'의 문제가 있다. 다시 말해, 이 둘의 논증을 통해 보편적 지식을 얻을 수 있다고 하지만, 개연적인 지식을 지닌 증명이지 명확하고도 만족할만한 지식을 증명했다고 볼 수 없다는 것이다. 그래서 이 둘의 추리방식은 개연적인 추리방식에 양보하는 듯하다.

이 문제를 가장 간명하게 보여준 사람은 버트런드 러셀(Bertrand Russell, 1872~1970)이었다. 그는 '칠면조'의 우화에서 이 문제를 타당하게 지적하고 있다. 칠면조 농장에 온 칠면조는 아침 아홉 시만 되면, 주인은 종을 치면서 먹이를 준다. 비가 오나 눈이 오나, 날씨가 맑거나 흐리거나 칠면조는 아침 아홉시만 되면 어김없이 주인의 종소리와 더불어 아침 식사를 한다. 오랫동안 칠면조는 종소리와 아침 아홉시라는 규칙적인 패턴을 세심하게 관찰한다. 그래서 주인은 아침 아홉시에 종소리와 함께 칠면조를 사랑하여 먹이를 준다는 일반적인 지식에 도달하게 된다. 따라서 칠면조는 항상 내일 아침 아홉시에도 동일하게 종소리와 함께 먹이를 먹을 수 있을 것이라는 확신과 결론을 자연스럽게 기대한다. 하지만 칠면조의 예상은 완전히 빗나갔다. 추주감사절이 있기 하루 전날의 아홉시에는 다음 날 있을 '추수감사절' 식탁에 올릴 칠면조 요리를 위해 주인은 그 칠면조의 목을 비틀었기 때문이다.[3] 이 우화에서 우리는 귀납추리와 연역추리는 매우 불안전할 뿐만 아니라 자명한 보편적 원리를 확신할 수 없음을 암시하고 있다. 따라서 우리가 믿고 신뢰하며 확신할 수 있는 과학적 지식이나 논리적 지식이 모순을 야기할 가능성이 충분히 있다는 점을 기억해야 한다. 말하자면, 아무리 훌륭한 논리학으로 무장이 되어 있더라도, 거기에는 어떤 오류 가능성이 존재하고 또 그것이 진리가 아닐 수 있다.

개연적 추론

개연적 추론은 귀납추론의 문제점을 극복하기 위해 고안된 인식론적 논리개념이다. 개연적 추론은 마치 후보 선수를 준비시키고 기용하는 감독과 같다. 경기장 벤치에 대기하는 후보 선수를 본적이 있는가. 그들은 90분 내내 한 번도 필드에 들어가지 않을 수 있다. 하지만 감독은 후보 선수들을 동반하지 않고서는 경기에 결코 출전하지 않는다. 후보 선수들이 그라운드에 나갈 확률은 극도로 적다. 그런데 경기 중에 최악의 경우가 발생할 수 있다. 감독은 일어날지도 모를 우발적인 사건을 염두에 두고 선수들을 훈련시키고 준비한다. 다시 말해 개연성은 일어날 수 있음직한 이 우발적인 사건을 배제하지 않고 그것을 받아들이고 준비하는 것과 같다. 따라서 개연적 추론은 그런 일이 일어날지도 모른다는 것을 전제로 한다는 것이다.

이제 구체적으로 개연적 추론에 관해서 설명해 보자. 우선 우리는 개연성(probability)이란 말을 정의해 보자. 개연성이란 말은 대체로 비율, 빈도 그리고 합리적 기댓값을 표현할 때에 사용된다. "우리는 한 명제가 참일 개연성 또는 확률을 0과 1사이의 소수나 분수로 표현한다."[4] 예를 들어, 동전을 던져 앞이나 뒤가 나올 확률은 0.5 또는 1/2이다. 그러면 개연적 추론은 몇 가지 개념들에 의존한다. 첫 번째는 비율이다. 많은 논증들은 '대부분의 X는 Y이다' 또는 'X의 7/8은 Y이다' 등과 같은 전제를 가지고 있다. 이것들은 비율을 나타내기 때문에 개연적 추론이라고 한다. 두 번째로 빈도다. 금년에 한반도에 태풍이 북상할 가능성을 알고 싶을 때에 한 가지 방법은 지난 20년 동안 실제로 태풍이 얼마나 자주 왔는지를 알아보는 것이다. 비율과 빈도는 확률이론과 통계학에서 자주 사용하는 개연적 추론방식이다. 세 번째로 합리적 기댓값이다. 기대의 정도는 개연적 추론에서 중요하다. 그것은 주어진 명제에 대하여 한 개인이 가진 합리적 기대의 정도이기 때문이다. 그래서 이 기대의 정도에서 우리는 '아마도' 또는 '그것이 참일 가능성이 있다'라고 표현한다.

개연적 추론에서 더욱 명확하게 만들기 위해서 요구되는 것은 증거다. 증거는 개연성을 더욱 확고하게 만든다. 이것이 "조건적 개연성" 또는 "조건부 확률"이라고 부른다. 이 조건적 개연성이 합리적 기대치를 더 믿게 한다. 이를테면 어떤 증거가 주어져 있다고 가정할 때 어떤 명제를 어느 정도 믿을 수 있는지를 말하는 것이다. 합리적 기대는 항상 이 조건적 개연성에 따라 기대치가 달라진다. 좀 더 정확히 말해 어떤 일련의 명제들에 포함된 정보 이외에 또 다른 적절한 정보가 주어지지 않는다는 가정 아래에서, 어떤 특정 명제를 받아들이는 것이 얼마나 합당한가 하는 정도다. 그런데 여기서 우리가 주의해야 할 것이 하나있다. 그것은 개연성 추론이 참 또는 거짓에 대한 대안이 될 수 없다는 것이다. 그것은 단지 그 문장이나 명제가 옳다는 것을 기대하는 정도에 불과하다. 따라서 개연적 추론은 그 문장이나 명제가 매우 높은 확률이나 매우 그럼직하게 참일 가능성이 높다는 뜻으로 사용된다는 것이다. 그럼에도 이 개연적 추론은 논리학에서 즐겨 사용되며 논리의 중요한 방식으로 사용되고 있다.

만일 이러한 개연성이 기독교 신앙에서 만난다면 어떻게 될까. 혹시 우리의 신앙은 아무런 생각 없이 믿거나 받아들인 것이 아니라 개연성에 근거하여 가진 것이 아닐까. 이런 생각을 한 기독교 철학자와 양자역학을 연구하는 물리학자가 있다. 옥스퍼드 대학의 명예교수인 리처드 스윈번(Richard Swinburne)과 물리학자인 스태픈 언윈(Stephen D. Unwin)이다. 스윈번과 언윈의 논증 방식은 베이즈 공리를 이용한다는 점에서 공통되지만, 접근 방식은 서로 다르다. 스윈번이 베이즈 공리를 신 존재의 개연적 논증을 위해 끌어들이는 반면에 언윈은 통계적 방식으로 신 존재를 증명하려고 베이즈 공리를 끌어들인다.[5]

특히 스윈번은 복음주의적 신앙 전통에서 주목을 받은 철학자다. 비판적이고도 호전적인 논객의 태도를 지닌 철학자로서 그는 기독교 신앙을 옹호하는 데 일생을 헌신한 사람이다. 그의 주장에 따르면 우리가 믿는 신앙은 인식에 근거되어있다는 것이다. 그래서 그의 개연성을 "인식적 개연성"(epistemic probability)이라 부른다. "우리가 p를 믿는다는 것은 q, r, s와 같은 대안들보다 p가 더욱 개연적이라고 믿는다는 것이다."[6] 만일 LG과 KIA의 야구경기에서 LG가 승리할 것이라고 말했다고 하자. LG가 승리할 것이라는 믿음을 확증하는 것은 LG가 승리하지 않을 것이라는 것보다는 승리할 것이라는 믿음이 더욱 개연적이라는 것을 확증하는 것이다. 이러한 확증을 긍정하기 위해서 스윈번은 두 가지 조건을 제시한다. 하나는 보수성과 다른 하나는 단순성이다. 보수성이란 우리가 믿는 믿음의 체계가 기존의 다른 체계와 갈등이 없어야 한다는 뜻이고, 반대로 단순성은 이론이나 법칙이 보다 단순하면 할수록 믿음이 더욱 개연적이라는 뜻이다. 예를 들어 새벽 1시에 누군가가 전화를 해서 아무 말이 없이 전화를 끊었다고 하자. 우리는 몇 가지 대안들을 설정할 것이다. 조금은 우스운 전제들을 설정하는 것이지만, (1) 도둑이 집에 누가 있는가를 관찰하기 위해서 전화를 걸었을 것이다. (2) 혹시 남편의 내연녀가 그와 통화를 하고자 전화를 걸었을 것이다. (3) 잘못 걸려온 전화일 수 있다. 여기에서 보수성과 단순성은 "잘못 걸려온 전화일 수 있다"의 (3)이다. (1)와 (2)의 가능성을 높이기 위해서는 이전에도 여러 번 집에 전화벨이 울리고 난 다음에 잃어버린 물건이 있었거나 아니면 남편이 왠지 잠을 설친다든가 하는 일종의 관찰이 선행된다면 (3)의 경우는 (3)의 부정이 될지 모른다. 하지만 이러한 전제들이 없는 한 (3)은 개연적으로 참일 확률이 높다. 이런 맥락에서 스윈번은 매우 단호하게 우리의 믿음은 다른 여러 대안들 중에서 상대적이며 그것들 가운데 우리의 믿음이 다른 것보다 더욱 개연적이라고 믿는다고 논쟁한다.

여기서 한 가지 덧붙이자면, 개연성 추론도 일종의 전제들의 수에 의존하는 것처럼 보인다. 전제의 허약성은 믿음을 무력화하고 오류투성이로 확증하게 한다. 일종의 논리적 작업에서 고려하여야 하는 것은 전제의 건전성이다. 하지만 스윈번의 생각대로, 우리의 믿음이 이런 절차를 당연시하고 받아들이고 있을까. 대답은 아마도 긍정적이라기보다는 부정적일지 모른다. 왜 그럴까.

만일 내 기억이 정확하다면, 2004년 봄에 MIT 대학의 입학처장이었던 마들린 존스가 자신의 이력서를 위조한 사실이 드러나 사임했던 기사를 읽어본 적이 있다. 다니엘 헤스팅스 학부교육처장은 마들린 존스가 올바니아 의대, 렌슬러 공대, 유니언 대학에서 학위취득을 했다고 교수 지원 이력서에 허위로 기재했고, 그리고 무려 28년 동안 그녀는 MIT의 교수로서 일했다. 합리적인 사회에서 있을 법한 일인가라고 생각하겠지만, 입학처장이 되면서까지 이 사실을 숨겼다가 인터넷 이력서에 다시 기재하면서 들통이 났던 사건이었다. 들어간 후에는 누구도 이 사실을 개연적으로 그가 거짓으로 기재했을 거라고 추론한 사람은 없었을 것이다. 이런 사실에서 우리가 내뱉는 첫마디는 '설마'다. 무엇을 말하는 걸까. 아무리 개연적 논증이 진리에 근접하다고 하더라도 그것이 참이 아닐 수 있는 또 다른 개연적 추론이 분명히 존재한다는 점이다.

비판적 관점에서 하나 더 예를 들어보자. 누군가가 "기독교대학 교수들은 일반대학 교수들보다 신앙심이 좋다"라고 말했다고 하자. 이러한 명제가 진리가 되기 위해 그것을 뒷받침하고 믿을만한 전제들이 설정된다.

(1) 기독교대학의 교수 임용 조건 중 교회 출석하는 자이어야 한다.
(2) 지원자는 반드시 교회소속 증명서를 첨부하여야 한다.
(3) 지원자는 신앙 간증 진술문을 제출하여야 한다.
(4) 대학 안에서의 각종 예배에 빠지지 않는다.
(5) 따라서 기독교대학 교수는 일반대학 교수들보다 더 신앙심이 좋다.

이러한 전제들은 "기독교대학의 교수들은 신앙심이 좋다"라는 문장을 논리적인 측면에서 진리로 고착시킨다. 하지만 이러한 명제가 진리가 아니라는 사실을 입증한다면, 그것을 뒷받침하는 전제들이 동일한 방식으로 설정될 것이다.

(1) 기독교대학의 교수가 교회 출석의 이유는 교수신분을 유지하기 위해서이다.
(2) 지원자의 신앙 간증 진술문은 자신이 아닌 누군가의 도움으로 작성되었다.
(3) 성경에 대해서는 매우 무지한 편이다.
(4) 헌금과 같은 신앙의 기본적인 교리를 실천하지 않는다.
(5) 따라서 기독교대학교의 교수는 일반대학교 교수들보다 신앙심이 더 좋지 않다.

이 둘의 논증적 논리에 따라서 우리는 그것을 입증하거나 증명하기 위해 전제들을 논증에 끌어들이는 방법이 매우 자신에게 유리하게 재단하고 결론을 내리는 성격이 내포되어 있음을 보게 된다. 그런 점에서 논증에 전제들을 설정하는 방식은 진리와는 거리가 있음을 가르쳐준다. 전제들로 구성된 명제들은 정당한 논리로 볼 수 있는가. 있다면 정당한 논리가 언제나 그 뒤에 자신의 이익을 위해 숨겨진 전략은 없는가. 우리는 분명히 논리의 유용성을 믿지만 절대적으로 신뢰되지는 않는다는 것을 안다. 따라서 우리가 논리의 전략에서 약간 후퇴하는 인식적 논리전개 방식으로서 개연적 추론이 선호되는 근본적인 이유다. 이러한 문제를 어느 정도 해결하기 때문에 논리를 전개하는 방식에 어느 정도 안전성을 제공하고 있는 듯하다. 아무튼 우리는 그 뒤에 숨은 전략들이 항상 도사리고 있다는 사실을 인식할 필요가 있어 보인다.

아프리오리와 아포스테리오리

칸트는 논리학에서 아프리오리(a priori)와 아포스테리오리(a posteriori)를 구분했다. 이는 논리적이라기보다는 인식적인 이유에서다. 아프리오리는 글자그대로 '앞선 것으로부터'라는 선험적인 상태를 의미하는 반면에 아포스테리오리는 '뒤의 것으로부터'라는 후험적인 상태를 의미한다. 아프리오리는 감각에 의존하기보다는 이성에 의존하는 지식체계를 말한다. 반대로 아포스테리오리는 이성에 의존하기보다는 감각에 의존한다. 칸트 이전에는 경험론과 합리론으로 양분되어 있어서 마치 서로의 인식론이 절대 진리라고 주장하고 있었던 시기였기 때문에 아프리오리와 아포스테리오리의 개념들이 극과 극의 차이를 드러내었다. 말하자면, 이 둘의 차이는 경험론과 합리론의 인식론적 차이로서 감각을 중시하던지 아니면 이성을 중시하던지 해야 한다. 이 양자는 둘 다 지식이라는 점에서는 서로가 동의하는 부분이다. 하지만 그들의 지식에 대한 접근은 서로 다른 방식으로 옹호되었다. 만일 우리가 '4+9=13'이라고 말한다면, 그것은 아프리오리의 지식이다. 아프리오리는 주어와 술어가 일치하지 않는다. 이 지식은 술어를 통해서 주어를 인식할 수 없고 또는 술어를 통해서 주어를 유추할 수 없다. 그럼에도 불구하고 우리는 확고하게 이 수학적 지식을 진리라고 확신하고 믿는다. '4+9=13'이라는 사실은 누구에 의해서도 의심받지 않는 명증한 지식이다. 왜 그런가. 이 같은 수학적 지식은 원리를 통해서 인식되기 때문이다. 이 "이성의 순수 개념" 혹은 "초월적 관념"[7]의 지식은 아마도 우리가 그 원리를 배웠던지 아님 믿음으로 받아들임으로써 진리나 참으로 인정하고 사용한다는데 있다. 그러기 때문에 이러한 지식이 분명히 혹은 명백히 존재하고 있다는 사실은 누구도 부인하지 못한다.[8]

이러한 맥락에서 칸트는 인간의 도덕성과 신의 존재도 수학적 지식과 마찬가지로 아프리오리 지식으로 받아들이고 있다. 신 존재와 도덕률은 감각에 의해서 이해되는 문장이 아니라 선험적으로 이해되는 문장이기 때문이다. 신 존재와 도덕률의 개념들은 비엔나 학파인 논리실증주의자들에 의해서 비판의 대상이 되어 왔지만, 칸트가 볼 때는 그다지 문제가 될 것 같지는 않아 보인다. 다시 말하자면, 신이 존재한다는 것은 경험으로 유추할 수 있는 지식이 아니라 선험적으로 존재하는 아프리오리 지식이기 때문이다.[9] 그런데 만일 우리가 '모든 금속은 열을 받으면 팽창한다'라고 말한다면, 그것은 관찰과 경험을 통해서 얻어지는 지식이다. 우리는 이러한 지식을 아포스테리오리라고 부른다. 따라서 경험과 관찰에 의한 아포스테리오리 지식은 대부분 과학적 지식으로 여긴다. '모든 금속은 열을 받으면 팽창한다'와 같은 문장은 추상적인 개념이나 명제를 통해서 인식되지 않고 오히려 감각기관에 의해서만 인식되기 때문이다.

경험론은 이 후험적 지식을 활용함으로써 뉴턴과 프란시스 베이컨과 같은 사람들을 배출했다. 그들에 따르면, 우리의 지식은 감각기관에 의존되어 있기 때문에 구체적인 사물이나 세계를 감지할 수 있다는 것이다. 서구철학의 인식론을 잘 들여다보면, 이 두 종류의 지식이 지배적이었고, 이 양자를 비판하거나 종합하려고 시도한 칸트에 의해서 인식의 종류가 인간정신 외부에 있는 지식과 인간정신 내부(본유관념)에 있는 지식으로 정초되어졌다고 보인다. 그렇지만 칸트 자신은 경험과 관찰로만 전개되는 지식에도 아프리오리한 측면이 있고, 또 추상적 개념으로 전개되는 지식에도 아포스테리오리한 측면이 있음을 주장함으로써 서구철학의 독단을 잠에서 깨웠다고 볼 수 있다.[10]

거짓말쟁이의 역설과 모순

잘 알려진 이솝이야기에 『양치는 소년』이라는 이야기가 다음과 같이 나온다. "양치는 한 소년이 있었다. 목동인 이 소년은 어느 날 이리가 나타났다는 거짓말을 해서 마을 사람들을 깜짝 놀라게 하곤 한다. 마을 사람들이 놀라는 것을 보고 소년은 재미를 느낀 나머지 계속해서 거짓말을 하게 된다는 것이다. 그러다가 정말로 이리가 나타났고, 목동은 죽일 힘을 다해 마을로 달려와 목청껏 '이리가 나타났다'고 외쳤지만 여러 번 속은 마을 사람들은 이번에는 아무도 거들떠보지 않았다."

이 이야기에서 우리는 두 가지를 눈여겨보아야 할 것이다. 하나는 거짓말을 한 것과 다른 하나는 진실을 말한 것이다. 그의 말 속에는 진리와 거짓의 양면이 포함되어 있지만, 어느 것이 진리이고 어느 것이 거짓인지를 구분하지 못할 때가 있다. 이러한 변별력을 키워주는 것이 철학이라 생각한다면, 신학은 이러한 논의에 함께 동조하는 것처럼 보인다.

철학의 논의에서 종종 진리가 무엇인가? 참과 거짓은 무엇인가? 내가 아는 것은 진리인가? 등의 물음으로 철학에 접근한다. 철학자들은 보다 선명한 시나리오로 위의 이야기에 접근한다. 야마오카 에쓰로의

『거짓말쟁이의 역설』에서 "거짓말하는 소년"의 이야기를 하고 있다.

"어느 마을에 항상 거짓말만 하는 소년이 있었다. 그는 언제나 '늑대가 나타났다'고 거짓말을 했기 때문에 정작 정말로 늑대가 나타났을 때에는 아무도 믿어주지 않아 곤란을 겪었다. 그러던 어느 날 소년은 무슨 생각을 했는지 마을 사람들에게 이렇게 말했다. 내가 지금 하는 말은 거짓이다."

더 세련된 이야기로 "거짓말하는 소년"을 언급하는 일본의 논리철학자인 에쓰로는 "거짓말쟁이의 역설"을 재구성하여 발전시킨다. 거짓말쟁이 역설(liar paradox)은 오래된 철학의 논제였다. 논리적 의미를 추구하는 철학자들이 고안한 이야기들은 언제나 일상적인 내용을 보다 어렵게 한다. 사람들에게 사유의 방식을 더욱 복잡하게 하는 것 같다. 하지만 거짓말쟁이의 역설에서 우리는 몇 가지를 생각해 볼 수 있다. 그것들은 역설이란 무엇이고, 거짓과 진리는 무엇인가 하는 것이다.

그러면 역설이란 무엇인가? 역설은 '파라'(para)라는 '반대'의 의미와 '독사'(doxa)라는 속견 또는 상식적 견해라는 의미가 합해진 말이다. 그래서 역설이란 상식에 반대하는 견해 및 사고방식으로 정의된다. 위의 이야기가 역설을 가장 잘 설명하고 있다. 사실, 거짓말은 사실이 아니지만 사람을 속인다. 그래서 역설이다. 항상 거짓말을 하는 사람은 진리를 말하지 않는다. 하지만 이 소년은 "늑대가 나타났다는 이 말은 거짓말이다"라고 말함으로써 사람들을 혼란에 빠뜨린다. 왜냐하면 그 소년은 항상 거짓을 말하기 때문에 그 반대가 참이라고 생각하기 때문이다. 이런 역설에서 모순을 유추한다.

모순은 논리학에서 서로 상반된 견해나 진술을 말한다. 그래서 모순은 중간에 위치하는 입장이 없다. 예컨대, 모순(矛盾)은 중국 고사에 나오는 말로 설명된다. '창 모'와 '방패 순'인데, 어떠한 방패도 뚫을 수 있는 창과 어떠한 창도 막을 수 있는 방패에서 두 주장이 동시에 양립할 수 없는 명제를 모순이라 한다. 그리고 모순은 논리학에서 이율배반의 형식을 가지고 있다.

역사적으로 기원전 6세기경에 크레타 섬에 살았던 철학자 에피메니테스(Epimenides)가 아마도 이율배반적 역설의 문제를 제기했다. 그는 이렇게 말했다. "크레타 사람은 거짓말쟁이다." 이른바 철학자들은 이 명제를 "에피메니테스의 역설"이라 부른다. 역으로 표현하면, 크레타 사람은 진리를 말하지 않는다. 즉 진리를 말하는 크레타 사람은 없다는 뜻이다. 이 역설이 당시에 중요한 논쟁이었는지 사도바울의 글 속에서도 발견된다. 바울은 디도서 1장 12절에서 "그레데인 중의 어떤 선지자가 말하되 그레데인들은 항상 거짓말쟁이며 악한 짐승이며 배만 위하는 게으름뱅이라 하니"라고 기록하고 있다. 여기 그레데인(Cretans)은 크레타 사람을 말한다. '그레데인 중에 어떤 선지자'는 크리소스톰이나 제롬의 증언에 의하면 크레타 출신의 '에피메니데스'라 한다. 그리스의 고대 '7대 현인' 중 한명이었던 그는 기원전 659년에 태어나 50년 동안 동굴에서 잤다고 한다. 그는 그 후 놀라운 지식과 논리로 당대의 신인으로 불리기도 했으며, 정치적 문제를 해결했다고 한다. 그리스의 논리학에 익숙한 바울은 이교도의 역설이 현실과 무관하고 게으른 자의 행위로 단정한다.

가정과 가설

　가정이나 가설은 진리 이전의 상황 속에 놓는 논리적 연결고리다. 만일 우리가 진리를 이해하기 위해 그것의 방식을 추적해 갈 경우에 우리는 가장 우선적으로 진리의 가정과 가설을 설정한다. 그런 다음에는 그 가정과 가설을 검증하고 입증하려고 할 것이다. 실제로 어느 학문이든 그것은 하나의 가설을 가지고 출발하는 경우가 허다하다. 따라서 우리가 가설이 형성되는 흐름을 이해한다면 사물에 대한 보다 확고하고도 분명한 이해에 도달될 수 있다. 대개는 과학 분야에서 가장 즐겨 택하는 방식이 가설이고, 철학분야에서 즐겨 택하는 방식이 가정이다. 가설은 확고한 결과가 아니라 시작단계로서 이미 다양한 논리적 절차를 통해서 하나의 진리로 나아가는 탐구방식이다. 가정은 결론을 도출하거나 그것을 입증하려는 논리적 형식의 방식이다. 그래서 가정과 가설은 동의어다. 우리는 주변에서 과학뿐만 아니라 어느 학문이든 그것의 가설이나 가정을 설정하고 확인하는 작업이 보편화되었다는 것에 의문을 제기하지 않는다. 이는 모든 이론이 이 가정과 가설이라는 전제에서 출발하기 때문이다. 따라서 기독교 신앙은 그들의 가설들을 철저히 연구하고 파악하는 눈을 가지고 접근할 필요가 있다. 가설은 사람들이 일반적으로 받아들이는 원리들에 의해서 입증된다.
　첫째, 보수성의 원리이다. 보수성은 하나의 이론이나 주장이 다른 이론과 주장과 갈등을 일으킨다면, 그것 중 하나를 택일하는 방식에서 매우 익숙하거나 널리 알려진 것이 참이나 진실에 근접할 수 있다는 것이다. 우리는 이러한 갈등에서 그것을 이해하고 판독하는 원칙 중 하나가 보수성(conservatism)이라고 부른다. 보수성은 종종 안전제일주의의 원칙을 일차적인 목표로 삼는다. 전통 인식론자들인 콰인과 율리안은 다음과 같이 표현하고 있다. "가설은 어떤 현상을 설명하기 위하여 만들어지지만 그 현상에 대한 우리의 종전의 어떤 믿음들과 갈등을 일으킬 수 있다. 그러나 그 갈등들은 적을수록 더 좋다. 어떤 가설의 수용은 물론 갈등을 일으키는 것과 배척을 요구한다는 점에서 어떠한 믿음과도 같다. 동일한 조건에서라면 종전의 믿음들이 적게 부정될수록 그 가설은 더 개연성을 갖게 된다."[11] 어떤 주장이든 갈등이 없으면 문제가 되지 않지만, 갈등을 일으킬 경우에 우리가 선택하는 기준은 그것이 보수적이어야 한다는 것이다. 즉 문제가 일어나는 원인들이 널리 알려진 경우가 가장 보수적이고 진리에 가까울 수 있다. 하지만 이것 또한 여전히 가정이나 전제를 이해하는 방식들 중의 하나이지, 그것이 절대적으로 참이거나 진리라고 단언하지는 않는다. 따라서 우리는 항상 진리의 문제와 논리의 문제는 연관적이긴 하지만 필연적이라고 주장해서는 안 된다.

둘째, 단순성의 원칙이다. 가설은 다양하고도 복잡한 명제들에 의해서 진리를 증명하는 방식이다. 우리는 보다 구체적인 사례들을 제시하면 할수록 제시된 가설은 우리의 상상력을 자극할 뿐만 아니라 보다 높은 신뢰성을 높인다. 이를테면, 구약성경의 언약궤나 요한이 본 천국에 대한 설명들은 이 사실을 보여준다. 구약성경에서 언약궤에 대한 설명은 보다 구체적인 정보를 제시하여 그것의 중요성을 보여준다. 언약궤는 이스라엘 백성들에게 매우 소중하다고 기술되어 있다. 그것은 금 29달란트와 730세겔, 은 100달란트와 1,775세겔 그리고 조각목으로 만들어졌다고 기술되어 있다. 요한계시록에서 요한이 본 천국도 귀한 보석과 같고 벽옥과 수정같이 맑으며, 열두 문, 열두 천사, 동편에 세 문, 북편에 세 문, 남편에 세 문, 서편에 세 개의 문이 있고 또 그 성곽은 144 규빗으로 지어졌다고 소상하게 표현되어 있다. 이것은 성경의 저자들도 보다 높은 신빙성을 제시하기 위해서 이러한 방법들을 사용하거나 활용하고 있는 것처럼 보인다. 이처럼 정보의 양을 구체적으로 기술할 경우에 우리가 주장하는 가설들은 그것을 입증하는 증거로 간주되는 것이다.

하지만 이러한 설명과는 달리, 우리는 서로 다른 가설들이 상충되는 경우가 많다. 이런 경우에 단순성의 원칙은 도움이 된다. 이 원칙은 중세시대에 오컴의 윌리엄(William of Ockham, 1280~1349)이 고안했다. 흔히 그의 이론을 "오컴의 면도날"(Ockham's Razer)로 알려진 "경제성의 원리"(principle of economic)이다. 이 원리가 고안된 배경은 이렇다. 단순성의 원리는 14세기 영국의 논리학자이면서 프란체스코회 수사였던 오컴의 윌리엄이라는 이름에서 따왔다. 원래 오컴은 보편적 개념들은 특정한 사물을 관찰할 때 우리가 형성하는 정신적인 개념들을 단지 지시하는 기호 혹은 이름에 지나지 않는다는 유명론을 논증하기 위해서 이 원리를 고안했다. 단순성의 원리는 읽기도 어려운 그의 라틴어 문구에서 유래한다. "Entia non multiplicanda sunt praeter necessitatem." 즉 "필요 이상으로 많은 실체가 존재해서는 안 된다"는 뜻이다. 부연하면, "적은 수의 원리에 의해 설명될 수 있는 것이 불필요하게 많은 원리에 의해 설명되고 있다"는 뜻이다.[12] 뭔가 심오한 의미가 들어 있는 듯 보이지만, 의외로 이 문장은 간명한데, 보다 적은 수의 논리로 설명이 가능한 경우 많은 수의 논리를 세우지 말라는 것이다. 어떤 현상을 설명할 때 불필요한 가정을 끌어들여서 설정해서는 안 된다. 꼭 필요한 것만으로 제한하여야 한다. 같은 현상을 설명하는 두 개의 주장이 있다면, 간단한 쪽을 선택하라는 것이다. 따라서 그가 사용하는 '면도날'은 마치 뭔가를 베어내는 것을 명시하기 때문에 불필요한 전제나 가설들을 제거한다는 의미에서 비유적으로 사용하고 있다는 점에서 가설이나 가정은 가장 단순한 것을 선택해야 한다는 것이다. 이것은 물리학자 아인슈타인이 진리라고 믿었던 유명한 공식 $E=mc^2$의 간결한 공식과 같다.[13]

셋째, 일반성의 원리가 있다. 일반성은 하나의 가설이 진리가 되기 위해서 최종적으로 여과되는 검증시스템이다. 간단히 말해, 일반성이란 보편성의 원칙으로서 개별적인 사례들이 많으면 많을수록 일반성에 도달한다. 일반성의 원리는 수의 양, 반복성, 비상충성의 조건들을 충족해야 한다. 그럴 때에 일반성에 도달하게 된다. 한 가지 특이한 사건이나 흔치 않은 개별적 사례는 일반성의 조건에 맞지 않는다. 만일 노인들이 허리가 쑤시거나 아프다면 오늘은 분명히 비가 올 것이라고 말하는 사람이 있다. 이런 경우에 신체와 외부의 환경과의 인과적 연결점이 있는지는 모르지만, 그렇게 말하지 않는 사람이 말하는 사람보다 훨씬 많다. 이러한 감정적인 느낌이나 생각이 일반적이라고 생각하기에는 문제가 있어 보인다. 일반성에 도달하기 위해서는 몇 가지 조건이 충족되어야 한다. (1) 관찰과 경험이 수적으로 많아야 한다. 일회적이거나 간헐적인 사례는 일반성에서 제외된다. (2) 관찰이나 경험의 다양한 조건에서 반복적이어야 한다. (3) 관찰 혹은 경험에서 도출

된 결론이 다른 법칙과 모순을 일으키지 않아야 한다.[14]

넷째, 반증 불가능성의 원리가 있다. 훌륭한 가설일수록 그 가설은 반박에 견딘다. 그것이 아무리 훌륭한 가설이라고 생각해도 논박과 비판에 견디지 못하면, 그것은 좋은 가설이라고 볼 수 없다. 따라서 가설은 항상 그것의 반박 가능한 전제들을 세우고 그것을 실험해 본 연휴에야 시행된다. 이른바 반박가능성의 시험에 견딤으로써 그 가설은 참이 된다. 이 원칙은 과학적 탐구에 대부분 적용되는 원칙이다. 이 원칙은 입증주의(verificationalism)와는 정반대의 원칙이다. 입증주의는 가설이 옳은지 그른지를 관찰하고 실험하는데 강조를 둔 반면에 반증주의는 설정된 가설이 오류가 있다고 전제하고 출발한다. 예컨대, '모든 까마귀는 희다'는 명제를 반증해 본다고 하자. 만일 관찰자가 어느 시간과 공간 속에서 흰 까마귀를 발견한다면, '모든 까마귀는 검다'고 한 명제는 거짓으로 판명된다. 하지만 관찰자가 아직까지 흰 까마귀를 발견하지 못했기 때문에 '모든 까마귀는 검다'는 명제는 진리이고, 그리고 그것은 여전히 유효하다.

원래 반증불가능성의 원리는 오스트리아계 영국의 과학자였던 칼 포퍼(Karl Popper)에 의해 고안되었다. 특히 포퍼는 과학적 방식으로서 두 가지 기준을 설정한다. 하나는 논박이고, 다른 하나는 확인이다. 그의 주된 철학적 쟁점은 맹목성에 대한 맹신을 가장 위험한 것으로 보았고, 그것이 과학 공동체 속에 자행될 수 있음을 지적했다. 그리고 전수된 맹목적 이론들을 논박하는 일이 철학의 임무라고 보았다. 이러한 기준에서 논박된 이론은 새로운 이론으로 대체되어지고, 또 새로운 이론은 또다시 논박의 과정을 통해서 끊임없이 확인된다. 이렇듯 가설로 설정된 새로운 이론은 지속적으로 다른 이론으로 대체되든지 아니면 그 이론이 진리로서 승인받던지 하는 것이다.

증거

어떤 가설이든 그 가설은 하나의 정당성이라는 기준을 통과해야한다. 통상적으로 증거란 일어난 사건을 증명하고자 할 때 요구되는 일련의 절차로서 근거제시의 원칙이다. 역으로 말해 근거를 제시하기 위해서는 반드시 증거가 제시되어야 한다는 것이다. 이는 증거에 의해서만 그것의 정당성이 지지되거나 확증되기 때문이다. 그런데 증거를 분석해 보면 특이한 것은 항상 수에 의해서 확증해 간다는 것이다. 이것은 증거의 수가 많으면 많을수록 그것을 믿을 확률이 높다는 것을 뜻한다. 어떤 변론을 위해 유일하고도 하나밖에 없는 증거만이 채택된다면, 그것을 믿을 수 있는 확률은 상대적으로 낮을 것이다. 그러면 모든 증거가 수적으로 많으면 많을수록 판결의 정당성은 문제가 없을까. 아마도 그렇지는 않을 것 같다. 증거의 수가 채택되는 것은 "가능성"이란 전제가 필연적으로 수반되어야 한다. 즉 증거는 결과의 가능성을 높일 수 있어야 한다. 그래서 이른바 "가능성의 숫자"가 많아 질 때에서야 비로소 안전하고도 확고한 판결에 도달될 수 있는 것이다.

그리고 증거가 의견이나 심리적 느낌 혹은 강렬함과는 구별된다. 사람들은 종종 심증(심적인 증거)은 있으나 물증이 없다고 한다. 이 때 물증 대신에 심증은 증거로 채택되지 않는다. 심적인 증거는 객관적이지 않고 주관적이기 때문이다. 그래서 특히 법원이 판결을 할 때, 사고 현장에서 발견된 혈흔(DNA)이나 사용도구들이 증거로 채택되는 것이다. 아무리 훌륭한 의견이라도 그 주장이 이러한 증거에 의해 뒷받침되지 않는다면, 그것은 지지될 수 없을 것이다. 여기에서 한 가지 유의해야 할 점은 주장하는 사람이 반드시 증거를 제시해야 한다는 것이다. 근거나 증거를 제시하여 입증해야 할 책임은 반드시 주장하는 쪽에 있다. 이를테면 다음과 같은 대화에서 살펴볼 수 있다.

교수: 학생은 목사가 될 자격이 없어!
학생: 왜 될 수 없죠?
교수: 왜 될 수 없다고 생각해요?
학생: 글쎄요.

이 대화에서 교수가 근거를 제시할 책임을 가지고 있다. 왜 학생은 목사가 될 자격이 없는지 입증할 책임을 가지고 있지만, 여기에서 교수는 "왜 될 수 없다고 생각하는가?"라고 반문하는 것은 근거를 제시할 책임을 회피하고 있는 것이다.

이 증거의 원리는 신학이나 철학 그리고 기타 학문의 영역에서 중대한 원리로서 적극적으로 활용되곤 한다. 영국의 옥스퍼드 대학의 기독교 철학자였던 리처드 스윈번은 이러한 중요성을 인식한 사람 가운데 하나였다. 특히 그는 "베이즈 정리"를 신 존재 증명에 도입하면서 증거 원리를 적용했다.[15] 신 존재에 대한 가설들은 "가능성의 숫자"를 베이즈 정리에다 결합하여 어떤 최종판결을 내 놓는데, 스윈번은 주관적 혹은 감정적 경향으로 신 존재를 증명하려하지 않고 증거의 원리에 입각한 수학적 데이터에 의존하여 최종적인 판결이나 해석에 이른다. 그가 언급하듯이, 무신론자와 유신론자는 동일하게 배경적 지식을 가지고 출발하는데, 무신론자의 배경적 지식은 신이 없다는 가설이고, 유신론자는 신이 있다는 가설이다. 이 두 배경적 지식이 결과에 영향을 미치는 것은 증거에 의해서다. 증거가 많으면 많을수록 배경적 지식에서 출발하는 가설이나 가정이 확고해지는 것이다. 왜냐하면 최종 추정한 값은 가능성의 숫자에 따라 결정되기 때문이다. 하지만 신학적 토론이나 신앙적 확신 속에서 증거의 원칙이 제시되지 않는 경우가 허다하다. 예를 들면 누군가가 "나는 하나님이 살아 계시다는 것을 확신해"라고 말했다면, 왜 살아 계시는지의 증거를 제시하여 입증해야 한다. 이처럼 기독교 신앙은 믿음의 이름으로 그것을 입증하기보다는 회피하려고 한다. 하지만 우리가 믿는 믿음이 입증을 제시하는 책임을 가질 때에 우리의 믿음도 더욱 견고해 질 수 있을 것이다.

신앙과 합리적 변론

결론적으로 말해, 이러한 논리의 추론적 형식들은 신학의 정당성과 신앙의 변론을 위해 필요하다고 본다. 혹자는 신앙은 아무런 논리적 논증을 필요로 하지 않을 수도 있다고 주장할지 모른다. 신앙이란 단순히 믿음의 행위로서 믿으면 그만이고, 또 그렇게 믿은 믿음이 우리의 삶에 어떤 결과로 나타난다면 그것으로 족하다고 말할지 모른다. 그런 이유에서 우리가 도대체 신앙을 위해서 복잡하고도 어려운 이 같은 논리성이나 추론적 형식이 왜 필요한지를 의문시하는 것은 이해할 수 있다. 하지만, 신앙의 근본을 제공하는 텍스트인 성경의 기록들은 비논리적 방식을 지지하지 않은 것처럼 보인다. 복음은 이전의 그릇된 신앙에 대한 반박에서 비롯된다. 거짓 선지자의 오류, 잘못된 우상숭배 및 이단의 비진리에 대한 논박과 비판이 신앙을 더욱 확고하게 한다. 만일 이것이 사실이라면, 이전의 그릇된 선입견이나 주장이나 신념을 뒤엎기 위해서 우리는 논리적 추론의 방식들을 필요로 하지 않을까 한다. 특히 우리는 이러한 사실을 사도바울의 삶에서 쉽게 찾아볼 수 있다. 헬라의 논리적 사유 방식에 의해 직접적으로 영향을 받은 바울은 이 연역적 논증의 형식을 차용하여 복음의 도를 전하거나 해명하는 일은 어쩌면 그에게 자연스러운 일인지 모른다. 그의 신앙을 위한 변론을 사도행전 속에서 언급된 것에서 예를 들어보자. 데살로니가, 베뢰아, 아덴, 고린도, 에베소, 안디옥을 다니면서 복음의 도를 논리와 추론으로 논쟁하는 바울의 논리적 행적에 대한 기록이 다음과 같이 발견되고 있다.

"그중에 어떤 사람 곧 경건한 헬라인의 큰 무리와 적지 않은 귀부인도 권함(persuaded)을 받고 바울과 실라를 좇으나"(17:4).

"회당에서는 유대인과 경건한 사람들과 또 저자에서는 날마다 만나는 사람들과 변론(reasoned)하니 어떤 에비구레오(Epicurean)와 스도이고 철학자들(Stoic philosophers)들도 바울과 쟁론할쌔"(17:17–18).[16]

"이는 정하신 사람으로 하여금 천하를 공의로 심판할 날을 작정하시고 이에 저를 죽은 자 가운데서 다시 살리신 것으로 모든 사람에게 믿을 만한 증거(proof)를 주셨음이니라 하니라"(17:31).

"안식일마다 바울이 회당에서 강론하고 유대인과 헬라인을 권면(he reasoned) 하니라"(18:4).

"바울이 회당에 들어가 석 달 동안을 담대히 하나님 나라에 대하여 강론하며 권면(arguing persuasively) 하되"(19:8).

우리는 바울의 행적을 통해서 그가 논리적 형식으로 복음의 도를 설명하거나 설득하는 것을 알 수 있을 뿐만 아니라 거짓된 논리에 대해서는 논쟁과 쟁론을 통해서 비판한 것을 배울 수 있다. 그러면 우리의 신앙생활은 이러한 논리적 추론이 없이 믿음으로만 가능한 것일까. 그렇지 않다. 우리가 믿는 신앙은 이러한 논리적 근거들을 갖는다.

기독교 신앙의 실천 중에 기도는 매우 중요한 일상의 행위다. 그런데 만일 우리가 이 기도에 논리적이어야 한다면, 사람들은 어떻게 생각할까. 도대체 기도에 무슨 논리가 필요한 것인가라고 따지지 않을까. 야고보는 이렇게 말하고 있다. "너희가 얻지 못함은 구하지 않음이요 구하여도 얻지 못함은 정욕으로 쓰려고 잘못 구함이니라." 이를테면 "잘못 구하고 있다"는 말은 정욕으로 사용하기 때문에 기도에 응답할 수 없다는 것이다. 따라서 기도에서 우리는 논리적이고 합리적인 요구가 포함되어야 한다는 것을 야고보는 지적했던 것이다. 오래 전에 나는 아들과 이런 일화가 있었다. 아마도 1999년 가을이었다. 미국유학생활을 마치고 온 가족이 한국에 돌아왔다. 당시 막내인 아들 녀석이 6살이었는데, 그가 배운 것 중의 하나가 돈을 사용하는 것이었다. 미국에서는 돈을 사용할 수 없는 환경이라 어린 나이에는 만져볼 기회가 없다. 한국에 적응하기 위해서 막내는 몇 개월이 지나자 점차적으로 돈의 액수를 말하기 시작하면서 누나를 따라서 집 근처의 문방구에 가서 돈을 주고 물건을 사는 것을 유심히 관찰한 모양이었다. 학교에서 돌아오는 중 집 근처에서 내 아들은 나를 보고는 상거가 먼 거리임에도 나에게 달려왔다. 그리고 내 아들은 나에게 아래와 같은 요구를 했다. 이 말에 나는 심장이 멎고 까무러칠 뻔했다.

"아빠, 1억 줘?"
"……"
"왜?"
"딱지를 살려고!"
"그래, 딱지가 1억 한데?"
"응, 1억 이래."
"그거 천원이면 충분해."
"아냐, 1억이래."
"……"

돈에 대해 무지했던 아들과의 우스꽝스러운 대화이지만, 한 가지 분명한 것은 그가 구하는 1억이 무엇인지를 모른다는 것이다. 야고보는 이런 의미가 아니었을까. 만일 우리가 기도해도 얻지 못함은 정확히 그가 무엇을 원하는지 모른다는 것이 아니었을까. 그러므로 우리는 신앙이 정당한 이유와 논리적 근거를 가지고 하나님께 기도해야 함을 가르치고 있다고 보인다. 쾨니히스베르크의 철학자 임마누엘 칸트가 이 사실을 적절히 지적했다. "지식의 확실한 논리형식의 속성으로 간주되는 이성은 추론하고 판단하는 일을 도와주는 속성이다."[17] 이런 점에서 신앙의 실천을 위해 이성의 사용은 그리스도인으로 하여금 신앙의 합리성을 보다 확신하게 할 것이라 본다.

주(註)

1) 플라톤과 아리스토텔레스의 학당들이 대학의 기원으로 보기는 하지만, 이들의 학당은 전문적인 학문연구 기관이나 교수와 같은 조직에 있어서 허접했기 때문에 기원으로서의 큰 의미를 주지 않는다.

2) 조세희, 『난장이가 쏘아올린 작은 공』 (서울: 문학과 지성, 2000), 1장.

3) 정승태, 『종교철학담론』 (대전: 침례신학대학교출판부, 2004), 54-5에서 재인용. 귀납에 대한 명확한 설명을 참조하려면 Bertrand Russell, 『철학이란 무엇인가』, 황문수 옮김 (서울: 문예출판사, 1995), 70-81을 보라.

4) Tracy Bowell, 『비판적 사고, 논리를 잡아라』, 하상용, 한성일 옮김 (서울: 모티브, 2006), 119.

5) Stephen D. Unwin, *The Probability of God: A Simple Calculation That Proves the Ultimate Truth* (New York: Three Rivers Press, 2003), 4장, 5장 그리고 9장을 보라. 언윈의 베이즈 공리를 이용한 신 존재 증명에 관한 비판은 리처드 도킨스에 의해서 제기되었다. 어원에 대한 도킨스의 비판에서 단지 아퀴나스의 다섯 가지 논증에서 존재론적 논증을 배제한 이유가 신의 존재 가능성이 없기 때문일 것이라고 추정하고 또 그의 논증이 매우 주관적 판단에 의존되어 있다는 것이다. 그래서 더욱 확과한 논증은 '불가능 논증' 즉 신 존재 증명은 논증 자체가 불가능하다고 비꼰다. 하지만 그의 비판은 논리적 논증이라기보다는 기독교 신앙에 대한 감정적 기술에 지나지 않는다. 따라서 그의 비판에 대한 근거가 제시되지 않거나 제시되었더라도 매우 적절히 못한 것들이다. 도킨스가 이 논증을 이해했을까를 의심케 한다. 왜냐하면 언원은 어떤 사건의 증명을 합리화하거나 정당화하기 위해서 가장 필요하고도 요구되는 것이 '증거' (evidence)의 '가능성의 숫자'를 설정한다. 그에게 있어서 증거란 그 수가 많으면 많을수록 증명의 합리성이 개연적으로 높다. 통계적으로 수치의 정확성에 의존된 신 존재의 가능성을 논증하고 있음에도 불구하고 그는 단지 언원과 "왈가왈부하고 싶지 않고, 그의 견해든 나의 견해든 개인적인 견해를 놓고 열을 내고 싶지 않고 또 흥미가 없다"고 한발 물러서면서도 유일한 논증은 "불가능성의 논증"이라고 말함으로써 정확하게 언원이 제시하는 통계적 논증을 이해하지 못하고 있는 것처럼 보인다.

Richard Dawkins, *The God Delusion* (Boston: Houghton Mifflin Company, 2006), 105-9를 보라.

6) Richard Swinburne, *The Existence of God* (Oxford: Clarendon Press, 1979), 28-9, 64-9; 그리고 그의 *Faith and Reason* (Oxford: Clarendon Press, 1981), 18.

7) Immanuel Kant, *Critique of Pure Reason*, trans. Norman Kemp Smith (New York: St. Martin's, 1929), 315.

8) Bertrand Russell, 『철학이란 무엇인가』, 82-95를 참조하라.

9) 논리실증주의는 문장을 연구하는 학문의 분파로서 비엔나 학파라고 부르기도 한다. 이들의 철학자들은 한 문장이 진리가 되기 위해서는 검증 또는 입증의 시험을 통과해야 한다고 믿었다. 그 시험이나 경험적으로 이해될 수 없는 문장은 진리가 아니며, 난센스의 일종이라고 단언한다. 그러기 때문에 종교나 윤리 혹은 신학의 명제들은 이러한 시험에 통과할 수 없는 것들로 이해했다. 따라서 그들의 잣대로 보면, 아무런 의미를 만들 수 없는 문장과 진술이라는 것이다. 이러한 신학의 난센스의 문장에서 해방시킨 장본인이 바로 칸트가 아닐까 한다. 두 종류의 지식을 통해서 양극의 문제를 해결함으로써 신학적 문장들은 아마도 선험적 지식으로 분류해 주었기 때문이다.

10) Kant, *Critique of Pure Reason*. 49, 257-75.

11) Quine & Ullian, 『인식론: 믿음의 거미줄』, 정대현 옮김 (종로서적, 1990), 63.

12) Donald Palmer, 『참을 수 없이 무거운 철학 가볍게 하기: 중심은 유지되는가』, 이용대 옮김 (서울: 현실과 과학, 2002), 87.

13) $E=mc^2$란 뜻은 E는 에너지, m은 질량 그리고 c는 빛의 속도로 표기하는데, 이 뜻은 빛의 속도(c)가 일정하므로 어떤 물체의 고유한 에너지(E)는 질량(m)에 비례한다는 것이다.

14) 정승태, 『합리적인 신앙을 위한 종교철학담론』 (대전: 침례신학대학교출판부, 2004), 53에서 재인용.

15) Richard Swinburne, *The Existence of God*, 64-9를 보라. "베이즈 공리"는 18세기의 영국 목사인 토마스 베이즈(1702-1761)가 연구했던 확률적인 이론으로서 과학에서 흔히 인용되는 예다. 베이즈 정리란 조건부 확률개념을 기초로 하는데, A가 먼저 발생하고, 그 후에 B가 발생하는 두 개의 사건 A, B가 서로 종속적일 경우에 A의 사건에 의해 B의 사건의 확률이 달라진다는 것이다. 이를테면, 오늘 비가 오는지 또는 오지 않는지에 따라 내일비가 올 확률이 달라질 수 있는 것과 같다. 베이즈 공리에 대해서는 www-history.mcs.st=andrews.ac.uk/Biographies/Bayes.html를 참조하라.

16) 에비구레오는 에피쿠로스를 말하고, 스도이고는 스토아 철학자를 말한다. 에피쿠로스는 기원전 341년에 사모스 섬에서 태어났고, 자연의 원자론를 주장한 데모크리토스에 의해 영향을 받았다. 바울이 쾌락추구를 본질로 여겼던 에피쿠로스의 이름을 직접적으로 거론한 이유는 이 추론이 틀릴 수도 있지만 에피쿠로스가 자연이나 인간의 운명을 조정할 수 없고, 따라서 신은 인간의 삶에 개입할 수 없기 때문에 인간은 신을 두려워하거나 무서워할 필요가 없다고 한 까닭이 아니었을까를 추론해 볼 수 있다. 그리고 스토아 철학자들은 키티온의 제논, 키케로, 세네카, 에픽테토스, 아우렐리우스 등이 있다. 스토아 철학은 자연에 대한 유물론적 이론과 진리나 명증성에 대한 근거를 제공한다는 점에서 상당히 논리적 성향을 가진 철학으로 생각해 볼 수 있다. Brad. Inwood and Lloyd P. Gerson, *Hellenistic Philosophy: Introductory Readings* (Indianapolis: Hackett Publishing Company, 1988)와 A. A. Long, *From Epicurus to Epictetus* (Oxford: Oxford University Press, 2007), 157-284를 보라.

17) Kant, *Critique of Pure Reason*, 320

:: 제9장 ::

우연성과 필연성

　이제 우리는 다소 흥미로운 관심으로 들어왔다. 우연성과 필연성의 문제는 우리의 일상에서 자주 접하는 문제이다. 우선 이 문제를 이야기하기 위해서 우리는 우리에게 대체로 익숙한 한국전래 동화『심청전』에 나오는 글을 소개함으로써 시작해 보려고 한다.『심청전』에는 다음과 같은 이야기가 나온다.

　"…'저는 용두사의 중입니다.
　쌀 삼 백석을 부처님께 바치시면 눈을 뜰 수 있을 것입니다.'

　… 중략 …

　인당수 파도가 매우 거칠어서 배들이 계속 뒤집혀 배를 탄 사람들이 모두 죽었어요.

그래서 처녀를 바치면 파도가 가라 않는데요.

이 말을 들은 심청은 깊고 푸른 물에 몸을 던졌어요.
그러자 거짓말처럼 비가 그치고 폭풍우가 잠잠해졌어요."

위의 동화에는 흥미로운 것이 하나있다. 그것은 심청이가 인당수에 뛰어내리자 곧 비와 폭풍우가 그쳤다는 것이다. 이 말을 풀어보면, 폭풍우가 잠잠해 진 것은 심청이의 투신 때문이었다는 것이다. 그렇다면 과연 이것은 '우연의 일치'일까. 아니면 '인과의 결과'일까. 이 글에는 분명히 심청이가 자신의 몸을 제물로 받쳤기에 분명히 따라오는 '필연적 결과'다. 그런데 비와 폭풍우가 인간의 제물과 관련이 있다는 걸까. 그런데 비록 이 이야기가 사실적이지도 논리적이지도 않는 이야기로 구성되었더라도 이 사건은 삼 백석의 제물을 받쳤음에도 여전히 심봉사의 눈은 뜨지 못했다. 그것은 또 무슨 연유일까. 이러한 문제들은 우연성과 필연성의 논제로 설명해 본다면 흥미로울 것 같다.

우연성과 필연성은 두 가지 서로 다른 인식적 관점이다. 우연성은 사물에는 어떤 목적이나 의도된 프로그램이 없고 단지 그냥 일어난 것을 가리키고, 반면 필연성은 사물에는 어떤 의도된 프로그램이나 목적에 따라서 무엇인가가 발생한다는 것을 가리킨다. 우연성과 필연성은 분명히 상반된 입장이다. 따라서 이 장에서 우리는 이 우연성과 필연성의 개념들을 살펴보고, 그것이 기독교 신앙과의 관계에서 어떤 의미가 있는지를 이해하고자 한다.

원인과 결과

우연성과 필연성에 대한 문제는 일반 사람들의 생각 속에 원인과 결과라는 상식적인 개념들에서 찾아볼 수 있다. 일상에서 일어난 것은, 그것이 사건이나 사고이든, 단순히 그 때, 그 시간에 일어나는 것이 아니라 어떤 원인에 의해서 일어났다는 것이다. 우리가 이 개별적 사건을 경험하거나 사고를 당할 경우에 가장 쉬운 생각은 원인과 결과라는 틀에서 추리한다. 오랫동안 괜찮은 자동차가 한 달에 무려 두 번의 접촉사고와 한 번의 교통 위반으로 벌금을 물게 된다면, 그 일로 인해 사람은 도대체 왜 내게 이런 일이 일어나는 것이며, 가까운 미래에 어떤 사건이 발생하려는 것은 아닐까 하는 불안한 마음을 떠올릴 수 있다. 갑자기 주변의 친구들이 심한 질병으로 죽는다면, 우리는 그러한 사건들과 우리 자신과 인과적 연결고리를 통해서 무엇인가 의미가 있는 것을 찾는다. 그래서 우리는 무슨 일이 일어나면 항상 그것의 원인, 즉 그것을 일으킨 조건(또는 요인)을 찾으려고 하는 것이다.

철학자들은 이러한 일상의 사건들을 "우연성" 혹은 "우발성"과 "필연성"이나 "결정성" 혹은 "자유"와 같은 화두를 가지고 논쟁한다. 이 논쟁에서는 무엇이 먼저냐를 논의하는 일은 닭이 먼저냐 달걀이 먼저냐를 따지는 것만큼이나 무의미하다. 다만 그들이 논쟁을 삼으려는 화두는 일상의 사건들이 단순히 우발적으로 일어나는 사건인지 아니면 그것이 인과적으로 일어나는 것인지를 논의하려는 것이다. 만일 한 사건이 우발적으로 일어난 것이라면, 그곳에는 항상 자유의 행위가 들어갈 여지가 있지만, 그것이 인과적으로 일어난 것이라면, 그곳에는 이전의 사건의 필연적인 결과로 보기 때문에 인간의 자유로운 행위는 배제된다. 그리고 이 문제는 그것이 우발적 사건인가 아니면 필연적 사건인가에 따라서 차이를 보이는 것이다.

한 동안 미국은 2001년 9월 11일의 테러로 인해 상당히 많은 분량의 책들이 쏟아져 나왔다. 그리고 9월 11일이라는 날짜에 중요한 의미를 부여하는 글들이 출판되었다. 슈테만 클라인의 『우연의 법칙』에서 재미나는 일화를 소개하고 있는데, 다음과 같다.

"9월 11일이라는 날짜를 이루는 숫자를 합치면 11이 된다(9+1+1). 그날은 1년의 254번째 날이었는데, 그 수를 합해도 11이다(2+5+4). 세계무역센터에 처음으로 충돌한 비행기는 아메리칸 에어라인 11편이었고, 그 비행기에는 92명의 승객이 탑승하고 있었다(9+2). 그리고 세계무역센터로 돌진한 두 번째 비행기에는 65명이 타고 있었다(6+5). '뉴욕 시'(New York City)와 '오사마 빈 라덴이 숨어 있던 '아프가니스탄'(Afghanistan) 그리고 '조지 W. 부시'(Geroge W. Bush) 역시 각각 11개의 철자로 이루어져 있다. 세계무역센터의 쌍둥이 빌딩 역시 11의 형상을 하고 있지 않는가?"[1]

위의 이야기는 우연의 일치인가? 아니면 필연의 결과인가? 이 사건이 일어난 모든 일들은 사실이다. 분명히 이 일은 실제로 일어났고 있었던 명백한 사건들이다. 비록 이 사건의 음모설이 제기되기는 한다고 해도, 어느 누구도 부인할 수 없다. 하지만 문제는 우연적인 사건들을 필연적인 틀에 끼워 맞추려한다는 데 있다. 비행기, 빌딩, 사람이름 등은 사실 존재한 것들이다. 그러한 것들을 연관하는 작업은 작가나 저술가들에 의해 재구성되고 있다. 그들은 "존재하지 않는 틀"을 가지고 연관시키는 작업을 통하여 사람들을 현혹시킨다. 사실, 우발성과 필연성은 점성술과 같은 작업에 의해서 놀아나는 성질의 것이 아니다. 그것은 오히려 사람의 논리적 연관성을 초월하여 존재하는지 모르기 때문이다. 하지만 위의 이야기는 상당히 이 사건에는 필연성이 있는 것처럼 이야기되고 있다.

그렇지만 여기에 대한 반론도 만만찮다. 위의 이야기에 대한 반론은 다른 증거에 의해서 단언되었던 그 필연적 틀이 파괴된다. 이를테면, 쌍둥이 빌딩에 돌진한 두 번째 유나이티드 에어라인 비행기는 175편(1+7+5=13)이었고, 정확한 숫자는 모르지만 여기에 탄 승객의 수는 11을 계산할 수 없는 숫자일 것이다. 그리고 그 날 국방부에 충돌한 비행기는 보잉기 77편(7+7=14)이다. 그래서 위의 필연적 사건은 우연적 사건으로 재수정된다. 우리는 한 사건을 두고 완전히 상반된 주장을 듣는다. 이처럼, 우연성과 필연성의 이름하에 그릇된 오류들을 열거하는 작업에 대한 주의가 필요하다.

첫째로, 진리는 정보의 양과 구체적인 내용에 의해서 결정되거나 판정되지 않을 수 있다. 지금 우리는 수많은 자료 더미 속에서 살아간다. 오히려 이 자료 더미가 사람들의 숨통을 조른다. 글은 종종 보다 나은 양의 정보를 주면서 사람들을 현혹하는 능력을 지니고 있다. 실제로 세부적인 자료의 내용은 상상력을 자극하고 신빙성을 높인다. 하지만 반드시 자료의 양과 진리는 서로 다른 영역일 수 있다. 말하자면

"원숭이도 나무에 떨어질 수 있다"는 속담에서 원숭이가 너무 많은 정보를 가짐으로써 혼란스러워질 수 있는 것과 같다.

둘째로, 진리는 사고의 연관성에 의해서 판명되지 않을 수 있다. 사고의 연관성은 철학의 방식 중의 하나다. 분명 인간이란 사유하는 동물이므로, 사건이나 사물을 사유의 연관성에 의해 접근하기 십상이다. 하지만 사고의 연관성과 진리는 명백히 서로 다른 영역이다. 따라서 둘은 무관하다. 그것이 "논리의 함정"이다. 이른바 연관성을 논리성으로 이해할 경우에, 연관 짓는 주장이 상세할수록 그것을 비판 없이 혹은 맹목적으로 받아들이는 경우가 많다. 우리의 일상을 한번 들여다보라. 거기에는 사실과 다른 논리성이나 연관성 또는 기대치의 추론성에 의해 사건을 구성하고 만들어 내는 경우가 부지기수다. 이것은 우리가 어떤 사건이 발생하면 너무나도 쉽사리 그 사건 사이에는 명백한 어떤 인과적 관련이 있다고 전제하기 때문이다. 논리란 어떤 구조로 맞지도 않는 것을 억지로 끼워 맞추려는 능력이지만, 그러나 그것이 반드시 절대적이라고 볼 수는 없다.

셋째로, 진리는 해석과 설명과는 무관할지 모른다. 우리는 불분명한 가설들을 통해서 세계나 사건을 이해하려들지 모른다. 하지만 우리가 기억하여야 할 일은 일어난 일과 일어난 일에 대한 설명은 서로 다를 수 있다는 것이다. 사실과는 다른 이야기를 해석과 설명의 틀을 가지고 사람들을 안심시키는 학자들은 오히려 역설적인 표현으로 사람들을 혼란스럽게 하지 않는지 살펴보아야 한다.

우리 주변에는 편집증이 있는 사람들이 지천에 깔려있다. 그들은 숨겨진 의미를 찾으려고 혈안이 된 사람들이다. 이는 자신의 지식에 대해 과신하고 다른 사람들에 대해서는 불신하기 때문이다. 그리고 논리적 편집증의 사람은 모호한 것을 무척이나 싫어한다. 그는 항시 어떤 사건들 간의 연관성을 찾으려고 한다. 그래서 그는 마치 과학자가 과학법칙을 발견하는 것처럼, 나름의 구조나 틀을 발견하고 숨겨진 의미나 메시지를 발견한다. 하지만 여기서 우리는 과정철학자 찰스 하츠혼의 말을 기억해 볼 필요가 있다. 그는 논리적 사고 방식의 문제에는 너무 지나친 부분이 많다는 것을 지적한다.[2] 인생은 마치 논리적 연관성에 의해서 세계가 돌아가지 않는 것과 같다. 우리가 가진 틀에 끼워 맞추다 보면 삶이 메마르고 황폐해 질지도 모른다.[3] 그런데 그렇게 끼워진 편집된 연관성이 오히려 사람에게 상처를 주는 경우가 없지 않다.

인과론적 모델과 목적론적 모델

우발성과 필연성의 문제는 형식적 모델을 가지고 논의된다. 이 우발성과 필연성에 대한 논의에서 가장 두드러진 문제는 인간의 행위에 관한 것이다. 간단히 말해 이 문제는 인간의 행위가 자유로운지 아니면 결정적인 것인지에 대한 문제다. 행위는 예측 가능하기 때문에 틀림없이 결정되어 있다고 가정한다. 예측 가능하다는 전제는 옳다. 하지만 반드시 그러한 결과를 예측할 수 있는지는 의문이다. 그런 면에서 한 인간의 행위가 전적으로 결정된 것도, 그렇다고 전적으로 자유로운 것도 아니다. 우리가 사람들로부터 욕을 먹지 않으려면, 행위의 결정과 자유라는 이 두 문제가 상호의존적이라고 말하면 되지만, 어디 그것이 그리 쉽게 단언하여 말할 수 있을까 싶다. 왜냐하면 어떤 경우에는 결정된 것처럼 보이지만, 다른 경우에는 완전히 자유하기 때문이다. 그래서 인간의 행위는 크게 두 가지 모델에서 논의될 수 있다. 하나는 인과론적 모델이고, 또 하나는 목적론적 모델이다.

그러면 인과론적 모델은 무엇이고, 목적론적 모델은 무엇인가? 간단히 설명하자면, 인과론적 모델은 원리적으로 뒤에서 밀어내는 것이고, 반면 목적론적 모델은 앞에서 당기는 것이다. 무슨 말인가. 전자인 인과론적 모델은 어떤 원인들이 결과나 조건이 형성되면서 하나의 결과가 만들어진다는 것이고, 후자인 목적론적 모델은 사물의 결과나 조건이 목적에 따라서 형성되고 움직여진다는 것이다. 그러면 우리는 이 두 가지 모델을 좀 더 자세히 설명해 보자.

인과적 모델은 러시아의 생리학자 이반 파블로프(Ivan Petrovich, 1849~1936)에 의해서 시작되었던 이론이다. 유명한 파블로프의 "침 흘리는 개"에 대한 실험은 인과적 모델을 잘 설명한다. 우선 파블로프는 "개요조건반사"라는 이 실험을 "자극과 반응"의 인과론적 모델로 설정한다. 이 실험은 자극을 주면 어떤 반응이 생기는가를 알아내기 위해 행한 방식이다. 이를테면 만일 우리가 개에게 고기를 주거나 고기를 보여주면, 개는 필중팔구 침을 흘리기 시작할 것이다. 만일 고기를 주는 순간에 반복하여 종을 울리면, 개는 종이 울리는 순간에 침을 흘릴 수 있다. 그러면 여기서 침을 흘리는 원인은 뭔가? 침 흘림의 원인은 고기다. 즉 고기를 주면, 개는 침을 흘린다는 것이다. 우리가 주변을 살펴보면, 일어나는 모든 사물이나 사건에는 반드시 원인이 있다는 것을 관찰할 것이다. 이것은 자연스러운 것이다. 이처럼 세상의 모든 결과에는 원인이 반드시 있게 마련이다. 이러한 생각을 인과론적 모델이라 부른다.

이 모델은 생리학 외에도 신학적 논의에도 즐겨 사용된 모델이었다. 일찍이 스콜라 철학의 대제사장으로 알려진 토마스 아퀴나스(Thomas Aquinas, 1225~1274)는 신 존재 증명을 위해서 인과론적 모델을 활용한 신학자였다. 아퀴나스는 모든 사물에는 원인이 있다고 단언했다. 사물에는 원인이 있다는 사실은 아주 명백하다. 때문에 우리는 사물의 원인을 현재에서 과거로 소급하여 추론할 수 있고, 또 마지막 최초의 원인에까지 소급해 감으로써 원인의 근원을 일반적으로 추정할 수 있다. 그리고 이 마지막까지 소급하여 최종적으로 도달된 그 원인이 이른바 최초의 원인(first cause)이다. 아퀴나스는 이 최초의 원인을 대문자를 써서 "제1원인자"(First Cause) 혹은 "하나님"이라고 불렀다. 문제는 제1원인도 또 다른 원인에 의해서 발생하기 때문에 끊임없는 원인을 가정해야 하는 불편함이 있다. 하지만 그는 사물에 대한 설명을 신학적으로 잘 설명했다는 것에 자부심을 가지는 듯하다. 이는 모든 사물이 원인을 가지고 있기 때문이다. 그러므로 이 세계가 그저 우연적으로 생겨난 것이 아니며, 또 그렇게 세계가 존재하게 되었다고 생각하는 것은 안일한 일일 것이다.[4]

하지만 인과론적 모델을 받아들이게 되면, 여러 문제들이 일어난다. 그 문제들 중 하나는 세계관의 문제다. 인과론적 모델은 어쩌면 순수히 기계적이라 할 수 있다. 이 기계적인 것을 우리는 인과적으로 대체한다. 인과적 혹은 기계적인 모델은 의도, 목적, 목표, 계획과는 무관하기 때문에 감정이나 느낌과 같은 인간의 내면적 속성들과 연결된 것을 설명하기에는 다소 무리가 있어 보인다. 영국의 경험론자의 대표주자인 데이비드 흄(David Hume, 1711~1776)은 자신의 "인과법칙"에서 이 사실이 갖는 맹점을 지적한 바 있다. 그의 인과개념을 단순화하자면 이렇다. 사물의 경험을 통해 A가 사건 B의 원인이라는 것을 알아낼 수 없고, 오로지 사건 A 다음에 B가 나타났다는 사실만 알 뿐이다. 흄의 생각을 정리하자면, 인과율에 대한 흄의 비판은 실제적인 원인을 정확히 알 수 없다는 것이다. 예컨대, 화이트데이에 "커피 한 잔 마시고 집에 가자"는 아내의 제의를 거절한 남편이 부부싸움 끝에 아내에게 살해당한 사건이 실제로 벌어진 이야기(2007.3.14)를 끄집어내서 한번 생각해 보자. 남자가 좋아하는 여자에게 사탕으로 마음을 표현하는 날인 화이트데이에 이 사건이 벌어졌는데, "커피를 함께 마셔 주지 않는다"며 남편과 다투다 남편이 자신의 뺨을 때린 것에 격분해 흉기로 남편을 찔러 숨지게 한 혐의(살인)로 주부 A(34)씨에 대해 구속영장을 신청한 사건이다.

여기에서 우리는 인과론적 모델의 원리에 따라서 두 가지를 추정해 볼 수 있다. 하나는 죽음의 원인이 무엇이냐는 것이고, 다른 하나는 결정적인 원인이 무엇인지를 말할 수 있느냐는 것이다. 이 사건이 화이트데이가 아닌 보통 날이었다면, 이러한 끔찍한 사건이 아마도 일어나지 않았을지도 모른다. 이 원인이 커피가 아니라 아내의 평소 감정이 극에 달한 바로 그 시기였는지도 모른다. 우린 수없이 많은 원인들을 인과적인 연결고리에 맞춰 해석할 수 있을 것이다. 하지만 이 사건에서 흄의 인과율을 적용해 보자면, 실제로 죽음의 원인에 대한 분석은 회의적일 수밖에 없다. 즉 원인은 있지만 그것이 필연이 아니라는 뜻이다. 그러면 인과성은 어떻게 해서 생기는 걸까. 흄에 따르면, 사건은 항상 원인을 알 수 있는 것이라기보다는 우리들의 "습관적 연상"에 의해서 생겨나는 것이라고 단정한다. 그렇다면, 무엇이 실제로 원인인지 아닌지는 영원히 풀 수 없는 수수께끼와 같다. 따라서 우리가 어떤 사건을 필연적으로 단정하여 말하는 것은 위험하지 않을까 싶다.

이제 목적론적 모델을 살펴보자. 인과론적 모델에 반해 목적론적 모델은 기계적이지 않고 이른바 인간의 자유로운 행위에 대한 결과를 강조함으로써 한결 쉽게 접근할 수 있는 장점을 가지고 있다. 목적론적 논증은 앞에서 언급했듯이 미래의 어떤 목적이나 계획이 현재의 우리 행동을 가능하게 한다는 것이다. 이 목적론적 모델은 고대 철학자 아리스토텔레스(Aristoteles, BC 384~BC 323)에 의해서 주장되었다. 플라톤의 아카데메이아에 들어가 20년을 보낸 아리스토텔레스는 자신의 목적이 야기한 결과로서 세계가 움직인다고 보았다. 아리스토텔레스에 의하면, 미래의 목적은 현재의 우리의 행동에 의해서 결정된다. 그의 주장은 그의 사물의 변화에 대한 설명에서 잘 나타나있다. 사물의 변화에는 네 가지 원인이 있는데, 아리스토텔레스는 이 사실을 증명하려 했다. 간단히 말하면 변화에는 형상, 질료, 작용 그리고 목적이 있다. 형상은 어떤 사물이 무엇인가를 결정해 주는 원인이고, 질료는 사물을 구성해 주는 원인, 작용은 사물을 만들어 주는 원인이며, 그리고 마지막 목적은 사물이 만들어진 원인이다. 여기에서 마지막 단계가 사물을 만들어주는 최종적인 단계로서 목적인이다.[5]

아리스토텔레스의 이야기는 매우 단순하지만 기독교인들에게 어느 정도 설득력을 갖는다. 이는 기독교 신학에서 이 세계는 하나님의 목적에 따라 움직이고 지배된다고 주장하기 때문이다. 따라서 아리스토텔레스의 목적론적 모델은 상당히 좋은 측면을 제공하고 있다고 본다. 실제로 스위스의 종교개혁자 존 칼빈(John Calvin)이 그의 신학을 전개하면서 아리스토텔레스의 목적론을 받아들인 것도 우연이 아니다. 세계가 어떤 목적을 가지고 있고, 그 목적에 따라서 움직이고 있다는 생각은 매우 자연스럽고도 상식적이다. 우리가 세계를 들여다보면 볼수록 참으로 신비하고 오묘한 구석이 많다. 그래서 사람들은 늘 그들 자신도 모르는 사이에 대자연의 독특한 광경에 감탄하고 이 자연 속에 어떤 목적이나 의도를 가지고 있는 것이 아닌가를 추정한다.

기독교 신앙은 대자연의 광경에서 오는 경외감이나 어마어마함의 경험이 하나님의 섭리나 목적으로 이해한다. 그런 생각을 다음과 같이 말하는 사람도 있다. "사람의 콧구멍이 왜 아래쪽을 향하고 있을까?" 그것의 답변은 빗물 등 위쪽에서 떨어지는 물질이 모조리 콧구멍으로 들어간다면 사는 게 불편할 게 뻔한 일이지만, 분명 이러한 것을 피할 수 있도록 미리 설계되었기 때문에 이러한 생각은 단순히 지성인 이상의 두뇌가 아니면 설계할 수 없는 것일 것이라고 추측한다. 봄, 여름, 가을, 겨울과 같은 자연의 법칙은 해가 바뀌어도 일정하다. 지구의 온도가 사람들이 살아가도록 꼭 필요한 온도를 유지하는 것도 우연이 아니다. 어떤 절대자의 설계나 계획에 따라서 이 세계가 지어진 것이라고 상상하는 것은 일반적이다. 따라서 이 우주에는 설계자의 의도가 분명 있을 것이라고 확신한다. 거기에 누군가의 의도가 분명히 개입되어 있기 때문에 우리는 이러한 생각을 목적론적 해석이라고 부른다.

일찍이 캠브리지 대학의 윌리엄 페일리 교수에 의해서 제시된 "시계"의 비유와 옥스퍼드 기독교 철학자 리처드 스윈번에 의해 제시된 "공존과 연계의 규칙성"은 이런 목적론적 모델을 상당히 설득력 있게 논증해 왔다.[6] 사물에는 목적이 있다는 전제에서 그들은 우주의 우발성이나 임의성을 부정한다. 만일 우리가 사막을 여행하다가 시계를 주었다고 가정해 보자. 우리는 시계를 보는 순간 여러 가지를 관찰하면서 이러한 결론에 도달할 것이다. 그것의 모양, 분침, 초침 그리고 움직이는 정확성 등을 관찰하면서 이것을 만든 사람을 자연스럽게 생각하지 않을 수 없다. 이 시계가 어떤 목적을 가지고 만들어졌다고 믿게 되는 것은 옳다. 이처럼, 이 우주 속에 있는 여러 가지 사물들을 관찰하여 종합해 볼 때 사람들은 이 우주가 단순히 우연적으로 존재했을 가능성을 배제할 것이다. 따라서 이 우주는 최상의 지성을 가지고 설계한 최초의 존재자를 떠올리고 추론한다. 이런 추론의 결과로서 우린 그를 기독교 유신론의 하나님이라 부르고, 그의 목적이 이 우주나 세계 속에 존재한다고 굳게 확신하게 되는 것이다.[7]

결정론과 자유론

위의 인과론적 모델과 목적론적 모델의 문제는 결정론과 자유론의 문제와 밀접한 연관을 가지고 있다. 그런데 결정론과 자유론의 문제는 더 구체적인 논의를 요구한다. 이는 그 갈등이 증폭되고 있기 때문이다. 결정론은 필연성으로 대표되고, 자유론은 우연성으로 대표된다. 필연성과 우연성은 얼핏 보아도 서로 상충되는 것처럼 보인다. 따라서 필연성과 우연성은 논의되어야 할 필요가 있다.

필연성은 결정론과 연관되어 있는 반면에 우연성은 기회나 자유와 연관되어 있다. 결정론은 "이 세상에서 일어나는 모든 일들, 즉 사건들(events)이나 사태들(states of affairs)에는 그 원인이 있으며 그것에 의해 불가피하게 일어난다는 견해다."[8] 따라서 이 결정론은 이 세상에 일어나는 일은 그냥 일어나는 사건이나 사태가 아니라 그것들을 만들어내는 조건들이나 여건들이 사전에 존재했었다는 것을 명시한다. 우리가 알듯이, 이 세상에는 인간의 불가항력적이고 초자연적인 어떤 힘들이 존재하고 있다. 하지만 결정론자들은 그 불가항력적이고 초자연적인 그 같은 힘조차도 어떤 조건이나 인과에 의해서 발생한다고 주장한다. 결정론에 대한 견해에는 윤리적 결정론, 신학적 결정론, 논리적 결정론과 같은 다양한 견해들이 있다. 이 견해들 중에 우리가 관심을 갖는 견해는 신학적 결정론이다.

반면에 우연성은 자유나 기회를 극대화하기 때문에 사물의 필연성을 부정한다. 그래서 우연성은 인간의 자유나 자유의지와 관련이 있다. 자유는 다르게 행동할 수 있거나 다르게 선택할 수 있다는 것을 전제로 한다. 그리고 이 자유론은 인간의 의지와 연관하여 사용되었다. 영국의 경험론자인 존 로크(John Locke)는 인간의 의지를 능력이나 힘으로 이해했다. 한 인간이 어떤 힘이나 능력을 가지고 있다면, 그는 그 힘이나 능력을 행사할 수 있는 기능을 소유하고 있는 셈이다. 따라서 인간은 자유로운 의지에 의해 그 힘이나 능력을 행할 수 있다. 논리실증주의자인 A. J. 아이어(A. J. Ayer)는 자유를 "달리 행할 수도 있는"(to do otherwise)의 의미로 정의한다. 이 정의에는 두 가지 의미가 함축되어 있다. 하나는 만일 한 인간이 그렇게 선택했다면, 그는 다른 것을 행할 수도 있었다는 것을 의미한다. 즉 그 사람이 이것을 행한 것은 다른 것도 행할 수 있다는 것도 가능하다는 것이다. 또 하나는 자유는 한 인간의 행위가 자발적이었다는 것을 의미한다. 자유와 자발은 어느 누구에 의해서 강제되거나 속박되지 않는다는 것을 가리킨다. 그런 의미에서 자유론은 인간이 자유하다는 것을 강조한다. 물론 우리가 논의를 삼을 수 있는 하나의 문제는 의지의 자유와 인간 자체의 자유를 구분해 보는 것이다. 이것은 로크가 오래 전에 문제를 삼았던 논제인데, 의지가 자유로운지의 여부에 관한 문제와 인간이 자유로운지의 여부에 관한 문제다. 물론 로크는 의지가 자유로운 것이 아니라 인간이 자유롭다고 결론을 내렸다. 아무튼 자유론은 어느 누구도 자신이 행하는 것에 대해 선택하도록 강요받지 않는다는 것을 가르친다.

이제 우리는 기독교 신학에서 결정론과 자유론으로 돌아와서 논의해 보자. 오래도록 이 주제는 기독교 신학의 토론에서 빈번하게 문제가 되는 주제였다. 이 논의에서는 크게 두 진영으로 양분되어 갈등을 심화하는 것처럼 보인다. 하나는 사물이 하나님에 의해서 완전히 결정되었다고 주장하는 진영이 있는가 하면, 다른 하나는 사물이 완전히 자유하다는 진영이 있다. 전자는 신학적 결정론이라고 부르고, 후자는 자유의지론이라고 부른다. 두 극단들 사이에서 그 논의를 중재하는 철학자가 찰스 하츠혼(Charles Hartshorne, 1897~2000)인데, 그는 화이트헤드의 사상을 자신의 신고전 유신론(neoclassical theism) 속에 적용하는 독특한 철학자다. 신고전 유신론은 하츠혼의 인식론적 사상에 근거하고 있다. 신고전 유신론은 전통적 유신론의 모순을 지적하면서 생겨난 신학이다. 전통적 유신론에는 논리적 모순을 가지고 있는데, 특히 하츠혼은 전통적 하나님의 본성이 갖는 모순에 대해 비판한다. 하츠혼의 중심 사상은 중용(middle way)이다. 미적 경험이나 아름다움은 어느 절대성을 부정한다. 미적인 개념으로서의 중용은 아리스토텔레스가 말하는 덕목의 일종이다. 중용은 고정된 것이 아니라 그 위치에 따라서 변한다. 좀 더 구체적으로 표현하자면, 그가 말하는 중용이란 위치상으로 중간에 있는 것이 아니라 두 극단을 부정한다는 의미에서 중용이다. 따라서 그는 필연성도 부정하지만 절대적 자유의지론도 부정한다. "한 현실적 존재는 내연적으로는 결정되었지만 외연적으로는 자유하다"[9]라는 화이트헤드의 명제를 받아들인다. 그는 이 표현을 내적인 관계성을 "보편적 인과성"이라 부르고, 외적인 관계성을 "비결정성"이라 부른다. 한 개인은 내적으로 이미 결정되었기 때문에 인과적으로 바꿀 수 없다. 하지만 외적으로는 아직은 가능성 그 자체이며 그것을 실현하는 자기의 목적과 의도에 따라서 얼마든지 변화가능하다는 이론이다.

하츠혼의 사상은 두 가지의 근본적인 가정에 의존한다. 첫째로는 모든 인간이 과거를 변화시킬 수 없다는 가정에 의존한다. 한 인간을 생각해 보자. 그는 자신이 자라온 삶의 배경과 과거의 경험들을 바꿀 수 없을 뿐만 아니라 돌이킬 수도 없다. 그것은 이미 인과적으로 결정되었다. 그래서 과거의 경험이 현재 자신을 결정하고 그러한 모양과 삶의 양식을 유지하고 있다.

둘째로는 한 인간의 미래가 아직 열려있다는 가정에 의존한다. 단순히 미래는 닫힌 개념이 아니라 열린 개념이다. 미래가 열려있다는 것은 미래에 일어날 모든 것이 가능성 그 자체라는 말이다. 미래에 관해 신학적으로 잘 이해하기 위해서는 독일의 조직신학자 위르겐 몰트만(Jürgen Moltmann)의 신학을 살펴보아야 한다. 그에 의하면 기독교 신학은 항상 "희망의 신학"과 연결한다. 인간을 결정하는 것은 뭔가. 그것은 과거가 현재의 삶을 결정하는 것뿐만 아니라 미래의 가능성도 현재를 결정한다. 희망의 신학에서 신학을 결정하는 것은 신학교과서인 조직신학 책의 마지막 장에 기록될 것이 아니라, 종말의 주제가 조직신학책의 1장에 기록되어야 한다는 것이다. 다시 말해 희망이나 미래의 종말론적 사건이 세계사의 흐름을 결정한다는 것이다. 사실 희망이란 말 자체가 희망적이다. 희망이 우울하고 불안한 미래의 기대감을 떨쳐버리기 때문이다. 우리가 무엇을 희망하는가 하는 것이 현재를 결정한다. 이러한 목표가 우리의 삶을 역동적이게 하고, 활동적인 인간의 행위를 결정하여 새로운 삶을 살도록 고무시키는 힘이다. 앞서 언급했듯이, 아리스토텔레스의 개념도 여기에 해당한다고 볼 수 있는데, 텔로스(telos), 즉 목표가 삶의 방향을 결정하고 그 방향대로 움직인다는 것이다. 그런 점에서 인간의 미래는 현재 우리의 행위에 따라서 달라진다. 이런 점에서 몰트만의 개념과 마찬가지로 하츠혼의 자유개념은 기회의 연속이다.

하츠혼에 따르면, 자유는 예측할 수 없다. 그래서 예측할 수 없기 때문에 자유의 여지가 주어진다. 만일 우리가 예측할 수 있다면, 자유는 존재하지 않는다. 기독교 신앙의 실천은 결정된 법칙에 저항할 뿐만 아니라 받아들여서도 안 된다는 것을 가르친다. 몇 가지 머릿속에 떠오르는 이유들을 열거해 보자. 우선 신학적으로 자유의지를 인정해야 하는 이유가 있다. 그것이 악의 문제다. 만일 악이 결정된 것이라면, 우주의 모습이 우스꽝스러울 수 있다. 악은 자유의지의 결과이다. 하나님이 인간이 무엇을 행할지를 미리 결정해 버렸다면, 악의 결과들은 우리의 책임이 아니다. 자유의지가 주어졌기 때문에 우리는 악의 결과에 대해 책임을 질 수 있다. 따라서 자유란 인간의 책임과 밀접하게 연관되어 있다.

자유의지를 인정해야 하는 또 다른 이유는 기도생활과 같은 기독교 신앙 실천에서 찾을 수 있다. 아마도 우리의 신앙 실천 중에 기도생활은 매우 중요하다. 삶이 고단하고 힘들 때도 기도하고, 즐거워 감사할 일이 있을 때도 기도한다. 기도는 신앙인이라는 증명이다. 혹자는 기도를 삶의 호흡과 같다고 표현한다. 호흡의 중지는 죽음인 것처럼, 기도가 없는 신앙은 죽은 것이나 다름없기 때문이다. 이처럼 기도는 우리의 신앙에서 없어서는 안 될 소중한 신앙의 실천이다. 그런데 기도하는 행위는 일종의 자유의 개념에 의존하고 있다. 기도는 아직 이루어지지 않은 것에 대한 희망의 표출이다. 그가 미래를 바꾼다는 것, 현재의 불만족을 만족으로 바꾸기 위해 그는 하나님께 기도한다. 이 기도를 통해서 그는 미래가 결정되지 않았기 때문에 미래의 사건에 대한 변화를 그가 요청하는 것이다. 이 기도생활에서 보아도 우리는 칼빈주의의 예정론이 문제가 된다는 것을 알 수 있다. 아무리 훌륭한 신학자라고 해도, 비판에서 해방될 사람은 없다. 칼빈도 예외가 아니다. 물론 칼빈이 신학적으로 하나님의 절대주권을 인정한다는 의미에서는 이해되지만, 그는 논리적인 모순을 갖고 있으며, 그것을 증명하는데 큰 부담을 갖고 있는 듯하다. 하나님이 미래를 다 아시면, 우리의 행위, 즉 기도 행위가 자유로울 수 없다. 우리가 기도한다고해서 바꿀 수 있는 미래의 사건이 없다면, 기도한들 무슨 소용이 있을까. 이는 우리가 바꿀 수 없는 사건을 바꿀 수 있거나 바꿀 수 있는 사건이 기도한다고해서 바꿀 수 있는 것이 아니다. 그것은 이미 하나님의 초자연적이고도 초역사적인 섭리의 통치 아리에서 움직이고 통제되기 때문이다.

자유의지가 필요하다고 해서 우리는 반드시 결정론이 나쁘다고 여겨서는 안 된다. 우리의 삶에는 아이러니하게도 인과적 법칙이 있고, 또 자유의지의 행위도 공존한다. 우리가 살아온 과거는 분명 보편적 인과성에 의해서 이해될 수 있다. 그렇다고 반드시 미래가 과거의 조건에 의해서 움직여져서 결정될 것이라고 믿어서도 안 된다. 따라서 하츠혼이 명시적으로 표현했듯이, 우리는 세계가 항상 보편적 인과성과 자유라는 두 조건에 의해서 움직이는 유기적 세계라는 점을 기억해야 할 것 같다.

미래를 믿는 신앙

인간의 끊임없는 불안은 미래에 대한 불안일 것이다. 우리는 오늘보다는 내일이, 내일보다는 미래가 나아지기를 희망한다. 그래서 인간은 막연한 미래가 어떻게 될 것인가를 생각하는 동물이다. 만일 우리가 미래를 예측할 수 있다면, 우리는 항상 그것을 대비하면서 살아야 한다. 하지만 만일 미래를 예측하지 못한다면, 우리는 주어진 현실에 더 만족하고 충성하면서 살아야 할 것이다. 기독교 신앙의 측면에서 미래는 어떤 의미가 있을까? 그리고 그 미래는 무엇일까? 미래에 대한 생각은 신앙적 신앙에 어떤 실천을 요구할까? 우리는 가끔 이런 생각을 해 본다. 만일 우리가 미래를 안다면, 우리는 어떻게 해야 할까?

그리스도인들은 교회의 오랜 전통에서 과거에 얽매이지 말고 미래를 향해 나아가는 사람이라고 한다. 이는 그들이 천국의 소망을 가지고 사는 사람들이기 때문이다. 그래서인지 그리스도인들은 항상 미래를 믿는 사람들이다. 그리스도인들에게 미래는 뭔가. 미래는 기독교 신앙에서 마지막에 일어날 사건인 종말론의 교리 또는 내세의 소망이다. 미래를 미지의 세계라고 흔히 말한다. 그러나 그것이 어떻게 정의되든 우리는 미래에 대한 사건에 무관심할 수 없다. 앞으로 어떻게 될 것인지에 대한 사유는 우리의 신앙에 중요한 의미를 부여할 수 있다고 본다. 그렇지만 우리가 마치 미래의 사건을 예측할 수 있다거나 미래를 인식할 수 있다는 독단이나 오만은 포기하는 게 좋을 듯하다.

1996년 카알 챈들러, 피셔 스티븐스와 크리스티 스완슨이 출연하는 『시카고 선 타임즈』(Early Edition)가 90부작으로 오래 전에 방영이 되었다. 이야기의 줄거리는 대강 이렇다. 아침에 눈을 뜨자마자 주인공 게리 홉스(챈들러)에게 고양이의 울음소리와 함께 문 앞에 신문이 배달된다. 누가 어느 통로로 배달되었는지는 아무도 모른다. 그러나 신문은 언제나 주인공 홉스 아파트 문앞에 한번도 빠지지 않고 놓여 있다. 흥미로운 것은 이 신문이 다른 일반신문과는 차이가 있다는 것이다. 일반신문은 지나간 일들을 기록하여 기사화되는 것이 일반적이다. 하지만 이 신문은 그 날 일어날 사건과 일들이 아침에 미리 알려준다. 말하자면 아직 일어나지 않은 일이 일어날 것이라고 예언하여 기사화되어 있기 때문이다. 그래서 "선 타임즈" 즉 앞선 사건의 신문이다. 신문사 사장의 자살, 십대청소년의 투신, 결혼식 날 건물의 붕괴, 강간과 강도를 당하는 여인들, 지하철에 뛰어드는 노숙자 등의 사건사고의 보도들이 기사화되어 있다. 이 스토리는 이 사고사건을 본 주인공 게리 홉스가 미리 일어날 일을 놓고 하루 종일 그 사건을 막으려고 동서분주하는 모습을 그리고 있다. 물론 그 날의 일을 예견하는 신문이 온다는 걸 눈치 챈 절친한 친구인 척 피쉬만(스티븐스)은 로또 당첨번호에만 관심을 가지고 있었기 때문에 주인공 홉스로부터 핀잔을 듣기도 한다. 이 이야기는 대충 이런 식의 내용으로 전개된다. 이 이야기는 미국 드라마에 불과하다. 하지만 우리는 세 가지 신학적 의미를 유추해 볼 수 있다.

(1) 만일 인간이 미래를 안다면, 그에게 어떤 영향이 미칠까?
(2) 만일 인간이 미래를 안다면, 그의 행위가 자유로울 수 있을까?
(3) 미래를 아는 사람과 미래를 모르는 사람 중에 누가 더 삶이 자유로울까?

이 세 가지 물음들이 흥밋거리를 자아내지는 못할지 모르지만, 이 물음들은 미래를 안다는 것에 신학적인 의미를 어슴푸레하게나마 부여할 수 있지 않을까 하는 생각이 든다. 인생은 흔히 길고 험난한 여정이라고 비유하곤 한다. 세상사는 장밋빛 인생을 꿈꾸는 우리의 의지와는 달리 기대치 않은 일련의 사고와 사건으로 장식되고 구성된다. 그 중에는 뜻하지 않은 사건으로 사람들의 눈물샘을 자극하기도 하고, 그 반대로 그들을 분노하게도 한다. 그래서 세상사는 늘 '다사다난'(多事多難)하다고 표현되는지 모른다. 분명히 미래의 일은 인간에게 제한적이다. 어느 누구에게도 알려지지 않았다. 그러기 때문에 현실의 삶에 충실하도록 가르치고 있는 것은 아닌지 생각해 보아야 한다.

실제로 사람들은 미래를 알고 싶어 한다. 특히 우리는 우리가 계획한 일들에 대한 성공여부를 알고 싶어 한다. 미래의 모든 것을 다 알면 얼마나 좋을까. 우리는 계획했던 미래의 일이 잘못되면, 그것을 운명으로 치부한다. 가끔은 인생의 위기에서 어떤 미래를 예측하고자 하는 마음을 이해한다. 하지만 미래를 예측하거나 안다면, 그 만큼의 인생은 자유로울 수 있을까. 아마도 그렇지 않을 거라고 본다. 이는 미래를 알면 알수록 더욱 고통스럽지 않을까. 아침 출근길에 승강기가 부속결함으로 추락할 것을 안다고 가정하자. 그러면 고통이 더 첨가되어 인생의 즐거움이 사라질 것이다. 역설적이긴 해도, 미래를 모르는 무지 속에 하나님이 인간을 창조하신 그 섭리에서 인간을 사랑하시는 하나님의 의도를 엿볼 수 있지 않을까. 미래의 무지는 바로 자유 그 자체를 향유하라는 의미가 아닐까. 미래의 삶을 예측할 수 없고 제한적 존재이기 때문에 신앙이 필요하고, 하나님을 의지하는 것은 아닐까. 우리가 우리 스스로 만들어내고 우리 스스로 결정하면서 삶을 만들어가는 이 현실적 인생이 바로 하나님이 원하는 인생이 아닐까.

전도서 3장 11절은 이렇게 간명하게 기록하고 있다. "하나님이 모든 것을 지으시되 때를 따라 아름답게 하셨고, 또 사람에게 영원을 사모하는 마음을 주셨느니라. 그러나 하나님의 하시는 일의 시종을 사람으로 측량할 수 없게 하셨다." 인생은 예측할 수 없다. 어떤 미래가 인생을 기다리는지 알 수 없다. 미래의 인생은 하나님이 비밀리에 붙이셨다. 과정 철학자 찰스 하츠혼은 그의 책 『중용의 지혜』(Wisdom as

Moderation)에서 이렇게 말하고 있다. "죽음과 때의 방식은 우발적이다. 신적 목적이 죽음의 때와 방식을 결정짓는 것이란 아무것도 없다. … 이런 점에서 모든 인생은 비극적일 수 있고 그러한 일들이 일어날 수 있다는 것을 받아들어야 한다. 인생은 끊임없이 지속되는 일종의 도박과 같다."10)

이런 맥락에서 자크 엘룰도 『존재의 이유』에서 미래의 사건은 예측할 수 없음을 적고 있다. "미래에 대한 프로그램 편성 같은 것은 존재하지 않는다. 하나님이 세워두신 계획도 없다. 게다가 미래는 그것을 세우신 하나님이 매순간 내리는 결정들도 아니다. 도래하는 시간은 전능하면서 동시에 자급자족하는 어떤 신의 임의적인 결정이 아니다."11) 이렇게 본다면, 신학은 인간에게 더 많은 기회를 제공하는 신학이 훌륭한 신학이 아닐까 한다. 미국의 신실용주의 철학자 리처드 로티(Richard Rorty, 1931~2007)는 인간은 우연 속에 출생하고 우연적으로 행동한다고 지적했다. 인간에게 미리 예견이나 예정된 것은 없다. 우연 속에 태어났지만 그것을 극복하는 것이 삶이자 인생이다. 어떤 이들은 부유한 가정에서 출생하여 모든 혜택을 다 받고 성장할 수 있다. 어떤 경우에는 생존을 걱정하여야 하는 가난한 가정에서 출생하여 살 수 있다. 하나님이 선택하셨을까. 천만에, 그건 우연이다. 삶에는 어떤 우발적인 사건이 발생한다. 다만 우리가 그 우발적인 상황에서 일어난 사건들을 우리의 자유의지로 상황을 바꾸려고 노력한다. 그래서 우리는 이러한 상황에서 그것을 극복하고 주어진 상황에 저항하면서 사는 것을 배우게 되는데, 그것이 다름 아닌 자유다. 자유는 기회다. 이런 연유에서 신학의 방향은 우연과 함께 더불어 사는 신학으로 선회되어야 한다.

    그러나 오늘날의 신학은 어떤가. 신학은 인간의 기회를 박탈하는 것은 아닌가. 인간에게 기회를 박탈하는 신학은 나쁜 신학이다. 우리는 사람들에게 자신의 갇혀 있는 세계를 사람들에게 강요하는 신학은 저질스럽고도 매우 위험하다. 신학은 항시 기회에 침투하는 생리로 살아야 그것이 신학의 의미를 제공한다. 이것이 신학이 교회를 위한 신학이 아니라 인간에 관심을 둔 신학이어야 하는 이유다. 찰스 하츠혼은 "자유는 기회의 자기창조다"[12]라고 말했다. 유대랍비 헤럴드 쿠쉬너(Harold Kushner)는 『아이가 하나님에 관하여 물을 때』에서 재미나는 이야기를 들려준다.

> "미래가 일어나기 전에 하나님이 '미래를 아신다'는 개념을 나는 단순히 받아들일 수 없다. … 나는 비행기 추락사에 대한 사람들의 예감 혹은 이를테면 케네디 대통령의 암살에 대한 예감, 그것이 '현실화되고' 또 그 사건이 있은 후에 흔히 공공연하게 알려질 때 기억하려는 경향이 있는 예감에 대해서는 회의적이다. 이러한 사건들이 일어나지 않을 자유도 있었고, 사람들로 하여금 다르게 행동할 수 있는 최후의 순간도 있었고 또 그것들이 예견될 수 없었다고 나는 믿는다. 우리가 우리에게 일어나는 것을 기다리지만, 미래는 영화의 다음 필름처럼 존재하지 않는다. 우리는 미래를 만들고, 우리가 그들을 위해 무엇인가를 제공하기 전까지는 어떠한 내용이나 모양을 갖지 않는다."[13]

쿠쉬너에 의하면 미래의 사건은 우발적이면서도 우리가 기다려야 하는 것이다. 어떠한 것이 예견되지 않았다. 그것이 현재의 여러 가지 행위들이 그러한 우발적 사건을 만들 수도 있고, 타인의 행위가 나에게 미치는 우발적인 사건이 되기도 한다. 미래의 사건은 그야말로 감추어져 있다. 감추어져 있기 때문에 우리가 더욱 자유롭고 또 기회의 세계 속에 살아가고 있는 것이다.

기독교 신앙은 미래를 믿는 신앙이다. 하지만 그것은 현실의 충성심에 의한 인과적 필연성을 받아들이는 신앙이면서 동시에 미래의 사건을 현실로 앞당기는 종말론적 사건을 믿는 신앙이다. 기독교 신앙은 단순히 알 수 없는 미래를 예측하여 살아가지 않는다. 미래의 사건을 믿는 것은 하나님의 약속에 따라서 살아가는 것을 말한다. 하나님의 약속은 누구도 미래를 알 수 없는 것으로 "미래의 사건은 천사에게도 알려지지 않았다"라고 말함으로써 막연히 현실을 무시하고 살아가는 것을 방지한다. 그렇지만 미래에 대한 희망은 여전히 유효하다. 이는 현실을 견디는 내세의 소망이 있기 때문이다. 이런 면에서 기독교 신앙은 현재의 인과적 행위와 미래의 자유로운 참여의 변증적 관계에서 파생되는 힘이 아닐까 싶다.

주(註)

1) Stefan Klein, 『우연의 법칙』, 유영미 옮김 (서울: 웅진 지식하우스, 2004), 218.

2) Charles Hartshorne, *Wisdom as Moderation: A Philosophy of the Middle Way* (Albany: State University of New York Press, 1985), 1-2.

3) Ibid., 99-101.

4) 아퀴나스의 신 존재 증명을 위해, 정승태, 『종교철학담론』, 191-202를 참조하라.

5) Earl Conee & Theodore Sider, *Riddles of Existence: A Guided Tour of Metaphysics* (Oxford: Oxford University Press, 2005), 112-8.

6) 페일리의 목적론적 논증을 위해서는 정승태, 『종교철학담론』(대전: 침례신학대학교 출판부, 2004), 207-10을 보라.

7) Ibid., 205-13.

8) 안건훈, 『자유 의지와 결정론』(서울: 집문당, 2006), 80.

9) Alfred North Whitehead, 『과정과 실재: 유기체적 세계관의 구상』, 오영환 옮김 (서울: 민음사, 1994), 123.

10) Charles Hartshorne, *Wisdom as Moderation: A Philosophy of the Middle Way*, 54.

11) Jacques Ellul, 『존재의 이유』, 박건택 옮김 (서울: 규장, 2005), 137.

12) Hartshorne, *Wisdom as Moderation: A Philosophy of the Middle Way*, 102.

13) Herold S. Kushner, *When Children Ask About God: A Guide for Parents Who Don't Always Have All the Answers* (New York: Schocken Books, 1989), 48-9.

:: 제10장 ::

자유의지론과 결정론 그리고 기독교 신앙

9장에서 우리는 우연성과 필연성의 문제를 논의했다. 하지만 신학적 문제와 관련한 논의가 제한적으로 다루어 졌다. 그래서 우리는 자유의지론과 결정론에 관한 신학의 구체적인 논의를 전개할 필요가 있다. 우선 우리는 이 문제를 논의하기 전에 다음의 질문들을 던지면서 논의를 시작해 보고자 한다. "우리는 우리가 원하는 대로 자유롭게 선택할 수 있는 존재인가?" "우리가 결정하는 것이 우리의 자유로운 의지 때문인가?" "세상은 이미 결정된 법칙에 따라서 통제되는 것인가?" 그리고 "정말로 우리가 외부 영향력과는 독립적으로 어떤 것을 선택하는가?" 사실, 이러한 물음들이 어떠한 해답을 갖지 못한 채 묻곤 한다. 우리가 자유로운 존재 또는 자유로운 의지를 가지고 있다고 하더라도 우리가 이 문제를 자세히 들여다보면, 우리는 선행적 조건들에 의해서 결정하거나 선택한다는 것을 알게 된다. 그래서 어떤 일들은 우리의 통제 외부에 존재하는 것이 있다. 출생, 환경, 문화, 언어, 피부의 색깔, 죽음과 같은 것들은 분명 우리의 자유로운 행위와는 상관없다. 아무리 우리의 의지가 강하다고 해도 우리는 그러한 것들을 바꿀 수 없을 뿐만 아니라 바꾸지 못한다.

이와는 달리 세상에는 우리가 통제할 수 있는 것들이 있다. 그러한 것들은 우리가 자유로운 선택으로 우리가 원하는 것을 할 수 있는 일들이다. 이를테면 내일 무엇을 할지, 무엇을 읽을 것인지, 어떻게 휴일을 보낼지, 무슨 영화를 관람할지 아니면 어디로 산행을 가야할지 등의 행동은 우리의 의지에 따라 원하는 대로 행할 수 있다. 이러한 행동은 의지의 통제 속에서 이루어진다. 결국에는 우리가 원하는 것을 할 수 있는 것과 우리가 원하는 것을 할 수 없는 것으로 구분된다. 우리가 원하는 것을 할 수 있는 것은 자유의지론의 견해라고 말하고, 우리가 원하는 것을 할 수 없는 것은 결정론의 견해라고 한다. 그래서 전통적으로 철학은 인간이 스스로 의지를 통제할 수 있고 자신의 임의대로 선택할 수 있는 문제를 자유의지론과 연관하여 생각해 왔고, 반면에 인간이 스스로 자신의 의지를 통제할 수 없고 자신의 임의대로 선택할 수 없는 문제를 결정론과 연관하여 생각해 왔다. 지난 2000년 동안 서구철학자들에 의해 빈번히 논쟁의 화두로 삼았었을 정도로 이 자유의지론과 결정론의 문제는 매우 오래된 역사를 가지고 있었다.[1]

자유의지론과 결정론의 양립가능성

자유의지론과 결정론은 양립가능한가 하는 문제가 일반적으로 이 논의의 주제가 된다. 한편에서는 어떤 것을 자유롭게 선택할 수 있는 의지, 즉 선택의 자유는 이미 주어진 것이라고 주장하고, 다른 한편에서는 자유로운 의지는 이미 선행적 조건이나 자연법칙에 따라 움직이는 것에 불과하다고 주장한다. 그래서 이 두 주장들이 양립가능하다는 진영과 양립불가능하다는 진영으로 나뉜다. 양립가능하다는 것은 자유의지론과 결정론이 함께 공존할 수 있다는 견해이고, 양립불가능하다는 것은 자유의지론과 결정론이 서로 배타적이라는 견해이다. 그러면 자유의지론과 결정론이 정확히 왜 문제일까. 다음과 같은 두 논법은 이 문제를 잘 보여준다.

1. 결정론의 논법
    A. 전제: 만일 결정론이 옳다면 어떠한 사람도 자유의지가 없다.
    B. 전제: 그런데 결정론이 옳다.
    C. 결론: 따라서 어떠한 사람도 자유의지가 없다.

2. 자유의지의 논법
    A. 전제: 만일 자유의지가 있다면, 어떠한 사람도 결정되지 않았다.
    B. 전제: 그런데 자유의지가 옳다.
    C. 결론: 따라서 어떠한 사람도 자유롭게 결정한다.

이 두 논법에서는 상충적인 주장들이 있다. 결정론의 논거는 만일 결정론이 참이라면, 어떠한 사람도 자유의지에 의해서 어떤 것을 선택할 수 없다는 것이다. 만일 우리가 결정론을 받아들이게 되면, 자유의지로 발생하는 행동의 의무나 책임은 피할 수 있다. 특히 도덕적인 책임은 이러한 행위에서 해방시켜준다. 예컨대 성도착증 환자와 같은 사람은 자신의 자유로운 의지와 무관하게 행동한다. 그것은 이미 인간의 속성에서 다른 사람이 통제하거나 조절할 수 있는 기능이 없거나 마비된 상태에서 자신의 의지와는 무관하게 일어나는 일이기 때문에 그 사람은 도덕적 책임을 질 필요가 없게 된다.

결정론의 논거를 주장하는 학자들은 피터 인와겐(Peter van Inwagen, 1942~)과 스키너(B. F. Skiner) 등이다. 미국 분석철학자이며 노틀담대학의 존 카디널 오헤라 석좌교수인 인와겐은 『자유의지에 관한 에세이』(An Essay on Free Will)에서 분석철학의 전통을 따르면서 결정론의 중요성을 강조했다. 인와겐은 자유의지론과 결정론에 대한 비양립주의(incompatibilism)라는 용어를 소개했다. 비양립주의는 자유의지가 결정론과 양립한다는 견해에 대비하기 위해서 사용되었다. 인와겐의 중심적인 주장은 이것이다. "만일 결정론이 참이라면, 우리의 행동들은 과거의 사건들과 자연법칙들의 결과들이다. 따라서 우리의 현재 행동들을 포함하여 이 모든 것들은 우리와는 무관하다."[2] 스키너의 경우에는 동물의 관찰을 통해서 인간의 행위가 이미 선행하는 인과적인 자극 또는 조건들에 의해서 나타나는 필연적 결과라고 주장했다. 그러므로 결정론자들은 자유로운 선택이나 자율적인 행동이란 거의 존재하지 않는다는 점을 분명히 했다.[3]

한편, 자유의지의 논거는 결정론의 논거와는 정반대에서 접근한다. 일반적으로 인간은 합리적 동인들(rational agents)이고, 따라서 인간은 자신의 행위와 결정들을 통제하고 행사할 수 있다는 것이다. 만일 우리가 자유로운 의지가 제한되거나 없다면, 우리의 행위는 아무런 책임을 전가시킬 수 없을 것이다. 하지만 자유의지의 논거는 자연의 인과적 필연성에 의해 규정되지 않고 인간이 자발적으로 행동하거나 결정하는 능력을 가지고 있다고 말한다. 그리고 우리의 자발적 행동은 선택의 자유와 의지결정의 자유를 포함하고 있다. 자유의지를 주장하는 학자들은 C. A. 켐벨(C. A. Cambell)과 C. D. 브로드(C. D. Broad) 등이다. 이들은 자유의지를 자아활동으로 한정하여 논의한다. 자아활동은 행위자의 성격에 부응하는 그런 행위와는 다르다. 그들이 말하는 자아활동은 성격을 감시하며 의무나 책무에서 어떤 선택과 결심을 하는 창조적 활동과 연관되어 있다.

흥미로운 것은 서로 다른 논거에서 그들의 주장이 상충된다는 것을 알 수 있다. 자유의지론에 대한 결정론의 비판은 이미 의지 자체가 인과적으로 조건을 제공하고 그로 인해 나타난 결과라는 것이다. 우리가 선택하는 것이 자유로운 의지의 결과처럼 보이지만 실상은 인과적으로 결합된 것들이라는 것이다. 자유의지는 신이나 운명 혹은 초자연적인 존재 등의 간섭을 배제하고, 그래서 자신의 삶이나 운명을 개척하거나 행동할 수 있는 선택의 고유한 권리를 제한하지 않는다. 하지만 인간의 행동과 선택은 이미 그 어떤 영향력으로부터 해방되지 않는다는 것이다. 반면에 결정론에 대한 자유의지론의 비판은 인간을 기계적으로 만들 위험이 있다는 것이다. 결정론은 자연이나 우주가 모두 인과적 필연성에 의해 규정되어 있다고 확신하지만, 실상은 인간 자신이 원하는 것을 하는 행동 그 자체가 선험적으로 결정되어 있다. 때문에 필연적으로 뭔가 할 수밖에 없는 일종의 기계적 인간에 불과하다는 것이 자유의지론자의 비판이다.

자유의지론과 결정론의 양립가능성의 문제에서 우리가 한 가지 더 살펴보고 넘어갈 것이 있다. 그것은 철학적 주제와 마찬가지로 신학적 주제에서도 신의 예정과 섭리의 개념에 비추어 보면 매우 중요한 주제이다. 아리스토텔레스와 플라톤과 같은 고대 철학자들의 영향을 받은 어거스틴과 아퀴나스 등의 고전 신학자들의 저작들에서도 빈번히 자유의지론과 결정론의 신학적 주제들이 언급되었다. 무엇보다도 철학적 사유와 방법과는 다소 다른 형태로 신학적 논의는 신의 예지(divine foreknowledge)와 인간의 도덕적 행위와 관련하여 시작한다.

전통적으로 기독교 신학은 하나님이 인간에게 자유의지를 주셨다고 믿는 것 같다. 이런 주장의 근저에는 자유로운 행위의 선택을 염두에 두고 있다. 사회적 병리현상의 결과들인 방화, 살인, 절도 등의 사건들은 어떤 사람들의 자유로운 행위들에 의해서 가능한 일들이다. 그러한 일들은 전적으로 그러한 일을 저지른 사람들에게 책임이 있다. 왜냐하면 그들이 그러한 결정과 선택을 실행했기 때문이다. 하지만 만일 인간의 의지가 결정되었다고 믿는다면, 방화, 살인, 절도와 같은 도덕적 행위들은 그들의 책임으로 돌리지 않는다. 왜냐하면 이미 그들이 그러한 행위를 하도록 결정되었기 때문이다. 문제는 우리가 믿는 행동은 우리가 자유의지를 옹호하는가 아니면 그것을 반대하는가에 따라서 결정될 수 있다는 것이다. 그러기 때문에 우리는 자유의지의 문제를 살펴보고, 우리의 신앙적 관점에서 해석할 필요가 있다.

결정론의 세계

오늘날 우리는 이런 말을 듣는다. "모든 것이 유전자에 의해 결정되어 있다." 유전자 연구의 결과는 이 사실을 뒷받침한다. 그래서 유전자에 의해 모든 것이 결정되었다고 말해도 지나치지 않다고 한다. 특히 이 유전자가 인간의 행위를 결정한다는 것은 인간의 자유로운 의지의 행위를 제한한다. 다소 정도의 차이는 있겠지만, 인간의 본성과 행동을 결정하는 결정론은 이런 점에서 보자면 자유의지에 저항하고 그것의 논리를 반박하는 것처럼 들린다. 만일 유전자가 모든 것을 결정한다면, 도덕적 행위와 같은 의지의 자유는 어떻게 될까? 도덕적인 행동은 이미 선험적으로 결정되었기 때문에 아무런 의미가 없다고 보아야 한다. 예를 들어 어린 아이의 머리카락을 보자. 그것은 성장하면서 자라고, 또 인간의 의지로 그것을 막을 수는 없다. 이미 유전자의 프로그램에서 머리카락이 나오도록 결정되어 있기 때문이다. 인간의 본능들, 즉 허기나 갈증 심지어 성적욕망에 대한 금지조항의 도덕적인 조항들에 의해 억압되고 있는가. 사실 그러한 조항들이 효과를 보지 못하고 있지 않는가. 게다가 그러한 것들조차도 인간의 임의적인 행위와는 아무런 관련이 없을 뿐만 아니라 그러한 것들을 막는다는 것 자체가 소용없지 않는가. 인간이라면 호르몬은 분비가 될 것이고 성적욕망이란 자연스러워 매 순간 끓어오를 것이다. 실제로 인간이 스스로 그것들을 조절하거나 통제할 수 없다는 사물의 결정에 대한 생각이 인간의 자유의지를 위협하고 있는 듯하다.

노벨 생리의학상을 수상한 프랑스의 분자생물학자 자크 모노

(Jacques L. Mond)는 아무리 우발적인 것이 특수한 것이고 본질적으로 예견할 수 없다고 하더라도 우발적인 것이 "일단 DNA의 구소 속에 기록되어 버리면 그때부터는 기계적으로 매우 충실히 복제되어 번역되게" 되며, 그래서 "순수한 우연이라는 나라에서 태어나 우발의 역사가 필연의 나라, 즉 가차 없는 확실성[필연성]의 나라로 들어가게 된다"⁴⁾라고 주장했다. 그런 근거에서 모노는 모든 사물에는 우연이란 존재하지 않으며 그 우연이란 말은 자연스럽게 추방되는 말이라고 결론을 내렸다.⁵⁾

성균관대의 임종석은 이미 우연이란 존재하지 않으며, 모든 것이 유전자에 의해 결정된다고 했다. 그러면서 그는 유전정보의 시대에서 유전조작기술의 가능성을 언급했다. 재밋는 추론이다. 앞으로의 시대에서는 주민등록증과 같은 자기 신분을 유전자 검사로 대체할 수 있다는 것이다. 그가 제시한 재미있고도 흥미로운 가상적 예화는 아래와 같다.

"결혼과 승진시험을 앞둔 29세의 직장인 K씨는 암으로 어머니를 잃은지 채 1년도 되지 않아 이모마저 암 판정을 받자 유전자 진단을 의뢰한다. 검사 결과에 따라 승진을 위한 그 동안의 노력이 수포로 돌아갈 수도 있다. 또한 알코올 중독으로 돌아가신 아버지를 생각할 때 혹시라도 알코올 중독 유전자를 보유하고 있다는 진단이 나온다면 승진 가능성은 더욱 희박해질 것이다. 지난 몇 해 동안 정열을 쏟아왔던 회사를 떠나야만 할 수도 있다. 더욱이 신입사원 채용시 유전자 진단서를 공식적으로 요구하는 회사가 늘고 있어 새 직장을 구하는 것도 쉽지 않을 것이다. 결혼을 앞두고 있는 그로서는 신부 측에서 유전자 진단서를 요구할 수 있다는 우려도 떨치지 못하고 있다. 뿐만 아니라 보험회사 역시 유전 정보를 분석하여 가입자를 선발하고 있으므로 30세가 되면 암보험에 가입하여 노후에 대비하겠다는 그의 계획은 무산될 수밖에 없다."[6]

이것은 K씨의 가상적 예로 설정된 것이지 사실적인 사례는 아니다. 그런데 우리 시대는 이미 유전자(DNA)의 암호가 공개되고 대중들이 이해할 수 있도록 해석되고 있는 상황이다. 유전자에 대한 설명은 중독 질환 및 치매, 암, 심장병과 같은 질병치료에 새로운 지평을 열어줄 수 있는 가능성을 제시하고 있다. 이처럼 세계는 게놈 프로젝트에 막대한 시간과 재정을 낭비하면서까지 인간본성의 문제에 관심을 보이고 있다. 우리 자신의 운명과 인생을 선택하고 결정한다는 순수한 의지의 자유에 대한 믿음은 이러한 과학적 시도에 의해서 새롭게 도전을 받고 있고 또 자유의지의 문제에 심각한 타격을 줄 태세를 하고 있는 것처럼 보인다.

이러한 세계의 결정적 법칙이나 인과적 필연성 혹은 인과적 결정론은 이미 오래 전부터 논의되기 시작했다. 토마스 핑크(Thomas Pink)의 정의를 차용하자면, 인과적 필연성 혹은 결정론은 "우지 자신의 행위들을 포함하여 일어나는 모든 것은 이미 인과적으로 발생하도록 결정되어졌다고 보는 견해."[7] 일어나는 모든 것은 이미 결정된 선행적 원인들에 의해서 필연적으로 진행된다는 것이다. 그리고 결정론은 불변의 자연법칙이 지배하지 않는 사건이란 없다고 가르친다. 이를테면 중

력법칙 때문에 사과가 땅에 떨어지는 것처럼 물리적인 법칙이나 생리적인 법칙이 인간의 몸과 신경계에 작용하고 지배하는 것과 같다. 그러므로 인간이 결정하고 선택하는 그 행위는 사실상 그 인과적 상황 또는 자연법칙의 상황에서 가능한 결과일 뿐이다.

인간의 행위가 결정되었다는 이러한 견해는 16세기의 영국 사회철학자 토마스 홉스(Thomas Hobbes, 1588~1679)와 17세기의 유대인 철학자 베네딕투스 드 스피노자(Benedict de Spinoza, 1632~1677)의 저작에서 빈번히 나타나고 있다. 홉스와 스피노자는 고전적 결정론자의 범주에 속하는데, 그러면 그들의 생각을 우선 간략히 정리해 보자.

홉스는 복잡한 구조를 지닌 톱니바퀴 장치처럼 인간도 기계와 흡사하다고 믿었다. 이처럼 우주나 자연이 인과적 필연의 법칙에 의해서 움직이기 때문에 인간의 자유의지는 상상할 수 없다는 것이다.[8] 이러한 생각이 그의 인간 본성에 대한 탐구에 영향을 미쳤다. 그에 따르면, 인간은 원래부터 사회적 동물로서 공동체를 위한 이타적 존재가 아니라 이기적 존재다. 인간은 항상 주변의 사람들과 경쟁적이고도 배타적인 관계에 있다. 그의 잘 알려진 명제 "다른 인간들에 대한 늑대" 혹은 "만인 대 만인의 투쟁"은 인간의 자연적인 본성을 묘사한 것으로 보인다. 그러므로 인간의 자유로운 의지가 존재해서 도덕적 판단을 행하거나 기대할 수 없다는 것이다.

이러한 그의 생각은 17세기 중반 유럽의 현실이 그에게 영향을 크게 미쳤던 것으로 해석된다. 당시에 종교개혁에 뒤따른 종교전쟁은 그로 하여금 인간 본성의 자기보존이 두드러진다는 것이 홉스가 생각한 결정적인 계기였다. 이런 점에서 홉스는 인간의 본성은 도덕적으로 자유로운 의지를 행사할 능력이 없을 뿐만 아니라 이미 인간은 자기보존의 본능적인 이기심이 주된 목적이기 때문에 타인을 정복하고 또 헤치고자 하는 욕구가 있다고 생각했었던 것 같다. 그러한 인간의 본성을 방지하기 위해서 홉스는 사회 계약을 맺고 절대 권력에 복종해야 한다는 것을 제시했다.[9]

스피노자는 기계론적 세계관을 합리적인 사회에 적용시킨 토마스 홉스의 사상에 의해 영향을 받았다. 스피노자는 홉스의 절대군주정치에는 동의하지 않았지만 자연적 존재로서의 인간이 물리적 자기 보존을 위해 자기중심적이고 이기적으로 행동한다고 믿었던 홉스의 생각에는 동의했다. 홉스와 마찬가지로 우주나 자연은 인과적 필연이나 법칙이 엄연히 존재한다고 믿었다. 자연의 인과적 필연성은 그의 잘 알려진 "신 즉 자연"(deus sive natura)의 세계관 속에 잘 반영되어있다. 신과 자연은 둘이 아니라 하나다. 서로의 필연적 관계 속에서 자연은 신의 양태이고, 신은 자연의 원인이다. 신과 자연은 원인과 결과다. 우리는 이러한 세계를 합리적 세계라고 부른다. 자연은 원인과 이유를 가지고 있고, 이 자연의 원인과 이유는 자연 외부에 있는 것이 아니라 자연 안에 내재한다. 여기에서 스피노자는 신을 필연적으로 존재하는 실체로 기술함으로써 모든 자연의 법칙은 신의 의지에 따라서 움직인다. 이러한 자연의 법칙은 조르다노 브루노의 사유에서 설명된 능산적 자연(natura naturans)과 소산적 자연(natura naturata)으로 설명된다. 능산적 자연은 신의 의지이자 원인이다. 반면에 소산적 자연은 신의 의지의 결과이자 양태다. 따라서 자연은 "신의 속성들의 양태로 구성되기 때문에 [자연] 안에 있는 만물은 필연성을 따라 행동한다."[10] 이런 맥락에서 스피노자는 신의 의지는 자유로울 수 있지만, 인간의 의지는 자유롭지 못하다고 주장한다. 모든 것이 신의 필연성에 따라서 결정되거나 움직이는 세계에서 인간은 결정되어진 방식 이외의 다른 방식으로 만들어질 수 없다.

홉스와 스피노자의 고전적인 결정론은 오늘날에도 여전히 설명될 수 있다. 마치 계절, 행성, 식물 그리고 동물처럼 인간의 행위들은 예견되거나 설명될 수 있다. 이는 필연적 법칙이나 원인들이 그러한 행위를 예측가능하게 만들기 때문이다. 이런 점에서 자유의지에 대한 믿음은 결정론에 대한 믿음과 상충하는 것처럼 보인다. 그렇지만 결정론은 발생하는 사건들이 그것들의 원인들에 의해서 일어난다고 설명함으로써 하나의 장점을 갖는다. 하나의 원인은 발생하는 나중 결과를 일으키는 일종의 선행적 사건이다. 다시 말해서 하나의 원인은 시간적으로 앞서 있기 때문에 어떤 법칙이나 규칙에 따라 한 특정한 사건을 일으키기에 충분한 조건을 제공한다는 것이다. 따라서 주어진 자연의 법칙에서 원인은 필연적으로 일어나고, 그로 인해 결과가 발생한다.[11]

자유의지론의 세계

영국에서 한 남자가 강도죄로 징역형을 받은 적이 있었다. 이 판결은 사람들에게 흥미를 자아내기에 충분하였는데, 그 남자가 한 일은 자신의 목적이나 기회를 이루기 전에 은행 문턱에 걸려 크게 넘어져 의식을 잃은 것이 전부였다. 이 광경을 목격한 한 은행원은 그를 응급조치를 하고 병원으로 후송하는 과정에서 그 남자의 호주머니에서 '가짜 총'과 '돈을 모두 가방에 넣어라'라는 메모지를 발견했다. 징역형을 선고받은 이 남자는 분명히 범죄를 저질러보지도 못한 채, 넘어져 사고를 당하고 말았던 것이다. 징역형을 선고받은 이유는 이랬다.법원의 판결은 '선택이 행동하게 만든다'는 것이 그 이유였다. 추측컨대 아마도 그가 범죄를 행하고자 하는 그 행위에는 '의도'가 이미 포함되어 있기 때문이었을 것이다. 이와 같은 판결이 옳았는지 그렇지 않았는지를 판단하는 것은 유보하는 것이 좋을 것 같다. 하지만 우리가 눈여겨보아야 할 부분은 인간의 행위에 관한 부분이다. 인간의 행위는 그가 원하는 대로 선택할 수 있는가? 만일 있다면 그것은 왜 그런가? 아마도 그 이유는 인간의 행위에는 자유로운 의지가 있기 때문일 것이다. 따라서 자유의지론은 모든 인간의 행위가 결정되었다고 말하지 않는다.

무엇보다도 자유의지론은 인과적 결정론에 대해 비판적이라는 것이다. 이는 인간이 자유하지 않는다면, 인간은 아무런 의미를 갖지 못하는 일종의 모조된 피조물에 불과하기 때문이다. 자유의지론은 인간은 자유의지를 가지고 있으며, 우리가 행하는 모든 결정과 선택은 이 자유로운 의지의 결과로 일어나는 것이라고 믿는다. 자유의지론은 영어로 "자유론" 즉 "리버테어리니즘"(Libertarianism)이라고 부른다. 자유론은 자유의지론과 인과적 결정은 양립불가능한데서 유래되었다. 자유론은 자유가 어떻게 우리의 통제 외부에 존재하고 있는 요인들이나 원인들에 의해 행동한다는 인과적 결정론과 양립하지 않는다는 것을 말하고 싶어 한다. 우리의 행위는 이미 결정된 원인이나 요인에 의해서 작용하지 않으며, 인간의 자유로운 의지에 의해서 행동한다고 주장한다. 데오드르 사이더가 지적하듯이, 자유의지론은 결정론과 완전히 반대된 정신결정의 상태다.[12] 자유론자들은 자유의지론과 결정론 사이의 갈등에서 결정론을 거절함으로서 해결한다. 그들을 이끄는 생각은 단순하다. 인간은 특별하다는 것이다. 다른 피조물과는 달리 인간은 과학으로 설명될 수 없는 독특한 행위의 소유자이다. 오직 인간만이 자연의 법칙들을 초월할 수 있고, 따라서 인간은 절대적으로 자유하다. 왜냐하면 양심, 의식, 선택 및 도덕과 같은 비물리적 요소들은 자연의 법칙들에 의해 통제받지 않기 때문이다.[13]

임마누엘 칸트는 실천이성을 상정하기 위해 인간의 자유를 요청했다. 실천이성은 도덕의 명령을 말한다. 청교도 전통 속에서 교육을 받은 쾨니히스베르크 출신의 칸트는 "위에는 별이 반짝이는 창공과 내면에는 도덕률"이라는 그의 두 가지 이성의 판단을 언급했다. 전자는 이론적 이성이고, 후자는 실천적 이성이다. 그가 믿기로는 인간의 인식에는 감성과 오성으로 구성되었다. 감성을 통해서 사물이 인간에 주어지고, 오성을 통해서는 사물이 사유된다. 이 감성과 오성에 의해서 인간은 경험의 주체가 된다.

하지만 그의 철학을 자세히 들여다보면, 인간의 경험은 분량, 성질, 관계 그리고 양상에 의해서 판단되고 만들어져 간다. 분량이란 하나 혹은 다수를 생각하게 하고, 성질은 경험론의 제1성질과 제2성질과는 다른 긍정적이거나 부정적인 판단을 통해서 경험이 형성되며, 관계는 원인과 결과 혹은 주어와 술어를 통해서 판단되고 그리고 양상은 가능한 것과 불가능한 것을 생각하게 한다. 이러한 네 가지 판단을 통해서 인간은 경험한다. 그런데 한 가지 중요한 것은 이 네 가지 판단 위에 바로 이성이 자리하고 있다는 것이다. 그에게 이성은 비판적 혹은 판단적 도구다.[14] 그러기 때문에 인간의 자유는 이성의 능력에 의해서 가능하게 된다. 이성의 판단은 순수한 혹은 이론적 이성과 실천적 이성으로 구분하고, 이론적 이성은 실천적 이성에 의해서 검증되어진다. 따라서 실천적 이성은 인간의 자유를 보장하는 전제가 되는 것이다.

앨빈 플랜팅가는 자유의지론을 열렬히 지지하는 철학자다. 흔히 그가 자유의지론을 변호한다는 의미에서 이 이론을 자유의지변론(free-will defense theory)으로 부르고 있다. 그의 논지에 따르면 자유의지변론의 전제는 크게 네 가지 의미로 압축된다. 첫째, 자유로운 행위의 존재는 다른 어떤 가능한 존재행위보다 더 위대하다. 플랜팅가가 적고 있듯이, "자유롭게 선한 행동과 악한 행동을 행하는 피조물들이 존재하는 세계는 달리 행할 수 없기에 항상 옳은 것만을 행하는 자동인형이 존재하는 세계보다 더 가치가 있다."[15] 이것은 신이 인간을 자유로운 존재로 창조했고, 따라서 자유로운 피조물은 필연적으로 자유롭게 행한다. 그의 선택이나 결정은 자신의 자유로운 의지의 결과다. 둘째, 인과적으로 결정된 행위의 존재는 신의 자유로운 창조에서 제외되었다. 여기서 플랜팅가는 자유의지론과 인과적 결정론을 대비함으로써 신이 인과적 결정으로 인간을 창조하지 않았다는 것을 주장한다. 셋째, 자유로운 피조물의 자유로운 선택은 필연적으로 옳은 선택의 가능성과 잘못된 선택의 가능성을 동시에 갖는다. 하나의 선택은 자유로운 행위에 의해 옳은 선택과 그릇된 선택의 가능성을 배제하지 않는다. 따라서 인간의 행위는 항상 옳은 것만을 선택하도록 창조되지 않았다는 것을 함축한다.[16] 넷째, 자유의지는 우주의 도덕적인 측면에 대한 설명이다. "신이 도덕적인 악을 지닌 우주를 창조했다"는 전제에서 논증하는 플랜팅가는 도덕적인 우주를 설명하려면 반드시 인간의 자유의지가 필연적일 수밖에 없다고 밝힌다. 따라서 신은 이 세상에 도덕적인 선과 마찬가지로 도덕적인 악이 존재하는 세계를 창조했고, 그리고 자유로운 인간의 의지가 도덕적인 우주를 필연적이게 한다.

자유론이 제공하는 전제는 우연성과 우발성을 허용하는 데 있다. 우리는 세계가 매우 합리적이고 논리적 체계로 맞추어서 설명이 가능하다고 생각한다. 그리고 그러한 구조에서 모든 것을 끼워 맞춰 보면, 모든 것이 잘 짜인 세계라는 인상을 자아내기에 충분하다. 하지만 우리가 살아가는 세계는 우리가 생각하는 만큼 합리적 구조가 인과적으로 충분히 설명될 정도로 잘 짜인 것은 아니다. 영국의 경험주의자 데이비드 흄은 세계의 인과적 결정론이나 인과관계는 두 사건을 관련짓는 습관에 불과하다고 말했다. 이것은 우리가 두 개의 사건을 동시에 경험하지만 이 사건들이 어떤 필연적이고 인과적인 관계를 갖는다는 결론을 정당화시켜주지 않기 때문이다. 칸트도 인과적 결정이 심리적 습관에 의해서 가능하다는 흄의 생각에 반대하지만 이성적 판단능력으로 인해 인간의 행동과 사건들을 종합하여 인과적으로 설명하는 것이지 결코 세계가 결정되지 않았음을 주장했다. 도덕적 행위는 반드시 의지의 자유가 주어질 때 그것의 책임을 그 행위자에게 전가시킬 수 있기 때문이다. 그러므로 우리가 이 세계에 우연성이 존재한다는 사실을 받아들이는 것이 매우 바람직하지 않을까 싶다.

자유의지론과 예정론

자유의지론과 결정론의 논의에서 주된 문제가 되는 부분은 신학의 예정론이다. 결정론은 철학적 논의에서와 마찬가지로 신학에서도 중요하다. 다만 이 논의에서 결정론이 예정론으로 대체되었을 뿐이다. 결정론의 한 유형인 예정론은 중세가 되어서야 기독교 교리의 영향에 의해 학설로 완전히 자리 잡았다. 특히 5세기 이후 주요한 논쟁이었던 예정론은 중세 신학자들에 의해서 발전되었는데, 신이 전능하다면 미래에 인간 모두가 어떻게 행동할지 틀림없이 알 수 있다는 것이다. 하지만 신이 미래의 모든 행동을 이미 알고 있다면, 그 행동들은 애초부터 존재했거나 결정되었기 때문에 그것을 인간 스스로 바꿀 힘이 전혀 없다고 보아야 했다.

이러한 논의는 스토아학파에서 발견된다. 인간의 자유에 관한 본질에 관심을 보였던 스토아학파는 만물은 법칙이나 이성에 따라서 행동할 수 있다고 할지라도, 인간이 동시에 그 같은 법칙이나 이성에 대한 자신의 지식에 의해서 행동할 수 있다고 믿었고, 그리고 그러한 행동이 인간의 고유한 특징으로 여겼다. 인간의 자유에 관한 스토아의 설명은 흔히 "우주의 연극"에 비유하곤 했다. 배우 자신은 배역을 선택할 수 없었지만, 그렇다고 그 자신이 연극에서 배역에 대한 태도를 더 현실감 있게 하거나 또한 배역으로서의 다양한 행위들을 선택하지 못하는 것은 아니다. 다시 말해서 스토아학파에게 자유는 결정된 법칙이나 이성에 인간의 운명이 결정되었고, 그것에 따라서 순응하기 때문에 인간은 행복하고 마음의 평정을 찾을 수 있다고 보여주려고 했다.[17] 그래서 스토아학파는 자유란 "우리의 운명을 변경시키는 힘이 아니라 마음의 혼란이 없는 것"[18]이라는 뜻으로 생각했던 것 같다.

이제 신학적 논쟁으로 돌아와서 보면, 이 논쟁은 5세기의 초대교부

신학자 어거스틴(Augustin, 354~430)에서 시작되었다. 악의 현실성에 관한 그의 가르침에서 자유의지의 문제가 빈번히 거론되었다. 그는 무지에서 악의 원인을 찾았던 플라톤에 반대하면서 악을 인간의 자유에서 파생되었다고 믿었다. 만일 인간이 자유의지를 가지고 있다면, 그는 선한 것을 선택할 수도 있지만 악한 것을 선택할 수도 있다. 따라서 어거스틴은 "자유의지가 [죄]악의 원천이다"[19]라고 단언한다. 선택의 가능성은 인간이 자유를 행사할 때에 발생한다는 것을 전제로 한다. 간단히 말해 악이란 궁극적으로 자유로부터 파생되어진 결과라는 것이다.

　구체적으로 말하자면, 인간은 어느 쪽을 선택하든지 그의 의도는 행복을 추구할 수 있다는 희망을 가지지만, 그러나 이러한 행복에서 멀어지는 것은 세계가 결정되었기 때문이 아니라 인간의 의지에 따른 행위의 결과라고 보아야 한다. 비록 인간의 원죄(original sin)에도 불구하고 인간의 자유로운 의지를 소유하고 있다고 믿었던 어거스틴은 악을 포함하는 도덕적 행위에 대한 결과를 설명하기 위해서는 필연적으로 자유의지의 개념을 요청했다. 어거스틴은 그의 『자유의지론』에서 인간과 자유의지의 관계를 네 가지 측면에서 설명한다. 첫째로는 악의 장본인에 관해서 설명한다. 하나님은 선하신 분이시기 때문에 악하게 행동하지 않으시고, 또 그가 의로우시기 때문에 하나님은 악인들에게 벌을 주는데, 이는 그 일이 악한 일에 벌을 가하시는 것이다. 따라서 하나님은 악의 장본인이 아니다.[20]

　둘째로는 악이 무엇인지를 설명한다. 어거스틴에 의하면 악은 "이성이 욕정에 굴종하는 것"[21]으로 정의한다. 여기서 어거스틴은 악의 장본인인 "무질서한 욕망"이 악을 결정한다고 보았다. 무질서한 욕망은 하나님의 법인 영원한 법률을 위반한다. 영원한 법은 "최고 이성이라고 불리는 법률"이다. 인간은 "반드시 그 법에 순종하여야 하고, 바로 그 법에 의거하여 악인들이 비참을 당하고 선인들이 복된 삶을 상으로 받게 되고, 마지막으로 우리가 현세적 법률이라고 말한 이 영원한 법에 따라서 해석되어야 한다."[22]

셋째로는 자유의지가 악의 원천이라고 설명한다. 인간은 신적 은총의 선물인 덕을 거절함으로써 악이 세계에 들어왔기 때문에 누구든지 자유의지의 행위에 의해서 야기된 것을 핑계할 수 없으며, 악의 모든 결과는 인간의 책임으로 전가되었다. 자유의지에 관한 어거스틴의 생각은 두 가지를 염두에 두는 것 같다. 하나는 자유의지란 중간선이라는 것이다. 중간선이란 중립적인 의미다.[23] 또 하나는 선악은 자유의지에 달려 있다는 것이다. 여기서 어거스틴은 악의 원인을 의지로 보았다. 그는 이렇게 말한다.

"그렇다면 의지에 앞서 의지의 어떤 원인이 있을 수 있겠는가? 그 원인이라는 것이 곧 의지 자체이며 따라서 의지의 뿌리에서 더 이상 소급을 앓거나, 그렇지 않으면 의지는 아니어서 … 아무 죄가 없거나 둘 중의 하나이겠다. 다시 말하지만 의지가 죄짓는 첫째 원인이거나, (방금 말한) 아무 죄도 아닌 그것이 죄짓는 첫째 원인이거나 둘 중의 하나일 것이다. 정당하게 죄를 물을 상대는 죄인 아니면 그 누구도 아니다. 또 스스로 원하는 사람에게가 아니고는 아무에게도 죄를 정당하게 물을 수는 없다."[24]

넷째로는 악이 자유의지로 오는 실례를 설명한다. 그에 의하면 선한 의지의 기능을 보게 되면, 악이 자유의지에서 파생된다는 것이다. 하지만 인간은 선한 의지와 덕성을 가지고 있기 때문에 인간의 능력에 속한 이 의지를 사랑하여 좋은 결과를 가져와야 한다. 따라서 그는 인간이 악을 피하고 선을 행하여야 한다는 것이다. 인간이 그렇게 하지 않음으로써 인간은 악을 만들어내는 것이다.[25]

그런데 우리가 기억할 수 있는 것은 어거스틴의 자유의지론이 펠라기우스와의 논쟁을 통하여 한층 더 교리적으로 선회되었다는 것이다. 5세기의 신학적 풍경은 자유의지론과 신적예정에 관한 신학적 주제를 풍성하게 한 것은 사실이지만, 그 내용을 자세히 들여다보면, 교리로 인한 슬픈 신학의 역사를 가지게 되었다. 이는 그들의 신학교리가 정통과 비정통의 경계를 표준적 기준으로 예단하는 일에 너무나 많은 에너지를 소진했기 때문이다.

5세기의 예정교리 논쟁은 16세기의 칼빈과 알미니우스의 논쟁에 지대한 영향을 주었다. 16세기는 종교개혁시대였다. 종교개혁이 끝날 시점에 일어난 교리적 논쟁은 인간의 자유의지론과 신적 예정에 관한 문제에 국한하여 한동안 전쟁을 치뤘다. 간단히 이 논쟁을 설명하자면, 논쟁의 중심에는 자유의지가 신적예지의 교리와 연관하여 일어난 논쟁이었다. 만일 하나님이 정확히 무엇이 일어날 것인지를 안다면, 인간의 선택과 결정의 상태는 의문시될 수밖에 없다는 것이다. 하지만 인간의 의지가 자유하다면, 인간은 언제나 신적 은총이나 구원을 받아들일 수도 거절할 수도 있는 자유를 지닌다. 이 논쟁의 성격을 설명하기 전에 우리는 예정교리를 형식화한 칼빈주의(Calvinism)를 떠올린다. 그래서 사람들은 예정교리가 결국 칼빈주의와 동일하다고 생각해 왔다.

그렇지만 신학을 공부하려는 사람들에게 염두에 두어야 할 것은 칼빈과 칼빈주의의 사상을 구분하는 것이다. 많은 칼빈의 해석자들은 칼빈이 예정교리에 관한 주제가 중요하게 취급되거나 반영되지 않았다고 주장한다.[26] 칼빈의 예정교리가 중요하게 취급된 것은 이른바 칼빈의 추종자들인 피터 마터 베르미글리(Peter Martyr Vermigli)와 데오도르 베자(Theodore Beza)와 같은 '후기 칼빈주의자들'의 해석에서 파급되었다는 것이다. 후기 칼빈주의자들은 아리스토텔레스의 철학적 방법과 논리체계를 받아들여 신학의 교리체계를 엄격하게 표준화했다. 이 과정에서 그들은 하나님이 구원받을 사람과 저주받을 사람을 적극적으로 선택한다는 예정과 능동적으로 구원받을 사람의 구원과 그렇지 않을 사람의 저주를 작정한다는 칼빈의 사상을 사회적이고도 정치적으로 중요한 기능을 갖게 만들었다. 이러한 논의는 칼빈에게서는 보지 못한 것이었다. 사실 옥스퍼드대학의 복음주의 신학자 알리스터 맥그라스의 지적대로, 예정이 "라틴어의 뉘앙스를 무시하고 직역된 '무서운 명령'(decretum horribile)은 실제 '무서운 명령'이 아니라, '경외심을 일으키는' 혹은 '놀라게 하는' 명령이라는 뜻을 제시한다."[27]

그럼에도 후기 칼빈주의자들은 하나님의 결정이 예정된 사실로 인해 하나님의 사랑과 은총을 드러내기보다는 상호 모순을 야기하는, 마치 삭막하고 추상적인 교리체계와 같은 것을 만들었다. 후기 칼빈주의의 예정교리에 저항하는 당시의 지성인들이 여럿 있었지만, 그 중 가장 중심적인 경쟁자로서는 네덜란드 신학자였던 야곱 알미니우스였다. 이것이 신학의 역사에서 두드러진 논쟁으로 기억되는 칼빈주의와 알미니우스의 예정교리 논쟁이 되었다. 다음과 같은 논의에서 당시의 상황을 이해해 볼 수 있다.

첫째는 조건적 예정이다. 흔히 조건적 선택(conditional election)이라고 부르는 조건적 예정(conditional predestination)은 알미니우스의 견해다. 그는 인간의 선택을 하나님의 신적 결정에 따라서 행해지지 않는다고 보았다. 하나님의 선택은 조건적이다. 조건은 인간이 선택할 수도 있고 거절할 수도 있다는 것을 전제로 한다. 이것은 인간이 선택하는 것에 의존되어 있기 때문에 신은 인간의 자유로운 선택을 허용했다는 뜻이다. 간단히 설명하자면, 선택의 자유는 모든 이들에게 주어졌다. 그 이유는 간단하다. 신의 "선행적 은총"(prevenient grace)이 보편적이기 때문이다. 선행적 은총은 인간의 선택이나 결정에 앞선 신적 은혜다. 알미니우스는 무엇을 말하려는가. 그것은 인간이 무엇을 행했는지에 대한 것보다는 먼저 존재하고 있는 신적 은총이 선행한다는 것이다. 이 선행적 은총의 관점에서 보자면, 우리가 칼빈주의의 교리에서 신이 선택받은 자와 선택받지 않은 자를 미리 예정했다면, 섬김이나 기도와 같은 교회의 실천적인 행위가 태만하지 않을까 하는 것이 알미니우스의 관심이었다. 즉 알미니우스는 신앙의 실천적 요소가 상대적으로 등한히 될 것을 두려워했던 것이다.

둘째는 시간적 예정이다. 시간적 예정(temporal predestination)은 오직 신이 초시간적 문제가 아니라 시간적인 문제들만을 결정한다는 견해이다. 무시간이나 초시간은 인간의 행위 밖에 있다. 시간 밖의 행위는 인간과는 무관하기 때문이다. 이 견해는 유대교적 견해와 매우 유사하다. 조금은 복잡하게 들리기는 하지만, 유대교적 견해는 '선결정'

(preordination)과 '예정'(predestination)을 구분한다. 즉 예정론의 문제는 시간의 문제인데, 여기서 유대교적 견해가 가르치는 것은 이것이다. 모든 것은 신에 의해서 미리 결정하신 것이지 영원한 예정을 의미하는 것은 아니라는 것이다. 초역사적이고 초시간적인 영원의 문제는 선택의 절대적인 자유에 종속되어 있기 때문에 시간적 예정은 영원부터 예정했다는 그 사실을 전면적으로 부정한다.

셋째는 신적 작정의 타락 전 예정(supralapsarianism)과 타락 후 예정(infralapsarianism)이 있다.[28] 이 예정론의 견해들은 칼빈주의의 견해이다. 이 두 가지 예정교리들은 칼빈의 견해가 아니라 칼빈의 예정론을 더욱 세련되게 하려는 시도에서 만들어진 예정교리들이다. 이 교리가 논쟁의 중심에 있었는데, 중심적인 핵심은 작정의 순서다. 즉 신의 은혜는 이론적 질서로서 인간들의 타락과 징벌에 대한 신적 작정에 대한 신의 은총을 설명하려는 논리적 순서를 뜻한다. 타락 전 예정은 인간의 하나님이 버림받을 자와 선택할 자를 먼저 작정한 다음에 구원을 위해서 선택받을 사람과 선택받지 못할 자를 선별하기 위해서 "타락"을 만들었다는 것이다. 조금 복잡하게 보이는 교리다. 간단히 말해 하나님의 작정은 타락 이전에 이미 버릴 자를 선택해 두었고, 그들이 타락을 하게 했다는 것이다.

반면에 타락 후 예정은 하나님이 타락 전에 선택할 자와 버릴 자를 작성해 두지 않았다는 것을 강조한다. 그래서 이 타락 후 예정은 하나님이 타락을 미리 계획한 다음에 구원받을 사람과 구원받지 못할 사람을 선택했다는 신적 작정이다. 요약하면, 타락 전 예정은 신이 타락을 허용하기 위해 예정을 작정 위에다 놓고 있고, 타락 후 예정은 타락을 허용하기 위해서 예정을 작정 뒤에다 놓고 있다는 것이다. 더 쉽게 표현하자면, 타락 전 예정은 예정한 다음에 타락이 수반되었고, 타락 후 예정은 타락했기 때문에 이미 예정되었다는 것을 안다.

이런 차이는 어거스틴과 펠라기우스의 극명한 차이다. 종교개혁 이전까지만 해도 주요차이는 아담의 타락이 하나님의 영원한 작정 속에 포함시켰다. 하지만 종교개혁 시대부터 이런 차이가 극명하게 나타났다. 이러한 차이들은 시간적 문제라기보다는 논리적 차이라고 보인다. 이런 차이에도 불구하고 타락 전 예정이나 타락 후 예정의 신적 작정은 몇 가지 일치하는 점들이 있다. (1) 하나님은 죄의 창조자가 아니다. (2) 철학이 아니라 성경만이 신적 작정에 대한 우리의 지식의 유일한 근거다. (3) 인간의 타락과 형벌은 신적 예지의 대상이 아니라 그의 작정과 예정의 대상이다.[29]

신적 작정이나 예정에서 인간의 자유의지는 크게 두 가지로 요약될 수 있을 듯하다. 하나는 하나님의 영원한 작정 속에서 인간의 자유의지가 없거나 축소되었다는 것과 다른 하나는 인간의 자유는 모든 이들에게 주어진 신적 은총이라는 것이다. 사실 이러한 논쟁은 우리의 신앙에서 매우 무미건조해 보이는 교리적 논의에 불과하다. 이러한 교리의 옳고 그름을 따지는 문제는 생산적이라기보다는 사변적으로 흐를 위험이 있다.

의지는 자유로운가?

우리를 괴롭히는 물음 중 하나가 바로 우리의 의지가 정말로 자유로운가 하는 것이다. 만일 우리의 의지가 자유하다면, 우리는 우리의 운명과 인생을 결정할 수 있다는 말이 된다. 그러나 사회의 공동체 속에서 우리는 의지의 자유가 좌절되는 경험을 수없이 반복하며 산다. 그래서 의지가 자유로운가 하는 물음은 분명 우리의 현실과는 맞지 않는 물음처럼 들린다.

한번은 미국 대사관에서 영사와 인터뷰를 하기 위해 기다리는 중에 10살 남짓해 보이는 남자아이가 영사와 인터뷰하는 게 눈에 들어왔다.

영사관이 이렇게 물었다.
"미국에 가는 목적이 뭐야?"
"……."
아이가 대답을 못하고 머뭇거리자, 옆에 지켜보고 있던 엄마가 아이의 옆구리를 꾹꾹 찌르면서 이렇게 말한다.
"대답해…. 대답해…. 얼른…."
사내아이는 엄마의 얼굴을 쳐다보면서 기어들어가는 소리로 한마디 내 뱉는다.
"엄마가 가래요."
"……."

아마도 미국에 가는 목적이 무어냐고 물으면, 이렇고 저렇고 라는 식의 어떤 분명한 대답을 집에서 영어로 연습을 꽤나 했을 테고, 엄마는 귀에 못이 박히도록 훈련을 시켰을 것이라고 상상해 볼 수 있다. 하지만 다소 우스꽝스러운 광경이 벌어지고 말았던 것이다. 비록 엄마에 대한 항변이기도 하지만, 이 대화를 조금만 들여다본다면, 우리의 삶에서 얼마만큼 우리가 우리 자신의 의지를 표현하거나 의지대로 살아가고 있는 걸까. 우린 이렇게 추측해 볼 수 있다. 아이의 미국 목적은 자기 의지와는 상관이 없다. 오로지 엄마의 의지다. '엄마가 가래요'는 타인의 의지에 자신의 의지를 종속하는 행위다. 만일 쾨니히스베르크 대학의 임마누엘 칸트가 들으면 이 아이는 아마도 재교육의 대상이 되었을지 모른다. 왜냐하면 칸트는 "인간의 의지는 타인의 의지에 종속해서는 안 된다"라고 규정하고 있기 때문이다. 물론 칸트가 한국의 환경과 상황에 태어났더라면 그도 그렇게 당당한 해석을 할 수 있었을까. 그가 유럽에 태어났으니 망정이지 한국에 태어났더라면 인간의 의지는 엄마의 의지에 종속되는 것이 당연하고도 자연스러운 현상이었을 것이다.

요즘 아이들을 보면, 뭘 해야 하는지를 스스로 생각해 본적이 없이 성장하는 것 같다. 아이들은 언제나 엄마가 하라는 그대로 하면 그만이다. 다른 어떤 생각을 하지 못한다. 엄마의 빈자리나 부재는 선택의 기로에서 아이들에게 불안과 초조함을 더해 준다. 일상에서 자기 스스로 선택을 해볼 수 있는 상황이 주어지지 않는다. 그렇다면 대학생이 된 우리들은 어떤가. 별반 다르지 않다고 느낀다. 엄마의 '의존 유령'이 늘 그들 곁에 따라 다니는 것은 아닐까.

한번은 꿈나무 골프 코치 루디 듀란이 한국을 방문했다. 그는 골프 황제 타이거 우즈를 가르친 골프 코치였다. 그가 우즈를 가르친 이야기 중 한 대목에 관한 기사가 있었다. 4살 때부터 10살까지 우즈의 골프를 가르친 그는 이렇게 표현했다. "다른 주니어 선수들은 부모들이

클럽을 선택해 주고 그린도 읽어주는 반면에 우즈는 어린나이에도 불구하고 모든 걸 스스로 해냈다." 즉 타이거 우즈가 굉장한 게 아니라 단지 선택하는 것을 스스로 하는 걸 배웠다는 것이다. 자유의지를 믿는다는 것은 스스로 결정하고 선택할 수 있는 힘을 기른다는 것이다.

실존주의 철학자이자 문학가인 사르트르는 그의 『출구 없는 사회』에서 "타자는 지옥이다"는 메시지를 남겼다. 그에 의하면, 타자의 판단에 의존하고 있는 존재인 자아는 항상 자유로운 결정에 의해서만 인간 존재의 의미를 깨닫게 된다고 보았다. "아니오"라고 말할 수 있는 것에서 인간존재의 가장 중요한 특징으로 보았던 사르트르를 연상케 한다. 특히 『존재와 무』에서 무(nothingness) 혹은 아님(not yet)은 자유를 의미했는데, 자유란 존재를 변화시키고 새로이 기획하는 자유다. 전문적으로 표현하자면, 즉자적 존재의 인간은 자신을 기획함으로 대자적 존재로서 지향하려는 자유를 지니고 있다는 뜻이다.

이러한 자유의 갈구함에도 불구하고 과연 우리의 자유가 얼마나 자유할 수 있을까. 구체적으로 우리의 일상에서도 흔히 자유의 의지가 존재하는지 묻지 않을 수 없다. 철학적 사유나 관념조차도 자신의 의지와 상관이 있을까. 아마도 그렇지 않을 것이다. 자신이 공부한 곳, 영향을 받은 전통, 성장한 환경과 배경, 이 모든 것은 우리의 의지를 구속하는 게 아닌가. 그러므로 그의 철학적 사유 자체는 아마도 자유의지의 결과라고 할 수 없을 것이다. 그래서 과정철학자 찰스 하츠혼이 말하기를 인간은 내연적으로 결정되었다고 말한다. 보편적 인과성은 인간의 존재에 해방할 수 없는 일종의 냉혹한 현실이다. 베드로는 그의 서신(벧전 2: 16)에서 이렇게 말한다. "자유하나 그 자유로 악을 가리는

데 쓰지 말고 오직 하나님의 종과 같이 하라." 이것은 인간이 자유로운 존재임을 전제로 한다. 다만 인간은 선한 일을 행할 수 있는 반면에 악을 행할 수 있음을 암시한다. 그러므로 기독교 신앙은 자유를 방해하는 어떠한 요소들을 인정하지 않은 것처럼 보인다.

자유의지론과 신앙

우리의 신앙에서 자유의지는 무엇을 의미하는 걸까. 기독교 신앙에서 우리가 생각해 볼 것은 하나님의 주권과 인간의 자유의지의 변증적 관계 속에 나타난 역동성의 문제이다. 우리가 알고 있듯이, 교회의 역사는 하나님의 주권과 인간의 자유의지의 문제로 교회분열이나 파열의 원인일 정도로 예민하고도 조심스러운 주제였다는 것을 가르치고 있다. 그러나 이러한 논쟁이 갖는 문제는 한편의 진리를 받아들여 다른 진리를 배척하는 양자택일(either/or)의 인식론에서 유래되는 듯하다. 한편에서는 하나님의 절대주권을 강조함으로써 인간의 자유의지를 제한하고, 다른 한편에서는 인간의 자유의지를 강조함으로써 하나님의 절대주권을 제한하는 이른바 한편만의 진리를 주장해 왔던 것이 사실이다.

우리가 이해할 부분은 루터나 칼빈이 가톨릭의 공로사상에 대한 비판에서 하나님의 절대주권을 강조한 사실을 이해할 필요가 있다. 당시에 가톨릭교회는 구원의 전제조건으로 섬김과 봉사의 행위적인 것을 지나치게 강조하여 결국에는 '면죄부'를 허용하는 일까지 생긴 것에 대한 비판에서 하나님의 절대적 주권을 이해할 필요가 있다. 반면에 칼빈 이후의 지지자들이 너무 완고하게 타락 전 예정이나 타락 후 예정의 교리 등에서 또 다른 문제를 야기하기에 충분하고, 이러한 문제가 결국에는 하나님의 절대주권을 인간의 자유의지가 부질없는 짓이라고 치부해 버리고 말았다. 이런 맥락에서 우리는 하나님의 절대주권을 인정하면서도 인간의 의지가 자유하다는 사실을 받아들여 우리의 신앙적 실천에 적용해야 한다고 본다.

우리가 한 가지 유념해 두어야 할 부분이 있다. 우리는 하나님의 절대주권이 세계를 닫힌 세계로 창조했다는 견해로 오해하지 말아야 한다는 것이다. 우리의 세계는 닫힌 세계가 아니라 열린 세계다. 열린 세계는 인간의 의지가 절대적으로 자유하고 실천하는 세계를 전제로 한다. 그러기 때문에 열린 세계는 기도나 봉사 혹은 섬김의 신앙적 실천을 통해서 세계에 동참하기도 하고, 세계를 변혁하기도 하는 신앙의 역동성을 제공한다. 물론 이런 부분은 있을 것이다. 비록 우리의 의지가 아무리 자유롭고 또 자유롭게 의지의 행위를 한다고 해도 거기에는 일종의 제약이나 제한이 있다는 것을 느끼는 것은 말이다. 자유는 조건이 충족되지 않는다면, 자유의 행위는 발휘되지 못한다. 무슨 말인고 하니, 모든 이는 자신의 미래와 희망에 대해 꿈꾼다. 하지만 모든 이들이 꿈을 꾼다고 해서 다 그 꿈이 성취되는 것은 아니다. 물론 유전자를 연구하는 사람들의 이야기는 아무리 훌륭한 유전자를 가지고 태어났다고 하더라도 유전자가 통제할 수 없는 부분이 많고, 그것을 좌우하는 것이 바로 환경이기 때문에 우리의 자유로운 의지의 행위가 발휘될 수 있다고 말한다.

어느 노벨 수상자에게 정자은행이 정액샘플을 정중하게 요청했다고 한다. 노벨 수상자이니, 그의 정자 또한 노벨상 감으로 생각한 모양이었다. 그러나 그 요구를 받은 노벨 수상자는 이렇게 말했다고 한다. "노벨 수상자를 생산하는 정자를 원한다면 우리 아버지처럼 외국에서 이민 온 재단사를 만나 보시오. 내 정자에서 무엇이 나왔는지 아시오. 두 명의 가타리스트요." 이 이야기는 생물학자 최재선 교수로부터 빌려 온 예화다. 사실 이 예화는 유전자 만능 시대에 살고 있는 우리에게 시사하는 바가 자못 크다. 유전자가 모든 것을 결정하는 시대는 어쩔 수 없는 필연의 세계이자 결정론의 세계다. 모든 것이 이미 출생하면서 결정되어 있다는 의식, 그래서 우리의 자유의지의 행위가 그다지 크게 영향을 미칠 거라고는 생각되지 않는다. 하지만 생물학자들이 보여주는 메시지는 좋은 유전자보다는 환경이 큰 요인이라는 사실이다. 그러한 메시지는 희망적이고 또 나름대로 우리에게 매우 큰 힘이 되긴 한다. 하지만 왠지 우리 사회에서는 그리 위로가 되진 않을 것 같다. 자꾸만 우리의 사회 환경이 필연적으로, 결정론적으로 굳어져만 가고 있다는 생각 때문이다. 재단사 아들은 죽었다 깨어나도 노벨상 수상자가 되는 것이 불가능하지 않을까 하는 조금 씁쓸한 생각이 든다. 그러나 일말의 희망이 있다. 그것은 철벽같은 환경의 결정이 붕괴될 때에 가능하다. 자유의지가 결정된 것이 아니라 사회의 철옹성 같은 환경이 결정되었다고 본다. 환경의 결정론이 인간의 자유로운 의지를 제한하고 있는 것은 아닐까 한다.

이왕 나온 이야기이니깐, 한 마디 더 하고 넘어가야 할 것 같다. 한국 사회가 갖고 있는 문제는 자유로운 의지의 행위를 제한한다는 데 있다. 이를테면 우리 사회의 10대에 그것도 어느 시기에 특정한 방식으로 측정된 지적 성취도, 그것이 수능시험이든 학교 성적이든 한 사람의 그 이후의 삶을 결정해 버리는 사회 환경이나 구조다. 어린 시절, 방황할 수 있고, 자칫 길을 잃을 수 있는 나이임에도 불구하고 그러한 것을 용납하지 않는 시기이고, 만일 그러한 시기에 곁길을 가는 날이면 10대 후반 이후의 모든 삶은 보나마나 그렇고 그런 인생일 가능성이 십상이다. 그리고 10대 후반에 한번 치르는 시험으로 결정되는 대학 간판이 평생의 경쟁력에 큰 영향을 미치기 때문에 자칫 실수라도 하는 날에는 이후의 삶을 피폐하게 만드는 남루한 인생으로 뛰어들게 될 수밖에 없을 것이다. 그 인생에서 자기 성취는 그다지 만족스럽지 못하고 생을 마감할지 모른다. 왜냐하면 그는 야구경기로 표현하자면, '투 스트라이크 노 볼'(야구경기는 세개의 스트라이크가 아웃이다)의 인생이기 때문이다. 그에게는 기회가 매우 희박하다. 우리는 안다. 사회는 우리가 생각할 수 없을 만큼 잔인하고도 냉정하다. 그에게 성공의 기회보다는 자족하며 살 수밖에 없는 푸념적 환경을 제공하기 때문에 그는 사회에서의 성공은 기대할 수 없을지 모른다.

결론적으로 찰스 하츠혼이 지적하듯이, 인간은 '보편적 인과성'과 '자유'의 두 가지 조건에 의해서 특징짓는다.[30] 우리가 살아온 환경, 교육, 과거의 경험 등은 현재의 삶에서 이미 우리를 결정하고 있다. 하지만 미래의 사건에서는 여전히 자유하다. 그런 점에서 인간은 과거의 인과적 결정에 의해서 영향을 받는다고 해도 그것이 미래에도 필연적으로 결정되는 것은 아니다. 미래는 인간의 자유로운 의지의 행위로 변화되기도 하고 새로운 삶의 형태가 진행될 수 있다는 희망의 가능성이다. 자유의지의 확대는 이런 점에서 우리가 받아들여야 하는 희망적 메시지여야 한다. 그렇게 된다면, 기독교 신앙의 실천은 우리가 과거에 안주하거나 하나님의 절대주권이 정적인 것에서 희망적이고도 역동적인 신앙의 실천적 근원이 될 것이라 본다.

주(註)

1) Thomas Pink, *Free Will: A Very Short Introduction* (Oxford: Oxford University Press, 2004), 2-3.

2) Robert Kane, *A Contemporary Introduction to Free Will* (Oxford: Oxford University Press, 2005), 23에서 인용.

3) 인와겐과 스키너는 강한 결정론자들이다. 특히 그들은 자극-반응의 이론에 근거하여 논의한다.

4) Jacques Monod, 『우연과 필연』, 김진욱 옮김 (서울: 범우사, 1996), 153.

5) Ibid., 154.

6) 임종석, 『지식의 최전선』 (서울: 한길사, 2002), 274-81

7) Thomas Pink, *Free will: A Short Introduction* (Oxford: Oxford University Press, 2004), 13.

8) 토마스 홉스는 영국 남서부의 마즈베리 근교의 작은 마을에서 시골교회 목사의 아들로서 출생했다. 그는 옥스퍼드에서 공부를 했고, 프란시스 베이컨의 비서로서 활동하기도 했다.

9) Samuel Enoch Stumpf and James Fieser, 『소크라테스에서 포스트모더니즘까지』, 이광래 옮김 (서울: 열린 책들, 2004), 337-44.

10) Ibid., 369.

11) Earl Conne and Theodore Sider, *Riddles of Existence: A Guided Tour of Metaphysics* (Oxford: Oxford University Press, 2005), 112-6.

12) Ibid., 118.

13) Ibid., 119.

14) Immanuel Kant, *Practical Reason*, trans. Norman Kemp Smith (New York: Bedford/St. Martin's 1929), 319.

15) Alvin Plantinga, *God and Other Minds: A Study of the Rational Justification of Belief in God* (New York: Cornell University Press, 1967); 『신과 타자의 정신들』, 이태하 옮김 (서울: 살림출판사, 2004), 158-9.

16) Alvin Plantinga, "Evil and Omnipotence," *Mind*, LXIV (1955), 210.

17) Pink, *Free Will*, 14.

18) Samuel Enoch Stumph and James Fieser, 『소크라테스에서 포스트모더니즘까지』, 184-5.

19) Augustine, 『자유의지론』, 성염 역 (경북: 분도출판사, 2005), 103.

20) Ibid., 71-80을 참조.

21) Ibid., 81.

22) Ibid., 99.

23) Ibid., 295-7.

24) Ibid., 373.

25) Ibid., 121-7을 보라.

26) Alister McGrath, 『종교개혁사상』, 최재건 옮김 (서울: 기독교문서선교회, 2006), 7장, 211-7을 참조하라.

27) Ibid., 219-20.

28) 타락후 예정과 타락전 예정에서 infra는 원래 '다음에' 혹은 '뒤에'의 의미이고, supra는 '앞에' 혹은 '전에'의 의미인데, 이것이 타락이라는 '랩서스'(lapsus)의 말과 합성되어서 타락후 예정과 타락전 예정으로 사용되고 있다.

29) 정승태, "하나님의 주권과 인간의 자유: 알미니우스를 중심으로," 『하나님의 주권과 인간의 자유』, 침례신학연구소 편 (대전: 침례신학대학교출판부, 2003)을 보라.

30) Charles Hartshorne, *The Logic of Perfection* (LaSalle: Open Court Publishing Company, 1962), 161-164를 참조하라.

:: 제11장 ::

언어와 실재

"모든 의식은 언어의 문제다."[1] 이 말은 미국의 신실용주의자 리처드 로티의 단언적 주장이다. 우리가 사유하고 행동하는 모든 의식은 언어와 그것의 사용에서 자유롭지 못하다. 이는 말로 시작하여 말로 끝나는 이른바 인간 경험의 총체적 삶을 지칭하기 때문이다. 언어가 곧 우리의 의식이자 삶이라는 것은 우리의 일상에서도 흔히 발견한다. 만일 우리가 '구글'이나 '야후'의 검색창에 "말다툼"이나 "시비"라는 단어를 치면 이제껏 있었던 수없이 많은 사고와 사건을 손쉽게 접할 수 있다. 그 사건들은 그야말로 가공할만하고 그 모든 원인은 '말'에서 유래한다. 이를테면, "남편과 말다툼한 40대 목매 자살," "술자리서 말다툼, 처제 살해," "사소한 말다툼으로 시작한 끝에 3명 사상," "'왜 반말이냐'며 인기 개그맨 소속사 직원 폭행," "화이트데이 저녁에 분위기 있게 커피한잔 하자는 제안을 야박하게 뿌리친 남편을 흉기로 찔러 숨지게 함" 등의 사건사고의 제목들을 한눈에 펼쳐 보인다. 말다툼, 사소한 시비, 왜곡된 표현, 욕설, 비난, 이 모든 것은 말이고, 말로 인해 생긴 끔찍한 사건들이다.
 왜 말이란 사람의 감정을 유발하고 사람의 행동을 자극하는 걸까. 단순히 말이라고 생각하고 무시할 수는 없을까. 실재와 말은 서로 다른 영역인데도 불구하고, 그들의 관계는 불가분의 관계인가. 실제로 단어로 구성하는 언어가 단순히 알파벳이나 자음과 모음을 결합한 글이라기보다는 우리의 경험을 일으키는 어떤 힘인가. 일상에서 흔히 일어나는 이러한 말과 실재와의 관계에 관한 생각은 철학자들의 주요한 화두였을 뿐만 아니라, 지난 세기에서부터 현재에 이르기까지 수없이 많은 철학자들을 고무시키기도 했고 영감의 원천이기도 했다. 케임브리지 대학의 철학자 루드비히 비트겐슈타인(Ludwig Wittgenstein, 1889~1951)은 말과 행동은 동일하다고 주장한 적이 있었다.[2] 우리가 의사 전달이나 대화하는 이 말들이 우리와 타인의 행동에 영향을 끼치기 때문이다. 말들은 외부에 존재하지 않으며 또 우리의 마음과 독립적으로 존재하지 않는 법이다. 이처럼 현실에서 일어나는 이러한 사건과 사고는 인간의 행위와 언어와 어떤 밀접한 관계가 있다. 철학자들은 말의 일반적인 화두를 "언어철학"이라고 묶어서 설명하려고 한다.
 실용주의 과학철학자인 찰스 퍼스(Charles Pierce, 1839~1914)는 언어가 어떻게 의미가 되는지를 물었다. 앞서 언급했듯이 단어나 말들로 구성된 언어는 단순히 언어 그 자체나 관념의 일종으로서만이 아니라 행동으로 필히 이어지거나 일으킨다는 것이다. 그러나 일상에서의 말다툼과 욕설과 같은 언어들과 마찬가지로 인식론의 체계에서도 우리가 갖는 신념, 우리가 주장하는 진술, 우리가 전달하는 이야기들은 말들로 구성되어 있다. 그런데 우리의 진술, 주장, 이야기들이 단순히 언어로만 제한되지 않고, 그 이상의 어떤 의미를 암시하고 있다. 언어에 대한 이해는 우리가 생각하는 것보다 훨씬 더 난해하고도 복잡한 경험적 체계를 가지고 있다. 프랑스 철학자 폴 리쾨르(Paul Ricoeur, 1913~2005)가 주장하듯이, "언어에 의해서 매개되지 않는 자기 이해는 존재하지 않는다." 말하자면, 모든 이해는 언어에 의해서 매개된다는 것이다. 언어가 우리의 사고를 전달하는 것뿐만 아니라 실재에 대한 이해도 결국에는 언어로 표현될 수밖에 없다는 것은 언어의 보편적 현상이다. 따라서 언어 세계란 우리가 상상할 수 있는 것보다 훨씬 더 복잡하면서도 흥미로운 연구의 대상이다. 이 장은 언어에 의해 형성된 철학적 사조들을 나열하고 그것들을 분석해 보려고 한다. 따라서 가공할만한 사유의 지평을 확대하고 해석해 주었던 언어철학이 무엇인지 살펴보면서 우리는 고전적인 언어이해, 논리실증주의, 전기와 후기 비트겐슈타인의 언어관 그리고 언어에 대한 태도가 고려될 것이다. 그리고 마지막으로 언어와 기독교 신앙에 대해서 언급될 것이다.

실재의 현상과 본질

추사 김정희에 관한 유명한 일화가 전해져 내려오고 있다. 25세 때 부친 김노경을 따라 김정희가 청나라를 방문했을 때, 당대 중국 청대의 가장 존경받는 학자요 서예가였던 옹방강(翁方綱, 1733~1818)과 완원(阮元, 1764~1849)을 찾아 갔다고 한다. 김정희의 비범한 그림 솜씨가 중국학자들 사이에서 화제가 되고 있었다. 그래서 그가 옹방강을 찾았을 때, 그는 김정희에게 난을 보여주며 그것을 그려달라고 부탁을 했다. 아직 꽃이 피지 않은 춘란이었는데, 김정희는 열심히 그려서 마치 살아 움직이는 것 같은 그림을 그려서 그에게 주었다. 이 그림을 본 옹방강이 말했다. "당신이 그린 난에서는 어찌 꽃이 피기에는 이른 엄동설한입니까?" "꽃이 피다니요. 아직 꽃이 피기에는 이른 엄동설한입니다"라고 김정희는 대답했다. 그러자 옹방강이 말하기를, "어찌하여 내 눈에는 꽃이 보이는데, 당신의 눈에는 꽃이 보이지 않는단 말입니까? 당신은 난을 그릴 줄만 알았지 난을 보지 못하는 것 같소이다." 이런 수모를 당한 김정희는 몇 일후 옹방강과 더불어 중국을 대표하는 학자인 완원을 방문했다. 그러자 그 역시 공교롭게도 춘란을 가리키며 그림을 그려달라고 부탁을 하는 게 아닌가. 그러자 김정희는 옹방강의 교훈을 가슴에 새기고 있는 터라 꽃이 피지 않은 춘란에 상상의 꽃을 그려 넣었다. 이윽고 그림이 완성되었을 때, 완원이 말했다. "그대는 어찌하여 피지도 않은 꽃을 그려 넣었습니까? 있지도 않은 것을 있다고 속이는 것입니까? 그것은 한갓 거짓에 지나지 않습니다." 이 두 사람의 극단적인 경험을 한 후에야 김정희는 그제야 깨닫게 되었다. "유행과 다른 사람의 사상이 중요한 것이 아니라 나의 확신이 더 중요한 것이로구나."

 이 이야기가 사실인지 아닌지를 확인할 길은 없지만, 우리는 오래도록 전해 내려오는 이 김정희의 그림 솜씨에 관한 사화를 듣고 있다. 이 이야기는 우리가 종종 사물을 있는 그대로 보는 것과 사물의 본질을 넘어서 존재하는 상상과 상징을 보는 것이 때로는 상충된다는 것을 말해준다. 한편에서는 사물을 있는 그대로 그려 넣는 것, 즉 사물을 있는 그대로 기술하는 것은 사실주의, 본질주의 혹은 거울이론[3]으로 일반적으로 설명되었다. 언어의 사실주의는 김정희가 춘란에 상상의 꽃을 그려 넣은 것처럼 언어에 첨가나 삭감하는 행위를 용납하지 않는다.

언어는 있는 그대로를 표현하고 가리켜야 한다.

이와는 달리, 다른 한편에서는 소피스트의 인식론에서 신실용주의를 거쳐 포스트모더니즘에 이르기까지 대체로 사물을 있는 그대로 기술하려는 사실주의나 본질주의에 대해 반대하는 경향이 있다. 이것은 실재의 현상에만 관심을 갖지 않고, 사실 너머에 있는 현상에 대해 무지했다고 주장하기 때문이다. 그들에 따르면, 언어는 사실을 있는 그대로 묘사하거나 본질을 파악하려는 노력은 헛수고일 뿐이다. 왜냐하면 우리가 언어에 의해 그것의 본질과 실재를 도출하는 것은 사실상 불가능하기 때문이다.

전통적으로 언어의 주된 기능은 칸트 이후 철학의 인식론은 주체와 객체의 이분법적 사고 구조가 양분되었다. 주어진 세계는 객체이고, 그것을 바라보는 사람은 주체라 했다. 세계를 바라보는 사람은 인식의 주체로서 세계를 그대로 기술해 왔다.[4] 플라톤과 아리스토텔레스와 같은 고대 그리스 철학자들이 언어가 세계의 고유한 본질을 표현하고 들추어내는 일에 적합하다고 주장했다. 그들은 당시의 철학적 사조를 이끌었던 소피스트들의 견해인 개인의 문화나 관습 그리고 개인적 취향에 따라 진리가 변하는 상대주의적 인식론에 반대하면서 진리란 변하지 않는 절대적이고도 보편적인 것이라고 믿었다.[5] 이런 점에서 플라톤의 사유방식에서 지식과 사고 작용은 지식의 유형으로 이해하지만 신념이나 상상은 일종의 속견으로 여겼다. 세계의 기술은 언어에 의해서 다양하게 표현가능하다는 당시의 소피스트들의 철학에 비판적이었던 플라톤은 정신활동의 피상과 허상의 가시계인 세계에서 상상을 가장 낮은 수준에 위치시켰다.[6] 이는 "정신이 자신이 마주하고 있던 것이 하나의 그림자이거나 허상이라는 것을 인식하지 못하기 때문이다." 마치 동굴의 죄수들이 자신들의 가장 깊은 무지의 덫에 걸려 있다는 것을 볼 수 있고, 그리고 밖의 실재가 분명히 존재하고 지금 그들은 그림자를 보고 있다는 것을 인식하기만 해도 상상의 단계에서 벗어난다고 플라톤은 보았다. 흥미로운 것은 결국 실재는 보편적으로 존재해야 하고, 그것이 진리여야 하며, 따라서 우리는 실재의 본질을 표상하는 것이어야 한다. 이런 인식론적 논리를 따라가다 보면, 실재의 본질은 결국 형상이고, 모든 현상이나 사물의 이해는 형상을 모방하거나 모사된 것들에 불과하다. 따라서 실재의 본질을 표현하지 않는 언어는 환상이나 무지에 공헌하고 실재를 왜곡하는 원인이라고 치부해 버리고 말았다.[7]

반면에서 소피스트들은 실재와 현상의 관계에서 현상 너머에는 실재가 존재하지 않는다고 주장한다.[8] 프로타고라스(Protagoras, BC 490~BC 420)가 표현했듯이, 만물의 척도로서 인간은 존재하는 것에 대해서는 존재하는 것의 척도이며 그리고 존재하지 않는 것에 대해서는 존재하지 않는 것의 척도이기 때문이다. 실재의 본질이나 형상을 알 수 있다는 것은 인간의 유한성에 의해서 방해를 받는다. 따라서 실재의 현상과 본질을 구분할 수 있다는 것은 다소 상대적일 수밖에 없다. 서로 다른 시각과 관점에서 세계를 바라보는 인간은 실재에 대한 인식이 불가능하다고 본다. 이런 점에서 우리가 사용하는 언어는 그것의 본질이나 사실을 기술하지 않고 다만 보이는 현상에 대한 기술에 지나지 않는다는 것이다.

소피스트들의 본질주의에 대한 비판 이후에 서구철학의 흐름은 리처드 로티가 지적하듯이 "비본질주의"(nonessentialism)나 "비표상주의" (nonpresentationalism)로 전환되었다. 실재의 본질과 표상에 대한 저항은 실용주의, 실존주의, 해체주의, 전체주의, 과정철학, 포스트구조주의, 포스트모더니즘, 비트겐슈타인주의, 반실재주의와 해석학에 의해서 셸 수 없을 만큼 많이 언급되었다.[9] 볼프강 이서(Wolfgang Iser)의 말대로, "실재란 용어는 이미 의심을 받고 있다."[10] 왜냐하면 실재를 드러내는 "선택적 과정"이 항상 수반되기 때문이다. 실재는 항상 그것을 바라보는 사람에 의해서 선택적으로 표상된다는 것이다. 따라서 실재는 항상 인식자의 상황에 따라 다르게 드러나는 현상에 불과하다.

이러한 실재를 바라보는 두 가지 해석은 여전히 아직 해결되지 않은 문제로 남아 있다고 본다. 물론 많은 사람들은 실재의 현상에 점수를 넉넉히 주리라고 기대하지만, 반드시 그럴 것이라고 생각해서는 안 된다. 우리가 실재의 표상을 무시한다면, 그것으로 인해 더 많은 부작용이 있을 것이라고 염려해야 하지 않을까 한다. 여전히 사실에 대한 진리와 사물의 본질에 대한 호기심은 다양하게 변형될 수는 있어도 인간 문명이 있는 한에서는 사라지지는 않을 것이기 때문이다.

분석철학 운동

아덴을 중심으로 일어난 서구철학이 언어의 유용과 사용에 대한 면밀한 분석은 20세기에 들어서면서 보다 활발해지기 시작했다. 언어의 분석을 주도한 사람들은 버트런드 러셀과 논리실증주의자들이었고, 나중에 반증주의를 주창한 칼 포퍼 등이다. 우리는 그들의 공헌들을 에누리해도 칭찬할만하다. 그들은 우리가 사용하는 언어를 분석하고 의미화하는 작업에 사람들이 하기 싫은 일에 헌신하고 몰두했기 때문이다. 러셀과 논리실증주의자들은 사제관계로서 언어의 논리적 원자론을 정형화했다. 그들의 노력은 주로 철학의 과제가 언어의 의미를 명확하게 분석하는데 있었다.

특히 버트런드 러셀은 언어를 논리적 원자론으로 설명했다. 원자란 말은 과학적 용어이지만, 더 이상 분해될 수없는 최종적이고 남은 말이라는 것에 비유한다. 간단히 말해, 논리적 원자론은 언어와 대상과의 사실적 의미를 파악하는 것이다. 이러한 논지의 배후에는 형이상학의 언어사용에 대한 문제가 있었다. 형이상학적 언어는 사실이 아니라 현실과는 동떨어진 언어로 사람을 유혹하는 것으로서 문체의 화려한 수사는 매우 불명료한 것으로 간주되었다. 이런 형이상학적 언어의 문제에서 당시 캠브리지 대학의 철학교수였던 러셀은 사실과 정확히 대응하는 언어를 주장했는데, 그것이 이른바 그의 "논리적 원자론"이다. 원자론이란 모든 것의 마지막 단계에 있는 핵심적 언어를 말한다. 그것은 다름 아닌 사실적 명제나 언어다. 마치 수학의 정확성과 엄밀성과 마찬가지로 언어의 사용도 정확성과 엄밀성을 지니고 있어야 하는 것과 마찬가지였다. 결국 러셀이 노력한 것은 어떤 진리를 발견하려는 것이 아니라 사용한 언어나 발설한 진술 및 명제들의 의미를 밝혀내려는 것이었다.

언어의 논리적 원자론은 논리실증주의자들을 태동한 직접적인 계기였다. 버트런드 러셀의 영향을 받은 과학자들과 철학자들이 비엔나에서 정규적으로 모임을 가졌다. 이 모임으로 1920년 정식으로 비엔나 학파가 우연찮게 형성되었다. 이 모임에 참여한 사람들은 슐리크 (Moritz Schick, 1882~1936), 카르납(Rudolf Carnap, 1891~1970), 바이스만 (Friedrich Waismann, 1896~1959), 파이글(Herbert Feigl, 1902~1988), 노리라트

(Ott Neurath, 1882~1945), 괴텔(Kurt Godel, 1906~1978)이었다. 이들은 이 모임의 회원이 아닌 루드비히 비트겐슈타인의 『논리철학 논고』를 읽고 토론했다. 이들의 노력으로 비엔나 학파는 철학적 사조로서 '논리실증주의'(logical positivism)라는 이름을 얻게 되었다.

본래 실증주의는 모든 것을 검증하는 원칙을 가졌는데, 그들은 이 검증주의의 원칙 앞에 논리라는 말을 덧붙임으로서 언어의 검증주의를 주장하게 되었다. 논리실증주의는 모든 언어나 진술은 그것들의 사용에서 의미가 있는지 없는지를 검증하여야 하고, 만일 이 검증의 원칙을 통과하지 못한다면, 그 의미는 난센스라고 냉혹하리만큼 판단해 버렸다. 따라서 논리실증주의자들은 윤리와 신학 그리고 철학의 형이상학적 진술들은 일종의 무의미한 언어라고 단정하고 말았다. 이는 그러한 진술들은 사실적인 진술들이 아니기 때문이다. 버트런드 러셀에 의해 시작된 분석철학의 한 유형으로 논리실증주의는 모든 진술이 원자적이고도 사실적인 진술만이 참이라고 생각하기 때문에 그들의 탐구는 매우 무미건조하거나 삭막한 탐구에 전념한 것처럼 보인다. 그런 이유인지는 모르지만, 1930년대에 대부분의 논리실증주의자들은 영국과 미국으로 흩어지면서 와해되고 말았다.[11] 아이러니하게도, 논리실증주의자들 중 슐릭크는 강의하는 중에 자신의 학생인 요한 넬보크(Johann Nelbock)의 총에 맞아 사망했고, 괴텔은 비록 미국의 과학상을 받긴 했지만, 오래도록 우울증으로 고생을 했다.

논리실증주의자들과는 달리, 이 분석철학운동은 그들이 언어를 분석하는 방식을 거꾸로 근접해 보려는 운동이 칼 포퍼에 의해서 시작되었다. 우리는 이 방식을 "반증주의"(falsificationalism)라고 부른다. 반증주의는 입증주의나 검증주의와는 정반대의 방식이다. 입증주의나 검증주의에 근거한 논리실증주의는 글자 그대로 입증이나 검증의 원칙에 따라서 관찰하여 보편명제를 유도한다. 반면에 반증주의는 어떤 특정한 이론(특히 과학이론)이란 항상 반증에 열려있어야 하고, 그래서 그것이 실제로 거짓인지를 확인하고 논박에 의해 비판을 받도록 유도해야 한다고 주장한다. 얼핏 보기에 논리실증주의와 반증주의가 대동소이한 것처럼 보인다. 하지만 이 둘은 매우 상반된 방식이다. 논리실증주의가 철학, 윤리 그리고 종교를 포함하는 형이상학적 진술들을 파괴하는 도구로서 고안된 반면에 반증주의는 과학 자체를 비판할 목적으로 고안되었다.[12] 포퍼는 논리실증주의에 대한 비판에서 반증주의의 정당성을 주장해 왔다. 그에 따르면, 모든 인식적 발전은 대담한 추측을 제시하고, 그것을 엄격한 비판에 의해서 논박하는 이른바 "시행착오"의 과정을 통해서 달성된다는 것이다. 하지만 논리실증주의는 이러한 방식에서 이미 실패했다는 것이다. 논리실증주의는 경험적인 방식으로 검증할 수 없는 경우에 주어진 진술이나 명제들을 무의한 것으로 단정해 버렸다. 오직 경험적으로 검증하거나 입증할 수 있는 경우에만 철학의 대상으로 삼았다. 그래서 논리실증주의자들은 언어를 논리적이고 명료하게 만드는 문제로 환원시켰다. 여기에서 포퍼는 한 이론이나 주장이 더욱 믿을 수 있게 만들려면, 그것을 입증하는 증거들에 의해서 되는 것이 아님을 비판했다. 증거란 항상 어느 정도 수집해야만 그것이 진리로 인정되는지 잘 모르는 문제이다. 이러한 비판에서 포퍼는 "반증"을 과학이 갖추어야할 가장 중요한 조건으로 설정했다. "모든 까마귀는 검다"라는 그의 유명한 예에서 이 사실을 알 수 있다. "모든 까마귀는 검다"는 명제는 수천의 검은 까마귀를 관찰하여 증거로 내세운다고 해도 까마귀 "모두"를 관찰하는 것은 불가능하다. 왜냐하면 아무리 많은 검은 까마귀를 관찰했다고 하더라도 한 마리의 흰 까마귀를 발견하면 이전의 모든 명제들은 오류로 판명되기 때문이다. 이러한 정황에서 포퍼는 과학이 과학으로서 인정을 받기 위해서는 반드시 "반증"의 시작이 있어야 한다. 그가 말하는 반증이란 쉽게 말해 "비판정신"이다. 더 정확히 말해, 반증은 추측과 확인에 의해 근거된 비판이다. 그에게 있어서 비판은 과학의 생명자체다. 한 이론은 항상 추측하고 논박의 과정을 거칠 때에야 비로소 믿을 수 있는 이론이 된다는 사실이다.[13]

비트겐슈타인의 언어철학

"서구철학은 플라톤의 각주에 불과하다"라고 한 화이트헤드의 말은 "비트겐슈타인 이전까지만"이라는 단서가 붙어야 한다고 시카고 대학의 스테판 툴민(Stephen Toulmin)이 지적했다. 비트겐슈타인은 이처럼 서구철학의 궤도를 수정할 정도로 언어의 전환을 이룬 인물이었다. 아이러니하게도 이 '언어전환'은 코페르니쿠스적 혁명과 맞먹는 상황이었다. 이와같이 비트겐슈타인이 출현한 이래 언어가 철학에서 이 같이 중요한 위치를 점유한 적이 없었다. 우리가 비트겐슈타인을 떠올리면, 우리 시대의 유명연예인처럼 그에 대한 숨은 이야기가 무성하다. 이를테면, 그가 철학수업을 마친 후에는 영락없이 싸구려 추리영화관을 관람하고, 강의하는 동안 줄곧 인상을 쓰면서 고통스럽게 강의를 하고, 오스트리아 산골 초등학교에서 매일 어려운 단어시험을 치루고 또 학생을 때려 학교에서 쫓겨났던 일, 부지깽이를 흔들면서 강의하러 온 과학철학자 칼 포퍼를 위협한 사건, 자살에 대한 충동 등의 여러 소문들이 그의 이야기에 간식처럼 따라다닌다. 도대체 그가 언어철학에 어떤 공헌을 했을까. 또 그는 언어가 무엇이며 언어는 과연 무엇을 할 수 있다고 말했을까. 왜 비트겐슈타인이 언어철학에서 중요한가.

그의 타고난 언어의 사용에 있는 것이 아니라 그가 자신의 전기적 사상을 뒤엎고 후기적 사상을 말할 정도로 철학의 정직성에 있다. 철학자들의 생리를 들여다보면, 자신이 주장하고 가르친 내용이 잘못되었다는 신앙적 고백과 같은 것은 학자들로부터는 기대하지 않는 게 좋다. 하지만 그는 일평생 가르친 내용이 잘못되었다고 고백함으로써 그로 인해 올 사상적 흐름의 방향을 예견할 수 있었다. 비록 그러한 고백은 드문 현상이지만 비트겐슈타인은 실제로 그렇게 했다. 이 사건은 버트런드 러셀과 무어와 같은 당대의 분석철학의 대가들에 대한 사상적 저항일 뿐만 아니라 그들의 언어관을 무용지물로 만들었다. 우리가 그를 존중하는 이유가 여기에 있다. 그가 외모가 뛰어나서가 아니라 그 자신의 사상에 대한 철학적 반성의 정직성 때문이다. 우리 시대는 얼마나 자신의 학문적 성찰을 정직히 하는 사람을 동경하는지 모른다. 그런 점에서 그는 존경을 받기에 충분하다. 이러한 그가 언어의 사용을 언어놀이로 국한하여 설명한 점은 높이 평가받고 있다.

전기비트겐슈타인과 후기비트겐슈타인의 언어이해를 간략히 서술해 보자. 우선 전기비트겐슈타인은 사후에 출판한 그의 『논리철학논고』를 중심으로 이루어졌다. 비트겐슈타인이 버트런드 러셀의 영향을 받았고 박사학위논문으로 제출한 내용인 『논리철학논고』는 그의 언어의 전기철학을 특징짓는다. 전기언어철학의 가장 중요한 특징은 원자적 사실의 문장에 의해서 특징짓는다. 원자적 사실은 더 이상 의심할 수 없는 사실적 문장에 이른다는 뜻이다. 비트겐슈타인에 따르면, 세계는 사실들로 구성되어 있고, 이 사실들은 더 이상 정의될 수 없는 문장들이다. 단지 우리가 말할 수 있는 것은 그 문장들이 참 또는 거짓으로 말할 수밖에 없다. 이를테면, "하기동은 유성구다"라는 문장을 누군가가 발설했다고 하자. 이 문장의 진리는 사실인가 아닌가에 따라 참인 문장과 거짓인 문장으로 변별되어질 것이다. 그런데, 누군가가 "하기동은 아름다운 지역이다"라고 말했다고 한다면, 이 문장은 '하기동'과 '아름다운'이라는 두 개의 사실들을 확인하여 그 문장의 진위에 관심을 가지고 결론에 이른다. 이렇듯 비트겐슈타인은 세계는 사물이나 사물들의 대상으로 구성된 총체적 세계가 아니라 사실(fact)로 구성된 세계라고 단정한다.[14]

게다가 이 원자적 사실의 문장들은 요소명제와 그림이론에 의해 더욱 확고하게 설명된다. 요소명제란 "더 이상 기본적인 명제로 분해 혹은 분석될 수 없는 명제이다."[15] 그리고 그림이론이란 우리가 사용하는 문장들이 실재에 대한 반영이고, 그것이 사실적 문장으로 드러난 것이다. 만일 그렇지 않은 경우에 우리가 사용하는 문장은 무의미하다.[16] 말하자면, 실재를 그대로 반영하지 않은 문장은 귀신 볍씨 까먹는 소리에 지나지 않는다는 것이다.

전기비트겐슈타인의 언어철학과는 달리 후기비트겐슈타인의 언어철학은 논리적 명제에서 탈피하여 일상 언어로 전환한 것이 가장 큰 특징이라 할 수 있다. 비트겐슈타인은 그가 캠브리지대학 캠퍼스를 지나 강의실로 향하는 중에 학생들이 영국 풋볼경기를 하는 것을 보고 아이디어를 얻었다. 언어는 마치 풋볼경기, 즉 놀이라는 것을 말이다. 후기비트겐슈타인은 주로 『철학적 탐구』를 중심으로 취급되었는데, 후기비트겐슈타인의 언어철학은 크게 두 가지가 강조되는 것처럼 보인다. 하나는 언어놀이(language game)다. 놀이란 하나가 아니라 여럿이다. 그리고 이 놀이는 단일적이 아니라 다원적이다. 그렇지만, 놀이 속에는 다양한 형태의 규칙들이 존재하며, 이 규칙들은 전기비트겐슈타인이 말하는 논리적 규칙성이 아니라 그 놀이의 규칙성이다. 놀이는 경기자를 규제하고 제한한다. 놀이가 일차적이고, 경기자는 이차적이다. 따라서 후기비트겐슈타인의 언어철학은 다양한 학문적 가능성을 제시할 뿐만 아니라 문화의 차이들에 대한 운신의 폭을 넓게 해 준다. 이런 점에서 신학, 철학, 과학 그리고 신앙의 문법 및 규칙은 서로 다르며, 한 특정한 놀이의 규칙이나 문법이 다른 놀이의 규칙이나 문법에 적용될 수 없다. 신앙의 문법은 과학의 문법에 적용할 수 없고, 그 반대로 해도 마찬가지다. 그러므로 이 후기비트겐슈타인의 언어철학이 신앙의 행위에 크게 영향을 미쳤다고 보인다.[17]

후기비트겐슈타인의 언어철학의 다른 특징은 문장이나 진술로 구성된 언어가 궁극적으로 행동이나 활동을 지향한다는 것이다. 우리가 사용하는 모든 언어는 행위나 활동을 수반한다. 아무리 그것이 하찮은 문장이라고 해도, 그 문장 속에는 이러한 행동의 실천을 요구하고 있다는 사실이다. 비트겐슈타인은 "명령을 내리고, 명령에 복종하고, 대상의 현상을 기술하거나 그 대상을 측정하기, 대상을 기술에 의해서 구성하기, 사건을 보고하기, 사건에 관해 성찰하기, 가설을 세우고 시험하기, 연극하기, 노래를 돌려 부르기, 수수께끼를 풀기, 묻기, 감사하기, 저주하기, 인사하기, 기도하기"[18] 등의 문장들에서 어떤 논리적 형식이나 구조를 파악하기보다는 어떤 활동이나 행위가 수반된다는 것을 보여주려고 했다.

말할 수 있는 것과 말할 수 없는 것

비트겐슈타인은 말할 수 있는 것과 말할 수 없는 것의 경계를 설정했다. '말할 수 있는 것'과 '말할 수 없는 것'에 대한 논의가 다소 복잡하고도 난해한 표현이라고 강조하는 사람들이 흔히들 있다. 종종 선무당이 사람을 잡는 것처럼, 그의 저작을 보지 않고 이차적 자료에만 의존하는 사람에게서 나타나는 당당함이다. 하지만 그의 주요 저작인 『논리철학논고』에 보면 매우 간명한 어조로 표현되었다. 그는 다음과 같이 말하고 있다.

"말해질 수 있는 것, 그러므로 자연 과학의 명제들-그러므로 철학과는 아무 상관없는 어떤 것-이외에는 아무것도 말하지 말고, 다른 어떤 사람이 형이상학적인 어떤 것을 말하려고 할 때는 언제나, 그가 그의 명제들 속에 있는 어떤 기호들에다 아무런 의미도 부여하지 못하였음을 입증해 주는 것-이것이 본래 철학의 올바른 방법일 것이다. 이 방법은 그 다른 사람에게는 불만족스럽겠지만-그는 우리가 그에게 철학을 가르쳐 주었다고 느끼지 않았을 것이다-이 방법은 유일하게 엄격히 올바른 방법이다."[19]

그렇다면, 말해질 수 있는 것과 말해 질 수 없는 경계는 무엇일까. 이제 우리는 이 말해 질 수 있는 것과 말해 질 수 없는 것의 경계에서 실재와 언어의 관계를 도식적으로 생각해 보고자 한다.

첫째, 말할 수 없는 것에는 침묵하라. 루드비히 비트겐슈타인은 잠언의 격언과 같은 말을 했다. "말할 수 없는 것에 관해서는 우리는 침묵하지 않으면 안 된다."[20] 이 문장은 그의 『논리철학논고』에 나오는 마지막 문장이다. 매우 간명한 이 명제는 심오한 의미를 담고 있는 듯하다. 말할 수 있는 것과 말할 수 없는 것의 경계에서는 언어가 중요하다. 한마디로 우리는 논리적 형식에서 세계를 인식해야 하는 것이다. 다시 말해, 논리가 설정하는 한계 내에서만 세계나 사물을 인식할 수 있으며, 그리고 그러한 한계가 반드시 존재한다는 것이다. 말할 수 없는 것들에는 신학과 윤리학 그리고 형이상학 혹은 철학 등이 있다. 그들은 세계를 논리적인 형식에서 서술하는 것이 아니라 서술적 형식에서 기술한다. 이런 연유일까. 논리실증주의자나 전기비트겐슈타인의 언어철학은 윤리학과 신학과 같은 문장들을 아무런 의미 없는 문장들이라고 단정해 버리고 말았다. 그러므로 그들의 문장은 말할 수 없기 때문에 사실적 문장이 아니며 참인 문장이 아니라는 것이다.

둘째, 말할 수 없어도 말하라. 말할 수 없다는 명제는 인간의 언어가 제한적임을 전제로 한다. 제한된 언어는 실재에 대한 경험을 그대로 서술할 수 없다는 한계에 부딪친다. 언어가 항상 인간의 언어에 의해서 발전되기 때문에 실재의 내용을 사실적으로 끄집어내려고 시도할 때에 우리는 좌절한다. 그렇다고 우리가 말을 안 하고 베길 수 있을까. 이렇게 큰 소리 친 사람이 중세 시대 스콜라 철학을 정점으로 이끈 토마스 아퀴나스다. 이미 그는 "철학은 신학의 시녀"라는 신학적 어록을 만들어 자신의 중심적인 신학적 사상보다 더 유명세를 탔다. 그런 그가 여러 분야에서 신학적으로 사유의 고민이 반영된 내용들을 발표함으로써 신학적 학문의 영역을 탄탄하게 만들었다. 그 중 언어에 관한 이야기가 주목을 끌기에 충분하다. 이른바 그의 종교언어는 어떻게 보이지 않는 하나님과의 의사소통이 가능한가에 대한 관심이었다. 전통적으로 단의적 방식과 다의적 방식을 비판하는 아퀴나스는 말할 수 없어도 우리는 말하지 않으면 안 된다는 것을 강조한다. 그러면 그는 어떻게 말하는 것이 좋은 방식일까를 고민한 후에 그것은 유추적인 방식으로 말할 수밖에 없다고 단정한다. 고전적으로 언어의 사용에서 단의적인 언어와 다의적인 언어는 신 실재를 언급하는 데 있어서 제한적임에도 불구하고 우리는 유추적으로라도 말할 수 있어야 한다. 실재란 언제나 가변적이고 유동적이며, 누가 그것을 이해하고 바라보는가에 따라서 다른 의미로 해석되는 것은 사실이다. 그렇다고 우리는 우리가 경험한 하나님의 실재를 침묵하는 것은 옳은 태도라고 보기에는 좋아 보이지 않는다. 그런 점에서 아퀴나스의 전략은 적중했다고 보인다.

아퀴나스에 앞서 활동했던 교부신학자 어거스틴에서도 이러한 점을 발견한다. 아퀴나스와 마찬가지로 그는 다소 강한 어조로 말할 수 없어도 말할 수밖에 없다고 말했다. 하나님에 관한 경험, 즉 실재에 대한 경험은 인간의 제한된 언어로는 도저히 불가능한 것임을 안다. 하지만 하나님에 관한 경험이 너무 강렬해서 말하지 않으면 안 될 것 같다. 이는 요한계시록의 저자인 요한이 밧모섬이라는 조그마한 섬에서 하늘나라의 놀라운 광경과 미래의 일어날 일들을 파노라마처럼 목격하지만 원래 형식적인 학문을 하지 않았고, 아마도 배웠다고 하더라도 직접 목격한 것을 언어로 풀어내기란 거의 불가능했을 것이다. 하지만 그가 전유하고 있는 현재의 언어로 그 사실을 발설하고야 말았다. 왜 그랬을까. 이유는 단 하나. 말하지 않고는 도저히 몸살이 나서 못 견디겠다는 거다. 실제로 알고 있다. 그것이 부분적이고 유추적이며 심지어 누추한 표현일 수밖에 없지만 말을 하지 않으면 안 될 그 어떤 것을 경험했다는 것이다. 이러한 맥락에서 메타포주의와 상징주의 등이 이러한 언어적 방식에 동조하는 것처럼 보인다.

셋째, 말할 수 있는 것만 말하라. 앞에서 언급했듯이 비엔나를 중심으로 일어난 논리실증주의자들의 언어에 대한 태도다. 한층 더 급진화된 경험주의로 알려진 논리실증주의는 1920년대 초에 비엔나 대학에서 공식적인 모임을 갖고 성명서를 발표했다. 성명서의 내용은 지극히 교만하기 짝이 없는 것들이어서 대중들에게 미움을 받을 만했던 것이었는데, "말도 안 되는 말은 내뱉지 말자!"[21] 말도 안 되는 소리는 논리적으로 검증하거나 분석하여 탈락된 문장들을 말한다. 그들의 주된 작업이란 상식적인 명제들을 논리적으로 분석하는 데 있다. 그들의 최상의 무기는 다름 아닌 과학적 탐구다. 원래 과학적 탐구정신이 투철하다고 생각하는 사람들의 성향이 오만한 태도를 보이듯이, 이들은 당시에 논리학과 수학 외에 그들은 경험되지 않고 논리적으로 검증되지 않은 것은 난센스로 주창함으로서 당대의 지성인의 면모를 과시했다. 논리실증주의의 도화선을 제공한 사람은 모름지기 비트겐슈타인이었다.

비트겐슈타인의 논고가 그들의 텍스트북이었다. 매일 한 장식 강독하면서 토론했던 그들은 언어에 갇힌 철학자들이었다고나 할까. 그들에게는 말할 수 있는 것만 진리다. 그 이상도 그 이하도 아니다. 이것은 "모든 것을 가능한 한 간단하게 말하되 그 이상은 말하지 말라"는 비트겐슈타인의 경구를 연상시킨다. 우리가 사용하는 문장들 중에 아무런 생각 없이 사용하는 문장들이 많은 것을 생각해 본다면, 이들의 충고는 사실을 왜곡하는 문장들로 인해 사람들에게 상처를 주지 말고, 사실적 언어로 진리에 근접한 삶을 유도하고 있다는 점에서 도움이 되지 않을까 싶다.

넷째, 말할 수 있어도 침묵하라. 진리는 인간의 말로 나오는 순간 그것은 진리의 파생이자 왜곡이다. 말하지 않고 산다. 그것이 가당키나 한 건가. 하지만 이렇게 생각한 사람이 있었다. 그는 다름 아닌 플로티누스다. 로마 후기의 구원사상에 개념적 발판을 마련해 준 철학사상은 신플라톤주의였다. 플라톤 철학을 고대 후기의 종교적 관점에서 새로이 해석한 플로티누스는 알렉산드리아에서 공부한 후 로마로 건너가 그곳에서 인정을 받았다. 그의 철학을 가리켜 신플라톤주의라 명하는데, 초기 기독교 사상에 절대적인 영향을 미쳤고, 그의 영향을 받은 인물들 중에는 어거스틴이 있었다. 플로티누스는 '우리가 말할 수 있는 것은 유일한 일자다'라고 주장한 파르메니테스에게서 시작된 존재철학의 핵심 개념을 받아들였다. 파르메니테스의 통찰에서 플로티누스는 만물의 근원 일자를 사상적 출발점을 삼았다.[22] 그는 "존재는 영원한 이데아들의 총체이자 그 이상의 어떤 것"이라는 사상에 개념을 부여했다. 모든 존재는 영원한 존재에서부터 흘러나온다. 말할 있어도 침묵하라는 것은 신비주의나 불교의 수행자들에게서 종종 발견되는 견해다. 이것은 말할 수 있지만 그것이 참이 아닐 수 있기 때문에 침묵해야 한다는 전제가 깔려있는 듯하다.

언어와 기독교 신앙

　기독교 신학은 언어에 대한 두 가지 상반된 견해들이 있었다. 하나는 수정주의 신학이고, 다른 하나는 후기자유주의 신학이다. 수정주의 신학은 시카고 대학을 중심으로 발전되었던 신학인 반면에 후기자유주의 신학은 예일 대학을 중심으로 발전되었다.[23] 흔히 수정주의 신학을 시카고 학파로 부르고, 후기자유주의 신학을 예일 학파로 부르기도 한다. 수정주의 신학은 폴 리쾨르의 해석학적 전통과 찰스 하츠혼의 과정 철학적 전통에서 연유하여 길키(Langdon Gilkey, 1919~2004)와 트레이시(David Tracy, 1939~)에 의해서 두드러지게 강조된 신학적 사조인 반면에 후기자유신학은 프라이(Hans Frei, 1922~1988)와 린드백(George A. Lindbeck, 1923~)에 의해서 두드러지게 강조된 신학적 사조이다.[24] 이 두 신학적 사조는 성서적 언어에 대한 일련의 순서를 어떻게 보는가에 따라서 결정되었다. 성서적 언어에 대한 수정주의 신학의 입장은 경험이 일차적이다. 말하자면, 하나님의 백성들이 하나님의 실재를 경험하고 그것을 언어를 통해서 표현된 것이 성경이라는 것이다. 따라서 이 신학을 대표하는 길키나 트레이시는 인간의 경험이 언어를 통해서 문화나 상징을 표현하고 전수한다고 믿었다. 이와는 대조적으로 후기자유주의는 "텍스트 배후의 의미"를 밝히려는 시도를 거절한다. 이는 텍스트 배후에 놓여있는 보편적인 진리를 인간의 제한된 경험으로 이해하기에는 불가능하기 때문이다.[25] 이미 우리는 언어나 종교 속에 우리의 의지와는 상관없이 선택된 존재다. 이러한 존재는 이미 언어적이고 우리가 보는 텍스트에 의해서 우리가 세상을 볼 수밖에 없기 때문에 언어가 일차적이고 경험은 이차적이다. 우리가 경험하는 이유는 언어가 이미 온 세계에 선재되어 있기 때문이다. 만일 언어가 없다면, 우리는 실재에 대해 경험하지 못한다. 이를테면, 고통이란 단어가 선재해 있기 때문에 고통이 무엇인지를 우리가 경험할 수 있다는 것이다. 이러한 생각은 이미 앞에서 보아온 후기비트겐슈타인의 언어에서 언급된 것을 프라이와 린드벡에 의해서 신학적으로 재천명되었다고 볼 수 있다.[26]

그렇다면, 수정주의 신학과 후기자유주의 신학이 말하는 경험과 언어에 관한 생각은 우리의 신앙에 중요한가. 한마디로 말해 언어와 경험은 기독교 신앙에서 복음의 전달매체다. 따라서 이러한 생각은 당연히 중요하다. 아니 이러한 것들에 대한 사유가 없다면, 복음에 대한 의미를 전달하지 못할지 모른다. 우리가 알고 있듯이 기독교 신앙은 경험과 언어의 변증적 관계에서 출발한다. 역사적으로 기독교 신앙은 하나님의 말씀이다. 하나님의 말씀은 언어다. 하나님의 말씀은 인간의 언어를 통해서 전달된다. 기독교 사상 중에 가장 공헌한 개념인 로고스의 사상은 이런 측면에서 이해될 수 있다. 우리에 대한 하나님의 사랑하심, 계획하심, 돌보심은 다른 어떤 것으로 이해되는 문장들이 아니라 오로지 인간의 언어에 의해서만 가능하다.

독일 신학자 에른스트 폭스(Ernst Fuchs, 1874~1971)는 "인간이 언어를 낳은 것이 아니라 인간은 언어로부터 태어난다"라고 했다. 이 말은 인간이 자기 생각을 표현하기 위해 언어를 사용하는 것이 아니라 언어가 인간의 생각과 사상을 만들고 조정한다는 의미다. 어쩌면 이 말이 옳은지 모른다. 왜냐하면 우리가 글을 쓰는 것이 아니라 우리가 쓴 글이 우리를 결정하기 때문이다. 이를테면 우리가 신약성경의 복음서들과 서신들을 읽을 때에 그런 생각을 하게 된다. 마태가 마태복음을 썼다고 배웠다. 하지만 마태가 쓴 그 마태복음서가 마태를 만들어낸다. 우리는 마태가 누군지 모른다. 하지만 그의 글이 그가 누군지 만들어내는 것이다.

실존주의 철학자 하이데거는 해석학이란 언어의 해석이 아니라 언어를 통해 실재를 해석하는 것이라고 말한 바 있다. 기독교 신앙은 하나님과 의사소통을 통해서 그분의 말씀에 순종한다. 기독교 신앙은 행위에 앞서 언어가 선행한다는 것을 가르친다. 우리가 복종하고 순종하는 일은 언어에 대한 이해가 우선이다. 언어를 이해하지 않는다면, 하나님의 말씀에 복종하거나 순종하지 못한다. 지극히 당연하게 보이는 것이지만, 언어를 이해하지 못하는 사람은 하나님의 말씀에 순종할 수 없다. 이것이 기독교 신앙에서 언어의 중요성이 강조되는 이유이다.

결론적으로 언어에 대한 신앙적 입장을 간략히 살펴보자. 우리의 신앙적 실천은 아마도 설교에서 가장 두드러지게 나타날 것이다. 실존주의 신학자인 루돌프 불트만이 지적했듯이, 설교 즉 케리그마는 일종의 언어사건이다. 불트만은 역사적 예수에 관한 탐구를 중요하게 여기지 않았다. 그가 역사적 예수를 부정한 것이 아니라 케리그마가 기독교 신앙에 더 중요하다고 여겼기 때문이다.

불트만에 따르면, 예수가 역사적인 인물로 존재했다는 것은 우리가 알지만 예수가 어떻게 살았는지는 모른다는 것이다. 비록 보른캄과 케재만과 같은 불트만의 제자들이 그들의 스승에 대한 비판에서 하나같이 예수를 너무 단순한 사실로 보았지 예수에 대한 신학적 의미를 발견하지는 못했음을 지적하고 있을지라도 불트만은 신학적 의미의 중요성보다는 신앙적 의미 즉 신앙인의 실존적 정황에서 그 말씀이 어떻게 작용하는지를 보여주고자 했다. 실재에 대한 표현이 언어사건이고 그것이 케리그마, 즉 설교다. 설교란 실재에 대한 인식을 언어에 의해서 노출하는 작업이다. 그것은 우리의 생각이나 우리의 사유를 말씀을 선택적으로 해석하는 것이 아니라 말씀이 우리의 사상을 형성하고 만든다. 이렇게 전달되는 설교는 우리의 신앙에 절대적이다. 히브리서 기자가 기록했듯이, "하나님의 말씀은 살았고 운동력이 있어 좌우에 날선 어떤 검보다 예리하여 혼과 영과 및 관절과 골수를 찔러 쪼개기까지 하며"(히 4:12). 바울은 디모데에게 주는 교훈으로서 "모든 성경은 하나님의 감동으로 된 것으로 교훈과 책망과 바르게 함과 의로 교육하기에 유익하니"(딤후 3:16)라고 말하지 않았는가. 종종 우리가 하나님의 말씀을 예리하게 분석하고 쪼개는 작업을 해야 한다고 생각한다. 반드시 그럴 필요는 없다. 오히려 말씀이 우리를 분석하고 반죽하고 만들도록 허용하게 해야 한다. 그래서 기독교 신앙은 말로 구성된 성경이 우리를 구성하도록 허용하는 믿음에서 역동적이고 삶의 변화와 교화를 기대할 수 있을 것이다. 말씀은 들음에서 오기 때문이다.

주(註)

1) Richard Rorty, *Philosophy and Social Hope* (New York: Penguin Books, 1999), 48.

2) Ludwig, Wittgenstein, *Philosophical Investigations*, trans. G. E. M. Anscombe (Oxford: Blackwell, 1958), #23. 후기비트겐슈타인의 언어의 특징 중 하나는 언어가 행동의 일종이라는 것이다. 이 부분에 관해서, 정승태, 『그까이꺼 해석학! 폼나게 풀어보자』 (대전: 침례신학대학교출판부, 2005), 295-6을 참조하라.

3) "거울이론"(Mirror Theory)은 사실을 거울을 보는 것처럼 실재와 언어는 대응적이라는 리처드 로티의 은유적 표현이다. 특히 이 이론은 그의 주저인 철학과 자연의 거울(Philosophy and the Mirror of Nature)에서 잘 언급되어 있다. *Philosophy and the Mirror of Nature* (New Jersey: Princeton University Press, 1979), 131-8을 보라.

4) Ibid.

5) Jacqueline De Romiliy, *The Great Sophists in Periclean Athens*, trans. Janet Lloyd (Oxford: Clarendon Press, 1998), 아덴의 사회에서 소피스트들은 수사학과 설득의 기술로 사람들에게 주목을 받았고, 그것이 교육의 중요한 내용이 되었다. 우리가 알듯이 플라톤의 스승인 소크라테스도 소피스트 밑에서 공부한 학생이었다. 하지만 소크라테스는 경제적으로 부유하지 못해서 단기과정만 이수한 셈이다. 오늘로 말하면 수료한 학생이라고 할 수 있을 것 같다. 플라톤은 소피스트들을 "지혜를 원하는 모든 사람들에게 돈을 받고 그들의 지혜를 파는 사람들"이나 "영혼의 상품을 파는 상점주인들"과 같다고 표현함으로써 당시의 소피스트들의 행위를 폭로한 적이 있다. 덕이 주요한 사회에서는 이러한 금전으로 보수를 받고 교육을 한다는 것은 당시로서는 납득하기 어려운 것이 아니었을까 한다. W. K. C. Guthrie, The Sophists (Cambridge: Cambridge University Press, 1971), 35-40을 보라.

6) Guthrie, *The Sophists*, 208.

7) 플라톤은 『국가론』에서 보여준 동굴의 비유를 두 가지 의미로 설명한다. 하나는 자신의 철학적인 방법론을 말하는 것이고, 다른 하나는 영혼의 해방이나 속박에서의 자유를 가르치는 내용이다.

8) Guthrie, *The Sophists*, 208.

9) Rorty, *Philosophy and Social Hope*, 47.

10) Wolfgang Iser, *The Act of Reading: A Theory of Aesthetic Response* (Baltimore: The Johns Hopkins University Press, 1978), 70. 심미적 독자비평의 이론을 주창한 볼프강 이서는 텍스트 속에 이미 독자가 차지하는 역할이 매우 중요하므로 객관적이고도 변하지 않는 실재를 그대로 드러내지 않는다고 주장했다.

11) Samuel Enoch Stumpf and James Fieser, 『소크라테스에서 포스트모더니즘까지』, 이광래 옮김 (서울: 열린 책들, 2004), 636-9를 보라.

12) David Castle and Edward Jones-Imhotep, "A Century of Transition in the Philosophy of Science," *Columbia Companion to Twentieth-Century Philosophies*, ed. Constantin V. Boundas (New York: Columbia University Press, 2007), 272.

13) Karl Popper, *Conjecture and Refutation: The Growth of Scientific Knowledge* (London: Routledge, 1963), 33-6.

14) Ludwig Wittgenstein, *Tractatus*, 1.1; 1.2; 1.021.

15) 정승태, 『그까이꺼 해석학! 폼나게 풀어보자』 (대전: 침례신학대학교출판부, 2004), 289.

16) Ibid., 290.

17) Ibid., 292-8

18) Ludwig Wittgenstein, *Philosophical Investigations* (Englewood Cliffs: Prentice-Hall, Inc., 1964), #23. 이것은 쪽수가 아니라 일련의 번호다.

19) Wittgenstein, *Tranctatus*, # 6.53. 그리고 말해 질 수 있는 것과 말해 질 수 없는 것은 # 4.115를 보라.

20) Ibid., # 7.

21) 이것은 필자의 표현인데, 철학을 존중히 여기는 분들에게 다소 치명적인 표현이 될 수 있을지 모른다.

22) B. C. 500년경에 파르메니테스는 크노파네스로부터 가르침을 받고 당대의 헤라클레이토스와 논쟁을 벌였던 인물이다. 흔히 그를 존재론 혹은 존재철학의 창시자로 부른다. 비록 생애가 잘 알려져 있지 않지만 존재의 본질과 본성에 관한 학문을 이야기할 때 그를 반드시 언급하는 인물이다. 그의 기본 사상은 "존재는 존재하고, 비존재는 존재하지 않는다"는 것이다.

23) 수정주의 신학과 후기자유주의 신학에 관한 명확한 구분은 윌리엄 플레이커, 댄 스타이버 그리고 게어리 콤스탁의 작업 속에 빈번히 등장하고 있다. William C. Placher, 『비변증론적 신학』, 정승태 옮김 (서울: 은성, 2003), 10장과 Dan Stiver, 『종교언어철학』, 정승태 옮김 (대전: 침례신학대학교출판부, 2001), 7장 그리고 Gary L. Comstock, "Two Types of Narrative Theology," *Journal of the American Academy of Religion* 55 (Winter, 1986): 687-717을 참조하라.

24) 랭돈 길키는 1919년 2월에 시카고 대학의 록펠러 교회의 교목이었던 아버지와 열성적인 페미니스트 어머니 사이에서 태어났다. 그는 하버드 대학과 콜롬비아 대학에서 공부했다. 데이비드 트레이시는 1939년에 출생했고, 로마의 그레고리안 대학(Gregorian University)에서 공부했다. 현재 시카고 대학의 신학부 교수로 있으며 주로 가톨릭과 관련된 연구와 철학적 신학이 주된 연구 분야이다. 예일대학의 한스 프라이는 독일의 브라슬라우에서 출생했고, 1938년에 16세의 나이로 부모를 따라 미국에 온 이민자다. 노스캐롤라이나 주립대학에서 공부하는 동안에 리처드 니버의 강연에 매료되어 졸업과 동시에 예일 대학교 신학대학원(YDS)에 입학하여 니버 밑에서 공부했다. 예일 대학교 신학대학원 졸업 후에 침례교 목사가 되었고, 뉴 햄셔의 노스 스트라트포드에 있는 제일침례교회에서 목회를 시작했다. 니버의 지도아래에서 그는 "칼 바르트의 계시에 관한 초기교리"에 관해 박사학위 논문을 썼다. 그는 1957년부터 예일대학교의 교수가 되었다. 마지막으로 조지 린드벡은 중국의 로양, 호난에서 태어났다. 스웨덴 이민자인 미국루터교회 선교사들인 부모들로 인해 린드벡은 그의 어린 시절은 중국과 한국에서 보냈다. 1946년에 예일대학에 입학하여 신학석사학위를, 1955년에 박사학위를 받았고, 현재는 명예교수의 직함을 가지고 있다.

25) 정승태, 『그까이꺼 해석학! 폼나게 풀어보자!』, 11장을 참조하라.

26) 후기구조주의에 관해서는 정승태, 『그까이꺼 해석학! 폼나게 풀어보자!』 9장, 313-354를 보라.

:: 제12장 ::

해석과 윤리

"주니어 골프대회, 삭막한 주니어 골프 세계"라는 기사에서 주니어 골프대회에 출전했던 한 남자 캐디의 힘들었던 하루의 일상이 다음과 같이 소개되었다.[1]

오늘은 우리 골프장에서 친선대회가 있는 날. 작은 대회라도 대회이기에 많은 사람들이 참가했다. 나는 여고부 4명을 데리고 나갔다. 아이고~~예쁘기도 하셔라. ㅋㅋㅋ. 오늘 라운드는 정말 재미있겠어. 돈도 벌고 라운드도 즐겁고 좋아~좋아~. 역시 대회라 그런지 애들은 긴장한 모습이 눈에 들어왔다.
　난 다가가서 다 모이게 한 후 연습할 때처럼 편안한 심신으로 칠 것을 당부하며 '파이팅'을 외쳐줬다. 애들이라 그런지 친숙하게 가깝게 다가갈 수 있었다. 라운드에 임하는 아이들도 서로 처음 보는 얼굴이지만 먹을 것 나눠 먹으며 화기애애한 분위기 속에서 대회에 임했다.

그런데 이 친선대회가 이 아이들에겐 중요하단걸 그때까지 난 모르고 있었다.

이번에 처음 대회에 참가했다던 아이 하나가 9홀을 돌기도 전에 오비(OB)여러 번 내고 전의를 상실한 채 낙담하고 있었다. 난 그럴 때도 있지 라고 생각했다. 그러나 그 아이는 심각했다.

여고 3: "저기요~~캐디오빠. 저 백 내려주세요. 저 이번 홀만 치고 들어갈래요."

나: "헉~~그만 친다고? 에이~~오비 낼 수도 있지. 참가는 처음이라면서 끝까지 마치는 게 중요해."

여고 3: "아니에요. 이거 어차피 3위안에 입상 못하면 말짱 꽝이에요. 전 이제 아빠한테 죽었어요. 흑~흑~"

아니 우는 것이 아닌가. 이럴 줄 알았으면 좀 더 신경써줄걸. 마음이 아프네.

나: "그래 그럼 경기 과에 전화해서 카트한대 보내달라고 할 테니 오면 타구 올라가렴."

그 아이는 다음 홀부터 볼을 치지 않고 카트에서 자기를 데려갈 카트를 울면서 기다리고 있었다. 그런데 이런 심각한 상황에서 한 아이가 다가와서 나에게 말을 걸었다.

여고 1: "저기요~~오빠~~이런 말하기 그런데 오늘 캐디피 현장지급이라고 들었는데요. 저 친구 가기 전에 캐디피 받아야하는 것 아니에요? 넷이서 캐디피 나눠서 내기로 했는데."

나: "크헉~~생각해보니 그러긴 하네. 젠장! 울고 전의를 상실한 아이에게 가서 돈 내놔, 이럴 수도 없는 거고…."

여고 2: "저기요~~오빠가 말 못하면 제가 가서 말할게요. 쟤 돈 안 내고 가면 저희가 내야할 꺼 같은데요. 기다려보세요."

그러고는 그 아이는 울고 있는 아이에게 가서 말을 하구 캐디피를 받아오는 것이 아닌가. 갑자기 분위기가 싸~해지면서 급반전됐다. 서로가 서로를 경쟁자 뿐으로만 생각하는 피 튀기는 라운드가 시작됐다. 나도 조금 더 신경 써서 라운드에 임했다. 몇 홀 지나지 않아서 또다시 사건이 터졌다. 티샷을 하고 세컨드 샷 지점에 나가서 두 공이 살짝 붙어있었는데 내가 그 공이 누구 공인지 확인하러 달려가는 순간에 세컨드 지점에 있는 4번 아이 공을 달려가면서 발로 살짝 차버린 것이다.

나: "아이고, 나의 실수(제자리에 공을 가져다 놓으며)."

여고 1: "저기~~오빠~~~이거 국외자가 선수 볼을 건드렸을 때는 2벌타 아닌가요?"

나: "크헉~~(그룰 알긴 알지. 아니~애들이 갑자기 왜들이래) 그거~~~그렇긴

한데 내가 일부러 그런 것도 아니고 너랑 재 볼 확인하러 가다 실수한 건데…."

여고 2: "실수라도 규칙에 어긋나자나요(여고 1에게) 저기요~이거 클레임 걸어야 하는 것 아닌가요?"

여고 1 : "저도 그렇게 생각하는데."

그러자 죄도 없이 가만있다 나의 실수로 클레임을 먹고 2벌 타를 받을 상황에 놓인 여태껏 스코어 관리 잘해온 여고4가 울기 시작했다.

여고 4: "오빠 왜 그랬어요. 재들이 클레임 걸면 저 2벌타 받아요. 엉~엉~엉."

나: "뜨아 ~~ (애들이 정말 이렇게 까지 나온다 이거야?) 내가 사람이라 실수를 했고 근데 너희 정말 빡빡하게 룰대로 나가야 하니?"

여고 1, 2: "저도 별로 그럴 생각은 없는데 이거 그래도 대회자나요. 입상이랑 연관되어서…."

순간 화가 치밀어 올랐다. 좀 전까지 웃고 즐기며 라운드 하던 그 애들이 아니었다. 입상에 눈이 멀어 서로에 피를 보려하는 애들로 바뀌었다. 절박한 거야 알겠지만 개인적으로 맘에 들지 않았다. 그래서 내심 숨기고 있던 '똘기'를 앞세웠다.

나: "그래~ 내 잘못이다. 여고 4번 친구 이따 들어가서 클레임 걸고 2벌타 먹어. 난 다음홀 가서 여고 1번 공을 똑같이 발루 찰 거고, 그린 위에서 선수 말고 캐디가 대신 공 마크 하고 집으면 2벌타 인거 알지? 나 미친 척 하고 너희 공 마크하고 집어서 닦을 거야."

여고 1. 2: "헉~~아니 그런 게 어디 있어요."

위의 일화를 소개한 이유는, 다소 긴 대화라 읽기가 지겨울 수 있지만, 어떤 규칙과 그것의 해석 간의 차이를 언급하고자 했기 때문이다. 이처럼 우리의 일상은 해석의 홍수 속에 살고 있다고 해도 과언이 아니다. 그것이 글이든지 아니면 행동이든지, 우리의 일상은 항상 해석을 요청하고 있다. 해석의 범위는 매우 광범위할 뿐만 아니라 때로는 막연할 때가 있다. 하지만 우리의 일상은 말할 것도 없이 사회전반에 해석이 없어서는 안 될 중요한 요소다. 위의 짧은 일화에서 보았듯이, 해석이 매우 중요하다는 것을 우리에게 말해 주고 있다.

어떻게 일어난 사건을 가지고 생각하는 가에 따라서 그것을 해석하는 기준과 결정이 달라지기 때문이다. 따라서 해석학을 배우는 것이 어쩌면 당연한 일인지도 모른다. 하지만 해석학이란 학문의 영역은 매우 광범위할 뿐만 아니라 대단히 복잡하고도 애매한 주장들과 논리체계들을 가지고 있다. 20세기에 들어서면서 아마도 가장 중요한 철학적 주제로서 해석학은 이런 측면에 많은 도움을 준다. 따라서 우리는 여기서 철학에서 표명되었던 해석학의 흐름을 간략히 나열하고, 그런 다음에 그것이 기독교 신앙의 입장에서 해석의 윤리성에 관하여 논의할 것이다.

해석학의 동향

해석학의 기원은 그리스 신화에 나오는 '헤르메스'(hermes)에서 유래한다. 헤르메스는 인간들에게 신들의 뜻을 인간들에게 전달하고 번역하기 위해서 부름을 받은 메신저다. 이 메신저는 신들과 인간들 사이에서 의미를 매개하는 일종의 전령과 같은 존재다. 동일한 영역이나 공동체에 속한 존재는 다른 영역이나 공동체의 의미를 정확히 이해하지 못하는 경우가 있다. 이런 경우에 누군가가 서로 다른 영역과 공동체의 의미를 설명하거나 전달해 준다면, 매우 고마워할 것이다. 해석의 기능은 이러한 매개적 활동에서 시작하면서 이른바 해석학의 필요성과 중요성이 나타났다.[2]

그런데 이 해석학이 신학, 역사학, 철학과 같은 독립된 학문으로 인정받기까지는 인고의 시간을 보내야 했다. 학문의 모든 부분에서 해석의 필요성과 중요성이 있었음에도 해석학이란 다른 학문들의 보조적 역할에만 국한되었다. 해석학이 학문으로 인정을 받게 된 시기는 대체로 근대라고 추정한다. 이 시대에 해석학을 학문으로 인정받게 된 결정적인 역할은 현대신학의 아버지로 알려진 프리드리히 슐라이어마허(Friedreich Schleiermacher, 1765~1834)였다. 신학자이면서 문헌학자였던 슐라이어마허는 모든 학문에서 해석이 가장 빈번하게 등장할 뿐만 아니라 그것이 주된 문제를 이루고 있다는 점에 주목했다. 그리고 그는 그 해석에 따라서 문장의 의미가 달라지며 저자의 해석이 전혀 다른 방향으로 흘러간다는 것에도 주목했다. 그런 연유에서 슐라이어마허는 이 지엽적으로 각 학문들 속에 흩어져 있었던 해석의 문제들을 독립된 학문이 되었으면 하는 그의 열망과 열정이 결국 해석학이라는 학문을 태동하게 된 의미 있는 결실을 거두게 되었다.

어느 학문이든 선구자의 역할은 매우 중요하다. 그가 시도하게 된 후에는 더 많은 학문적 발전을 기대할 수 있기 때문이다. 사람들은 슐라이어마허의 해석학을 고전적 해석학이라고 부른다. 고전이란 단지 오래되었다는 의미였다. 어떤 사람들은 슐라이어마허의 이 고전적 해석학을 보편적인 해석학이라고도 부르기도 한다. 보편적이란 학문의 객관성을 유지한다는 의미였다.

슐라이어마허의 해석학은 단순한 논리에 의거한다. 이 해석학적 논리를 설정하기 위해서 그는 해석의 이중적 의미를 강조했는데, 하나는 문법적 해석과 또 하나는 심리적 해석이다. 전통적으로 기존에 이해된 해석은 문법의 구조를 분석하고 그 의미를 해부하는 일에 초점이 맞추어져 있었다. 이 기존의 해석적 방식은 저자의 마음을 이해하지 못하고 문자화된 글, 즉 텍스트에만 한정하여 분석했던 것이다. 하지만 슐라이어마허는 문법적인 분석과 더불어 중요한 해석의 조건을 저자의 심리적 상태나 태도가 중요하다는 점을 찾았다. 그래서 그가 저자의 심리적인 부분이 배제되거나 등한시되었던 이전의 해석을 바로잡고자 했던 것이다. 그런데 당시에 만일 해석자의 심리적 상태를 텍스트의 이해에 중요한 요소로 인정하게 되면, 이해의 객관성에 도달하지 못한다는 것 때문에 대부분의 해석학자들은 저자의 의도를 밝히려는 것에 그다지 동조하지 않았다. 문제는 텍스트의 창조자가 저자인데, 그 저자를 이해하지 못하고 텍스트의 객관성에 도달한다는 것이 오히려 주관적일 수 있다. 그러한 이유에서 슐라이어마허는 저자의 의도를 파악하는 것이 오히려 해석에서 권장되어야 할 요소로 인지하고 저자의 당시의 심리적 상황과 정황을 이해하는 것이야말로 해석을 일구어내는 중대한 조건으로 생각했다.

슐라이어마허의 해석학은 독일의 생의 철학자인 빌헤름 딜타이(Whilhelm Dilthey, 1833~1911)에 의해서 재조명되면서 해석학이 한층 발전되었다. 특히 딜타이는 슐라이어마허의 이해의 조건에서 "정신"의 요소에 천착했다. 여기서 딜타이가 말하는 정신은 이미 이해를 구성하는 역사적 정신을 뜻한다. 말하자면 정신은 이해의 근거다. 이런 근거에서 정신을 이해의 근거를 정초화한 딜타이는 이해, 표현 그리고 체험이라는 삼중적인 논리를 해석학의 순환적 구조로 설정하기에 이르렀다.[3]

하지만 딜타이의 해석학이 정신의 주관성을 배제할 수 없는 큰 단점을 드러내고 있기 때문에 에드문트 후설(Edmund Husserl, 1859~1938)과 같은 철학자들은 인식비판의 출발점으로 '에포케 현상'(epoche phenomenon)을 이해의 개념으로 도입하여 주관적 이해의 문제를 극복하고자 했다. 후설에 따르면, 우리가 사물을 해석하거나 판단할 때 이미 그릇된 판단을 할 가능성을 포함하고 있다는 것이다. 그래서 이와 같은 이해의 오류 가능성들을 판독할 장치가 필요하였는데, 후설은 에포케 현상에 의해서 이해의 객관성을 유지하려고 했다. 원래 에포케는 '판단중지'나 '선판단'의 상태를 의미한다. 쉽게 말해 그것은 '괄호 묶기'나 '괄호 치기'의 뜻이 포함되어 있는 판단 이전의 상태로 환원시키는 작업이다. 후설은 그의 현상학을 통해 에포케의 의미를 객관적으로 분석하고 설명하려고 애썼을 뿐만 아니라 우리가 판단하는 거짓이나 오류들을 괄호로 묶고 판단 이전의 상태로 돌아가야 그릇된 해석으로 인해 인간성을 헤치지 않는다는 일종의 확신을 가지고 있었던 것 같다. 에포케 현상이 이해에 적용되면서 해석자가 쉽게 범하는 선입견의 판단을 선입견이 없는 상태로 되돌릴 수 있을지는 의문이다. 누구나 자신의 환경과 상황 그리고 국가에 의해서 영향을 받은 존재가 텍스트를 읽고 이해할 때에 선입견이 없는 상태에서 응시할 수 없기 때문이다. 아무튼 그의 글은 평이하지 않지만 인간의 행위에 지대한 이해의 의미를 제공하는 점에서 매우 훌륭한 통찰력이라 할 수 있다.

후설의 객관적 판단에 동조하면서 수정을 요구하는 철학자가 등장하면서 해석학을 더 복잡하고 의미론적으로 전개되었다. 그가 바로 프랑스의 철학자 폴 리쾨르(Paul Ricoeur, 1913~2005)이다. 리쾨르는 해석학을 더욱 정교하게 예리한 칼로 다듬었다. 리쾨르는 후설의 대변인으로 알려졌지만 그의 사상을 그대로 답습하지 않고, 후설의 생각을 비판하고 분석하면서 일종의 사유의 공간을 허용했다. 그가 후설을 통해서 철학을 배운 것은 할 수만 있다면 객관적 판단이나 해석에 도달해야 하지만, 사실상 그러한 결론은 불가능하다는 것이다. 그것은 해석활동에서 자주 부딪치는 것들인데, 과거와 현재와의 건널 수 없는 '소격화'(distantiation), 즉 '거리감'이 존재한다는 것과 또 '전유화'(appropriation), 즉 과거의 글이나 텍스트를 현재에 있는 독자가 읽을 때에 이미 해석자의 오염된 언어로 이해되는 것 등이 객관적 이해와 갈등을 일으킨다는 것이다. 전자의 경우에 과거와 현재의 거리감은 일종의 역사적이고도 시간적 간격이 존재한다는 것이다. 후자의 경우에서는 과거의 텍스트를 현재라는 시간으로 읽는다는 것이 당시의 과거 텍스트가 정확히 어떤 상황에 놓여 있었는지 포착하기가 어렵다는 것을 보여준다. 그리고 이해의 어려움을 가중시키는 것은 독자가 사용하고 배운 언어가 이미 순수하지 않은 상태에서 이해에 도달한다는 것이다. 즉 독자의 언어가 이미 우연적이고 오염되어 있다는 것이다. 그래서 리쾨르는 전유화된 언어가 이해의 활동에서 피할 수 없이 포함되고 또 개입된다고 강하게 주장하고 있다. 전유화란 해석자나 독자가 글을 읽는 행위에서 이미 현재 자신이 가지고 있는 언어에 의해서 과거의 글이나 문헌을 분석하고 재구성한다. 다시 말해, 이미 독자는 자신의 언어를 가지고 과거의 언어를 해독하기 때문에 과거의 저자의 의도를 정확히 이해하고 분석하는 일은 불가능하다는 것이다. 이런 이유에서 리쾨르는 '지금-여기'의 정황에서 텍스트를 읽을 것을 권하고 있다.[4]

리쾨르의 노력은 한스 게오르그 가다머(Hans-Georg Gadamer, 1900~2002)의 존재론적 해석학을 보다 확장시켰다. 존재론적 해석학이란 텍스트와 저자보다는 독자에 더욱 관심을 갖는다. 읽는 독자는 우리가 생각하는 것처럼 단순하지 않다. 매우 복잡한 경험구조를 가지고 있다. 이러한 독자는 자신의 세계-내-존재에서 과거의 텍스트를 읽는다. 가다머에 따르면, 이해는 이미 역사와 지평을 가지고 있다. 우리가 살아온 삶이나 경험이 해석에 절대적으로 영향을 미친다. 그러므로 가다머에 있어서 객관적이고 절대적인 해석은 불가능할 뿐만 아니라 그러한 노력은 아무런 의미를 부여하지 않는다는 것을 가르친다.[5]

이러한 존재론적 해석학은 객관적 해석학을 파괴하는 행위로 간주한 프랑크푸르트학파의 전통에 서 있는 위르겐 하버마스(Jürgen Harbermas,

1929~)에 의해서 도전을 받는다. 하버마스는 "의사소통행위로서의 담론"을 중시하면서 글을 쓰는 저자나 그것을 읽는 독자가 암암리에 이데올로기화하여 자신의 주장을 정당화할 수 있다는 사실을 밝힌다. 그가 말하듯이, "체계적으로 왜곡된 의사소통"은 어느 곳에서나 존재하기 때문에 인간의 이성은 이러한 사실을 견제하고 비판해야할 의무를 가져야 한다. 이러한 의무에서 하버마스는 진리에 도달하는 노력을 모든 사람은 이상적 담론 상황을 통해서 진리에 근접해야 한다는 것이다. 그래서 그는 진리를 '합의'(consensus)로 규정하고, 합리성을 통한 객관적 해석을 이끌어내어야 한다고 보다 강경한 태도를 보였다. 사실 그의 말은 많은 부분에서 의미가 있다고 여겨진다. 사회가 합리성을 상실한다면, 사회는 무정부주의에 빠질 것이고, 힘과 권력에 의해서 사회는 이끌림을 받게 분명하다. 힘의 논리만이 사회에서 진리로 인정을 받기 때문에 그가 합리적 사회를 하나의 이상으로 설정하는 것은 충분히 납득이 될 뿐만 아니라 이해가능하다. 하지만 항상 좋은 시도는 그것을 이용하는 사람에 의해서 전혀 다른 방향으로 가는 것은 어쩔 수 없다. 무엇보다도 이성의 힘은 사회의 권력을 경제적인 차원에서가 아니라 지식의 정보에 따라서 힘의 방향이 다른 곳으로 분산될 위험이 없지 않다. 일반 민중들의 낮은 교육으로 인해 오는 비합리적인 방식은 '이상적 담론'에서 제외될 것이 명백하다. 왜냐하면 비합리적인 사람은 합리적인 사람의 논리에 의해서 놀아날 가능성이 크기 때문이다.[6]

그럼에도 불구하고 합리성과 이성에 근거한 하버마스의 객관적 해석학은 다시 신실용주의자 리처드 로티(Richard Rorty, 1931~2007)에 의해서 다시 비판을 받는다. 로티는 여타 철학자들보다 진일보한 해석을 제시하는데, 그것은 텍스트를 읽는 행위가 진리의 본질을 얻으려는 노력에서가 아니라 현재의 독자의 유용성을 위해서 읽도록 권한다. 왜냐하면 저자나 독자의 글쓰기에서 이미 언어는 우연적으로 발생되었다. 이것은 진리의 본질을 알 수 있다는 것 자체가 무리다. 이런 이유에서 독자는 자신을 교화할 목적으로 읽어야 한다. 어느 글이나 텍스트를 읽든지 간에 독자는 그것이 자신의 삶을 변화시킬 수 있거나 도움이 된다면 그것은 일종의 진리다.

최근에 포스트모더니티의 열풍과 더불어 새로운 형태의 해석학이 등장하는데, 그것이 해체주의 해석학이다. 해체주의 해석학은 저자의 죽음을 선언한다. 이미 우리는 저자의 의도가 알려질 수 있다거나 파악될 수 있다는 것은 하나의 망상이다. 저자는 이미 책을 출판함으로써 사라졌다. 더 이상 저자의 의도는 현재의 독자에게 진리를 강요하지 않는다. 마크 테일러는 이 해체주의적 해석학에 가장 선봉에 서 있는 신학자다. 그에 따르면, "저자가 글을 만드는 것이 아니라 글이 저자를 만든다." 저자의 의도와는 상관없이 한번 글로 나타나면 그것은 저자를 새롭게 조명하고 해석하는 절차를 통해서 저자를 새로운 모습으로 탄생시킨다. 따라서 해체주의적 해석학은 반정초주의적 인식론에 근거하여 진리의 본질을 파악하려는 모든 시도를 해체한다.[7]

게다가 이런 주장은 해체주의의 근원적인 뿌리에서 발생되었는데, 그것은 서구철학의 이성이었다. 로고스중심주의, 즉 이성은 진리가 아니다. 해체주의는 이 이성을 비판한다. 합리적인 논의를 가능하게 했던 이 이성은 죽었다고 선언한다.

끝나지 않은 해석의 객관주의와 상대주의 논쟁

해석학에서 끊임없이 제기되고 도전받고 있는 논쟁은 객관주의와 상대주의다. 객관주의적 해석은 그것이 아무리 객관적 형식을 취한다고 해도 필연적으로 상대주의적 해석으로 또다시 되돌아온다. 이러한 순환은 우리로 하여금 해석이 객관적으로 해석될 수 있는 것인가에 의구심을 보낸다. 과연 해석의 객관성은 있는 것일까. 있다면 그것은 어떤 형태일까. 해석의 객관성, 그것은 매력적이기는 해도 아마도 존재하지 않는다고 진단해야 하지 않을까 싶다. 그렇다고 해서, 모든 것이 상대적이라고 하기에는 왠지 석연찮은 부분이 없진 않다. 여기서 우리는 상대주의 해석에 대한 일종의 환상이 자의적으로 아무렇게나 해석해도 괜찮다는 의미로 받아들여서는 안 된다.

나는 2006년 여름 카자흐스탄을 방문한 적이 있었다. 방문 기간 동안에 동방정교회를 구경할 수 있는 기회가 있었고, 그 중 한 가지 독특한 문화적 차이를 발견한 것이 있었다. 동방정교회는 매우 복잡한 예배 의식을 포함하여 교회당 안에는 12 사도들의 이름과 화상이 일정한 간격을 두고 자리하고 있었다. 2층 발코니에는 성가대원들이 찬양하게 되어 있어 마치 천상의 노래를 듣는 기분을 느끼게 했다. 일반 성도들은 그들이 좋아하는 사도에게 기도를 드릴 수 있는 선택의 기회가 주어졌다. 그런데 눈에 띄는 부분은 그림을 통해서 성경의 이야기들을 가르친다는 것이다. 더욱 나를 놀라게 한 것은 그림을 자세히 들여다보면 사람의 모습이 전혀 다른 형태를 하고 있었다. 그 그림 속의 사람들을 보면, 천국으로 가는 사람과 지옥으로 가는 사람의 모습이 서로 달랐다. 천국으로 가는 사람의 얼굴은 카자흐스탄 사람으로 그려져 있었고, 지옥에 가는 사람들은 대부분 터키인으로 그려져 있었다. 카자흐스탄과 터키의 오랜 역사적 갈등을 묘사하는 부분이긴 하지만, 해석에서 보자면 그 내용이 아주 편협하고도 왜곡되어 있었다. 실제로 천국에 가는 사람과 지옥에 가는 사람이 그림에서처럼 결정되어 있을리가 만무하다. 터키인의 잔인성이 그들의 성화 속에 해석적으로 반영되었을 뿐이다.

이야기가 나온 김에 중세시대에 있었던 이야기를 하나 더 소개해 보자. 중세의 수도사 가운데 부르노라고 하는 사람이 있었는데, 그가 한번은 깊은 산속에 들어가서 기도를 하게 되었다. 움막을 쳐놓고 기도를 하는데 밖에서 개구리들이 어찌나 시끄럽게 울어대든지 기도가 되지 않았다. 그래서 밖으로 나와 소리를 질렀다. "야, 이 녀석들아, 수도사가 기도를 하려고 하는데 너희들이 왜 떠들어! 이놈들아 좀 조용히 못해!" 그러자 개구들일 일제히 조용해 졌다. 그런데 다시 들어와서 기도를 하려고 하는데, 이번에는 저 언덕에서 잠자던 개구리까지 합세하여 더 크게 거들어댔다. 밖으로 다시 나와 소리를 지르면, 조용해지고, 안으로 들어오면 더 시끄럽게 떠들어 되기를 몇 번 반복하다가 화가 난 수도사는 하나님께 자신의 화난 심정을 토로했다. "하나님, 제가 지금 하나님을 만나고 진지하게 기도하려고 하는데 개구리들이 저렇게 시끄럽게 떠들어대니 기도가 안 됩니다. 저 개구리들의 모가지를 따든지, 아니면 입을 꿰매든지 하셔서 좀 조용히 시켜주십시오." 그런데 브루노의 머릿속에서 하나님의 음성이 번뜩이면서 스쳐지나가는 것을 느꼈다. "좋다. 저 개구리는 누가 만들었느냐? 개구리라고 기도할 자격이 없느냐? 개구리라고 찬양할 특권이 없느냐? 왜 너만 기도한다고 생각하느냐?" 그래서 이 수도사는 자신의 잘못을 뉘우쳤다고 한다. 있음직한 이야기는 아니겠지만, 여기에서 개구리 소리 자체가 달라지지 않았다. 단지 개구리 소리를 바라보는 관점에 따라서 달라졌을 뿐이다. 이처럼 해석은 실제로 사물을 바라보는 관점에 따라 크게 달라지는 것을 안다. 우리는 상대주의적 성향으로 끌어들일 수도 있고, 객관주의적 성향으로 끌어다 해석할 수 있다.

기독교인에 의해 정죄당한 철학자 프리드리히 니체(Fridrich W. Nietzsche, 1844~1900)는 그의 유명한 저서 『이 사람을 보라』에서 글의 마지막 요점을 정리하면서 이렇게 표현했다. "아무리 그것이 견고하더라도 파괴함으로 기쁨을 누리는 일보다 더한 것은 없다."[8] 그것이 글이든 진리의 개념이든 아무리 견고하더라도 파괴하기만 하면 그것은 매우 기쁨을 제공한다. 그가 말하는 파괴란 해체다. 그의 은유적인 표현을 빌리자면 철퇴로 견고성을 파괴하는 행위이자 수단이 해석이다. 이 파괴의 기법은 철학자 자크 데리다와 신학자 토마스 알타이저와 마크 테일러에 의해서 전수되었다. 그들은 낡은 진리, 신을 해체함으로, 그리고 선과 악의 근대적 의미를 해체함으로 표현할 수 없는 기쁨을 누렸다. 우상파괴주의자란 별명을 얻을 정도로 자크 데리다는 니체의 변주된 철학자다. 철저히 니체를 통해서 자신의 사상을 전개한다. 현존의 모든 형이상학을 철저히 우상으로 간주하고 파괴해 버리고 만다. 남는 것은 무얼까. 아무것도 없다. 그의 해체적 기법은 새로운 무엇을 세우고자 파괴하는 것이 아니라 단지 현재가 불만스럽게 때문에 파괴한다. 그래서 해체주의는 미래의 어떤 구체적인 대안을 염두에 두지 않는 독특한 해체 기법이다. 이것이 원래 니체의 사상에서 철저히 학습 받은 태도인 것처럼 보인다.

니체로 다시 돌아와서 살펴보자. 니체는 『우상의 황혼』(Twilight of the Idols)에서 인간들을 향해 경종의 메시지를 선포한다. 그 메시지는 다름 아닌 진리의 파괴다. 기존의 진리를 "낡은 진리"로 표현하고, 이러한 진리는 "우상의 황혼," 즉 서서히 해 저물어가는 쓸쓸하고도 처량한 권력자의 뒷모습을 연상시킨다. 낡은 진리는 "근대적 개념"이기 때문에 더 이상 효력을 발휘할 수 없는 개념이다. 니체는 이렇게 표현한다.

"강한 바람이 나무들 사이로 휘몰아치고 바람이 이르는 곳마다 과일이 떨어진다. 진리의 과일이, 그것은 너무나도 풍요한 가을의 낭비다. 사람들은 진리로 인해 비틀거린다. 얼마쯤은 짓밟아 으깨어버리기까지 한다. 진리가 너무 많은 것이다."[9]

니체에게 있어서 진리는 영원한 진리에서 쇠퇴해가는 진리에 이르기까지 다양하다. 하지만 진리는 그자체가 일종의 우상이다. 그리고 참된 진리는 서구의 기존방식에서 찾을 수 없음을 분명히 한다. 서구의 진리를 찾는 방식은 항상 위를 향해 가는 길로서 형이상학적 길이다. 하지만 진리는 "내리막길"에서 찾을 수 있다. 내리막길이란 그의 표현으로 하자면, "askew path"다. 즉 뒤틀림과 굴곡의 내리막길을 말한다. 여기서 우린 니체의 진리 찾기의 방식을 크게 두 가지로 해석해 볼 수 있다. 하나는 전통적으로 여겼던 영원한 진리는 뒤틀림에 의해 새로운 진리를 발견할 수 있다는 것이고, 다른 하나는 신으로부터 오는 형이상학의 길이 아닌 인간의 길에서 찾을 수 있다는 것이다. 인간의 길이란 내면의 길이요 내재적 인간에 의해서 발견되는 진리이다.[10]

그러나 우리는 기존의 진리를 해체하려는 노력을 상대주의라고 매도하기가 쉽다. 상대주의는 해석의 원흉으로 간주된다. 정확하고도 확실한 해석이 결여된 그 어떤 해석도 우리는 받아들일 준비가 되어 있지 않다. 그것에 대한 관점을 인정하더라도 그것이 객관성을 떠나면 아주 위험스러운 일들이 벌어질 것을 잘 알고 있다. 저마다 자신의 주장이 진리라고 말하고 그것에 따라서 행동하는 것을 본다. 진리란 일종의 행동을 준비하는 저장소와 같다. 잘 저장된 진리는 행동으로 옮기면서 일종의 어떤 힘을 제공하기 때문이다. 객관주의가 있는가라는 물음은 해체주의자의 집요한 비판에도 여전히 유효하다. 객관주의는 있어야 한다. 아니 반드시 있어야 한다. 객관주의가 합리성과 확실성의 근거에서가 아니라 텍스트를 통해 현재의 독자의 왜곡된 해석을 수정한다는 의미에서 객관적 해석은 있어야 한다.

해석의 구성요소들

해석은 저자, 텍스트 그리고 독자를 구성요소로 한다. 전통적인 해석학은 본문인 텍스트에 국한하여 그것의 의미를 분석하고 그 속에 숨겨진 저자의 의도를 밝히려는 것이 일차적인 목적이었다. 하지만 독자가 글을 읽고 분석하는 주체자로서의 기능이 세삼 주목을 받게 되면서 독자가 갖는 해석의 위치가 상대적으로 중요하게 여겨졌다. 해석학의 문헌들을 통해서 우리가 배울 수 있는 것은 이 삼중적인 요소가 빈번하게 등장하는 주제들이라는 것이다. 결국 해석이란 저자를 연구하고, 글을 분석하여 그 의미를 파악하고 그리고 독자가 어떤 관점에서 접근하는가를 살피는 것이다. 그런데 전통적인 해석학은 이 세 가지의 요인들을 따로 분리해 왔다는 것이다. 그래서 해석학에서 재미나는 현상은 한편의 주장이 다른 편의 주장과 상치하는 관계가 설정되고 만다는 것이다. 예컨대 저자의 의도를 강조하기 위해서는 독자의 선입견을 배제하고, 독자의 반응을 더욱 강조하기 위해서는 저자의 죽음을 선포하는 식이다. 사정이 그러다 보니 결국 해석학이 시대의 변천과 흐름 속에서 일방적 진리만을 주장하는 어색한 모양새를 빚어내기 십상이다.

포스트모더니즘은 해석에서 독자의 중요성이 상대적으로 두드러진다. 독자가 태어나는 방식은 저자를 죽여야 가능하다는 것을 보여준다. 롤망 바르트(Roland Barthes)가 말했듯이, "독자의 탄생은 저자의 죽음에 의해서 보상받는다."[11] 저자란 근대의 고안물이다. 계몽주의적 합리주의나 종교개혁의 신앙주의에 수반된 개인주의적 산물로 보고 있는 이 저자는 텍스트의 창조자이자 주인이었다. 그래서 저자가 글이나 텍스트를 만들고, 독자들은 그 저자의 의도를 정확히 분석하고 이해하려고 매달렸다. 그러다 보니깐 저자는 의미에 대한 믿음을 결정하는 절대적 기준이었다. 즉 의미의 권위는 저자의 몫이다. 누구도 저자의 의중을 파악하지 못한다면 그는 해석의 업무를 포기해야만 했다. 그러던 저자의 개념이 포스트모더니즘의 바람으로 퇴색되고 만 것이다.

왜 그랬을까. 저자란 말을 꼼꼼히 들여다보면 그 이유는 쉽게 알 수 있을 것이다. 저자란 한 개인의 경험적 총체적 표현이다. 저자의 의도란 저자가 완전하다는 것을 전제할 때만이 의미를 신뢰할 수 있는데, 사실 그렇지 않다고 말해야 하는 게 옳기 때문이다. 저자의 개념과 관련하여 우리는 자크 데리다, 미셸 푸코, 롤망 바르트와 같은 포스트모던 철학자들을 떠올린다. 그들은 공통적으로 저자의 죽음을 선언했다. 저자가 더 이상 텍스트를 만드는 창조자로 여기지 않는다. 그래서 저자를 죽임으로써 독자는 그의 인물됨, 그의 역사, 그의 취향, 그의 열정, 그의 세계관에 관심 밖의 사람이 된다. 오로지 텍스트의 글 읽기를 통해서 자신의 마음에 퇴적하는 일종의 의미만을 얻을 뿐이다.[12]

그러면 저자가 사라진 텍스트는 권위를 갖지 못하고 독자에게 의미를 제공하지 않는 걸까. 그런 말은 아니다. 포스트모던 철학자들이 말하는 것은 이전의 근대의 해석학에서 저자의 권위가 상대적으로 독자의 권위보다 높았다는 것을 지적하고 그것을 전치하여야 한다는 것을 말한다. 그래서 저자는 해석의 걸림돌로 여기게 되었다. 푸코가 정확히 이런 의미로 진단하고 있는데, "저자란 의미의 확산을 막는 절제의 원리"[13]이고, 이 "저자가 의미 확산에서 발생하는 공포를 감추기 위해 사용되는 이데올로기화하는 인물"[14]이라는 것이다. 이런 연유에서 저자는 더 이상 의미의 기준을 설정하지도 제공하지도 않는다. 데리다는 한층 더 강한 어조로 저자의 죽음을 폭로한다. 저자를 통해 의미가 규정되는 것 자체가 이미 일종의 우상이기 때문이다. 따라서 텍스트는 결정되거나 고정된 의미를 가질 수 없게 된다.

해석의 윤리성

해석의 논리는 어떤 관점을 허용한다. 관점이란 항시 단 하나의 유일하고도 절대적인 해석이 존재하지 않는다는 겸허함을 제공한다. 그런데 해석이 저자의 관점이든 해석자의 관점이든 관점의 다양성과 차이성을 가지고 있기 때문에 관점은 어쩌면 필수불가결한 요소인지 모른다. 이 관점으로부터 우리는 두 가지 극단적인 해석의 차이를 발견하는데, 지나친 해석과 모자란 해석이 있다. 지나친 해석이 주관적인 의미가 다분히 과잉적인 반면에 모자란 해석은 객관적인 의미가 제한적이다. 이 둘은 다 같이 어떤 객관적 해석이 결여되어 있다는 공통점이 있다. 종국적으로 관점도 정당화되고자 한다면, 객관성을 유지하여야 한다는 결론에 도달한다. 지나침과 모자람의 중간적 상태를 유지하는 것이 객관적이다. 그래서 하나의 관점이라고 해도 독자들이 충분히 납득할 수 있는 해석이라야 그것이 객관적이고 사람들이 받아들일 수 있기 때문에 우리는 타당하고도 합리적인 객관적 관점을 가져야하고, 그것이 해석의 윤리성이다.

이런 맥락에서 첫째, 해석의 윤리성은 관점의 윤리성을 긍정한다. 관점이란 왜곡과는 다르다. 따라서 해석에는 하나의 관점을 허용하는 것이 마치 관용을 베푸는 것처럼 생각한다. 하지만 실제로 해석의 관점은 묵인해도 괜찮을까. 그것이 도량의 마음인가. 아니면 논쟁을 회피하는 태도인가. 종종 우리는 해석에서 서로 다른 관점을 인정하라는 암묵의 지시를 받고 있는 것처럼 보인다. 만일 우리가 관용의 태도를 갖지 않으면, 우리는 호전적인 태도를 가져 싸움의 근원이 되기 때문이다. 무엇이 옳은 것인지 그른 것인지를 따져보지 않고 화해의 길부터 찾는 것은 관용적이라기보다는 비겁한 태도다. 그것이 후에는 보다 어려운 일을 야기하는 문제의 원흉이 된다. 이럴 때 우리는 소설가 이문열의 작품에 나오는 한 우화를 떠올리게 된다.

"어느 도시에 앉은뱅이 소년이 있었습니다. 불편한 몸 때문에 평생을 도시 안에서만 지내야 했던 그는 어느 날 사람들에게 '해는 도시의 한 가운데서 떠오른다'고 잘라 말했습니다. 하지만 그 자리에 있던 산악 지방의 출신의 대장장이는 해는 산과 골짜기에서도 떠오른다고 반박했습니다. 그러자 노예로서 평생을 바다에서 노만 젖고 살았던 늙은 노인은 해란 멀리 동쪽 바다에서 떠오른다고 우겨대기 시작했습니다. 나중에 그들은 해가 뜨는 곳뿐만 아니라 해의 크기며 빛깔, 모양에 이르기까지 각양각색의 주장으로 서로를 비난하면서 논쟁이 가열되었습니다. 그러던 중 문득 큰 소리가 들려왔습니다. '해는 없소. 당신들이 말하는 그런 해는 모두가 거짓이오.' 사람들은 놀라서 모두 그 사람을 쳐다봤는데, 알고 보니 그는 장님이었습니다."

'해'에 대한 해석들이 각양각색으로 표현된 우화인데, 참 재미있는 이야기이다. 실재가 우리의 현실적 경험에서 출발한다면 그것은 부분적인 해석일수밖에 없을 거라고 한다. 하지만 이러한 관점들은 해석의 관점들이 아니라 직관과 감각의 차원에서 논의한 의견일 뿐 해석이 아니다. 관점은 그것을 정당화하기 위해 일련의 합리적 절차를 필요로 한다. 관점은 다양한 전제들과 합리적 조건들이 충족하여 형성되는 논리적 결과다. 그래서 앞서 언급했듯이 관점은 지나침도 모자람도 없어야 하는 하나의 책무다. 우리는 관점이란 명분으로 무턱대고 말할 수 있다. 말을 한다고 그것이 다 관점은 아니다. 관점은 그것에 합당한 논리성을 갖추고 있어야 한다. 요약하자면, 해석의 윤리성은 관점의 제한성을 인정하고 그것에서 출발할 때 가장 정직하고도 진술한 해석이

가능하리라 본다. 해석이 관점을 갖는다는 일반화된 합의가 그것이 문제라고 말하지 말자. 오히려 그것에서 출발하는 것을 배우자. 그렇지만, 해석의 관점이 절대적이니 더 이상 이 기준을 붕괴하지 못한다는 오만과 오기를 부리지는 말자. 그러므로 해석의 윤리성이 관점을 수용함으로써 의사소통의 물 꼴을 튼다는 사실을 기억하자.

둘째, 해석의 윤리성은 책임성을 강조한다. 한편에서는 해석은 자유가 보장되어야 한다고 말하고, 다른 한편에서는 해석이 책임적이어야 한다고 말한다. 책임적인 것과 자유로운 것은 분리되지 않는다. 해석은 자유라고 말한다. 자신의 임의대로 반죽하고 창조한다. 하지만 책임이 수반되지 않은 해석의 자유는 무효다. 왜냐하면 이 윤리적 책임이 항상 해석의 자유를 제한하기 때문이다. 위르겐 하버마스가 적절히 주장하듯이, "[윤리적] 의무들은 행위를 명령하거나 행위의 중단을 명령한다."[15] 다시 말해, 자유로운 해석은 윤리적 의무에 의해서 제한되어야 한다는 것이다. 그럴 때에 제한된 자유는 책임성으로 한층 합리적인 해석의 가능성을 열어줄 수 있다. 우리의 일상을 주목해 보라. 우리는 어떻게 해석의 책무를 여기고 있는가. 우리가 내뱉은 말과 예단한 말은 항상 그것으로 끝나는가. 무책임한 말이 그것으로 공중에 분해되어 다 사라지고 기억조차하지 않는가. 그런 점에서 해석은 분명 책임적 자아를 요청한다. 책임적 자아가 상실한 해석은 매우 위험하고 사람을 해친다. 해석의 자유는 보장되어야 하지만 책임성을 염두에 둔 해석이어야 한다. 그것이 보다 공정해 지고 객관성을 유지하지 않을까 싶다.

케빈 반후저(Kevin J. Vanhoozer)는 "우리는 [텍스트]를 읽는 동안에 반응하도록 우리를 요청하는 타자와 대면하고 있다"라고 말한바 있다. 우리는 글을 읽은 행위에서 타자를 생각하지 않을 수 없다. 그 타자란 결국 윤리성이다. 우리는 마음대로 해석할 수 있고, 합리적인 근거에서 해석할 수도 있다. 아니면 로티적 방식으로 우리 자신의 교화를 위해 글을 읽을 수 있다. 그것이 무엇이든지 우리는 우리의 읽는 행위에서 타자의 윤리성을 생각하지 않을 수 없다. 아무리 훌륭한 해석이라고 해도 그것은 반드시 도덕적 근거에서 윤리성을 결여한다면, 그것은 옳은 해석일 수 없다. 우리가 한 말이나 해석은 반드시 그것에 상응하는 책임성을 가질 때 정당하고도 타당하다. 우리는 해석의 윤리를 생각하지 않는다. 우리의 포털 사이트는 어떤가. 온라인상에서 글을 쓰는 행위에서 우리는 아무런 윤리적 책임을 느끼지 못하는 글로 도배된 것들을 쉽사리 발견한다. 욕설과 비방 그리고 흠집으로 얼룩진 댓글의 현장은 예리한 흉기로 가슴팍을 콱콱 찔러댄다. 누구도 책임을 통감하지 않는 행위들이 자행되고 있다. 해석의 비윤리성이 빚어낸 결과는 비참한 사회적 문제를 야기할 정도다. 온라인에서의 글 팔매질은 오프라인에서의 돌팔매질에 해당하지 않는가. 실제로 온라인에서 당한 글 팔매질로 인해 정신과 치료를 받거나 자살을 감행하는 네티즌들이 갈수록 늘어나고 있는 실정이다. 다투어 비아냥거림과 깔짝거림으로 일관하는 글쓰기의 태도 역시 인간으로서는 수준미달이 아니라 인간됨을 포기하는 것에 가까울 정도다. 불특정 다수를 기만하는 행위의 글쓰기에서는 해석의 윤리성을 찾아볼 수 없다. 그러므로 해석의 윤리성은 반드시 글 팔매질을 감행하기 전에 책임적 자아로서 성찰하는 노력이 필요하지 않을까 한다.

셋째, 해석의 윤리성은 반성적 차원과 실천적 차원을 동시에 포함한다. 해석은 일종의 언어다. 그것도 언어로 활동하는 놀이다. 그런데 언어는, 남미의 해방교육가 파울로 프레이리(Paulo Freirie, 1921~1997)가 말한 대로, "성찰의 차원"과 "행동의 차원"을 내포하고 있다.[16] 반성은 행위를 위한 전제적 해석이고, 실천은 성찰의 결과다.

더 구체적으로 말하자면, 해석적 반성은 세 가지 요건들을 요청한다. 하나는 인식적 진실성을 요구한다. 반성을 한다는 것은 텍스트이든 아니든 그것의 진실이 무엇인지를 명확히 안다는 것이다. 이러한 앎의 과정이 선행되지 않는 반성은 해석적이라 할 수 없다. 그런 다음에 해석적 반성은 그것의 비판성을 요청한다.[17] 해석한다는 것은 이미 비판적이다. 해석적 반성은 무비판성과 맹목성을 배격함으로써 스스로 해석의 윤리성을 정당화한다. 마지막으로 해석적 반성은 그것의 판단성을 요구함으로써 정당화된다.[18] 판단이란 도덕적 명령이든 해석적 정황이든 그것들이 옳은 것인지 아닌지를 구분하는 능력을 말한다. 다시 말해, 주어진 상황에서 무엇이 옳다 또는 그르다를 판독하여야 한다는 것이다. 만일 이러한 요건들이 충족되지 않는다면, 윤리적 행위는 비반성적 실천이 되거나 과격한 행동주의로 전락하고 말 것이다.[19] 그러므로 만일 우리가 충분한 성찰이 결여된 채로 행동한다면 그 결과는 매우 위험할 수 있으며, 무고한 타인에게 해를 가할 수 있다.

이런 이유에서 반성과 행동은 서로 상반된 주장이 아닌 상호의존적 관계다. 따라서 반성 없는 행동은 무자비하고, 행동 없는 반성은 소심할 수 있다. 프레이리는 다음과 같이 주장한다. "말에서 행동의 차원이 제거되면 성찰도 사라지고 말은 한가한 수다, 탁상공론, 소외적인 '허튼소리'가 되어버린다. 이런 공허한 말로는 세계를 비판할 수 없다. 변화에 헌신하지 않으면 비판이 불가능하며, 행동 없이는 변화가 없기 때문이다."[20]

주(註)

1) 월간스포츠 (2007년 11월 28일)에서 인용.

2) 해석학의 동향에 대해서는 정승태, 『그까이꺼 해석학! 폼나게 풀어보자!』 (대전: 침례신학대학교출판부, 2005)를 참조하라.

3) Ibid., 131-69를 보라.

4) Ibid., 171-210.

5) Ibid., 226-43.

6) 하버마스에 관한 논문은 다음과 같은 곳을 참조하라.

7) 정승태, "마크 테일러의 해체주의 신학적 해석의 문제," 『조직신학논총』 18호 (2007): 235-67을 참조하라.

8) Nietzsche, *Basic Writings of Nietzsche*, trans. Walter Kaufmann. 771.

9) Nietzsche, "Twilight of the Idols," *Basic Writings of Nietzsche*, trans. Walter Kaufmann. 770. 원래 카우프만은 다음과 같이 번역했다. "A great wind blows among the trees, and everywhere fruit fall down-truths. The squanding of an all-too-rich-autumn: One strumbles over truths, one stemps on and kills a few-there are too many."

10) Ibid., 770-1.

11) Roland Barthes, "The Death of the Author," *Authorship from Plato to Postmodernity: A Reader*, ed. Sean Burke (Edinburgh: Edinburgh University Press, 1995), 55.

12) Ibid., 100.

13) Foucault, "What is an Author?" *Textual Strategies*, ed. Joseu Harari (London: Methuen, 1979), 159.

14) Ibid.

15) Jurgen Harbermas, 『담론윤리의 해명』, 이진우 옮김 (서울: 문예출판사, 1997), 176.

16) Paulo Freire, 『페다고지』, 남경태 옮김 (서울: 도서출판 그린비, 2006), 제3장을 보라.

17) Harbermas, 『담론윤리의 해명』, 149-52.

18) Ibid., 167.

19) Ibid.

20) Freire, 『페다고지』, 111-2.

:: 제13장 ::

신 존재와 신에 대한 믿음

 평상시 우리가 드리는 기도의 첫마디가 "하나님"으로 시작한다. 살아계신 하나님, 전능하신 하나님, 고마우신 하나님, 능력이 많으신 하나님 등의 형용사와 함께 사용되는 단어가 하나님이다. 그런데 기도의 대상인 이와 같은 하나님이라는 단어는 아주 애매한 의미로 사용될 때가 많다. 이는 누가 그것을 사용하는가에 따라 다른 상황을 연출하기 때문이다. 어떤 이는 그분의 실재를 인간의 지식으로는 인식불가능하기 때문에 그 실재를 정확히 서술하는 일은 포기되어야 한다고 조심스럽게 주문한다. 혹자는 하나님은 우리의 신앙 실천에서 분명히 인식될 수 있는 분이라고 강하게 주장하기도 한다. 이런저런 이유에서 하나님이 누구인가에 대한 물음은 우리를 당혹스럽게 만드는 물음들 중 하나다. 그래서 "누군가가 내게 그분이 누구냐고 묻지 않는다면, 나는 그분이 누구이신지 알지만, 누군가가 내게 그분이 누구냐고 물으면 나는 그분에 대해 잘 모른다"라고 말한 히포의 어거스틴(Augustine of Hippo)의 다소 유머러스한 표현처럼, 정작 우리가 그분이 누구인가라고 묻는다면 궁색한 답변만을 나열할지 모른다.

알리스 워크는 『컬러 퍼플』에서 흑인 여인의 감정을 표현하면서 이렇게 말하고 있다. "하나님이 백인이시고 남성이라는 사실을 발견한 다음에는 난 하나님에 대하여 별다른 관심과 흥미가 사라졌어요."[1] 하나님은 우리의 삶에 반영되는 실재로서 이해하고 예증하려고 한다. 하나님에 대해 우리가 생각하는 방식이 궁극적으로 우리와 하나님과의 관계가 어떠한지에 영향을 미치는 것은 사실이다. 하지만 우리가 어떤 하나님을 말하는가에 따라 그분이 달라지고 있는 게 우리의 현실이라고 해서 반드시 하나님이 백인이면서 남성의 하나님을 배제하면서까지 흑인이면서 여성의 하나님이 되어야 하는가.

게다가 하나님은 철학과 신학의 학문적 영역에서 오래도록 논쟁의 화두였다. 이것은 하나님에 대한 문제가 삶의 현실에서 분명하고도 명확한 대답을 제공하기가 어렵다는 것을 반증하기 때문이다. 특히 이러한 하나님에 대한 명확하고도 합리적인 해명을 못한다는 이유로 한편에서는 신을 부정하는 무신론의 다양한 형태가 등장했다. 역사적으로 신에 대한 해명은 논리적으로 무의미할 뿐만 아니라 경험론적으로 인식불가능하다는 1950년대 논리실증주의자들은 루드비히 비트겐슈타인(Ludwig Wittgenstein)의 『논리철학 논고』와 알프레드 J. 에이어(A. J. Ayer)의 『언어, 진리 그리고 논리』의 영향으로 신의 의미와 사용을 무의미하고 무가치한 것으로 일축해 버렸다.[2] 이러한 열정은 세속주의 신학자들의 집단에서도 요동치기 시작했다. 거칠게 말하자면, 분석철학의 전통인 영국의 논리 실증주의적 영향력이 미친 파장이 한창일 무렵에 니체의 신 죽음의 철학적 개념에 의해 영향을 받고 있었던 토마스 알타이저, 윌리엄 해밀톤 그리고 폴 반 뷰렌을 포함하는 일군의 세속주의 신학자들은 1960년대에 신의 유신론적 초월성의 극단을 견제하기 위해 신의 죽음을 선언하면서 한차례 세상을 요동시켰다.

당시 신 죽음의 신학적 사유는 현대인들로 하여금 신을 의지하려는 어떠한 숭배 대상이나 마음을 완전히 제거하는 일에 일익을 담당했던 것 같다. 하지만 신 죽음의 새로운 형태는 그다지 호응을 받지 못했고, 일시적 유행처럼 그다지 오래 끌지 않았다. 1967년에 독일의 위르겐 몰트만은 블로흐의 『희망의 원리』에 근거하여 『희망의 신학』을 출간하면서 신의 죽음보다는 신의 희망에서 악과 고난의 현실을 종말론적 미래에 투영시킴으로 신의 존재를 신앙의 무대에 다시 등극되었다. 아 이러니한 역사의 순환이랄까. 이러한 노력은 이른바 지성적 철학자들에 의해서 신의 중요성이 다시 부활의 조짐을 보이기 시작했다. 타임지는 "유신론의 전환"이라는 제목으로 신의 중요성을 보도함으로써 신의 존재와 비존재의 논쟁적 싸움이 얼마나 지루했던가를 가늠하게 해 주었다. "누구도 20년 전만해도 거의 앞을 예측할 수 없었던 사유와 논쟁의 매우 혁명으로 신은 다시 되돌아오고 있다. 가장 흥미롭게도 이것이 학문적 철학자들의 뚜렷한 지성적 집단에서 … 일어나고 있다는 것이다."[3]

학문적으로 훈련받은 지성적 사상가들에 의해 신의 부활을 약속하였음에도 불구하고, 세속주의의 끊임없는 반항은 2000년 새벽 벽두부터 "새로운 무신론"(new atheism)이라는 이름으로 다시 출현하여 기독교 신앙을 위협하고 위험에 빠뜨리기 시작했다.[4] 이 위협의 가해자는 샘 해리스, 루이스 울퍼트, 리차드 도킨스, 빅터 스텐거, 데이엘 데네트, 크리스토퍼 히친스로 이어지는 무신론자들이었다. 그들은 제각기 『신앙의 종말』, 『아침 식사 전 여섯 가지 불가능한 것들』, 『만들어진 신』, 『이해할 수 있는 코스모스』, 『철자의 부러짐』 그리고 『신은 위대하지 않다』의 저서들을 통해서 크게는 종교라는 범주이지만, 구체적으로는 기독교와 기독교 신에 대한 저항이었다.[5] 그들의 저서들에서 그들은, 안토니 풀루가 적절히 표현하듯이, "묵시적 예언으로 지옥의 불과 유황과 같은 어마어마한 형벌을 우리에게 경고하는 설교자들"[6]처럼 신을 부정하고 그 같은 암흑에서 나와야 구원받는다는 어투로 강렬하게 외치고 있다는 것이다. 다음 단원에서 구체적으로 다루겠지만, 이 무신론적 서적들은 가히 식을 줄 모르고 판매부수의 기록들을 계속 갱신할 정도로 신 죽음을 강조하고, 신과 종교가 사회를 오염시키고 타락시키는 장본이라는 이미지를 현대인들의 마음에 깊은 인상을 심어주려는 열정에 온힘을 다하고 있다. 이 어마어마하고도 가공할만한 새로운 무신론의 유행은 파급적인 상황인 것처럼 보이고, 다른 어떠한 출구도 없는 것처럼 언급되곤 하지만, 이것 또한 기독교 신앙을 가지고 있는 사람들에게 일시적 기우에 지나지 않은 유행인 것 같다.

최근에 하버드대학의 하비 콕스는 지난 30년간 기독교의 성령 운동에 관한 연구에서 세속시대의 도래는 과학과 이성을 높이 평가함으로 종교는 사라질 것이라는 그의 세속도시의 이전 연구서를 무색하게 할 정도로 웃음거리로 만들었다고 고백했다. 아무리 세속도시가 형성되어도 사라지지 않는 것은 오히려 종교라고 단언한다. 종교의 중심에 있는 신은 더욱더 세속적 인간의 마음을 사로잡는다고 보도함으로써 신에 관한 논쟁은 당분간 지속될 것임을 천명하는 것처럼 보인다. 이런 논쟁의 맥락에서 신을 옹호하는 편과 신을 반대하는 편의 지루하고도 논쟁적인 싸움의 틈새에 끼어있는 기독교 신앙은 어떤 형태로 신을 믿을 것이며, 또 어떤 형태의 신을 수용해야 하는지에 대한 염려가 적지 않을 것 같다. 따라서 우리는 현재 일어나는 일련의 무신론과 유신론의 논쟁들을 살펴보고, 기독교 신앙의 관점에서 신을 믿는다는 것의 의미가 무엇인지 그리고 신은 우리에게 어떤 의미가 있는지를 생각해 보려고 한다.

신의 망상적-집단적 의식

하나님에 관한 논쟁은 크게 두 가지 철학적 비판에 대한 반응에서 시작한다. 하나님의 개념은 한편으로는 무신론을 포함한 자연주의자들의 공격에 맞서 대항해야 하는 처지와 다른 한편에서는 물질주의를 표방하는 실증주의자들의 공격에 맞서서 대항해야 하는 처지에 놓여 있다. 우리 시대에 가장 열렬한 자연주의자로 간주되는 캘거리대학의 카이 넬슨(Kai Nelson)의 신랄한 비판은 하나님의 개념이나 존재자체를 제거하거나 폐지되어야 한다는 주장에 동참한다. 그가 말하기를, "자연주의는 영적이고 초자연적인 실재가 존재한다는 사실을 부정한다."[7] 그러한 실재 속에는 정신적인 속성이 전혀 포함되어 있지 않기 때문에 신을 믿는 신앙은 비논리적이며 비일관적이라고 주장한다. 그는 신을 믿지 않는 이유를 이렇게 표현하고 있다. "신이 존재한다는 것을 믿는 훌륭한 근거들이나 증거들이 없다는 것을 내가 확신하는 것뿐만 아니라 신의 … 바로 그 같은 개념은 … 너무나도 문제가 많음으로 그러한 신념을 위한 근거들을 제공할 수 있는 것이 아예 없다는 것 때문에 나는 신을 믿지 않는다. 잔인하게 표현하자면, 거기에는 믿을 수 있는 근거가 전혀 없고, 단지 오류들만이 존재하고 있을 뿐이다."[8]

최근의 무신론적 논쟁을 전개하기 전에, 우리는 이 무신론적 논쟁이 이전에도 상당히 공적인 논의의 주제가 된적이 있었다. 이 논의의 주제에서 신은 무신론자들의 입맛에 맞게끔 주장되었다. 네가지 공격들을 살펴보면, 루드비히 포이어바흐는 신을 "인간적인 소원의 산물"이라고 공격했고, 칼 마르크스는 신을 "압제상태의 대체물'이라고 공격했으며, 지그문트 프로이트는 신을 "억눌린 욕망의 투사"라고 공격했다. 그리고 에리히 프롬은 신을 "인간이 가진 가능성의 표상"이라고 신랄하게 공격했다. 이들의 공통된 공격의 내용은 하나님이 자신의 형상대로 인간을 창조한 것이 아니라 인간이 자신의 형상대로 신을 창조했다는 것이다. 이런 과거의 공격이 현재에 재현되고 있다.

물질주의를 표방하는 실증주의의 체제도 유신론적 하나님의 존재를 강하게 부정한다. 특히 에이어의 경우에서 보았듯이, 검증할 수 없는 초월적 실재는 우리의 논의의 대상에서 제외시켜야 한다고 보았다. 형이상학적 논의와 하나님의 초월적 성격은 물질주의적 관점에서 보면 일종의 난센스다. 느낄 수도 만질 수도 없는 것을 믿는 것은 어리석음에 해당된다고 보았다. 결과적으로 실증주의적 물리주의는 어떠한 영적인 실재나 초월적 하나님의 존재를 부정해 버리고 말았다. 그들의 노력은 과학시대의 인기와 흐름을 타고 승리의 축배를 마시는 것 같았다. 앞에서 언급했듯이, 이러한 무드는 1960년대 신학적 논의에서도 반영됨으로서 이른바 "신-죽음의 신학"에 관한 논쟁에 불씨를 붙였다. 이러한 불씨는 한동안 사람들에게 하나님의 존재를 앗아갔다기보다는 인류의 희망자체를 앗아갔던 것으로 느끼게 했다. 이것은 실제로 사람들의 사유 속에서는 하나님이 차지하는 위치가 인류의 희망과 연결된 개념이었기 때문이다. 하나님이 없는 인류는 그들에게 생각할 여지를 주지 않았던 것이다. 이러한 비판에 돈키호테적 과단성을 보인 철학자들이 생기기 시작했다. 우린 그들을 기독교 철학자들이라고 부른다.

기독교 철학자들은 자연주의 철학과 물질주의 철학에 정면으로 맞서서 그들의 주장을 비판적으로 검토하기 시작하면서 하나님의 존재를 역사의 무대에 다시 복귀시켜야 하는 어떤 사명감 같은 것을 느끼게 되었다. 그들은 하나님이 절대적 필연성이다. 그가 없이는 세계의 설명이 반쪽의 진리밖에 되지 않는다고 역설했다. 그들의 역설들은 소리로만 외친 것이 아니라 과단성 있는 철학의 작품 속에 뛰어들어 논쟁했던 것이다.

우리가 알고 있듯이, 신-죽음의 신학은 프리드리히 니체의 거대한 버팀목을 근거로 한다. 니체(1844~1900)만큼 기독교에 대한 왕성하고도 과감한 비판정신이나 의식을 가졌던 사람이 과연 있었을까. 니체는 그의 『비극의 탄생』에서 기독교를 처음부터 "완전히 삶에 대한 생의 혐오이며 포만"(飽滿)[9]이라고 비꼬았다. 기독교는 "현세를 싫어하고 정념을 저주하고 미와 감성을 두려워하고, 차안을 한층 더 비방하기 위해 피안을 발명하고 결국은 무(無)를, 종말을, 휴식을 그리고 '안식일 속의 안식일'을 요구하는" 종교로 보았다. 이것은 기독교가 우리 사회를 더욱 악하게 만들었다는 것을 암시한다. 따라서 니체는 기독교를 "삶을 부정하는 의지"[10]로 생각했다. 왜 그랬을까. 그런 이유야 많겠지만, 기독교는 신-존재의 근거에서 출발하기 때문에 신의 퇴거는 기독교에 대한 비판으로 여겼을 것이다.

이 진부한 생각은 최근에 영국 옥스퍼드 대학의 석좌교수인 리처드 도킨스의 무신론적 사유 속에 잘 반영되어 있다. 과학과 다원주의에 절대적인 의존을 부여하는 도킨스는 그의 『만들어진 신』(The God Delusion)이라는 매우 도발적인 저서를 통해서 "누군가 망상에 시달리면 정신이상이라 하지만 다수가 망상에 시달리면 종교라고 말한다"는 미국 소설가 로버트 러시그의 말을 통해 신을 "하나의 집단 망상"으로 표현한다. 신의 무신론적 의미를 한층 쟁점화하는 도킨스는 인간의 도덕적 뿌리가 종교에서 찾지 않고, 유전자라는 "이기적 유전자"에서 찾는다. 그러면서 그에게 있어서 신에 대한 경험은 더 큰 스트레스를 유발할 뿐만 아니라 영혼의 위로와 안정을 최우선으로 하는 개념이며, 따라서 신을 믿는 대부분의 종교는 실제적인 효용성의 잣대에서 볼 때 아무런 의미가 없음을 강변한다. 게다가 그는 종교가 인간에게 전쟁과 차별 등 더 큰 고통을 가져다주었으며, 우리는 종교에 의해 상처를 받고, 그 상처를 종교에 투영하여 치유하는 모순 순환의 잘못된 삶을 살아가고 있다고 주장한다. 따라서 "집단 망상"의 진원지는 신에서 유래하기 때문에 신은 반드시 퇴출되어야 마땅하다는 다소 도발적이고도 생경한 주장을 스스럼없이 그는 끄집어낸다. 그의 주장에서 한 가지 흥미로운 사실은 도킨스가 신에게 퇴출명령을 내리면서 우리로 하여금 망연자실하지 말 것을 당부하면서 위안 섞인 메시지를 전달하는데,

이는 신이 사라진 이후의 사회가 오히려 더 희망적일 수 있을 것이기 때문이라는 것이다.[11]

도킨스와 더불어 우리 시대의 "개신교 무신론자"로 자처하는 크리스토퍼 히친스(Christopher Hitchens)는 『하나님은 위대하지 않다: 어떻게 종교가 모든 것을 오염 시키는가』(god is not Great: How Religion Poisons Everything)에서 도킨스적 발상과 열정에 버금가는 호전적 태도로 신의 문제와 그것의 고안에 대해 핏대를 올린다. 신을 인간에 의해 만들어진 일종의 개념으로 규정하는 그는 매우 간결하고도 단호하다. 신은 존재하지 않았고 인간에 의해 고안된 숭배대용물이다. 2007년 5월 13일 폭스 방송의 "해니티의 미국"(Hannity's America)이라는 프로그램에서 흥미로운 인터뷰 방송이 인터넷을 통해 아래의 대화가 알려졌다.

"당신의 책을 보자면, 종교와 신에 대해 뭔가 잔뜩 화가 난듯합니다."
"신에게 화가 나다니요! 무슨 멍청한 소리입니까? 존재하지 않는 신에게 어떻게 화를 내겠습니까? 하지만 종교에 대한 것이라면, 예 그렇습니다. 내 책에서는 당신들의 유일신의 끊임없는 협박과 허풍에 대한 경멸과 분노가 담겨 있습니다."

히친스는 현대인들을 종교라는 거대한 테두리 속에 갇혀 사는 존재로 보고, 그것에서 해방되는 길이야 말로 지금 우리가 추구해야 하는 절대 절명의 기회이자 희망이라고 예견한다. 그에게 있어서 종교가 바로 '원죄'(an original sin)다.[12] 그가 신랄하게 비트는 종교야말로 죄의 시작이자 진원지다. 종교가 없는 세상이 오히려 아름다운 세상이고, 종교가 없는 세상이 오히려 합리적인 사회를 지향하는 세상이다. 따라서 비이성적이고 비과학적인 종교가 사회와 세상을 어지럽히는 원죄이기 때문에 종교는 우리 사회에서 필히 퇴각되어야 하는 영순위다. 왜 그는 이렇듯 종교에 대해, 특히 기독교에 대해 악의적인 문구를 사용하면서까지 표현하는 걸까. 이유는 네 가지다. (1) 종교는 몽매무지한 사람에게 세계에 대한 그릇된 그림을 제시하고, (2) 종교는 피 제사의 교리를 포기하지 않으며, (3) 보상설의 교리 그리고 (4) 불가능한 의무들과 규칙들을 근거로 제시하기 때문이다.[13]

종교에 대한 그의 비난은 여기서 그치지 않는다. 그는 종교적 신앙이 끔찍한 재앙의 근원이라는 식의 적대적 주장을 과신하면서 기독교인들을 자극한다. 비이성적이고도 비과학적인 맹신이라고 도발적인 언어로 종교를 노골적으로 비판하는 히친스는 다양한 문학적이고 역사적인 자료들을 토대로 종교의 위험성을 고발한다. 예컨대 로마 교황청이 나치즘이나 파시즘에 동조하거나 방관한 일, 신부들의 유아 성추행의 끊임없는 스캔들, 예방접종을 거부하는 인도나 파키스탄 그리고 나이지리아의 종교적 신앙의 이유들, 세계도처에 발생한 전쟁의 배후에 있는 종교의 개입 등을 파헤치면서 종교는 많은 경우에 약자의 편이 아니라 권력의 편이거나 권력 그 자체이며, 인종주의와 별반 다르지 않다.[14] 이런 점에서 히친스는 종교를 "문화적 자살"(cultural suicide)이나 "조력 자살"(assisted suicide)과 동일한 것으로 해석하려 든다.[15] 무엇보다도 히친스는 유일신을 믿는 기독교나 이슬람은 근본적으로 자신과 다른 믿음에 대한 관용이 결여되어 있고, 독선적이고도 권위적인 태도를

가질 수밖에 없다는 점에서 파시즘과 같은 사고체계라고 폭로한다.[16]

사실, 그들의 글에서 우리를 가장 불편하게 하는 것은 다름 아닌 종교의 부패성이다. 도킨스와 히친스가 종교가 모든 것을 오염시킨다고 단언할 정도로 기독교를 공격했을 때, 우리는 갑작스럽게 심리적 불편함을 느낀다. 하지만 우리는 사회 속에서 종교의 역할이나 기독교 신앙이 제대로 실천되지 못하고 있는 종교의 현실을 그대로 반성할 필요가 있다. 그들의 이러한 비판은 무조건 반대하는 것은 우리로 성숙한 신앙인으로 성장하게 하는 것이 아니라 오히려 매우 해롭고 위험한 이념에 빠져들게 할지 모른다는 것이다. 우리를 공격하는 것이 무엇이든 우리를 헤치는 것이 아니라는 긍정적인 측면에서 이 불편한 심기를 극복하여야 할 것 같다. 그래서 우리는 그들이 왜 그러한 이유들을 제시하여 기독교를 공격하고 비난하는지를 눈여겨보아야 할 부분이 아닌가 싶다.

무신론자들은 종교가 부패하는 가장 큰 원인이 무엇으로 보는가. 그것은 다름 아닌 이성적 역할의 부재로 본다. 다시 말하자면, 이성의 기능이 제한되는 한에서 종교는 자연스럽게 부패의 나락에 떨어진다는 것이다. 히친스가 노골적으로 표현하듯이, "우리 기독교인들은 과학에 모순을 일으키거나 이성을 화나게 하는 어떤 것에 대해서 불신하고 있다."[17] 프랑스의 작가이자 에세이스트인 빅토르 위고(Victor Hugo)도 이와 유사하게 기독교의 부패를 꼬집었다. "모든 마을에는 횃불이 있다. 바로 교사다. 그리고 그 횃불을 끄는 사람이 있다. 성직자가 그렇다."[18] 현대인들이 종교를 성직자와 동일한 선상에서 이해한다고 본다면, 종교는 곧 성직자다. 그런데 성직자의 부패는 종교의 부패다. 종교가 부패하는 이유는 그 가운데 성직자의 역할에 대한 냉소와 비판이 있기 때문이다. 왜 이렇게 되었는가. 종교는 그 기능을 제대로 수행하지 않은 것인가. 세상의 빛과 소금의 역할을 다하라고 한 예수의 엄중한 명령은 온데간데없고, 자기 편리한대로 예수의 이름을 팔고 그 이름 앞에서 수없이 맹세하면서 자신의 정당화를 도입하여 사용함으로서 신앙의 부패가 수면위에 떠오르지 않았는가. 이것이 현대인들이 볼 때에 종교가 부패한 것으로 생각하고, 나아가 기독교를 일종의 위기로 몰아가는 것이다. 그래서 그들은 종교가 모든 사회를 부패하게 하는 악의 원인이라고 결론을 맺는다. 거기에는 더함도 나눔도 없다. 종교는 악이다. 이것이 그들의 최종적인 어휘다.

이러한 비판을 겸허히 받아들이면서도 여전히 우리는 그들의 단언적인 주장들은 도발적이라고 느끼기는 하지만, 무성의한 그들의 주장은 우리의 심기를 매우 불편하고도 불쾌하게 만든다. 마치 기독교라는 논쟁상대를 거꾸러뜨리기 위해 선택적인 인용과 궤변을 일삼는 그들의 글쓰기의 방식은 별로 효과적이지 않다. 최근 이들의 저작에 대한 비판으로는 복음주의 진영에 서 있는 옥스퍼드 대학의 알리스터 맥그라스의 『도킨스의 망상? 무신론적 근본주의와 신의 부정』(Dawkins Delusion? Atheist Fundamentalism and the Denial of the Divine)과 키드 워드의 『종교는 위험한가?』(Is Religion Dangerous?) 그리고 킬 대학과 옥스퍼드 대학의 안토니 풀루의 『신은 존재한다: 어떻게 세계에 악명 높기로 유명한 무신론자가 그의 생각을 바꾸었나』(There is a God: How the World's Most Notorious Atheist Changed His Mind)는 무신론적 저작들을 매우 솔직하고도 합리적으로 조목조목 반박함으로서 그들의 부정직함을 폭로하고 있다.[19] 무신론자들 특유의 비아냥거림과 면박의 비속어는 이해 못할 바는 아니지만, 그들의 비합리적인 논쟁은 학자들의 태도로서는 이해할 수 없는 부분들이다. 좀 길긴 하지만 안토니 플루의 말을 상기해 보자.

> "[해리스, 울퍼트, 도킨스, 스텐거, 데네트]는 대부분 우리가 우리의 그릇된 신념들과 그 신념들과 관련된 실천들에 대해 회개하지 않는다면, 우리는 어마어마한 형벌을 받게 될 것이라고 경고하고, 심지어 묵시를 예언하는 지옥의 불과 유황 못에 떨어질 것이라고 설교하는 설교자들과 같이 들린다. 애매함이나 예민함이란 찾아 볼 수 있는 곳이란 전혀 없다. 그것은 흑과 백이다. 당신이 우리와 함께 한다면 당신은 우리의 친구가 되지만, 그렇지 않다면, 당신은 우리의 원수가 될 것이다. 다른 측면에 대해 어떤 동정심을 표현하는 위대한 사상가들조차도 반역자라고 공격한다. 그들은 마치 복음주의자들이 절박하고도 임박한 순교의 면전에서 그들의 메시지를 설교하는 용감한 영혼들과 같다."[20]

그들의 글에는 학자의 엄밀함과 정직함이 배어 있지 않다. 그들의 무책임한 주장을 다 거론할 수는 없지만, 한 가지만 열거해 보자. 예를 들어, 물리학자인 알버트 아인슈타인은 기껏해야 무신론자이고, 나쁘게 말하면 범신론자라고 말한 도킨스의 언급은 고려할 가치조차 느끼지 않는다. 아인슈타인은 인간의 추론을 넘어 자연의 법칙 속에 활동하는 "최상의 정신"이나 "최상의 이성적 힘"에 대해 말했다. 게다가 아인슈타인은 자신이 범신론자이거나 아니면 무신론자라는 사실을 말한 적이 없다. 자연의 법칙에서 그가 발견한 한 가지 사실은 "신은 주사위 놀이를 하지 않는다"라고 말하면서 이신론적 신을 믿는다고 고백해 왔다. 그리고 옥스퍼드의 물리학자이고 세계최고의 과학자인 스티븐 호킹은 "신의 존재를 믿고 있고, 또 이 신적 힘이 자연 법칙들을 세웠다"[21]라고 보고하지 않았는가. 그는 스티븐 호킹과 같은 명성의 과학자를 자신의 무신론적 메시지에 배제하고 있다. 왜 그랬을까. 그래서 플루는 "아인슈타인에 대한 [도킨스의] 해석은 명백하게 정직하지 않다."[22] 만일 학자가 정직하지 않다면, 그의 주장은 일고의 가치가 없을 것 같다.

말이 나온 김에 한 가지 더 열거하자면, 지난 2004년 무신론에서 신을 믿는 철학자로의 개종이 있었다. 그가 다름 아닌 안토니 플루(Antony Flew, 1923~)였다. 실제로 도킨스에게 있어서 플루는 오랫동안 무신론의 가치와 중요성을 위한 논증의 버팀목이었다. 이런 행위가 도킨스가 볼 때는 일종의 배신감을 느꼈을 것이다. 다음과 같은 표현은 그 사실을 반영하고 있다.

"우리는 오늘날 지나칠 정도로 널리 선전되고 있는 철학자 안토니 플루의 변절 행위에서 비슷한 무언가를 보고 있는지 모른다. 그는 노년에 일종의 신을 믿는 쪽으로 돌아섰다고 선언했다(그러자 인터넷에 그 말을 퍼뜨리려는 광풍이 일어났다). 러셀은 위대한 철학자였다. 러셀은 노벨상을 받았다. 아마 플루는 이른바 귀의로 템플턴상을 받음으로써 보상을 얻은 듯하다. 그가 그 방향으로 첫 걸음을 내디딘 것은 2006년 '자유와 진리를 위한 필립 존슨상'을 수락한다는, 불명예스러운 결정을 내렸을 때였다. 필립 존슨 상의 첫 번째 수상자는 지적 설계를 옹호하는 전략을 수립한 변호사 필립 존슨이었다. 플루는 두 번째 수상자인 셈이다. 상을 수여하는 대학교는 로스앤젤레스의 성경연구소인 비올라이다. 플루가 자신이 이용당하고 있음을 깨닫고나 있는지 궁금하다."[23]

여기에 대해 플루는 『하나님은 존재한다』라는 고백적 자서전을 출판하여 그의 주장이 그릇되었음을 증명하고 있다.[24] 플루에 따르면, "참된 사상가들은 지지자의 성, 피부색깔 및 나이에 비추어서가 아니라 증거에 따라서 무게를 달고 논증을 평가한다."[25] 그가 우주의 "지적 정신"이 존재한다는 것을 조목조목 언급하고 있지만, 이러한 논증의 성격은 완전히 무시한 채로 배교의 행위에만 관심을 갖는 도킨스의 글에는 분명히 문제가 있을 뿐만 아니라 학자로서의 의무를 저버리는 행위를 서슴지 않고 있다. 과학적인 접근을 통해서 논증과 반증을 구성하여야 하는 도킨스는 사람들이 한 대화나 피상적인 삽화를 중심에 둠으로써 "신-가설"을 망상이고, 그것도 유해한 망상이라고 매도해 버리고 만다.[26] 결론적으로 말해, 무신론자들의 논증은 옥스퍼드의 기독교 신학자인 맥그라스가 언급하고 있듯이, "부주의하고도 산만하며 자기 모순적이기"[27] 때문에 정당화될 수 없으며, 별로 효과적이지도 않다고 말해야 할 것 같다.

논쟁 속에 갇힌 하나님

앞서 논의했던 신 존재를 부정하는 무신론자들의 주장은 논증의 합리적 성격이라기보다는 감정적인 성격이 강했다. 이제 우리는 논증의 합리적 성격에서 신 존재의 문제를 언급하고자 한다. 미리 말하지만, 신의 논증적 성격도 유감스럽게도 우리의 삶과 분리되어 별로 효과가 없는 사변적인 방식만을 제공하는 게 아닐까 싶다. 왜냐하면 신의 논증이 대부분 사유의 형식 속에 갇혀 있기 때문일 것이다. 철학은 비판으로 생명을 얻는다 했던가. 그래서 그런지 철학의 신은 그 존재를 증명하려는 논증에서 출발한다. 만일 우리가 무엇을 증명하여 믿을 수 있다면, 우리는 신을 믿게 되는 걸까. 증명의 원리를 통해서 신을 믿게 될 수 있다면, 우리는 아마도 신보다는 과학을 더 신뢰하지 않을까. 이렇듯 사변 속에 갇힌 신은 항상 논리적 사유와 합리적 증거를 요구한다. 그런 이유에서 신에 대한 논증이 우리의 합당하게 의존하고 믿는 신이 될 수 있을까 하는 의구심이 든다. 그럼에도 불구하고, 우린 그들이 논증을 통해 신의 존재를 증명하고자 했던 것을 살펴보고자 한다.

신 존재에 대한 논증은 연역적 논증과 귀납적 논증으로 분류된다. 연역적 논증은 안셀름, 데카르트, 라이프니츠, 하츠혼, 플랜팅가에 의해 고안된 "존재론적 논증"을 말한다. 반대로 귀납적 논증은 우주론적 논증과 목적론적 논증이다. 연역적 논증과 귀납적 논증과는 다소 다른 접근 방식들은 제각기 도덕적 논증과 개연성적 논증 등이 있다. 하지만 지면상 여기에서 우리는 존재론적, 우주론적, 그리고 목적론적 논증들만을 선택하여 간략히 살펴보고자 한다.

첫째로 연역적 논증인 존재론적 논증이 있다. 이 논증의 옹호자들은 "신이 존재한다"는 전제에서 연역적으로 증명하여 결론에 도달하려고 시도한다. 본래 이 논증은 "제2의 어거스틴"으로 불리었던 영국의 캔터베리의 대주교 안셀무스가 그의 『프로슬로기온』, 2장에서 처음으로 사용하면서 시작되었다.[28] "이해를 추구하는 신앙"(fides quaerens intellectum)을 자신의 모토로 여겼던 안셀무스는 신을 "최상의 존재"로 정의한다. 이 정의로부터 신은 필연적이라는 결론에 도달한다. 이 논증에 따르면 신은 우리가 상상할 수 있는 것 중에서 가장 완전한 존재다. 안셀무스가 정의하듯이, 신은 "그 어떤 것보다 더 위대하다고 생각될 수 없는 존재다." 이것은 마치 데카르트가 삼각형의 정의에서 그것의 세 각의 합이 180도라는 것은 필연적이라는 결론에 도달하는 것과 같이 자명하다. 삼각형의 세 각의 합이 180도라는 사실은 그것을 관찰하는 사람의 증거나 경험에 의해서 어떤 결과가 도출되지 않는다는 것이다. 단지 그것은 우리가 그것을 받아들일 경우에만 가능하지만, 그렇다고 삼각형의 세 각의 합이 180도는 거짓이 아닌 자명한 전제다. 누구도 부인하지 않고 그것의 공리는 여전히 진리로 받아들인다. 이는 그것이 필연적이기 때문이다.

이 고전적인 논증은 일반적으로 '정의의 존재론적 논증'(definitional ontological argument)이라고 한다면, 찰스 하츠혼과 앨빈 플랜팅가의 논증은 '양태의 존재론적 논증'(modal ontological argument)이라고 말할 수 있다. 하츠혼과 플랜팅가의 양태론적 논증은 한층 더 논리이고도 사변적이다. 그래도 다소 쉽게 접근할 수 있는 안셀름과 데카르트의 논증은 그들의 논리적 기법에 의해 더욱 꼬이는 듯이 전개된다. 플랜팅가는 안셀름의 명제인 "그보다 더 위대한 것을 생각할 수 없는 존재"를 약간 바꾸어서 표현하는데, 신은 '그보다 더 위대한 것'을 '논리적으로 가능하지 않은 존재'나 '가장 위대한 가능한 존재'로 바꾼다. 하지만 이 명제 또한 그다지 설득력을 갖지 못한다고 플랜팅가는 밝힌다.

플랜팅가의 논증을 더 전개해 보자. 신은 '그보다 더 위대한 것을 생각할 수 없는 존재'라는 진술은 신이 '논리적으로 가능하지 않은 존재를 생각할 수 없는 존재' 또는 '그보다 더 가장 위대한 가능한 존재를 생각할 수 없는 존재'라는 말이 된다. 이렇게 될 경우에, 신은 그보다 더 위대한 것이 가능하지 않은 존재가 되기 때문에 이 말은 논리적으로 뜻이 통하지 않을 뿐만 아니라 옳지 않다.[29] 이유는 분명하다. 왜냐하면 위대한 것이 가능하지 않은 존재와 신이 양립하지 않기 때문이다. 그러면 어떻게 이 딜레마에서 빠져나갈 수 있을까. 그것은 우리가 신을 필연적 존재로 상정한다면, 문제는 한층 수월해 진다는 것이다. 결국에 이 논증은 양태론의 논리적 형식에 크게 의존함으로써 문제를 해결한다. 신이 어떤 것에 의존하지 않는다는 것은 필연적이고 옳은 문장이다. 그리고 이 문장은 논리적으로 참이다. 왜 그런가. 그것은 이렇게 설명된다. 만일 신이 우연적이라면, 신은 어떤 것에 의존되어야 한다. 그렇게 된다면, 신은 논리적으로 신이 아니다. 만일 그가 신이라면, 그는 정의상, 어떤 것으로부터 의존하지 않는 존재여야 하고, 또 전통적인 기독교 신에 대한 정의에서 말하는 전능, 전지, 편재하는 존재여야 한다. 따라서 신은 우연적이 아니라 필연적이다. 그러한 필연적 존재는 논리적으로 존재한다.[30] 간략히 요약하자면, 만일 신이 존재한다면, 신의 존재는 필연적이다. 신은 우연적인 존재도 아니고 또 존재하기 위해 단순히 발생하는 존재의 일종도 아니다.[31]

그러면 존재론적 논증에 대한 우리의 생각은 어떤가. 앨빈 플랜팅가가 밝혔듯이, 우리는 이 논증에서 두 가지를 생각해 볼 수 있다. 하나는 적은 노력으로 많은 것을 얻을 수 있다. 관찰이나 경험 혹은 증거를 요구하지 않는 논증에 대한 연구는 머리만 잘 굴리면 이 논증은 보다 좋은 논증을 이끌어낼 수 있다는 장점을 가지고 있다. 다른 하나는 이 논증으로 사람들이 믿을 것 같지는 않지만, 이 논증에는 어떤 결정적이고도 논리적인 문제가 있어서 그것을 딱히 잡아낼 수 없다는 이점이 있다.[32] 하지만 과연 이 논증을 통해서 누가 신의 존재를 알고, 신의 의미를 깨달을 수 있을까. 아마 대답은 부정적일 것이다.

둘째로 귀납적 논증이 있다. 귀납적 논증으로는 우주론적 논증과 목적론적 논증이 있다.[33] 우주론적 논증과 목적론적 논증은 주어진 사물이나 우주의 관찰에서 출발한다. 이것은 존재론적 논증보다는 한층 수월하다. 그것은 우주나 사물이 없지 않고 왜 존재하느냐 하는 현실적인 물음에서 시작하기 때문이다. 우리의 일상은 어떤 것에 대한 호기심과 의문을 가지고 산다. 이를테면, 우리가 수업을 마치고 집으로 가는 도중에 앰뷸런스와 몇 몇 차들이 즐비하게 늘어선 것을 목격했다고 하자. 그러면 우리는 다음과 같은 생각을 떠올릴 수 있을 것이다. 도대체 무슨 사고가 난 걸까. 앰뷸런스가 왜 저곳에 있는 걸까. 어떻게 해서 저런 일이 일어났을까. 이처럼 우주론적 논증과 목적론적 논증은 이 우주가 없지 않고 존재하고 있다는 사실에서 시작하고, 그리고 그것은 어떤 목적을 가지고 거기에 있다는 가정에서 시작한다.

우주론적 논증은 왜 우주가 없지 않고 존재하고 있는가에 관심을 갖는 반면에 목적론적 논증은 이 실재하는 우주가 어떤 목적으로 움직이는 것일까에 관심을 갖는다. 전자는 우주의 존재에 초점을 맞추고 있고, 후자는 우주의 목적에 초점을 맞추고 있다. 이 둘은 우주의 존재와 목적을 관찰함으로써 어떤 결론을 도출하기 때문에 귀납적 혹은 후험적 논증(a posteriori argument)이라고 부른다. 하지만 우주론적 논증과 목적론적 논증은 다르다.

우선 우리는 우주론적 논증을 살펴보자. 우주론적 논증은 '철학은 신학의 시녀다'라는 유명한 말로 잘 알려진 토마스 아퀴나스(Thomas Aquinas, 1224/5~1274)에 의해서 시작되었다. 아리스토텔레스의 철학에 영향을 받았던 아퀴나스는 운동, 원인, 가능성과 필연성, 자연의 위계 그리고 질서와 조화의 다섯 가지 논증들 가운데 운동과 원인을 통해서 우주론적 논증을 유추했다. 현재의 우주에서 소급하여 가다보면, 이 우주는 최초의 운동자와 원인자를 추론할 수 있다. 이 추론의 마지막에 도달하는 존재가 처음으로 운동을 시작하고 자신은 누구로부터 움직여지지 않은 이른바 '부동의 동자'(Unmoved Mover)와 '제일원인'(the First Cause)인 신을 추론할 수 있다는 논증이다.

이러한 논증은 최근에 사무엘 클라크(Samuel Clarke, 1675~1729), 리처드 테일러(Richard Taylor, 1919~2003)와 윌리엄 크레이그(William Lane Craig 1949~)에 의해서 재천명되었다.[34] 그들로부터 배울 수 있는 것은 '단순성의 원리'와 '충분이유의 원리'에 따라서 우주가 적절히 설명될 수 있다는 것이다. 이 두 원리는 자연주의자들의 우주관에 반대하는 두 가지 조건들이다. 우주에 관한 이론은 복잡한 논리보다는 단순한 논리가 더욱 진리나 사실에 가깝다는 것이고, 우주의 현실은 그것에 대한 합리적이고도 충분한 해명을 요구하고 그것에 따라서 믿음을 갖게 된다는 것이며 이 두 조건을 충족할때 가능하다는 것이다.[35]

목적론적 논증은 우주론적 논증의 접근방식과 유사하지만, 그 내용에 있어서는 차이가 있다. 목적론적 논증은 우주론적 논증처럼 무엇이 존재하고 있거나 아니면 어떤 사건이 발생했다는 단순한 사실에 대한 해명으로 시작하지 않는다. 이 논증은 우주나 사건의 목적이나 의도에 따라서 접근한다. 우리는 고전적으로 이 논증의 제공자로 윌리엄 페일리(William Paley, 1743~1805)를 떠올린다. 케임브리지 대학의 교수였던 페일리는 우주나 자연은 우발적으로 만들어졌거나 스스로 형성되었다고 보기에는 너무나 정교하고 적합한 형태로 작동하고 있기 때문에 어떤 지적인 존재에 의해서 의도적이고도 계획적으로 설계되었다는 것을 추론한다고 해도 별다른 의문이 들지 않을 것이라고 보았다. 무신론 철학자의 정신적 지주인 찰스 다윈이 케임브리지 대학생이었을 때, 그는 근육, 동물의 신체, 동물의 구조, 곤충, 천문학과 같은 점증적인 구조로 구성된 그의 『자연신학』(Natural theology)에 의해 영향을 받았다는 것은 서구사회에서는 널리 알려진 사실이다.[36] 그만큼 페일리의 논증은 당시에 '시계공'이라는 유추를 통해서 자연과 우주에 관한 해명에서 탁월했음을 증명했다. 하지만 그의 시도는 오늘날에 와서 많은 비판을 받는다. 그 중 가장 큰 문제가 되는 것은 18세기의 세계관인 기계적 세계관과 관련되어 있다. 우리가 알고 있듯이, 기계적 세계관은 유기체적 세계관과는 달리 우주나 자연을 거대한 기계나 그것의 부속품으로 여긴다. 따라서 잘못된 기계나 그것의 부품과 같은 악의 문제나 자연의 불완전한 돌출적 사건 등은 우주의 완전한 창조자에 대한 설명에서 타당하지 않을 수 있다는 생각을 추론하게 한다.

이러한 문제와 정당성을 추구하기 위해 여러 신학자들이 이 논증에 매달리면서 일종의 수정된 논증의 형태를 갖추게 되었다. 이 노력의 중심에 옥스퍼드의 기독교 철학자 리처드 스윈번이 있었는데, 그는 신 존재를 위한 변증적인 열정으로 논의했다. 1979년에 출판한 그의 『신 존재』(The Existence of God)에서 목적론적 논증의 정당성을 주장했다. 특히 세계의 질서에서 명증하고도 확고한 신의 존재를 증명하고자 했던 스윈번은 악의 현실과 같은 실제적인 문제가 우주나 자연에는 모든 것이 질서정연하다는 신념을 파괴하지 못한다고 보았다. 그에 따르면, 질서에는 공간적 질서와 시간적 질서가 있으며, 공간적 질서는 공존의 규칙성이라는 보다 명확하게 이해할 수 있는 집이나 대학의 도서관과 같은 곳에서 목적이나 의도된 우주나 자연의 질서를 유추하기에 충분하며, 또 시간적 질서는 연계적 질서라는 사물의 행위나 자연의 법칙 등에서 우주나 자연의 질서를 통제하고 섭리하는 지적 정신인 신이 분명히 존재한다는 것이다. 게다가 이러한 우주나 자연의 질서에 대한 설명에 있어서 과학적 설명만으로 신의 현실과 존재를 부정했던 종래의 문제를 비판하는 스윈번은 신적 경험과 같은 개인적인 설명(또는 인격적 설명)을 덧붙임으로써 우발적 우주나 자연이 아니라 거대한 지성을 가진 신에 의해서 창조되었다는 것을 보여주려고 했다.[37]

우리는 가장 익숙한 존재론적 논증, 우주론적 논증 그리고 목적론적 논증을 통해서 신의 존재를 탐구하려는 시도들을 살펴보았다. 하지만 우리는 여전히 이러한 논증으로 얼마만큼 사람들이 신을 인정하고 믿을 수 있을까를 본능적으로 묻는 것은 어떤 이유일까. 그것은 아마도 이러한 논증들은 우리의 인식적 사유체계에 도움을 제공하는 것에는 의문의 여지가 없지만, 실제적으로 우리의 신앙 속에 활동하시고 구체적인 삶 속에 역사하시고 섭리하시는 하나님을 보여주지는 못할 것이다. 기독교 신앙을 위해 반지성적 태도로 이러한 논증에 대한 연구가 무가치하다고 간주하는 일은 지혜가 없거나 옳지 않지만, 그렇다고 해서 무작정 우리가 이러한 논증에 현혹하여 신의 존재를 인식할 수 있다고 주장하는 일도 지혜가 없거나 옳지 않은 듯하다. 따라서 이러한 논증들은 우리의 구체적인 삶의 경험에서 만나는 하나님에 의해서 더욱더 믿을 수 있음직하고, 또 정당화되어야 하지 않을까 한다.

신앙의 하나님

이제 우리는 신앙 속에서 만나는 하나님에 관해 논의하면서 이 장을 마치고자 한다. 신앙의 하나님이라는 말이 보여주는 어감은 친숙하게 들린다. 그 하나님은 믿는 사람들의 인생 여정에서 함께 하시고, 힘든 일이나 사건을 만날 때마다 실제적으로 그들을 도우시고 힘이 되며 그리고 그들의 기도를 들으시는 분으로 이해되기 때문이다. 신앙의 하나님은 철학의 하나님과 대비된다. 신앙의 하나님과 철학의 하나님에 대한 구분은 17세기 철학자 블레즈 파스칼(Blaise Bascal, 1623~1662)에서 시작되었다.

파스칼은 철학의 하나님은 신앙의 하나님이 아니라고 단언했다. 그에게서 신앙의 하나님은 아브라함, 야곱 그리고 이삭의 하나님이었다. 아브라함과 야곱 그리고 이삭의 하나님은 성서의 하나님이고, 인간의 구체적인 현실과 삶에서 활동하시는 하나님이다. 반면에 철학의 신은 사변적이게 하여 결국에는 인간의 삶을 황폐시킨다고 경고했다. 그가 이렇게 강하게 말한 이유는 그의 생애에 일어난 신앙적 체험 때문이었다. 아무리 훌륭한 논리와 합리성이 탁월하다고 해도, 직접적인 체험보다 버금가는 경우가 없다. 파스칼이 아마도 그런 경우라고 보인다.

파스칼은 16세 때인 1639년에 이미 원뿔곡선에 관한 논문을 쓰기 시작해서 기계식 컴퓨터 계산기를 창안할 정도의 수학자이자 과학자로서 입지를 굳혔다. 그가 30세가 되던 해에 일종의 '종교체험'을 경험함으로써 그는 신앙을 과학을 포함한 다른 학문들보다 우위에 두었다. 그는 이렇게 고백했다. "마음은 이성이 이해하지 못하는 이유들을 알고 있다." 잘 알려진 이와 같은 그의 고백은 엄격한 이성이나 사유보다는 느낌이나 감정의 신앙을 강조하는 마음이 있는 진리의 또 다른 안내자가 존재한다는 사실을 암시한다.

이런 고백에서 신앙의 하나님을 철학의 신으로부터 선택한 파스칼은 당대의 명망 있는 철학자인 르네 데카르트를 공격했다. 데카르트가 신의 존재를 인정했음에도 파스칼이 보기에는 그의 태도가 못마땅했다. 이는 데카르트의 사변적이고도 추상적인 신이 인간의 역동적이고도 구체적인 삶의 현장에서 대면하지 않는 존재이기 때문이었다. 데카르트의 신은 살아계신 신이라고 부르기에는 무언가 결여되었다는 것이다. 노틀담대학의 앨빈 플랜팅가는 하나님의 존재에 관한 논증에서 대단히 복잡한 논증을 전개하면서도 다른 한편에서는 이런 이야기를 하는 것을 보면 매우 아이러니하다. 그러나 그는 다음과 같이 말한다.

"… 우리는 '왜 하나님이 존재하는가'라는 물음을 결코 제기하지 않는다는 점에 주목할 필요가 있어 보인다. 하나님의 존재를 불신하는 사람들조차도 왜 하나님이 존재하는가에 대한 관심에서 묻는 물음은 아닐 것이다. 그러기 때문에 믿는 사람들에게서 그 같은 물음을 묻고 있는 것은 아니다. 다시 말해서 유신론을 벗어나는 물음은 무의미하지만 유신론에서는 결코 의문이 제기되지 않는다. 하지만 그것은 신앙인의 태만 내지 관심의 부족 또는 실수로 왜 하나님이 존재하는가에 대해 묻고 있는 것이다. 믿는 사람은 왜 하나님이 존재하는가에 대한 물음을 받게 된다면, 그는 그 물음을 하나님을 믿는 이유를 묻고 있다고 생각한다. … 따라서 하나님이 존재하는가를 묻는 일은 부적절한 물음임에 틀림없다. 그러한 물음을 묻는 것은 이미 하나님이 존재한다는 사실을 가정하는 것이다.[38]

그러면 신앙이란 이미 하나님이 존재하고 있다는 사실을 전제하고 있다. 비유신론자나 무신론자들에 의해서 신의 존재를 부정하고 있으며, 기독교 신앙적 진리가 비일관적이라는 비판에도 불구하고, 신앙은 그러한 비판에 무관심하거나 별다른 관심을 돌리지 않는다. 옥스퍼드의 기독교 철학자 리처드 스윈번이 적절히 언급했듯이, 왜냐하면 신에 대한 믿음이 기독교 신앙에 가장 근본적이기 때문이다.[39] 스윈번은 무신론적 비판을 근본을 뒤흔들만한 비판이라고 여기지 않기 때문이다.

요약하면, 논쟁과 논증을 통한 신은 그의 속성이나 존재에 대한 탐구다. 하지만 기독교 신앙에서 신은 우리에게 어떤 의미가 있는가에 주목한다. 신이 우리와 아무런 의미가 없다면, 그는 참된 신이 아니며 신의 존재에 대한 연구는 무의미하다. 따라서 신을 믿는 믿음이란 그분의 존재를 연구하는 것이 아니라 우리의 삶과 어떻게 관련하고 있는가에 대한 관심이다. 이처럼 신을 믿는 신앙은 강철과 같이 단단하다. 누구도 믿음의 토대를 붕괴시키지 못한다. 믿는 사람은 다만 신을 믿을 뿐이고 그것이 현실에서 생산적인 영향을 끼치고 있는 것뿐이다. 그러므로 하나님은 우리의 삶에 실제로 영향을 미치는 존재 그 자체이다.

러시아의 문학가 톨스토이는 그의 단편선인 『기도』에서 하나밖에 없는 세 살 난 첫 아들 코스챠가 뇌수종으로 숨을 거둔 후 젊은 어머니의 절규하는 목소리에서 신의 존재가 우리의 삶과 연관는 좋은 사례를 보여준다.

> "'나는 어째서, 무엇 때문에 그 신이 나에게서 내 아들을 붙들어가고 싶어 했는지를 묻고 있는 거야.' 그리고 어머니는 또 자기의 눈앞에 자기의 살아 있는 코스챠를 보았다. 그리고 마치 종소리처럼 짜랑짜랑 울리는 순진하고 다른 귀여운 웃음소리를 들었다.
> '어째서 그들은 나에게 그 애를 빼앗아 갔느냐 말이야? 만일 신이 그런 짓을 할 수 있다면 신은 사악한 존재야. 신은 나쁜 존재야. 신 따위는 전혀 필요하지 않아. 나는 신이 무엇인지 알고 싶지도 않아.'"[40]

실제로 신이 존재한다면, 신은 구체적인 현실에서 어떤 형태로든 나타나야 한다. 우리가 믿는 하나님이 우리에게 행복을 제공하지 않는다면, 우리의 믿음은 쓸모없지 않을까. 이것이 하나님의 현존에 대한 활동이 현실에서 보이지 않는다는 코스챠 어머니의 절규다. 신 따위는 필요하지 않다는 그녀의 절규는 충분히 이해 못할 바는 아니다. 그런데 문제는 인간이 정말로 우리의 현실적 삶 속에서 그의 현존을 경험할 수 있는가 하는 문제이다.

현상학자인 메를로 퐁티가 "보이는 것은 보이지 않는 것의 드러남이고, 보이지 않는 것은 보이는 것의 깊이"라고 했듯이, 보이지 않는 하나님은 삶의 깊이와 의미에서 그의 존재를 드러낸다. 하나님은 우리가 만질 수도 볼 수도 없는 '영적인 존재'이자 '초월적 존재'다. 신정통주의 신학자인 칼 바르트는 이러한 신을 단순히 '신비'라고 불렀고, 신을 일종의 부재로 설명하려고 했다. 신의 부재는 우리가 믿고 있는 모든 우상적 이미지를 타파하는 행위다. 신을 믿는 것조차도 우리의 선입견과 가치에 의해서 그를 형상화한다면, 신은 우리의 삶에 현현하는 신이 아니라 우상이다. "나 외에 다른 신을 섬기지 말라"는 십계명은 신이 우상이 될 수 없다는 것을 뜻한다. 그 하나님은 우리의 삶에 존재하는 존재 그 자체(being itself)다. 유대교 랍비인 헤럴드 쿠쉬너가 주장했듯이, 이러한 신은 볼 수도 없고 만질 수도 없는 존재다. 마치 신은 우리가 전기나 바람을 볼 수 없지만, 그것들의 결과에 의해서 그들의 존재를 느끼고 인식하는 것과 같다. 신은 보이지 않는 영적인 실재와 신비로서 우리의 존재에 임재하시는 힘으로 삶의 현장에서 인식되는 것이다. 그러므로 우리는 영으로서의 하나님은 우리의 생각과 사유를 초월해 계시는 존재 그 자체임을 고백하는 것이 바로 기독교 신앙의 참된 의미일 것이다.

신앙주의의 하나님이 우리의 복잡한 현실의 삶에서 매우 중요함에도 불구하고, 우리가 주의해야 할 것이 하나있다. 그것은 하나님을 우리 자신의 신앙주의에 따라 만들지 않아야 한다는 것이다. 무신론자들은 기독교의 하나님에 대해 비판적으로 도전하고 있는 것은 "신이 우리를 만든 것이 아니라 우리가 신을 만들었다"는 것이다. 무신론주의자 크리스토퍼 히친스는 이렇게 말한다. "하나님은 자신의 형상으로 인간을 창조하지 않았다. 분명히 그 반대가 맞을 것이다."[41] 다시 말해 인간은 신의 형상에 따라서 창조되지 않았고, 오히려 인간의 형상에 따라서 신을 창조했다는 것이다. 인간이 신을 만드는 근저에는 인간이 마주하는 두려움과 불안이 있다. 인간의 두려움과 불안은 인간을 위한 신을 창조해낸다. 부정적으로 표현하자면, 인간은 모호한 현실과 알지 못하는 미래의 공포로부터 무엇인가를 의지하고자 하는 어떤 절대자를 찾기 때문에 지금도 부단히 신을 만들어내는 작업을 하고 있다. 그런데 아이러니하게도 신앙주의의 하나님을 믿는 그리스도인들이 자신들의 신앙에 맞게끔 하나님을 만들어내는지 모른다. 비록 무신론자들의 비판적 도전이 정당하지 않을지라도 그리스도인들이 그들의 편리에 따라서 하나님을 변조하고 새로운 모습으로 바꾼다는 사실은 피할 수 없는 비판적 도전이다. 이런 점에서 신앙주의 전통에서 하나님을 믿는 그리스도인들은 하나님의 본래의 모습에서 믿음의 출발점을 삼아야할 필요가 있어 보인다. 만일 그렇지 않다면, 그들은 그들이 만들어낸 하나님을 극복하지 못하고 또 다른 형상의 하나님을 숭배하게 될지 모른다. 그러므로 그리스도인들은 신앙을 높은 핵심적 가치를 강조함으로써 오히려 그것이 신앙주의의 걸림돌이 될 수 있고, 그래서 하나님의 모습을 변조할 수 있다는 점을 간과하지 말아야 할 것이다.

주(註)

1) Alice Walker, *The Color Purple* (Simon & Schuster, 1985), 202.

2) Alfred J. Ayer, *Language, Truth and Logic* (New York: Dover Publications, Inc., 1952)을 보라.

3) "Modernizing the Case for God," Time, April 7, 1980. Antony Flew, *There is a God: How the World's Most Notorious Atheist Changed His Mind* (New York: HsrperOne, 2007), xv에서 재인용. 안토니 플루에 따르면, 이러한 지성적 집단의 철학자들은 리처드 스윈번, 앨빈 플랜팅가, 피터 기치, 윌리엄 알스톤, 조지 마브로드스, 놀만 크레츠만, 브라이언 레프도우, 엘로노르 스텀프 등이 철학적이고도 논리적인 해명으로 유신론의 정당성에 가담하였다.

4) Antony Flew, *There is a God*, xv-xxiv.

5) 무신론을 연구하는 자들을 위해서는 Richard Dawkins, *The God Delusion* (New York: Houghton Mifflin Company, 2006); Michael Martin, *Atheism: A Philosophical Justification* (Philadelphia: Temple University Press, 1990); Michael Martin, *The Case Against Christianity* (Philadelphia: Temple University Press, 1991); Sam Harris, *The End of Faith: Religion, Terror, and the Future of Reason* (New York: W. W. Norton & Company, 2004); Christopher Hitchens, *God is not Great: How Religion Poisons Everything* (New York: Twelve Hachette Book, 2007); 그리고 Kai Nielsen, *Atheism & Philosophy* (Amherst: Prometheus Books, 2005)를 참조하라.

6) Flew, *There is a God*, xvi.

7) Kai Nielsen, "Naturalistic Explanations of Theistic Belief," *A Companion to Philosophy of Religion*. ed. P. Quinn and C. Tafiaferro (Oxford: Basil Blackwell, 1997), 402.

8) Kai Nielsen, *Atheism and Philosophy* (New York: Prometheus Books, 2005), 77-8.

9) Nietzsche Friedrich Wihelm, 『비극의 탄생』, 성동호 옮김 (서울: 홍신 문화사, 2005), 15.

10) Ibid.

11) Richard Dawkins, *The God Delusion* (Boston: Houghton Mifelin Company, 2006)

12) Christopher Hitchens, *god is not Great: How Religion poisons Everything* (New York: Hachette Book, 2007), 205. 한 가지 덧붙이자면, 히친스의 책 제목에서 보듯이, 신을 소문자 'g'로 사용함으로서 우리의 습관적 의식을 뒤엎거나 격등하려는 의도적 강조기법이 눈에 띈다. 그런데 다소 우스꽝스럽게 보일지라도 소문자 'g'로 사용할 경우에 문법적 오류로 표기될 수 있다는 점이다. 하나님이 누구든지 간에 처음 글은 항상 대문자로 사용되어야 함에도 불구하고, 그가 이것을 고집하는 이유는 아주 오만한 태도에 기인하기 때문이다.

13) Hitchens, *god is not Great*, 205-15.

14) Ibid., 35.

15) Ibid., 33.

16) Ibid.

17) Ibid., 5.

18) Dawkins, *The God Delusion*, 309에서 재인용.

19) Alister E. McGrath, *Dawkins Delusion: Atheist Fundamentalism and the Denial of the Divine* (Downers Grove: IVP Books, 2007); Antony Flew, *There is a God: How the World's Most Notorious Atheist Changed His Mind* (New York: HarperOne, 2007) 그리고 Keith Ward, Is Religion Dangerous? (Oxford: Lion, 2006)를 참조하라.

20) Antony Flew, *There is a God*, xvi-xvii.

21) "The Driver of Mister Hawking," *Jerusalem*, December 22 (2006), 28.

22) Ibid., xxii.

23) Richard Dawkins, *The God Delusion*, 82. 여기에서 재미나는 것은 플루의 개종에 대한 언급을 각주에 처리함으로써 반역자의 이미지를 표현하려는 의도가 짙은 것처럼 보인다.

24) 안토니 플루는 가장 잘 알려진 무신론자의 철학자였다. 하지만 그는 2004년에 신의 존재를 받아들임으로써 철학계에 혼란의 광풍을 몰고 왔다. 1923년 런던에서 감리교 목사의 외아들로 출생한 플루는 옥스퍼드 대학 시절에 C. S. 루이스의 『소크라테스 모임』(Socratic Club)에 매주 나갔다. 1950년 플루는 그를 명성 있는 철학자로 만들었던 "신학과 반증"(Theology and Falsification)을 발표함으로써 현대 무신론의 수장으로 떠올랐다. 그런 그가 신의 존재를 믿음으로써 그를 의존하고 따르면서 글이나

논증의 버팀목으로 인용했던 철학자나 과학자들은 정신적 공황에 빠졌을 것이라 짐작이 간다. 신과 철학, 무신론의 가정, 어떻게 올바르게 사유할 수 있는가, 서양철학 개론을 포함하여 30권이 넘는 책을 출판했다. 그는 키일 대학에서 20년 동안 교수로서 그리고 옥스퍼드와 애버딘 대학에서 직책을 가지고 가르쳤다. 지금 그는 영국의 리딩(Reading, England)에서 살고 있다. 그의 『신은 존재한다』(There is a God)는 도킨스가 생각한 것과는 전혀 다른 그의 개종한 이유와 근거를 자세히 살펴볼 수 있을 것이다. 비록 원서이긴 하지만, 참고하기를 바란다.

25) Flew, *There is a God*, xxii.

26) Dawkins, *The God Delusion*, 31.

27) Alister McGrath and Joanna Collicutt McGrath, *The Dawkins Delusion?*, 12.

28) Arthur Hyman and James J. Walsh, ed., *Philosophy in the Middle Ages* (Cambridge: Hackett Publishing Company, 1973), 147. 안셀름과 어거스틴은 둘 다 인식론적으로 유사한 부분이 많다. 그 가운데 신앙적 믿음을 성취하기 위해서 필연적 이성을 적극적으로 활용하였다는 점에서 그렇다. A. D. 597년에 그레고리 교황(the Pope Gregory the Great)이 영국을 개종할 목적으로 어거스틴을 켄트 해안을 따라 영국에 선교사로 보내면서 시작된 캔터베리 성당은 1093년에 이탈리아 출신이자 베네딕트 수도사였던 안셀름을 대주교로 임명하였다. 안셀름(1033~1109)은 이탈리아의 알프스라고 불리는 아오스타(Aosta)에서 출생했고, 23세에 집을 떠나 방황하다가 1060년에 노르망디(Normondy)에 도착했다. 그곳에서 그를 사로잡은 곳은 베네딕트 수도원이었고, 수도원에 들어가서 수도사로 삶을 헌신하게 된다. 바로 그곳에서 캔터베리 성당의 전임 주교이면서 당시 수도원의 부원장이었던 란프란쿠스(Lanfrac)로부터 스콜라 철학과 신학을 배울 수 있었다. Ibid., 147-9를 보라.

29) Alvin Plantinga, *God and Other Minds: A Study of the Rational Justification of Belief in God* (Ithaca: Cornell University Press, 1967); 『신과 타자의 정신들』, 이태하 옮김 (서울: 살림, 2004), 72-3.

30) 정승태, 존재론적 논증: 찰스 하츠혼을 중심으로," 『복음과 실천』 (2004), 109-132를 참조하라.

31) 정승태, 『종교철학담론』 (대전: 침례신학대학교출판부, 2004), 187.

32) Plantinga, 『신과 타자의 정신들』, 33-4.

33) 우주론적 논증과 목적론적 논증의 보다 구체적인 내용을 위해서, 정승태, 『종교철학담론』, 191-213을 보라.

34) 사무엘 클라크는 경험론자인 로크와 버클리 사이의 시대에 가장 중요하게 인식되는 영국의 철학자이며, 캠브리지 대학에서 공부한 후에 뉴턴 학파의 주도적인 인물이 되었다. 그의 철학적 어휘는 대부분 데카르트적이었고, 그래서 철학적 관심은 신학과 형이상학의 관계를 정립하는 것이었다. 리처드 테일러는 브라운과 콜롬비아 대학에서 가르친 미국의 철학자로서 그의 주저인 『형이상학』 4판 (New Jersey: Englewood Cliffs, 1992)에서 우주론적 논증을 발전시켰다. 그리고 윌리엄 크레이그 (1949~)는 미국의 신학자이면서 기독교 변증가로 활동하고 있다. 현재 탈봇 신학교의 연구교수로 있으면서 종교철학과 기독교 세계관 등을 가르치고 있다.

35) 클라크, 테일러 그리고 크레이그의 우주론적 논증에 대한 구체적인 내용은 정승태의 『합리적 신앙을 위한 종교철학담론』, 194-8을 참조하라.

36) Paley, *Natural Theology* (Oxford: Oxford University Press, 1802). 현재는 "Oxford World's Classics" 시리즈로 출간된 책을 참조할 수 있다. 무신론 생물학자인 찰스 도킨스도 자신의 저작에서 이 사실을 인정하고 있다. Dawkins, The God Delusion, 73를 참조. 그러면서도 도킨스는 매우 악의적인 표현으로 페일리에 대한 다윈의 태도를 부각하여 기독교 신앙을 비판이 아닌 비난하고 있다. 그의 이런 태도를 언급해야 할 필요성을 느끼지는 않지만, 도킨스의 비난이 하도 어설프기 짝이 없기 때문에 독자들을 현혹할 수 있으므로 인용해 본다. 그는 이렇게 적었다. "다윈은 케임브리지 대학교의 학생이었을 때 윌리엄 페일리의 『자연신학』에서 그 논증을 읽고 감명을 받았다. 페일리에게는 안 된 일이지만, 성숙한 뒤 다윈은 그 논증을 버렸다." 하지만 도킨스의 이 문장을 우리가 다윈을 페일리로, 페일리를 다윈으로, 그리고 『자연신학』을 『종의 기원』으로 대체하면 어떨까. 그가 신랄하게 가한 비난은 매우 어설프게 된다. 이를테면, "페일리는 케임브리지 대학교의 학생이었을 때 찰스 다윈의 『종의 기원』에서 그 논증을 읽고 감명을 받았다. 다윈에게는 안 된 일이지만, 성숙한 뒤 페일리는 그 논증을 버렸다." 왜 굳이 이렇게 언급하는 이유는 그의 비판은 비판이 아니며, 또 정당성이 전혀 없기 때문이다. 전문 학자나 유명세의 이름에서 독자들을 현혹하는 화려하고도 유려한 문체들은 언제나 무뇌아적 수용을 받아들이게 하는 힘이 있다. 따라서 합리적이고도 논리적인 사유로 무장한다면 어느 곳에서나 이 같은 무의미하고도 허무맹랑한 내용들을 비판할 수 있으리라 본다.

37) Richard Swinburne, *The Existence of God* (Oxford: Clarendon Press, 1979), 133-6. 이 논증에 대한 설명을 보려거든, 정승태, 『합리적인 신앙을 위한 종교철학담론』, 208-11을 보라.

38) Alvin Plantinga, *God and Other Minds: A Study of the Rational Justification of Belief in God* (Ithaca: Cornell University Press, 1967); 『신과 타자의 정신들』, 193.

39) Richard Swinburne, *The Existence of God*, 1장을 보라.

40) 톨스토이, "기도," 『톨스토이 단편선 2』, 박형규 옮김 (서울: 인디북, 2000), 189.

41) Hitchens, *god is not Great: How Religion Poisons Everything*, 9.

:: 제14장 ::

인간의 죽음과 죽음을 믿는 신앙

　인간이 지닌 공포 중 하나가 죽음이다. 죽음은 신분과 나이에 상관없이 필연적으로 찾아온다. 죽음의 공포를 해결하기 위해서 많은 철학자들이 노력해 왔다. 하지만 여전히 죽음의 문제는 인간의 내면에서 해결할 수 없는 철학적 물음들이 꼬리에 꼬리를 물고 일어난다. '삶이 끝난 후에도 영혼은 존재하는가?' '사후 생존의 삶은 지속되는가?' '믿는 자의 영혼은 천국에서 그 자신의 동일성을 가지고 존재하게 되는가?' '죽음이란 도대체 뭔가?' '왜 인간은 죽는가?' '사람이 죽지 않는다면, 세상은 어떻게 될까?' '언젠가는 사라지고 말 인생을 왜 살아야 할까?'

　오래 전에 "아름다운 기증"이라는 칼럼에서 한 기고자는 그녀의 언니와 나눈 간결한 대화를 다음과 같이 소개했다.

　　동생: 언니도 장기 기증해라.
　　　　 정 못하겠으면 각막기증이라도 해라.

언니: 죽어서 내 영혼이 눈 없이 떠돌아다닐 것 같아 못하겠다.[1]

동생의 요청에 언니의 돌아온 답변은 의외다. 하지만 이 짧고도 유머러스한 대화는 죽음에 대한 생각거리를 제공하는 것 같다. 만일 인간이 죽으면 인간의 육체는 살아생전의 모습 그대로 보존되는 걸까. 왜 인간은 죽은 후의 일에 다른 어떤 피조물보다 더 민감해 하는 걸까. 만일 사후의 생존이 가능하다면, 지금의 몸으로 생존되는 걸까. 아니면 전혀 다른 형태의 몸으로 되는 걸까. 그리고 어떻게 그것이 가능하다고 믿는 것일까. 인간이 죽으면, 그것으로 모든 게 끝인가. 기독교 신앙에서 인간의 죽음을 어떻게 이해해야 하고, 그것을 어떤 태도로 받아들여야 하는가. 죽음에 대한 물음은 명쾌하게 대답할 수 없는 것임에도 불구하고 우리는 죽음에 대한 생각은 상념의 물 꼴이 터져버린 것처럼 걷잡을 수 없이 흘러난다.

대체 죽음이 뭐기에? 왠지 죽음을 논하자니 겁부터 난다. 죽음은 연장자의 순으로 결정되어 있지 않으므로 순서에 관계없이 불규칙적으로 일어나고 그리고 그것이 아마도 다른 사람이 아닌 나의 차례일 수 있다. 이는 죽음이 그야말로 언제 호명하게 될지 어느 누구도 예측할 수 없기 때문이다. 그래서 죽음에 대한 생각은 남의 일 같지 않다. 죽음을 떠올리면, 우리는 갑작스러운 죽음이라든가, 혹은 자살이라든가 하는 일련의 일들이 자연스레 머리에 떠올린다. 죽음에 대한 생각은 분명 공포나 두려움의 대상이다. 그래서 실존주의 철학자 칼 야스퍼스(Karl Jaspers)는 죽음을 한계상황으로 이해했는지 모르겠다. 유한성과 무의미성 앞에 선 죽음의 상황에 직면해 있는 인간은 마치 존재와 비존재의 경계선에 놓여있는 존재다. 죽음을 넘어서 그 어떤 것도 존재하지 않는다. 더 이상 존재 의미는 사라지고 비존재가 되어버리고 만다. 죽음은 인간의 모든 것을 무력화할 뿐만 아니라 인간으로 왜소하고도 초라하게 만들기도 한다. 이제껏 살면서 자신의 주장을 굽히지 않은 대쪽 같은 신념도 한순간에 허물어지는 건 왜일까. 그야말로 인간을 통째로 무화시켜버리고 마는 것이 죽음이기 때문이다. 그래서 프리드리히 니체는 『비극의 탄생』에서 이렇게 적었다. "머지않아 죽는다는 것이 인간들에게 가장 최악의 일이고, 그 다음 가장 최악의 일은 반드시 죽는다는 것이다. 한 번 죽음의 종이 울리는 소리 듣게 되면, 그대들은 짧은 인생을 살았던 아킬레스의 비애, 인간 종의 변화무쌍한 나뭇잎과도 같은 한탄, 그리고 영웅시절의 몰락을 잊지 말라. 삶을 연장하길 바라는 가장 위대한 영웅이 하루살이 노무자로 산다고 해도 그는 하찮게 여기지 않는다."[2] 이처럼 죽음은 인생이 너무나 짧다는 것, 삶이 허무하고 덧없이 스쳐간다는 것 그리고 화려하고도 권력과 권좌의 세월을 몰락시킨다. 죽음에 대한 성찰은 인간으로 하여금 삶을 다시금 생각하게 하지만, 우리는 죽음의 사실을 잊고 산다.

회피할 수 없는 현상

죽음은 필연적이다. 누구도 비켜갈 수 없는 현실로서의 죽음은 보편적인 문제다. '나는 언젠가 죽을 것이다'는 생각은 죽음을 부정적으로 또는 나쁘게 만든다. 죽음의 필연성은 인간의 좋은 것을 앗아간다. 그래서 죽음은 축복이 아니라 일종의 악이다. 아무리 삶 자체가 축복이라고 믿어도 죽음은 추구할만한 가치가 있는 삶을 무화시키는 것이다. 하지만 죽음이 필연적이지만, 구체적인 현실에서 죽음은 세 가지 측면을 생각하게 한다.

첫째로는 죽음의 가변성(可變性)이다. 인간이 죽음을 피할 수 없다고 해서 그것이 끝나는 것이 아니다. 죽음은 삶에 다양한 모습을 드러내기 때문이다. 어떤 사람은 자연적인 죽음이 올 때까지 장수하는 사람이 있는가 하면, 어떤 사람은 질병으로 30세가 되기 전에 죽기도 한다. 죽음은 필연적이지만 수명은 저마다 다르다. 평균이상을 사는 사람은 행운이라고 고맙게 생각하겠지만, 그렇지 못한 사람은 불행이라고 생각할 것이다. 그래서 모든 사람이 똑같은 나이에 세상을 떠나지 않은 죽음의 가변성이 사람을 더욱 공포심을 느끼게 하는 요인인지 모른다.

둘째로는 죽음의 예측불가능성(豫測不可能性)이다. 죽음을 예측할 수 없다는 문제는 시간과 밀접하게 연관된 문제다. 어느 시점에서 인간은 최고조의 정점을 찍어야 하는가. 그 누구도 모른다. 죽음을 예측할 수 없기 때문에 사람은 최고의 삶을 더욱 가치 있게 만드는 어떤 계획을 세울 수 없다. 이는 얼마나 많은 시간이 남아 있는지 알 수 없기 때문이다. 예일대학의 셸리 케이건(Shelly Kagen)은 『죽음이란 무엇인가』에서 이 사실을 잘 표현하고 있다. "문제는 예측불가능으로 인해 어디서 정점을 찍어야 할지 결정할 수 없다는 사실이다. 정점을 너무 뒤로 둔다면 이후의 시간이 너무 짧을 수 있다. 반면 너무 앞에 두면 오랜 시간을 내려와야 할 것이다. 이런 점에서 예측불가능성은 죽음에 부정적인 요소를 추가한다고 말할 수 있다."[3]

셋째로는 죽음의 편재성(偏在性)이다. 죽음의 편재성이란 어느 곳에 존재한다는 뜻이다. 죽음은 남녀노소가리지 않는다. 건강의 상태도 고려하지 않는다. 그가 연예인이든 성직자이든 죽음은 지위를 고려하지 않는다. 먼데이키즈 멤버였던 가수 김민수가 23세라는 젊은 나이에 오토바이 사고로 세상을 떠났고, 배우 겸 연출가 박광정이 46세의 나이로 폐암으로 세상을 떠났다. 오래 전에 결혼식을 끝낸 신혼부부가 통영으로 신혼여행을 가는 중 마주오던 터럭에서 쇠조각판이 날아와 즉사했다. 이 죽음은 신혼부부의 의지와도 무관하다. 그저 죽음이 거기에 있었다. 그래서 언제 어디서든 죽음은 존재하는지 모른다.

 죽음의 필연성에도 불구하고, 죽음에 대한 성찰은 문명화된 오늘에 그다지 큰 문제가 없는 것처럼 보인다. 아마도 그것은 과학의 힘 때문일 것이다. 요즈음의 과학은 어느 시대보다 앞서가고 있다는 느낌을 갖는다. 상상력이 동원된 과학의 힘은 미래의 다양한 것들을 바꿀 준비가 된 듯한 느낌이다. 그 중 복제인간이니 장기이식 수술과 같은 것은 일상의 화두가 된지 오래 되었다. 몇 해 전에 미국 루이빌대학 의대에서 팔과 다리를 이식해서 성공을 거둔 사례가 있다. 마치 자동차 부품처럼 인간의 몸의 부분이 교체된다면, 인간은 어떻게 되는 것일까. 상상이지만 만일 두 사람의 뇌를 이식하여 서로 바꾸면 어떻게 될까를 생각해 본 적이 있는가. 만일 뇌를 서로 바꾼다면, 마지막 날에 누가 하나님의 심판을 받는 걸까. 유신론자 철수와 무신론자 영희의 뇌를 서로 바꾸어 성공했다고 치자. 그럴 경우에 유신론자철수는 무신론자의 정신을 소유하게 되고, 무신론자 영희는 유신론자의 정신을 갖게 될지 모른다. 그러면 하나님은 마치 컴퓨터의 '회복'(restoring) 프로그램처럼 모든 것을 원점으로 되돌리는 것이 가능할까. 있을 법하지만 현실적이지는 않은 이러한 상상이 만일 가능하다면, 인간에 대한 이해와 세계관은 여러 면에서 바뀌지 않을까 싶다. 물론 이것은 완전히 상상이고 또 가능한지는 모르겠다. 하지만 두뇌 이식이 가까운 미래에 이런 일이 일어나지 말란 법은 없지 않을까. 만일 그런 일이 일어난다면, 어떻게 기독교 신앙이 변호되어야 할까. 이처럼 과학의 힘에 의존하게 되면, 죽음도 머지않아 극복될 수 있는 것처럼 느껴진다.

죽음에 대해 성경은 어떻게 말하고 있을까. 성경은 인간이라면 누구나 죽음을 피할 수 없으며 자연스러운 현상으로 말하고 있다. 특히 히브리서 기자가 말하듯이, "한번 죽는 것은 사람에게 정하신 것이요 그 후에는 심판이 있으리라"(히 9:27). 구약성경에서 욥도 인생의 허무성과 함께 죽음을 이야기한다. "여인에게서 태어난 사람은 생애가 짧고 걱정이 가득하며 그는 꽃과 같이 자라나서 시들며 그림자 같이 지나가며 머물지 아니하거늘…. 장정이라도 죽으면 소멸되나니 인생이 숨을 거두면 그가 어디 있느냐 물이 바다에서 줄어들고 강물이 잦아서 마름 같이 사람이 누우면 다시 일어나지 못하고 하늘이 없어지기까지 눈을 뜨지 못하며 잠을 깨지 못하느니라"(욥 14:1-2, 10-12). 다시 천명하자면, 죽음은 필연적이다. 누구도 피할 수 없다. 그런데 인간의 죽음은 우발적 사건이다. 때와 시간을 맞출 수 없다. 그것이 무화로 이해하든 새로운 생존의 연장의 문턱으로 이해하든 죽음은 필연적으로 결정된 법칙이다. 그런데 어떤 사람은 죽음을 반드시 나쁜 것으로 또는 불행으로 보지 않는 사람들이 있다. 혹자는 이러한 죽음을 신의 은총으로 여기는 사람이 있으며, 어떤 이는 죽음 너머에 아무 것도 존재하지 않는다고 주장하기도 한다. 죽음은 필연적이지만, 죽음에 대한 이해는 다양하고 복잡하다. 따라서 죽음에 대한 여러 생각들을 살펴보는 것이 좋을 것 같다.

환생으로서의 죽음

죽음에 대한 가장 널리 알려진 생각은 인간이 죽은 다음에 환생한다는 견해다. 이 견해는 동양적이고도 불교적인 것이다. 동양적 세계에 산 사람이라면, 인간이 죽은 다음에 현생의 행위나 업보에 따라 다음 세계에 어떤 피조물이 될 것인지를 결정한다는 것을 생각해 보았을 것이다. 비록 현세의 윤리적 행위를 더 강조하기 위해서라고 해도 종교적인 사유에 따른 생각일 것이다. 불교적 색체가 강한 김초혜의 "동백꽃 그리움"이란 시는 죽음의 환생적 의미를 잘 표현하고 있다.[4]

> 떨어져 누운 꽃은
> 나무의 꽃을 보고
> 나무의 꽃은
> 떨어져 누운 꽃을 본다
> 그대는 내가 되리라
> 나는 그대가 되리.

나는 시에 대해 그다지 조예가 없다. 그런데 김초혜의 시가 유독 눈에 띄는 것은 그녀의 절제된 언어를 통해서 생명과 죽음의 거리감에 대한 표현 때문이었다. "나무의 꽃"이 언젠가는 "떨어져 누운 꽃"이 된다는 것은 자연의 이치요 삶과 죽음의 순환적 원리를 암시하는 것 같다. 니체는 이렇게 말했다. "모든 사람들이 죽음을 심각하게 받아들인다. 그러나 죽음은 아직도 축제가 되지 못하고 있다. 인간은 가장 아름다운 축제를 벌이는 법을 지금도 배우지 못했다."[5] 우리는 이 말에 크게 공감한다. 인간에게 죽음은 자연스러운 현상이기 때문이다. 그래서 니체는 죽음을 살아있는 자의 '가시'로 여기지 않고 그것을 긍정하도록 가르친다.[6]

불교는 모든 삶이 왜 고통이고 그리고 그것을 어떻게 극복하는가의 궁극적인 물음에서 출발한다. 붓다라고 불리는 싯다르타 고타마는 인간에게 생로병사(生老病死)의 엄연한 사실을 가르쳤다. 인간은 누구나 한 번 태어나면 늙고 병들고 죽는다. 그래서 인간은 항상 죽음에 대한 의식으로부터 불안하고 두려움을 안고 산다. 비록 사후의 세계를 경험했다고 한 사람들이 간혹 있긴 하지만, 사후의 세계에 대한 무지는 우리에게 불안과 두려움의 원천이 된다. 이 같은 불안과 두려움의 모든 원천은 이 세계가 악이자 악의 현상이기 때문이다. 이 같은 불안과 두려움을 극복하는 방법으로서 붓다는 고제(life is suffering), 집제(suffering involves a chain of causes), 멸제(suffering can cease) 그리고 도제(there is a path to such cessation)라는 사성제(Four Noble Truths)를 제안했다.[7] 그가 보기에 이 세상의 고통이나 죽음에 대한 불안에서 해방되는 길은 사물에 대한 집착에서 시작된 인간의 욕망과 아집에서 벗어나는 길이라는 것이다. 그 벗어남이 바로 열반이자 득도다.

이런 맥락에서 불교는 죽음을 공과 색의 관계로 파악한다. 공은 형상의 없음이나 무(nothingness)이고, 색은 형상(form)으로서 존재하는 모든 사물이다. 플라톤적으로 표현하자면, 공은 보편자를 말하고, 색은 개별성을 말한다. 예컨대 우리가 개울물, 바닷물, 강물을 본다면, 여기에서 개울, 바다, 강물은 개별적이지만, 물이라는 것은 전체요 보편으로서 공이다. 그런데 일시적 현상을 실체가 있는 것으로 보는 색의 세계는 이미 우리의 분별과 선입견이며 영원한 것이 아니라는 것이다. 현상의 세계에서 우리의 사고나 사물은 그것의 영원함이 아니라 찰나, 즉 한 순간이다. 모든 것은 있다가 사라지는 그야말로 덧없다. 『반야심경』에서 "물질이며 감각이며 의지며 분별이며 생각이 모두 공임을 보고 고해(苦海)를 건넜다"고 했을 때, 인간은 자신의 정념과 아집으로 세계의 문제를 증대시키고 그로 인해 인간은 늘 고통스럽고, 또 앞으로 올 죽음에서 언제나 불안해한다.[8]

하지만 죽음의 불교적 견해는 불멸하는 인간의 영혼이 새로운 육체나 피조의 형상을 입고 거듭 다시 태어난다는 윤회설에서 더욱 이 사실을 입증하는 듯하다. 지혜에 도달하는 것은 영혼이 이미 알고 있었던 것을 다시 상기하는 것에 지나지 않는다. 간단히 말해 불교 사유의 오랜 전통인 윤회사상은 윤리적 차원에서 죽음을 논하는 것처럼 들린다. 선한 삶을 영위하라. 그러면 네가 이루어낸 인간의 성숙을 지니고 너는 다시 태어날 것이다. 부자나 권력자로 다시 태어나기를 바랄 것이 아니라 정념과 욕망에 부대끼지 않는 내면의 고요함과 평온함을 지닌 사람으로 태어나기를 소원하라고 가르친다. 사물에 대한 소유나 집착에 탐닉하고 향유하지 않는다면, 죽음에 대한 불안이나 두려움은 사라지고 더 이상 집착하여 윤회에서 의미를 찾는 일도 없을 것이다.

이러한 죽음에 대한 불교의 사상은 불교의 가르침을 칸트철학과 연결시켰던 아더 쇼펜하우어(Arthur Schopenhauer, 1788~1860)에게서도 찾을 수 있다. 칸트철학에 따라서 쇼펜하우어는 이 세계에서 우리가 유일하게 인식할 수 있는 것은 세계에 대한 우리의 감각 지각일 뿐이라고 보았다. 그래서 세계는 결국 일종의 허구, 즉 주체가 지각하는 표상일 뿐이고, 따라서 "짧은 시간동안 덧없고 고통스런 개체를 지탱하기 위한"[9] 모든 인간의 노력과 목표는 언제나 "비극적일 뿐이라는" 결론에 이르게 되었다. 이런 이유에서 그는 "인간이 표상하는 일을 그만두거나 그것을 진지한 것으로 받아들이지 않는다면, 세계는 더 이상 존재하지 않을 것"이라고 생각했다.[10]

그러나 이 같은 사유의 심오함과 철학의 혜안이 숨어있다고 할지라도, 우리에게 한 가지 숨길 수 없는 엄연한 문제는 이 불교적 죽음이 삶의 완성으로 이해하기보다는 현세로부터 벗어남 또는 도피로 여길 수 있게 한다는 것이다. 아무리 니체가 인간은 죽는 법을 배워야 하고, 열반의 경지에서 죽음에 태연할 수 있다고 가르친다고 해도 또 세계가 일종의 허구로서 인식하는 쇼펜하우어적 사유를 받아들인다고 해도 그게 어디 말처럼 쉬운 일인가. 득도의 경지에 이른 사람처럼 죽음에 초연해 질 수 있을까. 그렇게 된다면 얼마나 좋으련만 그렇게 될 수 없을 듯하다. "할 수만 있다면 이 잔을 내게서 옮겨주소서"라는 예수의 절규가 오히려 우리의 마음에 와 닿는다. 죽음, 그것은 우리가 살아온 삶의 모든 일을 평가하는 척도이기 때문에 죽음 앞에 선 우리는 우리의 살아온 삶을 자연스레 반추하면서 더욱 불안해하고 두려워하는 것은 아닐까. 나침반을 따라가도 늘 지도에 없는 길을 만나는 것이 인간인데, 하물며 우리가 죽음에 대한 불안과 두려움에서 벗어나는 것보다는 그것을 가지고 살아가는 것이 더 지혜롭지 않을까 싶다.

타인의 경험으로서의 죽음

죽음은 죽은 자의 경험이 아니며 살아있는 자의 경험이다. 이는 죽음이 존재의 경험이 아니라 비존재의 경험이기 때문이다. 전통적으로 죽음은 존재의 경험에 한정되어 논의되어 왔다. 존재의 경험으로서의 죽음은 하이데거의 논의에서 가장 두드러진다. 하이데거는 죽음을 미래의 사건으로 여기고 현재 살아 있다는 사실에 안도하는 사람들을 "죽음 앞에서 부단하게 도피하는 사람들"이라고 꼬집었다. 하지만 인간이 죽음으로부터 도피할 수 없음을 인정해야 한다고 말하는 그는 죽음의 문제야말로 이 세상에서 가장 중요하다고 주장했다.

모든 인간은 죽음을 통해서 인간의 실존적 정황을 경험한다. 그런데 그의 죽음이해는 타자의 죽음이 아닌 '자아' 혹은 '자신'의 죽음으로 환원시킨다. 하지만 죽음이란 원래 자신이 죽는다는 것을 의미한다면, 자아의 죽음은 경험될 수 있을까. 자아의 죽음은 결코 자신이 직접적으로 경험될 수 없는 경험이다. 이 문제를 해결하기 위해 오직 그가 할 수 있는 방식은 미래에 있을 죽음을 현재에 앞당김으로써 그 미래의 죽음을 현재에 경험해 보는 방법밖에는 없을 것이다. 그래서 우리가 미래의 어느 순간에 죽을 것이라는 것을 경험함으로서 불안은 경험되고 현재의 삶에 대해 결단하고 다짐하게 된다. 결국 인간은 "죽음을 향해 가는 존재"가 된다. 이 죽음을 향해 가는 존재가 인간의 본래적 존재를 인식하도록 만든다. 이것이 바로 하이데거가 죽음에 대한 경험을 이야기한 내용이다.

그러나 하이데거의 생각은 엠마누엘 레비나스(Emmanuel Levinas, 1906~1995)에 의해서 비판을 받는다. 레비나스는 하이데거의 죽음이해가 존재의 범주에서 벗어나지 못했다는 것이다. 왜냐하면 존재의 범주란 무엇보다도 '동일자'의 의미로 제한하는 개념이기 때문이다. 말하자면, 죽음에 대한 하이데거의 해석은 어디까지나 '나'의 죽음, 즉 현존재의 죽음이며, '타자'의 죽음이 될 수 없다는 것이다. "미지의 것들 중 가장 미지의 것"이 죽음이라고 정의하는 레비나스는 죽는 자는 이미 죽음을 경험하지 못하며, 오히려 살아 있는 자가 죽는 자를 보면서 경험한다고 말한다.[11] 죽음이 왜 나쁠까. 그건 살아 있는 사람을 위해서다. 따라서 현존재의 죽음은 타자의 죽음과는 무관하게 자아의 죽음을 암시하는 동일자의 죽음이 된다. 하이데거와 서구존재 개념을 총체적으로 비판하는 레비나스는 이렇게 주장한다. "타자의 죽음은 타자의 죽음에 대한 인식이 아니며, 또한 무화적 존재의 독특한 방식으로 타자의 죽음을 경험하는 것도 아니다."[12] 이는 죽음은 자아의 경험이 아니라 타자의 경험이기 때문이다.[13] 이런 이유에서 레비나스의 "하이데거의 죽음 분석은 현존재가 '절대적 타자'인 '죽음'에 대해 가하는 폭력이며 '현재'가 '미래'에 가하는 폭력이다."[14]

감정섞인 어투로 레비나스가 비판하는 것은 그의 삶의 환경에서 비롯되었다. 이투아니아 카우나스에서 유대인 부모에게서 태어난 레비나스는 2차 세계대전 중에 러시아어와 독일어 통역장교로 입대했지만 포로가 되어 종전 때까지 포로수용소에서 강제노동을 하면서 보냈다. 2차 대전이 종식된 후에 레비나스는 유대인 대학살로 인해 파리에 피신해 있었던 아내와 딸을 제외한 두 형제, 조부, 외조부, 장인 등 많은 가족들과 친척들을 잃었다. 이러한 경험이 국가사회주의 철학과 연계된 하이데거와 결별을 선언하고 독자적인 철학의 관점을 형성하는 직접적인 계기가 되었다. 이런 이유에서 레비나스는 죽음을 자아에 국한한 하이데거의 분석과는 정반대로 죽음을 '타자와의 만남'으로 규정하기에 이른다. 우리가 레비나스를 통해서 눈여겨 볼 대목이 바로 타자와의 만남이다. 죽음은 언제나 타자와의 만남을 통해서 유대인 학살과 같은 홀로코스트, 911사건의 무고한 생명들의 죽음, 삼풍백화점의 참사로 인한 우리 이웃의 죽음을 경험한다. 따라서 하이데거의 비판에서 레비나스는 타자의 죽음을 선언한다.

좀 더 설명하자면, 그에게 있어서 타자란 자아로의 환원이 불가능한 '절대적 타자성'을 의미한다. 절대적 타자성은 자신의 외부에 존재하는 어떤 것이다. 보다 구체적으로 말하자면, 절대적 타자는 외연적이고도 초월적인 것이다. 자신의 존재와는 전혀 다른 의미의 존재다. 따라서 타자는 나의 것으로 환원되기 이전에 존재하는 외연적 존재로서 절대적이다. 자신의 해석과 관점과는 무관하게 존재하는 절대적 존재로서의 죽음은 타자다. 이 타자와의 만남을 통해서 윤리적 행위가 결정된다. 특히 레비나스는 타자의 죽음은 "이웃으로서 자아에 대한 관심이다."[15] 그는 "모든 죽음에서 이웃과 근사치의 접근이 움직이거나 동요하는 책임의 형태로 생존재의 책임의 가까움을 보여준다. 주체성도 지향성도 아닌 불안(disquietude)은 모든 외형성, 모든 현상적 측면들을 저항하는 불안이다."[16]

죽음에 대한 철학적 분석을 다소 간소화한다면, 하이데거는 죽음을 개인적으로 이해한 반면에 레비나스는 죽음을 공동체적으로 이해했다고 볼 수 있다.[17] 하이데거나 레비나스에게서 배울 수 있는 죽음의 의미는 둘 다 윤리적인 의미가 함축되어 있다는 것이다. 비록 개인적인 것과 공동체적인 것은 다르지만, 죽음이 윤리적인 의미가 함축되어 있다는 사실은 의문의 여지가 없을 듯하다. 제프리 코스키가 지적하듯이, "죽음의 첫 번째 측면은 내 자신의 죽음과 마찬가지로 죽음의 불안한 예기(anxious anticipation)에서 발견되는 것이 아니라 타자의 죽음에 대해 두려워하는 윤리적 관심에서 발견되는 것이다."[18] 물론 레비나스는 존재론적 의미의 죽음과 윤리적 의미의 죽음은 서로 다르다고 주장할지 모르지만, 나는 그들이 서로 다른 측면에서 개인과 사회에 대한 책임을 느낀다는 점을 말할 수 있을 것 같다. 인간의 본연성에 되돌아가서 자신의 성실성에 대한 자각을 목표로 하는 하이데거나 사회적으로 목격되고 있는 죽음의 집단적 현실성에 대한 윤리적 자각을 지향하는 레비나스 모두가 인간의 윤리적 책무를 강조한다는 점에서 차이가 없음을 본다.

이러한 유사성에도 불구하고 레비나스는 하이데거보다 더욱더 책임적 자아에 대해 강조하고 있다는 점에서 높이 평가될 수 있다고 보인다. 레비나스에게 있어서 책임적 자아(responsible self)는 "희생에 죽을 수 있는 존재"[19]의 탄생이다. 책임이란 자아의 희생의 가능성을 의미하기 때문에 자아는 그것이 죽음의 극한적 상황이라고 해도 이웃에게 책임을 다하게 된다. 따라서 레비나스는 이렇게 단언한다. "죽음의 미래는 사랑의 현재에서만 발견한다."[20] 어쩌면 레비나스가 지향하는 의도처럼, 죽음이 타인의 죽음을 통해서 삶의 현실을 인식하는 수단인지 모른다. 분주한 우리의 일상은 언제 어디서 우리의 죽음이 외부로부터 들이닥칠지 그 누구도 모르는 일이다. 구약성경 잠언에서는 잔치 집에 가는 것보다는 초상집에 가는 게 낫다고 하지 않았는가. 전도자는 무엇을 말하고자 했을까. 그것은 다름 아닌 타자의 경험에 동참함으로서 자신의 존재의 교만함과 탁월함을 떨쳐버릴 수 있는 수단을 말하려는 것은 아니었을까. 실제로 우린 장례식장에서 죽음에 대해 많은 생각들을 떠올리는 것처럼, 타인의 죽음은 자신의 죽음을 긍정한다.

에든버러 대학의 존 레웰린(John Llewelyn)이 의미심장하게 말했듯이, 타자의 죽음이란 "나를 향한 것인 동시에 나를 대항하는 것이다."[21] 죽음은 나에게 필연적으로 다가온다. 내가 어떤 상황 속에 놓여있든 전혀 개의치 않는다. 그러면서 죽음은 나의 의지에 대항한다. 살고 싶은 욕구와 바람에 저항하면서 죽음은 나를 가르쳐 준다.[22] 이처럼 우리는 우리의 일상의 분주함과 삶의 확고한 목적과 그것을 성취하고자하는 철벽같은 우리의 의지는 아이러니하게도 자신의 죽음을 생각하지 않을 뿐만 아니라 부정하기조차 한다. 만일 우리가 자신이 죽는다는 사실을 부정하고 살았다면, 우리는 타자의 죽음을 통해서 자신의 죽음을 긍정하고 관심으로 환원하는 실존적 사건이 될 것이다. 그런 점에서 죽음의 사건은 우리의 삶에서 자기가 죽는다는 것을 생각할 수 없는 무감각의 늪에서 헤쳐 나오게 하는 일종의 희망적 메시지일 것이다.

책의 끝맺음으로서의 죽음

"만물은 유동한다." 이것은 헤라클레이토스(기원전 470경)의 유명한 명언이다. 이 말이 곧 과정철학의 기원으로 간주되곤 한다. 왜 그런가. 변하지 않는 것이 있다면 그것은 변하려고 하는 사물의 본성 때문이다. 세계나 그 속에 있는 사물들을 변화와 생성의 과정으로 이해하는 과정철학은 존재한다는 것은 이미 변화를 전제로 한다고 보았다. 헤라클레이토스가 적고 있듯이, "변화 그 자체만 빼고 만물은 변한다." 이러한 변화에서 인간의 죽음도 일종의 변화의 한 과정에 불과하다. 인간은 태어나서 삶의 일정한 기간을 보내다가 주어진 삶의 끝을 만든다. 죽은 다음에 우주의 끊임없는 영역에 하나의 소여로 공헌한다. 죽음의 과정적 견해는 과정철학의 대변자 찰스 하츠혼에 의해서 심도 있게 논의되었다.[23] 따라서 하츠혼을 중심으로 과정 사상적 입장에서 죽음의 문제를 취급하려고 한다.

하츠혼은 『중용으로서의 지혜』에서 이 사실을 잘 말해 주고 있다. 그는 이것을 사회적 불멸 혹은 객체적 불멸이라고 부른다.[24] 영원히 산다는 의미가 함의된 불멸(immortality)의 개념은 인간이 가지는 가치가 아니라 하나님이 가지는 가치다. 이는 인간의 불멸이 커피를 마시거나 수두에 걸린 것처럼, 한 인간이 경험하는 사건이 아니라 그의 모든 가능성들의 종말과 같기 때문이다. 따라서 하츠혼은 죽음 이후의 삶의 가능성을 배제하는데, "우리 인간의 개별적 의식이 이 땅에서처럼 향유를 누리거나 고난을 받지 않고도 새로운 경험을 가질 수 있다는 의미로서의 죽음 이후의 불멸성은 없으며"[25] 그리고 "죽음 이후의 인간의 새로운 삶을 이야기하는 것은 별의미가 없다."[26] 그의 주장이 매우 단언적으로 들리는 부분이지만, 죽음 이후의 새로운 경험이나 삶을 논한다는 것 자체가 어쩌면 아무런 의미가 없음을 뜻한다.

전통적으로 죽음 이후의 인간의 삶의 생존 가능성은 '주체적 불멸성'으로 이해된다.[27] 주체적 불멸은 두 가지 의미에서 논의되었다. 하나는 기독교 전통에서 말하는 사후 생존의 가능성이 너무 지나치게 강조되었다는 것이고, 다른 하나는 주체적 불멸이 도덕적 가치의 기준이었다. 즉 이것은 칸트처럼 신을 인간의 궁극적 완성을 위한 도구로 만들었다.[28]

이런 맥락에서 하츠혼은 주체적 불멸 개념을 배격하고 객체적 불멸 개념을 받아들인다. 객체적 불멸성은 화이트헤드의 과정철학적 개념이다. 그것은 과거는 결코 사멸되거나 무화되지 않는다. 그것은 영원히 존재한다. 비록 지나간 과거가 추상적인 요소이지만 그것은 우주의 영원한 자료를 제공하는 요소이다. 화이트헤드에 따르면, 객체적 불멸성은 "살아있는 직접성을 잃어버린 존재가 다른 생성의 살아 있는 직접성에서 실제적인 구성요소이다."[29] 이것은 "세계의 창조적 전진이 굽힐 수 없는 엄연한 사실을 공통적으로 구성하는 사물들이 생성 및 소멸되고 그리고 객체적으로 불멸"[30]하기 때문이다. 결과적으로, 죽음은 "책의 마지막 페이지를 완성해 가는 일종의 최종적 과정이다."[31] 그에게 죽음은 책의 마지막 문장 뒤에 쓰는 '끝'(The End)이라는 어휘다. 죽음은 더 이상 책에서 기록되지 않는 인간의 경험이다. 따라서 하츠혼은 우리의 사건들이나 경험들이 더해지거나 뺄 수 없는 최종적인 종착점과 같은지 모른다고 말한다.

"우리의 경험들의 신적 유산은 비록 죽음이 우리의 생애의 마지막을 의미하지만 그들의 파멸을 의미하지는 않는다는 것을 뜻한다. 한 책의 마지막 문장 후에 쓰는 '끝'은 책을 없애버리겠다는 것이 아니다. 하나의 책은 누군가에 의해서 더 이상 읽혀지지 않을 때에 사라진다. 그러나 적어도 하나님은 영원히 우리의 삶에 관한 책들을 읽을 것이다. 이것이 영원한 관심을 갖는 것이 아닐까. 전지성의 개념은 확정적인 대답을 암시한다. 아무 것도 하나님에게 무관심한 것은 없다는 것을 암시한다."[32]

과정철학에서는 죽음을 종국적 파멸이 아니라 우주의 심미적 과정으로 그린다. 다시 말하자면, 죽음은 주어진 삶의 과제를 성실히 수행하고 삶의 의미를 터득함으로써 후대에 영향을 미치는 삶이나 생명의 책을 완성해 가는 과정의 일종이다. 이 과정에서 행복과 불행, 즐거움과 괴로움, 선과 악의 경험들을 동시에 겪으면서 삶이라는 여정에 내맡긴다. 이는 인간이 경험의 가치적 존재이기 때문이다. 하츠혼은 다음과 같이 말한다.

"[죽음은] 한 인간의 삶의 책의 마지막 페이지이며, 출생은 삶의 책의 첫 페이지이다. 첫 페이지가 없이는 책이 존재하지 않는 것과 같다. 주어진 첫 페이지에서 책은 존재한다. 그러면 죽음은 어떻게 그리고 어떤 책을 구성하고 풍성하게 채워지는 일까. 죽음은 더 이상 현실이나 사실적 문제가 아니다. 책은 이미 사실이다. 나의 죽음이 일어나고 발생하는 가능성을 알고, 또 그러한 사건은 엄연한 사실이다. 그래서 죽는 다는 것은 냉엄한 현실이며, 또한 우리가 논쟁하고 있는 것처럼, 그것이 창조되었던지 아니든 간에 실재한다는 것은 파괴할 수 없고 피할 수 없다."[33]

그렇다면 죽음이라는 책장을 덮어버리면 그것으로 끝이 아닌가. 죽으면 그만인 것을 뭐 그토록 삶의 무겁고도 힘든 무게를 짊어지면서까지 그렇게 고생할 필요가 있을까. 하지만 죽음 후의 삶이 무의미하거나 무가치하지 않다고 보았다. 우리의 살아온 삶은 하나님에 의해 영원히 기억되기 때문이다. 그래서 하츠혼은 "불멸은 하나님 앞에서의 영원한 명성(everlasting fame)"[34]이라고 말하고 있다. 이것이야말로 하나님의 사랑이다. 하츠혼은 보다 감동적인 어조로 다음과 같이 말한다. "신은 흥정의 대상이 될 수 없다. 우리는 우연의 존재다. 우리는 존재하지 않을 수도 있었다. 그리고 우리가 살아가는 한 우리가 계속 살아가게 하는 것이 우리의 의지일 수 있다…. 우주는 우리에게 빚을 지지 않는다. 살아가는 것의 보상은 삶 그 자체이다. 더 무엇이 있다면 그것은 일종의 상여금이다."[35]

여기서 이 세계에 대한 신의 목적이 무엇인지 분명히 가르쳐 주고 있다. 화이트헤드가 언급하듯이, "신은 세계에 대한 심미적 일관성의 척도다."[36] 신은 세계를 심미적 시각에서 이끌어가는 우주의 동반자다. 우리가 당하는 모든 경험들을 사랑의 마음속에 간직하며 결코 세계의 모든 가치를 포기하거나 버리지 않는다. 하나님에게는 모든 것이 소중하고 가치가 있으며 모든 것이 불멸하여 존재한다. 그것이 세계에 관심하는 하나님의 사랑이요 에로스다.

죽음에 대한 하츠혼의 생각을 간략히 정리하자면 다음과 같다. 첫째, 죽음의 신비는 불멸의 개념에 의해서 이해될 수 있다. 하츠혼은

"죽음은 삶의 순수한 파멸이나 소멸이 되는 것이 아니라, 주어진 삶을 구성하는 파괴할 수 없는 경험들의 온전한 수에 제한성을 놓음으로써 죽음은 단순히 그것의 종착점에 불과하다."[37] 따라서 죽음은 우리에게 주어진 경험적 삶에 헌신하게 하는 것이다.

둘째, 죽음은 우주적 관점 속에서 보다 높은 도덕적이고 이타적인 삶을 유도하도록 제공하는 힘이다. 만일 우리가 죽음을 단순히 허무주의적이나 염세주의적으로 이해한다면, 그것은 현재의 삶을 저급하게 하고 그것의 가치를 떨어뜨릴 수 있다. 인격적 삶의 형태는 현재에서만 가능하다는 하츠혼의 주장은 불멸의 개념이 인간에게 적용되는 문제가 아니라 하나님에게 적용되어지는 문제라는 사실을 배울 수 있다.

셋째, 죽음이나 불멸의 가치는 삶의 모든 순간이나 찰나의 가치를 절대적으로 소중하게 하는 우주적 근거를 제공한다. 하츠혼에 의하면, "삶의 모든 순간에서 스스로 하나의 목적이며, 또 어떤 미래의 목표에 단순히 수단으로 작용하는 것을 의미하지는 않는다."[38] 결과적으로, 삶은 죽음을 이해하는 하나의 조건이다. 죽음은 인간이 덧없는 존재임을 깨닫게 해주는 것이 아니라 주어진 삶의 가치를 통해서 죽음을 수용하고 매 순간 최상의 선택을 통해 심미적 가치를 창출하는 현재적이고도 경험적인 삶이어야 한다. 따라서 "죽음을 이해한다는 것은 우리가 삶이 무엇인지를 알아야 한다"[39]라는 하츠혼의 말에서 어쩌면 죽음의 불안과 두려움을 갖고 사는 우리 시대에 필요한 말로 받아들여할지 모른다.

내세의 소망과 죽음을 믿는 신앙

　기독교 신앙은 내세에 대한 믿음에서 출발한다. 내세는 저 세상이다. 이 세상과는 엄연히 구별되는 세상이다. 지금 현실적 삶과 구별되는 내세는 그리스도인의 궁극적 희망이다. 모든 종교가 저마다 저 세상인 내세의 개념을 가지고 있지만, 그리스도인의 내세 개념은 현실적 삶에 대한 보상이면서 동시에 지극히 현실적 억압이나 억눌린 삶에 대한 반영이자 열망이다. 따라서 내세에 대한 믿음은 현실적 안주에 대한 저항내지 반항이다.

　오래 전 이야기이지만, 노벨평화상을 수상한 전 남아프리카 공화국 대통령이었던 넬슨 만델라는 27년 동안 감옥에서 보냈다. 감옥에 있는 동안 그의 자녀가 성장하여 결혼을 하고 아이를 낳았다. 만델라는 그 아이의 이름을 "호프"(Hope), 즉 희망이라고 지었다. 이는 그가 감옥에서 한 번이라도 희망을 포기해 본 적이 없었기 때문이었다고 한다. 사도바울은 "우리가 사방으로 우겨 쌈을 당하여도 싸이지 아니하며 답답한 일을 당하여도 낙심하지 아니하며 핍박을 받아도 버린바 되지 아니하며 거꾸러뜨림을 당하여도 망하지 아니하고 … 우리 산 자가 항상 예수를 위하여 죽음에 넘기움은 예수의 생명이 또한 우리 죽을 육체에 나타나게 하려 함이니라"(고후 4:7-11). 여기에서 짚고 넘어가야 할 것이 중요한 의미가 하나 있다. 그것은 "산자가 항상 예수를 위하여 죽음에 넘기움"이라는 표현이다. 우리는 언제나 살아 있지만 죽음에 넘기우는 사람들처럼 살아야한다는 것이다. 이것은 우리가 살아 있지만 죽음에 대한 신앙을 가지고 산다는 의미이다. 우리가 죽음에 대한 신앙이 없다면, 우리는 내세에 대한 소망이 없는 자다. 내세의 소망은 언제나 현실에서 죽음을 받아들일 때 가능하다. 내세의 소망은 현실에 안주하는 자에게는 결코 오지 않는다.

소크라테스는 『파이돈』에서 지혜로운 사람은 "늘 죽는 것을 실천하는 일에 몰두하는 사람"[40]이라고 했다. 이것은 두 가지 의미로 받아들일 수 있는데, 하나는 죽음을 실천하는 사람은 죽음이 실제로 다가올 때 죽음을 두려워하지 않는다는 것이고, 다른 하나는 순수한 삶과 영혼을 유지할 수 있다는 것이다. 소크라테스는 심미아스와의 대화에서 이렇게 말하고 있다. "죽음이 다가올 때 죽음을 두려워하는 자는 '애지자'(愛智者)가 아니라 '애육자'(愛肉者)인 동시에 부나 명예를 사랑하는 자이거나, 혹은 둘 중의 하나를 사랑하는 자임에 틀림없을 것일세."[41] 소크라테스는 죽음을 믿는 믿음을 가지고 있었던 것 같다. 이 같은 생각은 케베스와의 대화에서 분명히 천명하고 있다.

소크라테스: 이렇게 한 번 생각해 보게. 영혼과 육체가 함께 결합되어 있을 때, 자연은 영혼으로 하여금 주인이 되어 지배하게 하고, 육체는 노예가 되어 섬기도록 해 놓았어. 이 두 가지 일 가운데, 어느 것이 더 신적인 것이고 어느 것이 사멸할 것인가? 자네 생각엔, 신적인 것은 으레 지배하고 다스리는 것이요, 사멸하는 것은 으레 지배를 받고 섬기는 것이라 여겨지지 않는가?

케베스: 네, 그렇게 생각해요.

소크라테스: 그러면 영혼은 그 중의 어느 것을 닮았지"?

케베스: 분명히 영혼은 신적인 것을 닮았고, 육체는 사멸할 것을 닮았지요.

소크라테스: 그러면 케베스 이것이 결국 지금까지 말한 모든 것의 결론이 아닌지 한 번 생각해 보게. 즉, 영혼은 신적인 것과 가장 흡사하고, 불멸하며, 예지 적이요, 한결같은 모습으로서 분해될 수 없으며, 불변하는 것인데, 이에 반하여 육체는 사멸할 인간을 닮아서 썩어 없어질 성질의 것이요, 또 가변적인 것이라고 하는 것을 말하는 걸세.[42]

영혼의 불멸과 죽음의 문제를 주요 쟁점으로 다루고 있는 플라톤의 『파이돈』에서 그의 스승 소크라테스의 죽음에 대한 태도를 언급함으로써 오늘날 우리가 두려움과 염려로 죽음을 맞이하는 태도와는 사뭇 다른 점을 보여준다. 플라톤이 그의 스승 소크라테스의 대화에서 보여주려 했던 것은 "철학이란 다름 아닌 죽음의 연습"[43]이라는 것이다. 이 말처럼 명쾌하게 철학을 정의한 말이 있을까. 철학은 실제로 우리의 내면적 정화와 성숙된 삶의 성스러움을 목표로 하기 위해서는 반드시 죽음에 대한 성찰이 선행되어야 한다는 것이다. 헬라철학에 의해 영향을 받은 사도바울도 죽음에 대한 신앙을 말하고 있다. 그는 "나는 날마다 죽노라"고 고백했다. 갈라디아서에 있는 교회들에게 보내는 서신에서 바울은 더욱 강한 어조로 죽음을 믿는 신앙에 관해 기록하고 있다. "내가 그리스도와 함께 십자가에 못 박혔나니 그런즉 이제는 내가 산 것이 아니요 오직 내 안에 그리스도께서 사신 것이라 이제 내가 육체

가운데 사는 것은 나를 사랑하사 나를 위하여 자기 몸을 버리신 하나님의 아들을 믿는 믿음 안에서 사는 것이라"(갈 2:20). "그리스도 예수의 사람들은 육체와 함께 그 정과 욕심을 십자가에 못 박았느니라"(갈 5:24). "내게는 우리 주 예수 그리스도의 십자가 외에 결코 자랑할 것이 없으니 그리스도로 말미암아 세상이 나를 대하여 십자가에 못 박히고 내가 또한 세상에 대하여 그러하니라"(갈 6:14).

죽음을 믿는 신앙은 우리로 하여금 현실에 안주하는 일에 저항하게 한다. 죽음을 믿는 신앙은 우리로 하여금 육체의 구속에서 자유하게 한다. 우리는 언젠가는 우리 자신이 죽을 것이란 사실을 알고 있지만 그것을 망각하고 산다. 그러다 주위의 사람들이 죽게 되거나 사소한 질병으로 죽음을 기다리는 상황이 오면, 그때 우리는 문득 우리 자신의 죽음에 대해 생각하게 된다. 레비나스가 지적했듯이, 타자의 죽음은 현재의 죽음을 경험하게 하고 나를 돌아보고 성찰하게 한다. 따라서 우리는 내세만을 믿고 그것을 소망삼아 살아가는 것은 옳다. 하지만 그 소망은 반드시 그리스도의 십자가의 죽음을 통해서 얻어지는 귀한 보상이라는 사실을 망각해서는 안 될 것이다. 십자가의 죽음을 믿는 신앙이 소망은 반드시 죽음을 통하여 주어지는 귀한 보상이라는 원리를 가르치기 때문이다.

이번 장의 논의를 마무리하기 전에 마지막으로 한 가지만 더 살펴보자. 그것은 죽음이 나쁜 것인가 하는 것이다. 죽음이 나쁘다고 하는 것은 왜 그럴까. 여러 가지 이유들을 제시할 수 있을 것이다. 하지만 죽음이 나쁘다고 생각하는 것은 삶의 아름다운 가치를 앗아가기 때문일 것이다. 바울도 한 번은 "죽는 것도 유익하다"고 하지 않았는가. 예일

대학의 셸리 케이건(Shelly Kagan)은 다음과 같이 표현하고 있다. "죽음이 나쁜 이유는, 죽고 나면 삶이 가져다주는 모든 축복을 더 이상 누릴 수 없어서다. 살아있을 때 삶이 가져다주는 선물을 하나도 누릴 수 없기 때문에 죽음은 우리에게 나쁜 것이다. 이것 말고는 다른 어떤 이유도 없다고 생각한다."[44] 역설적으로 표현하면 죽음은 생명의 가치를 보여주는 것이다. 우리가 현재 살아있다는 그 자체는 아름답다. 아니 아름다움 그 자체다. 우리는 반드시 죽을 것이다. 그렇다면 우리는 어떤 삶을 살아야할까. 주어진 이 생명을 향유하며 살아야하지 않을까.

우리의 신앙에서 죽음에 관한 생각은 의미가 있다. 왜 우리는 죽음을 생각하여야 하고, 그것이 신앙에 어떤 의미로 받아들여야 할까. 모든 인간은 죽음의 문제에 천착한다. 그 까닭은 죽음 속에서만 생명의 고귀함을 사실적으로 이해하기 때문이다. 우리가 삶의 허무주의나 그것의 사유에 빠지는 것은 매우 안일하고도 값싼 감성인지 모른다. 죽음을 믿는 신앙은 우리의 삶에 대한 최후의 대답이 긍정밖에 없다고 단언하고 있다고 가르친다. 그러므로 삶과 더불어 살아간다는 것만을 사랑할 수 있다는 것은 죽음에 대한 역설적인 대답이 아닐까 싶다. 전통적으로 기독교 신앙에서 '내세에 대한 소망'이라는 슬로건은 열린 사고의 기독교인들에게 다소 부정적으로 들리는 말이다. 최근에 "죽어서 가는 천당보다는 예수가 그렇게 간절히 원했던 이 땅의 하늘나라를 더 강조해야 한다"는 신학적 화두가 회자가 되고 있는 듯하다. 연세대 연합신학대학원의 이상성은 최근 그의 저서, 『추락하는 한국교회』에서 한국교회가 추락하는 이유들은 (1) 근본주의 신학, (2) 목회자의 비윤리적 행위, (3) 보수화된 교회와 신도, (4) 안하무인적 선교 등을 지적했다.⁴⁵⁾ 특히 그는 모든 문제의 근본원인을 근본주의 신학에 초점을 맞추려는 듯하다. 시대의 상황과 전후 사정을 무시하거나 성경을 문자적으로 해석하는 근본주의 신학이 한국교회의 위기로 몰아넣고 있다는 그의 비판은 틀리지 않는다. 그런데 여기서 우리가 간과하기 쉬운 것은 그것이 근본원인이 아닐 수 있다는 것이다. 얼핏 보기에 그의 문제해결에 대한 대안이 대단히 도전적이고도 개혁적인 어투로 비쳐질 수 있다. 하지만 자세히 드려다 보면, 그의 비판은 인터넷에서 충분히 섭렵할 수 있는, 말하자면 지극히 상식적인 이야기에 불과하다. 이 상식적인 이야기에 근본주의 신학에 대한 비판을 첨가함으로써 마치 학자로서 품위와 존경을 유지하는 것처럼 보이지만, 실상은 매우 저급한 언어로 상술적인 신학자로 전락하고 있다는 인상을 지울 수 없다. 물론 그가 말하는 "상생종교"로 거듭나야 한다고 말하는 것은 그가 말하지 않아도 일반인들은 다 안다. 구태여 그가 이렇게 비판적인 어투로 개신교에서 말을 하면 죽는다는 식의 예언자적 학자의 양심이 있는 것처럼 하지만, 곰곰이 따져보자. 특히 기독교의 근본 교리인 내세의 소망과 관련하여 생각해 보자. "죽어서 가는 천당"보다는 "이 땅의 하늘나라"를 더 많이 이야기해야 한다고 말한다. 그의 이러한 주장은 상당히 그릇된 논리적 전제에서 출발한다. 그의 그릇된 전제는 다음과 같다.

첫째로, 죽어서 가는 천당을 이야기하는 기독교계의 근원적인 개념이 싹튼 것은 근본주의 신학 때문이라는 전제다. 과연 그런가. 오히려 죽어서 가는 천당의 화두는 복음서에서 시작되었고, 예수의 부재 후에 기독교에 대한 핍박이 소망을 바라는 믿음을 가지게 된 것이다. 기독교는 언제나 핍박과 무관하지 않다. 그것은 현실과 타협하지 않으려는 태도에서 시작한다. 현실을 그대로 받아들이지 않는 것은 우리의 신앙을 지키려는 것 때문이지 천당을 가는 게 주된 목적은 아니지 않는가.

둘째로, 죽어서 천국 가는 교리는 19세기 미국에서 태동한 근본주의 신학에서 가르친 축자영감설과 무관하지 않다는 전제다. 연세대의 이상성이 주장하듯이, 현실에 충실하지 않는 그리스도인이 바랄 수 있는 곳이 천국일까. 아마도 그렇지 않을 것 같다. 우선 근본주의의 태동이 19세기가 아니라 20세기 초에 북미를 중심으로 태동되었다는 것을 바로 지적하는 것이 필요하다. 이른바 『근본』(The Faundamentals)이라는 소책자를 통해서 근본주의는 세속주의와 현대주의에 대항하기 위해서 근본주의의 신학적 5가지 교리를 다음과 같이 주장하게 되었는데, (1) 성경의 무오성; (2) 동정녀 탄생과 예수의 신성; (3) 대속적 죽음; (4) 예수의 문자적, 육체적 부활; (5) 그리스도의 문자적, 육체적 재림 등이다.[46] 근본주의자들이 초점을 맞춘 것은 크게 성경과 그리스도에 있었다. 그래서 이상성이 주장하는 가장 그릇된 전제들 중 하나가 바로 여기에 있다고 보인다. 죽어서 가는 천국의 교리는 현실에서 호화호식하고 비윤리적인 행위의 결과로 가는 곳이 아니기 때문이다. 물론 현재의 교회가 행하는 일들이 만족스럽지 못한 것이 사실이지만, 천국이란 현실을 개혁하고 현실에 안주하지 않으려는 희망에서 출발하는 개념인 것은 확실하다.

죽어서 가는 천국 교리는 존재의 사랑에 근거되어 있다. 죽음에 대한 믿음은 존재의 사랑보다는 존재물에 대한 사랑의 위험성을 말한다. 부와 명예와 권력이 덧없음을 가르친다. 우리가 잘못을 범했음에도 불구하고 천국을 사모하는 것이 당연한 걸까. 잘못을 행하고도 천국을 바라는 신앙은 내세를 믿는 신앙이나 죽음을 믿는 신앙과는 분명 거리가 있다. 한마디로 그것은 어불성설이다. 천국은 현실의 죽음과 십자가를 떠나서는 생각할 수 없는 장소다. 이런 점에서 죽음을 믿는 신앙은 긍정적인 의미가 드러난다. 바울이 간파했듯이, 날마다 예수를 위하여 죽음에 넘기기를 두려워하는 사람은 내세에 걸어 다니지 못한다. 아니, 내세를 향유할 특권이 그에게 주어지지 않을지도 모른다.

죽음을 마주하는 용기

이제 모든 것이 자명해졌다. 죽음을 생각하는 것은 썩 유쾌한 것이 아니지만, 인간 자신이 죽을 운명으로 살아간다는 사실을 자각하는 일은 그다지 나쁜 것은 아니다. 그런 이유인지는 모르지만, 우리는 죽을 운명으로 살아간다는 것을 되새겨 보아야 하고, 또한 죽음을 대면하는 것이 절실하다고 보인다. 하지만 문화 인류학자 어네스트 베커(Ernest Becher)가 『죽음의 부정』에서 다음과 같이 기록하고 있다. "우리는 죽을 운명이라는 것을 객관적으로 알고 있지만, 이 엄청난 진실을 회피하기 위해 온갖 획책을 다한다."[47] 이처럼 인간은 어떻게든 죽음을 똑바로 응시하여 성찰하기를 꺼려한다. 이 당위적 진실을 부정하는 이유는 뭘까. 아마도 죽는다는 것을 생각하는 것 자체가 끔찍하기 때문인지 모른다. 그리고 인간이 잠시만 이 세상에 존재하고 죽으면 비존재의 장소로 영원히 사라진다는 그러한 사실과 대면하는 일이 극도로 불안감을 일으킬지 모른다. 그렇지만 우리는 죽음을 정면으로 마주해야 할 필요가 있다. 죽음을 마주하는 일은 용기다. 그렇다면 이 장을 마치면서 죽음과 대면하는 우리의 자세는 어떠해야 할까. 우리 모두는 우리가 죽을 것이라는 것을 안다. 하지만 그러한 인식이 주는 충격은 우리의 이성적 생각을 초월해 있기 때문에 우리에게 죽음은 충격으로 다가온다. 그래서 우리는 죽음과 마주해야한다고 말하지만, 말처럼 쉬운 일이 어디 있을까. 그래서 죽음과의 만남은 용기가 필요한지 모른다.

용기는 우리의 긍정적인 자세에서 온다. 예일대학의 케이건은 『죽음이란 무엇인가』에서 죽음을 대하는 세 가지 감성적인 태도를 언급한 적이 있었다. 하나는 죽음을 부정하는 것이고, 또 하나는 죽음을 무시하는 것이다. 또 다른 하나는 죽음을 긍정하는 것이다.[48] 죽음을 대면하는 자세는 그것을 피하지 않고 긍정하는 자세를 말한다. "피할 수 없다면 현재를 즐겨라"는 말이 있듯이, 우리가 죽음을 피할 수 없다면, 죽음과 더불어 즐겨야 한다. 로마 제국의 16대 황제이자 스토아 철학자였던 마르쿠스 아우렐리우스(Marcus Aurelius)는 "죽음을 저주하지 말고, 마치 자연이 원하는 것처럼 죽음을 환영하라"[49]라고 말했다. 죽음과 맞닥뜨리면 인생을 되돌릴 수 없기에 단 한 번의 삶은 어느 것보다 소중하다. 실존주의 철학자 마틴 하이데거(Martin Heidegger)는 인간을 "죽음을 향한 존재"라고 정의했고, 19세기의 괴짜 염세주의 철학자 쇼펜하우어(Arthur Schopenhauer)는 "삶이란 죽어가는 과정이다"라고 정의했다. 그들이 죽음을 향해 가는 존재나 죽어가는 과정으로 정의했을 때 그 말의 뜻은 인간이 자기 자신의 죽음과 관계를 맺지 않고서는 존재할 수 없음을 의미했다.[50] 이러한 정의에도 불구하고 죽음에 대해 우리가 가져야할 태도에는 여전히 문제가 남는다. 회피할 수 없는 이 죽음에 대해 우리는 어떤 자세를 가져야 할까? 우리는 크게 두 가지를 생각해 볼 수 있을 것 같다.

하나는 죽음을 믿는 신앙을 가치론적으로 생각하는 것이 좋을 듯하다. 우리는 이렇게 물어야 한다. "죽음은 반드시 악한 것인가?" 죽음이 악하다는 것은 단순한 이유에 의존하고 있다. 그것은 죽음이 삶을 앗아간다는 생각 때문이다. 우리의 삶에는 가족, 사랑, 우정, 믿음, 추억 등의 아름다움이 있다. 결국 죽음은 살아 있는 사람에게 나쁜 것이다. 그래서 이 죽음이 이 모든 것들을 빼앗아 간다고 생각한다. 죽음은 사랑하는 사람들과 이별하게 하고, 향유하는 현실의 모든 것들을 무화시킨다. 죽음은 인정이나 사랑의 감동적인 마음을 외면하면서 모든 것을 박탈하는 악의 이미지다. 그래서 죽음은 남겨진 사람들을 생각하기 때문에 악하다. 그런데 이러한 생각을 달리할 수 있는 것은 없을까?

러시아의 문학가 도스토예프스키는 그의 장편 소설 중 두 번째 걸작『백치』(1868~1869)에서 사형 선고를 받은 한 개인에게 죽음이 보여주는 충격적 상황을 묘사했다. 죽음이 어떤 것인지의 알 수 없는 상황과 비존재가 된다는 무서운 확실성에 대해서 그는 문학적으로 또는 현상적으로 비견될 수 있는 것이 없다고 설명했다. 도스토예프스키는 그러한 절박한 죽음에 직면했다. 그러나 그는 그 충격적인 죽음이 그의 생각을 바꾸어놓았다고 고백했다. 죽음은 인생이 무엇인지, 생명이 무엇인지를 알게 하는 의식전환의 출발점이다. 종종 우리가 살면서 망각하는 것이 있다면, 그것은 아마도 죽음을 가치론적으로 생각하지 않는 것이다. 역설적으로 말해, 우리는 죽음이 모든 것의 끝이라서 삶이 오히려 소중하다는 것이다. 앞에서 이미 과정철학자 찰스 하츠혼이 죽음을 '책의 마지막 페이지'로 언급했듯이, 죽음이 오히려 삶의 가치를 가르쳤다. 체코의 소설가 프란츠 카프카(Franz Kafka, 1883~1924)도 죽음에 대한 생각을 가치론적으로 표현했다. "삶이 소중한 이유는 언젠가 끝나기 때문이다." 그렇다. 우리의 인생은 언젠가는 끝난다. 그렇기 때문에 삶이 아름답고 의미가 있는 것이다.

오스트리아의 오스트리아 빈 대학 신경정신의학부 교수 빅토르 E. 프랑클(Viktor Emil Frankl, 1905~1997)은 삶에 의미를 주는 것이 죽음이라고 주장했다. 이 죽음이야말로 삶이 얼마나 고유한 가치를 지니고 있는지를 배우게 되는데, 그는 이렇게 말하고 있다. "어떤 죽음에 대해 예측하면 거기에서 경이로움이 생겨 자기 수양을 할 수 있기 때문이다." 만일 우리가 죽음을 피할 수 없다면 우리는 죽음 그 자체를 그대로 받아들이는 것이 더 현명하다. 죽음은 불청객인지는 모르나 반드시 찾아오는 손님이다. 우리는 그 손님을 정성껏 받아들여야 한다. 이러한 자세는 근대철학자 스피노자에게서 발견되는데, 그는 죽음이 반드시 나쁜 것만은 아니라고 했다. "인생에서 일어나는 '모든 일'이 필연적이라는 사실을 깨닫게 된다면, 우리는 그것들로부터 감성적 거리감을 유지할 수 있다."[51] 언젠가는 마주하게 되는 죽음이지만, 우리는 이러한 사실을 잊고 살다가 갑자기 죽음이 남의 일이 아니라 나의 일이라는 것을 깨닫게 된다. 그러나 그 때는 이미 늦다. 그러한 이유에서 죽음이 온다는 것을 알고 살아간다면, 우리가 향유하는 이 현세의 삶이 얼마나 아름답고 소중한지 모른다.

또 하나는 죽음을 믿는 신앙을 보편적인 현상으로 생각하는 것이 좋을 듯하다. 생각은 어떻게 하는가에 따라 다른 결과를 얻는다. 죽음도 어떻게 생각하는가에 따라 다른 결과를 얻는다. 우리는 죽음을 개별적으로 생각할 수도 있고, 아니면 보편적으로 생각할 수도 있다. 개별적으로 생각하면 죽음은 너무나 슬프고 안쓰럽다. 하지만 죽음을 보편적으로 생각하면, 죽음은 자연스러운 현상이 된다. 말하자면 죽음을 보편적으로 생각하게 되면, 우리는 죽음의 필연성을 받아들일 수 있다는 것이다. 앞에서 잠시 우리는 죽음의 필연성을 논했다.

죽음은 어느 누구도 피해가지 않는다. 삶의 필연적인 현상이다. 이러한 사실은 우리로 하여금 죽음을 보편적으로 생각하게 한다. 그러면 우리가 죽음을 보편적인 현상으로 생각하기 위해서 물을 수 있는 물음은 이것이다. "만일 죽음이 없다면, 이 세상은 어떻게 될까?" 죽음을 믿지 않고, 영생을 추구하는 것은 인생의 보편성을 파괴하는 것이고, 삶의 필연적 법칙을 무시하는 행위다. 누구도 알 수 있듯이, 이 세상은 공간적으로 한정되어 있다. 무한정한 세계가 아니다. 거대한 우주에서 이 지구는 한 점에 불과하다. 그런데 이 한 점과 같은 좁은 공간 속에서 인간은 생노병사(生老病死)를 치른다. 만일 인간이 죽는다는 이 보편성을 무시한다면, 이 세상이야말로 아마도 늙은 혼령들만이 돌아다니는 세상이 될지 모른다. 죽지 않는 세상이 오히려 추하게 보일 수 있다. 이런 점에서 죽음은 우주의 행복을 제공하는 근거가 될 수 있지 않을까 싶다.

주(註)

1) 김지연, "아름다운 기증," 『국민일보』(2006. 3. 22).

2) Nietzsche, *Basic Writings of Nietzsche*, trans, Walter Kaufmann (New York: The Modern Library, 2000), 43. 위의 문장은 본인의 번역문이다.

3) Shelly Kagen, 『죽음이란 무엇인가』, 박세연 옮김 (서울: 엘도라도, 2012), 385. 죽음의 가변성, 예측불가능성, 편재성은 케이건의 생각이다. 케이건은 죽음을 필연성, 가변성, 예측불가능성, 편재성 그리고 상호효과성으로 생각한다. 하지만 이 다섯 가지 개념들은 유사한 부분이 있어서 죽음의 필연성을 보편성으로 생각했고, 네 가지 개념들을 개별성으로 생각했다. 따라서 필자가 죽음의 필연성을 보편적으로 논의한 다음에 그 중 가변성과 편재성을 개별적으로 놓았음을 밝힌다.

4) 김초혜, 『고요에 기대어』 (서울: 문학 동네, 2006).

5) Friedrich Nietzsche, 『차라투스트라는 이렇게 말했다』, 장희창 옮김 (서울: 민음사, 2006), 124.

6) Ibid., 125. 가시는 니체의 표현이다.

7) Ted Honderich, *The Oxford Companion to Philosophy*, new edition., ed. (Oxford: Oxford University Press, 2005), 112-3.

8) 『반야심경』은 모든 것이 공하다는 진리 하에 분별과 집착을 벗어나 지혜의 완성을 가르치는 반야부 경전을 압축한 소경전이다. 불교의 모든 경전 가운데 가장 짧은 경전으로서 『반야심경』은 총 262자에 불과하다. 하지만 대반야경 6백 권의 방대한 사상이 요약된 것이라고 보면 된다. 『반야심경』은 원명은 마하반야바라밀다심경(摩訶般若波羅蜜多心經)이다. 불교에서는 이것을 줄여서 반야심경(般若心經)이라고도 부르는데, 그 뜻은 '반야'라는 지혜와 '심경'이라는 핵심(또는 정수) 진리를 의미한다. 즉 이 책은 지혜의 빛에 의해 열반의 완성된 경지에 이르는 마음의 경전이라는 것이다.

9) Samuel Enoch Stumpf and James Fieser, 『소크라테스에서 포스트모더니즘까지』, 이광래 옮김 (서울: 열린 책들, 2004), 497.

10) Arthur Schopenhauer, *The World as Will and Representation*, trans. E. F. J. Payne (New York: Dover Publications, 1966)을 보라.

11) Jeffrey L. Kosky, *Levinas and the Philosophy of Religion* (Bloomington: Indiana University Press, 2001), 126-7.

12) Emmanuel Levinas, *God, Death and Time*, trans. Bettina Bergo (California: Standford University Press, 2000), 16.

13) Ibid.

14) Ibid. 19.

15) Ibid., 17.

16) Ibid.

17) 김연숙, 『레비나스 타자 윤리학』(서울: 인간사랑, 2001); 그리고 강영안, 『레비나스의 철학적 주제 해명』(서울: 문학과 지성사, 2005)을 보라.

18) Kosky, *Levinas and the Philosophy of Religion*, 126.

19) Emmanuel Levinas, *Other than Being or Beyond Essence*, trans. Alphonso Lingis (Dordrecht: Kluwer Academic Publishers, 1991), 128.

20) Emmanuel Levinas, *Entre Nous: Thinking of the Other*, trans. Michael B. Smith and Barbara Harshave (New York: Columbia University Press, 1998), 217.

21) John Llewelyn, *Emmanuel Levinas: The Genealogy of Ethics* (London: Routledge, 1995), 104.

22) Ibid., 104-8.

23) 죽음에 대한 하츠혼의 견해는 정승태의 "찰스 하츠혼의 사상에서 본 죽음의 심미적 의미," 『복음과 실천』(2006): 131-59에서 발표한 글을 간략히 요약하여 언급되었음을 밝힌다.

24) Charles Hartshorne, *Wisdom as Moderation: A Philosophy of the Middle Way*

(Albany: State University of New York Press, 1987), 28, 132.

25) Charles Hartshorne, *Omnipotence and other Theological Mistakes* (Albany: State University of New York, 1984), 4.

26) Ibid., 117.

27) 사실상 화이트헤드나 하츠혼은 주체적 불멸성을 '인격적 불멸성'(personal immortality)의 개념과 같은 의미로 사용하고 있다.

28) David R. Griffin, 『화이트헤드 철학과 자연주의적 종교론』, 장왕식, 이경호 옮김 (서울: 동과서, 2004), 400.

29) Alfred N. Whitehead, *Process and Reality: An Essay in Cosmology* (New York: The Free Press, 1978), 43.

30) Ibid., 43-4.

31) Hartshorne, *Wisdom as Moderation*, 61.

32) Ibid.

33) Charles Hartshorne, *The Logic of Perfection* (LaSalle: Open Court Publishing Company, 1962), 253.

34) Ibid., 259.

35) Hartshorne, *Omnipotence*, 164.

36) Ibid., 47.

37) Alan Gragg, *Charles Hartshorne* (Waco, Texas: Word Books, Publishers, 1973), 72.

38) Hartshorne, *The Logic of Perfection*, 239-40.

39) Hartshorne, *Wisdom as Moderation*, 51.

40) Plato, 『파이돈』, 최명관 옮김 (서울: 을유문화사, 1994), 126.

41) Ibid., 126-7.

42) Ibid., 145.

43) Ibid., 146.

44) Shelly Kagan, 『죽음이란 무엇인가』, 박세연 옮김 (서울: 엘도라도, 2012), 333.

45) 이상성, 『추락하는 한국교회』 (서울: 인물과 사상, 2007).

46) David L. Smith, *A Handbook of Contemporary Theology: Tracing Trends & Discerning Directions in Today's Theological Landscape* (Grand Rapids: Bakers Books, 2003), 11-26을 보라. 1장은 근본주의와 근본주의 태동에 관해서 역사적인 배경으로 상세히 설명하고 있다.

47) Ernest Becher, 『죽음의 부정』, 김재영 옮김 (서울: 인간사랑, 2008).

48) Kagen, 『죽음이란 무엇인가』, 399-406을 보라.

49) 『세계의 교양을 읽는다』, 최영주 엮음 (서울: 휴머니스트, 2007), 239에서 재인용.

50) Martin Heidegger, 『존재와 시간』, 전양범 옮김 (서울: 시간과 공간사, 1995), 335. 하이데거는 죽음을 종말로 관련되어 있는 어떤 본래적인 존재로 환원된다고 보았다.

51) Kagen, 『죽음이란 무엇인가』, 377에서 재인용.

:: 제15장 ::

정의와 기독교 신앙

"타인의 불행은 나의 행복이다." 이 말은 주말골퍼들이 우스갯소리로 즐겨 쓰는 말이다. 함께 운동하는 상대 골퍼의 볼이 해저드(물이나 숲)에 빠지거나 실수했을 경우에 자신의 기분이 왠지 모르게 즐거워진다. 겉으론 매너 없는 사람마냥 즐거운 표정을 지을 수는 없겠지만, 내심 타인의 실수에 행복과 기쁨을 느낄 것이다. 이런 일이 비단 골프에만 있을까. 아마도 우리의 현실에서 이 사실을 수없이 많이 발견한다. 이를테면 대학시험에 낙방했다는 이야기를 듣거나 함께 일하는 동료가 승진심사에서 탈락되었다고 듣는다면, 타인의 불행은 나의 행복이 된다. 그렇지만 이 일은 반드시 타인에게만 일어나는 것은 아니다. 그러한 불행은 나에게도 일어난다. 그래서 아이러니하지만 그러한 일은 자신과 자신의 가족 중에서 대학시험에 낙방했거나 승진심사에 탈락한 경우가 일어난다. 즉 타인이 아닌 자신이 불행해 질 경우에는 타인이 자신의 불행에 행복해 하는 상황이 일어날 것이다.

제로섬 개념이라는 게 있다. 이 개념은 존 폰 뉴만(John von Newmann)과 오스카 몰개스턴(Oska Morgastern)이 1944년에 참가자의 득과 실이 다른 참가자의 득과 실에 의해 정확히 균형을 이룰 수 있는지를 증명하면서 시작되었다. 이 제로섬 개념은 제한된 양에서 누군가가 많이 가지면 다른 사람들은 상대적으로 적게 가지게 되는 아주 단순한 원리다. 즉 주어진 것은 제한되어 있는데, 그것을 찾으려는 몫은 적어진다는 것이다. 하지만 우리의 일반적인 생각은 제한된 양이라고 할지라도 그것의 분배는 공평하게 공유되어야 한다고 여긴다. 이 분배의 법칙이 이른바 정의다. 그런데 분배가 공평하게 공유될 수 있는지는 의문이다. 대학입시 날에 수많은 한국의 어머니들이 교회에 모여 자녀들의 합격을 위해 기도하는 모습에서 우리는 정의가 어디에 있는지를 생각하게 된다. 그들은 마음과 정성을 다해 기도한다. 그런데 꼼꼼히 따진다면 그들이 구하는 기도란 결국 자기-중심적이다. 그 기도에는 정의를 찾을 수 없다. 제로섬의 원리에 따르면, 누군가의 자녀가 합격이 되면, 다른 자녀들은 낙방하게 된다. 즉 누군가가 혜택을 받는다면, 결국 다른 사람은 그 혜택을 누리지 못하게 된다는 것이다.

유대교 랍비로서 우리시대에 존경을 받고 있는 헤럴드 쿠쉬너(Harold Kushner)는 이렇게 말한다. "세계는 승자들을 존경하고 패자들을 경멸한다."[1] 모든 사람들이 다 승자가 되는 것은 아니다. 실제로 우리가 사는 이 세계는 승자보다는 패자가 훨씬 더 많다. 그래서 우리는 승자보다는 패자와 더 많이 살아간다. 하지만 경쟁적인 사회에서 살아남은 사람을 가장 우대하는 우리의 사회는 항상 모든 것이 공정하게 이루어지길 바라지만, 반드시 그런 것인가를 묻는다면, 그 대답은 불투

명할 뿐만 아니라 회의적이다. 이처럼 우리 사회에서 공평한 분배에 관한 문제가 단순한 논리에 따라서 설명될 수 있을 것 같지는 않다. 그리고 기독교 신앙적 입장에서 정의에 관한 문제는 매우 중요한 문제로 보인다. 따라서 우리는 정의에 관한 이론들을 소개하고 성서적 입장과 신학적 입장을 살펴보려고 한다.

정의란 무엇인가?

고전적으로 정의는 개개인에게 정당한 몫을 분배하는 것으로 규정된다. 이러한 정의는 플라톤, 아리스토텔레스, 키케로, 그리고 어거스틴에 이르기까지 다양한 사상가들에 의해서 규정되었다.[2] 그들에 따르면, '몫을 주다' 혹은 '몫을 분배하다'라는 개념은 일종의 '권리'(right)다. 한편에서는 이 몫이 협약, 계약, 약속, 법적인 규정 등의 사회적 근거에 의해서 개인에게 주어질 수 있고, 다른 한편에서는 자연법과 같은 "인간본성의 법칙"[3]에 근거해서 개인에게 주어질 수 있다. 전자는 사회에서 생활하는 개인에게 반드시 찾아야 할 어떤 권리를 인정해야 한다는 것이다. 따라서 사람이 받아야할 그 권리를 어느 누구도 침범해서도 가로채서는 안 된다. 반면 후자는 사람이 태어나면서 사람으로서 당연히 받아야 할 고유한 권리를 보장받아야 한다는 것을 말한다. 즉 정의란 타인을 타인으로 인정해 주라는 것이다. 정의는 나와 다른 타인이 존재하고 있고, 그래서 우리는 그에게 어떤 권리를 인정해 주어야 한다는 것이다. 이를테면, 교통 운전자의 부주의로 인해 어떤 사람에게 상해를 입혔다고 가정해 보자. 그런데 만일 그 운전자의 실수임에도 불구하고, 사고를 목격한 사람이 거짓진술이나 증언을 하여 운전자의 실수가 아닌 상대방의 실수라고 한다면, 그것은 타인에 대한 몫이나 권리를 인정하지 않은 것이 되고 타인의 몫을 앗아가는 것이다. 반대로 운전자가 자신의 잘못을 인정한다면, 그는 타인의 몫이나 권리를 인정하게 된다. 따라서 정의란 사람들이 마땅히 받아야할 권리나 몫을 정당하게 주는 것이다. 공리주의자 존 스튜어트 밀(John Stuart Mill, 1806~1873)이 언급하듯이, 이는 권리가 사람의 "가장 강한 관심"[4] 이기 때문이다. 따라서 권리는 실제로 삶에서 가장 근본을 이루는 정의의 개념이다.

정의에는 보상 정의(retributive justice), 분배 정의(distributive justice) 그리고 시정정의(corrective justice)와 같은 상황이 존재한다.[5] 첫째, 보상 정의란 일종의 응징이나 응보의 정의다. 이것은 인간의 평등한 존재를 대우하는 것이라기보다는 오히려 개인의 능력이나 노력, 혹은 개인의 잘못에 비추어서 대우하는 것을 뜻한다. 구약성경에서 언급하고 있듯이, "생명은 생명으로, 눈은 눈으로, 이는 이로, 손은 손으로 보응하여야 한다"(출 21: 23-25; 출 24: 20; 신 19: 21). 이것은 "응보의 법"(lex talionis)이고, 구약성경의 정의 개념을 가장 적절하게 나타내고 있다. 이 정의 개념은 매우 명확하고도 쉽게 따를 수 있는 명확한 경계선을 제시하는 것이 가장 큰 이점이다. 만일 우리가 누구에게 상해를 입히면 그것에 상응하는 벌을 받는다. 그 경계의 깊은 내면에서 명쾌하게 따를 수 없는 것이 있긴 해도 대체로 사람들에게 혼란을 야기하지 않는 어떤 기준을 설정한다는 면에서 의미가 있어 보인다. 그리고 사람들은 자신이 행한 일에 대한 일정한 보응이나 응징이 가한다고 해도, 그것이 당연하고 또 공평하다고 받아들이게 된다. 그래서 우리는 자신이 행한 일에 대한 일정의 보응이나 심판 혹은 벌을 받는다는 의미에서 보상 정의라고 부른다.

둘째, 분배 정의는, 보상 정의와는 달리, 개인적이라기보다는 사회적이고 공동체적인 정의다. 이것은 "수혜자(recipients)가 어느 것이 유익하고 어느 것이 무거운 짐인지를 알게 되는 윤리적 적절성에 관심"[6]을 말한다. 흔히 공동체 구성원들 간의 불미스러운 일들을 경험할 때가 있다. 그래서 공동체 구성원들 간의 선과 악에 관한 정의로운 분배가 요청되고, 그것의 분배가 공정한 것인가를 다루어져야 한다. 주로 이것이 권력을 집행하는 과정에서 생겨나기 때문에 정의에 관한 것이다. 즉 집단이 개인들에게 골고루 분배하는 원칙이 정의라고 인식하는 개념이다. 그런데, 오늘날 우리는 이러한 분배의 원칙을 적용하기가 어렵다. 이것은 상대적 처우의 문제를 야기하고 있기 때문이다. 다시 말해, 피부색, 교육, 신분에 따라 대우가 상이함을 볼 수 있다.

셋째, 시정정의는 "손실을 입었을 경우에 어떤 선을 보상해 주고, 이득을 얻었을 경우에 어떤 선을 충당해 주는 일종의 윤리적 타당성"[7]에 관심을 갖는다. 아리스토텔레스는 사람사이의 관계를 조정하거나 바로잡아주는 것으로 이해했다.[8] 만일 어떤 사람이 상처를 입히고, 어느 누군가가 상처를 입었다면, 가해와 피해는 불균등하게 분배되어 있기 때문에 가해자로부터 무엇인가를 빼앗아 피해자의 손실을 메꾸어 주어서 균등하게 만들어야 한다. 이것은 정의로운 사회가 지향해야 하는 원칙이다. 예컨대 기름유출로 인한 태안의 황폐화는 보상되어야 하는 것과 같다.

그런데 일반적인 의미에서 정의 개념은 세 가지 기본적인 관계에서 발생한다. 개인들 간의 관계, 개인에 대한 사회전체의 의무와의 관계 그리고 사회에 대한 개인의 의무와의 관계 등이다. 첫째, 개인들과의 관계에서의 정의는 교환적이다. 교환이란 주고받는 것을 전제로 하기 때문에 형평성이 가장 중요한 개념이다. 교환이 주는 유익성은 형평성을 제공한다. 형평성이 맞지 않을 때에 불평등이 발생한다. 둘째, 이 개인에 대한 사회전체의 의무와의 관계는 앞에서 언급되었듯이 분배적이다. 정의롭다는 것은 사회에서는 공익을 위해 서로 공유하기 위해 공평하게 분배될 때에야 비로소 정의로움을 느끼는 것이다. 그러기 위해서는 서로가 합의할 수 있는 어떤 구속력이 있어야 하고, 이 구속력의 형태가 지배자, 통치자, 입법자를 세우고 그들에게 일정한 권력을 제공하여야 한다. 그럴 때에 사회 전체는 개인들에게 그들의 몫을 공평하게 분배하여야 할 책임을 갖게 되는 것이다.[9] 셋째, 사회에 대한 개인의 책임과의 관계는 법률적이다. 개인은 사회가 요구하는 법에 순응하여야 하고 지켜야 하는 것을 원칙으로 한다. 흔히 이것은 개인의 자유가 보장되지만, 타인에게 해를 가할 수 있고, 또 선한 사람들이 항상 불이익을 당할 위험이 있기 때문에 그들을 보호할 권리를 갖게 되는 것이다.[10]

정의의 방식

구약성경에 나오는 선지자 아모스는 이렇게 외쳤다. "정의를 물 같이, 공의를 마르지 않는 강 같이 흐르게 할지어다"(아 5:24). 우리 사회는 정의를 높이 평가한다. 불합리한 사회는 정의롭지 못한 사회다. 그런데 우리가 사용하는 이 정의는 부재에서 갈망하는 어휘다. 정의는 이미 정의가 없다는 것을 전제로 하고 있다. 그래서 정의가 구현되면 정의란 말은 사라진다. 그럼에도 여전히 정의는 사라진 적도 없을뿐더러 정의는 어느 사회이건 외쳐지고 있다. 사회가 정의를 실현하려는 것은 권력의 타락과 부패가 만연되어 있기 때문이다.

우리가 정의를 떠올리면 그것은 참이어야 한다는 것이다. 그런데 우리가 알다시피, 이 정의의 개념이 누가 어떻게 만지작거리는가에 따라서 달라진다. 그렇다면 이 정의는 상대적인가. 상대적으로 이해된 그 정의는 진정 정의일까. 이것이 정의에 대한 불신이다. 정의가 권력과 연결되면서 정의 개념이 오염되거나 정도에서 이탈한다. 사회가 아무리 권력이 정의로워야 한다고 주장하고, 정의롭지 못한 권력은 무의미하다고 하지만, 정의가 표준적인 기준을 제시하지 못한다면 그건 소용없는 일이다. 그래서 정의를 생각하면 회의적일 수밖에 없다. 정의로운 권력이 언제 존재했을까. 정의로운 권력이 존재하지 않았다. 한 번 정의가 세워지면 그 정의는 또 다시 우리를 배반한다. 그런데도 우리는 정의를 추구하고 외친다. 아마도 이 정의가 분배를 균등하게 하고, 이상적인 사회를 건설한다고 믿기 때문일 것이다. 비록 정의의 개념을 정의하기에는 모호한 구석이 없지 않지만, 우리는 정의를 이해하는 방식을 살펴볼 필요가 있다.

이제까지 정의를 이해하는 방식은 크게 세 가지다. 하버드대학의 마이클 샌델(Michael J. Sandel)은 『정의란 무엇인가』에서 정의를 이해하는 방식을 '행복을 극대화하는 방식'과 '자유를 존중하는 방식' 그리고 '미덕을 기르는 행위로서의 방식'으로 열거했다.[11] 이 방식에 따라 정의의 의미를 생각해 보려고 한다.

첫째로 정의를 이해하기 위해서는 인간이 스스로 행복을 이해하여야 한다. 인간의 행복을 추구하는 일은 가장 자연스러운 것 중의 하나다. 행복하지 않는 사람과 사회는 정의롭지 못한 사회이기 때문이다. 그러면 어떻게 하는 것이 인간의 행복을 극대화하는 것일까. 이 문제에 대해서는 두 가지의 의미를 이해해야 하는데, 하나는 인간 스스로 행복을 깨달아야 한다는 것이고, 다른 하나는 행복은 삶에 풍요로움을 더해 주어야 한다는 것이다. 전자는 인간 스스로가 행복을 의식하지 못한다면, 그것은 행복이 아니다. 이를테면, 아이가 잠을 자고 있거나 음식을 먹는 것을 보면서 부모는 행복해 한다. 이때 아이는 잠을 자고 음식을 먹으면서도 행복을 느끼지 못하기 때문에 행복이라고 할 수 없다. 따라서 행복은 타인이 규정해 주는 것이 아니라 자기 스스로 규정하는 것이어야 한다. 후자의 경우에는 행복이 인간의 욕구불만을 해소하는 것과 관련이 있다. 우리를 행복하게 하려면 삶이 윤택하고 풍요로워야 한다. 이것은 공리주의에서 해답을 찾을 수 있다. '최대다수의 최대행복'을 강조하는 '공리주의'는 다수의 삶에 풍요로움을 더하면 행복을 극대화할 수 있다고 주장한다. 다시 말하면, 공리주의는 행복을 평가하기 위해서 행복의 결과나 효과를 본다는 것이다.

둘째로는 자유를 존중하는 방식으로서 개인의 권리를 강조하는 것이다. 인간의 자유를 극대화한 것은 유엔 세계 인권 선언에 명시되어 있다. 제1조항에는 이렇게 적고 있다. "모든 인간은 태어날 때부터 자유롭고 존엄성과 권리에 있어서 평등하다. 인간은 이성과 양심을 부여

받았으므로 서로에게 형제자매의 정신으로 행해야 한다." 그리고 제3조항에는 인간의 자유에 대해 구체적으로 명시하고 있다. "모든 인간은 생명권과 신체의 자유와 안전을 누릴 권리가 있다." 이처럼 정의는 자유를 존중하지 않고서는 이해되지 않는 개념이다. 프랑스 대혁명의 대표 문서인 『인간과 시민의 권리선언』의 제2조항에는 "압제에 저항할 권리"라는 불가침적인 자연권을 선포하고 있다. 그런데 이 조항은 제7조의 한정적인 권리에 의해서 설명되어야 한다. "법에 의해 소환되거나 체포된 모든 시민은 모두 즉각 순응해야 한다. 이에 저항하는 자는 범죄자가 된다." 법은 종종 권리이면서 동시에 제약이기도 하다. 법이 인간의 권리를 압제하기 때문에 어떤 면에서는 권리가 모호하게 된다. 이는 압제에 저항할 권리와 법에 의해 소환되거나 체포된 것에 순응해야 한다는 것과 짝을 이루고 있기 때문이다. 즉 압제에 저항하는 것이 권리로 인정되는 반면에 법에 저항하는 권리는 범죄라는 것이다. 이런 문제에도 불구하고 분명한 것은 이것인데, 인간 스스로가 자유에 의해서 극대화할 수 있다는 그 사실이 바로 인간의 고유한 권리라는 것이다.

    셋째로는 정의가 미덕과 관련되어 있다. 여기서 미덕이란 좋은 삶과 밀접한 연관이 있다. 정의로운 사회는 항상 사람들에게 좋은 삶을 제공하여야 한다. 좋은 삶이 없는 사회는 정의롭지 못한 사회이다. 물론 좋은 삶과 옳은 삶은 상충하는 면이 있고 그리고 옳은 삶은 좋은 삶에 선행한다고 하더라도 좋은 삶은 옳은 삶의 테두리 안에서 성취되어야 한다. 이것은 한 사회에서 사람의 행복을 억압하는 제도가 없어야 한다는 것을 전제로 한다. 이를테면 노예제도와 같은 제도는 분명 사람들에게 좋은 삶을 방해한다. 이러한 사회는 정의로운 사회라고 할 수 없다. 그러므로 옳은 삶은 좋은 삶을 제공할 때에 비로소 정의로운 사회가 될 수 있을 것이다.

공정으로서의 정의

전통적으로 정의는 효율성과 평등성의 원칙을 따른다. 모든 것이 균등하게 분배하여 서로의 몫을 나누어가지는 것으로 이해되었다. 그래서 사람들은 평등이 정의의 명령으로 받아들이고, 이것이 사회체계 속에 전반적으로 인식되었던 개념이었다. 그리고 "최대다수의 최대행복"이라는 슬로건을 내건 공리주의도 전체의 이익을 위해 소수의 사람들에게는 손해를 받도록 허용함으로써 사람들 간의 차이를 인정하지 않고 모든 것을 균등하게 여겼다. 존 롤즈(John Rawls, 1921~2004)는 이러한 전통적인 의미에서의 정의개념들을 비판함으로써 자신의 정의이론을 발전시켰다. 그에 따르면, 전통적인 정의개념은 한 사회 속에 출생하는 개인들의 차이와 특성을 무시한 채 모든 것을 평등의 원리에 따라서 적용해 왔다는 것이다. 다시 말해, 개인의 출생배경, 교육과 재능의 정도, 부의 차이가 있음에도 불구하고 모든 사람의 출발점을 동일선상에서 시작한다고 전제해 왔던 것이다. 그래서 우리는 유독 롤즈의 정의 이론이 현대에 주목을 받는 이유 중 하나다.

우선 롤즈는 사회개념을 분석함으로서 자신의 정의이론을 전개한다. 그에 따르면, 사회는 (1) 상호간의 이익을 위한 협동체 혹은 일치의 특성을 갖는다. 사회는 자기 혼자만의 노력에 의해서 살기보다는 사회 협동체를 통해서 모두에게 보다 나은 생활이 가능하게 된다는 점에서 이해관계의 일치가 있다. (2) 이해관계의 상충이라는 특성을 갖는다. 사회 구성원들은 자신의 노력에 의해 생산된 보다 큰 이득의 분배 방식에 무관심하지 않으며, 자신의 목적을 추구하기 위해 적은 몫보다는 큰 몫을 원한다. 이러한 이득의 분배를 결정해 줄 사회체계를 선정해 주고 적절한 분배의 몫에 합의하는 데 필요한 어떤 원칙들의 체계가 요구되어진다. 롤즈는 이러한 원칙들이 사회 정의의 원칙이라고 부른다. (3) 그러면 롤즈가 말하는 공정한 사회란 무엇을 말하는가. 첫째로, 다른 사람도 모두 동일한 정의의 원칙을 받아들인다는 것을 모든 이가 인정하고 있는 사회를 말한다. 둘째로, 사회의 기본 제도가 일반적으로 이러한 원칙을 충족시키고 있으며, 또한 그 사실이 널리 주지되어 있는 사회를 말한다. 이것이 정의로운 사회다.

하지만 롤즈는 "모든 사회적 원칙들―자유, 기회, 소득, 재산 및 자존감의 기반―은 … 평등하게 분배되어야 한다"[12]는 원칙에 반대한다. 왜냐하면 불평등이 사회 속에 선험적으로 존재하기 때문이다. 어떤 사람은 천부적 재능과 부를 가지고 출생하고, 어떤 사람은 정반대로 천부적 재능도 부도 없이 출생한다. 그로 인해 경쟁 사회에서 한 개인의 재능과 가문 혹은 출신배경에 의해 불평등한 결과를 초래하여 어떠한 역경이나 어려움이 없이도 사회적 지위나 부를 얻을 수 있다. 간단히 말하자면, 이미 사회에서의 출발은 불평등에 의해서 결정된다. 따라서 롤즈는 이러한 문제를 극복하기 위해 "차등의 원칙"(principle of difference)을 제시한다.[13]

차등의 원칙은 "보상의 원칙에 의해 선정되는 고려 사항들에 중점을 두는 것"14)을 말한다. 결국 차등의 원칙이 지켜질 때, 사회는 공정하게 된다는 것이다. 이런 맥락에서 롤즈는 정의를 공정(fairness)으로 규정한다. "공정으로서의 정의"(justice as a fairness)는 공동분배나 균등(sameness)과는 전적으로 다르다. 이것은 공정한 사회가 정의로운 사회라는 입장이지만, 하나의 재산을 두고 똑같이 분배하는 사회가 아님을 알 수 있다. 그런데 공정한 정의는 두 가지 기본적인 원칙들이 지켜질 때 효력이 있다. 첫 번째 원칙은 각 개인이 다른 모든 사람들의 동등한 자유와 공존할 수 있는 한에 있어서 최대한도로 광범위한 기본적인 자유를 누릴 동등한 권리를 가져야 한다는 것이고, 두 번째 원칙은 사회적 내지 경제적인 불평등은 (1) 사회 내의 최소의 수혜자들(the least advantaged)-소득이 가장 적은 사람들-의 이익을 최대한으로 보장해 주어야 하는 경우와 (2) 불평등의 원인이 되는 직위나 직책은 반드시 공개되어야 하는 경우에만 허용되어야 한다는 원칙이다.15) 이것은 공정한 기회 균등의 조건 아래에서 모두에게 개방된 직책과 직위에 관련된 불평등이어야 한다는 것이다.

더 구체적으로 살펴본다면, 첫 번째 원칙은 기본적인 자유에 있어서 평등을 주장한다. 이러한 평등은 '기본적인 자유'(primary freedom) 혹은 '평등의 원칙'(egalitarian principle)을 수반한다. 그것은 민주주의 가장 기본적인 원칙으로서 인간이 가지는 기본적인 자유를 어느 누구나 어느 집단이 방해해서는 안 된다. 롤즈가 말하는 기본적인 자유는 무얼 말하는가. 그것은 신체의 자유, 언론과 결사의 자유, 선거권 및 피선거권을 가질 자유, 부당한 체포 및 구금으로부터의 자유, 양심과 사상의 자유, 사유재산을 가질 자유다. 이것이 바로 인간의 기본적 권리이면서 그리고 이것이 인간의 자존감(sense of self-respect)을 보장해 준다. 두 번째 원리는 경제적 불평등이 정당화될 수 있는 조건들을 함축하고 있다. 앞서 언급했듯이, 경제적 불평등은 "차등의 원칙"(difference principle)에 의해서 수정되어야 하는데, 경제적인 불평이 정당화될 수 있는 조건들이란 다음과 같다. 첫째로, "협의의 차등의 원칙"[16]은 최소 수혜자들의 이득을 극대화하여야 할 경우에만 차등의 원칙의 조건을 충족시킨다.[17] 둘째로, 차등의 원칙은 "기회균등"의 원칙이라는 조건에 부합될 때 정당성을 갖는다. 한마디로 말해 사회, 경제적인 가치에 대한 분배에서의 차이를 인정하라는 것이다. 경제적인 불평등은 최소 수혜자의 이익을 최대한으로 보장될 때에만 허용되는 것을 의미한다. 그런데, 이 두 원칙들 가운데, 첫 번째 원칙이 두 번째 원칙에 반드시 선행되어야 하고, 이 원칙이 바꿨을 경우에는 아무런 효력이 없다. 쉽게 말해, 첫 번째 원칙이 보장되지 않는 한 정의롭고도 공정한 사회가 성립될 수 없다. 그러므로 한 개인의 기본적인 자유가 보장되는 것이 매우 중요하다고 하겠다.[18]

롤즈는 정의개념 뒤에는 원초적 입장과 무지의 베일이 있다고 밝힌다. 다시 말해, 위에서 언급한 정의의 두 가지 원칙들은 가정한 원칙들, 즉 가상적 상황이다. 실제적인 원칙들이 아니라 정의로운 사회가 되기 위해서는 이러한 원칙들을 가정해야만 가능하다는 입장이다. 원초적 입장(original position)은 최초의 상황(initial situation)으로서 공정한 계약의 상황을 만들어 주는 것이다. 이것은 하나의 이상적인 상황이지만, "이러한 원칙은 자신의 이익 증진에 관심을 가진 합리적 인간들이 그들의 공동체의 기본 조건을 정하기 위해서 평등한 입장에서 받아들이게 될

원칙"이다.[19]

롤즈가 관심을 갖는 것은 어떻게 하든지 간에 우리는 사람들의 불화를 야기하고, 그들의 사회적, 자연적 여건을 그들 자신에게 유리하게 하도록 유혹하는 특수한 우연성의 결과들을 무효화시켜야 한다는데 있다. 그렇게 하기 위해서 롤즈는 우리가 "무지의 베일"(veil of ignorance) 속에 있어야 마땅하다는 것이다.[20] 이것은 원초적 입장에 참여하는 이들이 어떤 종류의 특정 사실을 알지 못한다는 것을 가정할 수 있기 때문이다. 이 말은 합의자들이 일반적인 사실들, 즉 정치문제, 경제이론, 사회조직, 혹은 인간심리의 법칙 등을 몰라도 된다는 뜻이 아니라, 각자가 놓여 있는 사회적인 위치, 조건, 천부적인 능력, 그리고 각자가 추구하는 생의 목표 등은 몰라야 한다는 것이다. 이것은 계약이나 합의를 할 때, 자신의 이해를 개입시키는 것을 막고 서로 평등한 존재의 자격으로 공정한 계약에 임하는 상황을 구성하기 위한 조건이다. 롤즈는 이 무지의 베일을 통해서 마련한 평등한 출발선에서 합의한 것이 정의의 원리라고 본다.[21]

자연의 권리로서의 정의

로버트 노직(Robert Nozick, 1938~2002)은 정의를 자연의 고유한 권리로 이해한다. 개인의 이 고유한 권리는 최소의 국가 속에서만 보장된다. 그에게 있어서 최상의 국가란 최소 국가이고, 이 최소 국가는 정의를 가장 중요한 통치이념으로 여겨야 한다는 것이다. 그러면 최소 국가란 무엇인가. 그것은 개인들이 자유로이 자신의 고유한 권리를 행사하는 장소다. 이 최소국가라는 관점에서 그는 "무정부주의"와 "국가주의"를 동시에 비판하고 부정한다. 무정부주의와 국가주의는 둘 다 개인의 권리를 보장하지 못한다. 그의 논리는 매우 단순하게 전개하는데, 개인의 권리는 소유권에서 시작하고, 그것이 정의의 핵심적인 내용이라는 것이다. 간단히 말해, 개인은 누구로부터 침해당하지 않을 고유한 권리를 갖는다는 것이다. 이 개인의 권리는 자신의 몸을 통해서 성취되고, 이 몸은 노동을 통해서 생산하는 모든 것은 그에게 돌아가야 하는 일종의 몫이다. 그러한 몫을 유지시키는 것이 국가가 할 일이다. 이것이 그가 말하는 최소의 국가다. 개인의 몸을 통해서 얻게 된 자산은 자신의 고유한 것이고 소유이기 때문에 누구로부터 침범당할 수 없는 권리다. 그래서 그는 인간을 소유하는 존재로 정의한다. 하지만 소유하는 존재는 탐욕을 가지고 사회에 공헌하지 않는 그러한 이기주의적 존재를 말하는 것이 아니다. 그가 말하고자 하는 것은 인간은 수단이 아니라 목적이라는 것이다.[22]

특히 노직은 전통적인 정의이론인 공리주의와 존 롤즈의 공정이론에 반대한다. 개인이란 그 자체로서 목적이며, 특정한 자연적인 권리를 소유하고 있다는 데서 출발한다. 기본적인 인간의 권리를 침해할 수 없다는 말은 행위 제약이 있음을 의미한다. 이것이 노직의 도덕성의 토대가 된다. 예를 들어, 살해되거나 폭행당하지 않을 권리는 이러한 인간의 기본적인 권리이다. 그 누구도 타자를 위해 희생되어서는 안 된다. 따라서 타자에 대한 권리침해를 금지하는 것은 인간 권리의 불가침성에 의해서 발생한 행위 제약 중의 하나이다.

노직의 정의이론을 요약하면, 인간의 권리 중 가장 중요한 권리는 기본적 권리인데, 이 기본적 권리는 타자에 의해 해를 당하는 것에 저항할 권리, 선택과 행동의 자유에 대한 권리, 자신의 사적소유에 대한 권리를 말한다. 국가는 이러한 기본 권리에 대해 보호와 권리 침해에 대한 보상을 할 때만 그 정당성을 갖는다. 이런 맥락에서, 노직은 정의의 문제를 개인의 권리와 자유의 보호에 의해서 논하고 있다. 사회정의의 개념은 개인의 자유와 권리를 침해하지 않고 그것들을 최대한으로 보장하는 데에 있다. 그는 어느 누구도 타인의 이익을 희생시켜서는 안 된다고 보았다. 이는 모든 인간들이 침해당해서는 안 될 자연적인 권리를 소유하고 있기 때문이다.

　노직의 정의론은 바로 이 개인적 권리에서 자산의 소유권으로 이동시킨다. 왜 그럴까. 개인의 권리를 침해할 수 없는 보다 근원적인 이유는 분배의 상태에서 구체적으로 밝혀지기 때문이다. 그에 의하면, 분배상태가 정의로운지의 여부는 소유권리가 확보되었는지의 여부에 크게 의존하는 것으로 본다. 노직이 말하는 소유권리란 첫째로, 사용할 수 있는 권리, 둘째로, 이전할 수 있는 권리 혹은 양도할 수 있는 권리, 그리고 셋째로, 획득할 수 있는 권리 등이다.[23] 다시 말해, 정의로운 사회는 자신의 재화를 자유롭게 사용할 수 있는 권리, 자신의 재화를 타인에게 자유롭게 이전할 수 있는 권리, 그리고 충분한 양의 동질의 것들이 다른 사람들을 위해 남아 있어야 한다는 조건하에서 재화를 취득할 수 있는 권리를 뜻한다.[24] 이런 점에서, 노직의 정의론은 "소유권적 정의론"이라고 말하기도 한다. 노직의 경우에 "정의"란 "공정한 교환"을 의미한다. 정의는 실질적인 주장을 하지 않으며, 단지 교환상의 공정성에 대한 절차적 요구로 구성될 뿐이다. 하지만, 노직의 정의론의 문제는 지배와 착취가 이루어지는 현실에서의 교환의 분배는 노직이 생각하는 만큼 정당하지 않다고 비판할 수 있다.

그러면 왜 노직의 이론이 정의이론에서 중요한가. 그것에 대한 문제는 없는가. 성서적 입장에서 노직의 정의 이론은 문제를 가지고 있다. 몇 가지 언급하자면 다음과 같다. 첫째 그가 말하는 "나의 몸도 내 것이고, 나의 노동도 내 것이기 때문에 노동의 산물은 당연히 나의 것이다"라고 하는 이른바 자기 소유권은 그릇된 전제에서 출발하고 있다. 개인의 소유를 보장하고 보호해 주어야 하지만, 그렇다고 우리의 소유는 우리의 것이니깐 우리 마음대로 해도 괜찮다고 하는 것은 사회의 근원적인 악을 양산할 위험을 많이 안고 있다. 성경은 우리의 몸은 일종의 청지기 개념으로 해석한다. 청지기란 자신의 것이 아니라 누구로부터 위임받아서 사용하고 향유하고 있는 소유개념이다. 우리의 몸은 내 것이니깐 내 마음대로 사용할 경우에 우리는 몸을 탐닉하고 방종 하는 결과를 야기할 수 있다.

사랑의 원리로서의 정의

정의에 대한 라인홀드 니버(1892~1971)의 입장은 기독교적이다. 기독교 신학적 반성을 통해서 니버는 정의개념을 발전시킨다. "기독교적 현실주의"를 받아들이는 그는 복음을 선포하는 일에만 한정하지 않고 정치 사회적으로 세상에 동참하는 윤리관을 제시한다. 첫째로, 니버의 정의는 사랑에 근거되어 있다. 니버의 기독교 윤리가 사랑에서 시작하며, 사랑은 무엇보다도 신앙에서 유래한다. 동시에 사랑은 인간에 대한 자연적인 요구이자 바램이다. "사랑의 방법만이 정의에 이를 수 있는 유일한 길이다."[25] 니버에게 있어서 사랑은 '상호적인 사랑'과 '자기희생적인 사랑'으로 구분하는데, 전자는 타자에 대한 관심에서 나오는 사랑을 의미한다. 하지만, 이것은 가장 순수한 형태의 사랑이 아닐 수 있다. 따라서 니버는 후자의 경우인 자기희생적 사랑을 가장 이상적인 사랑으로 설정한다. 이 사랑은 자신의 욕심을 버리고 다른 사람의 처지를 자신의 처지로 생각할 것을 요구하는 사랑이기 때문이다. 그러면서 자기희생적 사랑은 사회에 의해서도 지적이고도 합리적인 다른 자아들에 의해서도 강요되지 않는다. 이 사랑은 명령받는 것 자체가 일종의 역설이고 모순이기 때문에 초월의 영역에 있는 순수한 사랑의 형태가 된다.[26]

둘째로, 정의의 문제를 이해하기 위해서 니버는 인간의 본성의 문제를 철저하게 기독교적 교리의 관점에서 고려하고 있다. 그에 의하면, 인간은 "타락한 죄인"이다. 죄는 두 가지 차원을 가지는데, 종교적 차원과 도덕적 차원이다. 죄의 종교적 차원은 일종의 우상숭배이다. 피조물인 인간이 하나님과 같이 되고자 하는 것이 우상숭배다. 그래서 니버는 "인간의 죄란 자신을 하나님으로 만들려고 하는 것"이라고 말한다. 이와는 달리, 죄의 도덕적 차원은 자신을 자부심과 권력에의 의지에 존재의 중심으로 삼는다. 이러한 자아는 불가피하게 다른 사람을 자신의 의지에 종속시킴으로서 죄를 범한다.[27] 간단히 말해, 죄란 타인의 희생을 대가로 해서 얻어지고 강해지려는 욕구라는 것이다. 이런 면에서 죄의 도덕적 차원은 부정의이다. 이것은 타자의 권리주장을 인정하려고 하지 않거나 자신의 주장이 다른 이의 주장보다 낫지 않다고 주장하기 때문이다. 게다가 이 가장 근본적인 부정의는 착취의 형태로 나타난다. 그러므로 착취하고, 노예화하고, 다른 사람을 불리한 처지로 몰아넣는 것"이 부정의 혹은 불의는 도덕적 의미에서 인간의 가장 흉악한 죄의 형태라고 할 수 있다.[28]

셋째로, 정의는 "형제애"다. 평이한 의미에서의 형제애란 개념은 사랑의 또 다른 얼굴이다. 형제에 대한 사랑은 하나님의 사랑과 동일시 될 정도로 니버의 신학적 사유 속에서 중요하다고 보인다. 형제애와 같은 사랑이 있을 때, 사회는 정의가 실현된다고 보았던 니버의 생각은 몇 가지 원칙을 가지고 있는 듯 보인다. (1) 정의란 평등에 의해서 드러난다. 정의의 규제적 원리로서의 평등은 모든 정의의 도식의 바탕 위에 설정되는 비판의 원리이다. 따라서 평등한 정의는 죄의 상황 속에서 형제애에 가장 근접한 것이다. 이 평등한 정의가 가장 합리적이고도 가능한 사회적 목표이다. (2) 정의는 부정의에 희생당한 사람들을 위해 투쟁할 때 가장 형제애적 사랑을 표현한다. 니버는 어떻게 정의가 확립될 수 있는가에 관심을 갖는다. 정의를 위한 투쟁은 부정의에 희생당한 사람들을 위해 투쟁할 때, 정의가 가장 현실적이 된다. 정의는 권력의 상당한 평형이 확립될 때만 달성되기 때문이다. 그런데 그는 권력이 부정의를 낳을 수 있는 저급한 체계를 가지고 있다고 지적한다. 즉 권력의 불균형이 정의롭지 못한 사회를 지향하게 된다는 것이다. 따라서 정의를 위한 투쟁은 부정의에 의해서 착취당하고 희생당한 사람들의 힘을 늘리기 위한 투쟁으로 이해될 수 있다.[29] (3) 형제애는 사랑에 근거하지만, 구체적인 의미에서 그것은 정치적 혹은 경제적인 의미의 형제애다. 니버가 관심을 갖는 문제는 경제적으로 사람들을 돕지 못한다는 그 자체가 부정의이기 때문에 경제 정의가 가장 우선적인 관심이어야 한다고 보았다. 이를테면, 인간은 언제나 소유의 권력을 가지고 있기 때문에, 공동의 사회기금에 대해 불공정한 분배를 낳는 것과 같다. 자본주의에 대한 강력한 비판자로 인식되었던 니버는 자본주의의 약점을 "사회적 부정의의 극악한 형태"로 여겼다.[30]

마지막으로 정의는 사랑의 관계에서 적절한 조화에서 발견된다. 니버는 『도덕적 인간과 비도덕적 사회』에서 정의와 사랑의 상호의존적인 관계를 대비한다.[31] 인간은 인격적인 반면에 사회는 비인격적이다. 인격적인 인간은 사랑에 근거를 두고, 비인격적 사회는 정의에 근거를 둔다. 비인격적 사회가 추구하는 가장 중요한 덕목은 정의이지만, 개인이 추구하는 가장 중요한 덕목은 사랑이다. 이는 개인이 도덕적이고 사회는 비도덕적이기 때문이다. 그런 이유에서 사회는 이타심보다는 정의를 최상의 도덕적 이상으로 삼아야 한다. 그는 이러한 관계를 예수의 윤리에서 찾는다. 예수는 집단인 사회에 대해서는 정의를 외치는 반면에 인격적인 개인에게는 언제나 사랑을 최우선적으로 강조한다. 그의 논리에 따르면, 사랑과 정의가 잘못 적용된다면, 그것에서 문제가 발생한다는 것이다. 하지만 결국에는 정의도 사랑의 원리에 의존하고 있다는 점을 잊어버릴 수 없을 듯하다.[32]

해방의 실천으로서의 정의

조지 오웰은 『1984년』에서 인간의 존엄성과 자유를 박탈하는 전체주의를 고발한다. 그리고 전체주의 속에서 인간이 맞이하는 비참하고도 고통스러운 말로를 다음과 같은 대화로 표현하고 있다.

오브라이언은 생각에 잠긴 듯한 표정으로 그를 내려다보았다. 그는 전보다 더, 제멋대로지만 장래성이 있어 보이는 아이 때문에 골치를 앓는 선생과 같은 표정을 지었다.

"과거를 지배하는 데 대한 당의 슬로건이 있어. 그걸 외워 보게."
"과거를 지배하는 자는 미래를 지배한다. 현재를 지배하는 자는 과거를 지배한다." 윈스턴은 순순히 외웠다.

– 중략 –

오브라이언은 슬며시 미소를 지으며 말했다.
"자네는 형이상학자가 아닐세. 윈스턴. 지금까지 자네는 존재란 말이 무얼 의미하는지 생각해 본 적이 없어. 좀 더 자세히 얘기하세. 과거는 구체적으로 공간에 존재하나? 과거의 사건이 여전히 존재하고 있는 어떤 확고한 객체의 세계가 있나?"
"없습니다."
"그럼 과거는 어디에 존재하나?"
"기록에요. 과거는 기록됩니다."
"기록된다. 그럼…?"
"마음속에요. 인간의 기억 속에요."
"기억 속이라. 그럼 좋아. 우리가, 즉 당이 모든 기록을 지배한다. 그리고 모든 기억을 지배한다. 그럼 우리는 과거를 지배하는 거야, 그렇지 않나?"

– 중략 –

그는 자기가 말한 것이 가라앉기를 기다리듯, 잠시 말을 멈추었다.

"일기에 '자유란 둘 더하기 둘은 넷이라고 말할 수 있는 것이 자유이다'라고 쓴 걸 기억하나?"

"네." 윈스턴이 대답했다.

오브라이언은 왼손을 들어 윈스턴에게 엄지손가락을 감추고 네 손가락을 펴며 물었다.

"지금 손가락이 몇 개인가?"

"네 개입니다."

"그럼 당이 네 개가 아니라 다섯 개라고 말하면, 그럼 몇 개가 되나?"

"네 개입니다."

그 말이 떨어지기도 전에 고통이 엄습해 왔다….

"손가락이 몇 갠가, 윈스턴?"

"넷."

바늘이 60으로 올라갔다….

"손가락이 몇 갠가, 윈스턴?"

"넷 멈춰요, 멈춰 줘! 어쩔 참이에요? 네 개예요! 넷!"

"손가락이 몇 갠가, 윈스턴?"

"다섯! 다섯! 다섯 개요!"

위의 이야기는 인간이 인간에 의한 억압을 가장 간명하게 보여주는 예다. 인간의 권리는 선험적이고도 고유하기 때문에 누구도 침범할 수 없다. 하지만 세계의 여러 나라에서는 여전히 이러한 인간에 의한 인간을 억압하는 강제가 자행되고 있는 것이 현실이다. 해방신학자들은 인간의 고유한 권한을 박탈하는 이 같은 현실에 분노한다. 이러한 현상은 정의롭지 못한 사회에서 가장 빈번히 나타나는 현상이다. 인간의 권리를 억압하고 약탈하는 이 현상을 해방신학자들은 "죄"라고 말한다. 인간의 권리를 약탈하는 것이 부정의이고, 정의가 존재하지 않는다는 증표다. 따라서 사회복음을 제창한 라우셴부쉬는 "죄성의 마음은 비사회적이고도 반사회적 정신"[33)]이라고 단언하면서 다음과 같이 말한다. "죄란 죄인과 하나님 사이에 있는 일종의 사적인 거래가 아니다. 인류는 항상 방청객을 모은다. 하나님이 재판을 원할 때 우리는 하나님의 개념을 민주화해야 한다. 그렇게 되면 죄에 대한 정의는 보다 현실적이게 된다."[34)] 이런 점에서 해방신학자들은 정의의 문제를 신학의 가장 중요시하는 문제로 본다. 그들에 따르면, 정의는 이론적이고 사변적인 형식이 아닌 정치, 경제, 사회의 구체적이고 현실적인 형식으로 이해된다.[35)] 해방신학자들의 주장은 매우 단언적이면서도 단순한 전제에서 출발한다.

첫째, 해방신학의 방법론은 해방의 실천에서 진리를 확증한다. 구띠에르쯔에 의하면 제3세계의 상황은 억압에 의해서 특징짓는다. 이러한 억압적 상황은 해방이라는 불가피한 개념을 만들어내고, 그것이 하나의 신학적 패러다임을 이룬다. 이들 나라의 관심은 사회의 부정의와 정의, 즉 억압과 해방의 축을 중심으로 하고 있다. 종속, 억압, 압박의 현실을 인식함으로써, 해방투쟁에 참여하는 기독교인은 성서에 대한 새로운 해석과 기독교 윤리학의 새로운 토대를 요청하게 된다. 가장 기초적인 인간권리를 박탈당하고, 그들이 인간이라는 사실조차 인식하지 못할 비인격에서의 해방을 실천하는 것이 바로 해방신학자들의 궁극적인 목표이다. 즉 실천적 관점에서, 기독교적 구원의 개념이 인간의 정신적 현상이 아니라 사회정의를 포함하는 통일적인 개념이라는 것이다. 이런 점에서, 이러한 해방에 참여하는 것과 이 해방을 실천하는 행동이 하나의 진리가 된다. 여기서 구띠에르쯔의 지적대로, 해방의 개념은 세 가지 차원을 갖는다. (1) 경제, 정치, 사회적 정의; (2) 새로운 사회에서의 새로운 인간의 출현; 그리고 (3) 죄나 이기심으로부터의 해방의 차원이다.[36]

둘째로, 해방신학은 성서의 하나님을 정의의 하나님으로 이해한다. 해방적 실천에 참여하는 기독교인들은 성서에 근거된 정의에 대한 새로운 이해를 갖고 있다. 구띠에르쯔가 지적하고 있듯이, "정의와 옳음은 성서에 의해 부여된 내용이 없이는 존재할 수 없다." 성서에서의 하나님은 가난하고 억압받는 자들을 배려하고 있다는 점을 증명해 주고 있으며, 구원역사의 일부분에서는 정의로운 사회를 위한 투쟁을 포함하는 구원의 관점에 대한 증거를 찾고 있다. 특별히 그리스도인들은 성서를 통해서 하나님과 하나님의 사랑을 이해하고 우리의 이웃에게 정의를 행하는 것임을 분명히 알 수 있다고 천명하여야 한다.

해방신학자인 호세 포르피리 미란다(Jose Porfirio Miranda)는 그의 『마르크스와 성경』(Marx and the Bible)에서 성경의 중심적인 메시지를 언급한다.[37] (1) 정의의 실현이 하나님을 인식하고 이해하는 것이다. 하나님의 절대적인 명령은 정의의 명령이다. 따라서 정의의 행위에 참여하지 않고서는 하나님을 이해하지 못한다. 다시 말해, 그는 하나님을 인식하는 것과 정의를 행하는 것을 동일시한다는 것이다. (2) 성경은 하나님을 해방의 하나님으로 묘사한다. 하나님은 피억압자를 해방하기 위해서 인간의 역사에 뛰어든다. 그 하나님이 구약의 야웨 하나님이다. 야웨 하나님은 정의로 세상을 판단한다.

히브리 성경에서는 정의의 개념이 올바름(sedaqah)과 정의(mispat)로 사용된다. 특별히 '미스파트'는 법과 심판이라고 변역이 되는 두 단어의 어원적 의미를 지니고 있다. 이스라엘의 진정한 법이 갖는 차별성의 의미가 함의되어 있다. 따라서 이 단어는 부정의에 기초한 권리침해를 제거하는 것을 말하고 있다. 미란다는 예수도 '미스파트'를 공언함으로써 이런 전통을 따랐다고 주장한다(마 12:18, 20). (3) 성서는 사랑과 정의가 동의어로 사용하고 있다. 사랑과 정의는 불가분의 관계이다. 하나님의 정의가 하나님의 사랑이며, 하나님의 사랑은 하나님의 정의이다. 즉 하나님의 정의는 고통 받는 자에 대한 하나님의 연민이며 동정이다. 하나님의 사랑은 억압받는 자의 해방에 있다. 해방 없는 화해란 이들에게는 결코 존재하지 않으며, 정의에 기초하지 않은 사랑의 조화는 있을 수 없음을 말한다. 라우셴부쉬는 다음과 같이 말한다. "우리가 하나님이 사랑하는 우리의 동료인간들을 사랑하고 섬길 때에 우리는 하나님을 사랑하고 섬긴다. 우리가 우리의 동료인간들의 안녕을 넘어서 그리고 그들을 다 같이 묶어주는 하나님의 나라를 넘어서 우리의 유익과 욕망을 설정할 때 우리는 하나님에 저항하고 있고 그의 뜻을 부정하고 있는 셈이다."[38] 그러므로 해방신학의 관점에서 정의는 원칙적으로 인간존재로부터 자유의 권리와 인간 존엄의 안녕을 향유하는 것이다.

정의에 대한 성서적 입장과 신학적 의미

　기독교 신앙은 정의의 신으로서의 하나님을 긍정한다. 정의의 하나님은 모든 사람들이 이웃으로 서로 사이좋게 조화를 이루면서 행복하기를 바란다. 정의의 하나님(사 30:18)으로 이해하고 있는 구약성경의 많은 부분들은 하나님을 찾는 일과 정의를 찾는 일을 동일시하고 있으며, 또 정의를 실천하는 것이야말로 하나님에 대한 신앙과 동일시한다. 하나님을 믿는다고 하면서 이웃에게 해를 가하면서 정의를 외면하는 일은 분명 하나님을 불신하고 있다는 증표일 것이다. 하나님은 "횃불처럼 너의 정의로 빛나게 하시고 대낮처럼 네 권리를 당당하게 해 주시며"(시 37:5), 이는 "정의와 공평이 당신의 옥좌를 만들기 때문이다"(시 89:14). 예레미야의 표현은 정의의 하나님을 더욱 긍정한다. "야훼는 우리의 정의이다"(렘 23:6). 하나님은 그의 백성이 옳고 바르게 사는 것을 다른 어떤 재물보다 더 소중히 여기는 존재이며(잠 21:3), 정의롭지 못한 재물은 헛된 것으로 여기는 분이다(사 1:13). 이보다 더 간단하고 명확한 표현들이 있을까. 그는 정의에 관심하고 사랑하는 절대자다. 어느 누구도 하나님만큼 정의를 간절히 바라고 열망하는 존재는 없을 것이다. 그래서 우리가 하나님을 믿는다면 우리는 당연히 정의를 실천하여야 한다. 우리가 정의를 행하는 것 자체가 바로 하나님을 아는 것이기 때문이다.

　구약성경과 마찬가지로 신약성경도 정의를 강조한다. 그런데 야훼의 정언적 명령을 강조하는 구약성경과는 달리 신약성경은 예수의 가르침에 근거하여 정의의 문제가 강조되고 있다. 예수는 정의를 올바른 행동이라고 가르친다. 그에게 있어서 의로운 행위는 정의의 초석이 된다. 예수의 가르침 속에 나타난 정의는 몇 가지 간명한 의미를 드러낸다. 첫째, 예수는 정의를 하나님의 뜻으로 이해한다. 마태 6장 10절은, "나라가 임하옵시며 뜻이 하늘에서 이룬 것같이 땅에서도 이루어지이다"라고 기록하고 있다. 이것은 하나님의 뜻과 정의가 동일하다는 것을 의미한다. 복음서들에서 율법의 완성, 온전함, 아버지의 뜻으로 다양하게 나타나고 있음에도 불구하고, 옳은 행위, 즉 정의가 하나님의 뜻이라는 것에는 아무런 의문을 갖지 않는다.

둘째, 예수는 정의를 하나님의 사랑으로 이해한다. 요한3장 16절에서 세상을 사랑하신다는 것은 하나의 옳은 행위라는 것이다. 그리고 의인보다 죄인을 구하시는 것은 의로운 일이며 정의롭다는 것이다(막 2:17; 눅 5:32).

셋째, 예수는 정의를 하나님의 나라의 특징으로 여긴다. "너희는 그의 나라와 그 의를 구하라"(마 6:33). 하나님의 나라는 의로운 나라, 공정한 나라 그리고 정의로운 나라여야 한다는 것이다. 어쩌면 구약에서의 메시아에 대한 기대는 정의로운 사회나 정의로운 왕국의 기대감이 아닌가 한다.

정의의 신학적 의미는 두 가지로 요약된다. 첫째, 기독교적 정의는 인간됨을 긍정하는 원리다. 인간됨은 하나님의 피조물로서 우리의 이웃을 받아들이는 행위다. 임마누엘 칸트는 이웃을 수단으로서가 아니라 목적으로서 대우하는 일을 정의라고 이해했고, 예일대학의 진 아우트카(Gene Outka)는 정의를 "동등배려"(equal regard)로서 이해했으며, 그리고 위르겐 몰트만은 정의를 "인간의 본래적인 규정"으로 이해했다.[39]

그들은 정의를 이웃들로서 그리고 그들과의 사귐 속에서 고유하고도 본래적인 인격을 발견하는 것으로 이해한 듯하다. 결국 정의가 의미하는 '각자의 몫을 돌려주다'는 전통적인 의미는 신학적 의미에서 타인의 몫을 타인의 인격으로 대우하는 것을 천명하고 있다. 중세의 최고의 신학자였던 토마스 아퀴나스는 정의를 '타자에 대한 선'(bonum alterious)로 보았다.[40] 간단히 말하자면, 정의는 우리의 이웃을 인격으로 똑같이 취급하는 것을 말한다. 이것은 그들을 '비배타적'(non-exclusive)이고도 하나님의 형상을 입고 있는 '이웃의 위상'(status of neighbour)으로 받아들이는 행위이다.[41] 상황윤리학자인 조셉 플레쳐(Joseph Placher)는 이렇게 주장한다, "이웃에게 책임을 진다는 것은 그의 권리를 그에게 부여하는 것이다."[42]

이웃은 누군가. 본질적 정의의 대상으로서 우리의 이웃은 매우 추상적인 개념이 아니다. 그들은 사회의 범주에서 불리한 자, 장애가 있는 사람, 자신을 방어할 능력이 없는 사람들과 같은 구체적인 인격적 존재들이다. 정의는 이들에 대한 관심이자 그들에게 고유한 권리를 부여한다. "사랑하는 자를 사랑하면 무슨 유익이 있느냐?"라는 예수의 물음은 정의의 가장 본질적인 의미를 가르치는 물음이 아닐까 싶다. 이는 몰트만이 적절히 언급하듯이, 타인은 하나님의 형상으로 지음을 받은 고귀하고 가치가 있으며, 정당하게 취급되어야 할 존재이기 때문이다. 그러므로 우리는 타인을 동등하게 배려하는 일이야말로 정의의 의미를 이해하는 일일 것이다.

둘째, 기독교적 정의는 사랑의 원리다. 라인홀드 니버는 정의에 도달하는 세 가지 방식을 언급했다. 우리는 폭력이나 혁명에 의해서, 정치에 의해서 그리고 사랑에 의해서 정의에 도달할 수 있다는 것이다. 폭력을 통해서는 평등을 수립하기가 훨씬 수월할 뿐만 아니라 무정부주의에 빠지지 않게 함으로써 집단 간의 조화와 정의를 세울 수 있다는 장점을 지닌다. 하지만 폭력이란 결국 강제성을 전제로 하고 있기 때문에 정당화될 수 없다는 것이 니버의 생각이다. 그는 다음과 같이 말한다. "폭력은 악의지의 자연적이고 불가피한 표현으로 비폭력을 선의지의 당연한 표현으로 간주함으로써 폭력은 본질적으로 악의 범주에 속한다."[43] 이런 이유에서 강제성의 요소를 윤리적으로 정당한 범주에 귀속시킬 수 없기 때문에 정의가 실현되어도 그것은 또 다른 문제를 야기한다고 볼 수 있다. 정치에 의해 정의에 도달하는 방식은 보다 세련되고 민주주의적 형식을 취하고 있다. 하지만 정치란 본래 "지배집단의 이해관계에 따른 압력에 의해 대체적인 윤곽과 방향으로 움직인다."[44] 니버에 따르면, 정치에 의해 정의를 실현하려는 것은 대부분 전문가에 의해서 사회적 분배에 관심한다. 그런데 이 전문가는 "이미 결정된 방향과 합리적인 정당화와 효율적인 작용을 가한다." 여기에서 이 정의에 대한 사회적인 승인은 독재와 잔혹성과 같은 폭력에 의한 것은 아니지만 여전히 어떤 합리적인 전문가에 의해서 움직여진다는 사실을 부인하기는 어렵다. 따라서 니버는 이러한 문제에서 결국 정의란 사랑과의 적절한 관계에서만 해결될 수 있다고 진단했다. 즉 도덕적 이상으로서의 정의는 개인중심으로서의 사랑과 상호의존적이면서도 조화를 이룰 때 전체적인 사회적 승인이 허용될 수 있다는 것이다.

니버만큼이나 폴 틸리히(Paul Tillich)도 정의를 "사랑의 궁극적 원리"[45]

라고 단언한다. 조셉 플레이처도 『상황윤리』에서 정의와 사랑을 동일하게 본다. 이 둘은 서로 분리할 수 없는 관계다.[46] 사랑과 정의는 우열을 가리는 문제가 아니라 동일한 것이다. 이것은 사랑의 문제를 해결하기 위해 정의가 요구되는 것을 말한다. 사랑에 근거된 정의는 일종의 감상주의와 개인주의를 초월한다.[47] "네 이웃을 네 몸과 같이 사랑하라"는 예수의 말씀은 정의의 가장 본질적인 명령이다.

셋째, 기독교적 정의는 해방적 원리다. 기독교적 정의는 해방의 두 가지 차원을 강조하는 듯하다. 하나는 가난으로부터의 해방과 다른 하나는 불의로부터의 해방이다. 이 둘의 관계는 서로 분리할 수 없는 관계이기도 하다. 한 사회의 불의는 대다수의 사람들에게 가난을 영속화하는 장치와 도구를 제공하기 때문이다. 예수는 이 땅에 오신 자신의 목적을 다음과 같이 말씀했다. "이는 가난한 자에게 복음을 전하게 하시려고 내게 기름을 부으시고 나를 보내사 포로 된 자에게 자유를, 눈먼 자에게 다시 보게 함을 전파하며 눌린 자를 자유케 하고 주의 은혜의 해를 전파하게 하려 하심이라"(눅 4:18). 빈곤과 불의에 대한 관심은 성서적이고 기독교적이다.

오늘의 인류는 유례가 없는 풍요 속의 처절하고도 비참한 빈곤이라는 냉엄한 현실에 직면하고 있다. 세계 인구의 4분의 1은 전에 없었던 풍요를 누리고 있는 반면에 나머지는 빈곤으로 고통을 겪고 있다. 서인도 제도 중의 히스파니올라 섬의 서부 3분의 1을 차지하는 공화국인 아이티(Haiti)에는 이런 말이 있다고 한다. "하나님이 세상을 만드실 때 다 잘하셨는데 단 한 가지, 즉 부를 공평하게 분배하는 일을 깜박 잊으셨다." 이것은 서반구의 가장 빈궁한 나라 아이티의 시민들이 빈부와 사회정의에 대한 그들의 처절한 상황을 반영하고 있는 것처럼 보인다. 이처럼 빈부로 인해 사회의 불의와 착취의 현상이 심각하고 기독교는 이 일에 대한 성서적 조명을 요구하고 있는 것처럼 보인다. 성서적 입장은 너무나 간명하다. 정의의 명령은 누구도 거역할 수 없다. 이사야는 금식의 날을 선포하고, 압제당한 자를 풀어주고 굶주린 자에게 식물을 나눠주며, 유리하는 빈민을 집에 들여야 한다고 적었다(사 58:5-7). 아모스는 하나님이 정의로운 사회를 꿈꾸실 뿐만 아니라 정의로운 행동을 요구한다고 가르쳤다. 그의 슬로건은 너무 의미심장한 것이었다. "공법을 물같이, 정의를 하수같이"(암 5:24). 이 얼마나 명쾌한가. 예레미야, 호세아, 미가는 어떤가. 그들 모두도 다 같이 가난한 자, 착취당하는 자, 억눌린 자, 패배한 자, 약한 자에 대해 말하고 있지 않던가.

자, 이제 기독교 신앙의 입장에서 정의를 이해하는 문제는 보다 명료해 진 것 같다. 우리의 신앙의 가장 근본적인 근거는 여호와 하나님이다. 그는 다른 어떤 것보다 정의를 원하는 존재가 아닌가. 성경에서 언급된 그의 의도는 정의로운 인간과 그것에 합당한 사회를 지향하는 것이다. 그로인해 우리는 정의를 기독교 신앙에서 중요한 덕목으로 여겨야 하고, 부당하고도 억압적인 이 현실적 세상 혹은 사회에서 정의를 실천하여야 한다. 이것이 바로 인간을 정의를 기대하고 꿈꾸시는 하나님의 이상이자 뜻이다. 그러므로 우리의 이웃을 사랑하고 섬기는 것이 하나님의 정의를 실천하는 것이고, 우리의 이웃에게 정의를 실천하지 않는 행위는 하나님을 사랑하지 않는 행위다. 그래서 정의는 우리가 마지막으로 호소해야 할 보루다. 그러므로 착취와 억압으로 가슴 터질듯하고 억울한 심정을 호소할 것은 아마도 정의가 아닐까 싶다.

주(註)

1) Harold S. Kushner, *Living a Life that Matters* (New York: Anchor Books, 2002), 3.

2) Josef Pieper, 『정의에 관하여』, 강성위 옮김 (서울: 서광사, 1994), 19.

3) Immanuel Kant, 『이성의 한계 안에서의 종교』, 신옥희 옮김 (서울: 이화여자대학교 출판부, 2001), 115-6; C. S. Lewis, 『순전한 기독교』, 장경철, 이종태 옮김 (서울: 홍성사, 2001), 25-33.

4) John Stuart Mill, *Utilitarianism* (New York: Bobbs Merrill, 1957), 67.

5) Ted Honderich, ed., *The Oxford Companion to Philosophy* (Oxford: Oxford University Press, 2005), 464.

6) Ibid.

7) Ibid.

8) Aristotle, 『니코마코스 윤리학』, 2부 8장을 보라. 아리스토텔레스는 시정정의에서도 중용의 원칙에 따라 모자람과 지나침의 중간적 관계에서 논했다. 지나침은 이익을 말하고, 모자람은 손실을 말한다. 그래서 시정정의는 지나침과 모자람을 균등하게 분배하는 것이다.

9) John Rawls, 『사회정의론』, 황경식 옮김 (서울: 서광사, 1985), 292-4. 특히 롤즈는 경제적 분배에 대한 논의를 통해서 분배의 몫을 결정하여야 한다고 주장하고 있다. 하지만 그는 소득, 임금, 양도액들을 고려함이 업이 균등하게 분배하는 것에 대해서는 반대하고 있다.

10) Keren Lebacgz, 『정의에 관한 6가지 이론』, 이유선 옮김 (서울: 크레파스, 2001).

11) Michael J. Sandel, 『정의란 무엇인가』, 이창신 옮김 (서울: 김영사, 2010), 33-6을 보라.

12) John Rawls, 『정의론』, 83.

13) Ibid., 96-100을 보라.

14) Ibid., 119.

15) John Rawls,『공정으로서의 정의』, 황경식 옮김 (서울: 서광사, 1991), 13-7.

16) 존 롤즈는 차등의 원칙은 협의를 통해서 가능하다고 보고 있는 듯하다. 그래서 협의의 차등의 원칙을 협의에 의한 차등의 원칙이라고 말하기도 한다.

17) 롤즈는 이것을 "최소 극대화의 원칙"이라고 부른다.

18) Rawls,『공정으로서의 정의』, 16.

19) Rawls,『정의론』, 137.

20) Ibid., 155-161.

21) Ibid.

22) Robert Nozick, *Anarchy, State and Utopia* (New York: Basic Books, 1974), 32-4.

23) Ibid., 150.

24) Ibid., 150-1.

25) Reinhold Niebuhr,『도덕적 인간과 비도덕적 사회』, 이한우 옮김 (서울: 문예출판사, 1998), 279.

26) Reinhold Niebuhr,『기독교 윤리』, 노진준 역 (서울: 은성출판사, 1991), 189.

27) Reinhold Niebuhr, *The Nature and Destiny of Man*, vol. 2 (New York: Charles Scribner's Sons, 1964), 247.

28) Niebuhr,『기독교 윤리』, 64-96을 보라.

29) Ibid., 172.

30) Niebuhr,『도덕적 인간과 비도덕적 사회』, 126-30.

31) Ibid., 271-3을 보라.

32) Reinhold Niebuhr, *Love and Justice*, ed. B. D. Robertson (New York: Charles Sciber's Sons, 1965), 14-5.

33) Wlater Rauscenbusch, "A Theology for the Social Gospel," *Christian Ethics: Sources of the Living Tradition*, eds. Waldo Beach and Richard Niebuhr (New York: The Rorald Press Company, 1973), 455.

34) Ibid. 454.

35) Ismael Garcia, *Justice in Latin American Theology of Liberation* (Atlanta: John Knox Press, 1987), 8.

36) Gustavo Gutierrezd의 고전적 저작인 *Liberation Theology*를 참조하라.

37) Jose Porfirio Miranda, *Marx and the Bible: A Critique of the Philosophy of Oppression*, trans. John Eagleson (Wipf & Stock Publishers, 2004), 250-62.

38) Walter Rauscenbusch, "A Theology for the Social Gospel," 454.

39) Gene Outka, *Agape: An Ethical Analysis* (New Haven: Yale University Press, 1972), 8장을 보라.

40) Josef Pieper, 『정의에 관하여』, 강성위 옮김 (서울; 서광사, 1994), 58에서 재인용.

41) Outka, *Agape: An Ethical Analysis*, 260-74를 보라.

42) Joseph Placher, 『상황윤리: 새로운 도덕』, 이희숙 옮김 (서울: 종로서적, 1997), 79.

43) Reinhold Niebuhr, 『도덕적 인간과 비도덕적 사회』, 186.

44) Ibid., 228.

45) Paul Tillich, *Love, Power, and Justice* (Oxford: Oxford University Press, 1954), 79.

46) Ibid., 78-9.

47) Placher, 『상황윤리: 새로운 도덕』, 79.

:: 제16장 ::

도덕과 신앙적 실천

2004년 4월의 어느 날 저녁, 영국의 울러라는 마을에 있는 현금자동 입출금기에서 인출하려는 돈보다 두 배나 많은 돈이 나온다는 소문이 돌았다. 동네 사람들은 인출할 수 있는 현금을 모두 인출하러 문을 박차고 부리나케 달려 나갔고, 동네 술집은 텅텅 비었다. 한 시간도 안 되어 바클레이스 은행 밖에 길게 늘어선 줄은 큰 길까지 이어졌고, 평소에는 법을 잘 지키던 사람들이 떼도둑이 되었다. 현금을 인출한 남녀들 중 딱 한 여성만 그 다음날 초과로 인출된 돈을 돌려주었다고 한다. 은행은 수많은 사람들을 기소하지 않고 손실 처리하기로 결정했는데, 사람들은 이 사건을 "황금의 수요일"이라고 분별없이 불렀다고 영국에서 발간되는 일간 신문 『데일리 텔레그래프』(The Daily Telegraph)가 보도했다.[1] 이 이야기는 두 가지 점을 생각해 보게 한다. 하나는 초과된 돈을 돌려주지 않은 사람은 도덕적 비난을 받아야 하고, 반면 돈을 돌려준 사람은 도덕적 칭찬을 받아야 하는가 하는 것이고, 또 하나는 사람들이 범법행위인 줄 알면서도 자신의 도덕성이나 인간됨을 지키지 못했는가 하는 것이다. 추측컨대 이와 같은 기회가 일어나지 않았다면, 그들 대부분은 비교적 도덕적으로 흠 없는 삶을 살았을 것이다. 하지만 그들의 횡재에 도덕의 의미가 무의미해졌을 뿐만 아니라 완전히 사라졌다. 사실 우리는 도덕이 무엇인가를 아는 것보다는 그것을 어떻게 실천하는가가 더 힘들다.

인간의 삶은 크게 두 가지를 생각할 수 있는 듯하다. 그것은 착하게 사는 것과 잘 사는 것이다. 착하게 사는 것은 도덕적인 삶이고, 잘 사는 것은 행복한 삶이다. 전자는 삶의 수단인 반면에 후자는 삶의 목적이다. 그래서 착하게 사는 것과 잘 사는 것은 불가분의 동맹적 관계다. 그렇다면 행복한 삶을 이루기 위해서 우리는 착하게 살아야 하는가. 도덕철학자들은 그렇다고 답한다. 우리는 착하게 살지 않으면서도 행복한 삶을 살고 있다고 말하는 사람이 있을 수 있다. 하지만 진정 행복한 삶은 그가 어떻게 살아가는지가 하나의 조건이다. 그런데 우리의 삶을 돌아보면, 자신의 이기적인 목적을 정당화하기 위해서 타인을 이용하거나 해를 가하면서 인생을 살아가는 사람들이 있다. 또 어떤 이들은 타인에 의해서 속임을 당하거나 배반을 당해도 그저 착함의 미덕에 의해서 살아가는 사람들도 있다. 그렇다면 도대체 어떻게 살아가는 것이 올바른 삶일까. 우리는 이 장에서 선한 삶(good life)과 행복한 삶(happy life)을 생각해 보고자 한다.

이 장에서 우리는 선한 삶과 행복한 삶을 궁극적으로 삶의 목표를 성취하는 두 가지 조건으로 이해할 것이다. 엄밀히 말해, 선한 삶과 행복한 삶은 모두가 윤리적 범주에 속한다. 실제로 우리가 인생에서 참을 수 없는 일들은 착하게 살지 않았음에도 잘 사는 사람을 보는 일과 잘 살지 않았음에도 착하게 살아가는 사람을 목격하는 일이다. 삶은 우발적이고 아이러니한 면이 없지 않다. 하지만 우리가 바라는 것은 착하게 살면서 잘 사는 일이고 또 그것이 가장 좋은 형태의 삶일 것이다. 그런데 그게 어디 말처럼 쉬운 일일까.

사전적 의미에서 윤리는 "도덕에 관한 철학적 연구다."[2] 이것은 옳고 그름의 동기, 태도, 성격과 행위를 포함하는 우리의 믿음과 판단에 관심을 가지고 있다. 일반적으로 윤리학자가 도덕 개념을 연구할 때, 그는 '옳다', '그르다', '선하다', '나쁘다,' '해야 한다', '의무다', '책임이 있다'는 등의 가치개념들(value concepts)과 관련된 것들을 주된 논의의 대상으로 삼는다. 흔히 윤리는 응용철학의 한 범주로 이해되는데, 이 때 윤리학은 대체로 인간의 가치 판단에 도덕적 기준을 설정하는 것이다. 이는 윤리학의 근본적인 주제가 '어떻게 살 것인가'의 문제에 있기 때문이다. 그러므로 어떻게 살아가는가는 삶의 구체적인 목표이고, 행복을 추구하는 방식이다. 하지만 우리는 이 살아가는 방식이 대체로 도덕적이라는 것을 염두에 두어야 한다. 즉 인생에서 우리는 도덕적으로 살아가도록 요구받고 있다는 것이다. 이 장에서 우리가 논의해 보고자 하는 물음은 이것이다. '왜 우리가 도덕적이어야 하는가?' 그리고 '왜 우리는 도덕적으로 살아야 하는가?'

도덕이란 무엇인가?

'인간은 윤리적 동물이다'라는 말은 빛이 바랜지 오래다. 더 이상 우리 인간은 윤리적이라고 보기에는 너무나도 멀리 나갔다. 인터넷이나 뉴스에서 우리는 상상하기 힘든 사건들을 접하기 때문이다. 점잖고 성실한 이미지의 한 연예인이 상습도박이라는 윤리적 행위에 대해 사람들로부터 질타는 당하는 사건, 또는 은행직원과 짜고 불법으로 대출 중계를 해주고 중계수수료를 챙긴 대부업자 등 3명이 경찰에 검거됐다는 기사 등, 우리는 다양한 사고사건을 매일 접하다시피 한다. 이처럼 인간이 윤리적이라는 말은 우리 시대에 너무나 멀리 가버린 느낌이다. 한마디로 우리 시대의 도덕적 상황은 아나키스트적이다. 이러한 시대적 상황을 순풍에 돛단배처럼 그대로 내 맡긴 채 가야할 것인지, 아니면 이러한 시대적 상황을 바꾸어야 할 것인지를 매우 혼란스럽다. 마치 "피리를 불어도 춤추지 않는" 시대가 우리의 시대가 아닌가 싶다. 도덕이니 윤리니 하는 따위의 개념들은 케케묵은 고물로 꽉 찬 박물관으로 여긴지 꽤 지났다. 그럼에도 불구하고 이러한 개념들은 일치된 합의에 도달한 적이 없지만 고대에서 현대에 이르기까지 여전히 철학적 담론에서 중요하다.

인터넷 검색창에서 윤리적인 삶을 한번 검색해 보면 다음과 같은 물음들이 뜬다. '어떻게 사는 것이 윤리적인 삶인가?' '왜 인간은 불륜을 꿈꾸는가?' '왜 사람은 비윤리적으로 행동하는가?' '왜 인간은 이기적인가?' 이러한 물음들은 윤리적으로 혹은 도덕적으로 중요한 의미를 제공하는 듯하다. 사실 인간의 행위는 외부의 조건에 의해서 제한을 받는다. 사회적 규범이나 양심의 소리 또는 신의 명령이나 의지는 인간의 자유로운 행위를 제한한다. 이를테면 인간은 살인할 자유가 있다. 하지만 살인을 할 경우에 그는 사회나 공동체로부터 격리되어 자유가 상실된다. 이처럼 외부의 사회적 및 종교적 조건은 인간을 한정하고 강압하는 어떤 힘으로 작용되고 있다. 그럼에도 여전히 이러한 외부의 조건이 우리의 행위를 제한한다고 해도 인간은 스스로 윤리적인 행동에서 다르게 행동한다는 것이다. 이제 우리는 도덕의 문제와 관련하여 인간의 행위를 생각해 보자. 이 문제에 들어가기 전에 인터넷 상에 떠돌아다니는 익명의 주부의 글을 인용하면서 도덕의 문제를 논의해 보는 것이 좋을 듯싶다.

"애 키우는 평범한 주부입니다. 1년 전 10여년 만에 한 친구와 연락이 닿았어요. 어릴 때 좋아했고 간간히 떠올랐던 남학생, 그런데 그 친구에게 빠져버린 거예요. 유머에 재치에 다정함까지. 결혼 후 늘 남편에게 불만이었던 걸 그 친구가 갖고 있어서 그런 건지, 젊었을 때 연애다운 연애 한번 못해 보고 결혼한 게 미련으로 남아서 그런 건지, 정말 그 친구와 코드가 맞아서인지…. 처음 연락 때 왜 그리 가슴이 설레던지. 머리로는 안 되는 줄 알면서 마음은 그쪽으로 향하데요. 예전의 도덕적인 나로서는 결코 용납할 수 없는 행동을 하고 있으면서도 마치 사춘기 소녀처럼 설렙니다. 하지만 아시죠? 짜릿함과 행복도 맛보지만 남편, 애들, 사회의 눈이 나를 지켜본다는 죄의식에 항상 시달리는 거. 우리 둘 다 가정은 지킬 거예요. 어느 선에서 그만둬야 할까요? 시간이 좀 더 흐르면 식어갈까요? 그 친구랑 늙어서까지 좋은 동행자가 될 수는 없는 건가요? 바쁜 가운데도 머릿속엔 늘 그 친구가 있어요. [선생님] 객관적 입장에서 조언 부탁해요."

구태여 선정적인 상담의 글이 소개될 필요도 없다. 그리고 이 상담에 대한 어떤 해답을 가지고 있는 것도 아니다. 하지만 이 이야기에는 정확히 도덕의 상충적인 측면이 내포하고 있다. 이 이야기에서 우리는 세 가지 문제를 눈여겨 볼 수 있는데, 첫째로 자신의 인생에 대한 행복의 문제이고, 둘째로 도덕적 비난이나 죄의식에 대한 문제이며, 그리고 셋째로 마음과 몸이 일치하지 않는 문제이다.

윤리의 거대 담론은 인간의 궁극적인 목적으로서 행복 개념에 강조점을 두고 있다. 고유한 의미에서 행복을 추구하는 것은 일종의 권리다. 장애인이나 여성들과 같은 사회의 약자들이 당연히 가져야 할 본래적 권리에서 사회가 부여하는 직책의 권리에 이르기까지 우리는 권리를 획득함으로써 행복에 이른다고 믿는다. 장애인들은 외적 조건이 제한적임에도 불구하고 자신의 삶을 성취하여 행복을 추구할 권리를 가지고 있을 뿐만 아니라 그것을 획득하는 다양한 방법들을 통해서 행복을 추구할 수 있다. 예컨대 대부분의 사람들은 아마도 신체적 제약을 가지고 있는 장애인들이나 정신쇠약의 장애인들의 결혼을 반대할지 모른다. 하지만 그들도 인간으로서 심미적 가치의 존재이기 때문에 나름의 기준으로 행복을 얻을 권리가 보장되어야 한다면, 우리는 그들의 결혼에 대한 조언을 할 수 있을지 몰라도 그것을 반대할 권리는 가지고 있지 않으며, 우리가 결정할 문제도 아니다. 이는 그들의 판단이 그릇될 수 있어도 우리는 인간의 행복 추구의 권리를 뺏을 수는 없기 때문이다. 어쩌면 인간이란 사회적 테두리 속에서 주어진 삶을 극복하고 보다 높은 가치를 추구하면서 행복을 찾아가는 파랑새와도 같지 않을까.

사회 규범에서 가장 잘 팔리는 상품은 아마도 인간의 성욕일 것이다. 특히 종교적인 범주는 이 규범을 가장 중요시 한다. 캠브리지 대학의 사이먼 블랙번이 적절히 지적한 것처럼 우리의 사회가 순결을 요구할 뿐만 아니라 성욕자체를 금지하는 극도의 규칙이 있다고 해도 그런 규칙은 소용없을지 모른다. 이는 인간이 성욕을 조절할 수 없기 때문이다.[3] 정확히 인간은 내적 본능을 통제할 수 없다. 플라톤도 그의 『국가론』에서 인간의 영혼은 이성, 정신 그리고 욕망으로 나뉘어졌다고 보았다. 욕망의 내적 혼란과 갈등은 인간을 특징짓는 중요한 요소이기 때문에 그것을 제거한다는 것은 사실상 불가능하다. 이런 이유에서 이미 결정된 인간의 내면적 요인들을 외부의 강압에 의해 그것을 막을 수 있을지는 의문이고, 그리고 무엇보다도 인간은 대부분 자신의 행복과 연관하여 내면의 본능을 표출할 수밖에 없다는 것이다.

　이렇듯 인간의 욕망도 자신의 행복과 밀접히 연관되어 있다. 따라서 인간은 필연적으로 자신의 행복을 추구하도록 만들어졌다고 믿는 듯하다. 철학사를 유심히 살피다 보면, 우리는 그와 같은 생각을 한 사람들이 부지기수였음을 알 수 있다. 우리는 플라톤, 아리스토텔레스, 에피쿠로스, 어거스틴, 아퀴나스, 스피노자, 칸트 등에서 도덕에 관한 강좌들이 상당히 인기 있는 과목들이었음을 읽을 수 있다. 그들의 강좌에서 우리가 배울 수 있는 것은 도덕이 인간행위에서 추구할 가치가 있다는 것이다. 물론 구체적인 내용에서 상이한 입장이지만, 인간행위에서 가장 우위에 두고 있다는 것은 대동소이한 것 같다.

　위의 이야기에서 머리와 마음이 따로 노는 이 상황이 윤리적이고 도덕적인 상황이다. 일찍이 소크라테스는 지(知)와 덕(德)은 일치한다고 주장했다. 나아가 악덕이나 죄를 지식의 부재라고 강조함으로써 그릇되고 비도덕적인 행동은 무지의 산물이기 때문에 머리로 알게 되면 악덕에 빠지거나 죄를 범하지 않는다는 소크라테스의 확신은 위의 상황에서는 냉정하게 거절된다. 우리가 모르고 그릇 행하거나 악덕을 왜 우리는 행하는 것일까. 그렇지는 않을 것이다. 복잡하고도 구체적인 현실에서는 이 둘의 관계가 조화를 이루지 않는다. 이러한 불일치가 비윤리적이고 비양심적인 상황으로 몰고 간다. 결국에는 "영혼을 선하게 만드는 행위"가 선의 선택에서 비롯된다는 소크라테스적 덕목은 우리 시대의 정황에서 유효하지 않은 것처럼 들린다. 오히려 도덕적 판단은 이성의 문제라기보다는 감정의 문제라고 여겼던 데이비드 흄(David Hume, 1711~1776)이 오늘날 더욱더 공감을 불러일으키는 것처럼 들린다. 도덕의 문제는 대상 속에 있는 것이 아니라 우리 자신 속에 있는 것이라고 보기 때문이다. 다시 말해, 도덕적인 감정은 이성의 정확한 수치나 잣대로 지적되지 않고, 대부분의 사람들 속에 발견된다는 사실이다. 사람들 속에 발견되는 도덕적인 감정이 곧 공감이자 덕이다. 그렇지 않은 경우는 악이다. 스피노자가 말했듯이 "도덕의 길은 너무나도 험난하다." 하지만 "뛰어난 일들은 매우 드문 것 못지않게 어려운 일이다."[4]

왜 도덕적이어야 하는가?

앞에서 우리는 도덕적 삶이 두 가지 근원적인 물음을 던지고 있다고 지적했다. 하나는 어떻게 사는 것이 착하게 사는 것인가의 물음이고, 다른 하나는 어떻게 삶을 살아야 행복하게 사는가의 물음이다. 그런데 살아가는 방법 이전에 왜 우리가 윤리적이어야 하고, 왜 행복해야 하는가 하는 물음이 선행되고 있다는 점을 간과하고 있다. 우선 우리는 착하게 사는 윤리적인 삶과 잘 사는 행복의 삶에 앞서 왜 윤리적이어야 하는가에 대한 성찰이 없다면 우리의 삶은 올바른 방향으로 이동할지 의문이다.

이 물음에 대한 대답은 대략 네 가지다. 고전적인 대답은 두 가지로서 하나는 '신명론'(divine command theory)이고, 다른 하나는 '자연법칙 이론'(natural law theory)이다. 신명론은 신의 명령이 도덕의 기초라고 주장하고, 자연법칙 이론은 인간의 본성이 무엇이 옳고 무엇이 그른지를 결정한다고 주장한다. 전자의 경우에는 신이 명령하는 것 때문에 어떤 행위가 도덕적으로 옳으며, 그리고 신이 어떤 것을 금지하기 때문에 어떤 행위는 도덕적으로 잘못이다. 반면에 자연법칙 이론의 경우에는 어떤 행위가 인간의 본성을 성취하는데 도움이 되기 때문에 그 행위가 도덕적으로 옳으며, 그리고 어떤 행위가 인간본성을 성취하지 못하도록 방해하기 때문에 그 행위가 도덕적으로 옳지 않다.[5] 신명론과 자연법칙 이론을 보다 구체적으로 설명해 보자.

신명론은 '신적 선하심'의 본성과 '분별 가치'(prudential values)에 의해서 특징짓는다. 신의 명령은 그것이 무엇이든지 그의 선하신 본성에 근거된 것이기 때문에 우리가 윤리적으로 실천명령을 받는 일은 도덕적으로 옳은 일이다. 종교철학자 피터 기치(Peter Geach)가 지적하듯이, 신의 권위는 힘에 근거되어 있고, 신적 힘은 신의 도덕적 권위에서 가장 중심적인 특성이다. 다시 말해, 신이 힘이 있다는 것은 그가 도덕적인 권위를 가질 때에 입증된다는 것이다.[6] 예컨대 '살인하지 말라'와 같은 윤리적 진술들은 신적 명령에 의해서 실천되어야 하는 당위적 명령이기 때문에 그것이 선하고 또 도덕적으로 옳은 행위이다. 나아가서 유신론자들의 주장은 간단하다. "신이 의무와 권리의 객관적 질서를 창조하여 자연의 법칙들 속에서 신의 창조적 힘을 통해서 설명된다."[7]

도스토예프스키의 표현을 빌리자면, "만일 신이 죽었다면, 모든 것이 허용된다." 시그문트 프로이트도 "종교의 문제가 관심을 가지게 되는 곳에서는 사람들이 부정직함과 지적인 비행의 모든 가능한 종류에 대해 죄의식을 느낀다"[8]고 말했다. 이는 종교가 절대자의 명령이라는 엄격한 규율에 의해서 지배되고 움직이기 때문이다. 프로이트는 그의 『토템과 터부』에서 종교의 명령은 '금제'와 '제한'이라는 의미를 드러낸다고 적고 있다. 이것은 절대자가 금지한 것을 인간이 해서는 안 되는데, 일종의 터부로 작용한다. 그러나 만일 인간이 원하지 않아도 절대자의 명령이라면 그는 절대적으로 복종해야 하는데, 그것 또한 터부의 작용에서 이루어지는 것이다. 토템과 터부는 도덕적 행동에 의해서 실행된다. 토템과 터부의 뿌리는 대체로 종교적 관습과 신에 근거되어 있다. 그래서 한 부족의 토템과 터부는 종교나 절대자의 의지에 의해서 부족민들을 금제하거나 제한한다. 한마디로 절대자의 선한 의지가 모든 도덕적 행위를 결정짓는다는 것이다.

옳음은 신의 의지를 의미하고, 그름은 신의 의지에 반하는 것을 의미한다. 그래서 모든 종교에서 절대자는 모든 도덕적 절대기준이다. 이렇게 절대자의 명령은 대부분 도덕적이다. 인간관계에서나 사회생활에서 인간이 해서는 안 되는 법률을 제정하고 그것을 지키도록 한다. 만일 이 신적 규정을 어기는 날이면 그는 모든 징벌을 감수해야 한다. 이처럼 신은 도덕적 제정의 근원자다. 누구나 그의 명령에 복종하여야 한다. 이러한 도덕적 명령은 오랜 세월동안 인간 사회를 지배해 왔고, 인간은 그다지 그러한 명령에 저항하지 않는 듯하다. 명확한 이유는 잘 모르겠지만, 추측해 본다면, 도덕적으로 사회를 유지하는 규정들이기 때문에 그다지 반대할 이유들이 없었을 것 같다. 예컨대, 다양한 도덕의 실천의무와 금지의무로 구성되어 있는 십계명은 가장 대표적인 신적 명령이다. 모든 인간은 하나님이라고 하는 외적 권위를 따라야 하는 의무를 갖는다. 그러므로 인간은 도덕적으로 살아야 한다는 엄연한 사실 앞에 복종의 미덕을 내세울 수밖에 없었다. 이런 이유에서 기독교 윤리학은 의무론적 도덕이라고 볼 수 있다.

그럼에도 불구하고, 신명론은 '도덕의 객관적인 사실'의 문제를 일으킨다. 만일 신이 자연의 객관적인 법칙의 주인이라고 믿는 것이 일관적이라고 한다면, 선과 악, 옳음과 그름을 판단할 수 있는 법칙들은 왜 설정해 두지 않았는가 하는 문제이다. 그리고 신명론은 도덕적으로 옳은 행위를 강조하기 위해서는 중요한 단서를 제공하지만 그것이 오히려 생존의 한계선상에서 도덕적으로 옳은 행위를 할 수 없는 사람들에게 형벌의 두려움을 낳는 원인을 제공한다.[9]

이러한 윤리적 이론들은 일상적인 윤리적 삶을 구체적으로 제시해 주는 걸까. 사실 우리가 도덕적으로 살아야 하는 근본적인 이유가 없다. 신명론은 신적명령이 성서적 근거에서 설명된다고 하더라도, 성서적 내용은 많은 경우에 해석적 문제를 야기하는 문서임을 고려할 때에 전적으로 그 명령에 대한 실천이 명확하게 전달되는지는 의문이다. 이를테면, 신약성경에서 "네 이웃을 네 몸과 같이 사랑하라"는 명령에서 그 이웃이란 어떤 이웃을 의미하는가. 그가 우리 집 근처에 매일 만나고 담소하는 사람을 의미하는가. 아니면 우리와 다른 주장과 다른 종교를 가진 사람을 의미하는가. 만일 그가 이슬람이나 불교의 절대적 진리를 따르는 사람이라고 한다면, 우리는 그에 대한 사랑을 네 몸과 같이 사랑하는 실천을 어떻게 보일 수 있을까. 이 같은 물음들이 지극히 당연하면서도 자연스러운 해석의 문제를 떠올리지 않을 수 없을 것이다. 무엇보다도 신명론은 문화적이고도 지엽적인 배경을 가지고 있는 이스라엘 민족에 대한 법전체계이다. 따라서 문화적인 구약의 문서를 우리의 문화적 프리즘을 여과하지 않고도 받아들여 실천해야 하는 신적명령으로 이해될 수 있을까 하는 의구심이 든다. 더 깊이 생각하지 않더라도 이러한 도덕적 삶을 살기 위한 장애물들이 지천에 깔려있다는 사실이다. 이런 이유에서 우리는 다시 도덕이나 윤리의 근원적인 문제에로 돌아가야 할 것 같다.

우리는 우리가 윤리적이어야 하는 두 번째 이유를 자연법칙에서 찾는다. 신명론과는 달리 자연법칙 이론은 신에게 의존된 것이 아니라 자연이 인간으로 하여금 도덕적으로 선한 행위를 하도록 결정되었다는 것이다. 자연법칙 이론에서 도덕은 후천적 요인이라기보다는 선천적 요인이다. 인간으로 태어난 존재는 이미 도덕적 명령을 받고 있다. 이 도덕적 명령은 우리가 살고 있는 세계라는 환경에서 시작되는 것이 아니라 이성의 개념 속에서 실천되는 것을 의미한다. 여든 평생 동부 프로이센의 쾨니히스베르크라는 작은 도시에서만 살았던 임마누엘 칸트(Immanuel Kant, 1724~1804)는 이러한 생각을 체계적으로 정리했다.

칸트에 따르면, 도덕이란 이성의 또 다른 측면이다. 왜냐하면 이성은 어떤 준칙에 의해서 행동하기 때문이다. 그런데 여기서 말하는 준칙이란 징벌에 대한 두려움이나 다른 동기에 의해서가 아니라 신에 의해 제공된 준칙이다. 준칙이란 영어로 '맥심'(maxim)이다. 행위의 기초가 되는 일반원리인 이 맥심(준칙)은 행위의 배후에 있는 어떤 의도를 가리킨다. 칸트는 이 의도를 이성의 절대적이고 무조건적인 명령으로 보았다. 이 명령은 당위적이고도 의무적이다. 누구도 이 보편적인 명령 앞에 저항할 수 없다. 주어진 이 준칙에 따라 인간은 도덕을 실천해야 하며, 결코 게으를 수 없다. 칸트는 인간에게 부여한 이 일정한 의무를 "정언적 명령"(categorical imperative)이라 불렀다. 이 의무를 정언적이라고 한 이유는 그것이 절대적이고 무조건적이기 때문이다. 마음 내키면 해도 되고, 마음 내키지 않으면 하지 않아도 되는 의무가 아니라 마땅히 해야 하는 의무다. 모든 인간은 이성의 필연적 의무로서 결과와는 상관이 없이 이 명령에 복종해야 한다. 좀 더 부연하자면, 예컨대 "네 이웃에게 거짓 증거하지 말라," "당신은 언제나 진실을 말해야 한다," 혹은 "남의 물건을 탐하지 말라"는 진술들은 정언적 명령이다. 이러한 정언적 명령의 진술들은 시대와 문화를 초월하는 당위적이고도 의무적이다. 따라서 인간은 이러한 정언적 명령이나 준칙에 대한 존경심을 가지고 주어진 사회에서 그 의무를 실행한다면 그는 곧 도덕적이 될 수 있다는 것이다.[10]

하지만 칸트에 의해 제시된 정언적 명령에 대해 가장 흔히 있을 법한 비판은 도덕의 문화적인 상대성이다. 한 사회가 반드시 보편적이고도 일반적인 도덕 원칙을 설정하여 그 속에 살아가는 구성원들에게 도덕적으로 살아가게 하고, 타인에 대한 존중을 가지면서 행복하게 살아가야 하는 것은 옳다. 그렇지만 항상 그러한 도덕적 행위들이 정당하게 실행되거나 결정되는 것은 아니다. 어떤 경우에는 우리를 난처하게 하는 구체적인 도덕적 행위나 결정을 만난다. 그러한 결정에서 오히려 정언적 명령이 하나의 걸림돌이 될 때가 있다. 행위에 대한 판단이나 결정은 칸트가 제시한 것만큼 효과적인지는 장담할 수 없을 듯하다. 옥스퍼드의 철학자 블랙번은 다음과 같은 흥미로운 예화를 소개했다.

> "사막횡단을 앞둔 사람에 대한 이야기가 있다. 그에겐 두 명의 적이 있다. 밤이 되자 첫 번째 적이 그의 막사에 잠입해서, 독약을 그의 물통에 몰래 탄다. 같은 날 밤, 두 번째 적이 이 사실을 모른 채 막사로 몰래 들어와서는 물통에 작은 구멍을 낸다. 그 사람은 사막을 건너기 시작한다. 그리고 물을 마셔야 할 때, 물통에는 물 한 방울 남지 않았고, 결국 그는 죽는다."[11]

이 이야기는 한 사람을 죽이기 위해서 두 사람의 범행을 기술하고 있다. 실제로 누가 이 사람을 죽였고, 누구를 처벌해야 하는가에 대한 문제다. 독을 탄 사람을 처벌하려고 하면, 그가 독 때문에 죽은 것은 아니었고, 물통에 구멍을 낸 사람을 처벌하자니, 독이 들었던 물을 빼낸 결과가 되고 말아서 난처한 입장이 되고 만다. 이처럼 우리는 도덕에 대한 구체적인 결정행위가 이성에 근거된 보편타당할지는 여전히 의문시되는 것처럼 보인다.

우리가 도덕적이어야 하는 세 번째 이유는 삶의 고귀한 가치이기 때문이다. 삶의 가치는 인격의 목적 성취를 통해서 주로 온다. 그래서 사람은 도덕적인 가치를 지고한 가치로 여기고 그것을 실천하는 것이 삶의 궁극적인 목적이다. 마치 배부르고 만족스러운 돼지가 되기보다는 배고픈 돼지가 되고자 하는 인간의 본래적인 목적은 이러한 도덕적 가치를 반영한다. 만일 우리가 물질적인 것에 삶의 중요한 가치를 둔다면, 우리는 저급한 인간의 유형으로 떨어지고, 반면에 우리가 정신적인 것에 삶의 중요한 가치를 둔다면, 우리는 지고한 인격적 인간으로 승화될 것이다. 다시 말해, 인간은 물질적인 것에 자신을 내어맡길 수 없이 정신적인 영역인 즉 고귀한 가치의 영역인 도덕에 자신을 내어 맡길 수 있어야 한다. 그럴 때에 삶의 궁극적인 목적이 성취된다는 것이다. 이러한 생각은 막스 쉘러의 인격주의에 잘 나타나 있다. 인간이 가야할 궁극적인 삶은 도덕적이다. 그것은 인격의 완성을 가르치는 수단이기 때문이다.

우리가 도덕적이어야 하는 네 번째 이유는 상식적인 견해에서 찾는다. 한번쯤 우리는 왜 우리가 도덕적이어야 하는가를 물어본 적이 있었을 것이다. 이 물음에 대한 답변은 두 가지 것을 기대할 수 있다. 하나는 어릴 때부터 성장하기까지 "권선징악"과 같은 선한 것이나 정의의 원칙에 근거된 학습이나 배움을 통해서 사람의 마음에 주입되었다는 것이다. 만일 우리가 악을 많이 행한다면, 그는 하늘나라에서 상급이 많을 것이라는 말을 배우지 않는다. 우리의 문화는 선과 정의의 원칙에 따라 그것을 권장하는 문화 속에서 성장한다. 그리고 그것이 최상의 윤리적이고도 도덕적인 기준으로 이해됨으로써 우리가 도덕적이어야 한다는 답변을 얻을 것이다. 다른 하나는 사회적 질서의 원칙에 따라서 답할지 모른다. 만일 우리가 도덕적이지 않다면, 사회의 질서가 파괴될 것이다. 사회의 질서는 일종의 다양한 윤리적 규범을 가지고 사회의 구성원들을 결속하고 안정을 도모한다. 이러한 규범이 무너지면 서로에 대한 위험과 위협이 판을 치게 될 것이 분명하다. 그러므로 우리는 인간이 도덕적이어야 한다는 명제를 받아들일 수 있을 것이다.

도덕의 상대주의와 객관주의

상대주의 윤리관과 객관주의 윤리관은 인식론적 측면에서 극명하게 대립한다. 여기에서는 철학사에서 논의되었던 도덕의 상대주의와 객관주의를 선별하여 기술하려고 한다. 그들의 개념이 제시하는 바가 무엇인지를 아는 것이 중요하다. 우선 우리는 도덕의 상대주의를 살펴보자.

도덕의 상대주의는 소크라테스와 플라톤의 인식론에서 자주 거론된 소피스트의 철학에서 발견된다. 흔히 회의주의로 간주되고 있는 소피스트들은 사물의 본질과 사실적 명제에 저항하여 전혀 다른 의미의 세계를 설명하려고 했다. 그래서 그들은 이 세계의 본질은 이해하기가 사실상 불가능하다는 입장을 취했다. 이런 맥락에서 도덕에 대한 그들의 생각도 회의주의적 입장에서 상대주의를 표방했다. 도덕에 관한 그들의 생각을 간략히 요약한다면 다음과 같다.

첫째, 도덕은 개개의 공동사회를 통해서 임의적으로 만들어진 것이기 때문에 그 사회에서만 적합성과 권위를 갖는다. 둘째, 도덕은 비자연적인 것이고, 따라서 그것에 복종하는 일은 주로 여론이나 사회의 압력 때문이다. 셋째, 정의의 본질이 권력이기 때문에 힘이 곧 정의다. 넷째, 선한 삶이란 무엇인가에 대한 대답은 쾌락적인 삶이다. 그들의 주장은 매우 간결하면서도 명쾌하다. 당대의 철학의 주류에서 보자면 그들의 생각과 주장은 비주류의 것이었다. 그래서 도덕의 절대성과 표준성을 부정하는 소피스트들은 주로 상대주의자로 간주되곤 했다. 오늘날 소피스트들의 이야기는 세속적 공동체에서 많은 추종자들을 결집하고 있다. 이는 그들의 주장을 이미 소크라테스 이전의 철학자들로서 오랜 전통을 그대로 말하고 있기 때문이다.[12]

도덕의 상대주의는 오랜 기간 공리주의에 의해서 주장되었다. 칸트의 의무론과 대비되는 공리주의는 결과론(consequentalism)의 한 형태이며, 윤리의 상대주의에 헌신된 인식론이다.[13] 가장 대표적 주자들은 제레미 벤담(Jeremy Benthan, 1748~1832)과 존 스튜어트 밀(John Stuart Mill, 1806~1873)이다. 그들은 당대의 지식주류인 이성적 직관을 배격하고 감각적 경험을 받아들여 그것을 분류하고 평가하기 위한 기초를 마련했다. 이러한 철학적 사조에서 그들은 옳고 그름의 척도는 행복에 두었다. 특히 밀은 "철학자의 학문적 작업은 인류를 위해 유용한 것이어야 한다"라고 언급함으로써 인류를 위한 봉사에서 배제된 철학은 아무런 소용이 없음을 주장했다. 철학자이자 경제학자였던 그의 아버지 제임스 밀은 존 스튜어트 밀에게 공리주의적 입장을 수용하게 한 원인제공자였다. 도덕과 입법의 원리 입문에서 벤담은 도덕행위는 "최대다수의 최대행복"을 가져와야 한다고 믿었다. 이 "최대다수의 최대행복"의 명제는 공리주의의 대표적인 표현이다.[14]

공리주의란 인간의 행복이 궁극적 목표다. 모든 사물의 최종적인 결정의 기준은 행복을 얼마나 제공하는가에 달려 있다. 이 공리주의가 사람들을 매혹시키는 이유 중 하나는 단순성에 기인한다. 사변적인 복잡함이나 이념들의 추상적 논의가 아니라 쾌락과 행복이라는 사람들이 원하는 일반명제를 설정했기 때문에 사람들로부터 환영을 받았다. 그래서 사람들은 쾌락이나 행복이 고통보다 더 클 때에 선이 성취된다는 사실을 인식하게 되었다. 간단히 말해, 무엇이 선하고 무엇이 도덕적인가라고 묻는다면, 그것은 당연히 사람들의 행복이고, 소수의 행복보다는 다수의 행복에 있다는 것이다.[15]

이 공리주의는 다수결의 원칙으로 이어지는 민주주의의 기본 이념의 초석이 되었다는 것은 의심의 여지가 없다. 그리고 자본주의의 경제에 영향을 미친 것도 의심의 여지가 없다. 하지만 공리주의의 얄팍하고도 황당한 문제는 전체가 행복하면 소수는 희생되어야 한다는 의미가 함축되어 있다는데 있다. 도덕적 행위가 행복을 증가시키는 경향을 가졌는가 아니면 감소시키는 경향을 가졌는가에 따라 용인되거나 거부되는 원리이기 때문에 인류를 위한 자기희생을 감수한 예수의 도덕적 행위는 공리주의에서는 철저히 배제된다. 이 원리에서는 도덕의 희생적 실천, 책임성, 소수의 정의 등은 안중에 없을 뿐만 아니라 그러한 것을 원하지도 않는다. 따라서 주관적 행복을 객관적 행복으로 만들 수 있다는 터무니없는 그들의 자신감은 어디서 왔는지 모르지만 주의를 요하는 도덕관이라 할 수 있다.

도덕의 객관주의는 인간 행위를 결정하는 기준이 있어야 한다고 주장한다. 인간행위는 다양하기 때문에 어떤 기준이 없을 경우에 허무주의나 아나키적 상태로 빠져들 수 있다는 것이다. 도덕의 객관주의자들은 무엇이 옳고 무엇이 그른지를 결정하는 기준이 없다면 인간 행위는 아무런 의미를 갖지 못한다고 염려한다. 우리 시대의 도덕의 객관주의자들은 누가 있는가. 우리는 아리스토텔레스와 임마누엘 칸트에서 도덕의 객관주의적 열정을 배운다. 아리스토텔레스는 인간의 자연적인 기능을 언급했다. 인간의 자연적인 기능은 인간의 본능이나 자연스러운 욕구를 의미한다. 인간은 누구나 행복을 원한다. 그것이 자연적인 기능이기 때문이다. 누가 가르쳐주지 않아도 인간은 행복해 하고 싶다. 그런데 아리스토텔레스는 인간의 이 자연적인 기능이 균형을 잘 이룬 삶을 통해서 얻게 된다고 가르친다.

아리스토텔레스와는 달리 칸트는 보다 구체적이면서도 합리적으로 접근한다. 칸트는 도덕을 이성의 한계에서 적용하고 있는데, 그에게 이성은 "순수이성"과 "실천이성"으로 구분된다. 순수이성은 논리적 법칙에 따라서 이치에 맞는 판단과 추리를 행할 수 있는 지적이면서도 인식적 이성이다. 반면에 실천이성은 인간이 그의 행위를 이러한 순수이성에 맞춰서 영위하려는 '의지'이다. 여기에서 실천이성이 추구하는 인간의 의지는 칸트에 따르면 '선의지'를 말한다. 칸트의 비판에서 끊임없이 따라오는 문제는 인간의 본성이 오로지 이성적이라고 한다면, 구태여 인간이 윤리적이어야 할 이유가 없다. 하지만 이러한 비판은 칸트가 이성적인 행위로 할 가능성과 본능적인 행위로 할 가능성을 배제하지 않는다는 것을 이해하지 못한데서 온다. 칸트는 자연적 경향성으로서의 본능적 행위가 누군가에 의해 명령을 받지 않기 때문이다. 본능적 행위는 이것을 저지시킬 수 있지만 명령할 필요가 없다. 그런데 그러한 행위에 대한 성찰이 요구되는데 그것을 성찰하는 수단이 이성에 의해서만 가능하다. 따라서 지적이고도 이성적인 이성은 도덕의 객관적 기준이 될 수 있을 것이다.[16]

타자에 대한 책무로서의 윤리

아리스토텔레스는 "행복은 사람이 미덕을 실현할 때에 작용한다"라고 했다. 덕을 실현하는 것은 인간이 가져야 할 궁극적 관심이다. 아리스토텔레스에 따르면 행복은 중용을 유지하고 지킬 때에 행복을 얻을 수 있다. 중용이란 모자람과 지나침의 조화다. 모자람도 불행하며 지나침도 불행하다. 그것을 균형 있게 유지하는 삶이 행복한 삶이다. 사람이 추구하는 이 중용은 감정적인 본성이 가는 대로 내 맡기지 않으면서도 이성의 냉철한 본성만을 지향하지도 않는다. 때로는 감정의 느낌을 갖기도 하고 때로는 이성적 냉철함을 유지하기도 한다. 쾌락만을 추구하는 삶도 잘못이고, 이성의 통찰만을 추구하는 삶 또한 잘못이다. 무조건 절제하는 것도, 무조건 방종하거나 낭비하는 것도 행복하지 않다. 이 양극단을 피하고 두 조건을 적절히 조화하며 사는 삶이 참으로 행복한 삶이다. 여기에서 양극단은 중간에 대립적이고, 중간은 양극단에 대립적이다. 중간은 작은 것보다는 크고 큰 것보다는 작다. 모자라는 것에 비해서는 지나치며 지나치는 것에 비해서는 모자란다. 용감한 사람은 비겁한 사람에 비해서는 무모해 보이고, 무모한 사람에 비해서는 비겁해 보이는 법이다. 과연 이러한 중용은 실현 가능한 것일까. 확실한 대답은 쉽지만은 않겠지만, 그것이 도덕 원리임에는 분명하다. 왜냐하면 우리의 일상은 상대적인 가치에 의해서 그것이 용감해 보일 수도 있고 비겁해 보일 수도 있고, 따라서 용기 있는 사람은 무모한 사람과 비겁한 사람 양자로부터 욕을 먹을 수 있기 때문이다.

　사도바울은 참으로 중용의 원리를 터득한 사람이 아니었는가 한다. 그가 소아시아교회들에게 보낸 서신들을 읽다보면, 그가 얼마나 아덴의 철학적 사유에 영향을 받았는지 섬뜩 놀라게 된다. 빌립보에 보내는 서신에서 바울은 이렇게 말한 것을 읽어볼 수 있다. "각각 자기 일을 돌아볼뿐더러 또한 각각 다른 사람들의 일을 돌아보아 나의 기쁨을 충만케 하라"(빌 2:4). 흔히 우리는 자기 일만을 추구하는 사람은 이기적이라 하고, 남의 일만을 위해 동서분주하는 사람은 이타적이라 한다. 그러면 바울의 철학적 사유는 자기 일만 하는 이기적 태도도 잘못이고, 남의 일만을 위해서 자기의 일을 등한시하는 것도 잘못이라고 지적한다.[17] 보다 철학적으로 표현하자면, 자기 일을 돌아보는 자는 주체이고, 타인의 일을 돌아보는 자는 객체다. 어쩌면 인생이란 자기 동일성이나 정체성을 지향하는 것에 목적을 두기가 쉽다. 하지만 그것만이 절대적인 목적이어서는 안 된다. 그래서 사도바울이 말한 것처럼, 우리는 타인 속에 자기-상실 또는 자기-희생을 통해서 삶의 행복을 발견할 수 있다. 우리의 일에 열정을 내는 일은 아름답다. 하지만 그것이 타인을 의식하지 않는 분별없는 열정 또한 선하지 못하다.

　최근에 엠마누엘 레비나스(Emmanuel Levinas, 1906~1995)는 타자와의 관계에서 윤리적 책임을 언급했다. 그에 따르면, 윤리란 근원적인 관계로서의 타자에 대한 관심이다. 이 타자는 어떤 규정이나 한정으로도 속박하거나 지배할 수 없는 절대적 무한성이다. 그 타자가 누구이든지 우리는 그의 생명과 인격을 존중하고 윤리적 관계를 맺는 존재다. 여기서 타자란 단지 공존해야 할 다른 자아가 아니라, 주체로 구성하고 변화시킬 수 있는 무한자다.[18] 이런 이유에서 레비나스는 윤리를 동일성과 전체성 사이에 위치시키지 않고, 오히려 동일성과 전체성을 초월하거나 통섭하는 시도로 파악한다. 동일성은 서구철학의 존재론의 대명사다. 이를테면 "나는 생각한다 고로 존재한다"의 데카르트 전통적 서구철학의 존재들은 사유하는 자아다. 사유의 자아는 주체적 자아다. 그리고 주체적 자아는 내가 타자를 나의 인식 안으로 끌어들임으로서 모든 것이 자기-중심적인 체계 안에서 다시 정의한다. 바로 이 서구의 존재론적 인식방식이 개인주의적 이기주의에 빠지는 이유이며, 따라서 타자에 대해 폐쇄된 전체성을 구성한다. 세계2차 대전을 통해서 유태인의 대학살을 생생하게 경험한 레비나스는 서구문명의 자기중심성과 그로 인한 위기가 바로 이 전체성에서 비롯되었다고 주장한다.[19]

　레비나스의 타자성에 대한 윤리성이 어쩌면 이기적이고 개인적인 삶을 지향하는 현대인들에게 생소한지 모른다. 마치 존 스튜어트 밀이 그의 『자유론』에서 인간의 불완전성으로 인해 인간은 자기의 이익이나 탐욕을 위해 타인에게 부당한 피해를 주기 쉽고, 그래서 타자에 잘못을 범하는 것과 같다.[20] 레비스트로스도 그의 『슬픈 열대』에서 "타자의 발견"이 윤리의 출발점이라고 언급하고 있다. 즉 우리 속에 타자를 발견하는 것은 윤리의 토대다.[21] 이런 점에서 레비나스는 '윤리는 존재에 앞선다'는 압축적인 말로써 우리가 끊임없이 타자의 발견에 헌신해야 함을 역설하고 있다. 왜 타자의 발견이 그렇게 중요한 것인가. 그것은 우리 속에 타자를 발견하는 것이 탈자아중심으로 나가는 길이기 되기 때문이다. 그런데 흥미로운 사실은 타자에 대한 의식이

지극히 성서적이면서도 기독교적이라고 하면 잘못된 표현일까. 그렇지 않다. 기독교 교리의 근본을 이루는 성육신의 교리는 나에게 타자를 끌어들이고 해석하는 윤리가 아니라 타자에게 내가 들어가서 해석하는 윤리다. 선한 사마리아의 비유에서는 단지 불쌍한 사람을 돕는 것 이상의 것을 가르친다. 그것은 레비나스가 말한 것처럼, 이웃을 이미지 없이 보는 것이다. 즉 그가 어떤 부류의 사람이라는 이미지가 없이 단순히 이웃으로 보는 행위이어야 한다는 것이다.[22] 따라서 레위인과 대제사장과의 비교에서 사마리아인은 책임적 윤리에 대한 관심 그 자체이다.

타자에 대한 의식은 우리의 이웃으로 용납하고 받아들이는 행위이자 사랑이 아닐까 한다. 만일 그렇게 된다면, 레비나스가 지적하듯이, 우리는 서구철학의 인식이 자아를 포기하고 전체성 속에 사람들을 끌어들여 개인의 자아들을 억압하고 폭력을 가하는 사상적 기반에도 반대해야 한다. 결론적으로 우리가 동일성과 전체성의 서구철학을 초월하지 못한다면, 우리의 윤리는 "나"와 "우리"만이 존재하고 있고, 타자(남)가 없는 것이 될지 모른다. 타자의 책임적 윤리는 "남"(타자)을 수용하게 된다. 우리 사회는 그가 지적하듯이, '나'와 '우리'는 있지만 '남'이 없는 사회가 아니었던가. 우리의 존재는 남을 인식하면서 존재한다. 타자가 없으면 나의 존재는 사라진다. 그러므로 우리는 우리 자신의 세계를 떠나 타자의 세계를 향하는 것이다.

기독교의 도덕성 회복

도덕이 보편적 담론이 아니라 역사적 맥락에서 형성된다는 니체의 주장이래에 많은 철학자들이 기독교의 도덕적 의미에 의문을 던졌다. 기독교적 도덕은 진리의 측면에서 논의되어야 할 것이 아니라 없어져야 할 것으로 간주되었다. 왜냐하면, "도덕은 강제의 오랜 역사를 가지고 있기 때문이다."[23] 니체의 공명은 무신론자들에 의해서 되돌아 왔다. 최근 카이 넬슨(Kai Nielsen)의 『신이 없는 윤리학』과 로버트 버크만(Robert Buckman)의 『신이 없어도 우리가 선할 수 있는가? 생물학, 행동 그리고 믿으려는 욕구』, 리처드 도킨스의 『만들어진 신』 그리고 샘 해리스(Sam Harris)의 『믿음의 종말: 종교, 테러 그리고 이성의 미래』는 기독교 신앙의 도덕적 담론에 노골적이고도 분노어린 비난을 드러내고 있다. 자연주의적 관점에서 넬슨은 초자연주의적 영역인 신의 현존으로 인해 생기는 도덕적인 문제를 제기하고, 신이 없어도 도덕은 사회의 기초를 구성할 뿐만 아니라 객관적으로 존재된다고 기독교 신앙을 비판했다.[24] 로버트 버크만은 넬슨과는 달리 생물학적 근거에서 도덕의 문제를 거론한다. 그는 도덕적 개념이 주로 종교에 의존되었고, 따라서 사람들이 단순히 종교적인 신념이나 체제가 없이는 선할 수 없다고 의식해 온 부분은 잘못되었다고 논증한다. 그에 따르면, 신비체험, 환상, 신과의 의사소통, 비정상적인 체험과 같은 종교경험이 객관적이고도 외연적인 실재를 가지고 있지 않다는 것의 의미가 필연적인 것은 아니지만, 신을 믿는 신념의 결과는 전쟁이나 갈등과 같은 폭력의 원인을 제공한다는 것이다. 따라서 버크만은 인식적 논증에 근거하기보다는 유신론자에 대한 회의에서 자신의 주장을 전개하고 있음에도 신에 대한 믿음이 오히려 더 비도덕적 성향을 드러낸다고 논증한다.[25]

도킨스는 위의 두 사람들보다 한층 더 기독교 유신론과 신앙에 대해 적대적이다. 적대적일 뿐만 아니라 차라리 기독교 신이 없었으면 또 그렇게 되길 바라는 듯한 어조로 기독교 신앙과 도덕의 문제에 민감하게 반응을 보이는 도킨스는 신이 없어도 인간이 서로에게 이타적이고 관대한 도덕적 인간이 되는 이유들을 보여준다. 특히 다원주의의 생물학적 논리에 의존하는 도킨스는 그의 『이기적 유전자』에서 생명의 계층구조에서 살아남아 자연선택이라는 여과지를 통과하는 단위가 이기적인 경향을 지닌다고 논증하고 있다. 즉 세상에 살아남는 단위들은 경쟁자들을 희생시킴으로써 생존에 성공한 단위들이라는 것이다. 여기서 이기적이라는 말은 자연선택에서 필연적이다. 문제는 그 선택 작용이 어느 수준에서 일어나느냐다. 뒤쪽 단어를 강조했을 때 이기적 유전자라는 개념은 자연선택의 단위, 즉 이기주의의 단위가 이기적 생물도, 이기적 집단이나 이기적 종도, 이기적 생태계도 아니라 이기적 유전자임을 드러낸다. 오랜 세대에 걸쳐 살아남거나 그렇지 못하는 것은 정보 형태의 유전자다. 따라서 도킨스가 주장하기를 모든 것은 유전자에 의해 결정되어 있고, 인간의 행동은 미리 "만들어진 프로그램의 행동방침"에 불과하다는 것이다.[26] 이런 다원주의의 맥락에서 그는 『만들어진 신』에서는 더 신랄한 어조로 기독교 유신론에 냉소적이고도 악의적인 모습을 감추지 않고 폭발한다. 그는 "신이 없다면 무엇 때문에 선하려고 부단히 노력하겠는가"라는 기독교인들의 전형적인 표현을 문제 삼는다. 신이 없다면 강도, 강간, 부정, 악행, 살인과 같은 온

갖 나쁜 짓을 저지를 거라고 생각하는 기독교인들은 이미 부도덕한 사람들임을 자인하는 결과라고 말하면서 신의 간섭이나 감시가 없어도 선한 사람이 되어야 그것이 참된 신앙일 것이라고 지적한다.[27] 그가 말하고자 하는 것은 한마디로 신이 도덕의 절대 기준이 될 수 없다는 것이다.[28]

샘 해리스의 기독교 신앙에 대한 비판은 여타 무신론자들과는 달리 상당히 역사적이고 경험적 증거에 근거된 논증을 제시한다. 2005년 논픽션 부분에서 팬/마르다 알브랜드 상을 받은 『종교의 종말』은 종교적 신앙과 합리적 사고 간의 상충적 이해와 충돌을 역사적으로 검증하면서 종교적인 신념의 경쟁적인 시스템에서 종교적 극단주의자나 옹호주의자를 양산한다고 밝힌다. 그가 보여주려는 근본적인 논증은 신앙의 자유를 향유하도록 법률적으로 승인하고 있지만, 그 내면을 자세히 들여다보면, 종교는 "행동의 근원"(a fount of action)이나 "행동의 원리"(principles of action)로 간주된다는 것이다.[29] 우리가 믿는 믿음이나 신념은 단순히 이론적이고 관념적인 차원에서만 머물지 않고 그것이 행동으로 옮겨간다는 것이다. 비록 그가 이슬람에 비판적임에도 불구하고 기독교 신앙이나 교리가 논리적으로 일관적이지 않았고, 따라서 신앙은 경험적 증거의 근거를 무시할 경우에 "정신적 광신"과 "맹신적 신앙"에 빠진다고 논증한다. 그 결과 어거스틴 이후 기독교 교리들이 이러한 것에 암묵적으로 동조하고 말았다는 것이다. 이를테면 종교재판, 유대교와 마녀사냥의 역사적 핍박, 이단들의 고문 등이 교리의 이름으로 자행되어졌다. 그가 주장하는 윤리에 대한 합리적 접근은 인간의 행복과 고통의 문제를 취급할 때에 회복될 수 있을 것이고, 그것이 바로 "도덕 공동체"를 지향할 수 있으리라고 본다. 도킨스와 버크만과는 달리 해리스는 차분하고 합리적인 어조로 종교가 도덕적인 의미에서 이러한 정신적 질병이나 불구에서 치유하는 것이 주된 목적이어야 한다고 상기하면서 종교의 도덕성을 파기하거나 도덕적 상대주의를 옹호하지 않으면서도 도덕적 공동체에서 영성의 회복을 강조한다.[30] "우리가 호소할 필요가 있는 유일한 것들은 우리의 보다 나은 본성인 이성, 정직 그리고 사랑의 것들이다. 우리가 두려워하여야 할 유일한 귀신들은 확실히 모든 인간의 정신 속에 숨어있는 마귀의 걸작품인 무지, 미움, 탐욕 그리고 믿음의 것들이다."[31] 그러므로 "선과 악의 학문"인 윤리학에 대한 합리적인 접근은 인간의 행복과 고통에 동참하는 것이어야 한다.

그러면 우리는 이러한 비판들에 대해 어떻게 반응해야 지혜로울까. 그들의 비판에서 공통적인 것은 도덕의 합리성이다. 그들이 생각하기를, 기독교 신앙에서 본 도덕은 지극히 위험하다는 것이다. 이것이 지속적으로 주장된다면, 도덕의 기독교 실천이 정상적인 사람들을 광기로 내몰고 또 그 광기를 신성시하게 만들 수 있다. 충분히 그러한 가능성이 예상된다. 하지만 우리는 겸허히 그들의 비판을 수용할 자세를 가져야 한다. 그럼에도 불구하고 그들의 비판은 다분히 기독교 신앙의 실천 중 하나인 도덕적 명령을 파괴하려는 것처럼 보인다. 비판자들은 대부분 우리 시대의 무신론자들임을 자처하고 있다. 그들이 무신론의 입장에서 그 주장들을 전개하기 때문에 또 다른 문제를 야기하는 것처럼 보인다. 무신론도 일종의 기독교 유신론과 마찬가지로 세계관이다. 비록 그들이 무신론과 유신론의 비교를 통해서 어느 것이 더욱더 윤리적으로 문제가 없는지를 연구하고자 하지만, 실상은 아무런 유익을 제공하지 않는 듯하다. 시편기자는 "어리석은 자는 그 마음에 이르기를 하나님이 없다고 말한다"(시 14:1)라고 기록했다. 여기에서 어리석은 사람은 인식하거나 이해하는 사람이 아니라 말하는 사람임을 생각해야 한다. 그들은 기독교 신앙의 깊은 인식적 차원을 등한시하는 사람들이다. 단지 실천이 없이 말만 하는 사람들이 어리석은 자다.

이러한 비판은 기독교 신앙의 내면적 성찰로 받아들여야 한다. 비록 우리가 그러한 비판을 수용하자면, 속이 쓰릴 것이라고 해도, 그들의 비판의 소리는 현재 기독교 신앙을 다시금 성찰하는 주된 소리로 기꺼이 수용해야 한다. 두 가지 것을 제시하고자 한다. 외연적 것과 내적인 것이다. 내적인 것은 회개다. 외연적인 것은 도덕적 실천이다. 기독교 신앙은 도덕적 실천을 통해서 완성된다. 아무리 훌륭한 교리를 안다고 해도 신앙은 실천하지 않는다면, 정당화될 수 없을 것이다. 그러므로 우리는 기독교 신앙의 실천을 위해 과거의 도덕적 행동에 대한 회개와 그것으로부터 건전한 도덕적 의무를 실천할 수 있으리라 본다.

주(註)

1) 이 이야기는 Nicholas Fearn, 『철학: 가장 오래된 질문들에 대한 가장 최근의 대답들』, 최훈 옮김 (서울: 세종서적, 2011), 241-2에서 인용했음. 본 기사를 보려면, *Daily Telegraph*, 2004년 4월 28일자 신문을 참조하라.

2) J. P. Moreland & William Lane Craig, *Philosophical Foundations for a Christian Worldview* (Downers Grove: InterVarsity Press, 2003), 393.

3) Simon Blackburn, 『선』, 고현범 옮김 (서울: 이소출판사, 2004), 79.

4) Samuel Enoch Stumpf and James Fieser, 『소크라테스에서 포스트모더니즘까지』, 이광래 옮김 (서울: 열린 책들, 2004), 374에서 재인용.

5) 신명론에 관해서는 *Divine Command Morality: Historical and Contemporary Readings*, ed. Janine Marie Idziak (New York: Edwin Mellen, 1980)를, 그리고 자연법칙 이론에 관해서는 Craig A. Boyd and Raymond J. VanArragon, "Ethics is Based on Natural Law," *Contemporary Debates in Philosophy of Religion*, eds. Michael L. Peterson and Raymond J. Van Aggragon (Oxford: Blackwell, 2004): 299-310; 그리고 David Baggett and Jerry L. Walls, 『선하신 하나님: 도덕성의 유신론적 근거』, 정승태 옮김 (서울: 기독교문서선교회, 2013), 259-304.

6) Paul Helm, ed., *Divine Commands and Morality* (Oxford: Oxford University Press, 1981), 172.

7) Charels Taliaferro, *Contemporary Philosophy of Religion* (Oxford: Blackwell, 1998), 201.

8) Christopher Hitchens, *god is not Great: How Religion Poisons Everything* (New York: Twelve, 2007), 155에서 재인용.

9) 신명론(神命論, devine command theory) 비판에 대해서는 ibid., 200-5; 그리고 Baggett and Walls, 『선하신 하나님』, 305-456을 보라.

10) Immanuel Kant, *Religion Within the Limits of Reason Alone*, trans. Theodore M. Greene and Hoyt H. Hudson (New York: Harper Torchbooks, 1960), 147-51.

11) Simon Blackburn, 『선: 윤리학으로 가는 가장 바람직한 지름길』, 123.

12) Jacqueline De Romilly, *The Great Sophists in Periclean Athens*, trans. Janet Lloyd (Oxford: Clarendon Press, 1998), 189-212.

13) Thomas Nagel, *Mortal Questions* (Cambridge: Cambridge University Press, 2000), 202-4. 토마스 네이글은 윤리의 객관주의와 상대주의의 문제에서 칸트의 의무론을 객관주의로 이해하고, 벤담의 결과론 혹은 공리론을 상대주의로 이해한다. 그러면서 흥미로운 사실은 객관주의와 상대주의를 구분하는 것 자체가 일종의 상대적이라고 말한다. 다시 말해, 일반적인 의미로서 이 두 관계를 구분할 수 있다고 해도 여전히 이 둘의 관계는 그다지 명확하지 않다는 것이다. 이를테면 일반적인 인류의 견해는 지금 현재보다는 더 객관적이지만, 물리학의 견해보다는 덜 객관적이다. 206-7를 보라.

14) 벤담은 행복이나 쾌락을 누구나 인정할 수 있는 객관적 척도로 만들기 위해 일곱 가지 범주, 즉 강렬함, 지속성, 확실성, 근접성, 생산성, 순수성, 연장성을 설정했다. 얼마나 행복이 필요한가 하는 강렬함, 행복이 얼마나 오래 지속될 것인가 하는 지속성, 그것이 얼마나 확고한가 하는 확실성, 쾌락이 얼마나 빨리 느끼는가 하는 근접성, 쾌락을 얼마나 많이 낳을 수 있는가 하는 생산성, 고통을 얼마나 덜 수반하는가 하는 순수성, 얼마나 많은 사람에게 혜택을 주는가 하는 연장성 등이다.

15) Samuel Enoch Stumpf and James Fieser, *Socrates to Sartre and Beyond*, 504-24를 참조하라.

16) Immanuel Kant, *Religion Within the Limits of Reason Alone*, 38-9.

17) 바울 서신들을 읽어본 사람이면 누구나 느낄법한 일이겠지만, 그의 언어와 개념들은 헬라의 지적 사유에 의해 유산을 받았다는 점이다. 헬라 철학적 사유의 개념들은 바울의 '용기,' '절제,' '인내,' '오래 참음,' '온유,' '경기장,' '선한 싸움,' 등과 같은 성서적 개념들과 거의 일치한다. 이는 그가 얼마나 헬라철학이나 문화에 의해 영향을 받았거나 전수되었는지를 보여준다. 누구나 자신이 배운 것을 초월하지 못하는 것처럼 사도 바울도 이런 면에서 헬라철학의 사유개념들을 차용하고 있는 것처럼 보인다.

18) Bernhard H. F. Taureck, 『레비나스』, 변순용 옮김 (서울: 인간사랑, 2004), 28-71을 보라.

19) 김연숙, 『레비나스 타자 윤리학』 (서울: 인간사랑, 2001)을 참조하라.

20) J. S. Mill, *On Liberty*를 참조하라.

21) Taureck, 『레비나스』, 81-6.

22) Ibid., 11에서 재인용.

23) Friedrich Nietzsche, 『도덕의 계보/이사람을 보라』, 김태현 옮김 (고양: 청하, 2005), 109.

24) Kai Nielsen, *Ethics without God* (New York: Prometheus Books, 1990), 51-2.

25) Robert Buckman, *Can We Be Good Without God? Biology, Behaviour and the Need to Believe* (New York: Prometheus Books, 2000). 흥미롭게도 폭력은 종교에 의해서 원인 짓는다는 그의 주장은 논증적이라기보다는 단언적이다.

26) Richard Dawkins, 『이기적 유전자』, 홍영남 옮김 (서울: 을유문화사, 2006), 140-51.

27) Dawkins, 『이기적 유전자』, 156.

28) Richard Dawkins, 『만들어진 신』, 이한음 옮김 (서울: 김영사, 2007), 318-421을 보라.

29) Sam Harris, *The End of Faith: Religion Terror, and the Future of Reason* (New York: W. W. Norton & Company, 2004), 51.

30) Ibid., 50-79, 176-8을 보라.

31) Ibid., 227.

:: 제17장 ::

포스트모더니즘과 기독교 문화

지난 세기 말부터 손에 먹물을 묻힌 사람이라면, 한 마디씩 거들었던 포스트모더니즘은 상당히 인기가 높은 화두였다. 지금도 여전히 담론의 주제로 빈번히 등장하고 있다. 포스트모더니즘은 철학의 종언과 사유의 출발 간의 끊임없는 논쟁 속에 있다. 한편에서는 철학이 삶을 더 이상 치유할 수 없을 만큼 무능하거나 쓸모없는 것이라고 단정한다. 다른 한편에서는 모더니즘의 세계관이 오늘의 세계관을 더 이상 따라잡을 수 없기 때문에 이전의 기존 인식론적 사유에 대한 저항이라고 여긴다. 이런 와중에 기독교 신앙은 세속적 인식과 사유에 암묵적으로 영향을 받거나 아니면 그것에 저항적 태도를 보이면서 어떻게 이해하고 처신해야 하는지 혼란스러워 하고 있는 상태다. 따라서 포스트모더니즘에 대한 정의에서 그것의 특징들을 열거해 보고, 마지막으로 포스트모더니즘에 대한 기독교 신앙을 살펴보고자 한다.

포스트모더니즘이란?

하딩 시몬스 대학의 댄 R. 스타이버는 포스트모더니즘은 여섯 가지 계보로 분류했다. 한스-게오르그 가다머(Hans-Georg Gadamer)와 폴 리쾨르(Paul Ricoeur)의 작업에 근거한 해석철학, 비트겐슈타인의 후기철학에 근거된 언어철학, 마이클 폴라니, 토마스 쿤, 스테픈 투울민에 의해 제시된 과학철학, 앨빈 플랜팅가와 니콜라스 워터스토프의 신개혁주의 인식론, 미셸 푸코와 자크 데리다를 중심으로 하는 프랑스 후기구조주의 그리고 리처드 로티에 의해 제시된 신실용주의 등이다. 이 여섯 가지 계보는 포스트모더니즘의 특징을 드러내고 있다. 이 여섯 가지 계보 밑에서 스타이버는 신학적 접근을 분류하고 있는데, 여기서 그는 신학적 접근에 네 가지를 덧붙이고 있다. 신학적 접근은 '이야기 신학방식,' '수정주의 신학방식,' '해방신학의 방식' 그리고 '반모던주의의 신학방식' 등이다. 이야기 신학방식을 주장하는 신학자들은 예일대학을 중심으로 일어난 신학 운동으로서 한스 프라이, 조지 린드벡, 제임스 맥클랜돈, 스탠리 하워즈가 있다. 수정주의 신학방식을 주장하는 신학자들은 시카고대학교를 중심으로 구성된 랭돈 길키와 데이비드 트레이시가 있다. 해방신학의 방식을 주장하는 신학자들은 토마스 오덴과 같은 사람이 포진해 있다. 그리고 반모던주의 신학방식을 주장하는 신학자들은 대부분 철학적 사유의 연장에서 해석하는 다양한 신학자들이 있다. 이처럼 포스트모더니즘은 분류에 있어서 매우 다양하다. 그런데 스타이버는 포스트모더니즘이 철학적 범주이든 아니면 신학적 범주이든 피할 수 없는 논쟁은 결국 객관주의와 상대주의의 대립으로 설정되어 있다고 주장한다.[1] 거칠게 말하자면, 포스트모더니즘은 과학, 철학 그리고 신학 속에서 다양한 방식과 의미를 가지고 출범했다고 보인다.

이러한 시대적 정황 속에서 쟝 리오타르(Jean Francois Lyotard)는 『포스트모던 조건: 지식에 대한 보고』를 통해서 포스트모더니즘을 인식의 명확한 방식으로 일반인들이 쉽게 접근가능하게 했다. 리오타르는 모던 과학의 지식에 대한 해명에서 시작하면서 모던 지식의 세 가지 조건들을 열거했다. 첫째, 메타이야기를 정당성의 정초주의 기준으로서의 호소, 둘째, 정당성과 배제성에 대한 전략들의 자연스러운 결과, 그리고 셋째, 도덕적인 영역과 마찬가지로 인식론적 영역에서 정당성의 기준에 대한 욕구 등이다.

모더니티에 대한 리오타르의 분석은 메타이야기의 역할이었다. 메타이야기란 무엇인가. 그것은 일종의 "주연 이야기"다. 이야기의 구성은 주연을 중심으로 이루어진다. 주연의 역할 외에 다른 역할은 주목을 받지 않는다. 이것은 메타이야기가 다른 이야기들을 설명하고, 체계화하고 종속시키는 이야기다.[2] 과학과 마찬가지로 메타이야기는 어떻게 비판적이고 합리적인 방식으로 근대의 사상가들이 무지와 미신을 극복했는지를 보여준다.[3] 이처럼 모던의 지식 조건을 언급하면서 리오타르는 포스트모더니즘이 무엇인지를 밝힌다. 그에 따르면, 포스트모더니즘은 모던의 지식 중심인 "메타이야기에 대한 불신"[4]으로 정의한다. 포스트모더니즘은 과학이 정당성을 요구하듯이 메타이야기의 주연을 더 이상 요구하지 않든지 아니면 사라진 것으로 이해되었다. 대신에 포스트모더니즘은 메타이야기에서 지엽적 이야기로 전환이었다. 보편적이고도 합리적인 메타이야기의 진리는 존재하지 않는다. 따라서 포스트모더니즘은 모든 사람들이 그들의 시대에 알맞은 이야기 속에 진리가 내포되어 있는 지엽적 이야기로 전환되었다. 그런 면에서 케빈 반후저(Kevin Vanhoozer)가 적절히 표현했듯이, 포스트모더니즘은 "모더니티의 체면을 구겼다."[5]

지식의 보편성에 대한 반동 내지 저항인 포스트모더니즘은 구체적으로 무엇에 관한 것이었는가. 비록 그것을 똑 부러지게 밝히기는 쉽지 않을지라도, 굳이 얼추 그려본다면, 그것은 이성, 진리 그리고 언어의 보편성에 대한 저항이었다. 첫째, 포스트모더니즘은 이성에 대한 불신에서 출발한다. 모더니즘은 이성의 또 다른 이름이다. 모든 사물은 이성에 의해 보편성을 인식하는 진리의 방식이다. 이성은 광기를 억압하고 종교를 미신으로 매도한 시대다. 이성은 사물을 판단하는 절대적 권좌에서 휘두르는 절대 권력이었다. 누구도 이성의 권력 앞에 설 수 없었고, 오직 합리성만이 그것에 대항할 힘을 얻었다. 그리고 이 이성은 데카르트가 언급했듯이, 합리성과 적합성을 시험하는 절대기준이자 의심할 수 없는 확실성이었다.[6] 하지만 포스트모더니즘은 이성의 이러한 행패에 순응하지 않고 그것에 저항함으로써 그것의 정체성을 획득한다. 아무리 이성이 합리적 담론에 봉사한다고 해도, 그것은 여전히 어떤 전통 속에서 활동한다. 이것은 인간의 모든 전통을 초월하는 보편적 이성은 존재하지 않는다는 의미다. 이런 이유에서 한스 게오르그 가다머는 "선입견에 저항하는 선입견"이라고 했다.[7] 다시 말하자면, 선입견이 없는 이론, 선입견이 없는 과학, 선입견이 없는 주장 등의 기치를 내 건 모더니티의 기획인 이성은 계몽주의 시대의 선입견을 가지고 또 다른 선입견인 기존의 인식체계를 통렬히 비판했다는 것이다. 모더니즘의 이성은 이미 언어나 문화 속에 깊숙이 자리 잡고 있으며, "선입견이 이해의 조건"이었다.[8] 따라서 포스트모더니즘은 보편 타당하게 적용할 수 있다는 이성의 믿음과 확신을 붕괴함으로써 정당성을 추구했다고 보인다.

둘째, 포스트모더니즘은 진리에 대한 불신에서 정의된다. 진리는 모더니즘의 트레이드마크다. 간단히 말하자면, 모던의 인식론은 진리추구가 가장 중요한 기획이자 이상이었다. 그런데 모더니즘은 진리에 도달하는 방식으로 과학적 방식을 옹호했다. 프란시스 베이컨(Francis Bacon, 1561~1621)과 아이작 뉴턴(Isaac Newton, 1642~1727)은 과학혁명에 지대한 영향을 미치고, 또 "인간의 감감이 사물의 척도"라고 하는 기존의 진리체계를 바꾸었다.[9] 이들로부터 진리는 과학적 방식에 의해서만 용인되었고, 다른 어떤 방식은 인정하지 않았다. 사정이 이렇게 되고 보니, 진리는 인간의 정신이나 감성에 의해 진리에 도달하려는 모든 기획들을 무효로 만들고 오로지 과학의 귀납적 방식만이 절대적이고도 합리적인 방식으로 진리에 도달하는 길임을 천명하게 되었다. 하지만 하이젠베르크와 마이클 폴라니 등과 같은 포스트모던 과학자들은 진리에 도달하는 진리의 과학적 방식이 가지고 있는 최대의 약점이 바로 과학자들 자신으로부터 일어난다는 사실을 강조하여 밝혔다. 왜냐하면 과학자들은 이미 인식자들이며, 이들은 무전제에서 어떤 가설이나 가정을 설정하지 않을 뿐만 아니라 이미 이론-함유적 인식을 가지고 과학의 귀납적 방식에 몰입한다는 것이다.[10] 결과적으로, 그들이 가정하고 가설한 이론은 결과에 영향을 미칠 수밖에 없다. 그러므로 포스트모더니즘은 진리란 인식자가 어떤 관점을 바라보는가에 따라서 그것의 성격이 결정되기 때문에 모던적 진리를 불신함으로써 정당성을 얻었다고 볼 수 있다.[11]

셋째, 포스트모더니즘은 언어의 보편성에 대한 불신에서 규정한다. 서구철학의 언어는 로고스중심주의다. 로고스중심으로서의 모더니티의 언어는 보편성과 필연성을 말한다. 자크 데리다는 이 로고스중심주의를 일종의 우상으로 상정하고, 우리 시대에 사라져야 하는 개념으로 간주했다. 그가 비유적으로 우상이라고 표현한 것은 타파하고 붕괴해야 하는 것으로 여겼기 때문이다. 모더니티의 언어는 이중적인 의미에서 비판을 받는다. 첫째, "실재가 언어에 의해서 표상된다"는 것은 일종의 환상이다. 플라톤 이후 서구의 모든 철학은 실재가 존재하는 그대로 언어를 통해서 표현될 수 있다는 가정을 세웠다. 하지만 데리다가 지적하듯이, 이미 언어를 사용하는 사람에 의해서 선택적으로 이용되는 것뿐만 아니라 글로 표현한 당시의 저자 자신도 어떤 입장이나 선입견을 가지고 표현되었기 때문에 우리 시대는 저자의 죽음을 선언되어야 한다는 것이다.[12] 이런 이유에서 언어가 보편적이고 필연적이라는 모더니티의 생각은 사라진다.

모더니티의 언어에 대한 비판은 신실용주의자인 리처드 로티에 의해서 시작되었다. 우리의 자아와 세계에 대한 언어가 우연적이라고 주장한 로티는 영원한 가치, 진리, 본질의 개념을 비판하기 위해서다. 그에 따르면, "진리는 외부에 존재하지 않는다. 그것은 인간은 마음과 독립적으로 존재하지 않는다."[13] 인간의 언어가 정신에 실재를 표상하는 수단으로서의 역할은 언어가 합리적일 때 가능하지만, 로티가 생각할 때는 그러한 일은 없었을 뿐만 아니라 일어날 수도 없다는 점이다. 한 저자가 글을 쓰는 경우에 그는 자신의 정신이나 마음과 독립되어 있는 언어를 선택하지 않는다. 언어는 자신의 시대에 우연적으로 존재하는 개념이고, 그는 우연적으로 존재하는 언어를 선택할 뿐이다. 이렇게 선택된 언어는 진리의 본질을 말할 수 있거나 표상한다는 것은 일종의 기만적 행위나 다름없다는 것이다.[14] 따라서 포스트모더니즘은 언어의 보편성에 대한 비판에서 정당한 의미를 추구했다고 보인다.

포스트모더니즘의 특성들

모더니즘에 대한 반동에서 출발한 포스트모더니즘은 어떤 방향을 지향하는가. 물론 이 말이 반드시 옳은 것은 아니지만, 대부분의 철학자들에 의해서 언급된 내용을 보자면, 이렇게 말하는 게 안전하리라 본다. 만일 포스트모더니즘 이해가 모더니즘에 대한 반동에서 출발한다고 인정한다면, 포스트모더니즘에 대한 이해는 한결 쉬울 것이다. 일반적으로 모더니즘은 데카르트의 명증성과 확실성이 주된 특성이다. 진리는 하나여야 하고, 하나인 진리는 보편적 기준에 정합적이거나 일관적이어야 한다. 이러한 모더니즘의 사조는 시대의 변천으로 바뀌게 되었다.

포스트모더니즘이란 용어가 우리에게 익숙하게 된 것은 프랑스의 철학자 리오타르에 의해서다. 그에 따르면, 포스트모더니즘은 1960년대부터 새로운 사유의 흐름 속에 자연스럽게 들어온 용어다. 여기에다 푸코, 데리다, 라캉, 들뢰즈 등과 같은 구조주의 계열의 철학자들이 한 못했다. 구조주의철학자들은 이성을 거부하고 비합리성을 철학의 한 조류로 인식하게 되었다. 이들의 철학들을 통해서 포스트모더니즘의 특징들을 몇 가지로 쉽게 열거해 보자.[15]

첫째, 포스트모더니즘은 전체성보다는 부분성을 강조한다. 리오타르가 지적하듯이, 전체성은 거대담론이다. 거대담론은 확실성과 명증성의 보편적 기준에 맞아야 하고, 반드시 진리나 참에 대한 합의가 이루어져야 한다. 만일 이러한 기준에 이르지 못한다면, 그것은 진리로 승인받을 수 없다. 모든 담론은 통합되어야 하고 합의되어야 한다. 우리는 통합과 합의의 담론을 모더니즘의 특징이라 말한다.

우리 시대의 모더니즘의 마지막 철학자들은 독일의 철학자 위르겐 하버마스와 미국의 윤리철학자 알래스데어 매킨타이어다. 그들은 진리를 합의(consensus)로 규정한다.[16] 그들에게 진리는 여전히 보편적 범주다. 진리는 외부에 있고, 인간의 개인적이고도 주관적인 해석이나 판단과는 독립적으로 존재하는 절대적 양태다. 그러면서 그들이 진리에 대한 인간의 언어나 사유의 제한으로 인해 진리에 도달하는 방식이나 절차가 있어야 한다고 설정한다. 그래서 그들은 모든 사람들이 보편적으로 납득갈 수 있는 진리, 즉 합의에 도달하여야 하고, 그것을 바로 진리로 규정한다. 만일 그렇지 않을 경우에 사회적 공동체나 집단은 혼란스럽게 되거나 무정부주의에 빠지게 된다. 이는 진리의 합리성이 결여되어 있기 때문이다.[17] 하지만 포스트모더니즘은 이러한 합의에 바탕을 이룬 거대담론 자체를 부정한다. 더 이상 우리는 모든 사람에게 충족될 수 있는 합의는 존재하지 않는다. 다만 우리가 받아들여야 하는 것은 전체성보다도 부분성이다. 리오타르가 지적하듯이, 혁명,

평등, 착취와 같은 마르크스의 이념도 일종의 거대담론이다. 게다가 인류전체를 대상으로 하는 도덕과 인권 등도 거대담론이다. 그러나 우리는 이러한 모든 이들이 만족스럽게 받아들일 수 있는 거대담론, 즉 전체성은 존재하지 않는다. 우리가 받아들이는 것은 부분적인 만족이다. 조지 린드백이 말했듯이, 지금의 진리는 "체계 내 진리"다.[18] 그것은 전체적 진리가 아니라 부분적 진리다. 거대 담론의 진리가 아니라 지엽적 담론이다. 지엽적 담론이 포스트모던적 맥락에서는 진리로 받아들이고 있다.

둘째, 포스트모더니즘은 보편성보다는 개별성이다. 앞의 논의와 거의 비슷하다. 보편성은 진리를 규정하는 절대 기준이다. 보편적인 규범, 보편적인 주장, 보편적인 사유, 보편적인 신앙 등은 모더니즘의 가장 중요한 덕목들이다. 하지만 지금은 우리가 이러한 보편적 담론들을 찾아보기 어렵다. 보편적 개념은 사라지고 그곳에 지엽적 개념들이 대체되고 있다. 지엽적 개념들은 모든 이들에게 합리적인 개념들이 아니라 그 공동체에 적합한 개념들이다. 그것들이 바로 그들에게 진리다. 이를테면, 침례교회의 주장은 침례교회 내에서 진리다. 감리교회의 주장은 감리교회 내에서 진리다. 따라서 이러한 체계 내 진리는 우리가 존경하여야 하고 또 존경받아야 하는 철학적 사유로 인식된다.

셋째, 포스트모더니즘은 이성보다는 감성에 더 강조를 두는 철학적 인식이다. 감성은 믿을 수 없는 것이라고 여겨져서 오랫동안 배척되어 왔다. 이러한 노력은 찰스 하츠혼의 사상 속에 나온다. 모더니즘에서는 진리를 규정하는 것이 이성이다. 이성이 절대 진리의 권좌에 앉아서 평결한다. 진리는 항상 이성의 도구로 인식된다. 그러기 때문에 인간의 경험에 근거된 감성은 오류투성이다.

    넷째, 포스트모더니즘은 동질성이 아니라 차이성이다. 동질성은 모더니즘의 본질주의의 또 다른 이름이다. 우리는 사물의 진리가 본질을 파악하고 그 의도를 인식하는 것으로 생각한다. 그러나 사물의 본질은 더 이상 대응적으로 드러나는 성질의 것이 아니다. 다만 우리에게 드러나는 것은 차이밖에 없다. 차이란 다르다는 것이다. 이 말은 원래 자크 데리다에게서 유래된 말이다. 본질주의에 반대하는 데리다는 한 사물의 의미는 다른 것의 차이를 통해서 드러나는 흔적이라고 말한다. 이것은 사물의 정확한 의미가 드러나지 않고, 다만 차이를 통해서 원래의 의미를 이해하는 것이 아니라 도리어 그 본질에서 멀어지고 연기되어진다는 것이다. 이러한 생각은 해체주의적 텍스트주의자들에게 영향을 미쳤다. 니체와 데리다의 영향을 받은 마크 테일러는 해체주의적 텍스트읽기에서 우리는 끊임없이 본질을 해체한다고 보았다. 그런데 이 해체는 본질을 알기 위해서 해체하는 것이 아니라 본질이 아닌 것을 발견함으로써 해체하는 방식을 취한다. 이것이 해체주의적 독해다. 우리는 이러한 독해에서 배워야 하는 것은 흔적이나 차이다. 예컨대 우리는 사랑이라는 의미를 이해하기 위해서는 사탕을 대비함으로써 사랑을 드러낸다.

    다섯째, 포스트모더니즘은 유일성이 아니라 다원성이다. 이것은 모더니즘의 인식론과 포스트모더니즘의 인식론을 명확하게 구분하는 개념들이다. 모더니즘의 인식론에서는 진리가 하나다. 진리가 둘이 될 수 없었다. 왜냐하면 그들의 인식론적 방법이 양자택일을 선호했기 때문이다. 그들에게 진리가 양자포함이 된다는 것은 상상할 수 없는 것이다. 진리는 하나여야지 왜 둘이어야 하는가 하는 물음 자체가 그들의 사유적 구조에서는 초월할 수 없는 것들이다. 물론 진리는 유일하지 않다. 진리는 다양하다. 모든 것이 진리가 될 수 있다는 것이 포스트모더니즘의 슬로건인지 모른다. 우리를 두렵게 하는 부분이 여기에 있다. 만일 이것이 종교 다원주의적 논의로 축소한다면, 모든 종교들은 다 진리라는 결론에 도달한다는 생각에서 우리를 실제로 두렵게 한다. 불교도 진리고, 이슬람도 진리고, 기독교도 진리다. 그들 중 어느 하나가 거짓이라고 말해서는 안 된다. 여기에 어떤 포스트모더니즘의 혜안은 없는가.

해체와 재구성

포스트모더니즘은 두 가지 순환적 변증 관계를 유지하는 듯하다. 한쪽에서는 해체를 주장하고, 다른 한쪽에서는 재구성을 주장한다. 해체와 재구성의 대립적 관계는 그것이 부정적인 대립이라기보다는 긍정적인 대립으로 보인다. 마치 헤겔의 변증법적 사유 논리처럼 이러한 관계가 포스트모던의 사유체제를 만들어가는 것처럼 느낀다.

한편에서는 니체의 철학적 담론에 영향을 받은 자크 데리다와 마크 테일러와 같은 사상가들은 포스트모더니즘을 해체(deconstruction)와 동일시한다. 그들에 의하면, 서구철학의 종언을 선언한 마당에 기존 철학의 해석과 사유가 우리에게 정말로 유용한지를 묻는다. 이들이 해체하는 기법은 로고스 중심주의에 의해 억압되고 구속된 사유의 해방을 시도하려는 것이다. 해체가 추구하는 내용은 무엇인가. 그것은 텍스트에 집중해 있다. 현재 우리에게 알려져 있는 텍스트는 진리의 대응이나 본질이 아니며 그러한 생각을 갖는 것 자체가 매우 우스꽝스럽다는 것이다. 따라서 해체의 담론은 진리에 대한 불신에서 비롯되었다. 다른 한편에서는 해체만이 유일한 포스트모더니즘의 대안으로 간주되지 않는다고 말한다. 이러한 주장은 과정신학자 데이비드 그리핀에 의해서 제시되었다. 그리핀은 자신의 철학적 사유의 틀을 삼고 있는 과정철학을 포스트모던적 철학으로 간주하고, 해체주의에 대항하면서 "재구성주의"(reconstructualism)를 설정한다. 비록 이 용어가 아직은 낯설긴 해도, 이것은 포스트모더니즘의 한 유형으로 간주되는 듯하다.[19]

특히 그리핀은 보다 넓은 범주에서 포스트모더니즘의 유형들을 네 가지로 분류하고 있다: (1) 복귀주의 혹은 보수주의적 포스트모더니즘, (2) 해방주의 포스트모더니즘, (3) 해체주의 혹은 배제주의 포스트모더니즘, 그리고 (4) 구성주의 혹은 수정주의 포스트모더니즘.[20] 그리핀에 따르면, 복귀주의 포스트모더니즘은 주로 로마 가톨릭의 기획으로 이해한다. 로마 가톨릭 기획은 초기 가톨릭의 "반모더니즘"과 매우 유사하다. 조지 윌리엄 루트커(George William Rutker)가 중세신학, 특히 토마스 아퀴나스의 신학으로 단순히 되돌아가야한다고 주장했다. 하지만 이러한 움직임은 많은 점에서 비판을 받는다. 중세시대의 상황이 오늘날 상황과 크게 다르기 때문이다.[21] 해방주의 포스트모더니즘은 하비 콕스와 코넬 웨스트에 의해서 지지되었다. 하지만 그리핀은 이들의 해석은 포스트모더니즘이라기보다는 후기모더니즘의 성향이 강하다고 비판했다.[22] 해체주의 포스트모더니즘은 자크 데리다에 의해서 약속된 프랑스 사유에 근거된 운동이다. 하지만 그리핀은 해체주의 포스트모더니즘이 갖는 문제는 허무주의적이고 현실의 부정으로 비춰지는 세계관이기 때문에 받아들일 수 없다고 비판했다.[23] 이 같은 포스트모더니즘의 동향을 비판하면서 그리핀은 구성적 포스트모더니즘을 주장한다.

그래서 사람들은 포스트모더니즘을 마치 해체와 동일한 것으로 여긴다. 사람들은 해체가 기존의 모든 질서나 방식에 전면적으로 선전포고처럼 느낀다. 모더니즘에서 데카르트의 불안이란 말이 있다. 이 말은 데카르트는 진리를 규정하는 절대규범에 명증성을 놓는다. 모든 것을 의심한다. 진리는 누구를 가리지 않는다. 모든 사람이 만족하고 충족할 만한 보편적 진리에 도달하여야 한다. 그것을 검증하는 방식이 '철학적 회의'다. 철학적 회의는 의심을 일종의 철학적 방법으로 채택하는 것이다. 모든 것을 의심하라. 우리의 지식은 항상 감성에 의해서 잘못되고도 오류적인 감정에 의해서 진리로 인정하는 경우가 있기 때문이다. 이러한 철학적 회의를 가진 데카르트는 이러한 결론에 도달한다. "코기토 에르고 숨"(Cogito ergo sum), 즉 "나는 생각한다. 고로 나는 존재한다"(I think therefore I am)라는 너무나도 잘 알려진 명제에 도달한다. 여기에서 그가 강조하려는 것은 생각하는 주체는 외부의 강압이나 교조적 권위에 의해서가 아니라 바로 '나 자신'에 의해서다. 나는 사유하는 주체다. 그런데 여기서 사유는 감정이 아닌 이성을 의미한다. 이성으로 자각하고 인식하는 것이야말로 나에게서 출발한다. 그것이 다름 아닌 코기토다. 자아인 코기토는 사물을 이성적으로 사유하는 주체다. 누구로부터 강요당할 수 없는 절대적 진리다. 이것을 포기하는 것은 인간이기를 포기하는 것과 같다. 따라서 우리는 사물을 이성적으로 판단하는 주체다. 아무리 의심해도 의심할 수 없는 것이 하나있다. 바로 내가 생각하고 있다는 것은 의심할 수 없다. 이러한 맥락에서 사람들에게 진리를 강요한다. 이것을 우리는 데카르트의 불안이라고 부른다. 이 시험에 통과할 사람이 얼마나 되는지는 우린 모른다.

포스트모던 신앙의 특징들

"복음의 비종교적 해석"을 주장한 본회퍼와 과학과 이성으로 구성된 세속시대에서의 "종교퇴거"를 예언한 하비 콕스는 포스트모던 시대에 실없는 신학자로 전락되었다. 특히 침례교 목사인 하버드대학의 하비 콕스는 『세속도시』의 이전 저작에서 언급한 종교 퇴거에 대해 미안하고도 잘못된 마음을 고백했다. 그는 종교가 사라지는 것이 아니라 오히려 역사의 무대로 다시 돌아오고 있고, 따라서 종교는 파괴되지 않는다고 말했다.[24] 세속적 정신과 과학적 정신이 사람의 마음을 사로잡아도 여전히 현대인의 신앙적 경건성은 영향을 받지 않을 뿐만 아니라 그들을 통제하지도 못한다는 것이다. 오히려 신앙의 경건성이 "모더니티를 악"으로 규정하고, 기독교 신앙을 파괴하는 "악마로 모더니티"를 묘사하기를 주저하지 않았다.[25]

이런 맥락에서 포스트모더니즘은 기독교 신앙에 대해 부정적이라기보다는 오히려 긍정적인 요소를 더 강조하려는 듯하다. 비록 포스트모던적 특징이 해체와 구성 간의 상호의존적 관계에서 논의되긴 했지만, 기독교 신앙은 기존의 질서체계와 사유방식을 그대로 답습하지 않는다. 포스트모던 신앙이란 말은 우리의 호기심을 자아내는 개념이긴

한데, 도대체 포스트모던 신앙이란 무엇인가. 무슨 논의든 그것을 특징적으로 표현하는 일은 어렵다. 게다가 그러한 특징들을 나열할 수 있다고 해도 사람들이 그렇지 않다고 하면 맥이 빠지는 것이다. 그래서 이러한 특징들을 열거하는 일은 왠지 어색하고도 어설프기 짝이 없을 수 있다. 그럼에도 불구하고 이러한 궁금증에서 우리는 포스트모던 신앙의 특징들을 열거해 보고자 한다.

첫째, 포스트모던 신앙은 비경쟁적이다. 모더너티의 분절적 이원론의 사고를 가장 해악적인 것으로 비판했던 포스트모더니즘은 인식론에서 포함적이고 통합적 인식론을 표방하고 있다. 찰스 하츠혼이 지적하듯이, 이것은 모더너티의 이원론적 사유가 경쟁적이기 때문이다.[26] 모더너티는 진리가 하나여야 하고, 그 하나는 절대적이어야 한다는 것을 가르친다. 그래서 모더너티의 신앙은 경쟁적이다. 예컨대, 모던 시대에서는 과학과 종교, 신앙과 이성, 신과 세계, 세계와 교회가 서로 경쟁적인 관계였고, 서로 화합하거나 통합할 수 없는 단절되고 분리된 영역이었다. 하지만 포스트모던 분위기는 이 사실을 부정함으로써 그것의 정당성을 드러내는 듯하다. 포스트모던 시대는 상대를 배격하지 않으면서도 서로를 필요로 하는 동반적인 관계로 생각하기 때문에 비경쟁적이다. 그러면 신앙이 비경쟁적이라는 것은 무엇을 의미하는가.

둘째, 포스트모더너티의 신앙은 탈자아적이다. 포스트모던 신앙은 자아의 중심성에서 존재의 개방성을 요구한다. 진 에드워스 비스(Gene Edward Veith)가 이해하듯이, 포스트모더니즘의 특징 중 하나는 "탈중심성"에 의해서 특징짓는다.[27] 이것은 모든 세계가 객관적 의미를 결여하고 있으며, 따라서 인간은 자신의 중심성을 초월하는 현실 속에 살며 경험한다는 것이다. 현실세계에 새로운 경험이 들어오면 이전의 경험은 새로운 형태로 변하는 것이 필연적이기 때문이다. 만일 우리가 이 경험적 차원을 받아들인다면, 우리의 신앙은 전형적인 객관적 인식론에서 삶의 의미를 발견할 수 없을 듯하다. 하츠혼이 지적하듯이, 우리는 "우리 자신의 단편적인 것을 받아들여야 한다."[28] 결국 우리는 일종의 삶의 과정 속에 존재하며, 완전성을 향해 가는 존재다. 그러기 때문에 신앙을 가진 사람은 이미 자신이 제한적인 인식적 지평과 느낌의 제한성을 가지고 있다는 사실을 고백하지 않을 수 없을 것이다. 그러므로 우리는 우리의 느낌들만이 유일한 느낌들을 의미하지 않으므로 다른 피조들의 느낌들이 존재한다는 사실을 받아들임으로써 참된 신앙이 자기중심에서 벗어나 탈자아적 형식을 갖는 것이다.[29]

포스트모던 신앙이 탈중심적이라고 했을 때, 그것은 두 가지 의미가 함축되어 있다. 하나는 탈중심은 모더니티의 자아 중심 혹은 인간 중심에서 벗어나는 것을 의미한다. 모더니티는 자아와 인간이 절대적인 근거이며 주체인 반면에 자연은 객체로 인식되었다. 그로 인해 모더니티의 신앙은 철저히 자기중심적이고 인간 중심주의적인 신앙으로 노출되었다. 하지만 포스트모더니티가 자연과 인간이 서로 조화를 이루는 견해로 이동하면서 보다 포괄적인 우주관을 제시했고, 서로 의존된 사물의 관계에서 인식되는 우주였다. 그러기 때문에 포스트모던 신앙은 서로를 배제하지 않는 의존적 존재로 이해하려고 했던 것이 분명하다. 하츠혼은 이런 측면에서 신앙을 탈중심적이라고 주장한다. 탈중심성의 또 다른 의미는 생태계적 개념이다. 생태계적 신앙은 우주의 보호적인 차원에서 나 중심에서 타인을 배려하는 이타적 신앙을 뜻한다. 따라서 그는 자연이 없는 인간, 인간이 없는 자연 혹은 인간이 없는 신이나 신이 없는 인간을 상상할 수 없었던 것이다.[30]

셋째, 포스트모더니티의 신앙은 심미적이다. 심미적이란 말은 가치의 또 다른 말이다. 매우 복잡한 유기적 구조로서의 가치는 단순하지 않은 경험 이론이다. 포스트모던 신앙은 이러한 가치의 심미적 원리에서 그들의 신앙적 실천을 발견한다. 침례교 목사인 하버드대학의 하비 콕스(Harvey Cox)는 『천국으로부터의 불』에서 과학적 모더니티와 전통적 신앙이 사라지고, 경험을 중시하는 신앙이 부활하고 있다고 예견했다. 그에 따르면, 경험을 가장 중시하는 두 경쟁자를 근본주의와 해방신학이라고 보고, 이 둘은 과거의 신앙 전통이나 합리성에 오히려 저항한다. 비록 경험이 주관적인 요소임에도 불구하고, 그들은 세계와 성경을 가난한 자와 억압받는 자 그리고 현실 세계에 비추어서 읽는다.[31] 콕스는 이 경험은 느낌이 가장 본질적인 요소라고 보았다. 폴 틸리히의 말을 인용하는 그는 "종교적 신앙은 '경험적 입증'에 종속되어야만 한다"고 주장했다.[32]

여기서 가치란 신앙적 요소의 근본적임을 말한다. 신앙적 요소에서 가치를 분리할 수 없다는 것은 인간 자신이 강조하려는 느낌의 강렬함이다. 우리는 하츠혼의 통찰력을 통해서 이 사실을 배울 수 있다. 포스트모던 가치관은 이미 우리가 밝혔듯이 결정론을 배격한다. 우리가 이해했듯이, 결정론은 '심미적 무지'(aesthetic ignorance)의 결과에 의해서 유래한다.[33] 가치의 근본을 구성하는 심미성은 두 가지 것을 전제로 한다. 하나는 경험의 적절한 구조에 대한 해명이고, 다른 하나는 경험의 내면적인 요소인 창조성에 대한 해명이다. 창조성은 "모든 개별자에게 부여하는 가치의 최소화를 보장한다."³⁴⁾ 이것은 경험의 통일성을 말한다. 경험은 새로움과 대조를 통하여 통일을 이룬다. 그래서 경험은 다원성과 통일성을 가지고 있다. 여러 가지 경험들을 고려하고 대조함으로써 하나의 통일성으로 나아가는 형식들이다.

하지만 이 경험은 경험론자들이 말하는 감각주의를 의미하지는 않는다. 감각주의는 전통주의의 인식적 경험론으로서 문제를 가지고 있다. 감각주의에서 말하는 경험주의는 사회적인 개념이 아니라는 것이다. 사회적 개념의 경험은 서로 연관적이고 독립된 구조를 반대한다. 하지만 하츠혼의 경험은 감각적 경험주의라고 해야 할 것이다. 하츠혼은 감각(sensation)의 내용을 "심미적으로 의미 있고, 사회적으로 표현하고, 유기적으로 순응하고 전개하는 경험 기능들의 정서적 연속체(affective continuum)를 형성하는 것"³⁵⁾으로 특징짓는다. 결국 한 개인은 수동적이고 상태적 존재가 아니다. 그는 사회적으로 다양한 사물들이나 경험들과의 유기적인 관계를 통하여 의미를 추구하고 표현하는 존재이다. 하츠혼은 이러한 존재가 좁은 의미에서 신앙적 존재이다. 이것은 전통적 신앙관과는 매우 차이가 있어 보인다. 하츠혼은 다음과 같이 기술한다.

"인간은 전반적인 자신의 경험에서 단순히 감각의 아름다움, 조화로움 그리고 강렬함을 추구할 뿐만 아니라 정서, 목적 그리고 지적 관심들의 아름다움, 조화로움 그리고 강렬함을 추구한다. 물리적 혹은 감각적 쾌락은 우리의 신체적 기관들 가운데 조화에 동참하는 일이다. 하지만 다른 인격들과의 조화는 심미적으로 매우 높은 단계에 있다."[36]

이것은 모든 주체들이 타인을 고려하고 그들과의 관계를 통해서 서로 조화를 추구하는 것이 가장 의미 있는 일이라는 것을 뜻한다. 그런 점에서 근대철학에서는 서로 독립된 개별자들이 서로 연결되어 있지 않았고, 자신의 생각이 우선적이고, 타인을 고려하지 않았다고 보인다. 그래서 하츠혼은 심미적 기준을 모든 개별자에게 제공하는 일은 포스트모던 상황에서 의미 있는 일이 아닐 수 없다.

하츠혼이 적절히 표현했듯이, 신앙은 "높은 윤리적이고 문화적 단계에서 예배나 연관성을 표현하고 향상시키는 힘이다."[37] 신앙은 정적이지 않고 역동적인 삶이며, 그리고 문화적이고 윤리적인 삶의 단계에서 가치를 표현하고 창출하는 힘이다. 이것은 그의 '가치의 심미적 매트릭스'(aesthetic matrix of value)의 개념에서 표현하고 있다. 그에게 있어서 가치란 경험의 고유한 가치로서 인간의 의지와 사고를 포함하는 '느낌의 통일'(unity of feeling)이다. 그런데 가치는 두 가지 조건을 충족하도록 요구받는다. 하나는 조화(harmony)이고, 다른 하나는 강한 열망(intensity)이다.[38] 하츠혼에 따르면, 조화란 하나의 아름다움을 가리키는 "경험의 요소들의 상호 순응성"[39]이고 강한 열망은 "경험 속으로 통합된 다양성"[40]을 말하는 차이(contrast)이다. 따라서 심미적 가치란 결국 조화롭고 다양한 경험들 속에 발견되어지는 개념이다. 문제는 가치란 다양성과 통일성의 균형을 가지고 있기 때문에 신앙은 필히 이 두 가지 조건을 충족해야 할 것처럼 보인다.[41]

마지막으로, 포스트모던 신앙은 차이성에 의해서 특징짓는다. 클림슨 대학의 토드 메이(Todd May)가 강조하듯이, 차이성은 포스트모더니티의 사유의 또 다른 이름이다. 특히 메이는 장-뤽 낭시(Jean-Luc Nancy)의 공동체적 차이성, 자크 데리다(Jacque Derrida)의 언어적 차이성, 임마누엘 레비나스(Emmanuel Levinas)의 윤리적 차이성, 그리고 질 들뢰즈(Gille Deleuze)의 존재론적 차이성을 대비함으로써 포스트모더니즘의 일관적 특성을 차이성이라고 들추어냈다. 프랑스 후기구조주의자들의 저작들을 통해서 메이가 발견한 사실은 표상, 본질과 동일을 추구한 모더니즘의 철학적 사유가 차이와 다양의 개념으로 옮겼다는 것이다.[42] 차이성은 동일성의 반대다. 동일성이란 표상적 의미를 발견할 수 있다는 모더니티의 기획이자 이상이었다. 하지만 대부분의 포스트모던 사상가들의 모더니티의 비판에서 보여주는 것은 더 이상 모더니티의 이상이 추구했던 의미의 확실성이나 명증성에 도달하지 못하기 때문에 유용하지 않다는 것이다. 차이성은 여러 가지 의미를 내포한다. 우선, 임마누엘 레비나스가 언급하듯이, 이 차이성은 타자의 경험이다. 구체적으로 말해 차이성은 "윤리적 타자"로 상정되는 개념이다. 이 윤리적 타자는 "무한한 타자의 경험이다."[43]

윤리적 타자란 "자기 자신과 세상에서 조종할 수 있는 객체에 적용하는 범주들 중의 어느 곳에 한정될 수 없는 타자다."[44] 이것은 동일성의 규칙아래에서 모든 타자들을 끌어들이는 방식을 거절한다. 이는 무한한 타자는 항상 존재에 선행하기 때문이다. 다시 말하자면, 타자는 우리의 판단, 선입견, 사유에 의해 구성되거나 만들어진 존재에 앞선다는 것이다.[45] 차이성이란 우리의 기준에 의해서 타자를 이해하지 않는다. 그래서 타자는 존재에 의해 향유되거나 조종되지 않는다고 말한다.

차이성은 다양성에 대한 용인이다. 만일 우리가 타자를 끌어들인다면, 그것은 타자의 다양성을 용인하는 셈이다. 우리가 타자의 다양성을 받아들임으로서 우리와 다른 유형의 타자가 존재한다는 사실을 인정한다. 따라서 차이성은 우리가 타인을 필요로 하고, 그를 받아들이는 것을 말하고, 그로인해 우리는 타자와 대립적인 관계로 설정하지 않고 상호의존적인 관계로 설정할 것이다. 이런 포스트모던의 차이성은 기독교 신앙에 하나의 의미를 제공한다. 기독교 신앙은 차이성의 특성을 가지고 있다. 기독교 신앙은 "용납"과 "용서"의 교훈을 통해서 신앙의 역동성과 실천성을 주장했다.[46] 신앙은 이론적이거나 사변적인 영역이 아니라 실제로 우리의 실천적 영역에서 서로 다른 타자인 형제를 용납하고 용서함으로써 신앙의 역동성을 추구해 왔다. 따라서 포스트모더니즘의 기독교 신앙은 우리 자신 속에 타자를 받아들이고 용인하는 신앙이라면, 우리는 동일한 기준이나 규칙에 의해 타자를 판단하는 모던적 신앙을 배격하고 차이성과 다양성의 신앙을 추구하는 것이어야 할 것이다.

주(註)

1) Dan R. Stiver, "Much Ado about Athens and Jerusalem: The Implications of Postmodernism for Faith," 미간행물, *The Southern Baptist Theological Seminary*, 12-3; 그의 *Theology after Ricoeur: New Directions in Hermeneutical Theology* (Louisville: Westminster John Knox Press, 2001), 1장을 참조하라.

2) Jean Francois Lyorard, *The Postmodern Condition: A Report on Knowledge* (Minneapolis: University of Minnesota Press, 1984), xxiii.

3) Ibid., 30.

4) Ibid., 37. 메타이야기란 거대담론이나 보편적 이야기를 가리킨다. 하지만 포스트모더니즘은 작은 이야기들을 대신에 받아들인다. 거대담론은 일반적으로 이성에 의해 판단된 진리의 이야기이기 때문에 작은 이야기들, 지엽적이고도 개별적인 이야기들에 대해서는 진리가 아니라고 보는 형국을 만들어 냈다고 보인다.

5) Kevin J. Vanhoozer, "Theology and the Condition of Postmodernity: A Report on Knowledge(of God)," in *Cambridge Companion to Postmodern Theology*, ed. Kevin J. Vanhoozer (Cambridge: Cambridge University Press, 2003), 10.

6) Rene Descartes, 『철학적 원리』, 원석영 옮김 (서울: 아카넷, 2002), 23. 데카르트는 "나는 전적으로 진리를 탐구하기 때문에 나에게 조금이라도 의심이 가는 모든 것을 거짓이라고 거부해야만 한다"고 말하면서 모든 것을 의심할 수 있는 확실성에 도달해야 한다고 주장했다. 그리고 그 확실성은 "이성적인 틀의 통일성에 부합되어야 한다는 것이다."

7) Hans-Georg Gadamer, *Truth and Method*, trans. Joel Weinsheimer and Donald G. Marshall (New York: Continuum, 1994), 33-4.

8) 정승태, 『그까이꺼 해석학! 폼나게 풀어보자!』 (대전: 침례신학대학교출판부, 2005), 235.

9) 프란시스 베이컨은 『새로운 오르가논』 (New Organon)에서 기존의 진리체계를 정신

의 우상으로 보았다. 그에 따르면, 인간의 정신은 종족 우상, 동굴 우상, 시장 우상, 극장 우상으로 분류되었다. 따라서 베이컨은 이들 우상들이 모두가 거짓된 환상이었고, 미신과 속임수로 가장되어 있었음에도 진리로 가장되어 있었다는 것을 폭로했다. Francis Bacon, *The New Organon*, ed. Lisa Jardine and Michael Silverthorne (Cambridge: Cambridge University Press, 2000), 18-9, 40-1.

10) Dan R. Stiver, "Theological Method," *Cambridge Companion to Postmodern Theology*, 172-6.

11) 모더니티의 과학과 칸트 이후의 인식체계를 참조하려면 폴란드의 과학 철학자인 마이클 폴라니의 *Personal Knowledge: Toward a Post-Critical Philosophy* (University of Chicago, 1962)와 Ian G. Barbour, *Reading and Science: Historical and Contemporary Issues* (San Francisco: Harper San Francisco, 1997)를 보라.

12) Christopher Norris, *Deconstruction: Theory and Practice* (London: Methuen, 1982), 112.

13) Richard Rorty, *Contingency, Irony, and Solidarity* (Cambridge: Cambridge University Press, 1995), 5.

14) Richard Rorty, *Consequences of Pragmatism* (Minneapolis: University og Minnesota Press, 1982), 153-7.

15) 모더니즘과 포스트모더니즘의 개념적 비교를 위해서는 배국원, 『현대 종교철학의 이해: 종교에 대한 후기 근대적 접근』(서울: 동연, 2000), 284. "모더니즘과 포스트모더니즘 비교," 표 1을 보라.

16) William Placher, 『비변증론적 신학』, 정승태 옮김 (서울: 은성출판사, 2003), 5장을 참조하라.

17) Ibid., 7장을 참조하라.

18) George A. Lindbeck, *The Nature of Doctrine: A Study in Eighteenth and Nineteenth Century Hermeneutics* (New Haven: Yale University Press, 1974), 65.

19) David R. Griffin, "Reconstructive Theology," *The Cambridge Companion to Postmodern Theology*, ed. Kevin J. Vanhoozer (Cambridge: Cambridge University Press, 2003), 92-108.

20) David Griffin, "Introduction: Varieties of Postmodern Theology," *Varieties of Postmodern Theology*, ed. David Griffin, William A. Beardslee and Joe Holland (Albany: SUNY Press, 1989), 3.

21) Ibid., 6.

22) Ibid., 4-5.

23) Ibid., 34, 39-40.

24) Harvey Cox, *Religion in the Secular City: Toward a Postmodern Theology* (New York: Simon & Schuster, Inc., 1984), 12.

25) Ibid., 216.

26) Charles Hartshorne, *Wisdom as Moderation: A Philosophy of the Middle Way* (Albany: State University of New York Press, 1987), 12.

27) Gene Edward Weith, Jr. 『현대 사상과 문화의 이해』, 오수미 옮김 (서울: 예영커뮤니케이션, 1998), 89.

28) Hartshorne, *Creative Synthesis and Philosophic Method*, 5.

29) Charles Hartshorne, *Wisdom as Moderation: A Philosophy of the Middle Way*, 84.

30) Charles Hartshorne, *Creative Synthesis and Philosophic Method*, 198.

31) Harvey Cox, *Fire from Heaven: The Rise of Pentecostal Spirituality and the Reshaping of Religion in the Twenty-first Century* (Massachusetts: Addison Wesley Publishing Co., 1995), 299-315.

32) Ibid., 316.

33) Hartshorne, *Wisdom as Moderation*, 306.

34) Ibid.

35) Wayne Viney, "Charles Hartshorne's Philosophy and Psychology of Sensation," *The Philosophy of Charels Hartshorne*, ed. Lewis E. Hahn (La Salle: Open Court Publishing Co., 1991), 92.

36) Hartshorne, *Creative Synthesis and Philosophic Method*, 312.

37) Charles Hartshorne, *The Divine Relativity: A Social Conception of God* (New Haven: Yale University Press, 1976), 1.

38) Hartshorne, *Creative Synthesis and Philosophic Method*, 303.

39) Ibid.

40) Ibid.

41) Ibid., 304.

42) Todd May, *Reconsidering Difference* (Pennsylvania: The Pennsylvania State University Press, 1997).

43) Emmenuel Levinas, *Totality and Infinity*, 305.

44) May, *Reconsidering Difference*, 135.

45) Ibid., 136. 클림슨 대학의 토드 메이는 오해하지 않아야 할 차이성의 세 가지 의미를 제안하고 있다. 첫째, 만일 우리가 우리 자신과 동일하게 가치가 있다고 믿는 타자들의 차이를 용인하기를 거절한다면, 우리의 사고는 파시즘의 열정과 마찬가지로 그와 유사하게 될 것이다. 이것은 우리가 우리 자신의 담론과 실천을 타자를 희생하면서 어떤 특권을 누리는 것을 말한다. 둘째, 타자의 용납이 우리 자신의 기준에 근거하여 타자의 차이를 받아들인다면, 우리가 공공연하게 다른 타자를 위에다 우리 자신의 기준을 끌어올리는 것과 같을 것이다. 셋째, 우리는 상대주의에 근거하여 다른 타자들의 차이를 받아들인다면, 우리는 다 같이 판단의 근거를 상실할 것이다. Ibid., 130을 보라.

46) Garrett Green, "The hermeneutics of Difference: Barth and Derrida on Words and the Word," *Postmodern Philosophy and Christian Thought*, ed., Merold Westphal (Bloomington: Indiana University Press, 1999), 95-6.

신학과 신앙을 위해 기본적으로 읽어야 할 참고문헌

1. 철학일반 관련 단행본

이기상. 『철학노트』. 서울: 까치글방, 2003.

박성욱. 『한권으로 읽는 철학이야기』. 서울: 석일사, 1999.

최 훈. 『변호사 논증법』. 서울: 웅진 지식하우스, 2010.

Blackburn, Simon. 『생각』. 고양: 이소출판사, 2002.

Conee, Earl., and Theodore Sider, *Riddles of Existence: A Guided Tour of Metaphysics*. Oxford:Oxford University Press, 2005.

DiCarlo, Christopher. 『철학자처럼 질문하라』, 김정희 옮김. 서울: 지식너머, 2011.

Honderich, Ted., ed. *The Oxford Companion to Philosophy*. Oxford: Oxford University Press, 2005.

Pink, Thomas. *Free Will: A Very Short Introduction*. Oxford: Oxford University Press, 2004.

Russell, Bertrand. 『철학이란 무엇인가』. 황문수 역. 서울: 문예출판사, 1995.

Schlick, Moritz. 『연관된 철학의 문제들』. 안종수 옮김. 서울: 고려원, 1992.

2. 철학사 관련 단행본

교재편찬위 편.『철학과 삶』. 대구: 대구대학교출판부, 1997.

Collingwood, Robin G.『자연이라는 개념』. 유원기 옮김. 서울: 서광사, 2002.

Gottlieb, Anthony.『서양철학의 파노라마』. 이정우 옮김. 서울: 산해, 2002.

Jones, W. T. *A History of Western Philosophy: Kant and the Nineteenth Century.* New York: Jarcourt Brace Jovanovich, Publishers, 1975.

Palmer, Donald.『참을 수 없이 무거운 철학 가볍게 하기』, 이용대 옮김. 서울: 현실과 과학, 2002.

Stumpf, Samuel Enoch., and James Fisher,『소크라테스에서 포스트모더니즘까지』. 이광래 옮김. 서울: 열린 책들, 2004.

3. 인식론 관련 단행본

김창호, 엮음.『내가 아는 것이 진리인가』. 서울: 웅진출판, 1996.

Blanshard, Brand. *The Nature of Thought.* London: Allen & Unwin, 1939.

Ferre, Frederick. *Knowing and Value: Toward a Constructive Postmodern Epistemology.* Albany: State University of New York Press, 1998.

Hales, Steven D. *Relativism and the Foundations of Philosophy.* Cambridge, Massachusetts: The MIT Press, 2006.

McInerny, D. Q. *Being Logical: A Guide to Good Thinking*. New York: Random House Trade Parerbacks, 2005.

Quine, W. V., and J. S. Ulian. 『인식론: 믿음의 거미줄』. 정대현 옮김. 서울: 종로서적, 1990.

Wood, Jay. *Epistemology: Becoming Intellectually Virtuous*. Downers Grove, ILL.: InterVarsity Press, 1998.

4. 신학을 위한 철학 관련 단행본

Allen, Diogenes. 『신학을 이해하기 위한 철학』. 정재현 옮김. 서울: 대한기독교서회, 1999.

Brummer, Vincent. *Theology & Philosophical Inquiry: An Introduction*. Philadelphia: The Westminster Press, 1982.

Kushner, Herold S. *When Children Ask About God: A Guide for Parents Who Don't Always Have All the Answers*. New York: Schocken Books, 1989.

Pinnock, Clark H. *Reason Enough: A Case for the Christian Faith*. Downers Grove: InterVarsity Press, 1980.

Placher, William. 『비변증론적 신학』. 정승태 옮김. 서울: 은성출판사, 2003.

Plantinga, Alvin. 『신과 타자의 정신들』. 이태하 옮김. 서울: 살림출판사, 2004.

5. 이성과 신앙 관련 단행본

Captuto, John D. *Philosophy and Theology: Horizons in Theology.* Nashville: Abingdon Press, 2006.

Gilson, Etinenne. *Reason and Revelation in the Middle Ages.* Eugene: Wipf and Stock Publishers, 1998.

Mitchell, Basil. *Faith and Criticism.* Oxford: Clarendon Press, 1994.

Nash, Ronald.『신앙과 이성』. 이경직 옮김. 서울: 살림출판사, 2004.

Plantinga, Alvin and Nicholas Wolterstorff., ed. *Faith and Rationality: Reason and Belief in God.* Notre Dame: University of Notre Dame Press, 1983.

Swinburne, Richard. *Faith and Reason.* Oxford: Clarendon Press, 1983.

6. 도덕철학 관련 단행본

Aristotle.『니코마코스 윤리학』. 서울: 서광사, 1984.

Baggett David and Jerry L. Walls.『선하신 하나님: 도덕성의 유신론적 근거』, 정승태 옮김. 서울: 기독교문서선교회, 2013.

Blackburn, Simon.『선』. 고현범 옮김. 고양: 이소출판사, 2004.

Hare, John E. The Moral Gap: *Kantian Ethics, Human Limits, and God's Assitence.* Oxford: Clarendon Press, 2002.

Helm, Paul., ed. *Divine Commands and Morality*. Oxford: Oxford University Press, 1981.

Hoffsommers, Christina. *Right and Wrong*. San Diego: Harcourt Brace Javanovich, 1986.

Kant, Immanuel. 『이성의 한계 안에서의 종교』. 신옥희 옮김. 서울: 이화여자대학교 출판부.

Kushner, Harold S. *Living a Life that Matters*. New York: Anchor Books, 2002.

May, Todd. *The Moral Theory of Poststructuralism*. Pennsylvania: The Pennsylvania State University Press, 1995.

McIntyre, Alasdair. 『덕의 상실』. 이진우 옮김. 서울: 문예출판사, 1997.

Nagel, Thomas. *Moral Questions*. Cambridge: Cambridge University Press, 1976.

Nietzsche, Friedrich. 『도덕의 계보 / 이 사람을 보라』. 김태현 옮김. 고양: 청하, 2005.

Pieper, Josef. 『정의에 관하여』. 강성위 옮김. 서울: 서광사, 1994.

Rawls, John. 『사회정의론』. 황경식 옮김. 서울: 서광사, 1985.

Stout, Jeffrey. *Ethics after Babel: The Language of Morals and Their Discontents*. Boston: Beacon Press, 1988.

7. 종교철학 관련 단행본

배국원. 『현대 종교철학의 이해: 종교에 대한 후기 근대적 접근』. 서울: 동연, 2000.

정승태. 『철학에 관한 신학적·신앙적 성찰』. 대전: 침례신학대학교 출판부, 2008.

_____. 『합리적 신앙을 위한 종교철학 담론』. 대전: 침례신학대학교출판부, 2004.

Davis, Stephen T. *Christian Philosophical Theology*. Oxford; Oxford University Press, 2006.

Dole, Andrew., and Andrew Chignell. *God and the Ethics of Belief: New Essays in Philosophy of Religion*. Cambridge: Cambridge University Press, 2005.

Peterson, Michael., and William Hasker, Bruce Reichenbach, David Basinger. *Reason and Religious Belief: An Introduction to the Philosophy of Religion*. Oxford: Oxford University Press, 1991.

Rust, Eric. 『종교, 계시 그리고 이성』. 정승태 옮김. 서울: 한들 출판사, 2003.

Stump, Eleonore., and Michael J. Murray., ed. *Philosophy of Religion: The Big Questions*. Oxford: Blackwell Publishers, 1999.

Taliaferro, Charles. *Contemporary Philosophy of Religion*. Oxford: Blackwell Publishers, 1998.

8. 종교 다원주의 관련 단행본

Anderson, J. N. D. *Christianity and Comparative Religion*. Downers Grove: InterVasity Press, 1970.

Cobb, John B. 『과정신학과 불교』. 김상일 옮김. 서울: 대한기독교출판사, 1988.

_____. *Christ in a Pluralistic Age*. Philadelphia: The Westminster Press, 1975.

Hick, John. *Christianity at the Center*. New York: Herder and Herder, 1970.

_____. *God Has Many Names*. Philadelphia: The Westminster Press, 1982.

Knitter, Paul F. 『오직 예수 이름으로만?』. 변선환 옮김. 서울: 한국신학연구소, 1998.

Smartha, Stanley L. *Courage for Dialogue: Ecumenical Issues in Interreligious Relationships*. Maryknoll: Orbis Books, 1991.

Smith, Wilfred Cantwell. *Toward a Universal Theology of Religion*. Maryknoll: Orbis Books, 1990.

9. 해석학 관련 단행본

정기철. 『상징, 은유 그리고 이야기』. 서울: 문예출판사, 2002.

정승태. 『그까이꺼 해석학! 폼나게 풀어보자!』. 대전: 침례신학대학교 출판부, 2005.

Gadamer, Hans-Georg. *Truth and Method*. trans. Joel Weinsheiner and Donald G. Marshall. New York: Continuum, 1994.

Ineichen, Hans. 『철학적 해석학』. 문성화 옮김. 서울: 문예출판사, 1998.

Palmer, Richard E. 『해석학이란 무엇인가』. 이한우 역. 서울: 문예출판사, 1988.

Ricoeur, Paul. *Interpretation Theory: Discourse and the Surplus of Meaning*. Fort Worth: Texas Christian University Press, 1976.

Stiver, Dan R. 『종교언어철학』. 정승태 옮김. 대전: 침례신학대학교출판부, 2001.

_____. *Theology after Ricoeur: New Directions in Hermeneutical Theology*. Louisville: Westminster John Knox Press, 2001.

Wolfgang Iser, *The Act of Reading: A Theory of Aesthetic Response*. Baltimore: The Johns Hopkins University Press, 1978.

10. 기독교 세계관 관련 단행본

양승훈. 『기독교적 세계관』. 서울: 도서출판 CUP, 2001.

Cunningham, Richard. *The Christian Faith and its Contemporary Rivals.* Nashville: Broadman Press, 1988.

Moreland, J. P., and William Lane Craig, *Philosophical Foundations for a Christian Worldview.* Downers Grove, Illinois: InterVarsity Press, 2003.

Cosgrove, Mark P. *Foundations of Christian Thought: Faith, Learning, and the Christian Worldview.* Grand Rapids: Kregel Publications, 2006.

Alister McGrath. 『복음주의와 기독교적 지성』. 김선일 옮김. 서울: 한국기독학생회출판부, 2002.

11. 유신론 / 무신론 관련 단행본

Dawkins, Richard. 『만들어진 신』. 이한음 옮김. 서울: 김영사, 2007.

Flew, Antony. *There is a God: How the World's Most Notorious Atheist Changed His Mind.* New York: HarperOne, 2007.

Harris, Sam. *The End of Faith: Religion, Terror, and the Future of Reason.* New York: W W. Norton, 2004.

Hitchens, Christopher. *God is not Great: How Religion Poisons Everything.*

Boston: Twelve Hachette Book, 2007.

Mackie, J. L. *The Miracle of Theism: Arguments for and Against the Existence of God.* Oxford: Clarendon Press, 1990.

Martin, Michael. *Atheism: A Philosophical Justification.* Philadelphia: Temple University Press, 1990.

_____. *The Case Against Christianity.* Philadelphia: Temple University Press, 1991.

McGrath, Alister., and Joanna Collicutt McGrath. *The Dawkins Delusion? Atheist Fundamentalism and the Denial of the Divine.* Downers Grove: InterVarsity Press, 2007.

Nielsen, Kai. *Atheism and Philosophy.* New York: Prometheus Books, 2005.

_____. *Ethics without God.* New York: Prometheus Books, 1990.

Russell, Bertrand. 『나는 왜 기독교인이 아닌가』. 서울: 사회평론, 2002.

12. 포스트모더니즘 관련 단행본

김연숙. 『레비나스 타자 윤리학』. 서울: 인간사랑, 2001.

Deluze, Gilles. 『차이와 반복』. 김상환 옮김. 서울: 민음사, 2004.

Derrida, Jaques. 『해체』. 김보현 편역. 서울: 문예출판사, 1996.

Feyerabend, Paul. *Science in a Free Society.* London: Verso, 1982.

May, Todd. *Reconsidering Difference*. Pennsylvania: The Pennsylvania State University Press, 1997.

Kosky, Jeffrey L. *Levinas and the Philosophy of Religion*. Bloomington: Indiana University Press, 2001.

Phillips, D. Z. *Faith after Foundationalism: Critiques and Alternatives*. Oxford: Westview Press, 1988.

Vanhoozer, Kevin J., ed. *Postmodern Theology*. Cambridge: Cambridge University Press, 2006.

찾아보기

[ㄱ]

가다머(Hans-Georg Gadamer) / 390, 544, 546

가설(hypothesis) / 280

가정(presumption) / 280, 310, 489

개연성(probability) / 269, 271

객관주의(objectivism) / 154, 234, 392, 526

결정론(determinism) / 307, 313, 321, 327, 333, 336, 559

경험론(empiricism) / 34, 157, 165, 203, 275, 559

계시(Revelation) / 23, 98, 157, 251

공정(fairness) / 448, 491

과정철학(process philosophy) / 108, 161, 175, 184, 237, 301, 347, 361, 455, 456, 458, 554

관념론(idealism) / 171, 174

귀납추론(induction) / 269

[ㄴ]

낭시(Jean-Luc Nancy) / 561

노직(Robert Nozick) / 490

논고(Tractatus) / 196, 363, 367, 369, 373, 408

논리성(logics) / 201, 287, 300, 401

논리실증주의(logical positivism) / 157, 196, 276, 357, 363, 372

놀이(Game) / 156, 199, 366, 368, 419

니버(Reinhold Niebuhr) / 63, 493, 504

니체(Friedrich Nietzsche) / 63, 245, 395, 408, 413, 443, 534, 553

[ㄷ]

다양성(manyness) / 75, 120, 158, 160, 183, 235, 399, 561

다원론(pluralism) / 235

대응설(correspondence) / 195, 199

데리다(Jacque Derrida) / 231, 398, 544, 548, 552, 561

데이비스(Stephen Davis) / 100, 134

데카르트(Rene Descartes) / 57, 86, 97, 230, 232, 423, 429, 532, 546, 549, 555

도킨스(Richard Dawkins) / 16, 212, 413, 418, 534

독사(doxa) / 149, 278

도덕(moral) / 511, 513, 518, 526, 533

듀이(John Dewey) / 175, 203

[ㄹ]

라우센부쉬(Walter Rausenbush) / 499, 501

라이프니츠(Leibniz) / 127, 165

레비나스(Emmanuel Levinas) / 30, 452, 464, 531, 561

로고스(logos) / 19, 150, 375, 548

로크(John Locke) / 107, 168, 308

리오타르(Jean Lyotard) / 545, 549

린드백(George Lindbeck) / 347, 551

[ㅁ]

맹목성(blindness) / 116, 130, 183, 201, 211, 404

모더니즘(modernism) / 543, 546, 549, 562

모순(contradictions) / 277, 279

메타피직스(metaphysics) / 225

미첼(Basil Mitchell) / 22, 102

[ㅂ]

바르트(Karl Barth) / 23, 156, 432

버클리(Berkeley) / 172

변증론(apologetics) / 251

분석철학(analytical philosophy) / 361, 366, 408

블랜샤드(Brand Blandshard) / 200

비유신론(non-theism) / 14, 127, 430

비트겐슈타인(Ludwig Wittgenstein) / 38, 99, 160, 102, 194, 356, 365, 375, 408, 544

[ㅅ]

상대주의(relativism) / 154, 156, 163, 211, 235, 359, 392, 526, 544

성찰(meditation) / 32, 65, 366, 403

세계관(world-view) / 68, 155, 161, 177, 182, 225, 250, 303

소크라테스(Socrates) / 18, 31, 32, 65, 191, 461, 517

수정주의(revisionist) / 374, 544

숙명론(fetalism) / 240

소피아(sophia) / 18, 150, 154

스윈번(Richard Swinburne) / 17, 123, 128, 153, 159, 254, 271, 286, 427

시계공(watch maker) / 128, 426

신념(belief) / 116, 155, 159, 176, 199, 217, 250, 418, 443, 536

신앙주의(fideism) / 175, 182, 433

실용주의(pragmatism) / 34, 67, 84, 119, 175, 202, 317, 355,

실재(reality) / 54423, 56, 94, 99, 120, 157, 171, 197, 201, 204

실재론(Reality) / 157, 171, 174, 204

실체(substance) / 131, 204, 228, 233, 248, 282, 449

[ㅇ]

아리스토텔레스(Aristotle) / 37, 87, 93, 97, 150, 194, 225, 235, 305

아우트카(Autka) / 503

아퀴나스(Thomas Aquinas) / 65, 95, 97, 303, 326, 371, 425, 554

아포스테리오리(a posteriori) / 275

아프리오리(a priori) / 166, 275

알미니우스(Arminius) / 340

어거스틴(Augustine) / 326, 337, 371, 407, 479

언어놀이(language game) / 99, 162, 368

역설(paradox) / 277, 300, 316, 412, 465, 532

연역추론(induction) / 266

에피스테메(episteme) / 149

예정론(predestination) / 336, 343

우연성(contingency) / 295, 299, 307, 321

오웰(George Owell) / 496

유신론(theism) / 245, 253, 287, 309, 409, 429, 445, 537

윤리(ethics) / 30, 178, 381, 399, 512

이원론(dualism) / 230, 557

인식론(epistemology) / 25, 52, 58, 97, 117, 125, 148, 155, 526, 543

일원론(monism) / 161, 227

[ㅈ]

자유의지론(free will) / 309, 321, 332, 336

재구성주의(reconstruction) / 554

정합성(coherence) / 199, 200

제임스(William James) / 119, 121, 176, 183, 202

존재론(ontology) / 23, 60, 194, 197, 201, 225, 390, 422

죽음(death) / 441, 447, 451, 455, 460, 468, 458

중용(middle way) / 38, 162, 310, 456, 530

증거(evidence) / 70, 117, 120, 131, 199, 270, 282, 285, 365, 420

진리(truth) / 51, 61, 68, 191, 195, 199, 202, 206, 213

[ㅊ]

차이성(difference) / 73, 399, 551, 561, 562

철학(philosophy) / 13, 17, 65, 273, 277

체험(experience) / 123, 124, 388, 429, 534

[ㅋ]

카푸토(John Caputo) / 14, 36, 100, 103

칸트(Immanuel Kant) / 21, 32, 52, 87, 176, 204, 248, 275, 334, 349, 503, 522

칼빈(John Calvin) / 252, 306, 312, 340

콕스(Harvey Cox) / 218, 410, 556, 559

[ㅌ]

타자(the other) / 25, 119, 259, 313, 356

탈레스(Tales) / 19, 20, 21, 31

터툴리안(Tertullian) / 50

테일러(Mark Taylor) / 392, 552

트레이시(David Tracy) / 26, 210, 374

틸리히(Paul Tillich) / 63, 505, 559

[ㅍ]

파스칼(Blaise Pascal) / 36, 101, 107, 124, 128, 156, 178, 182, 428

페다고지(Pedagogy) / 77

페이어아벤트(Paul Feyerabend) / 163, 164

페일리(William Paley) / 128, 306, 426

포스트모더니즘(postmodernism) / 398, 543, 544, 549, 552

포퍼(Karl Popper) / 61, 163, 167, 197, 284, 362, 364

표상(presentation) / 162, 172, 204, 360, 450, 546

프레이리(Paulo Freire) / 76, 403, 404

플랜팅가(Alvin Plantinga) / 16, 24, 116, 335, 423, 429

플로티노스(Plotinos) / 93.0373

플레쳐(Joseph Placher) / 504

풀루(Anthony Flew) / 410, 418, 419

피타고라스(Pythagoras) / 21, 22

필연성(necessity) / 21, 229, 241, 295, 296, 299, 301, 307, 308, 412, 548

[ㅎ]

하버마스(Jurgen Harbermas) / 390, 391, 402

하이데거(Martin Heidegger) / 22, 249, 376, 451, 452, 469

하츠혼(Charles Hartshorne) / 161, 175, 237, 309, 316, 318, 351, 374, 456, 458, 459, 460, 470, 551, 557

화이트헤드(Alfred N. Whitehead) / 18, 50, 108, 160, 184, 237, 309, 310, 365, 457, 459

합리성(rationality) / 101, 391, 147, 546

합의(consensus) / 391, 401, 550

환생(regeneration) / 447

해방(liberation) / 24, 499, 544, 599

해방신학(liberation theology) / 24, 499, 544, 599

해체주의(deconstruction) / 392, 397, 552

형이상학(metaphysics) / 126, 139, 225, 241, 362, 395, 412

후기자유주의(postliberalist) / 374, 375

후마니타스(Humanitas) / 27

흄(David Hume) / 304, 336, 518

히친스(Christopher Hitchens) / 213, 414, 416, 433

"내가 기도하노라 너희 사랑을 지식과 모든 총명으로
점점 더 풍성하게 하사 너희로 지극히 선한 것을 분별하며 또 진실하여
허물없이 그리스도의 날까지 이르고"

빌립보서 1장 9-10절

철학에 관한 신앙적·신학적 성찰

저　자	정 승 태
발 행 인	배 국 원
초판발행	2008년 3월 13일
개정증보	2014년 4월 15일
등록번호	출판 제6호(1979. 9. 22)
발 행 처	침례신학대학교 출판부(하기서원)
주　소	대전광역시 유성구 북유성대로 190(305-358)
전　화	(042)828-3255, 3257
팩　스	(042)828-3256
홈페이지	http://www.kbtus.ac.kr
이 메 일	public@kbtus.ac.kr

〈값 20,000원〉
ISBN 978-89-93630-54-1　93230